사복음서 주해
An Exposition of the Four Gospels

사복음서 주해

1판 1쇄 (사복음서 주해 [I]) 발행 | 1994년 10월 15일 (3쇄)
1판 1쇄 (사복음서 주해 [II]) 발행 | 1994년 12월 15일 (2쇄)
2판 1쇄 발행 | 2009년 11월 18일 (2쇄)
3판 1쇄 발행 | 2015년 6월 8일

지은이 | 박형용
발행인 | 조병수
펴낸곳 | 합신대학원출판부
주 소 | 443-380원시 영통구 광교중앙로 50 원천동)
전 화 | (031)217-0629
팩 스 | (031)212-6204
홈페이지 | www.hapdong.ac.kr
총판 | (주)기독교출판유통 (031)906-9191
값 22,000원 (* 잘못된 책은 교환해 드립니다)

ISBN 89-97244-26-3   93230   ₩ 22,000

복음서 [福音書]
성서 주해 [聖書註解]
233.6-KDC6
226-DDC23

「이 도서의 국립중앙도서관 출판시도서목록(CIP)은 e-CIP홈페이지(http://www.seoji.nl.go.kr/ecip)와
국가자료공동목록시스템(http://www.nl.go.kr/kolisnet)에서 이용하실 수 있습니다.
(CIP제어번호: CIP2015014828)」

AN EXPOSITION OF THE FOUR GOSPELS

사복음서 주해

| 박형용 |

합신대학원출판부

『사복음서 주해』는 원래 필자가 예수님의 생애에 맞추어 사복음서를 주해하면 방대한 사복음서의 내용들을 알기 쉽게 정리할 수 있으리라는 생각에서 시작되었다. 본서는 예수님의 선재(Pre-existence)에서부터 승천(Exaltation)에 이르는 사건들의 흐름을 뼈대로 삼고 사복음서에서 해당되는 구절을 발췌하여 주해한 것이다. 따라서 본서는 사복음서에 나타난 중복을 피하면서 예수님의 생애의 흐름을 더듬어 볼 수 있는 이점을 가지고 있다. 마태복음으로부터 시작하여 사복음서의 내용을 가르치는 사람들은 기록의 중복과 배열상의 차이 때문에 혼란스러움을 느끼고 지루함을 느끼곤 한다. 본『사복음서 주해』는 예수님의 생애에 맞추어 사복음서의 자료들을 활용했기 때문에 그런 약점을 초월할 수가 있다.

본서는 공관복음서 문제를 다루지 않았다. 공관복음서 문제를 다루는 것은 본서의 저작 의도가 아니기 때문이다. 본서는 성경 본문을 정확무오한 하나님의 말씀으로 받고 예수님의 생애의 맥락에 비추어 본서에 사용된 본문의 의미를 찾고자 노력한 것이다.

설교 대지란에서는 본서의 각 항에서 사용된 성경을 본문으로 삼고 주해한 내용을 근거로 하여 설교의 제목과 대지를 정선해 보았다. 목회자들이 본서의 주해 부분과 여기에 제시된 설교제목과 대지를 참고하여 한 편의 설교를 만들 수 있으리라 사료된다. 여기 제시된 설교 제목과 대지는 사실상 저자 자신을 위한 것이기 때문에 목회자들은 자신의 묵상과 편의에 따라 고쳐서 사용할 수도 있겠다. 저자가 이런 란을 제공한 이유는 저자의 짧은 목회 경험에서 기인한 것이다. 신학교의 교수로 봉직하고 있는 저자가 3년 동안 예원교회를(1992~1994) 섬기는 중에 목회자들이 설교 준비 때문에 느끼는 긴장이 많을 수밖에 없겠다는 것을 체험하였다. 주일아침, 저녁, 수요일, 새벽기도회, 심방 등 연속되는 목회 현장에서 설교 준비에 대한 긴상이 있을 수밖에 없다. 그렇다고 시중 서점에 나도는 설교집을 그대로 사용하는 것은 목회자의 양심이 허락지 않을 것이다. 본서는 이런 상황에 있는 목회자들에게 조금이라도 도움이 되어 보고자 먼저 성경 본문을 주해하고 그 후에 설교 대지란을 마련한 것뿐이다. 본서(Ⅰ권, Ⅱ권)에 수록된 설교대지는 모두 합해 140편이다. 필자로서는 약 3년분의 설교 자료를 이미 확보한 셈이다.

본서가 책으로 나오기까지는 김학문 전도사의 노고가 컸음을 밝혀 둔다. 본서는 처음에 컴퓨터에 입력시켜 신학교 교재로 사용하다가 여러 차례 수정 보완을 거쳐 본서로 태어나게 된 것이다. 김 전도사의 헌신적인 봉사가 이 모든 과정에 있었기에 본서가 현재의 모습을 갖게 되었다.

끝으로, 본서를 통해 우리를 구속하시기 위해 이 땅 위에 오신 예수 그리스도의 행적과 교훈이 더 분명하게 이해되기를 원하며, 본서를 읽는 모든 독자들이 바로 이 예수를 만날 수 있기를 빈다. 또한 본서를 활용하는 목회자들의 섬기는 교회가 하나님의 말씀에 깊이 뿌리내리는 계기가 되기를 바란다.

1994년 9월
수원 원천동에서

■ 재판을 내면서

원래 사복음서 주해는 분량의 관계로 1권과 2권으로 출판되었다. 하지만 한권의 책이 두 권으로 나누어져 출판됨으로 여러 가지 불편함을 느끼게 되었다. 이런 불편을 해소하여 독자들에게 도움을 주기 위해 재판은 단권으로 출판하게 되었다. 재판을 위해 책 구조에 약간의 변화를 주었으며 내용도 상당 분량 수정 보완했음을 밝힌다. 그리고 성경본문을 이번 재판부터는 개역개정판을 사용했음을 밝혀둔다. 특히 초판에 제공된 설교대지 란은 부피의 관계로 재판부터 삭제하였다. 이 부분에 대해 독자들의 이해를 구한다. 아무쪼록 독자들이 본서를 통해 복음서가 묘사하는 가장 정확한 역사적 예수님을 만날 수 있기를 소망한다. 왜냐하면 그 분 안에 구원이 있으며, 그 분 안에 생명이 있고, 그 분 안에 소망이 있기 때문이다. 본서는 사복음서의 내용을 근거로 예수님의 선재에서부터 승천에 이르기까지의 예수님의 모습을 그리려 노력했다. 본 저자는 목회자들이 본서를 통해 왜곡되지 않은 예수 그리스도를 전할 수 있기를 소원하며, 독자들이 구주 예수 그리스도를 인격적으로 만날 수 있게 되기를 소망한다. 끝으로 본서를 다시 편집하여 읽기 쉽게 만들어 준 신현학 실장에게와 본서의 인명과 성구색인을 만들어 준 박동근 박사에게 심심한 감사의 마음을 표한다.

2015년 5월

박행용

■ 차 례

저자의 말_ 5
재판을 내면서_ 7

제1장 신약시대의 배경_ 17

1. 구약과 신약의 관계_ 17
2. 복음서 연구를 위한 접근 방법_ 19
3. 신약사 형성에 중요한 역할을 담당한 사람들_ 20
   사두개인들/바리새인들/에세네파/열심당/학파/산헤드린
4. 유대인의 절기_ 25
   유월절/장막절/오순절 혹은 맥추절/봉헌절/부림절
5. 예수님 탄생 때의 영적 상황_ 27
   유일신 사상/근본정신이 실종된 율법/맹인이 맹인을 인도하는 상황

제2장 태초에 계신 말씀_ 31

1. 요한복음의 서막(요 1:1~18)_ 31
   사도 요한이 사용한 "태초"/태초에 계신 말씀/말씀과 하나님을 동일시함
   증인의 기능과 의미/자신을 계시하신 하나님
2. 요한복음의 주된 가르침들_ 36
   일곱 가지 표적 및 기적들/일곱 가지 증언들 및 고백들
3. 세례 요한의 출생과 예수님의 탄생 준비_ 38
   세례 요한의 출생을 알리는 수태고지/예수님이 탄생을 마리아에게 알리심
   요셉에게 알리심/수태고지의 결과

제3장 예수님의 탄생과 공생애 이전의 삶_ 51

1. 그리스도의 탄생을 중심으로 한 사건들_ 51
   예수님의 세계/14대로 배열된 족보/14대 구분의 특징
2. 예수님의 탄생(마 1:18~25; 참조, 눅 2:1~20)_ 57
   기쁨과 두려움의 조화/성령으로 잉태된 아이/목자들에게 나타난 계시
3. 성전에서 하나님께 바쳐짐(눅 2:21~24)_ 61
   할례를 받으신 예수님/성전에 바쳐진 예수님
4. 시므온의 찬송(눅 2:25~35)_ 63
   주의 구원을 본 시므온/약속을 믿고 산 시므온/그리스도의 죽음과 부활을 내다본 시므온
5. 동방박사의 신앙(마 2:1~18)_ 66
   동방박사는 누구인가/동방박사들의 믿음/학살된 신생아

6. 애굽으로의 피난과 귀환(마 2:13~23)_ 69

　　애굽으로의 피난/하나님의 준비/유대로의 귀환

7. 예수님의 성장(눅 2:40~52)_ 70

　　전인적으로 성장한 예수님/예수님의 성전 방문

8. 예수님이 받은 세례와 시험(눅 3:21~22; 4:1~13

　참조, 마 3:13~17; 4:1~11; 막 1:9~11; 1:12~13)_ 74

　　예수님이 받은 세례/예수님이 받은 시험

제4장 예수님의 선구자 세례 요한_ 79

1. 구약과 신약의 만남(마 3:1~17; 참조, 막 1:2~11; 눅 3:1~22)_ 79

　　구약과 신약을 연결하는 다리/세례 요한의 삶의 방식
　　세례 요한의 엄격한 인격/신약의 엘리야

2. 세례 요한의 사역_ 82

　　세례 요한의 메시지/세례 요한의 메시지에 담긴 신학/세례 요한의 메시지에 대한 반응

3. 예수님에 대한 세례 요한의 증거(요 1:15~36)_ 88

　　세례 요한의 첫 번째 증거/세례 요한의 두 번째 증거/세례 요한의 세 번째 증거

4. 세례 요한과 예수님의 비교_ 97

　　사역 방법의 비교/메시지의 비교

제5장 예수님의 초기 사역_ 99

1. 첫 제자들을 선택하심(요 1:40~51)_ 99

　　예수님을 가리킨 세례 요한/베드로에게 전도한 안드레
　　빌립과 나다나엘을 부르심/나다나엘의 반응

2. 첫 번째 기적(요 2:1~11)_ 105

　　배경 설명/구속역사와 결혼제도/유대인의 결혼식/가나 혼인 잔치에서 나타난 진실
　　가나의 포도주 이적과 예수님의 신성

3. 첫 성전 정결 사건(요 2:13~25)_ 112

　　그리스도의 공적 사역의 시작/예수님께서 행하신 일/제자들의 반응
　　유대인들의 반응/성전 정결 사건의 결과

4. 첫 번째 강화 – 예수님과 니고데모(요 3:1~21)_ 119

　　대화의 두 상대: 니고데모와 예수님/니고데모와 예수님 사이의 대화 내용
　　니고데모에게 주신 메시지와 도전/불신앙의 비극/본문이 담고 있는 신학과 교훈

제6장 그리스도의 초기 사역의 종결 국면_ 129

1. 세례 요한의 마지막 증거(요 3:22~36)_ 129

　　요한의 사역 영역으로 나아가신 예수님/세례 요한의 세례 베푸는 사역
　　요한의 제자들의 불만/예수님의 반응

2. 예수님이 만나신 사마리아 여인(요 4:1~42)_ 133

　　자기 백성을 찾으시는 메시아/예수님의 초기 사역의 종결
　　사마리아를 통과하신 예수님/우물가에서 그리스도의 사역/본문의 교훈
　　본문이 주는 몇 가지 특징적 교훈들

제7장 인기와 배척이 공존한 갈릴리 사역_ 147

  1. 왕의 신하의 아들을 고치심(요 4:43~54)_ 147
    가나에서 일어난 사건/본문이 주는 교훈/선지자가 고향에서
    높임을 받지 못한다/본문에 나타난 다른 교훈들

  2. 나사렛에서 배척 받으신 예수님(눅 4:16~30
    참조, 마 4:13~17; 13:53~58)_ 151
    역사적인 사실들/예수님의 설교/무리들의 반응

  3. 제자들을 부르신 예수님(마 4:18~22; 마 10:1~4
    참조, 요 1:35~51)_ 156
    안드레와 요한을 부르심/갈릴리 해변에서 네 제자를 부르심
    배 위에서 제자들을 부르심/마태를 부르심/열두 제자를 부르심

  4. 갈릴리 바다에서 예수님을 따른 어부들(눅 5:1~11)_ 161
    메시지를 전하시고 나서 기적을 베푸심/기적에 대한 반응
    나를 따르라는 부르심/베드로라 하는 시몬

  5. 예수님의 삼중 사역(마 4:23~25; 참조, 마 8:2~4, 14~17
    막 1:21~45; 눅 4:31~34; 5:12~16)_ 165
    그리스도의 갈릴리 사역의 주된 활동/결과와 반응

제8장 그리스도의 이적들과 그 결과_ 167

  1. 나병환자를 깨끗하게 하심(마 8:2~4; 참조, 눅 5:12~16)_ 167

  2. 베드로의 장모의 치료(마 8:14~17; 참조, 막 1:29~31
    눅 4:38~39)_ 168
    베드로의 결혼/백 퍼센트 완쾌/치유 사역과 예언 성취

  3. 회당에서 더러운 귀신에 붙들린 사람을 고치심(막 1:23~28
    참조, 눅 4:31~37)_ 171
    귀신들의 소란/귀신들린 자/귀신들린 자의 고백/나타난 결과들

  4. 중풍병자를 고치심(막 2:1~12, 참조, 마 9:1~8, 눅 5:17~20)_ 175
    가버나움에서 행한 특이한 치유 사건/귀중한 교훈들/본문에 나타난
    주요 인물들의 행동 및 말들/죄 용서의 권세를 가지신 예수님/중풍병자의 반응

  5. 마태를 부르심과 이별의 잔치(마 9:9~17
    참조, 막 2:13~22; 눅 5:27~39)_ 183
    증오의 대상이 된 세리들/헌신이 가져오는 기쁨/예수님의 직접적인 명령
    복음의 조용한 변혁/레위의 초청에 응한 예수님/편견의 사악성
    새 헝겊과 새 포도주/하나님의 뜻을 이루시는 그리스도

제9장 천국 백성의 생활 원리_ 189

  1. 안식일에 병 고치심(요 5:1~9)_ 189
    서론적 설명/계산된 치유/유대인들의 악의에 찬 비난
    그리스도에 대한 증거/올바른 주일성수에 관한 몇 가지 결론들

2. 안식일의 주인이신 예수 그리스도(막 2:23~28; 3:1~6
  참조, 마 12:1~21; 눅 6:1~11, 17~19)_ 199
    사건의 배경/이삭을 자른 사건/안식일에 한편 손 마른 자를 고치심
    안식일을 지켜야 할 이유/신약시대의 성도들이 안식일 대신 주일을 지키는 이유
3. 열두 사도의 선택(마 10:2~4; 참조, 막 3:13~19; 눅 6:12~16)_ 205
    열두 사도의 이름/택함을 받은 열두 사도/제자들이 받은 명령/사두들을 소개한 방법
4. 산상설교(마 5~7장)_ 209
    하나님 나라의 왕국/산상보훈(마 5~7장) 구분/하나님 나라에 관한 구체적인 이해
    산상보훈 이해에 도움이 되는 사항들/팔복과 화/산상보훈과 구약
5. 백부장의 하인을 고치심 (눅 7:1~10; 참조, 마 8:1, 5~13)_ 216
    기적을 행하신 목적/본문 이해를 위해 주의할 사항/즉각적이고 완전한 자유
6. 세례 요한의 의심과 예수님의 세례 요한에 대한 증거(눅 7:18~35
  참조, 마 11:2~19)_ 220
    본문 이해를 위한 배경/세례 요한의 질문/그리스도의 사역
    실족에 대한 그리스도의 메시지/세례 요한에 대한 그리스도의 증거

제10장 죄와 자연과 귀신들에 대한 그리스도의 권세_ 227
  1. 예수님으로부터 질책 받은 도시들(마 11:20~30)_ 227
    심판의 필요성과 타당성/심판의 메시지/희망의 메시지
  2. 예수님과 죄 많은 여인의 회개(눅 7:36~50)_ 233
    바리새인 시몬의 초청/시몬의 초청/시몬의 행동
    옥합을 깨뜨린 여인의 행동/시몬의 생각/그리스도의 판단과 선언
  3. 갈릴리에서의 설교(눅 8:1~3)_ 240
    일행과 함께하신 예수님의 전도 여행/주님과 동행한 여인들
    그리스도께서 전하신 메시지
  4. 귀신 들린 자의 치유(마 12:22~37; 참조, 막 3:20~30
  눅 11:14~23)_ 243
    다윗의 자손이냐 마귀의 하수인이냐/바리새인들의 비난과 유혹
    그리스도의 대답/성령 훼방죄
  5. 표적을 구하는 자들에 대한 질책(마 12:38~45
  참조, 눅 11:29~32)_ 249
    하늘로부터의 표적을 구함/바리새인들의 요구에 대한 그리스도의 대답
  6. 바다와 바람도 복종하는 주님의 말씀(막 4:35~41
  참조, 마 8:23~27; 눅 8:22~25)_ 252
    갈릴리 바다/갈릴리 바다의 상황/제자들의 두려움
    주님의 대답과 행동/제자들의 반응
  7. 거라사의 귀신 들린 자(마 8:28~34; 참조, 막 5:1~20
  눅 8:26~40)_ 257
    귀신 들린 자의 태도/귀신 들린 자들의 생활/말씀으로 치유/치유가 미친 영향

제11장 사망의 권세를 이기신 생명의 떡 예수_ 263

1. 야이로의 딸을 살리심과 혈루병 앓은 여인을 고치심(마 9:18~26
   참조, 막 5:22~43; 눅 8:41~56)_ 263
   이적을 통해 주신 교훈/시험받는 야이로의 믿음/시험받는 여자의 믿음
   본문의 이해와 관련 있는 사실들
2. 맹인과 벙어리를 고치심(마 9:27~35)_ 269
   맹인의 말/그리스도의 말씀/벙어리 된 자를 고치심/숙고해 볼 사실들
3. 열두 제자 파송(마 10:1~23; 참조, 막 6:6~13; 눅 9:1~6)_ 273
   열두 제자에게 위임한 선교 명령/위임의 중요성/배워야 할 본문의 교훈
4. 세례 요한의 죽음(마 14:1~12; 참조, 막 6:14~29
   눅 3:19~20; 9:7~9)_ 277
   세례 요한의 죽음의 배경/세례 요한의 사망 원인/헤롯과 세례 요한
   요한의 죽음에 있어서 살로메의 역할/요한의 죽음
5. 오천 명을 먹이심(요 6:1~15; 참조, 마 14:13~21;
   막 6:30~44; 눅 9:10~17)_ 280
   제자들과 함께 한 퇴수회/예수님을 추종한 많은 무리/오천 명 먹이신 사건과
   사천 명 먹이신 사건과 비교/몇 가지 관찰/예수님을 왕으로 삼으려 함

제12장 너희는 나를 누구라 하느냐_ 287

1. 바다 위를 걸으심[마 14:22~33; (14:34~36)
   참조, 막 6:45~52; (6:53~56); 요 6:16~21]_ 287
   배경적 설명/역풍/다가오시는 그리스도/평온
2. 떠나가는 많은 제자들(요 6:60~71)_ 290
   제자들이 떠나가는 이유/생명이신 그리스도/예수님의 신적 지식
   열두 제자에게 떠날 기회를 주심
3. 바리새인들의 반대(마 15:1~20)_ 295
   바리새인들은 누구인가/서기관들은 누구인가/예수님과 바리새인들의 갈등
   예수님의 명백한 교훈/바리새인들의 반응/그리스도의 엄격한 명령
4. 수로보니게 여인을 만나신 예수님(마 15:21~31
   참조, 막 7:24~37)_ 302
   예수님의 의도적 여행/가나안 여인을 만난 예수님/예수님을 만난
   이방 여자의 논리와 인내/가나안 여인을 대하는 예수님의 태도/관찰해야 할 요점
5. 사천 명을 먹이심(마 15:32~39; 참조, 막 8:1~10)_ 308
   사천 명을 먹이는 사건의 배경적 설명/사천 명을 먹이신 동기
   식사 전 그리스도의 축사/남은 떡 조각
6. 바리새인과 사두개인들의 누룩(마 16:1~12
   참조, 막 8:11~22)_ 311
   바리새인과 사두개인의 시험/표적과 믿음/요나의 표적
   그리스도의 태도/제자들에 대한 그리스도의 충고
7. 위대한 고백(마 16:13~28; 참조, 막 8:27~9:1; 눅 9:18~27)_ 314
   위대한 고백의 서론적 배경/자신에 관한 그리스도의 두 가지 질문

첫 번째 질문에 대한 제자들의 답변/하나님이 주신 베드로의 고백
그리스도의 천국 선포와 축복/그리스도의 교회의 특권

제13장 예루살렘을 향한 여정_ 323

1. 예수님의 변모 사건(눅 9:28~36; 참조, 마 17:1~13; 막 9:2~13)_ 323
    변모 사건의 배경적 설명/변모 사건의 시간과 장소/변모의 사실들
2. 산기슭에서 간질병 소년을 고치심(마 17:14~20
    참조, 막 9:14~29; 눅 9:37~43)_ 331
    고통의 길/믿음의 능력
3. 하나님 나라에서 큰 자 – 갈릴리 사역의 마지막까지(마 17:22~18:10;
    참조, 막 9:30~50; 눅 9:43~56; 요 7:1~9)_ 332
    예수님의 죽음에 대한 예고/세금에 관한 가르침/하나님 나라에서 큰 자
    실족시키는 죄/갈릴리 사역의 특성들
4. 예루살렘에서의 초막절 참석(요 7:1~52; 7:53~8:11)_ 340
    예수님의 초막절 참석/간음하다 잡힌 여인
5. 하나님 나라와 참 제자도(눅 9:57~62; 참조, 마 8:18~22)_ 348
    참 제자도와 고난/바른 우선순위/하나님 나라에서 합당치 않은 반쪽 헌신
6. 칠십 명의 선교(눅 10:1~24)_ 352
    주님께서 칠십 명에게 주신 면려/제자들이 가야 하는 길/기쁨으로 돌아온 칠십 명
7. 마리아와 마르다(눅 10:38~42)_ 354
    마르다와 마리아의 집을 찾으신 예수님/마르다의 경우/마리아의 경우/주님의 대답
8. 날 때부터 맹인된 자를 고치심(요 9:1~41)_ 358
    죄에 대한 제자들의 관념/그리스도의 답변/맹인을 고치신 사건에서 주목할 사항

제14장 그리스도의 절기 참여로부터 지도자들의 음모까지_ 365

1. 예루살렘에서의 봉헌절(요 10:19~39)_ 365
    서론적 배경/봉헌절(Hanukkah)의 시기와 이유/문제의 요점
    신분을 밝히신 예수님/하나님과 자신을 동일시하신 구절들
2. 제자들의 기도서(눅 11:1~13)_ 371
    서론적 배경/주님이 가르치신 기도의 명칭/마 6:9~13과 눅 11:2~4의 비교
    주님이 가르치신 기도의 내용/불굴의 기도의 태도
3. 베레아에서 안식일에 병 고치심(눅 13:10~17)_ 376
    서론적 배경/병 고치는 사건이 주는 교훈/병 고친 사건에 대한 반응
4. 바리새인 집에서 안식일에 병자를 고치신 예수님(눅 14:1~35)_ 379
    바리새인들의 경고/그리스도의 응답/잔치석상에서의 예수님/참된 제자도
5. 잃은 자에 대한 세 가지 비유(눅 15:1~32)_ 386
    서론적 배경/비유로 말씀하신 이유/세 가지 비유의 가르침
6. 나사로의 죽음과 부활(요 11:1~46)_ 392
    서론적 고찰/나사로 죽음과 소생 사건/나사로의 죽음과 소생에 대한 가르침
    도마는 의심 많은 사도인가
7. 예수님을 죽이려는 지도자들의 음모(요 11:47~54)_ 400
    서론적 고찰/대적들이 도달한 결론/가야바의 말

제15장 율법의 순종을 능가하는 감사의 법_ 403

1. 열 명의 나병환자를 치료하심(눅 17:11~19)_ 403
   서론적 배경/본문에서 주목할 몇 가지 사실
   열 명의 나병환자를 고치신 사건에서 배워야 할 교훈
2. 어린아이들을 축복하심(마 19:13~15; 막 10:13~16; 눅 18:15~17)_ 408
   서론적 배경/어린아이를 축복하신 사건에 나타난 몇 가지 사실 /본문의 교훈
3. 맹인의 눈을 회복시키심(마 20:29~34
   참조, 막 10:46~52; 눅 18:35~43)_ 411
   서론적 배경/바디매오의 외침/무리의 응답/그리스도께서 행하신 치유
4. 삭개오의 회심(눅 19:1~10)_ 416
   서론적 배경/삭개오의 노력/세리장 삭개오/그리스도의 말씀과 사역

제16장 수난 주간의 시작_ 423

1. 배경적 설명_ 423
   예수님의 유월절 만찬 참석/때를 기다리신 예수님/제자들을 준비시키심
   예수님의 선택
2. 예수님의 죽음을 기념하여 붓는 향유(요 12:1~11
   참조, 마 26:6~13; 막 14:3~9)_ 425
   예수님의 죽음을 기념하는 만찬/기름부음/마리아의 행위에 대한 주님의 평가
3. 일요일, 종려주일 – 승리의 입성(마 21:1~11
   참조, 막 11:1~11; 눅 19:34~44; 요 12:12~13)_ 431
   예수님의 행렬/나귀를 타신 예수님/승리의 입성/예수님의 지상 생애의
   마지막 일주간 일정/고난 후에 있을 승리
4. 월요일, 정화의 날(막 11:12~19; 참조, 마 21:12~22
   눅 19:45~48)_ 436
   무화과나무를 저주하심/성전을 정결케 하심
5. 화요일, 갈등의 날_ 443
   마른 무화과나무/예루살렘을 보시고 우심/과부의 두 렙돈
   서기관들과 바리새인들에게 미칠 화
6. 수요일, 은둔의 날 – 반역의 날(마 26:3~16
   참조, 막 14:10~12; 눅 22:1~6)_ 454
   산헤드린 공회의 모의/예언의 성취/유다와 예수님의 몸값/돈을 택한 유다
7. 목요일, 유월절 잔치와 친교의 날, 두려운 사실들_ 407
   유월절을 위한 준비/최후의 만찬에 고나해 주의해야 할 생각들
   유월절 기념과 최후의 만찬

제17장 고통의 친교_ 467

1. 서론_ 467
   예수님의 때/홀로 당하셔야 할 고통/하나님의 외면

2. 목요일, 겟세마네 동산에서의 고통과 체포되심(마 26:36~56;
   참조, 막 14:32~52; 눅 22:40~54; 요 18:2~12)_ 468
   "때"의 가까움을 보신 예수님/겟세마네의 고뇌/체포된 예수님
   불명예스러운 예루살렘 입성
3. 금요일, 죽음의 날_ 475
   서론/안나스 앞에서 받은 심문/가야바와 산헤드린 회원의 일부 앞에서의 심문
   결정석인 유대인의 심문/시민법 혹은 로마법 앞에서의 심문/갈보리로의 행진
4. 십자가 처형(눅 23:26~38)_ 489
   그리스도께서는 왜 죽어야만 했는가/예수님이 처형된 장소
   그리스도께서 달려 죽으셨던 십자가 모양/십자가 처형에 관한 다른 사실들
   십자가상에서의 일곱 가지 말씀

제18장 부활의 주님 예수 그리스도_ 497

1. 예수님의 무덤(마 27:57~61; 참조, 막 15:42~47
   눅 23:50~56; 요 19:38~42)_ 497
   서론/강도들과 함께 십자가에 달리신 예수님/새 무덤에 묻히신 예수님/장사의 시간
2. 토요일 – 매장의 날, 암흑의 날_ 500
   무덤의 경비/안식일을 범한 종교주의자들
3. 주일(일요일), 부활의 날, 새 소망과 생명의 날(마 28:1~20
   참조, 막 16:1~11; 눅 24:1~49; 요 20:1~31)_ 502
   서론/부활을 보는 태도/부활의 역사성/부활과 믿음/부활체로 나타나신 예수님
4. 승천(눅 24:50~53; 참조, 막 16:19; 행 1:6~11)_ 510
   승천의 사실/승천의 중요성/마음에 간직할 교훈/승천의 방법
   누가복음과 사도행전에 나타난 승천 묘사/그리스도의 축복
5. 결론적 요약_ 518
   신약의 복음서에 나타난 계시/왕으로 오신 예수 그리스도
   계속되는 사단과의 투쟁/그리스도 안에서 창조된 새로운 세계

참고문헌 _ 521

찾아보기[인명] _ 529

찾아보기[성구] _ 531

신약시대의 배경

신약시대는 예수님의 탄생으로부터 시작된다. 예수님의 탄생은 하나님께서 만물을 새롭게 만드시는 출발이다. 예수님의 탄생은 이미 구약에서 예고된 예언의 성취이다. 마가복음은 "하나님의 아들 예수 그리스도의 복음의 시작이라"(막 1:1, 개역개정)고 예수님이 새로운 시대를 시작하고 계심을 알린다. 예수님은 마지막 아담으로 이 땅에 오셔서 첫 사람 아담의 실패로 시작된 이 세상의 왜곡된 질서를 회복시키시고, 죄 문제를 해결하시며, 영원한 하나님 나라를 설립하셔서 그 나라 안으로 그의 백성을 모으신다.

메시아이신 예수님은 이전에 볼 수 없었던 새로운 일을 시작하셨다. "보라 내가 만물을 새롭게 하노라"(계 21:5)의 말씀은 단지 미래에만 적용되지 않고 하나님께서 그의 아들 예수 그리스도를 세상에 보내셨을 때에도 분명한 진리였으며, 오늘날도 그러하며, 새 하늘과 새 땅이 이루어질 그 때에도 그러할 것이다. 하나님께서는 지금 이 순간에도 만물을 새롭게 하시는 과정을 신행하고 계신다. 그런즉 우리는 본 연구 전제를 통하여, 하나님께서 만물을 새롭게 하심으로 역사를 승리로 이끌어 가심을 보게 될 것이다.

역사의 승리란 하나님께서 예수 그리스도를 보내시고, 성령을 주시며, 교회를 세우심으로써 자신의 목적을 이루어 가심을 의미한다. 그리하여 하나님께서는 하나님의 좋으신 때에 신부를 등장시키실 것인즉, 이는 새 하늘과 새 땅에서 그의 아들 예수 그리스도와 짝짓는 교회이다.

1. 구약과 신약의 관계

구약과 신약의 저자가 공히 하나님이심으로, 신·구약 각권의 책들과 그 속에 담긴 역사는 모두 신·구약 간에 긴밀한 연관성을 지닌다. 창세기 1:1에는 "태초에 하나님이 천지를 창조하시니라"(개역개정)고 씌어져 있으며, 요한복음 1:1에는 "태초에 말씀이 계시니라 이 말씀이 하나님과 함께 계셨으니 이 말씀은 곧 하나님이시니라"(개역개정)고 기록되어 있다. 신약과 구약은 그 시작의 근거를 하나님께 두고 있는 것이다. 두 권 모두 만물과 인간의 기원이 하나님으로부터 비롯됨을 말하고 있다.

히브리서 저자는 구약과 신약을 주신 분이 하나님이심을 분명히 하고, 구약 계시와 신약 계시를 인정하면서 "옛적에 선지자들을 통하여 여러 부분과 여러 모양으로 우리 조상들에게 말씀하신 하나님이 이 모든 날 마지막에는 아들을 통하여 우리에게 말씀하셨으니"(히 1:1~2, 개역개정)라고 말한다.[1] 구약과 신약의 저자가 동일한 하나님이시지만 신약은 "모든 날 마지막에 아들"을 통해 주신 완성된 계시이다.

구약은 삼위일체 하나님의 인격에 관하여 신약에 나타난 만큼 분명하게 묘사하고 있지 않다. 신약은 성자 하나님에 대해 더욱 세밀한 언급을 하며 그를 창조 사역에 있어서 성부 하나님과 대등한 지위를 지닌 분으로서 소개하고 있다 – "만물이 그로 말미암아 지은바 되었으니 지은 것이 하나도 그가 없이는 된 것이 없느니라"(요 1:3, 개역개정). 어쨌든 구약은 하나님을 언급함으로써 시작하고 있으며, 신약 또한 이와 다름이 없다.

그러나 창세기를 시작하고 있는 모습은 신약의 시작과 커다란 차이를 보인다. 전자에는 아직 죄로 인해 훼손되지 않은 완전한 창조의 모습을 보이고 있지만, 신약에서의 첫 배경은 전혀 그렇지 않다.

구약은 하나님의 손으로 지은바 된 순수한 세계로부터 시작하고 있다. 에덴동산이 그 배경의 무대로 등장하며, 계시의 형태는 자연 계시였다. 반면에, 신약은 성전에서 시작하고 있으며, 계시는 특별계시로 나타난다. 에덴동산 시절, 그 때는 하나님과 인간의 관계가 아직 죄로 인해 분리되어지지 않은 때라서 하나님과 인간은 친밀한 교제를 누렸다. 그러나 성전에서는

---

1) 히브리서 저자가 문장의 주동사를 단순 과거형 "말씀하셨으니"(ἐλάλησεν)를 본 문장에서 사용하고 본동사와 관련된 분사의 시상 역시 "말씀하신"(λαλήσας)으로 단순 과거형을 사용한 것은 시간의 선후를 분명하게 의식하고 문장을 구성했음을 나타낸다. 헬라어 문법에 의하면 부정과거 분사가 부정과거 본동사와 함께 사용될 때는 분사의 시상이 본동사의 시상보다 먼저이다.

인간과 하나님과의 관계가 멀어졌으며, 속죄를 위하여 희생과 피와 눈물의 제사가 드려져야만 했다. 하나님과의 친밀한 교제란 존재치 않았다. 하나님은 구름과 휘장, 그리고 어둠에 가려져서 두려움을 자아내는 장엄한 위엄으로 임하셨다. 그러나 이제 예수 그리스도가 오심으로 두려움은 사라졌다. 성전에서 하나님은, 그가 사가랴 앞에 나타나셨던 것처럼, 사람에게로 나아와 주의 사자를 통해 자신을 계시하셨다.

2. 복음서 연구를 위한 접근 방법

복음서는 여러 가지 방법으로 연구될 수 있다. 복음서의 아름다운 글들은, 여러 이야기들과 이 이야기들이 일어났던 시대의 모습들을 그려주고 있는 하나의 문학적인 글로서 읽혀질 수도 있고, 또 나사렛 예수라는 한 사람이 당대에 미쳤던 영향들로 읽혀질 수도 있다. 후자일 때, 읽는 이에 따라서는 놀라운 진리들이 발견되며, 예수님이 당대에 뿐 아니라 오는 세대에도 또한 엄청난 영향을 미치셨다는 사실이 드러나게 된다.

기독교인들은 복음서를 영원히 지속될 불변의 문헌으로 이해한다. 그들에게 예수님은 완전한 사람으로 여겨진다. 그러나 그 정도에 그치는 것이 아니다. 기독교인들은 복음서가 하나님께서 그의 언약 백성에게 주신 계시라 믿으며, 아울러 그 거룩한 성문서 전체를 통해서 언약의 범위를 정하기 원한다. 그들은 예수 그리스도로 말미암아 인종의 벽이 무너지고 성전의 휘장이 찢어지고 의식의 법이 폐지되었으며, 그리스도께서 피를 흘리심으로써 유대인은 물론 이방인까지를 포괄할 정도로 언약이 폭넓게 적용되었음을 안다. 유대인이나 이방인이나 그들의 마음속에 성령께서 신앙을 불어넣으심으로, 그들은 새 언약의 백성이 된다. 그러나 이것은 이미 수세기 전 아브라함과 더불어 맺었던 옛 약속이기도 하다. 그리스도의 몸으로서의 교회가 바로 이 언약의 약속에 대한 가시적 증거로 나타난다.

"복음서에 나타난 구속의 메시지는 상아탑 속의 철학이 아니다. 복된 소식은 일련의 개념들이 아니며, 일련의 명제들이 아니다. 복된 소식은 숨을 쉬고, 걸으며, 이야기한다. 복된 소식은 사람이며 곧 나사렛 예수님이시다."2) 우리는 복음서의 내용을 주해하면서 우리의 시선을 한 곳에 고정시켜야 한다. 우리가 시선을 뗄 수 없는 대상은 바로 나사렛 예수 그리스도이시다(히 12:1-3).

본 연구의 영역을 이해하기 위해서는 먼저 신약사의 의미에 대한 분명한 개념을 가져야 할 필요가 있다. 신약사는 구속사 분야에 대한 연구라고 정의할 수 있는데, 구속사는 구약과 세속사에 근거를 두고 있으며, 신약의 각 페이지마다 기록된 바를 그 내용으로 한다. 이는 곧 하나님께서 나타내신 인간에 대한 신적 계시이다. 구속사는 신약의 각 장마다 등장하는 인물들의 삶과 행위를 통해서 하나님께서 자신의 구속사역의 목적을 성취해나가심을 보여주는 기록이다.

3. 신약사 형성에 중요한 역할을 담당한 사람들

사두개인들

일반적으로 사두개인이란 이름은 그 기원이 솔로몬 왕 때의 제사장 사독으로부터라고 생각한다(왕상 1:32~39; 겔 44:15 참조). 사두개인들은 그 당시 부와 권력을 누리고 있었기 때문에 사회 구조를 인정하는 보수적 정치 성향을 띠고 있었다. 그들은 기회를 잘 포착하여 항상 집권층의 편에 서서 그들의 정치적 이권과 영향력을 유지했다. 헤롯과 로마 사람들이 팔레스틴을 통치할 때도 그들은 산헤드린을 좌우할 만큼 세력이 당당했으나 주후 70년 성전이 파괴된 후로 그들의 세력은 쇠퇴하였고 다시는 소생하지 못했다.3)

그들은 자신들의 스승이 가르쳐준 "보상을 위하여 주인을 섬기는 종들이 되지 말라"는 교훈을 지나치게 극단적으로 해석하는 우를 범함으로써 사후의 삶을 부인했다. 왜냐하면 사후의 삶이 그들에게는 이 세상에서의 선한 삶과 악한 삶에 대한 보상으로 여겨졌기 때문이다

사두개인들의 주요 신앙 요점들은 다음과 같다.

* 그들은 인간의 자유 의지를 믿었다.

---

2) Joel B. Green, *How to Read the Gospels and Acts*(Downers Grove: IVP, 1987), p. 15.
3) Ralph P. Martin, *New Testament Foundations: A Guide for Christian Students*, Vol. I (Grand Rapids: Eerdmans, 1975), pp. 86~87.

- 그들은 모세 율법에 대한 전통적인 해석을 배격했다.
- 그들은 부활을 믿지 않았고 상급을 인정하지 않았다.
- 그들은 모세 오경만을 정경으로 인정하며, 희생 제사의 의식과 행위를 강조했다.

사두개인들은 상류층에 속했고 그들이 지지하는 정책으로 볼 때도 귀족적이었다.

바리새인들

바리새인들은 비록 그 수가 6,000명에 지나지 않았으나 그리스도 당시 유대에서 가장 인기가 있었던 뛰어난 종교 지도자들이었다.[4] 바리새인들은 주전 2세기경 마카비 시대(167~63 BC) 직후에 나타났을 것으로 여긴다. 이들은 그 이름이 히브리어로 "분리"를 뜻하는 "파라쉬(parash)"에서 비롯되었으며, 이에 "분리주의자"들이라 불렸다.

바리새인들은 쉽게 구별되었다. 왜냐하면 유대인들은 성구함을 이마와 손에 달고 다녔으며(출 13:9, 16), 옷단 귀에 술을 만들고 청색 끈을 그 귀의 술에 더한 특징이 있는 옷을 입었다(민 15:37~38; 신 22:12). 그들은 성구함도 넓게 하였고, 옷단의 길이도 매우 길게 하여 다른 사람들에 비해 쉽게 눈에 띄었다. 그들은 유대인들에게 요구한 것보다 더 크게 만들어 착용했다.

바리새인들은, 어떤 의미에서는 17세기 영국의 청교도들과도 같았다고 볼 수 있는, 유대주의 안에서 개혁운동을 이끄는 사람들이었다. 그들은 최고의 존경심을 갖고 성문서를 대했으며, 가장 진지한 경건을 연습하는 사람들이었다.[5] 바리새인들이 영적, 도덕적 문제에서 스스로 의롭다함으로써 많은 위선자를 배출했지만, 그들의 도덕적 수준이 당시의 일반 사람들보다 훨씬 높았던 바는 사실로 인정받아야 할 것이다. 대체로 그들은 세세한 것들, 사소한 내용과 중요치 않은 문제들을 매우 중요한 문제로 취급하여

---

4) Josephus, *Antiquities*, 17, 2,4. Josephus는 그 자신의 시대에 바리새인들의 숫자를 약 6,000명으로 계산한다.
5) Josephus(*Antiquities*, 17, 2, 4)는 바리새인들을 가리켜 "율법을 정확히 해석하는 자들"(accurate interpreters of the law)이라고 불렀다.

거기에 지나친 관심을 두었다. 그들은 자신들이 율법 순종을 가장 잘 한다고 생각하여 위선적인 자기 의를 내세우기도 하지만 어떤 바리새인은 진정으로 덕이 많고 좋은 성품의 소유자이기도 하다. 니고데모가 이처럼 덕스러운 바리새인 중에 한 사람이었다(요 19:39~40).[6]

바리새인들의 주된 가르침은 다음과 같다.
- 율법을 문자적으로 이해했으며 아울러 많은 전통들을 더했다.
- 영혼 불멸, 육체의 부활, 그리고 최후의 심판에서 상벌의 교리 등이 신앙과 전통에서 가장 중요한 부분들이다.
- 전통들은 율법의 교훈들과 대등한 권위를 지닌 것으로 인정되었다.
- 기도가 또한 그들의 가르침에 있어서 중요한 일부였다.
- 매우 높은 경외심을 갖고 율법을 대하였기 때문에 율법을 범하지 않기 위해 매우 복잡한 규칙들과 제도를 만들어 냈다.

콜러는 바리새인들의 유형을 다음과 같이 구분했다.[7]
- 자신의 선행을 자랑하기 위해 어깨를 으쓱거리며 다니는 바리새인 ("shoulder" Pharisee).
- 자신이 선한 일을 하는 동안 다른 사람을 기다리게 하는 바리새인 ("wait-a-little" Pharisee).
- 여자를 보면 음욕이 생길까봐 하늘을 쳐다보며 다니다 자신을 상하게 하는 바리새인("blind" Pharisee).
- 유혹물들을 보지 않기 위해 머리를 치켜들고 다니는 바리새인("pestle" Pharisee).
- 자신이 선행을 얼마나 했는지 항상 계산하고 다니는 바리새인 ("ever-reckoning" Pharisee).
- 동방의 의인 욥과 같이 하나님을 경외하는 진정한 바리새인 ("God-fearing" Pharisee).

---

6) Merrill C. Tenney, *New Testament Survey* (Grand Rapids: Eerdmans, 1961), pp. 110-111.
7) Kaufmann Kohler, "Pharisees," *Jewish Encyclopedia*, IX, pp. 661-666.

- 아브라함처럼 하나님을 진정으로 경배하고 사랑하는 바리새인 ("God-loving" Pharisee).

에세네파

이 명칭은 '침묵의' 또는 '비밀의' 의미일 듯하다. 사두개인들의 목표는 세상에 적응하는 것이었다. 반면에 바리새인의 경우는 세상 가운데 살면서 동시에 세상으로부터 분리되는 것이었다. 그러나 에세네파의 경우는 세상으로부터 분리된 하나님의 왕국을 이루는 것을 그들의 목적으로 삼았다. 그들은 하나님께로 더욱 가까이 가기 위하여 불경스러운 모든 것을 삼갔다.

에세네 공동체의 구별된 특징은 다음과 같다.

- 에세네 공동체는 극단의 바리새주의를 따랐다. 그들은 세상과 더불어 살지 않고 세상으로부터 분리된 공동체를 이루어 살았다.

- 그들은 도덕적 순수성에 대한 갈망을 가지고 생활했다. 진실된 에세네파 사람들의 경우에는 결혼, 동물 학살, 그리고 육식을 금했다.

- 그들은 엄격한 금욕주의적 규율에 의한 공동체적 삶을 살았다. 그들은 심지어 성전에서 짐승이 학살된다는 이유로 성전 예배조차 거부하기도 했다. 그들은 공동체를 이루어 사해의 해변 가에서 고립된 채로 살았는데, 근래에 사해에서 발견된 쿰란 문서로 인해 이들에 대해 보다 많은 것을 알게 되었다.

열심당

주후 6년 경 로마의 초대 황제 가이사 아구스도가 아켈라오를 폐위하면서부터 유대와 사마리아는 로마의 총독에 의해서 직접 통치를 받는 식민지가 되었다. 그러자 곧 로마 정부에 대해 납세를 거부하는 한 무리가 일어났다. 그들은 로마 황제에게 세를 바치거나 세상의 임금을 하늘의 임금이신 하나님과 버금가는 위치에 놓는 것은 실로 죄를 짓는 일이라고 생각했다. 이들은 비밀결사 조직을 이루었으며 이들 중 유대에서 확인된 무리들이 열심당이다. 예수님의 제자 중 "가나안인 시몬" (마 10:4; Σίμων ὁ Καναναῖος)과 "셀롯이라는 시몬" (눅 6:15, Σίμωνα τὸν καλούμενον ζηλωτὴν)은 동일인으로 열심당원 이었을 가능성이 높다.

신약 내에는 주후 6년에 이스라엘이 이방 황제에게 세금을 낼 수 없다고 항거한 갈릴리 유다의 사건이 열심당과 연루된 최초의 사건이라고 할 수 있다(행 5:37 참조). 요세푸스는 열심당에 대해 편견을 가지고 있었던 것 같다. 그 이유는 열심당의 정책과 활동이 요세푸스가 누리고 있는 특권을 위협하는 것이었기 때문이다.[8]

학파

그리스도 당시에는 두 개의 유명한 학파가 있었다. 하나는 샴마이 학파로서 율법의 모든 주제를 엄격하며 좁은 의미로 해석을 하여 가르쳤다. 샴마이는 헤롯 대왕 시절에 살았던 인물로, 이교도들과 이방인들에게 원수와 같은 존재였다. 그의 학파는 민족주의 정신을 함양시켰다. 또 다른 학파는 힐렐 학파인데, 힐렐은 바벨론 태생으로 이교도의 나라에서 살았다. 그는 뒤늦게 예루살렘에 왔는데, 그의 정신에는 다소 이교도적인 부분들이 들어있기도 했으며, 일반적인 율법 교사들에 비해 온건한 입장을 지녔다. 그는 이교도들과 이방인들도 이스라엘의 하나님께 돌아올 수 있도록 이들을 위한 선교 활동하기를 원했다.

힐렐에 따르면, 악인들은 지옥에서 영원히 고통을 받는 것이 아니라, 단지 열두 달 동안만 고통을 받다가 그 후에는 완전히 파괴되어 없어진다. 그는 아무리 사소한 이유에서라도 남편이 아내와 이혼할 수 있다고 믿었다. 예컨대, 아내가 음식을 태웠다는 이유만으로도 이혼할 만한 충분한 사유가 되었다. 힐렐은 사도행전 시대의 유명한 율법 선생이었던 가말리엘의 조부였다.

산헤드린

예수님 당시 이스라엘은 종교 및 정치 단체이었던 산헤드린에 의해 지배되고 있었다. "대학"이라는 뜻을 지닌 산헤드린은 처음에는 헤롯 하에서, 나중에는 로마의 감독 하에 로마 관원들이 허용하는 범위 내에서 통치 기능을 담당했다. 구성원은 대제사장을 포함하는 71인의 명망 있는 인사들로 이루어

---

8) F.F. Bruce, 『신약사』, 나용화 역 (서울: 예수교문서선교회, 1978), p. 128.

졌으며, 이들 대부분은 사두개파나 바리새파에 속해 있었다(참조, 민 11:16; Josephus, *Jewish War*, II. 482).

대제사장이 항상 산헤드린의 의장이 되었고(마 26:57; 행 5:17; 24:1) 대제사장 다음으로 높은 지위는 성전의 군관이었다(눅 22:4, 52; 행 4:1).[9] 이론적으로 예루살렘 산헤드린(공회)은 모든 유대인들의 영적, 정치적, 법적인 문제를 관장하는 권한을 쥐고 있었다.[10] 사울이 다메섹에 가서 기독교인들을 붙잡을 수 있는 권한을 대제사장으로부터 받은 사실은 그 당시 대제사장과 산헤드린 공회의 권한이 얼마나 큰지 짐작할 수 있게 한다(행 9:1~2). 예루살렘 산헤드린은 하급 법정에서 해결되지 않은 사건들을 듣고 법률적 결정을 내렸으며, 모세의 율법을 범한 죄나 신성 모독죄 등에 대해 판단을 가했고, 거짓 선지자를 판별하는 역할도 감당했다.[11] 고소당한 사람들을 취급하는 진행의 법칙은 공정성을 유지했으며, 가능한 한 고소당한 사람의 죄를 면해 줄 수 있도록 배려했다. 그런데 예수님을 재판할 때에는 그들의 이런 관례가 적용되지 않았다.

4. 유대인의 절기

유대인들은 즐길 줄 아는 민족으로 많은 절기 행사들이 있었다. 그러나 이방인들과는 달리 유대인들은 그들의 축제에서 하나님이 자비로우신 분으로 그의 백성들에게 모든 것을 제공해 주신다는 사실을 인정했다. 그래서 유대인들의 축제는 하나님이 인도하신 자신들의 과거 역사와 많은 관계가 있다. 유대인들이 세상의 물건들을 하나님의 선물로 생각하고 즐기는 축제 가운데 항상 그들의 종교적 헌신의 위치가 마련되어 있었다. 유대인들이 지킨 절기에는 다음과 같은 것들이 있다.

---

9) G.H. Twelftree, "Sanhedrin," *Dictionary of Jesus and the Gospels*(이후부터 *DJG*로 사용함), editors, J.B. Green, Scot McKnight, I.H. Marshall (Downers Grove: IVP, 1992), p. 730; Joachim Jeremias, *Jerusalem in the Times of Jesus* (Philadelphia: Fortress Press, 1978), p. 222.

10) 헤롯 대왕이 죽은 후 갈릴리와 베레아가 별개의 행정 구역으로 나누어졌기 때문에 예루살렘 산헤드린의 권한도 유대 땅으로 국한되었다. 따라서 예수님이 갈릴리와 베레아 지역에서 사역하고 있을 동안에는 예루살렘 산헤드린은 예수님에 대해 법적 권한을 행사할 수 없었다.

11) Ralph P. Martin, *New Testament Foundations, A Guide for Christian Students*, vol. I, pp.79~80.

유월절

출애굽을 기념하는 축제(출 12:2~14)이다. 무교절(Unleavened Bread)은 유월절과 함께 지내는 절기이다. 유월절은 새해 첫 달 만월에 지켜진다. 제 10일에 각 가족은 일년생 양을 골라 제 14일째 황혼에 흠 없는 이 양을 죽여 그 피를 문설주에 바른다. 양의 고기는 같은 날 구워서 먹되 남은 고기는 모두 태운다. 그 양의 뼈는 꺾지 않은 채 둔다. 가족은 급히 떠날 채비를 갖추고 양고기와 함께 무교병과 쓴 풀을 먹는다. 무교절 잔치(The Feast of Unleavened Bread)는 유월절 다음 날로부터 시작하여 칠일 동안 계속된다. 즉, 15일째 날부터 21일째 날까지 누룩을 사용하지 않은 빵을 먹는다. 복음서들은 예수님께서 유월절을 지키는 것과 연계하여 그의 구속 사역을 성취하신 것으로 기록한다(마 26:2; 막 14:12~31; 눅 22:7~23; 요 13:1~20).[12] 예수님은 유월절을 지키시면서 제자들을 위하여 성만찬을 제정해 주신다(눅 22:14~23).

장막절(Tabernacles)

장막절은 이스라엘이 출애굽하여 약속의 땅에 들어가기 전까지 그들이 장막생활 한 사실을 기념하기 위해 지키는 절기이다. 장막절을 지킬 때 잎으로 오두막집을 만들기 때문에 "부스"(Booths) 혹은 헛즈(Huts)라고도 불린다(레 23:42; 민 29:12~40). 장막절은 유월절, 오순절과 함께 유대 3대 절기 중의 하나이다. 모든 이스라엘 남자는 장막에 거하면서 희생 제사를 드려야 한다.

오순절(Pentecost) 혹은 **맥추절**(Harvest)

유월절 이후 49일(7주)이 지난 50일째 되는 날에 지키는 것이므로 '칠칠절'(weeks)이라고도 부른다(출 34:22). 이 절기는 밀의 첫 열매를 바치는 절기라고 하여 '초실절'이라고도 부른다(출 23:16). 맥추절은 후에 오순절(Pentecost)로 알려졌다. 오순절은 곳곳에 흩어져 사는 많은 유대인들을

---

12) M. O. Wise, "Feast," *Dictionary of Jesus and the Gospels*, editors: Joel B. Green, Scot McKnight, I. Howard Marshall (Downers Grove: IVP, 1992), p. 240.

예루살렘으로 불러들이는 즐거운 축제의 날이다. 이 날에 새로운 추수에서 얻은 새 밀가루와 누룩을 섞어 만든 빵 덩어리 두개를 바친다. 오순절에 누룩을 사용한 것은 무교절에 누룩을 사용하지 않는 것과 대비가 된다.[13] 그러나 더 깊은 신학적인 의의를 찾아본다면 유월절이 속박의 땅에서부터 해방된 것을 기념하는 의식이라면, 오순절은 약속의 땅을 소유한 것을 기념하는 의식으로 기쁨과 감사가 넘치는 잔치이다. 약속의 땅에 들어가는 것은 이스라엘 백성이 안식에 들어가는 것과 같다. 따라서 이런 오순절에 고통을 상기해 주는 무교병을 먹을 필요는 없었다.[14] 신약에서는 사도행전 2:1과 20:16 그리고 고린도전서 16:8에 오순절이 언급되어 있다.

봉헌절(Dedication)

봉헌절은 요한복음 10:22에 '수전절'이란 이름으로 나타난다. 봉헌절은 주전 164년에 유다 마카비(Judas Maccabaeus)가 성전 회복시킨 것을 기념하기 위해 지키는 절기이다(참고. 마카비전서 4:59; 마카비후서 10:8). 안티오커스 4세(Antiochus Epiphanes)는 유대인들의 종교를 말살하기 위해 BC 167년 예루살렘에 제우스 올림피오스(Zeus Olympios) 신전을 세웠다(참조, 마 24:15: 멸망의 가증한 것). 안티오커스 4세의 정책에 반대해서 마타타이아스(Mattathias)를 중심으로 한 하스모니안 제사장 가족이 무장궐기를 했고, 특히 유다 마카비는 게릴라전에 능숙하여 결국 안티오커스 4세로부터 종교적 자유를 보장 받았다. 그래서 유다 마카비가 BC 164년 안티오커스 4세에 의해 더러워진 성전을 정결하게 했고 이 일을 기념하여 봉헌절을 지킨다.

부림절(Purim)

부림절(Purim)은 유대인의 포로생활과 관계되어 생긴 절기이다(에 9:20~32). 이스라엘 백성이 바사(페르시아)에서 포로생활 할 때 하만이 이스라엘을 진멸하려는 간계를 꾸민다. 그러나 에스더와 모르드개의 용기와 지혜로

---

13) M.O. Wise, "Feasts," *DJG*, p.237.
14) 박형용, 『사도행전 주해』 (수원: 합동신학대학원출판부, 2007), p. 53.

이스라엘이 구원함을 받는다. 부림절은 이 구원함을 축하하는 절기이다.

이외에도 월삭(New Moon, 민 28:11)과 금식의 절기(행 27:9 참조), 안식일(Sabbath, 행 20:7) 등의 절기들이 있었다. 그런데 모세 오경에 기록된 세 가지 중요한 절기는 유월절, 오순절(혹은 맥추절), 그리고 장막절이다. 이스라엘 백성이 지킨 절기들을 보기 쉽도록 다음과 같이 도표로 그려본다.

이스라엘 백성의 3대 주요절기(출 23:14~16; 대하 8:13)

	유월절과 무교절	오순절(추수절, 첫열매 드리는 절기, 칠칠절)	장막절(초막절, Booths, Tents, Huts)
성경 구절	출 12:1~27, 43~49 레 23:5~8 민 9:1~14; 28:16~25	레 23:9~21	레 23:33~43
지키는 시기	유월절: 정월(니산월) 14일(현대력 3~4월) 무교절 : 유월절 후 칠일 간(14~21일)	유월절 이후 7주가 지난 날 (50일째의 날)	곡식 추수 후 가을 칠월 (티쉬리) 15~21일(현대력 9~ 10월)
지키는 방법	양을 희생시킴 . 양의 피를 문설주에 바름	수확의 첫 열매를 하나님께 바침. 유교병을 하나님께 바침	가장 중요하고 가장 사람들이 많이 참여하는 절기. 칠일 동안 나무잎으로 된 초막에서 생활
지키는 이유	이스라엘 백성이 출애굽한 사실을 기념하기 위해	밀 수확의 완성을 감사하는 절기	추수의 완성을 감사하며 광야에서의 장막생활을 상기하기 위해

5. 예수님 탄생 때의 영적 상황

유일신 사상

예수님 당시 이스라엘의 지도자들은 유일신을 확고하게 믿는 상태였다. 예수님이 탄생하셨을 때의 영적 상황을 논의할 때, 자칫 잘못하여 관계된 책들로부터 추론하게 되면 일반화된 진술이나 주관적 결론에 빠지게 될 우려가 있으므로 주의하여야 한다. 이러한 추론들은 전혀 옳은 것이 아닐 수 있다. 우상숭배로 말미암아 야기되었던 70여 년 간의 포로기 이후 이스라엘은 또 다시 이방신을 섬기는 나라가 결단코 아니었다. 특히 지도자들은 유일 신론의 입장을 확고히 하였으며, 일반 백성들은 지도자들의 효과적인 사역의 결과로 높은 존경심을 가지고 그들의 지도를 따랐다. 지도자들은 에스라의 뒤를 이어 율법을 회복하였다.

근본 정신이 실종된 율법

예수님 탄생 당시 이스라엘 지도자들의 율법에 대한 의식은 경직된 상태였다. 그들은 율법 자체에 과다한 비중을 둠으로 율법 자체가 백성들의 삶을 얽어매게 되었고, 율법의 근본정신은 실종되게 되어 버렸다. 이스라엘의 지도자들은 백성들을 획일적으로 통제하는 법적 구속의 제재 수단으로 율법을 사용했던 것이다. 그러므로 율법 자체가 거의 하나의 신처럼 되었다. 너무나 많은 규칙들과 교훈들을 율법에 담아 놓았기 때문에 사람들이 율법의 요구를 다 충족시키기란 참으로 어려운 일이었다.

맹인이 맹인을 인도하는 상황

예수님 당시의 상황은 백성들의 종교심을 북돋우며 이를 유지시키기 위하여 많은 노력들이 주어졌다. 성전에서는 예배를 인도하는 전문적인 사람들에 의해 매우 정교한 성전 의식이 거행되었다. 아울러 앞에서도 말했듯이 학파로는 샴마이와 힐렐로 대표되는 두 학파가 있었다. 공회 (Synagogue)는[15] 전국 어디에서나 찾아볼 수 있었으며, 절기는 잘 지켜지고 있었다. 서기관들, 바리새인들, 그리고 사두개인들이 지배계급으로서 백성들의 종교, 경제, 그리고 사회생활을 하나하나 간섭하고 지시하였다. 바울이 아덴의 사람들에게서 깊은 종교심을 느낄 수 있었던 것처럼 여기서 사람들이 모두 종교심이 깊은 것을 찾아볼 수 있다. 실로 "때가 차매"(갈 4:4) "경건의 모양은 있으나 경건의 능력은 부인하는 자들"(딤후 3:5)이 있었던 것이다.

사실상, 이 당시에는 지도자들과 백성들 사이에 커다란 괴리가 있었을

---

15) 공회는 이스라엘 백성들이 바벨론 포로 생활을 할 때에 시작된 것으로 알려져 있다. 이스라엘 백성들이 포로 생활로 인해 성전에서 하나님께 제사를 드릴 수 없게 되자 여기저기에서 회당 중심의 율법 교육과 예배가 시행되었다. 회당에서의 공적인 예배는 남자 어른 10명이 참석하면 그 성수가 찬 것으로 간주되었다. cf. W. Bacher, "Synagogue," *A Dictionary of the Bible Dealing with its Language, Literature and Contents including the Biblical Theology*, vol. Ⅳ, ed. James Hastings(New York : Charles Scribner's Sons, 1902), p. 640.

것이라는 인상을 받게 된다. 지도자들은 그들의 상아탑 속에서 종교의 모양을 연습하고 있었던 반면, 백성들은 그들의 지도자들을 존경하는 마음으로 종교의 모양을 따르고는 있었으나 하나님의 일에 대한 깊은 지식이나 확신은 미처 갖지를 못하고 있었던 것이다. 이 사실은 "바리새인들이 대답하되 너희도 미혹되었느냐, 당국자들이나 바리새인 중에 그를 믿는 이가 있느냐 율법을 알지 못하는 이 무리는 저주를 받은 자로다(요 7:47~49)"라는 진술에서 뒷받침이 된다. 예수님 당시의 이스라엘의 지도자들은 하나님의 일에 대한 명백한 확신이 없는 백성들을 율법의 많은 규칙들로 묶어 잘못 인도하고 있었던 것이다.

태초에 계신 말씀

1. 요한복음의 서막(요 1:1~18)

태초에 말씀이 계시니라 이 말씀이 하나님과 함께 계셨으니 이 말씀은 곧 하나님이시니라 그가 태초에 하나님과 함께 계셨고 만물이 그로 말미암아 지은 바 되었으니 지은 것이 하나도 그가 없이는 된 것이 없느니라 그 안에 생명이 있었으니 이 생명은 사람들의 빛이라 빛이 어둠에 비치되 어둠이 깨닫지 못하더라 하나님께로부터 보내심을 받은 사람이 있으니 그의 이름은 요한이라 그가 증언하러 왔으니 곧 빛에 대하여 증언하고 모든 사람이 자기로 말미암아 믿게 하려 함이라 그는 이 빛이 아니요 이 빛에 대하여 증언하러 온 자라 참 빛 곧 세상에 와서 각 사람에게 비추는 빛이 있었나니 그가 세상에 계셨으며 세상은 그로 말미암아 지은 바 되었으되 세상이 그를 알지 못하였고 자기 땅에 오매 자기 백성이 영접하지 아니하였으나 영접하는 자 곧 그 이름을 믿는 자들에게는 하나님의 자녀가 되는 권세를 주셨으니 이는 혈통으로나 육정으로나 사람의 뜻으로 나지 아니하고 오직 하나님께로부터 난 자들이니라 말씀이 육신이 되어 우리 가운데 거하시매 우리가 그의 영광을 보니 아버지의 독생자의 영광이요 은혜와 진리가 충만하더라 요한이 그에 대하여 증언하여 외쳐 이르되 내가 전에 말하기를 내 뒤에 오시는 이가 나보다 앞선 것은 나보다 먼저 계심이라 한 것이 이 사람을 가리킴이라 하니라 우리가 다 그의 충만한 데서 받으니 은혜 위에 은혜러라 율법은 모세로 말미암아 주어진 것이요 은혜와 진리는 예수 그리스도로 말미암아 온 것이라 본래 하나님을 본 사람이 없으되 아버지 품 속에 있는 독생하신 하나님이 나타내셨느니라 (요 1:1-18, 개역개정)

사도 요한이 사용한 "태초"

사도 요한은 자신의 복음서를 "태초에"로 시작한다. 만일 요한복음이 마태복음보다 순서상 먼저 나온다면 신약을 시작하는 말로서 이보다 더 적절한 표현이 없을 것이다. 왜냐하면 구약과 신약의 통일성이 보다 더 선명하게 나타날 것이기 때문이다.

창세기에서나 요한복음에서 "태초에"라는 말은 문맥상 절대적인 의미를 내포하고 있다. "태초에"라는 말은 모든 것의 시작을 뜻하며, 우주의 시작을 뜻한다. 사도 요한이 자신의 복음서를 시작하면서 "태초에"라는 용어로 시작한 것은 그의 생각이 하나님의 창조와 창세기의 창조 기록에 미치고

있음을 증거 하는 바다.[1]

이렇게 신약과 구약이 동일한 단어로 시작되는 것을 성령께서 원하셨다는 것은 의심할 여지가 없다. 인간이란 시간과 더불어 시작하는 존재인지라 "태초에"라는 말은 우리로 하여금 즉각적으로 영원의 세계를 바라보게 하기 때문이다. 창세기는 "태초에 하나님이… "로, 요한복음은 "태초에 말씀이… "로 시작하고 있다. 하나님께서 창세기의 첫 번째 창조에서 그리고 요한복음의 두 번째 창조에서 시간 속에 개입해 들어오셨음을 말하고 있다. 요한복음의 첫 말은 태초에 하나님과 함께 계셨던 "말씀"이 어떻게 시간, 역사, 그리고 유형의 모습으로 들어오게 되었는지를 요약하고 있다.[2]

태초에 계신 말씀

요한 사도는 태초에 계신 말씀이 "하나님이시다"라고 증언한다. 요한은 태초에 계신 "말씀"이 하나님이시고 곧 그 하나님이 예수 그리스도라고 말한다. 요한 사도는 지금 "태초"에 활동하셨던 그리스도가 성육신 하신 예수님이

---

1) 사도 요한이 요한복음을 시작하면서 창조의 사건과 창세기의 창조기록을 생각했다는 증거를 몇 가지로 지적할 수 있다. 첫째, 창세기처럼 사도 요한은 그의 복음서를 "태초에"로 시작한다. 요한복음 서두의 "태초에"를 읽자마자 우리는 창세기의 "태초"를 생각하게 된다. 사도 요한은 "말씀"으로 성육신 하신 예수님이 창조 시에 활동하고 계셨음을 분명히 한다. 둘째, 창세기의 창조 기사는 하나님이 6일 동안 창조하시고 7일째 쉬신다. 그래서 일주일이 7일이라는 패턴이 나타난다. 그런데 사도 요한도 7일의 패턴을 사용하면서 요한복음을 시작한다. 요한복음 서언(요 1:1-18)이 끝난 즉시 세례 요한의 사역을 전개시키면서 첫째 날 사건을 요한복음 1:19-28, 둘째 날 사건을 요 1:29-34, 셋째 날 사건을 요 1:35-42, 넷째 날 사건을 요 1:43-51에서 설명한다. 그리고 가나의 혼인잔치는 일곱째 날에 발생했음을 요 2:1에서 밝힌다. 사도 요한은 "이튿날"을 세 번 사용하고(요 1:29, 35, 43), 그리고 "사흘 되던 날에"(요 2:1)를 사용함으로 7일이라는 시간 표식을 분명히 한다. 셋째, 창세기의 에덴동산도 아담과 하와의 결혼으로 시작되었는데, 예수님의 사역 역시 결혼식을 축복하시는 사건으로 시작한다(요2:1-11). 처음 창조도 결혼으로 시작되었고, 예수님의 사역도 결혼을 축복하시는 것으로 시작되었으며, 새 하늘과 새 땅에서도 신랑 되신 예수님과 신부인 교회가 결혼식을 갖게 될 것이다. 넷째, 지금까지 언급한 첫째, 둘째, 셋째의 내용보다는 더 직접적이 되지 못하지만, 신학적인 의미로 연결시켜 볼 때 창세기의 에덴동산은 하나님과 사람이 자유스럽게 만날 수 있는 장소였다. 그러나 죄가 세상에 들어온 이후(창 3장) 사람이 하나님을 만나는 것이 쉽지 않게 되었다. 그러나 하나님은 은혜로우셔서 성전을 만드시고 거기서 사람과 만날 수 있도록 하셨다. 그래서 성전에서 제사장들이 백성의 죄를 위해서 하나님께 제사를 드리곤 한 것이다. 그런데 예수님은 사역 초기에 성전을 정화시키면서 성전과 자신의 몸을 연계시키신다(요 2:21). 이 말씀은 죄 문제를 해결하시고 성전의 의미를 완성시키기 위해 오신 예수님의 사역의 목적이 여기에 함축되어 있으며, 종국적으로 예수님의 죽음과 부활을 통해 에덴동산에서 있었던 하나님과 사람과의 관계가 회복되는 의미가 있다. 공관복음서는 예수님의 지상 생애 말기 예루살렘에 입성하실 때 성전 청결 사건만을 기록하고 있는데(마 21:12-17; 막 11:15-18; 눅 19:45-47), 요한복음은 생애 초기에 있었던 성전 청결 사건을 기록한다(요 2:12-22). 이와 같은 사실은 사도 요한이 예수님의 생애와 사역을 어떤 방향에서 바라보고 있는지를 암시해주고 있다.

2) Frank Kermode, *Journal for the Study of the New Testament 28*, 1986, pp.3-16.

라고 말하고 있다. 그 이유는 요한의 때가 신약의 시대(the dispensation of the New Testament)에 속하여 있으며 또 요한은 예수 그리스도에 관하여 쓰기를 원했기 때문이다. 요한은 예수 그리스도가 영원 전부터 계신 분임을 보여주기 원한 것이다. 말씀의 영원성은 성부의 영원성과 완전히 일치하며, 따라서 하나님과 말씀은 더불어 영원하시며, 서로 대등하신 것이다.

그러면 도대체 "말씀"이란 어떤 분이신가? 성부께서 피조 된 분이 아니듯이 말씀 자신 또한 피조 된 분이 아니시다. 만일 예수 그리스도가 하나님과 동일한 분이라면, 영원하신 분은 본질상 한 분이실 수밖에 없음으로, 그도 또한 영원하신 분이셔야 한다. 예수 그리스도는 하나님이시다. 바로 이 사실을 요한은 요한복음 1장 서두에서 말하고자 하는 것이다.

"말씀"이라는 말은 헬라어 "로고스(λόγος)"라는 말에서 왔다. 하나님께서 예수님을 가리켜 "말씀"이라 하실 때, 하나님은 우리에게 무엇을 말씀하시기 원한 것일까? 그 "말씀"은 바로 의사 전달이자 계시인 것이다. 그것은 하나님과 인간, 양쪽 모두의 침묵을 깨는 것이다. 그것은 상대의 생각에다 자신의 생각을 개입시키는 것, 즉 전달하고, 드러내 보이고, 표현하는 것이다. 이것이 바로 하나님께서 예수 그리스도 안에서 이루신 것이며, 그러기에 예수 그리스도는 곧 인간에게 하나님의 뜻을 전하기 위한 하나님의 신적 계시인 것이다.[3]

그래서 히브리서 기자는 "옛적에 선지자들을 통하여 여러 부분과 여러 모양으로 우리 조상들에게 말씀하신 하나님이 이 모든 날 마지막에는 아들을 통하여 우리에게 말씀하셨으니"(히 1:1~2, 개역개정)라고 말한 것이다. 하나님은 인간 세계의 사건 속에 개입해 오셨으며, 죄의 장벽을 뚫기 위하여 예수 그리스도를 보내셨다. 또한 구약에서 볼 수 있는 것과 같은 선포되어진 말씀, 곧 "하나님이 이르시되 빛이 있으라 하시니…(창 1:3)", "하나님이 이르시되 우리의 형상을 따라 우리의 모양대로 우리가 사람을 만들고…(창 1:26, 개역개정)", "여호와의 말씀으로 하늘이 지음이 되었으며…(시 33:6,

---

3) 본 주해서를 쓴 후에 마침 같은 견해를 견지하고 있는 주해서를 발견하고 독자들을 위해 기쁜 마음으로 그 주해서의 참고를 권하고 싶다. Cf. D.A. Carson, *The Gospel according to John*(Leicester: IVP, 1991), p. 116: "In short, God's 'Word' in the Old Testament is his powerful self-expression in creation, revelation and salvation, and the personification of that 'Word' makes it suitable for John to apply it as a title to God's ultimate self-disclosure, the person of his own Son."

개역개정)” 등의 말씀도 사람에게 전달된 하나의 계시인 것이다.

따라서 예수 그리스도는 사람에게 주신 하나님의 계시이며, 또한 예수 그리스도는 육신의 모양을 입고 오셔서(롬 8:3) 우리 가운데 거하시면서 말씀하시고 기적을 행하시며 죽으시고 다시 살아나심으로 사람에게 자신을 계시하시는 하나님이시다. 이러한 모든 것이 하나님 자신을 계시하시는 것이다. 이런 맥락에서 그리스도를 바라볼 때 우리는 성경의 모든 페이지에서, 또 그가 이룩한 모든 말씀과 행위에서 뜻 깊은 의미를 지닌 하나님의 계시를 보게 된다. 확실히 예수 그리스도는 역사에 있어서 유일하고도 새로운 분이시다. 하나님은 예수 그리스도 안에서 성령으로 말미암아 모든 것을 새롭게 하시는 것이다.

말씀과 하나님을 동일시함

요한 사도는 “이 말씀은 곧 하나님이시니라”(καὶ θεὸς ἦν ὁ λόγος)고 “말씀”과 “하나님”을 동일시한다. 어떤 사람은 “하나님”이라는 말에 정관사가 없기 때문에 이는 하나님을 뜻하지 않고 신적(divine)이란 의미를 가지고 있다고 주장한다. 그러나 이런 주장은 몇 가지 이유로 인정할 수 없는 주장이다.

① 만약 사도 요한이 “이 말씀은 신적인 것이다”라고 쓰기를 원했다면 데오스(θεός) 대신에 데이오스(θεῖος, divine)를 사용했을 것이다. 신적이란 의미를 표현하는데 데오스(θεός)보다 더 명백한 데이오스(θεῖος)가 있는데 여기서 데오스를 구태여 사용할 필요가 없는 것이다. 여기서 요한 사도가 “이 말씀은 곧 하나님이시니라”(요 1:1)고 “말씀”과 “하나님”을 동일시한 데는 의도가 담겨있다.

② 본문의 데오스(θεός)는 문장의 술어로 정관사가 필요하지 않다. 문법적으로 볼 때 주어를 설명하는 명사가 주격 보어의 역할을 할 때 얼마든지 관사 없이 사용되는 예가 많기 때문이다.[4] 렌스키는 “여기 데오스(θεός) 앞에 정관사를 생략시켜 데오스를 주어로 읽지 않고 술어로 읽도록 확실하

---

4) Maximilian Zerwick, *Biblical Greek* (Roma: Editrice Pontificio Istituto Biblico, 1963), p. 56(section 175): "a noun preceding the verb and lacking the article should not be regarded as ⟨qualitative⟩ on the mere grounds of the absence of the article (e.g. Jo 1,1 καὶ θεός ἦν ὁ λόγος); a noun following the verb lacking the article should <u>a fortiori</u> be taken as ⟨qualitative⟩."

게 해 주는 것이다"5)라고 말한다. 예를 들면 요한복음 1:49의 "당신은 이스라엘의 임금이로소이다"(σὺ βασιλεὺς εἶ τοῦ 'Ισραήλ)의 경우 임금(βασιλεὺς) 앞에 정관사가 없으며, 요한복음 8:39의 "너희가 아브라함의 자손이면"(εἰ τέκνα τοῦ 'Αβραάμ ἐστε)의 경우 자손(τέκνα) 앞에 정관사가 없고, 요한복음 17:17의 "아버지의 말씀은 진리니이다"(ὁ λόγος ὁ σὸς ἀλήθειά ἐστιν)의 경우 진리(ἀλήθεια) 앞에 정관사가 없다. 이처럼 주격 보어의 역할을 하는 명사는 정관사 없이 사용될 수 있는 것이다.

③ 사도 요한이 데오스(θεός) 앞에 정관사를 붙였다면 사실상 그 의미는 본문에서 나타내고자 하는 의미라기보다는 다른 의미가 될 것이다. 데오스 앞에 정관사가 붙여지면 제 2위이신 말씀(ὁ λόγος)과 제 1위이신 하나님(ὁ θεός)이 너무 철저하게 동일시되어져 "말씀이 하나님과 함께 계셨다"(ὁ λόγος ἦν πρὸς τὸν θεόν)는 표현을 사용할 수 없는 것이다.

이처럼 사도 요한은 예수님이 메시아이시며 하나님이심을 그의 특별한 표현으로 설명하고 있다. 요한은 제 1위 되신 하나님과 예수님을 혼동시키지 않으면서도 예수님이 하나님 되심을 분명히 밝히고 있는 것이다. 이처럼 요한복음의 서언은 삼위일체 하나님의 교리를 잘 설명해 주고 있는 것이다.

증인의 기능과 의미

증인은 증거 하는 내용과 깊은 연관을 가지고 있다. 그리고 증인의 증거는 신실성이 그 생명이다. 증인의 기능은 다음의 세 가지로 설명될 수 있다.

① 증인의 첫 번째 기능은 증거를 제시하는 것이다. 증인은 자신이 정확히 알고 있다고 생각하는 사건, 말, 행위, 사상, 주제 등을 알려주어야 한다. 어떤 의미에서는 증인 자신의 개인 성품, 기호 등은 그러한 것들이 진실을 제시하는데 도움이 될 경우가 아니면 중요한 것으로 고려되지 않는다. 증인은 자기 자신이 관찰하여 알고 있는 것을 변경시키지 않고 그대로 증거 하는 사람이다.6)

---

5) R.C.H. Lenski, *The Interpretation of St. John's Gospel* (Minneapolis : Augsburg publishing House, 1943), p. 33.

6) 증거(μαρτυρία)라는 용어는 증거의 내용을 구체적으로 가리킬 때 사용되기도 하며(고전 1:6: "그리스도의 증거가 너희 중에 견고케 되어"), 또한 증거의 행위를 하고 있는 사람을 가리킬 때도 사용된다(막 14:55). cf. Johannes P. Louw and Eugene A. Nida(editors), *Greek-English Lexicon of the New Testament*

② 증인의 두 번째 기능은 어떤 희생을 감수하더라도 진리를 밝히는 것이다. 증인이라는 말에 담긴 의미는 피를 흘리는 경우라도 진리를 지키며, 도전받고 있는 진리의 절대성을 분명히 하기 위하여 자신의 생명마저 희생한다는 것과 관련되어 있다. 증인이라는 말은 스데반에서 전형적 예를 보듯이, 그리스도를 위하여 순교자가 되었을 때 비로소 두 번째의 의미를 갖게 된다.

③ 증인의 세 번째 기능은 자신의 체험을 있는 그대로 전하는 것이다. 증인은 사건이 발생한 현장에 있었던 사람이다. 그리고 증인은 객관적으로 목격한 사실을 정직하게 말할 책임이 있다. 따라서 증인은 개인적으로 체험한 경험을 말해야 한다. 이것은 증거 해야 할 사건의 객관적 진술뿐만 아니라 우리 자신의 체험과 우리 내부 안에서 일어난 주관적인 확신도 함께 고려해야 하는 것이다.

사도 요한은 첫 번째 의미로 그리스도 사건을 증거 하는 역할도 하지만 두 번째 의미인 순교를 각오하고 증인 역할을 하고 있으며, 또한 세 번째 의미인 예수 그리스도에 대한 자신의 확실한 신념도 함께 전하고 있는 것이다.

자신을 계시하신 하나님

결국 요한복음 서언이 강조하고 있는 것은 하나님이 자신을 궁극적으로 나타내셨다는 의미로 말씀(the Word)의 계시를 이해해야 한다는 것이다. 요한복음 1:1과 요한복음 1:18을 비교하면 이 사실이 분명해진다. 요한복음 1:18의 "아버지의 품속에 있는"은 요한복음 1:1의 "하나님과 함께"와 같은 뜻이며, 요한복음 1:18의 "독생하신 하나님"은 요한복음 1:1의 "곧 하나님이시니라"와 같은 뜻이다. 이처럼 요한복음 1:1과 1:18이 같은 주제를 다루면서 하나님 자신이 성육신하신 그리스도를 통해 자신을 계시하셨다는 것을 분명히 설명하고 있는 것이다.[7]

2. 요한복음의 주된 가르침들

요한 사도는 요한복음 1:14과 요한복음 20:31에 나타난 두 가지 주제를

---

based on Semantic Domains, vol. I (New York : United Bible Society, 1988), p. 418(33.264)
7) D.A. Carson, *The Gospel according to John* (Leicester: IVP), p. 135.

중심으로 복음서를 기록해 나간다. 그는 예수 그리스도를 통해서 계시된 하나님의 영광을 독자들이 볼 수 있기를 원했다. 그리하여 기적과 표적들을 보여줌으로써, 또 증인들에 의해 제시되는 증거 및 간증들, 그리고 그가 제시하고 있는 예수님의 교훈과 가르침 등을 통해서 이 일을 하고자 한다. 기적과 증언들은 각각 적어도 일곱 가지 정도는 살펴볼 수 있으며, 또 각 장에서 마다 많은 가르침들을 볼 수가 있다.

일곱 가지 표적 및 기적들
　① 물을 가지고 포도주를 만드심(요 2:1~11)
　② 왕의 신하의 아들을 고치심(요 4:46~54)
　③ 베데스다 못가에서 병자를 고치심(요 5:1~47)
　④ 오천 명을 먹이심(요 6:1~15)
　⑤ 물위를 걸으심(요 6:16~21)
　⑥ 나면서부터 맹인인 자를 눈 뜨게 하심(요 9:1~41)
　⑦ 나사로의 부활(요 11:1~46)
　물론 기적 중에 최고의 극치는 요한복음 20:1~31에 나타난 바대로 예수 그리스도의 부활이다.

일곱 가지 증언과 고백들
　예수님에 대한 이 증언들은 요한복음 1:19,22의 "네가 누구냐?"라는 질문에 대한 답변으로 주어진다.
　① 세례 요한 – "그는 하나님의 아들이시다"(요 1:34)
　② 안드레 – "우리가 메시아를 만났다 하고(메시아는 번역하면 그리스도라)"(요 1:41, 개역개정)
　③ 나다나엘 – "랍비여, 당신은 하나님의 아들이시요 당신은 이스라엘의 임금이로소이다"(요 1:49, 개역개정)
　④ 시몬 베드로 – "우리가 주는 하나님의 거룩하신 자이신 줄 믿고 알았사옵나이다"(요 6:69, 개역개정)
　⑤ 사마리아 여인과 동네 사람들 – "내가 행한 모든 일을 내게 말한 사람을

와서 보라 이는 그리스도가 아니냐 하니…이제 우리가 믿는 것은 네 말을 인함이 아니니 이는 우리가 친히 듣고 그가 참으로 세상의 구주신줄 앎이니라 하였더라"(요 4:29, 42, 개역개정)

⑥ 마르다 – "이르되 주여 그러하외다 주는 그리스도시요 세상에 오시는 하나님의 아들이신 줄 내가 믿나이다"(요 11:27, 개역개정)

⑦ 도마 – "나의 주님이시요 나의 하나님이시니이다"(요 20:28, 개역개정)[8]

어떤 이는 본문에서 "나의"(μου)가 두 번 사용되었기 때문에 이는 도마에게만 해당되는 것이지 온 우주적인 차원에서 예수님의 주님 되심과 하나님 되심을 뜻하는 것은 아니라고 주장하나 이는 오히려 도마의 개인적인 신앙고백을 통해 예수님의 주님 되심과 하나님 되심을 강조하고 있는 것이다.

3. 세례 요한의 출생과 예수님의 탄생 준비

세례 요한의 출생을 알리는 수태고지(눅 1:5~25)

유대 왕 헤롯 때에 아비야 반열에 제사장 한 사람이 있었으니 이름은 사가랴요 그 아내는 아론의 자손이니 이름은 엘리사벳이라 이 두 사람이 하나님 앞에 의인이니 주의 모든 계명과 규례대로 흠이 없이 행하더라 엘리사벳이 잉태를 못하므로 그들에게 자식이 없고 두 사람의 나이가 많더라 마침 사가랴가 그 반열의 차례대로 하나님 앞에서 제사장의 직무를 행할새 제사장의 전례를 따라 제비를 뽑아 주의 성전에 들어가 분향하고 모든 백성은 그 분향하는 시간에 밖에서 기도하더니 주의 사자가 그에게 나타나 향단 우편에 선지라 사가랴가 보고 놀라며 무서워하니 천사가 그에게 이르되 사가랴여 무서워하지 말라 너의 간구함이 들린지라 네 아내 엘리사벳이 네게 아들을 낳아 주리니 그 이름을 요한이라 하라 너도 기뻐하고 즐거워할 것이요 많은 사람도 그의 태어남을 기뻐하리니 이는 그가 주 앞에 큰 자가 되며 포도주나 독한 술을 마시지 아니하며 모태로부터 성령의 충만함을 받아 이스라엘 자손을 주 곧 그들의 하나님께로 많이 돌아오게 하겠음이라 그가 또 엘리야의 심령과 능력으로 주 앞에 먼저 와서 아버지의 마음을 자식에게, 거스르는 자를 의인의 슬기에 돌아오게 하고 주를 위하여 세운 백성을 예비하리라 사가랴가 천사에게 이르되 내가 이것을 어떻게 알리요 내가 늙고 아내도 나이가 많으니이다 천사가 대답하여 이르되 나는 하나님 앞에 서 있는 가브리엘이라 이 좋은 소식을 전하여 네게 말하라고 보내심을 받았노라 보라 이 일이 되는 날까지 네가 말 못하는 자가 되어 능히 말을 못하리니 이는 네가 내 말을 믿지 아니함이거니와 때가 이르면 내 말이 이루어지리라 하더라 백성들이 사가랴를 기다리며 그가 성전 안에서 지체함을 이상히 여기더라 그가 나와서 그들에게 말을 못하니 백성들이 그가 성전 안에서 환상을 본 줄 알았더라 그가 몸짓으로 뜻을 표시하며 그냥 말 못하는대로 있더니 그 직무의 날이 다 되매 집으로 돌아가니라 이후에 그의 아내 엘리사벳이 잉태하고 다섯 달 동안 숨어 있으며 이르되 주께서 나를 돌보시는 날에 사람들 앞에서 내 부끄러움을 없게

---

8) ὁ κύριός μου καὶ ὁ θεός μου.(요 20:28).
  이 문장을 "나의 주님은 역시 나의 하나님이십니다"라고 서술적인 진술로 번역할 수도 있으나, 오히려 한글 개역처럼 "나의 주시며 나의 하나님이시니이다"라고 예수님을 부르는 호격(vocative address)으로 번역하는 것이 바르다. 헬라어에서 주격을 사용하여 호격의 효과를 나타내는 경우가 있는데 바로 이 경우가(κύριος, θεός) 주격을 사용하여 그 의미를 강조하는 예이다. 참조, M. Zerwick, *op. cit.*, p. 11(section 34).

① 세례 요한 출생 당시의 상황

누가복음 1:5~25은 세례 요한의 출생 경위를 설명한다. 세례 요한의 출생 당시 유대는 이두메 사람이었던 헤롯 대왕(BC 40~4)이 다스리고 있었다. 세례 요한의 부모인 사가랴와 엘리사벳은 둘 다 아론의 자손이며 레위지파의 제사장 가문에 속한 후손들이었다. 사가랴는 직무에 따라 다윗이 구분하여 놓은(대상 24:3f.; 아비야의 이름이 대상 24:10에 언급되어 있다) 제사장 24 반열 가운데 하나에 속해 있었으며, 이 구분에 따라 각 반열은 대략 1년에 두 번씩 제사를 집례 했다.9) 제사직을 수행하는 이외의 나머지 기간 동안 제사장들은 자신들이 사는 마을에서 농사를 지으면서 보냈을 것으로 생각된다.

사가랴는 헤브론 가까이에 있는 "유대의 고원 지방"에서 살았다. 그에게 주어진 일은 주의 성소에 들어가 분향하는 일이었는데 그의 일생에 있어 처음이자 한번 뿐인 일이었다. 마침 그 때에 성전의 의무가 아비야 반열에 주어졌으며, 특별히 성전에 분향하는 임무가 주어졌던 것이다. 요세푸스는 이스라엘에 약 20,000명에 달하는 제사장들이 있었으며, 각각의 반열에는 대략 900명 정도가 있었던 것으로 추정을 했다.

제사장들은 이스라엘 출신의 처녀와 결혼할 수 있으나 제사장의 딸과 결혼하는 것을 더 좋게 여겼다. 왜냐하면 유대인들은 제사장의 혈통의 순수성을 중요하게 생각했기 때문이다. 사가랴의 아내 엘리사벳은 "아론의 자손"(눅 1:5)이란 표현이 설명하듯 제사장의 딸이었음에 틀림없다.10)

사가랴와 엘리사벳 부부는 하나님이 보시기에 의로우며, 경건한 사람들인 것으로 묘사되고 있으며, 이러한 것은 불의에 타협치 않는 의로운 처세로 말미암아 사람들이 보기에도 자명한 사실이었다. 그러나 그들에게는 자식이 없었다.

② 성전에서의 수태고지

죄가 세상에 들어왔기 때문에 특별계시가 필요하다. 그러기에 하나님께서

---

9) 예수님 당시 보통 제사장들의 임무에 대한 자세한 설명은 Joachim Jeremias, *Jerusalem in the Time of Jesus* (Philadelphia: Fortress, 1969), pp. 198-207을 보라.

10) J. Jeremias, *Jerusalem*, pp. 213-221; I. Howard Marshall, *Commentary on Luke* (*New International Greek Testament Commentary*, Grand Rapids: Eerdmans, 1978), p. 52.

는 자신을 성전에서 계시하셨다. 우리가 아는 범위에서 볼 때, 이 계시는 성전에서 하나님을 섬기는 종인 제사장에게 천사를 보내어 계시하셨다는 점에서 처음 있는 일이거니와 "보라 내가 만물을 새롭게 하노라" 하신 예언의 성취 중 한 부분이기도 하다. 그것은 하나님이 직접 나타나지 않으셨다는 점에서는 감추어진 계시(veiled revelation)이기도 하지만 천사의 지위가 높은 가브리엘이라는 점에서 이 계시의 중요성을 보여주고 있다. 이 장면을 이사야 6:1~8에 기록되어 있는 성전에서의 이사야의 환상과 비교하여 보라.

누가복음 1:13, "천사가 그에게 이르되 사가랴여 무서워하지 말라 너의 간구함이 들린지라 네 아내 엘리사벳이 네게 아들을 낳아 주리니 그 이름을 요한이라 하라"(개역개정)에 나타난 천사 가브리엘의 말과 그 의미를 유의해 보라.

첫째, "무서워하지 말라"라는 표현은 구약에서도 자주 사용되었으며(창 15:1; 26:24; 단 10:12, 19), 예수님께서 자신을 계시하실 때도 사용하셨다(눅 5:10; 8:50). 본문의 경우는 하나님의 임재를 가리키는 표현이라고 할 수 있다. 그런데 사가랴와 같이 거룩한 사람조차도 두려워해야 하는가? 그 이유는 하나님의 임재는 축복과 심판으로 나타나기 때문이다. 하나님의 임재가 아브라함에게는 축복이었지만 소돔과 고모라 성에는 심판으로 임했기 때문이다(창 18장~19장). 그래서 천사가 사가랴에게 그의 방문이 축복임을 밝히고 두려워말라고 한 것이다.

둘째, 그는 무엇을 위해 기도해왔었는가? 사가랴의 기도 제목 중의 하나는 아들을 달라는 기도였다(눅 1:13). 그러나 그는 그와 그의 아내의 나이가 연로해짐으로 그 기도를 오래 전에 포기했었다. 때때로, 하나님은 기도가 드려지고 난지 오랜 시간이 지나서야 비로소 기도에 응답을 하시기도 한다. 사가랴의 또 다른 기도 제목은 이스라엘의 구원에 관한 것이었다. 그는 또한 오랜 동안 이스라엘의 구원을 위해 기도하였음에 틀림이 없다. 그는 이스라엘을 위한 구원자를 위해 기도했을 것이다. 그의 기도의 두 가지 내용이 요한의 탄생과 더불어 모두 응답이 되었다. 왜냐하면, 요한이 출생함으로 구세주가 곧 오시게 될 것이기 때문이다.

셋째, 신약에 나타난 이 수태고지는 구약에서 아브라함에게 있었던 하나님의 계시와 비교되어야 한다. 이에 담긴 언약적 의미를 살펴보아라.

넷째, 요한에 관한 천사의 예언을 주목하라.

* 요한은 포도주나 소주를 마시지 않을 것이다.
* 요한은 성령의 충만함을 입을 것이다.
* 요한은 많은 사람을 하나님께로 돌아오게 할 것이다.
* 요한은 주의 길을 예비할 것이다.
* 많은 사람들이 그의 출생을 기뻐할 것이다.

사가랴의 반응은 어떠하였는가?

첫째, 놀라고 무서워하였다.

둘째, 의아해하는 태도를 취했다.

셋째, 믿지 못했다.

천사가 보여준 그 아름다운 표현에 주목하라. 사가랴는 "내가 이것을 어떻게 알리요 내가 늙고 아내도 나이 많으니이다"(눅 1:18, 개역개정)라고 말했을 때, 천사는 "나는 하나님 앞에 서 있는 가브리엘이라 이 좋은 소식을 전하여 네게 말하라고 보내심을 받았노라"(눅 1:19, 개역개정)고 말했다. 이는 다른 말로 해서 "너, 두려워하며 의심하는 자여, 네가 하나님으로부터 직접 보내심을 받은 자를 대하고 있다는 사실을 알아라"는 말과 같다. 그래서 천사의 말이 "이 일이 되는 날까지 네가 벙어리가 되어 능히 말을 못하리니(그런데 본 저자의 생각에는 사가랴가 듣지도 못하게 되는 것 같다. 왜냐하면 나중에 사람들이 그에게 형용하여 물어보았기 때문이다)"라고 덧붙여지게 된다.[11] 사가랴가 천사의 말을 믿지 못함으로 벙어리가 된 것은(눅 1:20) 먼저 책망과 징계의 뜻을 가지고 있으며(이는 내 말을 네가 믿지 아니했기 때문이다), 그 다음으로 앞으로 있을 사건의 확실성을 표시하기 위한 뜻이 있으며(참고, 창 15:9~21; 삿 6:36~40; 왕하 20:8~11; 눅 1:36; 2:12), 그리고 마지막으로 하나님의 구속 계획을 적당한 시간이 될 때까지 사람에게 나타내시지 않으려는 뜻이 담겨 있다(참고, 단 8:26; 12:4, 9; 계 10:4).[12] 아마도

---

11) 렌스키(R.C.H.Lenski, *The Interpretation of St. Luke's Gospel*, Minneapolis: Augsburg, 1946, p. 96)는 사가랴가 벙어리 된 것은 확실하나 듣지도 못하게 되었다고 주장하는 것은 근거 없는 추정이라고 일축한다. 그러나 Norval Geldenhuys〈*Commentary on the Gospel of Luke(NICNT)*, Grand Rapids: Eerdmans, 1968, p. 90)와 I. Howard Marshall (*Commentary on Luke*, p. 88)은 사가랴가 벙어리임과 동시에 귀머거리였다고 말한다.

벙어리가 된 기간은 사가랴가 하나님의 새로운 선물과 자신의 신앙의 부족을 묵상하는 데에 충분한 시간이 되었을 것이다. 우리라도 이런 상황에서는 사가랴와 다르지 않았을 것이다.

넷째, 사가랴는 의심했던 까닭에 백성들을 축복할 수 없었다.

제사장은 성전에서 제사의식을 끝낸 후 다시 백성 앞에 나타나 하나님께서 죄를 용서해 주셨다는 복된 소식을 전하게 된다. 그러나 사가랴는 벙어리가 되었기 때문에 그 축복을 할 수가 없었다.

③ 아이의 이름(눅 1:57-66)

엘리사벳이 해산할 기한이 차서 아들을 낳으니 이웃과 친족이 주께서 그를 크게 긍휼히 여기심을 듣고 함께 즐거워 하더라 팔 일이 되매 아이를 할례 하러 와서 그 아버지의 이름을 따라 사가랴라 하고자 하더니 그 어머니가 대답하여 이르되 아니라 요한이라 할 것이라 하매 그들이 이르되 네 친족 중에 이 이름으로 이름 한 이가 없다 하고 그의 아버지께 몸짓하여 무엇으로 이름을 지으려 하는가 물으니 저가 서판을 달라 하여 그 이름을 요한이라 쓰매 다 놀랍게 여기더라 이에 그 입이 곧 열리고 혀가 풀리며 말을 하여 하나님을 찬송하니 그 근처에 사는 자가 다 두려워하고 이 모든 말이 온 유대 산골에 두루 퍼지매 듣는 사람이 다 이 말을 마음에 두며 이르되 이 아이가 장차 어찌 될까 하니 이는 주의 손이 그와 함께 하심이러라 (눅 1:57-66, 개역개정)

누가복음 1:57~66은 사가랴의 아들이 왜 세례 요한이란 이름을 가졌는지 설명한다. 이웃 사람들은 엘리사벳이 아이의 이름을 요한이라고 할 것이라고 하자 아마도 그녀가 아이의 출생으로 인하여 충격을 받은 것으로 생각을 했다. 결국, 그들은 사가랴에게로 가서 그에게 형용하여 아이의 이름이 사가랴가 되어야 한다는 것을 알렸다. 그러나 사가랴는 아이의 이름을 요한이라고 서판에 썼으며, 그러자 곧 그의 입이 열리고 혀가 풀리게 되었다.

벙어리가 되기 전에 사가랴가 천사와 나누었던 마지막 말은 의심의 말이었으나, 이제 입이 열리면서 말한 첫 번째 말은 찬양의 말이었다. 요한이라는 이름은 새로운 일이 시작되고 있음을 알리는 새로운 이름이었다. 하나님의 승리의 방식을 보라. 그는 행동하는 분이시다. 그는 사람들에게 나아가시며, 이렇듯이 이름들을 주신다. 그는 모든 것을 완전하게 주관하고 계신다.

---

12) R. E. Brown, *The Birth of the Messiah: A Commentary on the Infancy Narratives in Matthew and Luke* (New York: Doubleday, 1977), p. 263; cf. John Nolland, *Luke 1-9:20: Word Biblical Commentary*, vol. 35A (Dallas: Word Books, 1989), pp. 32-33.

예수님의 탄생을 마리아에게 알리심(눅 1:26~38)

여섯째 달에 천사 가브리엘이 하나님의 보내심을 받아 갈릴리 나사렛이란 동네에 가서 다윗의 자손 요셉이라 하는 사람과 약혼한 처녀에게 이르니 그 처녀의 이름은 마리아라 그에게 들어가 이르되 은혜를 받은 자여 평안할지어다 주께서 너와 함께 하시도다 하니 처녀가 그 말을 듣고 놀라 이런 인사가 어찌함인고 생각하매 천사가 이르되 마리아여 무서워하지 말라 네가 하나님께 은혜를 입었느니라 보라 네가 잉태하여 아들을 낳으리니 그 이름을 예수라 하라 그가 큰 자가 되고 지극히 높으신 이의 아들이라 일컬어질 것이요 주 하나님께서 그 조상 다윗의 왕위를 그에게 주시리니 영원히 야곱의 집을 왕으로 다스리실 것이며 그 나라가 무궁하리라 마리아가 천사에게 말하되 나는 남자를 알지 못하니 어찌 이 일이 있으리이까 천사가 대답하여 이르되 성령이 네게 임하시고 지극히 높으신 이의 능력이 너를 덮으시리니 이러므로 나실 바 거룩한 이는 하나님의 아들이라 일컬어지리라 보라 네 친족 엘리사벳도 늙어서 아들을 배었느니라 본래 임신하지 못한다고 알려진 이가 이미 여섯 달이 되었나니 대저 하나님의 모든 말씀은 능하지 못하심이 없느니라 마리아가 이르되 주의 여종이오니 말씀대로 내게 이루어지이다 하매 천사가 떠나가니라 (눅 1:26–38, 개역개정).

① 예수님 출생 당시의 상황

누가복음 1:26~38은 천사 가브리엘이 나사렛을 방문하여 메시아의 탄생을 마리아에게 알리는 내용을 기술한다. 본문은 하나님께서 행동하시며, 또한 승리를 이루신 사실을 보여준다. 하나님은 천사 가브리엘을 통하여 그의 계획하신 일이 일어나기 전에 미리 그것을 15~18세의 한 평범한 처녀에게 알리셨다. 천사는 창세기에서와 동일한 표현을 사용하여 여호와 하나님께서 계시자이심을 말하여 준다. 천사는 마리아의 집이 있었던 곳임에 틀림이 없는, 이름 없는 마을인 갈릴리 나사렛에 임하였다.

성경은 마리아가 처녀임을 두 번씩 언급하고 있으며, 요셉과 약혼한 사이임을 증거하고 있다. 유대인의 약혼 관습은 약혼된 것을 공개적으로 공표하고 서약하는 것으로 실제 결혼하는 것과 같은 효력을 가진다. 그리고 남아있는 순서는 신랑이 정한 시간에 와서 신부를 취하고 잔치를 벌인 후 동거하게 되는 것이다. 약혼은 열두 살이 되면 가능하며 약혼기간은 약 일 년 간 지속된다. 이 기간 동안에는 결혼한 관계처럼 아내로서의 법적 보장을 받지만 동거하지는 않는다.[13] 그래서 약혼한 사이지만 약혼한 대상을 가리켜 "아내"(마 1:20 참고)나 혹은 남편으로 부를 수 있게 되는 것이다. 누가복음 1:27의 "약혼한"이 완료분사(ἐμνηστευμένην)인 점은 요셉과 마리아가 이미 약혼한 상태이며 그 당시도 약혼한 관계가 계속 유지되고 있었음을 지적하고 있다.

---

13) Marshall, *Commentary on Luke* (Grand Rapids: Eerdmans, 1975), p. 64.

마리아가 처녀였느냐 혹은 처녀가 아니었느냐에 대한 질문은 개신교회에 속한 학자들뿐만 아니라 로마 가톨릭 학자들까지 지대한 관심을 갖는 질문이었다. 로마 가톨릭 학자들은 성모 마리아의 순결성을 강조하는 가톨릭의 교리를 보호하기 위해 마리아가 처녀임을 주장하고, 개신교 학자들은 예수님의 무죄성이 관계된 문제이기 때문에 이 주제에 관심을 집중시킨다.

메이첸(J.Gresham Machen)은 누가복음 1장, 2장의 진정성을 반대하며, 마리아의 처녀성을 반대하는 이론을 논박한 후 결론적으로 다음과 같이 진술한다. "그렇다면 우리들의 결론은 누가복음 1~2장 전체의 진술이 그리스도의 동정녀 탄생을 그 절정과 중심으로 하고 있음을 발견한다. 피상적으로 본문을 읽으면 반대적인 결론에 도달할는지 모르지만 우리가 누가의 진술의 내적 정신을 이해하는 마음으로 접하게 되면 동정녀 탄생이 모든 곳에서 전제되어 있음을 보게 된다. 선구자 세례 요한의 경우에 그 기록이 덜 경이적으로 기록된 사실과, 대단히 섬세하면서도 의미심장한 방법으로 요셉 대신 마리아를 내세운 사실이나, 고상한 방법으로 전체 진술이 설명되어 있는 이 모든 사실이 동정녀를 통해 초자연적으로 잉태된 최고의 이적이 없었다면 도저히 이해될 수 없는 내용들이다."[14]

레만(Chester K. Lehman)은 요한이 그의 복음서에서 예수님의 동정녀 탄생을 두 가지로 힘 있게 증거 한다고 말한다. 첫째, "말씀"(λόγος)의 부모를 다룰 때 남자 편을 언급하지 않은 점이 예수님의 동정녀 탄생을 증거 한다. 둘째, 하나님이 예수님의 아버지라고 명백하게 진술한 사실이 예수님의 동정녀 탄생을 증거 한다.[15]

성경의 언급처럼 하나님은 특별한 방법으로 동정녀 마리아를 통해 예수 그리스도를 주셨다. 우리는 그리스도의 동정녀 탄생을 통해 죄 문제를 해결하시기 위한 하나님의 사랑과 공의의 시작을 본다.

마리아는 놀라기는 했으나 의심하지는 않았다. 사가랴는 의심했었다. 마리아는 천사의 말을 믿었으며(눅 1:38), 메시아를 임신하게 하신 하나님을 찬양하였다. 마리아와 사가랴에게 있어 비교될만한 차이점들을 살펴보도록 한다.

---

14)J.Gresham Machen, *The Virgin Birth of Christ* (Grand Rapids: Baker, 1967), p. 164

15)Chester K. Lehman, *Biblical Theology: New Testament*, Vol. Ⅱ (Scottdale: Herald Press, 1974), p. 76.

첫째, 사가랴는 하나님의 성소에 있었던 반면, 마리아는 그녀의 집에 있었다.

둘째, 사가랴는 노인이요 제사장인 반면, 마리아는 젊은 처녀요 평민이었다.

셋째, 사가랴는 이런 일이 거의 불가능하다고 생각했었다. 그러나 마리아는 그녀가 처녀였기에 인간적으로 생각하면 도저히 있을 수 없는 일이기는 했지만, 믿지 못하는 것처럼 보이지 않았다.

넷째, 사가랴는 "내가 이것을 어떻게 알리요"(눅 1:18, 개역개정)라고 말함으로써 표적을 요구하였으나, 마리아는 아무것도 요구하지 않았다.

다섯째, 사가랴는 아무와도 말할 수가 없었지만, 마리아는 엘리사벳과 이야기를 나누고 그 진실을 엘리사벳에게 말했다.

② 수태 고지의 내용

첫째, 예수님의 삶이 어떠할 것인지에 대해서는 아무런 언급이 없었으면서도, "그가 큰 자가 되고 지극히 높으신 이의 아들이라 일컬어질 것이요"(눅 1:32, 개역개정)라고 씌어져 있다.

둘째, 예수님은 영원히 왕 노릇하실 것이요, 그의 나라는 영원할 것이다. 천사는 "그 나라가 무궁하리라" (눅 1:33)고 말씀 하신다.

셋째, 그리스도 탄생의 방법이 또한 서술되어 있다. 그리스도의 탄생은 성령으로 말미암으며 지극히 높으신 이의 능력에 의해 탄생될 것이다(눅 1:35).

넷째, 이 사건이 실로 놀라운 일임을 나타내 보이기 위하여 "보라"(2회)는 말이 자주 사용되고 있음을 주목하라(눅 1:31, 36).

다섯째, 누가복음 1:35은 지극히 높으신 이의 능력이 마리아를 덮을 것을 말하고 있다. 이것은 광야에서 이스라엘 자손을 보호하셨던 것과 동일한 하나님의 임재이시다.

요셉에게 알리심(마 1:18~25)

예수 그리스도의 나심은 이러하니라 그의 어머니 마리아가 요셉과 약혼하고 동거하기 전에 성령으로 잉태된 것이 나타났더니 그의 남편 요셉은 의로운 사람이라 그를 드러내지 아니하고 가만히 끊고자 하여 이 일을 생각할 때에 주의 사자가 현몽하여 이르되 다윗의 자손 요셉아 네 아내 마리아 데려오기를 무서워하지 말라 그에게 잉태된 자는 성령으로 된 것이라 아들을 낳으리니 이름을 예수라 하라 이는 그가 자기 백성을 그들의 죄에서 구원할 자이심이라 하니라 이 모든 일이 된 것은 주께서 선지자로 하신 말씀을 이루려 하심이니 이르시되 보라 처녀가 잉태하여 아들을 낳을 것이요 그의 이름은 임마누엘이

라 하리라 하셨으니 이를 번역한즉 하나님이 우리와 함께 계시다 함이라 요셉이 잠에서 깨어 일어나
주의 사자의 분부대로 행하여 그 아내를 데려왔으나 아들을 낳기까지 동침하지 아니하더니 낳으매
이름을 예수라 하니라 (마 1:18-25, 개역개정)

마태복음 1:18~25은 처녀 마리아가 어떻게 잉태하게 되었는지를 요셉에게 전하는 기사를 기록한다. 천사가 요셉에게 나타나게 된 것은 마리아와의 관계를 끊고자 한 요셉의 생각에서 비롯된 것이다. 이 사건은 마리아가 요셉에게 잉태된 아이가 신적 기원을 가지고 태어날 아이임을 설명하지 않고 그 사건의 결과를 하나님께 맡겨 버린 것처럼 보인다.[16] 요셉은 예수님의 탄생에 아무런 역할도 하지 않았다. 그것은 예수님이 동정녀를 통해 성육신 하셨음을 재확인하는 메시지인 것이다. 천사는 요셉에게 이 사건이 성경에 있는 예언의 성취임을 알려주었다.

태어날 아이는 "처녀가 잉태하여 아들을 낳을 것이요 그의 이름을 임마누엘이라 하리라"(사 7:14, 개역개정)는 예언의 성취였다. 천사는 그의 이름을 "예수"로 짓도록 명한다. 그 이유는 "그가 자기 백성을 그들의 죄에서 구원할 자"(마 1:21, 개역개정)이기 때문이다. 여기서 우리는 예수님이 바로 임마누엘 하신 하나님임을 볼 수 있다. 임마누엘이란 이름은 예수님 외에 어느 누구에게도 붙여지지 않았다. 그 이유는 임마누엘이란 다름 아닌 "하나님이 우리와 함께 계시다"라는 의미를 지닌 것이기 때문이다. 한편, 마태복음 16:13 이하에서 베드로가 예수님과 함께 있을 때 그를 그리스도라고 한 베드로의 고백은 성육하신 예수님을 메시아로 동일시함으로 이사야 7:14의 예언의 성취이다.

요셉은 의로운 사람이었기 때문에 마리아가 임신한 것을 알고 가만히 끊고자 생각했다(마 1:19). 하지만 천사의 말을 통해 볼 때 요셉은 마리아와 결혼하기를 원한 것이다. 천사는 "다윗의 자손 요셉아 네 아내 마리아 데려오기를 무서워하지 말라"(마 1:20, 개역개정)고 요셉의 심중을 밝혀준다. 천사는 마리아의 임신이 성령으로부터 기인되었으며 그 임신이 그들의 결혼을 방해하는 걸림돌이 되어서는 안 된다고 밝힌다.[17]

수태고지의 결과(눅 1:39~80; 마 1:24~25)

---

16) H.N. Ridderbos, *Matthew* (Grand Rapids: Zondervan, 1987), p. 27.

17) H.N. Ridderbos, *Matthew*, pp. 26-28.

① 엘리사벳의 찬양(눅 1:41~45)

> 엘리사벳이 마리아의 문안함을 들으매 아이가 복중에서 뛰노는지라 엘리사벳이 성령의 충만함을 받아 큰 소리로 불러 이르되 여자 중에 네가 복이 있으며 네 태중의 아이도 복이 있도다 내 주의 어머니가 내게 나아오니 이 어찌 된 일인가 보라 네 문안하는 소리가 내 귀에 들릴 때에 아이가 내 복중에서 기쁨으로 뛰놀았도다 주께서 하신 말씀이 반드시 이루어지리라고 믿은 그 여자에게 복이 있도다 (눅 1:41-45, 개역개정)

누가복음 1:41~45은 아이를 복 중에 가진 두 여인 엘리사벳과 마리아의 만남을 기술한다. 엘리사벳이 세례 요한을 수태한 지 6개월쯤 되었을 때(눅 1:36) 마리아가 엘리사벳을 방문한다. 마리아가 방문했을 때 엘리사벳의 복중에서 6개월 된 세례 요한이 많은 움직임을 보였다. 엘리사벳은 성령의 충만함을 받아(눅 1:41) 복중의 아이의 움직임을 "복중에서 기쁨으로 뛰놀았도다"(눅 1:44)라고 해석한다. 그리고 엘리사벳은 마리아를 가리켜 "내 주의 어머니"(눅 1:43)라고 부른다. 엘리사벳이 마리아의 복중에 메시아가 잉태된 것을 어떻게 알았을까? 마리아가 이 사실을 미리 알렸을까? 본문의 문맥으로 보아 마리아가 메시아를 잉태했다고 미리 엘리사벳에게 알린 것 같지 않다. 한 가지 분명한 것은 엘리사벳이 성령의 도움으로(눅 1:41) 그 자신의 복중의 아이의 움직임을 통해 그에게 찾아온 마리아가 "내 주의 모친"인 것을 알게 되었다는 것이다.

우리는 여기서 엘리사벳의 마음가짐을 귀하게 생각한다. 엘리사벳과 마리아를 비교할 때 엘리사벳이 훨씬 나이 많은 어른이다. 그럼에도 불구하고 엘리사벳은 마리아를 가리켜 "내 주의 어머니"라고 불렀고 "믿은 그 여자에게 복이 있도다"(눅 1:45)라고 복을 빌었다. 엘리사벳의 마음에 시기나 선망이 자리를 잡지 못했고 사랑만이 넘쳐 흘렀다.[18]

② 마리아의 찬양(눅 1:46~56)

> 마리아가 이르되 내 영혼이 주를 찬양하며 내 마음이 하나님 내 구주를 기뻐하였음은 그의 여종의 비천함을 돌보셨음이라 보라 이제 후로는 만세에 나를 복이 있다 일컬으리로다 능하신 이가 큰 일을 내게 행하셨으니 그 이름이 거룩하시며 긍휼하심이 두려워하는 자에게 대대로 이르는도다 그의 팔로 힘을 보이사 마음의 생각이 교만한 자들을 흩으셨고 권세 있는 자를 그 위에서 내리치셨으며 비천한 자를 높이셨고 주리는 자를 좋은 것으로 배불리셨으며 부자는 빈 손으로 보내셨도다 그 종 이스라엘을 도우사 긍휼히 여기시고 기억하시되 우리 조상에게 말씀하신 것과 같이 아브라함과 및 그 자손에게 영원히 하시리로다 하니라 마리아가 석 달쯤 함께 있다가 집으로 돌아가니라 (눅 1:46-56, 개역개정).

---

18) W. Hendriksen, *The Gospel of Luke* (Grand Rapids: Baker, 1978), p. 98.

누가복음 1:46~56은 마리아의 찬송시이다. 마리아의 찬송시를 "매그니피카트"(*The Magnificat*)라고 부른다. 그 이유는 이 구절의 라틴어 번역이 매그니피카트 아니마 메아 도미눔(*Magnificat anima mea Dominum*)(내 영혼이 주를 찬양하며)으로 되어있기 때문이다. 마리아는 그의 영혼과 마음으로 하나님을 찬양한다(눅 1:46~47). 칼빈(Calvin)은 많은 위선자들이 하나님을 찬양하되 마음 중심에 느낌 없이 입으로만 찬양하지만 마리아는 그 영혼의 중심에서부터 하나님을 찬양한다고 말한다.[19]

마리아의 찬양은 네 부분으로 나누어진다.

첫째 부분에서는(눅 1:46~48) 마리아가 비천한 자기에게 복을 내려주신 하나님을 높인다. 마리아는 자신이 비천한 계층에 속한 여자로 평범한 마을 목수의 아내임을 인식하고 그런 자신이 하나님의 특별하신 호의의 대상이 된 데 대해 크게 감사하고 있는 것이다.

둘째 부분에서는(눅 1:49~50) 마리아의 시야가 자신으로부터 대대에 이르도록 넓어진 것을 설명한다. 마리아는 하나님의 긍휼하심이 그를 "두려워하는 자에게 대대로"(눅 1:50)이를 것을 찬양한다.

셋째 부분에서는(눅 1:51~53) 마리아가 하나님의 은혜를 받은 자와 심판을 받은 자를 대조시킨다. 하나님은 교만한 자, 권세 있는 자, 부자를 심판하신다. 그러나 하나님은 두려워하는 자, 비천한 자, 주리는 자에게 그들의 필요에 따라 복을 주신다.

넷째 부분에서는(눅 1:54~55) 마리아가 언약을 지키시는 하나님을 찬송한다. 마리아는 특히 하나님의 긍휼의 표명이 하나님께서 족장들에게 약속하신 바대로 성취된 것임을 분명히 한다.[20]

③ 사가랴의 찬양(눅 1:67~80)

그 부친 사가랴가 성령의 충만함을 받아 예언하여 이르되 찬송하리로다 주 이스라엘의 하나님이여 그 백성을 돌아보사 속량하시며 우리를 위하여 구원의 뿔을 그 종 다윗의 집에 일으키셨으니 이것은 주께서 예로부터 거룩한 선지자의 입으로 말씀하신 바와 같이 우리 원수에게서와 우리를 미워하는 모든 자의 손에서 구원하시는 일이라 우리 조상을 긍휼히 여기시며 그 거룩한 언약을 기억하셨으니 곧 우리 조상 아브라함에게 하신 맹세라 우리가 원수의 손에서 건지심을 입고 종신토록 주의 앞에서

---

19) John Calvin, *A Harmony of the Gospels, Matthew, Mark, and Luke*, vol I, trans. A. W. Morrison (Grand Rapids: Eerdmans, 1975), p. 34.
20) Hendriksen, *The Gospel of Luke*, p. 103.

성결과 의로 두려움이 없이 섬기게 하리라 하셨도다 이 아이여 네가 지극히 높으신 이의 선지자라
일컬음을 받고 주 앞에 앞서 가서 그 길을 준비하여 주의 백성에게 그 죄 사함으로 말미암는 구원을
알게 하리니 이는 우리 하나님의 긍휼로 인함이라 이로써 돋는 해가 위로부터 우리에게 임하여 어둠과
죽음의 그늘에 앉은 자에게 비치고 우리 발을 평강의 길로 인도하시리로다 하니라 아이가 자라며
심령이 강하여지며 이스라엘에게 나타나는 날까지 빈 들에 있으니라 (눅 1:67-80, 개역개정)

누가복음 1:67~80은 사가랴의 찬송을 전한다. 사가랴는 아들을 주시겠다
는 하나님의 말씀을 믿지 못했기 때문에 벙어리가 되었다(눅 1:20). 그런데
하나님의 말씀처럼 엘리사벳이 잉태하고 때가 차서 세례 요한이 태어나게
되었다. 세례 요한의 출생으로 아버지 사가랴의 입이 열리게 되었다. 사가랴
의 찬양은 사가랴가 입이 열린 후 처음으로 하나님께 드리는 찬양이다.

사가랴의 찬양을 "베네딕투스"(*The Benedictus*)라고도 부른다. 그 이유는
라틴어 번역이 "베네딕투스 에스토 도미누스 데우스 이스라엘리
스"(*Benedictus esto Dominus Deus Israelis*)로 시작하기 때문에 처음 단어를
사용하여 명칭을 붙인 것이다. 헬라어는 "율로게토스 큐리오스 호 데오스
투 이스라엘"(εὐλογητὸς Κύριος ὁ θεὸς τοῦ ᾿Ισραήλ)로 되어있고,
그 뜻은 "찬송하리로다 주 이스라엘의 하나님이여"(눅 1:68)이다.

사가랴의 찬양은 두 부분으로 나누어진다. 첫째 부분은 메시아의 오심에
대한 찬송이요(눅 1:67~75), 둘째 부분은 메시아의 오심에 대한 세례 요한의
역할에 관한 것이다(눅 1:76~79).

첫째, 메시아의 오심에 대한 찬송

사가랴는 찬송으로 시작한다. 사가랴는 이스라엘을 돌아보셔서 구속하시
는 언약의 하나님께 찬양한다. 사가랴의 찬양은 "성령의 충만함을 받은"(눅
1:67) 찬양이다. "하나님께 대한 찬송도 성령에 의해 영감 되어 질 수 있다(참
조, 고전 14:26). 여기 우리 앞에 있는 것은 이미 시작된 사건들의 중요성에
대한 신적으로 영감 된 주석으로서 우선적으로 찬송의 시이다."21) 사가랴는
메시아를 가리켜 "구원의 뿔"(눅 1:69)이라고 말한다. 성경에서 "뿔"은 일반적
으로 능력을 상징한다(시 132:17; 미 4:13). 이 말씀은 메시아가 우리를
구원하실 수 있는 능력이 있음을 증거 하는 것이다. 능력이 많으신 메시아는
그의 백성들을 원수에게서, 모든 대적에게서 구원하실 뿐만 아니라(눅

---

21) I. Howard Marshall, *Commentary on Luke*, p. 90.

1:70~71), 그의 백성들을 성결과 의로 덧입혀 주셔서 그들에게서부터 두려움을 제거해 주실 것이다(눅 1:75).

둘째, 메시아의 오심에 대한 세례 요한의 역할

헨드릭센(Hendriksen)은 사가랴의 예언의 아름다운 점은 사가랴가 그 자신이나 그의 아들에 관해 관심을 나타내지 않고, 하나님께서 다윗의 집에서 일으키신 구원의 뿔을 통해 이루실 하나님의 은혜의 위대한 사역에 관심을 둔데 있는 것이라고 말한다.[22] 사가랴는 나이 많아 아들 요한을 얻었지만 "네가 지극히 높으신 이의 선지자"(눅 1:76, 개역개정)라고 말함으로 자신의 아들의 위치가 어떤 것임을 분명히 밝힌다. 사가랴는 자신의 아들 세례 요한을 보면서 아버지와 아들의 관계보다는 자신의 아들과 메시아와의 관계가 더 중요함을 선언한다.

④ 요셉의 순종 (마 1:24~25)

요셉이 잠에서 깨어 일어나 주의 사자의 분부대로 행하여 그 아내를 데려왔으나 아들을 낳기까지 동침하지 아니하더니 낳으매 이름을 예수라 하니라 (마 1:24-25, 개역개정).

마태복음 1장의 결론은 요셉이 천사의 명령을 순종하는 것으로 끝맺는다. 요셉은 천사가 명한대로 마리아를 아내로 맞아들인다. 마리아를 아내로 맞아들인 시기는 천사의 명령이 있은 후 얼마 되지 않아서로 추정된다. 그리고 성경은 요셉이 마리아를 아내로 맞아 들였으나 "아들을 낳기까지 동침하지 아니했다"(마 1:25)고 기록한다. 이 사실은 요셉이 아내의 뱃속에 있는 아이의 거룩성을 얼마나 철저하게 보호하기를 원했는지 보여주며, 또한 반대로 예수님이 태어난 이후 요셉은 아내 마리아와 부부관계를 맺으면서 결혼생활을 했다는 것을 증거 해 준다.[23] 따라서 성경에 언급된 예수님의 동생들은(마 12:46; 요 7:3; 행 1:14) 마리아가 낳은 동생들이지 어떤 이의 주장처럼 이복동생들이 아니다.

---

22) Hendriksen, *The Gospel of Luke*, p. 127.

23) Ridderbos, *Matthew*, p. 30.

제3장

예수님의 탄생과 공생애 이전의 삶

1. 그리스도의 탄생을 중심으로 한 사건들

예수님의 세계(마 1:1~17; 참조, 눅 3:23~38)

아브라함과 다윗의 자손 예수 그리스도의 계보라 아브라함이 이삭을 낳고 이삭은 야곱을 낳고 야곱은 유다와 그의 형제들을 낳고 유다는 다말에게서 베레스와 세라를 낳고 베레스는 헤스론을 낳고 헤스론은 람을 낳고 람은 아미나답을 낳고 아미나답은 나손을 낳고 나손은 살몬을 낳고 살몬은 라합에게서 보아스를 낳고 보아스는 룻에게서 오벳을 낳고 오벳은 이새를 낳고 이새는 다윗 왕을 낳으니라 다윗은 우리야의 아내에게서 솔로몬을 낳고 솔로몬은 르호보암을 낳고 르호보암은 아비야를 낳고 아비야는 아사를 낳고 아사는 여호사밧을 낳고 여호사밧은 요람을 낳고 요람은 웃시야를 낳고 웃시야는 요담을 낳고 요담은 아하스를 낳고 아하스는 히스기야를 낳고 히스기야는 므낫세를 낳고 므낫세는 아몬을 낳고 아몬은 요시야를 낳고 바벨론으로 사로잡혀 갈 때에 요시야는 여고냐와 그의 형제들을 낳으니라 바벨론으로 사로잡혀 간 후에 여고냐는 스알디엘을 낳고 스알디엘은 스룹바벨을 낳고 스룹바벨은 아비훗을 낳고 아비훗은 엘리아김을 낳고 엘리아김은 아소르를 낳고 아소르는 사독을 낳고 사독은 아킴를 낳고 아킴은 엘리웃을 낳고 엘리웃은 엘르아살을 낳고 엘르아살은 맛단을 낳고 맛단은 야곱을 낳고 야곱은 마리아의 남편 요셉을 낳았으니 마리아에게서 그리스도라 칭하는 예수가 나시니라 그런즉 모든 대 수가 아브라함부터 다윗까지 열네 대요 다윗부터 바벨론으로 사로잡혀 갈 때까지 열네 대요 바벨론으로 사로잡혀 간 후부터 그리스도까지 열네 대러라 (마 1:1~17, 개역개정).

① 마태복음과 누가복음에 기록된 족보

마태복음 1:1~17은 아브라함으로부터 예수님에 이르는 족보를 기술한다. 마태는 예수님이 유대인들을 위한 메시아임을 보여주기 원했기 때문에, 그는 다윗을 거슬러 아브라함에게까지 소급하여 언급을 한다. 누가는 헬라인 들에게 그리스도가 구세주이심을 제시하기를 원했기 때문에, 그리스도를 모든 인류의 아버지인 아담의 후손인 것으로 언급을 한다. 이 두 족보의 주요 목적은 예수님이 다윗의 자손임을 제시하는 것이다. 그리고 예수님이 인류와 동일시되고 구약 역사의 전통을 이어받으셨다는 사실을 강조하고 있는 것이다.[24)

② 마태는 요셉의 족보를 추적해가고 있지만, 요셉은 예수님의 실제의 아버지가 아니므로 그의 피는 한 방울도 담고 있지 않다. 그러나 의로운 유대인들은 아이에게 법적으로 정당한 아버지가 있었다는 사실에만 관심을 두었을 뿐이다. 따라서 마태는 예수님이 참으로 요셉의 법적 자손이라는 것을 보여수고 있는 것이다. 이것을 분명히 한 다음 여기서부터 출발하여 마태는 요셉의 족보를 계속 추적하여 그리스도가 아브라함의 참된 후손이며 적법한 언약의 자손임을 보여준다.

그런데 마태와 누가가 확인하는 족보상에 있어서 이름이 서로 다르게 나타나고 있는데, 이와 관련하여 누가는 마리아의 혈통을 따라 그리스도의 족보를 아담에게까지 좇아 올라가는 데에서 비롯된다고 생각을 해왔다. 또 어떤 이들은 그 아이가 하나님 아버지로부터 피를 받고 있기 때문이라고 설명을 하는데, 만일 이것이 사실이라면 성령께서 마리아가 품고 있는 그 아이의 피를 생산하셨다는 이야기가 되는바, 이 얼마나 아름다운 이야기인가! 이제 우리는 바로 이와 같은 기적적인 신비스러운 수정에 의해 하나님과 인간의 결합을 보는 것이다.

③ 족보에는 여인들의 이름이 발견된다. 이들의 등장은 특별한 의미를 지닌다. 이 중 세 여인은 다말, 룻, 라합이며, 또 한 여인은 이름이 밝혀지지 않은 채 "다윗은 우리야의 아내에게서 솔로몬을 낳고"(마 1:6)라는 말로 표현되고 있다.

예수님의 족보 속에 이들의 이름이 들어 있는 첫 번째 이유는 예수님의 조상 속에 이방인이 포함되어 있음을 들어 그가 단지 유대인만의 구세주가 아니요 이방인들의 구세주이기도 하다는 사실을 보여주기 위함이다. 마태는 그리스도를 왕으로 제시하고 있으며, 유대인들도 결국에는 그들의 왕이 우주적인 왕이 되신다고 생각을 했었다. 룻과 라합은 둘 다 이방의 여인들이다.

두 번째 이유는 육신으로 오신 예수님이 죄로 오염된 피를 지닌 자들과 동류이시라는 것을 보이기 위함이다. 하지만 물론 예수님 자신은 죄가 없으시며 순수하다. 그의 족보에는 창기들과 탐욕스런 죄를 지은 자들을

---

24) Derek Williams(ed.) *New Concise Bible Dictionary*(Wheaton: Tyndale House Publisher, 1990), p. 188.

포함하고 있다. 그런 사람들을 조상으로 하고 태어난 예수님은 그가 어떠한 죄에도 인격적으로 오염되지 않았다는 사실을 제외하고는 우리와 동질의 사람이시었다. 하나님은 기꺼이 자신을 그토록 낮추시어 그처럼 죄 많은 사람들을 그의 아들 예수님의 조상으로 삼으신 것이다. 우리의 구세주가 죄로 오염되어 더럽혀진 혈통을 따라 이 세상에 나셨으므로 우리는 누구도 자신에게 소망이 없다고 말할 수가 없게 되었다. 예수님의 족보는 우리에게 소망을 가져다준다.

열네(14)대로 배열된 족보

족보의 배열은 14대씩 이름을 따라 세 구분이 되어 있다. 마태복음 1:17에 "모든 대 수가 아브라함부터 다윗까지 열 네 대요 다윗부터 바벨론으로 사로잡혀 갈 때까지 열 네 대요 바벨론으로 사로잡혀 간 후부터 그리스도까지 열 네 대더라"(개역개정)고 족보의 배열이 14대씩인 것으로 설명한다. 하지만 예수님의 족보에 나타난 이름을 면밀히 세어보면 14대, 14대, 14대로 나타나지 않는다. 실제로는 14대로 나누어진 어느 한 구분은 13대의 이름만이 기록되어 있는 것이다. 이 문제를 어떻게 해결할 수 있을까?

어떤 이들은 성경의 사본을 만든 필사자들이 한 이름을 빠뜨렸을 것으로 생각하여 본문을 수정해야한다고 생각한다. 그들은 마태복음 1:11과 12에 필사자들의 잘못이 포함되어 있다고 주장한다. 그들의 주장에 따르면 본래의 본문은 마태복음 1:11이 "바벨론으로 사로잡혀 갈 때에 요시야는 여호야김과 그의 형제들을 낳으니라"였으며, 마태복음 1:12은 "바벨론으로 사로잡혀 간 후에 여고냐(여호야긴)는 스알디엘을 낳고"였다. 그런데 여고냐는 여호야긴과 동일 인물인 까닭에 마태복음 1:12의 여호야긴이 현재의 성경처럼 여고냐로 바뀌어 기록되었으며, 바로 이 영향으로 마태복음 1:11의 여호야김을 여고냐로 잘못 기록했다는 것이다. 결국 그들은 마태복음 1:11은 "바벨론으로 사로잡혀 갈 때에 요시야는 여호야김과 그의 형제를 낳으니라"로 되어야 하며, 마태복음 1:12은 "바벨론으로 이거한 후에 여고냐(여호야긴)는 스알디엘을 낳고…"로 바꾸어야 한다고 주장하는 것이다. 그들은 이와 같은 본문 수정을 거치면 모든 이름이 한번만 사용되고 14대씩 잘 들어맞게 된다고 주장하는 것이다.25) 개역개정 판 한글 번역은 마태복음 1:11과 12절에서 여고냐(여호야긴)를 두 번 사용했다.

그러나 이런 본문 수정은 다음과 같은 이유로 받아들여질 수 없다. 첫째, 가장 우수한 사본들이 현재의 본문을 그대로 지지한다. 둘째, 마태복음 1:11의 여고냐를 여호야김으로 바꿀 경우 지금까지 "A는 B를 낳고 B는 C를 낳고"처럼 각각의 이름이 두 번씩 사용되는 유형을 파괴하는 것이다. 마태복음 1:11에도 이런 유형을 살리기 위해서는 "요시야는 여고냐와 그의 형제를 낳으니라"로 하고, 12절은 "바벨론으로 사로잡혀 간 후에 여호야김은 여고냐(여호야긴)를 낳고, 여고냐는 스알디엘을 낳고…"로 되어야 하는 것이다.26)

그러면 이 문제를 어떻게 해결할 수 있는가? 이 문제를 해결하기 위해 두 가지의 접근 방법이 있다. 첫째 접근 방법은 다윗을 두 번 사용하는 것이다. 즉 다윗을 첫 번째 14대의 마지막 이름과 두 번째 14대의 첫 번

---

25) 여호야김은 예루살렘에서 유다를 다스린 마지막 왕이었다. 그는 에레미아 신지의 경고를 듣지 않고 비참한 죽음을 당했다. 그는 여호야긴(여고냐)의 아버지이다(왕하 23:34; 24:6-25:30). 그리고 여호야긴은 유다의 왕으로 B.C.597 혹은 598년에 느부갓네살에 의해 바벨론으로 포로로 잡혀갔고 마지막에는 자유케 되었다(왕하 24:6-25:7). 여기서 유다의 마지막 몇 왕이 통치할 때 역사적 상황을 간단히 고찰하는 것이 그 당시의 상황을 이해하는데 도움이 되는 줄 안다. 요시야, 여호아하스, 여호야김(엘리야김), 여호야긴(여고냐)은 유다 말기 격변의 때에 유다를 다스린 왕들이다. B.C. 722년에 북왕조 이스라엘을 멸망시킨 앗수르 제국은 B.C.612년 수도인 니느웨를 신흥 바벨론에 의해 점령당하고 만다. 그때 애굽의 바로 느고 II세는 앗수르를 돕기 위해 북진하여 유다왕 요시야에게 길을 내어줄 것을 요청한다(대하 35:21). 그러나 요시야는 반 앗수르적인 입장이었기 때문에 앗수르를 돕기 위해 북진하는 애굽의 군대를 므깃도에서 맞아 전쟁을 한다. 이로 인해 애굽 군대는 앗수르를 돕지 못했지만 요시야 왕은 전쟁 중에 전사하고 말았다(대하 35:22-24). 요시야의 뒤를 이어 여호아하스가 유다의 왕위에 올랐다. 그러나 애굽왕 바로 느고는 여호아하스를 3개월 만에 폐위시키고(대하 36:2-3) 그의 형인 엘리야김을 여호야김으로 이름을 바꾸어 유다의 왕위에 올려 놓았다(대하 36:4). 그런데 B.C.605년에 바벨론은 갈그미스 전투에서 애굽과 앗수르의 연합 군대를 전멸시키고 "애굽 하수에서 부터 유브라데 하수까지"(왕하 24:7) 이르는 광활한 지역을 통치하게 된다. 갈그미스 전투로 앗수르는 영원히 역사에서 사라져 버렸고 애굽은 약한 나라로 전락하게 된다. B.C. 605년에 느부갓네살은 바벨론 왕위에 오르게 되고 유다왕 여호야김은 느부갓네살에게 충성을 약속한다. B.C. 601년에 바벨론은 다시 애굽을 치기 위해 애굽 국경까지 군대를 동원한다. 이때 여호야김은 바벨론왕을 배반하였고(왕하 24:1) 느부갓네살은 예루살렘에 군대를 보내어 성을 공격하였다(왕하 24:2, B.C.598). 이 전쟁 때에 유다왕 여호야김은 성 안에서 죽고 만다. 여호야김의 뒤를 이어 B.C.598년에 여호야긴이 유다의 왕위에 오르게 되었다(왕하 24:6). B.C. 597년에 느부갓네살이 다시 공격해 왔을 때에 유다왕 여호야긴(여고냐)은 수많은 왕족과 유능한 사람과 함께 바벨론으로 사로잡혀가고 만다(렘 24:1 참조). 그리고 느부갓네살 왕은 여호야긴 대신 그의 숙부인 시드기야를 왕으로 세웠으나 10~11년 후에 시드기야가 배반함으로(왕하 24:17-20; 25:1-2; 렘 52:1) 예루살렘성을 B.C. 586년에 완전히 함락시켜버리고 유다는 멸망하게 된다. 바벨론은 B.C.539년까지 큰 위세를 떨치다가 바사(페르시아)의 고레스 왕에 의해 정복당하여 그 당당한 모습이 지상에서 사라지고 말았다(렘 50:1-3 참조).

26) W. Hendriksen, *The Gospel of Matthew, New Testament Commentary* (Grand Rapids: Baker, 1973), pp. 125-26.

이름으로 두 번 사용하는 것이다. 벵겔(Bengel)의 다음 말을 들어보도록 하자. "이스라엘 왕들의 치세 때에 때때로 일 년이 한 왕의 마지막 해로 계산될 뿐만 아니라 다음 후계자의 첫해로 계산되어지곤 했다. 마태가 여기서 같은 원리를 적용한 사실은 의심의 여지가 없다. 그래서 다윗이 처음 14대의 마지막임과 동시에 두 번째 14대의 처음으로 등장하는 것이다. 다윗이 처음 14대에 포함된 것은 다윗을 넣지 않으면 13대밖에 되지 않기 때문이다. 다윗이 둘째 14대에 포함된 것은 첫 번 14대가 아브라함부터 시작하고 자신을 포함시키고 세 번째 14대가 여고냐로부터 시작하고 또 자신을 포함시키고 있기 때문에 두 번째 14대도 다윗부터 시작하고 자신을 포함시켜야 하는 것이다. 그러나 여고냐는 두 번째 14대의 마지막으로 계산되지 않았다. 그 이유는 두 번째 14대가 다윗부터 계산되었고 여고냐까지 계산된 것이 아니며, 바벨론 포로 때까지 계산된 것이기 때문이다."27)

두 번째 접근 방법은 다윗 대신 여고냐를 두 번 사용하는 것이다. 이 경우는 여고냐를 두 번째 14대의 마지막 이름과 세 번째 14대의 첫째 이름으로 두 번 사용하는 것이다. 헨드릭센은 여고냐를 두 번 포함시킨 이유를 다음과 같이 설명했다. 여고냐의 생애는 포로 이전과 포로 이후에 속한다. 포로 이전의 여고냐와 포로 이후의 여고냐는 서로 다른 모습을 보여준다. 본문도 마태복음 1:11에서 "바벨론으로 사로잡혀 갈 때에 요시야는 여고냐와 그의 형제를 낳으니라"고 했는데 12절에서 "바벨론으로 사로잡혀 간 후에 여고냐는 스알디엘을 낳고"라고 바벨론 포로를 중심으로 여고냐의 생애를 나누고 있는 것이다. 이 사실은 두 번째 14대와 세 번째 14대의 구분은 여고냐 자신이 아니요 그의 생애에 발생한 특별한 사건인 바벨론 포로였던 것이다. 그러므로 여고냐를 두 번째 14대 마지막 인물로 포함시키고 세 번째 14대 처음 인물로 포함시킬 수 있는 것이다.

그러면 이상의 두 견해 가운데 어느 견해가 본문에 더 적합한가. 본 저자는 다윗을 두 번 사용하는 것이 더 타당하다고 생각한다. 그 이유는 마태복음 1:17에 "모든 대 수가 아브라함부터 다윗까지 열 네 대요 다윗부터 바벨론으로

---

27) John A. Bengel, *Bengel's New Testament Commentary* (*Gnomon of New Testament*), vol. I (Grand Rapids : Kregel Publications, 1981), p. 60.

이거할 때까지 열 네 대요 바벨론으로 이주한 후부터 그리스도까지 열 네 대더라"로 나와 있기 때문이다. 여기 본문은 아브라함이 첫 번째 14대의 선두요, 다윗이 두 번째 14대의 선두로 나타나 있다. 그러므로 아브라함, 다윗, 여고냐가 14대의 첫 인물들이라고 생각하는 것이 더 타당하다.

이제는 여기서 14대의 순서를 적어 보자.

1. 아브라함	다윗	여고냐(여호야긴)
2. 이삭	솔로몬	스알디엘
3. 야곱	르호보암	스룹바벨
4. 유다	아비야	아비훗
5. 베레스	아사	엘리야김
6. 헤스론	여호사밧	아소르
7. 람	요람	사독
8. 아미나답	웃시야	아킴
9. 나손	요담	엘리웃
10. 살몬	아하스	엘르아살
11. 보아스	히스기야	맛단
12. 오벳	므낫세	야곱
13. 이새	아몬	요셉
14. 다윗	요시야	예수 그리스도

열네(14)대 구분의 특징

첫 번째 14대 구분은 유대인들의 아버지 아브라함으로부터 시작하여 다윗 왕에게까지 거슬러 올라간다. 이는 예수님의 조상이 왕족의 혈통임을 보여준다.

두 번째 14대 구분은 다윗 왕으로부터 시작하여 바벨론으로 이거할 때까지의 왕들의 이름들을 열거한다. 이는 메시아의 도래 때까지 이스라엘이 어떠한 역사를 살아왔는지를 보여준다.

세 번째 14대 구분은 비참했던 포로기로서 왕족이 몰락했던 슬픈 사건들을 보여준다. 다윗의 왕가가 낮아지면 낮아질수록 그리스도의 탄생은 그만큼 다가오고 있었다. 아울러 더 나아가 이 그리스도는 실로 하나님의 은혜의 선물이었다. 왜냐하면 다윗 왕가는 완전히 몰락하여 아무런 미래도 기대할 수 없었기 때문이다. 그와 같은 상황 속에서 하나님은 오셔서 그의 아들을 주셨던 것이다. 그처럼 악한 상황에서라도 하나님은 그의 아들을 통해 승리를 하신다.

그러면 14대라는 숫자는 무슨 의미가 있는가? 열 넷(14)이라는 숫자는 상징적인 숫자일 가능성이 높다. 그러나 14대로 나눈 사실은 특별한 의의를 가지고 있을 수 있다. 히브리어 자음은 수치(數値)를 나타내는 의미를 가지고 있다. 모음은 철자로 계산하지 않기 때문에 수치가 없다. 그래서 첫째 자음은 1의 수치를, 둘째 자음은 2의 수치를 가진 것으로 계산한다. 그런데 다윗의 이름을 히브리어로 DVD로 기록한다. 이 이름을 수치로 계산하면 D=4, V=6, D=4 이다. 전부 합치면 14가 나온다. 예수님의 족보를 14대로 나누어 세 그룹으로 기록한 것은 각 그룹이 다윗에 관해 설명하고 있음을 암시하고 있다고 생각할 수 있다. 즉 예수님은 새로운 다윗이요, 마지막 다윗이라는 것이다.[28]

2. 예수님의 탄생(마 1:18~25; 참조, 눅 2:1~20)

예수 그리스도의 나심은 이러하니라 그의 어머니 마리아가 요셉과 약혼하고 동거하기 전에 성령으로 잉태된 것이 나타났더니 그의 남편 요셉은 의로운 사람이라 그를 드러내지 아니하고 가만히 끊고자 하여 이 일을 생각할 때에 주의 사자가 현몽하여 이르되 다윗의 자손 요셉아 네 아내 마리아 데려오기를 무서워하지 말라 그에게 잉태된 자는 성령으로 된 것이라 아들을 낳으리니 이름을 예수라 하라 이는 그가 자기 백성을 그들의 죄에서 구원할 자이심이라 하니라 이 모든 일이 된 것은 주께서 선지자로 하신 말씀을 이루려 하심이니 이르시되 보라 처녀가 잉태하여 아들을 낳을 것이요 그의 이름은 임마누엘이라 하리라 하셨으니 이를 번역한즉 하나님이 우리와 함께 계시다 함이라 요셉이 잠에서 깨어 일어나 주의 사자의 분부대로 행하여 그 아내를 데려왔으나 아들을 낳기까지 동침하지 아니하더니 낳으매 이름을 예수라 하니라 (마 1:18–25, 개역개정).

기쁨과 두려움의 조화(마 1:20~21; 눅 2:10~11)

마태복음 1:18~25은 예수님의 탄생의 과정에서 요셉의 순종과 지혜를 가늠하게 하는 내용을 기술한다. 사가랴나 마리아의 경우처럼 하나님이 인간의 삶 속에 직접 개입해 오실 때, 인간은 누구나 하나님으로부터 멀리

---

[28] Cornelis VanderWaal, *Search the Scriptures* Vol. 7 (St. Catharines, Ontario: Paideia Press, 1978), pp. 20–21

떨어져 있기 때문에 두려워 떤다. 그리스도가 인간의 삶 속에 찾아오실 때, 사람들은 '두려워 말라'는 말씀을 듣게 된다. 왜냐하면 하나님께서 승리하시며 기쁨을 주시기 때문이다. 그래서 예수님이 탄생하실 때 천사가 "무서워하지 말라. 보라 내가 온 백성에게 미칠 큰 기쁨의 좋은 소식을 너희에게 선하노라"(눅 2:10, 개역개정)고 말한 것이다. 하나님이 행동을 주도하시고, 우리들은 단지 보는 것만으로 놀라게 된다.

성령으로 잉태된 아이

성경은 요셉과 마리아가 정혼한 상태였지만 부부의 관계는 아직 맺지 않은 시기에 마리아가 성령으로 수태하게 되었음을 분명하게 밝힌다(마 1:18). 마리아의 수태는 자연적인 방법으로 이루어지지 않았다. 성경은 요셉이 마리아의 임신을 알고 가만히 끊고자 한 사실을 부당한 행동으로 말하지 않는다. 요셉의 행동은 그 당시의 사회 상황으로 볼 때 당연한 것이었으나 하나님은 메시아를 세상에 보내는데 요셉이 필요했다. 그래서 천사는 요셉에게 "다윗의 자손 요셉아 네 아내 마리아 데려오기를 무서워하지 말라 그에게 잉태된 자는 성령으로 된 것이라"(마 1:20, 개역개정)고, 마리아에게 진행되고 있는 믿을 수 없는 일은 하나님으로부터라고 일러준다. 요셉이 마리아를 아내로 데려옴으로 요셉은 사람들 가운데서 마리아의 명예를 지켜주었지만 하나님의 명예를 감추는 역할을 한 것이다.[29] 왜냐하면 하나님이신 예수님은 다윗의 자손 요셉의 아들로 자라났기 때문이다.

목자들에게 나타난 계시(눅 2:8~20)

그 지역에 목자들이 밤에 밖에서 자기 양 떼를 지키더니 주의 사자가 곁에 서고 주의 영광이 그들을 두루 비추매 크게 무서워 하는지라 천사가 이르되 무서워하지 말라 보라 내가 온 백성에게 미칠 큰 기쁨의 좋은 소식을 너희에게 전하노라 오늘 다윗의 동네에 너희를 위하여 구주가 나셨으니 곧 그리스도 주시니라 너희가 가서 강보에 싸여 구유에 뉘어 있는 아기를 보리니 이것이 너희에게 표적이니라 하더니 홀연히 수많은 천군이 그 천사들과 함께 하나님을 찬송하여 이르되 지극히 높은 곳에서는 하나님께 영광이요 땅에서는 하나님이 기뻐하신 사람들 중에 평화로다 하니라 천사들이 떠나 하늘로 올라가니 목자가 서로 말하되 이제 베들레헴으로 가서 주께서 우리에게 알리신 바 이 이루어진 일을 보자 하고 빨리 가서 마리아와 요셉과 구유에 누인 아기를 찾아서 보고 천사가 자기들에게 이 아기에

---

29) H. Ridderbos, *Matthew*(Grand Rapids: Zondervan, 1987), p. 28.

대하여 말한 것을 전하니 듣는 자가 다 목자들이 그들에게 말하는 것들을 놀랍게 여기되 마리아는 이 모든 말을 마음에 새기어 생각하니라 목자들은 자기들에게 이르던 바와 같이 듣고 본 그 모든 것으로 인하여 하나님께 영광을 돌리고 찬송하며 돌아가니라 (눅 2:8-20, 개역개정).

누가복음 2:8~20은 예수님의 탄생 소식을 목자들에게 전하는 내용을 담고 있다. 목자들에게 천사들이 나타난 것과 관련하여 몇 가지 사실들이 언급되어야 한다. 목자들의 신분이 낮았음에도 하나님은 그들에게 커다란 계시를 주셨다. 목자들이 두려워하니까 하나님은 그들에게 무서워 말라는 말씀을 주신다. 그들은 아마도 천사가 그들에게 구주가 나신 표적이라고 전하여 준 말 – 강보에 싸여 구유에 누인 아기가 바로 구주라는 말 – 을 믿지 못했을 것이다. 왕이 틀림없다면 천한 구유에 누워 있지 않을 것이 아닌가. 그러나 그것 또한 그리스도의 탄생의 낮아지심을 보여주시는 것이었다. 하나님께서는 겸손한 모습으로 오신 그리스도의 낮아지는 경험 속에서 승리를 이루고 계신다.

또 다른 사실은 목자들이 천사들의 말을 듣자 그대로 믿고 받아들여 믿음으로 나아가 그들 앞에 발생한 사건을 보았다는 사실이다. 그들이 아기 있는 곳에 이르렀을 때, 그들은 믿음의 보상을 받았다. 그들은 그곳에서 천한 모습으로 오신 아기께 경배를 드렸다. 그리고 그들은 첫 번째 증인들이 되는 특권을 누리게 된다. 이들이야말로 첫 번째 증인들이요, 복음 전도자들이라고 할 수 있다. 왜냐하면 그들이 돌아오는 길에 "천사가 자기들에게 이 아기에 대하여 말한 것을 전하니"(눅 2:17), 이로 인해 듣는 자가 다 목자의 말하는 일을 기이히 여겼더라(눅 2:18)는 말씀이 있기 때문이다.

천사들은 밤에 양떼를 지키는 소박한 사람들에게 메시아의 탄생과 그 귀중한 의미를 전한다. 메시아의 탄생은 "온 백성에게 미칠 큰 기쁨의 좋은 소식"(눅 2:10)이다. 그리고 메시아의 탄생은 "지극히 높은 곳에서는 하나님께 영광이요 땅에서는 하나님이 기뻐하신 사람들 중에 평화"(눅 2:14, 개역개정)가 되는 사건이다.

누가복음 2:14의 문장 구조를 어떻게 받느냐에 따라 해석이 약간 달라질 수 있다. 본문에서 선한 호의(εὐδοκία, good will, 기뻐하심)를 주격(εὐδοκία)으로 받느냐 소유격(εὐδοκίας)으로 받느냐에 따라 뜻이 약간 달라진다.

본문을 유도키아(εὐδοκία, 주격)로 받을 경우 본문의 구조는 다음과 같다.

첫째 줄, 지극히 높은 곳에서는 하나님께 영광이요,

둘째 줄, 땅에서는 평화이며,

셋째 줄, 사람들 중에는 (하나님의) 호의로다.[30]

로 되어야 한다. 이 경우 하나님께서 메시아의 탄생의 의미를 천사들을 통해 목자들에게 선포하신 것으로 평화의 근원이 무엇인지를 밝히는 것이다. 평화의 근원은 사람들을 향한 하나님의 호의에 있는 것이다. 칼빈 (Calvin)은 본문에서 유도키아(εὐδοκία, 주격)를 받아야 한다고 주장하면서 "은혜를 받는다는 의미에서 이 구절을 해석하는 것은 잘못이다. 오히려 본 구절은 천사들이 선포한 그 평화의 근원의 선언으로서 우리는 하나님의 순전한 사랑과 친절의 나타남이 값없는 것임을 알아야 한다"[31]라고 강하게 말한다.

하지만 사본의 비중이라든지 의미의 흐름을 볼 때 본문을 유도키아스 (εὐδοκίας, 소유격)로 받는 것이 더 타당하다고 생각된다.[32] 유도키아스 (εὐδοκίας)로 받을 경우 본 구절 전체는 대구절(couplet)이 된다. 그래서 한글 개역개정 성경의 구조처럼

첫째 줄, 지극히 높은 곳에서는 하나님께 영광이요

둘째 줄, 땅에서는 하나님이 기뻐하신 사람들 중에 평화로다[33]로 되는 것이다.

이 경우 첫째 줄의 "영광(δόξα)"은 둘째 줄의 "평화(εἰρήνη)"와 대구가 되며, 첫째 줄의 "높은 곳에서는"(ἐν ὑψίστοις)은 둘째 줄의 "땅에서는"(ἐπὶ γῆς)과 대구를 이루고, 첫째 줄의 "하나님께"(θεῷ)는 둘째 줄의 "사람들

---

30) Δόξα ἐν ὑψίστοις θεῷ,
  καὶ ἐπὶ γῆς εἰρήνη,
  ἐν ἀνθρώποις εὐδοκία,
  Textus Receptus, A.V. 등은 이 본문을 택한다.

31) John Calvin, *A Harmony of the Gospels, Matthew, Mark, and Luke*, vol. I. trans. A.W. Morrison (Grand Rapids: Eerdmans, 1975). p. 78.

32) W. Hendriksen, *The Gospel of Luke* (Grand Rapids: Baker, 1978), p. 156; I. Howard Marshall, *Commentary on Luke* (*NIGTC*, Grand Rapids: Eerdmans, 1978), p. 111; John Nolland, *Word Biblical Commentary, Luke 1–9:20*, vol.35a (Dallas: Word Books, 1989), p. 102.

33) Δόξα ἐν ὑψίστοις θεῷ,
  καὶ ἐπὶ γῆς εἰρήνη ἐν ἀνθρώποις εὐδοκίας.

중에"(ἐν ἀνθρώποις)와 대구를 이룬다. 그리고 유도키아스(εὐδοκίας)는 본문에서 그 사람들이 어떤 사람들인 것을 설명한다. 즉 하나님의 호의를 입은 사람들, 즉 하나님의 선택함을 받은 사람들 중에 평화가 제공되었다는 것이다.

천사들의 노래의 의미는 메시아의 탄생이 하늘에 계신 하나님의 영광이 나타난 사건이며(요 1:14 참조), 죄로 인해 생성된 하나님과 사람 사이의 불목의 관계가 이제는 예수님의 탄생으로 해결이 되었음을 뜻하는 것이다.

3. 성전에서 하나님께 바쳐짐(눅 2:21~24)

> 할례 할 팔 일이 되매 그 이름을 예수라 하니 곧 잉태하기 전에 천사가 일컬은 바러라 모세의 법대로 정결예식의 날이 차매 아기를 데리고 예루살렘에 올라가니 이는 주의 율법에 쓴 바 첫 태에 처음 난 남자마다 주의 거룩한 자라 하리라 한 대로 아기를 주께 드리고 또 주의 율법에 말씀하신 대로 산비둘기 한 쌍이나 혹은 어린 집비둘기 둘로 제사하려 함이더라 (눅 2:21-24, 개역개정).

할례를 받으신 예수님

누가복음 2:21~24은 비교적 짧지만 많은 내용을 함축하고 있다. 누가는 본문에서 할례, 이름 짓는 일, 정결의식, 아이를 바치는 일, 성별하는 일등을 축약하여 설명한다.[34] 이 내용은 요셉과 마리아가 얼마나 철저하게 하나님의 율법을 순종했는지 보여준다.

하나님은 유대 가정에서 남자아이가 태어나면 팔일 만에 할례를 하도록 명하셨다(창 17:9~14; 레 12:3). 예수님은 이 율법에 따라 할례를 받았다. 할례를 받는다는 것은 일종의 죽음과 같은 것이었다. 왜냐하면 생명의 일부가 잘려지고 피를 흘려야 하는 것이기 때문이다. 그것은 그의 죄 된 생명의 피를 흘려보내는 것을 의미하는 것이었다. 물론 예수님은 할례를 받을 필요가 없었다. 하지만 예수님은 율법을 지키시기 위해 할례를 받았다. 바울 사도는 "때가 차매 하나님이 그 아들을 보내사 여자에게서 나게 하시고 율법 아래에 나게 하신 것은 율법 아래에 있는 자들을 속량하시고 우리로 아들의 명분을 얻게 하려 하심이라" (갈 4:4-5, 개역개정)고 설명한다. 일반적으로 할례 받을 때가 되어서 아이는 공식적으로 이름을 얻게 된다. 사실상 누가는

---

34) Joel B. Green, *The Gospel of Luke* (*NICNT*, Grand Rapids: Eerdmans, 1997), p. 140.

아이가 받은 할례를 강조하기보다 아이의 이름을 예수로 이름 짓는 사실에 더 강조를 두고 있다.

천사 가브리엘이 전한 것처럼 예수님의 부모는 예수님에게 이름을 지어 주었다(눅 1:31). 예수라는 이름은 "그가 자기 백성을 그들의 죄에서 구원할 자이심이라"(마 1:21, 개역개정)는 뜻이다. 예수님은 할례를 받을 때 또한 하나님께 드려졌다. 그리고 나면, 하나님은 왕국의 봉사를 위하여 그에게 생명을 되돌려 주신다. 이제 아기의 피를 흘려보냄으로써 보충되어 채워져야 할 피는 예수 그리스도의 피였다. 그러므로 예수 그리스도는 우리의 생명을 위하여 자신의 피를 흘리신 것이다. 헨드릭센은 예수님이 할례를 기꺼이 받으신 것은 그의 수동적 순종을 나타내고, 예수님이 세례를 반드시 받아야 한다고 주장하신 것은 그의 능동적 순종을 나타내고 있다고 설명한다.[35]

정결의식은 출산한 어머니에게 해당하는 율법이다. 레위기 12:1~8은 여인이 출산한 후 어떻게 정결하게 될 수 있는지를 설명한다. 여인이 잉태하여 남자를 낳으면 칠일 동안 부정하며, 팔일에 아이를 성전으로 데려간다. 그러나 여인은 삼십 삼일을 더 지나야 깨끗해지므로, 그 동안에는 성물을 만져서도 안 되며 성소에 들어가서도 안 된다. 마리아는 결례의 날이 차서 모세의 율법에 따라 정결의식을 치른 것이다.

성전에 바쳐진 예수님

아기 예수는 주께 드려져 성별되었다. 사실상 그는 제사장이 된 것이다. 그러나 제사장직은 레위 지파에게만 주어졌다. 그리고는 제물이 드려졌는데, 율법에 말씀한 대로 비둘기 한 쌍이나 어린 반구 둘이 바쳐졌다(레 5:7 참조).

예수님이 성전에서 바쳐질 때 성전에 시므온과 안나가 있었다. 시므온과 안나는 예수님의 바쳐짐에 대한 두 증인 역할을 한다(신 19:15 참조).[36] 시므온과 안나는 둘 다 나이가 많은 사람들이었으며 성령으로 말미암아 이 기쁜 날을 기다리고 있었다. 시므온이 이 아이는 이스라엘 중 많은 사람의 폐하고 흥함을 위하여 세움을 입었다고 말한 것을 유의해 보라. 먼저 사람들은 그리스도 앞에서 부서지고 폐하여져야 하며, 그 후에라야 다시 일어서게 될 것이다.

---

35) W. Hendriksen, *The Gospel of Luke*, p. 159.
36) Marshall, *Commentary on Luke*, p. 115.

4. 시므온의 찬송(눅 2:25~35)

예루살렘에 시므온이라 하는 사람이 있으니 이 사람은 의롭고 경건하여 이스라엘의 위로를 기다리는 자라 성령이 그 위에 계시더라 그가 주의 그리스도를 보기 전에는 죽지 아니하리라 하는 성령의 지시를 받았더니 성령의 감동으로 성전에 들어가매 마침 부모가 율법의 관례대로 행하고자 하여 그 아기 예수를 데리고 오는지라 시므온이 아기를 안고 하나님을 찬송하여 이르되 주재여 이제는 말씀하신 대로 종을 평안히 놓아 주시는도다 내 눈이 주의 구원을 보았사오니 이는 만민 앞에 예비하신 것이요 이방을 비추는 빛이요 주의 백성 이스라엘의 영광이니이다 하니 그의 부모가 그에 대한 말들을 놀랍게 여기더라 시므온이 그들에게 축복하고 그의 어머니 마리아에게 말하여 이르되 보라 이는 이스라엘 중 많은 사람을 패하거나 흥하게 하며 비방을 받는 표적이 되기 위하여 세움을 받았고 또 칼이 네 마음을 찌르듯 하리니 이는 여러 사람의 마음의 생각을 드러내려 함이니라 하더라 (눅 2:25–35, 개역개정).

누가복음 2:25~35은 시므온의 찬송을 담고 있다. 시므온의 찬송을 "눈크 디미티스"(Nunc Dimittis)라고 부른다. 그 이유는 누가복음 2:29의 라틴어 번역이 "눈크 디미티스 세룸 툼"(Nunc Dimittis seruum tuum)으로 시작하기 때문이다.

시므온은 40일 된 아이를 안고 하나님을 찬송한다. 예수님이 이때에 40일 된 아이인 것을 어떻게 알 수 있는가. 모세의 법에 따르면 여인이 남자아이를 낳으면 칠일 동안 부정할 것이며 그 후 33일이 지나야 정결케 되어 예배하는 무리와 섞일 수 있게 되는 것이다 (레 12:1~5).[37]

그러므로 "모세의 법대로 정결예식의 날이 차매"(눅 2:22)의 뜻은 예수님을 낳은 지 40일이 되었다는 뜻이다. 그러므로 시므온은 40일 된 갓난아이를 안고 하나님께 찬양을 드리는 것이다.

주의 구원을 본 시므온

시므온은 본문 누가복음 2:30에서 "내 눈이 주의 구원을 보았사오니"라고 말한다. 시므온의 품에는 40일 된 어린 예수님이 안겨 있다. 40일 된 갓난아이를 보는 시므온의 눈은 빛날 수밖에 없었다. 왜냐하면 그는 아이 예수님을 통해 "주의 구원"을 보았기 때문이다.

---

37) 여인이 여자아이를 낳으면 80일째 되는 날 정결케 되는 것으로 설명되어 있다. "여자를 낳으면 그는 두 이레 동안(two weeks) 부정하리니 월경할 때와 같을 것이며 산혈이 깨끗하게 됨은 육십육일을 지내야 하리라"(레 12:5, 개역개정). 여기서 14일 더하기 66일은 80일이 된다. 왜 어머니가 정결케 되는데 남아를 낳을 때보다 여아를 낳을 때 배로 걸리는지에 대해서는 만족할 만한 설명이 없다. 박윤선 박사는 "이 제도는 여자로 하여금 원죄의 책임을 더 중하게 생각하게 하려는 것이다."[참고, 박윤선 『성경주석: 레위기, 민수기, 신명기』(서울: 영음사, 1980), p. 95.]라고 설명한다.

어떻게 40일되는 갓난아기 예수님을 통해 "주의 구원"을 볼 수 있었을까? 물론 시므온은 이미 죽기 전에 그리스도를 볼 것이라는 성령의 지시를 받은 적이 있다(눅 2:26). 그러나 그리스도가 어떤 모습으로 오실 것인지에 대해서는 구체적으로 언급되어 있지 않다. 그럼에도 불구하고 시므온은 그의 품에 안긴 40일되는 어린 예수님이 고대하고 고대했던 메시아이시며 "주의 구원"임을 알아볼 수 있었다.

이 사실은 자연적인 안목으로는 불가능하다. 성령의 감동이 아니면 시므온은 아기 예수님을 "주의 구원"으로 알아볼 수 없었을 것이다(눅 2:27). 시므온이 40일 된 어린 아이를 보면서 단순히 "연약한 어린 아이," "볼품없는 존재"로 생각하지 않고 "주의 구원"으로, "이방의 빛"으로, "이스라엘의 영광"으로 볼 수 있었던 것은 성령의 감동으로 가능했던 것이다(눅 2:27, 29, 32).

약속을 믿고 산 시므온

시므온은 의롭고 경건한 사람으로 이스라엘의 위로를 기다리고 있었다. 그는 그리스도가 오셔서 이스라엘을 구하고 평안을 주실 것을 확신하면서 살았다(눅 2:29). 시므온은 과거를 바로 볼 수 있었기 때문에 현재를 보는 눈도 바를 수 있었다. 산타야나(Santayana, 1863~1952)는[38] "역사를 통해 배우지 않는 사람은 잘못을 재연하게 된다"라는 말을 했다.

메시아를 보내시겠다는 하나님의 약속은 창세기 3:15로 거슬러 올라간다. "내가 너로 여자와 원수가 되게 하고 너의 후손도 여자의 후손과 원수가 되게 하리니 여자의 후손은 네 머리를 상하게 할 것이요 너는 그의 발꿈치를 상하게 할 것이니라(창 3:15)". 그 이후 하나님은 자기 식구를 홍수에서 구원한 노아의 모습을 통해, 아들을 낳을 수 없는 아브라함과 사라 사이에 아들을 주신 사실을 통해, 모리아의 한 산에서 바쳐진 이삭의 모습을 통해, 다윗 왕의 모습을 통해, 시편 기자의 묘사를 통해(시 22편), 이사야 선지의 예언을 통해(사 53:1~12), 결국 미가 선지의 예언을 통해 메시아가 베들레헴에서 태어날 것까지 나타내 보여주셨다.

---

38) George Santayana는 스페인 태생 미국 철학자로서 유물론자이며 "종교는 양심의 가장 위대한 동화이다", "울어보지 못한 젊은이는 야만인이요 웃지 않는 노인은 바보이다", "성경은 문헌이지 교리가 아니다"라는 말을 하였다.

이런 명백한 역사의 흐름에도 불구하고 예수님이 태어났던 당시의 이스라엘의 종교지도자들은 영적인 잠을 자고 있었음이 분명하다. 과거의 교훈이 그들을 잠에서 깨어날 수 있도록 촉구하지 못했던 것이다.

마태복음 2장에 보면 "유대인의 왕으로 나신 이"(마 2:2)를 찾았던 사람들이 유대인의 율법 박사들이 아니요 동방으로부터 온 박사들이었다는 사실은 경종을 울려준다. 메시아의 오심을 가장 잘 알고 있어야 할 종교지도자들이 왕의 오심을 축하할 수 없었다는 사실은 오늘 우리 기독교인들에게 옷깃을 여미게 하는 교훈이 되는 것이다. 유대인의 율법학자들은 메시아가 어디에서 오실 것까지도 알고 있었다. "왕이 모든 대제사장과 백성의 서기관들을 모아 그리스도가 어디서 나겠느냐 물으니 이르되 유대 베들레헴이오니 이는 선지자로 이렇게 기록된 바 또 유대 땅 베들레헴아 너는 유대 고을 중에서 가장 작지 아니하도다 네게서 한 다스리는 자가 나와서 내 백성 이스라엘의 목자가 되리라 하였음이니이다"(마 2:4~6, 개역개정). 이처럼 과거의 역사적 지식이 단순히 지식으로만 남아있을 때 그들은 이스라엘의 왕을 영접할 수 없었다.

하지만 시므온의 경우는 달랐다. 그는 하나님의 약속을 믿고 메시아를 매일 고대하는 가운데 결국은 그의 품에 메시아를 품을 수 있게 된 것이다.

그리스도의 죽음과 부활을 내다본 시므온

시므온은 어린 아이를 품에 안고 모친 마리아에게 "이는 이스라엘 중 많은 사람을 패하거나 흥하게 하며 비방을 받는 표적이 되기 위하여 세움을 받았고 또 칼이 네 마음을 찌르듯 하리니 이는 여러 사람의 마음의 생각을 드러내려 함이니라"(눅 2:34~35, 개역개정)고 말한다. 시므온은 어린 아이를 보면서 어린 아이가 장래 어떻게 될 것을 구체적으로 설명한다. 어린 아이는 비방을 받는 표적이 될 것이다. 어린 아이는 자라서 고난을 당하며, 모욕을 받고, 결국에는 십자가의 죽음을 당할 것이다. 그래서 아들의 십자가 죽음을 목격한 마리아의 마음은 칼이 찌르듯 아플 것이다(눅 2:35; 요 19:25~27).

반즈는 "만약 마리아가 이렇게 미리 예고를 받지 않고, 강한 신앙으로 무장되어 있지 않았더라면 마리아는 장차 자기에게 임할 시련들을 인내할 수 없었을 것이다"[39]라고 말한다. 예수님의 탄생은 그의 죽음과 부활을 떠나 생각될 수 없는 것이다. 왜냐하면 예수님의 오신 목적은 고난을 당하시고 죽으신 다음 부활하시기 위해 오셨기 때문이다. 예수님께서 부활하신 다음 "그리스도가 이런 고난을 받고 자기의 영광에 들어가야 할 것이 아니냐"(눅 24:26, 개역개정)라고 하신 말씀은 이를 잘 설명해 준다.

시므온은 40일 된 어린 생명을 품에 안고 그가 구원 받을 자와 구원 받지 못할 자를 심판할 심판주가 되실 것을 바라볼 수 있었다. 40일 된 어린 아이는 "이스라엘 중 많은 사람을 패하거나 흥하게 하며 비방을 받는 표적이 되기 위하여"(눅 2:34, 개역개정) 세움을 입었다.

5. 동방박사의 신앙(마 2:1~18)

헤롯 왕 때에 예수께서 유대 베들레헴에서 나시매 동방으로부터 박사들이 예루살렘에 이르러 말하되 유대인의 왕으로 나신 이가 어디 계시냐 우리가 동방에서 그의 별을 보고 그에게 경배하러 왔노라 하니 헤롯 왕과 온 예루살렘이 듣고 소동한지라 왕이 모든 대제사장과 백성의 서기관들을 모아 그리스도가 어디서 나겠느냐 물으니 이르되 유대 베들레헴이오니 이는 선지자로 이렇게 기록된 바 또 유대 땅 베들레헴아 너는 유대 고을 중에서 가장 작지 아니하도다 네게서 한 다스리는 자가 나와서 내 백성 이스라엘의 목자가 되리라 하였음이니이다 이에 헤롯이 가만히 박사들을 불러 별이 나타난 때를 자세히 묻고 베들레헴으로 보내며 이르되 가서 아기에 대하여 자세히 알아보고 찾거든 내게 고하여 나도 가서 그에게 경배하게 하라 박사들이 왕의 말을 듣고 갈새 동방에서 보던 그 별이 문득 앞서 인도하여 가다가 아기 있는 곳 위에 머물러 서 있는지라 그들이 별을 보고 매우 크게 기뻐하고 기뻐하더라 집에 들어가 아기와 그의 어머니 마리아가 함께 있는 것을 보고 엎드려 아기께 경배하고 보배합을 열어 황금과 유향과 몰약을 예물로 드리니라 그들은 꿈에 헤롯에게로 돌아가지 말라 지시하심을 받아 다른 길로 고국에 돌아가니라 그들이 떠난 후에 주의 사자가 요셉에게 현몽하여 이르되 헤롯이 아기를 찾아 죽이려 하니 일어나 아기와 그의 어머니를 데리고 애굽으로 피하여 내가 네게 이르기까지 거기 있으라 하시니 요셉이 일어나서 밤에 아기와 그의 어머니를 데리고 애굽으로 떠나가 헤롯이 죽기까지 거기 있었으니 이는 주께서 선지자를 통하여 말씀하신 바 애굽으로부터 내 아들을 불렀다 함을 이루려 하심이라 이에 헤롯이 박사들에게 속은 줄 알고 심히 노하여 사람을 보내어 베들레헴과 그 모든 지경 안에 있는 사내아이를 박사들에게 자세히 알아본 그 때를 기준하여 두 살부터 그 아래로 다 죽이니 이에 선지자 예레미야를 통하여 말씀하신 바 라마에서 슬퍼하며 크게 통곡하는 소리가 들리니 라헬이 그 자식을 위하여 애곡하는 것이라 그가 자식이 없으므로 위로 받기를 거절하였도다 함이 이루어졌느니라 (마 2:1~18, 개역개정).

동방박사는 누구인가

마태복음 2:1~18은 동방박사들이 아기 예수를 경배한 사실을 기록한다. 성경은 동방박사에 대해 "동방으로부터 박사들이"(마 2:1)라고만 말할 뿐

---

39) 알버트 반즈, 『누가복음: 반즈 노트』(서울: 크리스챤서적, 1988), p. 61.

그들이 어느 지방에서 왔는지, 몇 명 왔는지 전혀 밝히지 않고 있다.

헤로도투스(Herodotus)에 따르면[40] “동방박사”(Magi)들은 주전 6세기경 페르시아(파사)에서 활동한 메데(Medes)의 제사장 그룹으로서 종교적 의식을 행하고 징조들을 해석하는 일을 했다. 그런데 페르시아(현재 이란)가 메소포타미아(현재 이라크)를 점령하게 되었고 주전 4세기부터는 “동방박사”(Magi)들이 천문학(astronomy)과 점성학(astrology)에 많은 관심을 갖게 되었다. 그래서 고대에는 바벨론이 천문학과 점성학의 중심지가 되었다.

그런데 남 유다가 바벨론에게 망하고(B.C. 586) 많은 유대인들이 포로로 잡혀갔다. 유대인들은 구세주 – 왕인 메시아에 대한 지식을 가지고 있었고, 이런 메시아에 대한 지식이 바벨론 사람들과 “동방박사들”(Magi)에게 알려졌을 수도 있다.

헬라시대 때에 “동방박사들”의 일부가 바벨론을 떠나 인근 나라에 가서 천문학과 점성학을 가르치곤 했다. 천문학과 점성학은 고대 교육의 중요한 주제였다.[41]

예수님을 방문한 동방박사들이 메소포타미아와 팔레스틴 사이에 있는 아라비아(현재 사우디아라비아)에서 왔다는 믿을 만한 전통이 전해 내려오고 있는 것도 이런 연유에서 일 수 있다. 험프리스(Humphreys)는 “베들레헴의 별을 본 동방박사들은 천문학자나 점성학자로서 유대인들의 예언인 구세주 – 왕에 대한 예언을 익숙히 알고 있는 사람들이며, 아라비아나 메소포타미아에서부터 팔레스틴 동쪽에 있는 나라들에서 온 사람들일 수 있다”[42]고 결론짓는다.

동방박사의 정확한 인원과 그들이 어느 나라에서 왔는지에 대해서는 성경은 아무런 정보도 말해주지 않는다. 다만 추측하건대, 그들은 별들을 살피고 동방의 철학과 학문을 연구하는 일에 종사하는 사람들이었으며, 그러기에 그들이 민수기 24:17에 기록된 발람의 예언을 알았을지 모른다.

“내가 그를 보아도 이때의 일이 아니며

내가 그를 바라보아도 가까운 일이 아니로다.

---

40) Herodotus 1:101.

41) Plato, *The Republic*, 529.

42) Colin J. Humphreys, "The Star of Bethlehem, A Comet in 5 BC and the Date of Christ's Birth," *Tyndale Bulletin* 43.1(1992), p. 33.

한 별이 야곱에게서 나오며
한 규가 이스라엘에게서 일어나리라"(민 24:17, 개역개정)

동방박사들의 믿음

동방박사들의 이야기는 종종 잘못 이해되어 본래 성경이 수고자 하는 가르침을 놓치고 마는 경우가 많다. 사람들은 동방박사들이 줄곧 별들의 인도를 받으면서 여행을 한 것으로 생각한다. 그러나 사실 별은 사라져 버렸으며, 그들은 믿음으로 여행을 했던 것이다. 성경은 마태복음 2:10에 "그들이 별을 보고 매우 크게 기뻐하고 기뻐하더라"(개역개정) 고 쓰고 있다. 이 말에 함축되어 있는 분명한 의미는 그들이 오랜 동안 별을 보지 못했으며, 그리하여 분명 그들이 낙담했었다는 사실이다. 그러나 이제는 그 별이 다시 나타났으며, 그들은 이로 인해 기뻐한 것이다. 별은 동방박사들을 아기 예수가 머물고 있는 집까지 안내했다(마 2:11).

학살된 신생아

그때에는 이미 아기 예수가 사관의 구유가 아니라 집 안에 있었던 것으로 미루어 탄생과 동방박사들의 도착 사이에는 어느 정도 시간이 흘렀던 것으로 생각된다.[43) 더욱이 헤롯은 두 살부터 그 아래의 모든 사내 아기를 다 죽이도록 명령을 내렸다. 실제로는 죽임을 당한 아이의 수가 많지는 않았다. 잘 되어야 100명 미만이었을 것이다.

이렇게 보는 이유는 두 가지이다. 동양에서는 아이가 출생한 날부터 이미 한 살이 된 것으로 간주함으로, 서양에서 한 살로 계산되는 아이의 경우 동양에서는 두 살이 된다.[44) 아울러 베들레헴의 마을과 주변 영역이 그다지 넓지 않았으므로 신생아의 비율 역시 그다지 높지 않았을 것이다.

---

43) 예수님 탄생 당시 발생한 사건들은 예수님 탄생(눅 2:7), 목자들의 방문(눅 2:8~20), 예루살렘 성전에서 하나님께 바쳐짐(눅 2:22~24), 베들레헴으로 귀환, 동방박사 방문(마 2:1~12), 애굽으로 피난(마 2:13~15) 의 순서로 정리해 볼 수 있다.

44) Humphreys는 혜성(Comet)의 나타남을 연구하여 예수님의 탄생 연대를 추정하려 한다. 그는 한 혜성이 B.C. 5년에 나타났고 B.C. 7년에는 토성(Saturn)과 목성(Jupiter) 그리고 화성(Mars)이 서로 만나는 천체의 변화가 있었다고 주장한다. Humphreys는 이런 이론에 근거하여 예수님이 B.C. 5년에 탄생했다고 주장한다. 그리고 그는 헤롯 대왕이 확실하게 예수를 제거하기 위해 B.C. 7년에 있었던 천체의 변화를 기점으로 2년 이하 된 어린 아이들을 살해하게 되었다고 주장한다. Cf. Humphreys, *op. cit.*, pp. 48-49.

따라서 그 인원은 50명에서 70명사이라는 추론이 나오는 것이다.

애굽으로의 피난

마태복음 2:13~18은 고난의 종으로 태어난 예수님이 갓난 아이 때부터 수난을 당한 사실을 전한다. 이스라엘 백성이 애굽에 거한 사실과 애굽에서 구원함을 받는 사건에서 이스라엘은 그리스도의 모형이 된다. 그리스도 자신이 하나님의 아들로서 세상적인 세력의 분노 때문에 애굽에서 포로생활을 해야 하며 또한 하나님의 구속의 계획에 따라 애굽에서 구원함을 받게 되어 있다. 메시아는 그의 백성의 대표자이시다. 그래서 마태는 호세아서를 인용하여 "애굽에서 내 아들을 불렀다"(호 11:1; 마 2:15)라고 말한 것이다.[45]

하나님의 준비

마리아와 요셉이 예수님을 데리고 애굽으로 피하여 갈 때 비용으로 쓸 수 있도록 황금과 유향과 몰약의 선물을 예비하신 하나님의 섭리는 참으로 안성맞춤이었다. 왜냐하면 그들은 애굽으로 피신하려는 생각은 추호도 없었으며, 또 무엇보다도 그들이 가난한 평민이었다는 사실 때문이다. 요셉과 마리아가 동방 박사들로부터 받은 황금은 그들의 피난 시기에 유용한 것이었을 것이다.

6. 애굽으로의 피난과 귀환(마 2:19~23)

> 헤롯이 죽은 후에 주의 사자가 애굽에서 요셉에게 현몽하여 이르되 일어나 아기와 그 어머니를 데리고 이스라엘 땅으로 가라 아기의 목숨을 찾던 자들이 죽었느니라 하시니 요셉이 일어나 아기와 그 어머니를 데리고 이스라엘 땅으로 들어가니라 그러나 아켈라오가 그의 아버지 헤롯을 이어 유대의 임금 됨을 듣고 거기로 가기를 무서워하더니 꿈에 지시하심을 받아 갈릴리 지방으로 떠나가 나사렛이란 동네에 가서 사니 이는 선지자로 하신 말씀에 나사렛 사람이라 칭하리라 하심을 이루려 함이러라 (마 2:19-23, 개역개정).

유대로의 귀환

헤롯 대왕이 죽은 후에 하나님은 요셉의 꿈을 통해 요셉에게 다시 유대

---

45) Ridderbos, *Matthew*, p. 40.

땅으로 돌아가도록 명령한다. 요셉은 유대 땅으로 귀환하라는 하나님의 명령에 순종한다. 요셉이 가족을 데리고 다시 유대 땅으로 돌아왔을 때 아켈라오가 유대 땅을 다스리고 있었다 . 아켈라오는 분봉왕이었지만 그가 예루살렘 중심의 지역을 다스렸기 때문에 유대인들은 그를 "유대의 임금" 으로 생각했다. 그런데 성경이 "아겔라오가 그 아버지 헤롯을 이어 유내의 임금 됨을 듣고 거기로 가기를 무서워하더니"(마 2:22)라고 암시한 것처럼 아켈라오는 유대인들과 사마리아인들을 혹독하게 다루었다.[46) 결국 그는 A.D. 6년 그가 권좌에 오른 지 9년 만에 골(Gaul)의 한 도시인 비엔나(Vienna)로 추방되었다.

나사렛 사람

요셉과 마리아 그리고 예수님은 애굽에서 귀환하여 갈릴리 지역 나사렛 동네에 정착한다. 성경은 "이는 선지자로 하신 말씀에 나사렛 사람이라 칭하리라 하심을 이루려 함이러라" (마 2:23, 개역개정)고 예수님의 나사렛 거주가 구약 성경에 나온 예언의 성취로 기록한다. 그러나 구약 어느 책에서도 예수님이 나사렛 사람으로 불릴 것이라는 예언이 없다. 마태는 그 당시 나사렛 동네의 비천함과 예수님의 낮아지심을 비교하면서 예수님이 나사렛 사람이라 칭할 것이라고 기록하고 있다. 신약의 저자가 구약을 인용할 때에 어떤 경우는 구약의 내용을 그대로 인용하기도 하고, 다른 경우는 구약의 내용을 해석해서 인용하기도 하며, 또 다른 경우는 구약 기록의 정신을 신약에 적용하여 설명하기도 한다. 이는 전혀 잘못됨 없는 당시의 기록 방법이다. 신약 저자들은 구약 저자와 똑같이 성령의 영감으로 잘못되지 않도록 신약을 기록했다.

7. 예수님의 성장(눅 2:40~52)

아기가 자라며 강하여지고 지혜가 충만하며 하나님의 은혜가 그의 위에 있더라 그의 부모가 해마다 유월절이 되면 예루살렘으로 가더니 예수께서 열두 살 되었을 때에 그들이 이 절기의 관례를 따라 올라 갔다가 그 날들을 마치고 돌아갈 때에 아이 예수는 예루살렘에 머무셨더라 그 부모는 이를 알지

---

46) F. Josephus, *The Wars of the Jews*, Book 2, Chap.7, Verse 3.

> 못하고 동행 중에 있는 줄로 생각하고 하룻길을 간 후 친족과 아는 자 중에서 찾되 만나지 못하매 찾으면서 예루살렘에 돌아갔더니 사흘 후에 성전에서 만난즉 그가 선생들 중에 앉으사 그들에게 듣기도 하시며 묻기도 하시니 듣는 자가 다 그 지혜와 대답을 놀랍게 여기더라 그의 부모가 보고 놀라며 그의 어머니는 이르되 아이야 어찌하여 우리에게 이렇게 하였느냐 보라 네 아버지와 내가 근심하여 너를 찾았노라 예수께서 이르시되 어찌하여 나를 찾으셨나이까 내가 내 아버지 집에 있어야 될 줄을 알지 못하셨나이까 하시니 그 부모가 그가 하신 말씀을 깨닫지 못하더라 예수께서 함께 내려가사 나사렛에 이르러 순종하여 받드시더라 그 어머니는 이 모든 말을 마음에 두니라 예수는 지혜와 키가 자라가며 하나님과 사람에게 더욱 사랑스러워 가시더라 (눅 2:40-52, 개역개정).

전인적으로 성장한 예수님

누가복음 2:40~52은 예수님의 어린 시기를 알려주는 귀중한 자료이다. 누가는 예수님과 세례요한의 성장을 비교한다. 세례요한에 대하여는 누가복음 1:80에 나온 것처럼 "아기가 자라며 심령이 강하여지고…"(개역개정)라고 기록이 되어 있다. 한편 예수님에 대해서도 같은 표현이 기록되어 있으나, 여기에 덧붙여 "지혜가 충만하며 하나님의 은혜가 그의 위에 있더라"(눅 2:40, 개역개정)로 기록한다.[47]

이러한 표현들 속에서 다음과 같은 네 가지 면에서의 그리스도의 성장을 볼 수 있다.

첫째, 신체적 성장 – 신체의 발달과 관련한 성장

둘째, 정신적 성장 – 정신적 발달을 말해주는 지혜의 성장

셋째, 영적 성장 – 하나님의 사랑하심을 입음 – 이는 그가 영적으로 계속 성숙해갔음을 말한다.

넷째, 사회적 성장 – 사람들의 사랑함이 더하여 감 – 이는 그가 사회적으로 성장하였음을 짐작하여 준다.

예수님은 활기 있는 어린이로 자라고 있었다. 이는 곧 하나님의 아들로서 성장을 잘 이루어 가고 있음을 말해 준다. 한 가지 분명히 해야 할 것은 예수님의 성장이 "완전"에서 "완전"으로 이어지는 성장이라는 점이다. 진화론에 노출된 우리들은 성장이나 발전을 생각하면 "불완전"에서 "완전"으로의 발전을 생각하게 된다. 그러나 예수님의 경우는 죄가 없으시기 때문에 "완전"에서 "완전"으로 성장하신 것이다.[48]

---

47) 예수님의 내적, 외적 성장에 관해 더 자세한 내용은 박형용, "예수의 왕국 선포에 관한 배경적 연구" 「신학정론」 제2권 1호(1984.4), pp. 4~8을 보라.

48) G. Vos, *Biblical Theology* (Grand Rapids: Eerdmans, 1986), p. 373.

성경이 예수님의 어린 시절과 관련하여 몇 가지 중요한 것들에 대해 침묵하고 있는 것은 흥미로운 사실이 아닐 수 없다. 그 중에서도 어린 예수님에게 성령이 충만하였다는 기록이 없는 것은 실로 의미심장한 일이다. 성령께서 예수님과 함께 하신다는 것은 의심할 수가 없는 일이다. 그러나 그는 세례를 빋고 나서야 비로소 성령을 받았다. 예수님이 어린 시절에는 특이하게도 성령을 받지 못한 상태였기 때문에 그가 하나님과의 관계나 그의 사역과 임무에 대해서 과연 어느 정도나 알고 있었을 런지에 대해 궁금해 할 수도 있겠다. 그런데 그가 성전을 방문한 사건으로부터 우리는 그가 어느 정도 자신의 할 일에 대해 알고 있었음을 분명히 읽을 수 있다.

예수님의 성전 방문
① 성전 방문의 목적

율법에 따라 유대인들은 유월절, 오순절, 그리고 장막절 등 세 절기를 지켜야만 했다(출 23:14~17; 34:23; 신 16:16). 당시에는 유대인들이 널리 흩어져 살고 있었기 때문에 그 율법이 꼭 지켜지지만은 않았다. 그러나 경건한 유대인들은 일 년에 한번이라도 절기를 지키기 위해 예루살렘에 가고자 애를 썼다. 요셉과 마리아는 예수님과 함께 유월절 절기를 지키기 위해 예루살렘 성전에 올라갔다(눅 2:41~42). 여자들의 경우 참석이 강요되지 않았으나 경건한 여인들은 가급적 참여를 했다.

일반적으로 유대 소년들은 12세 때에 율법이 인정하는 아들이 된다. 이를 가리켜 "율법의 아들"(bar mitzvah-son of the law)이라고 한다. 이때부터 성인으로서 감당해야 할 책임이 그에게도 주어진다. 이때로부터 그는 율법을 지켜야 하는 자신의 의무를 잊지 않기 위해 성구함을[49] 착용하고 다녔을 것이다.

요셉과 마리아는 그들의 이웃과 친척들이 그러하듯이 절기가 계속되는 일주일 내내 그곳에 머물러 있었다.[50] 이 사실로부터 우리는 세련되지는

---

49) 성구함 속에는 출 13:1-10; 13:11-16; 신 6:4-9; 11:13-21의 성구가 담겨져 있다. 정통 유대인들은 신 6:8을 문자적으로 지키기 위해 작은 가죽 성구함을 하나는 이마에, 또 하나는 왼쪽 팔에 매달고 다녔다(참조. 마 23:5)

50) 어떤 이는 요셉과 마리아는 미리 예루살렘을 떠났고 예수님은 유월절기간인 7일을 다 채우기 위해 예루살렘에 머물러 있었다고 주장한다(H. Mulder, *Dienaren Van de Koning*, Kampen, 1956, p. 52). 하지만 요셉과 마리아가 유월절 절기 전체 기간 동안 예루살렘에 머물렀다고 생각하는 것이 더 바르다. 이 주장에 동의하는

않았으나 의로운 평민들이 매우 종교심이 깊다는 인상과, 또 이런 평민들이 그 당시 종교생활의 중추가 되고 있다는 인상을 받는다.

② 잃어버린 예수님

우리는 예수님의 부모들이 아이를 얼마나 신뢰하였는지를 볼 수 있다. 그들은 돌아갈 때 아이가 동행중에 있는 줄 알고 그를 찾아 확인할 시간도 갖지 않았던 것이다. 예수님의 부모는 그만큼 예수님을 신뢰했다.

③ 예수님을 찾아다님

예수님의 부모는 하루가 지나서야 예수님이 그들과 함께 있지 않음을 알았다. 그 이유는 이런 여행이 많은 무리들과 함께 하는 여행이며 아이들은 친척들과 어울려서 동행할 수 있기 때문이다. 예수님의 부모는 저녁이 되어서야 예수님을 찾았고, 예수님이 그들과 함께 있지 않음을 알게 되었다. 예수님을 찾는 데 사흘이 걸린 것은(눅 2:46) 첫째 날은 예루살렘을 떠나 하룻길을 갔고, 둘째 날은 예루살렘으로 돌아가는데 하루가 걸렸고, 셋째 날에야 성전에서 예수님을 찾을 수 있게 되었다.[51]

④ 발견 그리고 반응

부모는 충격을 받았다. 부모들은 예수님의 지혜 때문에 놀랐고 또한 그가 성전에서 지혜자들과 어울리고 있는 사실에서 놀랐음에 틀림없다. 그들이 그를 찾았을 때, 그들은 아이가 선생들과 하는 말을 틀림없이 방해하지 않고 서서 들었을 것이다.

그 모친이 예수님을 꾸짖었다. 그것은 부드러운 꾸지람이었다. 꾸지람이 그 상황에 어울리지 않는다는 것을 알았던 모친은 부드럽게 "아이야"라는 말을 사용하였다.

그리스도의 의미 깊은 대답을 몇 가지로 고찰해 보자.

첫째, 예수님이 주기도문에서 우리에게 기도의 모범을 보여주실 때 "우리 아버지"라는 복수형의 말을 사용하는 것과는 달리, 예수님은 "내 아버지"라고 단수형으로 하나님을 부른다(눅 2:49). 예수님은 12살 되었을 때에도 자신과 하나님의 관계를 깊이 인식하고 있었음이 틀림없다.

학자들은 Greijdanus, Lenski, Godet, A.B. Bruce, Geldenhuys 등이다.
51) Marshall, *Commentary on Luke*, p.127.

둘째, 예수님은 "지극히 높으신 이"(눅 1:32, 35), "능하신 이"(눅 1:49)의 아들로 묘사된다. 다른 표현을 빌리면 하나님은 "전능자," "지존자" 등으로 불렸다.

셋째, 여기에 다시 새로운 계시가 주어졌으니 이는 그리스도께서 하나님을 가리켜 "내 아버지"라고 부르신 것이다. 요한복음 20:17은 "내가 내 아버지 곧 너희 아버지, 내 하나님 곧 너희 하나님께로 올라간다"[52]라고 읽는다. 예수님은 여기서 하나님과 자신과의 관계를 설명하면서 "나의 아버지," "나의 하나님"으로 철저하게 단수를 사용하신다. 반면 우리들과 하나님과의 관계는 "너희들의 아버지," "너희들의 하나님"으로 철저하게 복수를 사용하신다.

넷째, 그리스도는 "내가 내 아버지 집에 있어야 될 줄을 알지 못하셨나이까"(눅 2:49, 개역개정)라고 되물으셨다. 본문 누가복음 2:49절의 "내 아버지 집"(ἐν τοῖς τοῦ πατρός μου)이란 표현을 흠정역은 "내 아버지의 사역에 대해"(about my Father's business)로 번역했다. 비록 원문 상으로 볼 때 흠정역처럼 번역할 수 있으나 그 번역은 바람직한 번역이 아니다. 그 이유는 본문 문맥의 강조가 예수님이 어디 계셨느냐에 있지 무엇을 하고 계셨느냐에 있지 않기 때문이다.[53]

8. 예수님이 받은 세례와 시험(눅 3:21~22; 4:1~13; 참조, 마 3:13~17; 4:1~11; 막 1:9~11; 1:12~13)

예수님이 받은 세례(눅 3:21~22)

> 백성이 다 세례를 받을새 예수도 세례를 받으시고 기도하실 때에 하늘이 열리며 성령이 비둘기 같은 형체로 그의 위에 강림하시더니 하늘로부터 소리가 나기를 너는 내 사랑하는 아들이라 내가 너를 기뻐하노라 하시니라 (눅 3:21-22, 개역개정).

누가복음 3:21~22은 예수님이 세례 요한으로부터 세례 받으신 사실을 기록하고 있다. 예수님께서 세례를 받으신 것을 기록한 목적은 사실을 보이기 위한 것이 아니라, 의미를 깨닫게 하기 위함이다. 그리스도는 깨끗하게

---

52) ἀναβαίνω πρὸς τὸν πατέρα μου καὶ πατέρα ὑμῶν καὶ θεόν μου καὶ θεόν ὑμῶν.(요 20:17).

53) Hendriksen, *The Gospel of Luke* (Grand Rapids: Baker, 1978), p. 185: "Although 'about my Father's business'(A.V.) is possible, it is improbable. The entire question here is one of whereness."

함을 뜻하는 물세례를 자신을 위해서가 아니라 모든 의를 이루기 위하여 받으셨다. 이 의식을 통하여 그리스도는 율법을 이루셨으며, 세례 의식을 피의 의식으로부터 물의 의식으로 전환시켰다. 피는 사람의 생명으로부터 오는 것이나, 물세례는 밖으로부터 오는 것이다. "율법을 따라 거의 모든 물건이 피로써 정결하게 되나니 피 흘림이 없은즉 사함이 없느니라"(히 9:22, 개역개정). 이 의식에 의해, 그리스도는 우리를 율법의 저주로부터 속량하시기 위하여 자신을 율법 아래에 놓으셨다(갈 3:13). 본문 누가복음 3:21-22의 말씀은 삼위 하나님의 역할이 제시되어 있다.

아버지께서 하늘로부터 말씀하시며
아들이 율법에 순종하여 물로 세례를 받으시니
성령이 비둘기같이 그 위에 내리시더라.

콜(Alan Cole)은 이 구절(막 1:10~11)을 해석하면서 "창세기에서 하나님이 그의 말씀으로 성령을 통하여 창조하신 것처럼 하나님의 재창조의 새로운 일을 사람들의 마음에 시작하시는 순간에 전체 삼위 하나님의 같은 사역이 있어야만 하는 것은 너무도 적절하다"[54)라고 설명한다.

바로 여기에서도 새로운 것들이 제시되고 있다. 그 세례는 구약과 신약이 만나는 자리일 뿐만 아니라, 구약이 끝나고 신약이 시작되는 자리이다. 세례요한은 예수님보다 6개월 정도 먼저 났으며, 사역에 있어서도 시간적으로 그만큼 앞섰다. 그렇게 볼 때, 세례는 무엇을 의미하는 것일까?

첫째로, 예수님은 모든 의를 이루셨는데, 이는 그가 죄인이었으며 세례를 필요로 하였기 때문이 아니라, 그가 율법을 충족시켰다는 이유에서 그런 것이었다. 세례 요한이 세례 받는 것을 말리자, 예수님은 "이제 허락하라 우리가 이와 같이 하여 모든 의를 이루는 것이 합당하니라"(마 3:15, 개역개정) 고 대답하신다.

둘째로, 예수님은 자신을 죄인인 인류와 동일시하셨다. 예수님은 죄가 없으

---

54) Alan Cole, *The Gospel According to St. Mark* (*Tyndale Bible Commentaries*, Grand Rapids: Eerdmans, 1970), p. 58.

시지만 메시아로서 백성을 대신해서 회개하며 죄를 고백하고 그들을 위해 대속적인 용서를 확보하신 것이다. 보스(Vos)는 이에 대해 "예수님이 죄를 대속적으로 지시고 용서를 대속적으로 받으셨다면 원리적으로 예수님이 백성을 위해 대속적으로 회개를 했다고 말해서 잘못이 없는 줄 안다"[55]라고 말한다.

셋째로, 예수님은 이 물세례 의식에 의해 상징된 피의 세례로 말미암아 세상 죄를 지고 가는 하나님의 어린 양으로서 분명하게 표명되었다. 예수님이 세례 받을 때 하나님께서 "너는 내 사랑하는 아들이라 내가 너를 기뻐하노라"(눅 3:22, 개역개정)고 말씀하심으로 예수님을 공적으로 인정하셨고, 성령은 비둘기 형체로 내려오심으로 예수님을 도왔다. 예수님은 성령을 받으심으로 하나님의 아들로서 자격 인정을 받게 되었으며, 이제 구속 사업을 시작할 준비가 완성 되었다. 그리고 예수님은 세례를 받으심으로 자신이 구속자이시요, 하나님의 아들이심을 공적으로 천명하신 것이 된다. 예수님은 세례를 받으심으로 메시아로 공표되신 것이다. 예수님이 세례 받으신 것은 하나님 아버지, 예수님, 성령을 함께 보여주는 분명한 삼위일체의 현시였다.

넷째로, 예수님은 세례 요한의 세례를 받으심으로 하나님으로부터 왕국 사역을 시작하도록 위임 받으셨다. 하나님은 성령을 통해 예수님에게 능력을 부여하셔서 왕국 사역을 하게 하신다. 왕국의 사역과 성령의 능력은 불가분의 관계를 가지고 있다. 후일(오순절 때) 하나님은 예수님께서 시작하신 왕국사역을 교회에게 능력을 주셔서 계속하게 하신다.

예수님이 받은 시험(눅 4:1~13)

예수께서 성령의 충만함을 입어 요단 강에서 돌아오사 광야에서 사십 일 동안 성령에게 이끌리시며 마귀에게 시험을 받으시더라 이 모든 날에 아무 것도 잡수시지 아니하시니 날 수가 다하매 주리신지라 마귀가 이르되 네가 만일 하나님의 아들이어든 이 돌들에게 명하여 떡이 되게 하라 예수께서 대답하시되 기록된 바 사람이 떡으로만 살 것이 아니라 하였느니라 마귀가 또 예수를 이끌고 올라가서 순식간에 천하 만국을 보이며 이르되 이 모든 권위와 그 영광을 내가 네게 주리라 이것은 내게 넘겨 준 것이므로 내가 원하는 자에게 주노라 그러므로 네가 만일 내게 절하면 다 네 것이 되리라 예수께서 대답하여 이르시되 기록된 바 주 너의 하나님께 경배하고 다만 그를 섬기라 하였느니라 또 이끌고 예루살렘으로 가서 성전 꼭대기에 세우고 이르되 네가 만일 하나님의 아들이어든 여기서 뛰어내리라 기록되었으되 하나님이 너를 위하여 그 사자들을 명하사 너를 지키게 하시리라 하였고 또한 그들이 손으로 너를 받들어 네 발이 돌에 부딪치지 않게 하시리라 하였느니라 예수께서 대답하여 이르시되 주 너의 하나님을 시험하지 말라 하였느니라 마귀가 모든 시험을 다 한 후에 얼마 동안 떠나니라 (눅 4:1–13, 개역개정).

---

55) Vos, *Biblical Theology*, p. 344.

누가복음 4:1~13은 예수님이 공생애 초기에 마귀의 시험을 받으신 것을 기록한다. 마가는 "성령이 곧 예수를 광야로 몰아내신지라"(막 1:12)라고 기록한다. 예수님이 성령에 의해 내몰아졌다는 것은 이 시험을 받아야 하는 일이 매우 긴급한 것임을 보여준다. 그리스도는 성령의 신적인 "필요성"에 의해 이끌림을 받으셨다.

우리는 예수님께서 시험 받으시는 구절을 만나면, 항상 깊은 신비의 의문에 빠진다. 하나님이시며 사람이신 예수님이 어떻게 시험을 받을 수 있는가 하는 의문이 항상 제기된다. 그가 진정 하나님이시며 또 사람이신가? 사단은 어떻게 그리고 어떤 모습으로 나타나는가? 이러한 질문에 대해서는 우리가 아무런 결정적인 답변도 할 수 없으므로 확실히 답할 수 있는 분야의 문제로 넘어가자.56) 한 가지 분명한 것은 예수님이 성육신하심으로 온전한 100% 인간이 되셨기 때문에 그의 성육신 기간 동안 성령 하나님은 예수님을 전폭적으로 도우셨다.

예수님이 사막에서 받으신 40일간의 시험은 모세와 엘리야가 겪었던 것과 동일한 것이다. 그들은 그리스도를 예표 하는 사람들이었다. 그러나 시험을 받기 위하여 홀로 있다는 것만으로도 비할 수 없는 커다란 시험이다. 유혹은 갈수록 강도를 더해갔으며 특별히 삶의 세 분야와 관련된 것이었다. 육체적 – 빵; 정신적 – 세상의 왕국; 영적 – 성전 꼭대기로부터 하나님을 믿고 뛰어 내리는 것. 이들 각각은 그의 인간 본성의 욕구에 호소를 한다. 예컨대 빵은 생존의 욕구에 대해, 왕국은 권력에의 욕구에, 성전 꼭대기로부터의 시험은 하나님과 하나가 되려는 욕구에 호소를 하는 것이다. 그런데 한편으로는 이들 각각은 그의 사역에 대해 호소를 한다. 첫째, 빵을 주어라, 그리하면 너는 예비 된 위대한 메시아일 것이다. 둘째, 성전으로부터 뛰어 내리라, 그리하면 너의 사역이 하늘로부터 온 것임을 알게 될 것이다. 셋째, 엎드려 절하라, 그리하면 십자가 없이도 유대인들이 소망해 온 바로 그 메시아 왕, 곧 세상의 왕이 될 것이다. 예수님은 이 시험을 통해 베푸시는

---

56) 칼빈은 예수님과 사단의 조우가 환상(vision)을 통해서 이루어졌다고 생각한다. 이는 하나님의 허락과 그리스도 자신의 복종에 의해 발생했지만 그리스도가 망상에 빠진 것은 결코 아니다. 칼빈은 사단이 예수님에게 "순식간에 천하만국을 보일"(눅 4:5) 수 있었던 것은 환상 속에서 발생했기 때문에 가능했다고 지적한다. Cf. Calvin, *A Harmony of the Gospel, Matthew, Mark and Luke*, pp.139-140; Ridderbos, *Matthew*, p. 65.

자 – 권세자 – 지상의 통치자 – 메시아로 나타나게 되는 것이다.

예수님은 마귀의 시험을 받으실 때 매번 신명기의 말씀을 인용하여 대답하심으로써 하나님 말씀의 권위를 보여주신다. 마귀가 가장 두려워하고 떠는 것은 하나님의 말씀이다. 아담과 하와는 시험을 단지 한번 받았을 뿐이나 한번 공격에 무너지고 말았다(창 3:1~7). 그러나 그리스도는 세 번의 시험을 모두 말씀으로 물리쳐 이기셨다(마 4:1~11; 눅 4:1~13).

제4장

예수님의 선구자 세례 요한

1. 구약과 신약의 만남(마 3:1~17; 참조, 막 1:2~11; 눅 3:1~22)

그 때에 세례 요한이 이르러 유대 광야에서 전파하여 말하되 회개하라 천국이 가까이 왔느니라 하였으니 저는 선지자 이사야를 통하여 말씀하신 자라 일렀으되 광야에 외치는 자의 소리가 있어 가로되 너희는 주의 길을 준비하라 그의 오실 길을 곧게 하라 하였느니라 이 요한은 낙타털 옷을 입고 허리에 가죽 띠를 띠고 음식은 메뚜기와 석청이었더라 이 때에 예루살렘과 온 유대와 요단 강 사방에서 다 그에게 나아와 자기들의 죄를 자복하고 요단 강에서 그에게 세례를 받더니 요한이 많은 바리새인들과 사두개인들이 세례 베푸는 데로 오는 것을 보고 이르되 독사의 자식들아 누가 너희를 가르쳐 임박한 진노를 피하라 하더냐 그러므로 회개에 합당한 열매를 맺고 속으로 아브라함이 우리 조상이라고 생각하지 말라 내가 너희에게 이르노니 하나님이 능히 이 돌들로도 아브라함의 자손이 되게 하시리라 이미 도끼가 나무 뿌리에 놓였으니 좋은 열매 맺지 아니하는 나무마다 찍혀 불에 던져지리라 나는 너희로 회개하게 하기 위하여 물로 세례를 베풀거니와 내 뒤에 오시는 이는 나보다 능력이 많으시니 나는 그의 신을 들기도 감당하지 못하겠노라 그는 성령과 불로 너희에게 세례를 베푸실 것이요 손에 키를 들고 자기의 타작 마당을 정하게 하사 알곡은 모아 곳간에 들이고 쭉정이는 꺼지지 않는 불에 태우시리라 이 때에 예수께서 갈릴리로부터 요단 강에 이르러 요한에게 세례를 받으려 하시니 요한이 말려 이르되 내가 당신에게서 세례를 받아야 할 터인데 당신이 내게로 오시나이까 예수께서 대답하여 이르시되 이제 허락하라 우리가 이와 같이 하여 모든 의를 이루는 것이 합당하니라 하시니 이에 요한이 허락하는지라 예수께서 세례를 받으시고 곧 물에서 올라오실새 하늘이 열리고 하나님의 성령이 비둘기 같이 내려 지기 위에 임하심을 보시더니 하늘로부터 소리가 있어 말씀하시되 이는 내 사랑하는 아들이요 내 기뻐하는 자라 하시니라 (마 3:1–17, 개역개정).

마태복음 3:1~17은 세례 요한의 사역과 예수님께서 세례 요한에게 세례 받은 기록을 전한다. 세례 요한이 공적으로 처음 말씀을 선포하는 가운데, 예수님이 세례를 받으러 오심으로 두 사람의 만남이 이루어진다. 세례 요한은 예수님 이전의 선구자이지만 신약에서 다루고 있는 선지자이다. 세례 요한은 예수님의 오심을 선포한 구약의 선지자이지만 신약 성경에 처음으로 기록된 신약의 선지자이기도 하다. 따라서 세례 요한은 구약과 신약을 연결하는 다리 역할을 한다.

구약과 신약을 연결하는 다리

세례 요한은 구약과 신약을 연결하는 다리의 역할을 담당한다는 점에서 독특한 위치를 차지한다. 그는 구약의 선지자들 가운데 가장 위대한 사람이다. 그러나 신약에서는 가장 작은 성도라도 요한보다 크다(마 11:11 참조). 왜냐하면 신약의 표징은 구약에 분명히 보여 알려진 것과는 다른 새로운 접근이었기 때문이다. 이 새로운 접근은 구원이 하나님으로부터만, 믿음으로 말미암아서만, 그리고 은혜에 의해서만이 가능한 것임을 강조하였다. 이러한 강조의 내용은 구약에서의 강조와 완전히 동일한 것이기는 하였지만, 구약시대는 예표와 희생 제사의 그림자 시대였다. 이 희생제사와 예표는 세례 요한이 선포해야만 하는 예수 그리스도, 즉 지금은 우리와 함께 하시는 예수 그리스도를 가리키고 있는 것이다.

예수님 중심적으로 생각할 때, 세례 요한은 예수님과 가장 가까운 구약의 선지자였으며 예수님의 선구자였다. 세례 요한은 왕의 선구자로서 천국 이전시대에 속한 것이다. 그는 약속의 성취와 주님의 오심에 관해 선포한 종말론적인 선구자였다.[57] 그래서 성경은 세례 요한을 가리켜 여자가 낳은 자 중에서 가장 큰 자라고 칭하는 것이다(마 11:11).

그러나 세례 요한은 예수님이 설립한 하나님 나라에 속한 인물은 아니다. 그는 어디까지나 구약의 선지자이다. 헨드릭센(Hendriksen)은 세례 요한이 전령자 혹은 선구자로서 그의 책임을 정확하게 실천했다고 다음과 같이 설명한다. 첫째, 세례 요한은 메시아의 도래를 선포하고 백성들의 관심을 오실 메시아에게로 돌렸다(요 1:29). 둘째, 세례 요한은 죄인이 메시아의 왕국에 들어갈 수 있는 유일한 길은 회개하는 일이라고 강조했다(마 3:2). 셋째, 선구자는 자신이 소개하고 있는 대상이 무대에 등장하면 선구자 자신은 무대 밖으로 물러나야 하는 것처럼, 세례 요한은 예수님이 무대에 등장하자 "그는 흥하여야 하겠고 나는 쇠하여야 하리라"(요 3:30, 개역개정)고 말하면서 자신이 무대의 주인이 아님을 확실히 밝힌다.[58] 그러므로

---

57) Herman Ridderbos, *The Coming of the Kingdom* (Philadelphia: The Presbyterian and Reformed publishing Co., 1969), p. 53.

58) William Hendriksen, *The Gospel of Matthew* (*New Testament Commentary*, Grand Rapids: Baker, 1973), p. 487. 헨드릭센은 예수님이 세례 요한을 가리켜 "여자가 낳은 자 중에 가장 큰 자"라고 말한 이유는 진정으로 위대함의 본질은 겸손과 연관되어 있고 세례 요한이 그런 겸손을 보여 주었기 때문이라고

성경은 "천국에서는 극히 작은 자라도 그보다 크니라" (마 11:11, 개역개정)
고 예수님 중심적으로 설명하고 있는 것이다. 세례 요한에 대한 이런 묘사는
그의 인격이나 사역 또는 도덕성을 다른 사람과 비교한 것이 아니요 예수님
중심적으로 설립된 천국과의 관계를 설명하고 있는 것이다.

세례 요한의 삶의 방식

세례 요한은 사막에서 살았다. 아마도 그의 부모는 연로하여 죽고, 하나님
께서 직접 그를 키우지 않으셨나 싶다. 사막에서 살면서 활동을 하였던
요한은 먹는 것과 입는 것이 사막 생활에 알맞게 되어 있었다. 그의 음식은
메뚜기와 석청이었으며, 그의 옷은 약대 털옷이었는데 이는 극빈자들의
옷처럼 거칠고 조잡한 험한 옷이었다. 신에 대해서는 아무런 언급이 없는
것으로 보아 아마도 맨발이 아니었나 싶다. 누가복음 1:15에 의할 때, 그는
아마도 나실 인이었을 가능성이 있으며, 또 누가복음 1:80에 의하면 그는
은둔자였다. 그는 분명 마태복음 11:18, 19에서 보듯이 예수님과는 뚜렷이
대조되는 사람이었다. 그는 예수님과 달리 먹지도 마시지도 않았다.

세례 요한은 매우 엄격한 인격을 소유한 사람이었던 것으로 여겨진다.
심지어 그의 용모까지도 하나의 준엄한 설교였다. 그는 도시, 주택, 성전
등과 같이 편안히 거할만한 곳에는 가지 않았으며, 사람들을 광야로 이끌어
내었다. 그러므로 사람들은 그에게 나아가기 위해 집과 상점과 농장과
문명의 혜택을 떠나야만 했었다. 세례 요한의 말을 듣기 위해서, 그리고
그 후 예수님의 뒤를 따르기 위해서 그토록 많은 사람들이 모일 수 있었던
것은 그 때가 땅들도 안식하던 안식년이었기 때문일 것으로 생각된다(레
25:4~5 참조). 그러기에 그들은 세례 요한과 예수님의 가르침을 들을만한
여가 시간을 가질 수 있었던 것이다.

신약의 엘리야

세례 요한은 신약의 엘리야였다. 예수님께서 친히 "오리라 한 엘리야가
곧 이 사람이니라" (마 11:14, 개역개정)고 세례 요한이 말라기 예언의 성취로

설명한다(pp. 487-488 참조).

온 인물임을 분명히 하신다(말 4:5~6). 예수님은 문자적으로 세례 요한을 엘리야와 동일시한 것이 아니다. 세례 요한의 인격과 사역 그리고 그의 메시지의 성격이 구약의 엘리야와 비슷하기 때문에 그렇게 말씀하신 것이다.[59] 세례 요한과 엘리야는 그들의 갑작스런 출현, 메시지의 예리성, 생활의 단순성에서 서로 닮은 점이 있다.[60]

2. 세례 요한의 사역

세례 요한의 사역은 하나님의 뜻을 선포하는 것이다. 그는 메시아의 선구자로서 메시아의 오심과 천국의 도래를 선포해야 한다. 세례 요한은 메시아의 오심을 선포하면서 백성들을 준비시키기 위해 회개를 호소하며 회개치 않은 자에 대한 심판을 예고한다.

세례 요한의 메시지

① 회개하라(세례 요한과 예수님의 선포 방식의 차이점과 관련하여 마태복음 3:2과 4:12~17을 비교하라).

먼저, 본 연구가 그리스도께서 만물을 새롭게 하셨다는 사실에 관심을 두고 있음을 잊지 말아야 하겠다. 세례 요한은 자신의 메시지에서 사람들의 마음과 심령의 온전한 변화를 호소하였다. 이것은 단순한 이지적 정신의 차원을 넘어서는 것이었다. 그것은 의지적이며, 영적인 심령 중심에서의 헌신을 포함하는 것이었다. 진실 된 회개 뒤에는 온유한 마음과 정결한 머리와 강한 손이 결과로 나타나기 마련인 것이다. "더욱이 회개는 감정뿐만 아니라 마음과 의지에 영향을 미친다. 세례 요한이 사용한 원문에 회개라는 용어는 생애를 완전히 바꾸어 놓는 마음과 심장의 과격한 변화를 가리킨다."[61]

예수님도 또한 설교에서 "회개하라"는 말을 사용하였다는 점에서는 세례

---

59) 박형용, "세례 요한의 구속사적 위치와 그 기능," 「신학정론」, 제2권 2호(1984.11), p. 265.
60) Hendriksen, *The Gospel of Matthew*, p. 491.
61) *Ibid.*, p.197.

요한과 다를 바가 없는 것 같으나, 설교의 강조점을 요한에 비해 훨씬 더 무게 있게 신앙에다 두고 있다는 점에서 커다란 차이를 보인다. 세례 요한은 아무래도 여전히 구약의 강조를 못 벗어나고 있는 것이다. "두 사람의 강조는 하나님의 나라에 대한 다른 측면의 개념을 각각 설명하고 있는 것이다. 요한이 묘사한 하나님의 나라는 심히 두려운 대상이었던 반면, 예수님이 묘사한 하나님 나라는 기쁨으로 맞이할 대상이었다. 바로 여기에 요한과 예수님의 차이점, 곧 요한의 상상에 의한 그리스도와 실제의 그리스도와 차이점이 존재하는 것이다. 요한은 가혹했으나, 예수님은 동정적이었다."[62] 좀 더 근본적인 차이를 말한다면 요한은 예수님이 설립할 하나님의 나라에 대하여 증거 한 반면, 예수님은 자신이 설립한 하나님 나라를 증거하고 있는 것이다. 세례 요한은 하나님 나라에 대하여 증거하는 정도이지만, 예수님은 자신이 바로 하나님 나라의 왕이신 것이다.

회개의 개념 속에 포함된 것들은 다음과 같다.

첫째, 범한 죄를 뉘우치는 참다운 눈물(고후 7:7~9). 죄를 회개한 사람은 자신이 범한 죄를 생각하며 애통하게 된다. 예수님은 "애통하는 자는 복이 있나니 그들이 위로를 받을 것임이요"(마 5:4) 라고 말씀하신다.

둘째, 거룩하며 공의로우신 하나님을 향해 범죄 하였다는 의식, 곧 죄의식(시 51:4). 회개하고 눈물을 흘린 것이나 하나님께 범죄 하였다는 죄의식은 회개의 소극적 측면을 가리켜 준다.

셋째, 사악한 생활을 청산하고 하나님 앞에서 의로운 삶을 살겠다는 진정한 결심. 회개한 사람은 더 이상 범죄 하지 않고 의롭게 살기 위해 굳은 각오를 해야 한다. 예수님은 죄문제를 해결해 주시고 항상 "다시는 죄를 범하지 말라" (요 8:11; 참조 5:14)고 명령하신다.

넷째, "회개하라"는 말은 또한 "계속되는 회개"의 의미를 담고 있다. "회개하라"는 말은 겸손히 죄를 고백하며 매일 의로운 삶을 지속적으로 살아야 함을 뜻한다. 의로운 삶을 살겠다는 결심이나 계속적으로 올바른 삶을 사는 것은 회개의 적극적 혹은 긍정적인 측면이다. 회개한 사람은 죄악을 떠나는

---

62) A.B. Bruce, *The Synoptic Gospels: The Expositor's Greek Testament*, vol. 1 (Grand Rapids: Eerdmans, 1980), p. 85.

것으로 그치지 않고 더 나아가 선한 생활을 지속적으로 영위해야 한다.

② 천국이 가까왔느니라(마태는 이 말을 32번 사용했다).

여기서 청중이 취하여야 할 행동은 회개하고 세례를 받음으로 "준비하라"는 외침에 순종하는 것이다. "천국"이라는 말은 왕국의 본질의 기원이 "땅에서부터"가 아니요 "하늘에서부터"라는 뜻이다. "천국"은 하나님이 주인이시며 하나님의 뜻이 성취되는 나라이다. "천국"이란 말은 "하나님의 나라"라는 말과 교대로 사용되었다.63)

하나님의 나라는 하나님이 왕국의 통치자로서 왕국의 한가운데에 자리하시는 나라를 의미한다. 예수 그리스도는 그 나라의 왕이심으로, 그는 하나님이시며 동시에 통치자이시다. 천국이란 간단히 정의하면 "땅에 거하는 사람들이 하나님의 통치 또는 하늘의 원리의 통치에 순응하여 하나님을 경외하며, 그를 영화롭게 하고 하나님과 다른 사람들 그리고 자연계와의 관계를 정상화시켜 하나님의 본래 뜻이 실현되는 나라"라고 할 수 있다.

왕이 계시면서 통치를 하는 곳, 그 곳에 왕국이 자리하는 법인데, 바로 예수 그리스도께서 이 땅에 오셨으므로 요한은 "천국이 가까이 왔다"고 말했던 것이다. 세례 요한은 이 왕국이 예수님의 성령과 불로 세례 베푸는 사역으로 성취될 것을 말한다. 성령은 그리스도를 영접하는 사람에게 베푸는 축복의 세례요, 불은 그리스도를 배척하는 사람에게 내리는 심판의 세례이다.

세례 요한의 메시지에 담긴 신학

① 세례 요한은 하나님을 공의로운 심판자로서 소개하고 있다. 세례 요한은 "도끼가 나무뿌리에 놓였다"(마 3:10)는 말씀으로 예수님이 이미 오셨다는 의미를 전한다. 세례 요한은 곧바로 "내 뒤에 오시는 이는 나보다 능력이 많으시니 나는 그의 신을 들기도 감당하지 못하겠노라" (마 3:11, 개역개정)고 말함으로 예수님이 이미 오신 것을 확인하고 있다. 그리고 세례 요한은 예수님이 "성령과 불로 너희에게 세례를 베푸실 것이요 손에 키를 들고 자기의 타작 마당을 정하게 하사 알곡은 모아 곳간에 들이고 쭉정이는

---

63) 유대인을 의식하고 기록한 마태복음은 "천국"을 더 자주 사용한 반면, 이방인을 의식하고 기록한 누가복음은 "하나님의 나라"를 더 자주 사용한다. 이는 저자가 독자들의 형편을 의식하고 그렇게 한 것일 뿐 천국과 하나님의 나라는 같은 뜻이다.

꺼지지 않는 불에 태우시리라"(마 3:11-12, 개역개정)고 말함으로 예수님이 종말론적 심판자이심을 소개한다. 세례 요한이 말하고 있는 심판은 예루살렘의 멸망과 같은 그런 준비적인 심판이 아니요, 구약에서 예언된 "여호와의 큰 날"의 심판을 가리킨다.[64] 심판은 "모든 나무마다"에게 공평하게 시행될 것이다. 심판은 곧 각 개인들에게 있게 될 것이다. 세례 요한은 이 심판자의 위엄을, 곧 구약의 여호와 사상을 강조하고 있다.

② 세례 요한은 예수님을 가리켜 "세상 죄를 지고 가는 하나님의 어린 양"(요 1:29, 개역개정)이라고 증거 하면서 회개와 죄에 대한 고백의 필요성을 강조했다. "우리가 어찌 해야 할꼬"라는 물음에 대해 행하여야 할 행동들을 규정해주었다는 점에서, 그의 신학은 윤리를 포함한다고 말할 수 있겠다(눅 3:11~14).

③ 세례 요한은 예수 그리스도가 두 번 오게 되리라는 것을 알지 못했다. 그래서 그는 그리스도의 두 번 오심을 또는 구속과 심판을 하나인 것으로 보았으며, 구속을 위한 사건으로서 심판을 강조하였다(눅 3:16~17). 세례 요한은 예수님이 성령과 불로 세례 베풀 것을 강조한다(눅 3:16; 마 3:11). 성령은 축복의 요소요, 불은 심판의 요소이다. 축복의 요소인 성령의 세례는 십자가에 접붙임 받은 성도들에게 베풀어 주시는 세례요, 심판의 요소인 불의 세례는 예수님을 믿지 않는 불신자를 심판하기 위해 예수님 재림 때에 시행될 것이다.[65]

세례 요한의 메시지에 대한 반응

① 요르단 지경과 유대와 그리고 예루살렘으로부터 그의 말을 듣기 위해 사람들이 왔다(마 3:5). 세례 요한은 인기 높은 설교자였다. 그는 사람들이 들어야 할 필요가 있었던 말뿐만 아니라 그들이 듣기를 원했던 말들도 또한 잘 전달해 주었다. 그 당시 사람들은 율법 지도자들에게서 그들의 관심사를 해결할 도움을 찾을 길이 없었던 것이다.

갈릴리에서도 사람들이 왔을 가능성이 높다. 왜냐하면, 요한의 제자들

---

64) Herman Ridderbos, *Matthew* (Grand Rapids: Zondervan, 1987), p. 53.
65) 박형용, "성령세례와 성도의 구원,"「신학정론」, 제9권 1호(1991,7), pp. 32-36. 그런데 세례 요한은 이렇게 펼쳐진 예수님의 사역을 "성령과 불로 세례 주는 사역"이라고 한마디로 표현했다.

가운데 갈릴리 출신들이 있었기 때문이다(요 1:35~42 참조). 예루살렘에서 온 사람들 가운데에는 지도층의 인물들이 많았을 것이다. 바리새인들과 사두개인들이 세례 요한의 사역 현장을 보러 왔을 것이라는 것은 두말할 필요가 없는 사실이다. 이 본문에 해당되는 원어를 보면, 마침내 예루살렘에서도, 심지어는 바리새인들과 사두개인들까지도 요한의 메시지를 듣기 위해 왔다는 사실을 강조하는 듯한 표현을 보여주고 있다. 그들이 처음에는 오기를 원치 않았으나 세례 요한의 영향이 너무나도 컸기 때문에 결국 그들도 세례 요한을 무시할 수 없었다는 의미를 함축하고 있는 것이다.

② 반응들에 대한 분석

사람들이 무리를 지어 말씀을 들으러 왔다. 이들은 호기심 때문에 온 것이었을까? 아니면 죄의 중압감과 심각한 시대 분위기 때문에 평강을 구하기 위하여 세례 요한에게 오지 않을 수 없었던 것일까? 둘 다 답이 될 것이다. 세례 요한의 경고가 매우 심각하였기 때문에, 그들은 세례 요한에게 나아와 회개하고 세례를 받았다(분노라는 말이 구약에서만도 300번이나 사용되고 있으며 신약에서도 자주 나타나고 있는데, 요한도 역시 분노를 선포하였다. 개역은 진노로 번역하였음).

바리새인들과 사두개인들은 경고를 받았다. 이들이 실제로 세례를 받으러 왔다가 세례 요한에 의해 거부당했는지, 아니면 호기심에서 그랬는지에 대해서는 몇 가지 의문이 좀 남는다. 어쨌든 세례 요한은 이들을 강력히 거부하였으며, 바리새인들과 사두개인들에게 세례를 주지 않았다. 그리고 이들의 경우와는 전혀 다른 이유에서 그는 또한 예수님에게 세례를 주지 않으려고 했다. 예수님에게 대한 이유와 유대 지도자들에게 대한 이유를 비교하여 볼 때 얼마나 많은 차이가 있는가.

세례 요한은 세례를 주면서 "너희들은 이방인과 다를 바가 없다. 너희들은 너희들이 지은 죄 때문에 반드시 죽게 되어 있다"고 말했다. 이 말은 유대인에게 있어 세상이 완전히 뒤집히는 일과 같았다. 왜냐하면 유대인들은 태어남으로 그들이 하나님의 백성이 된다고 믿고 있었기 때문이다.

③ 예수님과 세례 요한의 만남(마 3:13~17; 막 1:9~11; 눅 3:21~22)

첫째, 몇몇 단어들을 구체적으로 살펴보자. 예수님은 대개의 사람들이

아래쪽 지방에서 온 것과 달리 갈릴리에서 요단으로 오셨으며, 다른 누구에게
도 세례를 받지 않으실 분이 세례 요한에게 세례를 받기 위해 그에게로
오신 것이다. 이것은 바로 세례 요한이 자신과 자신의 사역에 깊은 연결점을
지니고 있음을 말해준다.

둘째, 그리스도가 낮고 천한 나사렛 출신이었다는 사실은 일반적으로
백성들의 마음속에 기대되었던 메시아가 높고 귀한 신분으로 출생할 것이라
는 것과는 커다란 차이를 보였으며, 이는 심지어 세례 요한의 생각에서
조차도 그러했다. 이러한 출신 배경은 또한 바리새인들과 사두개인들과
같은 유대 지도자들과 예수님 사이에도 커다란 차이가 있음을 생각하게
한다.

셋째, 세례 요한은 먼저 자신이 메시아이신 예수님에게 세례를 베풀
자격이 없다고 생각하여 예수님의 요청을 거절했다. 세례 요한은 "내가
당신에게서 세례를 받아야 할 터인데"(마 3:14)라고 말하면서 예수님에게
세례 베풀기를 거절한 것이다.

넷째, 예수님은 세례 의식과 세례 자체의 의미를 인정하시는 가운데
모든 의를 이루시기 위하여 세례를 받으셨다. "예수님께서는 자신이 메시아이
기 때문에, 더 나아가 자신이 죄가 없으시기 때문에 요한의 세례와는 거리를
유지해야 한다고 생각하시지 않았다. 예수님 속에 있는 사랑은 예수님으로 하여금
위세를 부리지 않고, 또 도덕적 무흠을 내세우지 않으면서 세례 요한의 세례를
받을 수 있도록 그의 행위를 인도했음에 틀림없다. 우리는 대중을 너무 의식한
나머지 죄인들로부터 뚝 떨어져 있어야 한다고 생각할 수 있겠는가? 그리스도가
세례 요한에게 받은 세례는 그가 세리와 죄인과 함께 했을 때 그랬던 것처럼
오해를 불러일으킬 수도 있었다. 그리스도는 오해 받는 것으로 만족하셨다."[66]

④ 성령의 강림

마태복음 3:16의 "보라($\iota\delta$oú)"는 관심을 집중하게 하는 말로서 기적과
같은 일이 발생했을 때 사용하는 말이다. 이 말씀은 발생한 사건의 중요성을
주목하도록 강조한다.

첫째, 유대인 주석가들은 바로 이 성령의 강림 사건이 창세기 1:2,3에

---

66) A.B. Bruce, *The Synoptic Gospels: The Expositor's Greek Testament*, Vol. 1, p. 86.

있는 성령의 사역과 유사성이 있음을 지적한다. 창세기의 기록은 하나님의 신이 수면에 운행하심을 증거 한다.

둘째, 성령이 비둘기같이 임하셨다는 표현에 주목할 필요가 있다. 구약은 이러한 일이 있을 것을 예언한다. 이사야 선지자는 "주 여호와의 영이 내게 내리셨으니 이는 여호와께서 내게 기름을 부으사 가난한 자에게 아름다운 소식을 전하게 하려 하심이라 나를 보내사 마음이 상한 자를 고치며 포로 된 자에게 자유를 갇힌 자에게 놓임을 선포하며 여호와의 은혜의 해와 우리 하나님의 보복의 날을 선포하여 모든 슬픈 자를 위로하되"(사 61:1-2, 개역개정)라고 기록한다. 그런데 예수님은 누가복음 4:18~ 21에서 이 말씀이 자신을 통해 성취된 것으로 친히 말씀하시고, 사도행전 10:38은 이 말씀이 나사렛 예수에게 적용된 것으로 말씀한다.

3. 예수님에 대한 세례 요한의 증거(요 1:15~36)

예수님에 관한 세례 요한의 증거는 세부분으로 나누어진다. 첫째 증거는 요한복음 1:15~28에 기록되어 있고, 둘째 증거는 요한복음 1:29~34에 기록되어 있으며, 셋째 증거는 요한복음 1:35~36에 기록되어 있다. 이제 이 세부분을 구체적으로 연구하기로 한다.

세례 요한의 첫 번째 증언(요 1:15~28)

요한이 그에 대하여 증언하여 외쳐 이르되 내가 전에 말하기를 내 뒤에 오시는 이가 나보다 앞선 것은 나보다 먼저 계심이라 한 것이 이 사람을 가리킴이라 하니라 우리가 다 그의 충만한 데서 받으니 은혜 위에 은혜러라 율법은 모세로 말미암아 주어진 것이요 은혜와 진리는 예수 그리스도로 말미암아 온 것이라 본래 하나님을 본 사람이 없으되 아버지 품 속에 있는 독생하신 하나님이 나타내셨느니라 유대인들이 예루살렘에서 제사장들과 레위인들을 요한에게 보내어 네가 누구냐 물을 때에 요한의 증언이 이러하니라 요한이 드러내어 말하고 숨기지 아니하니 드러내어 하는 말이 나는 그리스도가 아니라 한대 또 묻되 그러면 누구냐 네가 엘리야냐 이르되 나는 아니라 또 묻되 네가 그 선지자냐 대답하되 아니라 또 말하되 누구냐 우리를 보낸 이들에게 대답하게 하라 너는 네게 대하여 무엇이라 하느냐 이르되 나는 선지자 이사야의 말과 같이 주의 길을 곧게 하라고 광야에서 외치는 자의 소리로라 하니라 그들은 바리새인들이 보낸 자라 또 물어 이르되 네가 만일 그리스도도 아니요 엘리야도 아니요 그 선지자도 아닐진대 어찌하여 세례를 베푸느냐 요한이 대답하되 나는 물로 세례를 베풀거니와 너희 가운데 너희가 알지 못하는 한 사람이 섰으니 곧 내 뒤에 오시는 그이라 나는 그의 신발끈을 풀기도 감당하지 못하겠노라 하더라 이 일은 요한이 세례 베풀던 곳 요단 강 건너편 베다니에서 일어난 일이니라 (요 1:15-28, 개역개정).

요한복음 1:15~28은 예수님에 대한 세례 요한의 첫 번째 증언을 기록한다. 하나님의 공식적인 대사로서 그리고 말씀 선포자로서 세례 요한이, 종교주의 자들이었으며 하나님의 백성으로 공적인 인정을 받던 백성들과 산헤드린에게 행한 첫 번째 공적 사역은 바로 이것이었다(요 1:19~28).

① 증언의 목적

세례 요한은 하나님의 보내심을 입은 자로서 성령에 인도되어 그리스도를 가리켜 오는 메시아로 선포했다. 그리고 그는 예수 그리스도가 가져다 줄 은혜와 진리를 나타낼 수밖에 없었다. 요단강 건너편 베다니로[67] 나아왔던 율법 지도자들, 곧 예루살렘으로부터 온 제사장들과 레위인들이 요한에게 공개적으로 물었던 "네가 누구냐"라는 질문에 대해 세례 요한이 행한 답변 가운데 증언의 목적이 발견된다(요 1:19, 28).

② 증언의 내용

부정적인 측면에서 세례 요한은 먼저 자신이 엘리야도 아니요, 선지자도 아니요, 그리스도도 아니라고 대답했다. 이는 숨김이 없는 솔직한 대답이기는 하지만 중상모략과 비판을 일삼던 종교정치가들 앞에서 행한 것임을 감안할 때, 실로 위험한 단언적인 답변이었다.

세례 요한은 그 당시 종교 지도자들이 "네가 누구냐"라고 물을 때 "드러내어 말하고 숨기지 않고"(요 1:20)라고 분명히 대답하였다. 그는 이미 그가 메시아 가 아닐까 생각하고 있던 그들의 질문에 대해 침묵하거나 적당한 암시적 답변을 함으로써 자신이 메시아로 생각되도록 하고픈 시험에 빠지지 않았다.

첫째, 유대인들은 말라기 4:5에 근거하여 메시아가 오기에 앞서 엘리야가 되돌아와야 할 것이라고 생각을 하였는데, 세례 요한은 그런 의미에서의 엘리야는 아니었다. 유대인들은 문자적인 엘리야의 부활을 기대했었던 듯하다. 그래서 세례 요한은 자신이 엘리야가 아니라고 했다(요 1:21). 그는 유대인들이 생각하고 있는 그런 엘리야가 아니라고 말한 것이다. 그러나

---

67) 본문에 언급된 베다니(Bethany)는 여리고로 가는 길목에 있는 예루살렘 동남쪽에 위치한 베다니와는 다른 장소이다. 예루살렘 근처의 베다니는 예수님의 친구 마리아, 마르다, 나사로가 살았던 동네이다(요 11:1; 12:1~6). 본문의 베다니는 요단강 건너편의 베레아(Perea) 지역에 있는 베다니이다. 본문의 베다니가 어디냐에 대한 이론이 많으나 가장 좋은 이론은 본문의 베다니가 바타네아(Batanea) 지역을 가리킨다고 생각하는 것이다(구약에서 바산(Bashan)으로 불리움, 참조 민 21:33; 신 1:4; 3:1; 29:7; 수 13:11,12, 30; 사 33:9). 예수님은 반대자들이 그를 죽이려 하자 이 지역으로 피신한 듯하다(요 10:39-40)〉.

예수님께서는 세례 요한이 상징적인 의미에서 엘리야라고 말씀하신다(마 11:14). 예수님은 이사야와 말라기의 예언이 세례 요한에게서 실현되었음을 부인하지 않았다.[68]

둘째, 유대인들은 신명기 18:15~18 등을 근거로 선지자를 기대하였는데, 요한복음 7:40에서 보는 바와 같은 선지자의 언급이니, 또 사도행전 3:22, 7:37에서 보듯이 예수님의 제자들이 그리스도 자신에게서 그 실현을 보았던 선지자의 약속 언급 등은 이처럼 신명기에 근거한 기대를 배경으로 하고 있다. 유대인들은 이러한 의미를 담고서 세례 요한에게 선지자인지를 물었던 것이며, 이에 대해 세례 요한은 분명하게 아니라고 답했던 것이다(요 1:19~20).

셋째, 말라기의 예언에 대한 바른 이해는 제 2의 엘리야가 영적인 의미로 온다는 것이다. 이러한 영적인 의미는 누가복음 1:17에서 우리가 보아 알듯이 "저가 엘리야의 심령과 능력으로 주 앞에 가서…"라고 천사가 요한의 탄생과 관련한 사실을 선포할 때에도 이미 전제되고 있었다. 예수님께서 친히 "오리라 한 엘리야가 곧 이 사람이니라"(마 11:14)고 세례 요한이 "오리라 한 엘리야"임을 명백히 하신다. 예수님은 문자적으로 엘리야와 세례 요한을 동일시한 것이 아니다. 세례 요한의 인격과 사역 그리고 메시지의 성격이 구약의 엘리야와 비슷하기 때문에 이렇게 말씀하신 것이다.[69]

긍정적 측면에서 세례 요한은 첫 번째 질문에 이어 조급히 주어진 두 번째 질문 "그러면 너는 누구냐"에 대해서 긍정적인 측면에서 답변을 한다.

첫째, 세례 요한은 구약의 말씀을 인용하여 자신이 성경 말씀에 정통하다는 사실과 또한 그가 그 예언의 성취와 관련한 자신의 역할을 잘 알고 있음을 말하여 준다.

둘째, 세례 요한은 자신을 가리켜 단순히 한 목소리라고 말하지 않고, 그 목소리, 더 나아가서 "외치는 자의 목소리"라고 말하였다. 세례 요한은 이사야 40:3의 예언을 자신에게 적용하여 자신은 여호와의 길을 예비하기 위해 온 외치는 자의 소리라고 말한다(마 3:3; 막 1:3; 눅 3:4 참조). 그는 유대인들이 기대하고 있는 종말론적인 메시아가 아닐 뿐만 아니라 또한

---

68) G. Vos, 『성경신학』, 이승구 역 (서울: 기독교문서선교회, 1985), p. 348.
69) 박형용, "세례 요한의 구속사적 위치와 그 기능," 「신학정론」, 제2권 2호(1984.11), p. 265.

평범한 설교자도 아니다. 그는 "주의 길을 곧게 하라고 광야에서 외치는 자의 소리"(요 1:23)이다. 이사야 40~66장은 시온 즉 예루살렘에 복된 소식을 전파함으로 시작하며, 여호와의 고난의 종을 통해 이룰 구속을 내다보게 하고(사 52:13~53:12), 종국에는 하나님께서 새 하늘과 새 땅을 이루시는 것으로 끝을 맺는다(사 65장, 66장).[70] 이런 넓은 맥락으로 볼 때 이사야 40:3의 "외치는 자의 소리"는 시온의 구속을 선포하며 준비시키는 역할을 하고 있다. 그 소리는 언약의 백성인 이스라엘이 포로생활에서 돌아올 때 모든 길이 평탄하게 될 것을 예언하는 역할을 한다.

이런 구약적인 배경으로 볼 때 세례 요한이 자신을 가리켜 "외치는 자의 소리"라고 말한 것은 요한복음의 서두에 나타나는 "태초에 계신 말씀"과 연관시켜 이해해야 한다. 세례 요한은 성육하신 말씀, 예수 그리스도의 선구자로서 "말씀"의 오심을 외치는 "그 목소리" 역할을 하는 것이다. 그렇다면 세례 요한의 경우는 바로 눈에 보이는 살아있는 계시, 곧 예수 그리스도요, 육의 몸을 입으신 말씀의 도래를 독특한 방법으로 "알리고", "외치는"자로서 보내심을 입었다는 의미에서의 목소리요, 소리요, 전하는 자였던 것이다(요 1:22~23). 이것이 세례 요한의 임무였으며, 그는 자신의 임무가 그러한 것임을 종교지도자들에게 천명한 것이다

셋째, 세례 요한이 사역한 장소는 광야였다. 세례 요한이 광야에서 활동을 하였다는 이유만으로도, 이미 그러한 배경에 복음서에 기록으로 남기고 싶은 어떤 영적 의미가 담겨져 있다고 생각하는 것은 결코 지나친 주장이 아닐 것이다. 즉 그것은 세례 요한의 소리가 외쳐지고 있던 때가, 종교지도자들이 세례 요한에게 던진 질문 속에서 알 수 있는 바와 같이, 도덕적 필요가 요청되던 메말라 있던 시대였다는 사실을 담고 있는 것이다. 세례 요한의 설교는 마치 "시대를 불로 심판"하는 듯한 것이었다. 세례 요한이 자신의 인격보다 사역에 초점을 두어 강조한 것을 주목해 보라. 요한의 인격은 그리스도의 인격에 비추어 볼 때 중요한 것이 못된다. 그리스도는 흥하여야 하고 요한은 쇠하여야 하기 때문이다.

넷째, 세례 요한은, 그리스도를 가리켜 "보라 세상 죄를 지고 가는 하나님의

---

70) D.A. Carson, *The Gospel According to John*(Leicester: IVP, 1991), pp. 143~144.

어린 양이로다"(요 1:29)라고 말한 것으로 미루어 볼 때, 제사장으로서의 예수 그리스도의 직분을 가장 먼저 깨달은 사람이었다. 요한 자신도 고통의 죽음을 당하기는 했으나 그는 결코 제사장이 아니었으며, 그는 소리, 참으로 단지 외치는 소리였을 뿐이었다. 그러나 예수님은 세상 죄를 지고 가는, 단 한분뿐인 제사장이셨다.

세례 요한의 증거는 종말론적인 특성을 가지고 있다. 요한은 예수님의 사역을 증거 하면서 "그는 성령과 불로 너희에게 세례를 주실 것이요 손에 키를 들고 자기의 타작마당을 정하게 하사 알곡은 모아 곡간에 들이고 쭉정이는 꺼지지 않는 불에 태우시리라"(눅 3:16~17)라고 말한다. 세례 요한은 앞으로 오실 예수님의 사역이 종말론적인 사역이 될 것을 증거하고 있다. 그러나 예수님의 초림은 세례 요한의 예언적 전망을 모두 포함하지 않는다. 예수님의 초림은 메시아 시대의 마지막에 심판으로 절정을 이룰 메시아의 긴 사역의 시작에 불과한 것이다.[71]

다섯째, 세례 요한은 주를 위하여 길을 예비하는 자였다. 이는 구세주로 하여금 보다 쉽고 편하게 그리고 신속히 자신의 길을 갈 수 있도록 길을 열어놓는 일이었다. 이러한 표현은 세례 요한을 마치 왕이 오심을 알리는 자인 것처럼 그리고 있다. 옛날이나 지금이나 왕이 어느 나라를 방문하면 그 왕의 오심을 준비하는 행사가 있다. 본문의 세례 요한은 "자기 땅에 오신"(요 1:11) 메시아 – 왕의 오심을 예비하는 선구자 역할을 한 것이다.

여섯째, 산헤드린은 공식적으로 세례 요한에게 그가 어떤 권세로 세례를 주는지에 대해 답하도록 요청을 해왔다(요 1:25). 이에 세례 요한은 그의 세례가 갖는 실질적 의미가 무엇인지를 알려 주었다.

세례는 유대인이나 이방인들에게 결코 생소한 일이 아니었다. 구약에서 물로 씻음을 받는 것은 회개와 죄의 용서를 상징했다. 요한의 이러한 상징적 행동은 하나님의 선택된 백성들이 깨끗함을 받아야 한다는 의미를 지니고 있었다. 그러나 유대인들은 이것을 이해할 수가 없었다. 유대인들은 자신들이 유대인으로 태어난 그 사실만으로 하나님의 백성이 이미 되었다고 믿었다. 그러므로 유대인들은 자신들이 회개하고 세례를 받아 깨끗하게 된다는

---

71) C.K. Lehman, *Biblical Theology: New Testament*, Vol. 2 (Scottdale: Herald Press, 1974), p. 92.

뜻을 이해하지 못한 것이다.

고데(Godet)는 유대인들이, 그럼에도 불구하고, 위대한 세례를 통해 메시아의 나라가 시작될 것을 기대했다고 말한다.[72] 산헤드린이 세례 요한에게 그가 메시아인지를 물었던 것은 바로 그러한 이유 때문이었을 것이다. 에스겔 선지자는 "맑은 물로 너희에게 뿌려서 너희로 정결케 하되 곧 너희 모든 더러운 것에서와 모든 우상을 섬김에서 너희를 정결케 할 것이며 또 새 영을 너희 속에 두고 새 마음을 너희에게 주되 너희 육신에서 굳은 마음을 제하여 부드러운 마음을 줄 것이며 또 내 신을 너희 속에 두어 너희로 내 율례를 행하게 하리니 너희가 내 규례를 지켜 행 할지라"(겔 36:25~27; 참조 슥 13:1). 유대인들은 자신들이 큰 죄인이기 때문에 이 세례는 받아야 한다고 생각한 것이 아니라, 이 세례 의식은 그들을 거의 완전하게 만들어 완전한 메시아와 더불어 살 수 있게 해주는 의식이기 때문에 세례를 받아야 한다고 생각했다.

세례 요한은 요한복음 1:26, 31, 33의 세 번에 걸쳐서 자신이 물로 세례를 주는 것과 관련하여 언급을 하고 있는데, 이를 통해서 물세례의 의미에 대한 중요한 증언을 보게 된다. 이쯤해서 성령의 사역에 대해 무언가 언급되어야 할 연결점이 나타난다. 다시 말해 물세례의 의미를 생각함에 있어, 예수님께서 요한복음 3:5에 니고데모에게 이르신 "사람이 물과 성령으로 나지 아니하면 하나님 나라에 들어갈 수 없느니라"는 말씀과 관계가 있음을 기억해야 한다.

다시 한 번 말하지만, 세례 요한의 물세례는 그것이 죄의 용서에로 부르는 것이었으며, 죄를 씻어 깨끗케 하는 것을 상징하는 것이었다. 요한복음 4:1이하를 보면 예수님께서는 세례를 주지 않으셨다. 예수님의 제자들이 세례 요한의 제자들보다 많아짐에 따라 예수님의 제자들이 주었던 세례에 대해 바리새인들이 물의를 일으키자 예수님은 다른 곳으로 물러 나셨다. 요한이 옥에 갇히고 그의 사역이 끝이 나자, 예수님과 제자들 그리고 교회는 죄의 용서와, 세례를 받아 성령으로 충만함을 입는 것(성령세례)에 대한 선포의 이중적 사역을 하게 되었다. 이런 맥락에 비추어 볼 때 요한복음 3:1이하에서 니고데모의 질문에 대한 예수님의 답은 새로운 의미를 얻는다.

---

72) Frederic Louis Godet, *Commentary on John's Gospel* (Grand Rapids: Kregel Publications, 1978), p. 306: "a great national lustration was expected as an inauguration of the Kingdom of the Messiah."

세례 요한의 두 번째 증언(요 1:29~34)

> 이튿날 요한이 예수께서 자기에게 나아오심을 보고 이르되 보라 세상 죄를 지고 가는 하나님의 어린
> 양이로다 내가 전에 말하기를 내 뒤에 오는 사람이 있는데 나보다 앞선 것은 그가 나보다 먼저 계심이라
> 한 것이 이 사람을 가리킴이라 나도 그를 알지 못하였으나 내가 와서 물로 세례를 베푸는 것은 그를
> 이스라엘에 나타내려 함이라 하니라 요한이 또 증언하여 이르되 내가 보매 성령이 비둘기같이 하늘부터
> 내려와서 그의 위에 머물렀더라 나도 그를 알지 못하였으나 나를 보내어 물로 세례를 주라 하신 그이가
> 나에게 말씀하시되 성령이 내려서 누구 위에든지 머무는 것을 보거든 그가 곧 성령으로 세례를 베푸는
> 이인 줄 알라 하셨기에 내가 보고 그가 하나님의 아들이심을 증언하였노라 하니라(요 1:29-34, 개역개정).

요한복음 1:29~34은 예수님에 대한 세례 요한의 두 번째 증언이다. 첫
번째 증언의 대상은 공적인 것으로서 종교 지도자들을 향한 것이었으며,
두 번째 증언은 듣는 모든 사람들을 향한 대중적 선언이었으며, 세 번째
증언은 요한복음 1:35, 36에 기록되어 있듯이 그의 제자들에게 한 것으로
그들에게 그리스도를 따르도록 하는 도전을 준 설교였다. 이 세 번째의
말씀 선포도 다른 두 경우의 것과 마찬가지로 공적으로 행하여진 것이다.
결국 그의 세 번에 걸친 설교는 모두 각각 특정한 강조점을 지니고는 있으나
공적으로 이루어진 선포였다. 두 번째 설교는 첫 설교를 행했던 그 다음날에
있었고, 세 번째 설교 또한 두 번째 설교 그 이튿날에 이루어졌다.

요한복음 1:29의 "이튿날 요한이 예수님께서 자기에게 나아오심을 보고…"
라는 구절은 그리스도께서 세례 요한을 만나러 오시는 장면, 그러니까 주께서
요한이 있는 자리에 오셔서 멈추어 그의 메시지를 귀담아 들으시며 요한의
말과 행동을 인정하시는 장면을 그려주고 있다. 여기 "이튿날"이란 말은
요한복음의 저자인 요한 사도가 시간에 대해 구체적으로 표현하는 처음
예이다(참조, 요 1:35, 43).

예수님은 광야에서 사단에게 시험받으신 후(마 4:1~11; 막 1:12~13; 눅
4:1~13) 요단강 건너편 베다니에서 세례 베풀고 있던 세례 요한에게로 나아오
신다(요 1:28~29). 예수님은 광야의 시험에서 돌아오신 후 자연히 요한의
일행을 찾게 되셨다. 그 이유는 다른 어느 곳에서 보다 세례 요한의 주변에서
그를 환영하는 무리들을 찾을 수 있다고 생각하셨기 때문이다. 예수님의
나아오심은 예수님의 전령자인 세례 요한에게 예수님을 선포할 기회를 제공
하게 되었다.[73] 세례 요한은 그에게 나아오시는 예수님을 가리키면서 "보라

세상 죄를 지고 가는 하나님의 어린 양이로다"(요 1:29)라고 말한 것이다. 참으로 예수님께서는 자의적으로 세례 요한의 세례를 받으시고 광야에서 사탄의 시험을 이기심으로 죄인들을 대신해서 율법의 저주를 스스로 짊어지시고 완전한 순종을 이루시는 대속적 사역을 시작하신 것이다.[74]

요한복음 1:36에서는 마치 주님이 어떤 일로 인해 급히 가시고 있는 것처럼 예수님의 다니심을 나타내 보이고 있는데, 여기에서 세례 요한의 몇몇 제자들은 주의 뒤를 따를 것인가의 도전을 받게 된다. 후에 이 제자들은 그 부르심에 응답하여 그리스도를 따르게 된다. 여기서 세례 요한은 예수님의 뒤를 따르지 않는 것을 보게 되는데, 이것은 그에게 특별히 할 일이 있기 때문이다. 그는 예수 그리스도와 구분되어, 그의 도래를 선포하여야만 하는 것이다. 요한복음 1:35이하의 상황은 예수님께서 요한으로부터 세례를 받은 후, 그리고 광야에서 시험을 받은 후에 요한에게 나아온 것이다. 요한은 줄곧 말씀을 선포했으며 제자들을 가르쳤다. 이제 예수님은 그 제자들을 세례 요한에게서 데려와 자신의 가르침 아래 둘 때가 온 것이다. 세례 요한은 실로 쇠하여야 하는 것이다(요 3:30 참조).

세례 요한은 "메시아" 혹은 "유대인의 왕"이라는 칭호가 아니라 "하나님의 어린 양"이라는 표현을 사용했다. 세례 요한은 "보라"는 말로 자신의 메시지를 시작하였다는 사실에서 알 수 있듯이, 그는 진실로 주의 오심을 알리는 자였다. 세례 요한은 "보라"라는 말로써, 또한 "하나님의 어린 양"이라는 말 속에 그의 청중들이 마땅히 주목해서 좋은, 놀랍고도 새로운 어떤 것이 있음을 보여 주고자 했다. 그러기에 세례 요한은 또한 손을 뻗쳐 손가락으로 주를 가리키면서, "바로 이 사람, 그가 하나님의 어린 양이로다"라고 외쳤던 것이다. 이 말은 구약의 성취로서 예수님의 희생적 특성을 주목케 한다. 자신의 어깨 위에 세상의 죄를 짊어지고 가야 할 희생양은 다름 아닌 바로 그 사람이었던 것이다.

리차드슨(Richardson)은 예수님이 받으신 세례와 그의 십자가 죽음을 연계시켜 설명한다. "예수님이 세례 요한에 의해 세례를 받으시기 위해

---

73) Marcus Dods, *The Gospel of St. John: The Expositor's Greek Testament* (Grand Rapids: Eerdmans, 1980), p. 695.
74) W. Hendriksen, *The Gospel of John*, vol. 1 (*NTC*, Grand Rapids: Baker, 1975), pp. 98–99.

무리들과 함께 나아가실 때 그는 이미 '종으로서의 메시아' 직분을 수용하셨다고 합리적인 추론을 할 수 있다. 예수님은 강포를 행치 아니하였고 그 입에 속임수가 없었으나 그의 백성의 허물을 위해 심문을 당하신 그 고난의 종의 역할을 이미 수용하신 것이다(사 53:8~9). 그는 종이었지만 '많은 사림을 의롭게 하며 또 그늘의 죄악을 친히 담당하실 것이다'(사 53:11). 그래서 예수님은 세례 요한의 세례를 받으신 것이다. 죄 없으신 분이 요한으로부터 '죄 사함을 받게 하는 회개의 세례'(막 1:4)를 받으신 것은 그의 죽으심으로 여호와께서 '우리 무리의 죄악을 그에게 담당시킨 것'(사 53:6)과 같은 이유이다. 예수님은 대표적인 사람으로 그가 후에 십자가의 세례로 세상의 죄를 짊어지신 것처럼 회개의 세례로 세상의 죄를 짊어지신 것이다."[75]

세례 요한은 또한 예수님께서 성령을 받았음을 선포하였는데, 이는 성삼위일체 가운데 삼위에 대한 분명한 증거가 되기도 한다. 성령께서 왜 비둘기의 모습을 취하셨는지에 대해서는 언급이 없다. 단지, 세례 요한의 사역을 묘사하는데 바람, 물, 그리고 불 등이 사용된 것처럼, 성령 강림의 모습은 비둘기와 더불어 하늘이 언급되고 있다(참조. 마 3:1~12).

세례 요한의 세 번째 증언(요 1:35~40)

또 이튿날 요한이 자기 제자 중 두 사람과 함께 섰다가 예수의 거니심을 보고 말하되 보라 하나님의 어린 양이로다 두 제자가 그의 말을 듣고 예수를 따르거늘 예수께서 돌이켜 그 따르는 것을 보시고 물어 이르시되 무엇을 구하느냐 이르되 랍비여 어디 계시오니이까 하니 (랍비는 번역하면 선생이라) 예수께서 이르시되 와서 보라 그러므로 그들이 가서 계신 데를 보고 그 날 함께 거하니 때가 열 시쯤 되었더라 요한의 말을 듣고 예수를 따르는 두 사람 중의 하나는 시몬 베드로의 형제 안드레라(요 1:35-40, 개역개정).

요한복음 1:35~40은 예수님에 대한 세례 요한의 세 번째 증언이다. 세례 요한의 세 번째 증언은 그 전날에 이어 계속된다. 요한복음 1:29의 "이튿날"에 이어 요한복음 1:35의 "이튿날"이 이를 증언해 주고 있다. 세례 요한은 예수님을 가리켜 "보라 하나님의 어린 양이로다"(요 1:36)라고 증언한다.

세례 요한의 예수님에 대한 증언은 삼중적인 완전한 증언으로 나타난다. 이 세 번째 증언은 제자들을 위한 것으로 증언의 결과가 즉각적으로 나타났다.

---

75) Alan Richardson, *An Introduction to the Theology of the New Testament* (New York : Harper and Brothers, 1958), pp. 179- 180.

세례 요한의 두 제자가 예수님을 따른 것이다. 한 제자의 이름은 안드레이며 (요 1:40) 다른 제자는 요한복음의 저자인 사도 요한일 것으로 사료된다. 여기 다른 제자가 사도 요한이 아닐 것이라는 증언을 찾기가 힘든 것이다. 둘째 날에 제자들은 선포되는 증언의 말씀을 들었으나 아무런 행동도 취하지 않았는데, 이는 예수님께서 아직 세례 요한의 무리 가운데 잠시 머물러 있었기 때문이었다. 그런데 셋째 날에는 세례 요한의 증언을 들은 그의 몇몇 제자들이 예수님의 뒤를 따랐던 것이다. 예수님께서 하나님의 계획 실천을 위해 무대 위로 등장하실 때 예수님의 선구자였던 세례 요한은 서서히 무대 밖으로 물러나야 했다. 세례 요한의 제자들은 옛 스승에 대한 존경의 감정 때문에 예수님의 뒤를 따르는데 고뇌의 심정을 가졌을 것이다. 그러나 세례 요한은 "그는 흥하여야 하겠고 나는 쇠하여야 하리라"(요 3:30)고 말하면서 그의 제자들이 예수님을 따르는 것을 기쁨으로 허락하였다. 고데 (Godet)는 요한의 삼중적인 증언의 사역이 메시아를 선포해 알리며, 그가 누구인지 명확히 가리키고, 그리고는 그를 따르는 것이었다고 주장한다.[76]

4. 세례 요한과 예수님의 비교

비교하거나 대조해보는 것이 모든 경우에 다 합당한 것은 아니겠으나, 일반적으로 이러한 시도는 도움을 준다.

사역 방법의 비교

① 예수님은 회당에서 많은 것을 가르치셨다. 그러나 세례 요한이 회당에서 가르쳤다는 기록은 어디에도 나타나지 않는다. 그러므로 그리스도는 옥내에 서도 말씀하신 반면에, 세례 요한은 오직 옥외에서만 사역을 감당하였다.

② 예수님과 세례 요한은 모두 천국복음을 전파하였는데, 이는 듣는 자들에게 기쁜 소식을 담은 것이었다. 세례 요한은 아무런 기적도 행하지 않은 것으로 여겨지나, 예수 그리스도는 많은 기적을 행하였다.

③ 세례 요한의 명성은 제한적이었으나, 예수님의 명성은 널리 퍼져만

---

76) F.L.Godet, *Commentary on John's Gospel*, p. 325.

갔다. 세례 요한은 몇몇 지역에서만, 주로 요단 강가의 지역에 머물러 있었으나, 예수님은 팔레스타인 지역을 오르내리셨다. 세례 요한은 사람들이 그에게 나아오도록 하였으나, 예수님은 그들에게로 나아갔다.

④ 그리스도는 당시의 종교 의식을 따랐으나 세례 요한은 그렇지 않았다. 세례 요한은 광야에 머물렀으며, 옷차림도 특이하였고, 식생활도 매우 간소하였다. 그리고 그의 설교는 죄의 회개를 외치는 것이었다. 세례 요한은 사람들이 그에게로 나오도록 하였으나, 자신이 그들을 구하러 나서지는 않았다. 반면, 예수님은 사람들과 어울려 지냈으며, 서기관들이나 바리새인들과 같은 지식인들의 경우와도 다르게 일반 사람들의 옷차림을 하고 다니셨다. 그는 보통 사람들과 꼭 같았다. 예수님은 사람들과 교제를 나누며, 기쁨을 함께 즐겼다. 그는 병고와 슬픔에 싸인 사람들과 함께 지내면서도, 또 한편으로 기쁨과 즐거움을 나누기도 하였다. 예수님은 먹고, 마시고, 여흥을 즐기는 것 자체는 결코 죄가 되는 것이 아니며, 단지 이러한 것을 목적으로 삼을 때 죄 되는 것임을 보여주었다.

메시지의 비교

세례 요한의 가르침은 죄와 심판을 강조함으로써 회개와 세례를 강하게 요청하는 것이었으며, 예수님의 메시지도 또한 그러했다. 그러나 예수님의 메시지의 강조점은 이미 하나님의 나라가 도래했다는 것이다. 세례 요한과 예수님이 둘 다 진리를 말함으로 설교의 내용이 유사한 것은 당연한 일이겠으나, 세례 요한과 동일한 주제와 사상을 가지고 시작된 예수님의 설교가 점점 진행되어감에 따라 나타난 어떤 특징적인 요소를 지적해 본다면, 주님의 메시지는 구원이 갖는 긍정적이며 기쁨이 넘치는 특성을 강조하셨다는 점을 들 수 있을 것이다.

세례 요한과 예수님의 메시지의 중심 주제를 요약해 보면, 세례 요한은 ① 천국이 가까이 왔다 ② 회개하고 세례를 받으라. ③ 약속된 한 분이 오신다고 강조한 반면, 예수님은 ① 천국은 이미 왔다 ② 천국은 계속 확장되고 있다 ③ 내가 곧 길이요 진리요 약속된 그 메시아라고 강조하는 것이다.

제5장

예수님의 초기 사역

1. 첫 제자들을 선택하심(요 1:40~51)

요한의 말을 듣고 예수를 따르는 두 사람 중의 하나는 시몬 베드로의 형제 안드레라 그가 먼저 자기의 형제 시몬을 찾아 말하되 우리가 메시야를 만났다 하고 (메시야는 번역하면 그리스도라) 데리고 예수께로 오니 예수께서 보시고 이르시되 네가 요한의 아들 시몬이니 장차 게바라 하리라 하시니라(게바는 번역하면 베드로라) 이튿날 예수께서 갈릴리로 나가려 하시다가 빌립을 만나 이르시되 나를 따르라 하시니 빌립은 안드레와 베드로와 한 동네 벳새다 사람이라 빌립이 나다나엘을 찾아 이르되 모세가 율법에 기록하였고 여러 선지자가 기록한 그이를 우리가 만났으니 요셉의 아들 나사렛 예수니라 나다나엘 이 이르되 나사렛에서 무슨 선한 것이 날 수 있느냐 빌립이 이르되 와서 보라 하니라 예수께서 나다나엘이 자기에게 오는 것을 보시고 그를 가리켜 이르시되 보라 이는 참으로 이스라엘 사람이라 그 속에 간사한 것이 없도다 나다나엘이 이르되 어떻게 나를 아시나이까 예수께서 대답하여 이르시되 빌립이 너를 부르기 전에 네가 무화과나무 아래에 있을 때에 보았노라 나다나엘이 대답하되 랍비여 당신은 하나님의 아들이시요 당신은 이스라엘의 임금이로소이다 예수께서 대답하여 이르시되 내가 너를 무화과나무 아래서 보았다 하므로 믿느냐 이 보다 더 큰 일을 보리라 또 이르시되 진실로 진실로 너희에게 이르노니 하늘이 열리고 하나님의 사자들이 인자 위에 오르락 내리락 하는 것을 보리라 하시니라 (요 1:40–51, 개역개정).

예수님을 가리킨 세례 요한

요한복음 1:40~51은 세례 요한이 예수님의 선구자 역할을 한 사실과 예수님이 제자들을 선택한 사실을 기록한다.

세례 요한이 예수님을 가리켜 "하나님의 어린 양"(요 1:29, 36)이라고 증언했다. 이때 세례 요한의 두 제자가 예수님을 따랐다. 두 제자 중 하나는 안드레로 밝혀져 있고(요 1:40) 다른 하나는 사도 요한인 것으로 추정된다. 요한복음에서 일반적으로 "예수님을 따른다"(ἠκολούθησαν τῷ Ἰησοῦ)는 말은 제자로서 예수님을 따른다는 뜻이다(참조, 요 1:43; 8:12; 12:26; 21:19, 20, 22).[1]

---

1) D.A. Carson, *The Gospel According to John* (Leicester: IVP, 1991), p. 154.

이제 세례 요한의 초청이 효력을 발생하여 제자들은 그의 말에 귀를 기울였다. 전날에 예수님이 하나님의 어린 양이라는 말을 들었을 때 성령께서는 그 제자들의 귀를 열어주셨다. 이제 성령께서는 그들의 마음도 또한 열어주셨다. 이것이 바로 하나님께서 제자들을 모으시기 위하여 사용하시는 방법이다. 그 방법은 오늘날에도 여전히 사용되고 있는 선교의 방법이다.

하나님의 어린 양에 대해 모리스(Morris)는 여러 가지 제안을 한다. 세례 요한이 생각한 "하나님의 어린양"은 첫째, 유월절 양, 둘째, 도살장으로 끌려가는 양, 셋째, 주님의 종, 넷째, 매일 제사에 바치는 양, 다섯째, 하나님이 준비하신 양, 여섯째, 계시록에 나온 승리의 양 등의 뜻을 가지고 있을 수 있다.[2] 모리스는 세례 요한이 하나님의 어린 양이라는 표현을 사용했을 때 어떤 구체적인 양을 가리키기보다는 희생 제물로서의 일반적인 양을 생각했을 것이라고 결론짓는다.[3]

그리스도는 그들이 자신을 따르는 이유를 알면서도 그들에게 "무엇을 구하느냐"(요 1:38)고 물음을 던지심으로 곧바로 교육을 시작했다. 이는 그리스도께서 자신을 소개함에 있어 그들이 수줍어하며 소극적임을 고려한 그리스도의 방법이었다. 이것은 과연 그들이 예수님과 함께 사역을 감당할 수 있는지를 탐색하기 위한 질문이었다. 그들이 구하는 것이 명성, 교육, 여행, 부귀영화 등이라면 예수님은 그들을 원하지 않을 것이다. 그들은 처음부터 자신들의 영혼 속에서 정직한 답변을 찾아야 했다. 구한다는 것은 이들의 경우처럼 그들이 가지지 못하고 있는 것들이나, 또는 그들이 잃어버린 것들을 찾는 것을 의미했다.

제자들은 주의 질문에 대해 "랍비여 어디 계시오니이까"(요 1:38)라고 말함으로써 깊은 존경심을 가지고 답변을 하였다. 랍비라는 말은 "나의 위대한 자"라는 뜻을 가지고 있으나 일반적으로 학생이 선생님께 존경을 표시하는 호칭으로 사용되었다.[4] 그 대답은 그들이 예수님과 함께 앉아 그와 그의 가르침을 알기 원한다는 것을 뜻하는 것이었다. 그들은 요한이

---

2) Leon Morris, *Expository Reflections on the Gospel of John* (Grand Rapids: Baker, 1988), pp. 36–42.
3) *Ibid*, p. 42.
4) "랍비"라는 명칭이 A.D. 1세기 말경에는 랍비 교육을 정상적으로 받은 사람이 정식으로 임직을 받으면 그를 랍비라고 호칭했다. A.D. 1세기 말경에는 "랍비"가 하나의 공식 명칭으로 사용되었다.

메시아가 오심으로 이루어질 것이라고 했던 희망과 이상에 대해 얘기가
오고 가기를 원했다. 그들은 예수님의 뒤를 따라 그와 함께 자리를 하였는데,
이는 전도의 또 다른 측면으로서 누구든 그리스도를 따르는 자는 그로부터
가르침을 받기 위하여 그와 함께 하여야만 했던 것이다. "무엇을 구하느냐"
이 질문의 정답은 '진리'이며, 이는 오직 그리스도에게서만 구하여질 수
있다.

베드로에게 전도한 안드레(요 1:40~42)

안드레야말로 첫 번째 전도자인 셈이다. 그는 "우리가 메시아를 만났다"(요
1:41)라고 말한 것으로 보아 그리스도를 믿었으며, 그리고 이제 베드로를
부지런히 찾아다녔다. 즉 그는 "먼저 찾았던" 것이다. 안드레는 가장 평범하고
효과적인 기독교 증거의 방법이 친구가 친구에게, 형제가 형제에게 개인적으
로 전하는 것임을 안 많은 사람 중에 첫 번째 사람이었다. 비록 안드레가
베드로를 예수님에게 인도했지만 안드레를 소개할 때 "시몬 베드로의 형제"
라고 소개한다. 그 이유는 요한복음이 기록될 당시(A.D. 90~100) 시몬 베드로
가 교회 안과 교회 밖에 더 널리 알려졌고 안드레는 그렇지 않았기 때문이라고
생각할 수 있다.5) 요한복음에는 언급되고 있지 않으나 안드레와 함께 있던
다른 한 제자, 곧 그의 형제 요한도 나가서 그의 형제 세베대의 아들 야고보를
찾았다. 요한은 두 번째 전도자인 셈이다. 이 두 사람은 모두 자신과 가장
가까운 사람을 찾아 예수님에게로 인도하여 온 것이다.

시몬이 왔을 때, 예수님은 그에게 새로운 이름을 주었다(요 1:40~42).
새로운 이름 '베드로'는 장차 사용될 이름이었다(마 16:18 참조). 반석이라는
뜻의 베드로는 교회의 기초가 될 것이다(마 16:18). 시몬은 자신이 베드로임을
"사도행전"의 책 속에서 증명했다.

빌립과 나다나엘을 부르심(요 1:43~51)

예수님께서 빌립을 만나 부르셨으며, 빌립은 나다나엘을 찾았다. 본 문맥
에서 두드러지게 반복되는 한 단어가 있으니 "찾다"라는 단어이다. 요한복음

---

5) Leon Morris, *The Gospel According to John* (Grand Rapids: Eerdmans, 1971), p. 159.

1:41, 43, 45을 보라. 요한복음 1:41에 안드레가 시몬을 찾았을 때에 처음 나온 뒤로 빌립과 관련하여 세 번이나 사용이 되었다. 그리스도는 사람을 찾아다니시며, 잃어버린 사람을 찾아 그들에게 구원을 주기를 원하셨다. 진실로, 하나님은 하나님을 위해 봉사할 자들을 찾으신다. 그리스도는 빌립에게 "나를 따르라"고 명하셨다. 이것은 단순히 그리스도와 함께 여행을 다니며, 그로부터 배우라는 식의 소요학파 선생의 초청 정도에 그치는 것이 아니었다. 물론 예수님과 같이 여행하고 그에게서 배우는 것이 사실이지만 그 동기와 목적은 빌립을 그리스도의 제자로 삼는 것이었다.

빌립은 나가서 나다나엘을 찾았다[나다나엘은 톨레미(Ptolemy)의 아들이라는 뜻을 지닌 바돌로매(Bartholomew)라고 불리기도 한다].6) 빌립은 안드레가 베드로를, 요한이 야고보를, 예수님이 빌립을 찾는 과정을 그대로 따랐다. 성경에 일찍이 정하여진 그 전형은 결코 우연이 아니었다.

나다나엘에게 전한 빌립의 신앙고백은 메시아를 만났다는 것이다. 빌립은 율법과 선지자의 글에 기록되어 있는 바로 그 사람을 만났다고 고백했다. 이는 빌립이 성경을 잘 알고 있었으며, 또 성경에 비추어 그리스도를 해석할 수 있었음을 말해준다. 그는 성령으로 말미암아 분별력 있는 열린 안목을 지니게 된 것이다. 빌립은 한편 세례 요한의 제자였을 것으로 생각되는데, 아마도 세례 요한이 빌립의 이와 같은 이해를 가능케 하는 기초 작업을 놓았을 것이다. 빌립은 요셉의 아들이라고 알려진 나사렛 예수를 성경의 관계 구절과 연결 지어 해석했다는 점에서, 그리고 예수님을 단순한 인간이 아닌 메시아요, 하나님의 아들인 것으로 보았다는 점에서 옳았다.

처음에 나다나엘로서는 그것이 감당할 수 없는 것이었다. 그러나 빌립은 그와 같은 주장만으로는 상대를 설득시킬 수 없다는 것을 알고 먼저 복음을 선포하고 나서 이어 "와 보라"(요 1:46)는 권면을 하였다. 이것은 그리스도께서 사용하신 것과 동일한 말이었다(요 1:39 참조).

---

6) 예수님의 제자 중 나다나엘과 바돌로매는 동일인으로 생각된다. 나다나엘은 요한복음에만 언급되어 있고(요 1:45 이하; 21:2) 다른 복음서에는 바돌로매로 나온다(마 10:3). 그리고 바돌로매는 빌립과 함께 언급된다. 어쩌면 바돌로매(나다나엘)가 빌립에 의해 예수님께 인도되었기 때문이라고 생각된다. 바돌로매는 가족의 성(姓)으로 나다나엘이라는 다른 이름을 가졌을 수 있다.

나다나엘의 반응

그는 빌립의 열광적인 메시지에 그다지 충격을 받지 않았다. 나사렛의 평판이 좋지 못했으므로 그곳에서 무슨 선한 것이 날 수 있느냐고 되물었던 것이다. 사실 나다나엘 자신도 갈릴리 가나 사람이었다(요 21:2). 그런데도 나다나엘이 나사렛을 좋지 않게 생각한 것은 그만큼 나사렛의 평판이 좋지 않았다는 것을 증언한다. 예수님이 베들레헴에서 출생하여 나사렛에서 어린 시절을 보냈지만 "베들레헴 사람"이라 불리지 않고 "나사렛 사람"으로 불린 것은 메시아가 비천한 신분으로 평가될 것을 예언한 구약 예언(시 22:6~8; 69:8; 사 53:2~3)의 성취이다.[7] 구약에 메시아가 "나사렛 사람"이라고 호칭된 것은 구체적으로 예언되어 있지 않으나 마태가 "나사렛"의 나쁜 평판과 예수님의 그곳 거주를 연결시켜 구약예언을 예수님의 생애 상황에 맞추어 해석적으로 적용하고 있는 것이다. 나사렛은 갈릴리의 한 촌이었을 뿐만 아니라 하나님이 거하시는 성소인 예루살렘과는 멀리 떨어진 곳으로 유대 사람들의 경멸을 받는 곳이었다. 어쨌든 나다나엘은 최소한 예수님을 가서 만나보기는 하겠다는 의사를 보였다는 점에서 빌립의 말을 들은 셈이었다.

이제 예수님에 대한 나다나엘의 반응을 살펴보자.

① 예수님은 놀라움의 뜻을 담은 "보라"라는 말로 나다나엘에게 간사한 것이 없음을 강조한다. 나다나엘은 진실로 신실하며 마음이 열린 사람이었다. 그러나 그러한 사실만으로는, 설령 그의 삶 가운데 간사한 것이 전혀 없었다 하더라도, 구원에 이를 수는 없는 것이다.

예수님은 나다나엘이 무화과나무 아래 있을 때에 이미 그를 보았다. 나다나엘이 그곳에서 무슨 일을 하고 있었을까? 그곳에서 나다나엘은 휴식을 취하며 조용한 시간을 갖는 중 성경을 뒤적이면서 바로 이 메시아에 관한 구절을 읽고 있었던 것일까? 예수님의 통찰력이 나다나엘의 마음을 흔들었다. 그래서 나다나엘은 예수님에 대해 확신을 갖게 되었음과 동시에 죄의식을 느끼게 되었다.

② 여기서 예수님이 그리스도요 살아계신 하나님의 아들이시라는 또

---

7) D.A. Carson, *The Gospel According to John*, p. 160.

하나의 증언을 요한복음은 증언 하고 있다. 나다나엘은 예수님이 이스라엘의 왕이라고 고백한다(요 1:49). 나다나엘의 이런 고백은 예수님이 메시아이시면서 이스라엘의 왕이시라는 새로운 진리를 표명하고 있다. 나다나엘이 "나사렛에서 무슨 선한 것이 나올 수 있겠느냐"(요 1:46)라고 의문을 표시한 태도에서, 예루살렘이 아닌 나사렛으로부터 "이스라엘의 왕"이 나셨다는 고백으로의 전환은 실로 획기적인 것이었다(요 1:49). 이것이야말로 성령께서 사람의 마음속에 복음을 계시하실 때, 그 안에서 일어나는 하나님의 변화시키시는 역사에 대한 또 하나의 예가 아니겠는가.

③ 예수님은 장차 더 큰 계시가 있을 것을 약속하셨다. 나다나엘은 예수님의 초자연적인 지식에 감동되어 "당신은 하나님의 아들이시요 당신은 이스라엘의 임금이로소이다"(요 1:49)라고 고백했다. 그런데 예수님은 나다나엘에게 "더 큰 일"(요 1:50)을 보게 될 것을 약속하셨다. 여기서 "더 큰 일"은 무엇을 뜻하는가? 헨드릭센은 "더 큰일"을 세 가지로 나누어 설명한다.[8]

첫째, 나다나엘은 인간의 구원과 하나님의 영광을 위해 사용될 예수님의 속성들을 보게 될 것이다.

둘째, 나다나엘은 예수님이 "하나님의 아들"(요 1:49)임과 동시에 "인자"(요 1:51)이심을 보게 될 것이다.

셋째, 나다나엘은 예수 그리스도가 이스라엘만을 위한 왕이 아니라 인류 전체의 왕으로 나타날 것을 보게 될 것이다. 이것을 다니엘 7:13, 14과 비교하여 보라. 다니엘 7:13, 14은 인자의 궁극적 권세와 영광을 묘사하고 있다. 나다나엘은 예수 그리스도의 지상사역 기간 동안 그리스도를 통해 이루어질 큰일을 보게 될 것이며, 결국 십자가의 죽음을 통해 이루실 구속과 부활로 승귀하게 되실 예수 그리스도를 보게 될 것이다. 예수님은 이 구절에서 "진실로 진실로"라는 표현을 사용하신다. 여기서 쓰인 "진실로 진실로"의 표현이 요한복음에 강조적으로 등장하는 25번 가운데 처음으로 나타나는 것이다(요 1:14 참조).

---

8) W. Hendriksen, *The Gospel of John* (Grand Rapids: Baker, 1975), p. 111.

2. 첫 번째 기적(요 2:1~11)

사흘째 되던 날 갈릴리 가나에 혼례가 있어 예수의 어머니도 거기 계시고 예수와 그 제자들도 혼례에 청함을 받았더니 포도주가 떨어진지라 예수의 어머니가 예수에게 이르되 저들에게 포도주가 없다 하니 예수께서 이르시되 여자여 나와 무슨 상관이 있나이까 내 때가 아직 이르지 아니하였나이다 그 어머니가 하인들에게 이르되 너희에게 무슨 말씀을 하시든지 그대로 하라 하니라 거기 유대인의 정결 예식을 따라 두세 통 드는 돌항아리 여섯이 놓였는지라 예수께서 그들에게 이르시되 항아리에 물을 채우라 하신즉 아귀까지 채우니 이제는 떠서 연회장에게 갖다 주라 하시매 갖다 주었더니 연회장은 물로 된 포도주를 맛보고도 어디서 났는지 알지 못하되 물 떠온 하인들은 알더라 연회장이 신랑을 불러 말하되 사람마다 먼저 좋은 포도주를 내고 취한 후에 낮은 것을 내거늘 그대는 지금까지 좋은 포도주를 두었도다 하니라 예수께서 이 첫 표적을 갈릴리 가나에서 행하여 그의 영광을 나타내시매 제자들이 그를 믿으니라 (요 2:1–11, 개역개정).

배경 설명

요한복음 2:1~11은 예수님이 갈릴리 가나에서 행하신 처음 표적의 기사를 전한다. 요한 사도는 가나의 혼인 잔치에서 물로 포도주를 만든 이적이 "사흘째 되던 날"에 발생한 것으로 기록한다. 어떤 이는 "사흘째 되던 날"을 신학적으로 해석하거나 또는 상징적으로 해석한다. 즉 여기서 "사흘째 되던 날"이 사용된 것은 예수님이 장사 된지 사흘 만에 부활하셨기 때문이라고 말한다. 하지만 요한 사도는 예수님과 나다나엘과의 만남이 있은지(요 1:43-51) 사흘째 되던 날에 가나의 혼인 잔치가 있었음을 밝히고 있다.[9] 예수님은 가나의 혼인 잔치에서 물로 포도주를 만드는 이적을 행하신 것이다. 이적은 비유적인 이야기도 아니요 상징적인 행위도 아니다.

가나의 혼인 잔치에서 예수님이 물로 포도주를 만드신 것은 예수님이 메시아이시며 은혜의 시대를 시작하고 계심을 뜻한다. 죄가 세상 가운데로 들어옴에 따라서 세상의 만물은 심판을 받게 되어 있다. 세상도 심판의 필요성을 말하며, 우리의 양심도 공감하고, 심지어 성경조차도 심판 외에 다른 어떤 것을 말하지 않는다. 그것은 죄로 인해 부과되는 무서운 벌이다. 그러나 예수님께서 오셨으며, 그와 더불어 용서, 은혜, 긍휼도 함께 왔다. 바로 그 그리스도가 그의 사역을 사랑과, 긍휼과, 선의 기적을 베푸심으로 시작하였다는 사실은 매우 의미가 크다. 이스라엘 백성들을 억압으로부터 해방시켰던, 구약에 나타난 예수님의 모형으로서의 모세가 꼭 그랬던 것처럼, 그리스도도 자신의 사역을 기적으로 시작하셨던 것이다.

---

9) Herman Ridderbos, *The Gospel of John* (Grand Rapids: Eerdmans, 1997), pp. 99–100.

　그러나 모세의 기적은 물을 사용한 점에서는 예수님의 기적과 같으나, 그것이 긍휼의 기적이 아니라 심판의 기적이었다. 심판의 경우 물이 포도주처럼 붉게 변화된 것은 피를 상징한다. 예수님의 기적은 물을 포도주로 변화시키는 기쁨과 평화의 기적이었지만 모세의 기적은 물을 피로 붉게 만드는 심판의 기적이었다. 전자는 기쁨의 기적이나, 후자는 심판의 기적이었다. 아울러 이스라엘 백성들이 약속의 땅으로 들어갈 때, 그들이 많은 어려움 끝에 들어갔다는 사실을 주목하라. 이 어려움은 심판의 기적이었던 열 가지 재앙 속에 그 징조가 드러나 있었다.

　새로운 세대, 곧 신약시대에서는 하나님의 백성들이 예수 그리스도에 의해 구원을 받는다. 주께서 죄 짐을 담당하신다. 그러므로 주께서 구속 사역을 시작하실 때에는 기쁨이 충만해지는 기적이 일어나는 것이다.

　하나님께서는 태초에 아담과 하와를 지으실 때, 이들을 개개인으로서 뿐만 아니라 한 가정을 이루도록 지으셨다. 가정이야말로 인류의 최초의 제도인 것이다(창 2:21-25). 그러나 죄로 말미암아 남편과 아내의 관계가 손상되고 깨어져, 가정의 분열로 인한 상처는 그 어떤 경우보다도 더 쓰라린 경험으로 남는다. 죄로 말미암아 가정이 훼파됨에 따라서 가장 친밀한 사랑의 관계가 금이 가고 말았다.

　신약을 보면, 마치 구약에서 하나님이 그의 창조 사역으로 가정을 이루셨던 것처럼, 그리스도께서는 자신의 사역을 가정에서, 곧 가나의 혼인 잔치에서 공식적으로 시작하고 계신다(요 2:1-11). 이러한 성경 본문을 통해서 알 수 있듯이 예수님은 기쁨을 가져다주며, 그가 주는 영적 기쁨을 통해 그의 영광을 나타내 보인다. 예수님이 보여준 첫 번째 표적 또는 기적은 사적(私的)이라고 할 수 있는 가정 안에서 이루어졌으며, 이로 인해 그곳에 있던 모든 이들이 기쁨을 맛보았다. 예수님은 그의 사역을 시작하시면서 그가 세상에 기쁨을 주러 오셨음을 가르쳐주고 계신 것이다(요 17:13 참조).

　요한은 요한복음 서두를 창조 때의 일주간을 반영시켜 기술한다(요 1:19~2:11). 그리고 갈릴리 가나의 혼인잔치 사건은 일주간의 마지막 날 안식일에 발생했다. 예수님께서 안식일에 구속 역사를 이루시는 것은 요한복음 다른 곳에도 기록되어 있으며(요 5:16 이하; 7:21~24; 9:16), 이런 사건들은 신약에서 안식일에 관한 신학적인 의미를 제공하고 있는 사건들이다.10) 예수님은 안식일에 사랑의 기적, 기쁨의 기적, 유익을 주는 기적을 시행하신 것이다. 예수님은 여기서 새로운 창조세계에서의 삶의 형태가 어떤 형태일 것을 암시해 주고 계신다.

구속 역사와 결혼 제도

바빙크(J. H. Bavinck)는 그의 책 『계시의 역사』에서 역사란 결혼으로 시작되었고 그리스도와 관련한 구속 역사의 전개 또한 결혼으로 시작하고 있다는 흥미로운 사실을 지적한다. 그뿐만 아니라 앞으로 도래할 새 하늘과 새 땅에서도 결혼이 있게 될 것인데, 그것은 그때에 그리스도가 신랑의 모습으로 오시며, 어린 양의 혼인 잔치가 열리게 될 것이기 때문이다. 이때에 그리스도께서는 또 다시 만물을 새롭게 하신다. 바빙크는 이 첫 번째 기적이 평범한 일들 가운데에 나타났다는 사실을 덧붙이고 있다. 후에 서기관과 바리새인들이 하늘의 표적을 보기 원하였을 때, 예수님은 요나와 물고기의 표적 외에는 아무런 표적도 보지 못할 것이라고 말씀하셨다. 유대 백성들이 생각한 메시아의 도래와 실제 메시아의 도래에는 커다란 차이가 있었던 것이다. 사단이 예수님에게 성전 꼭대기에서 뛰어내리라고 시험한 것은 바로 이러한 사실에 그 초점이 있었던 것이다. 이 시험이야말로 하늘로부터 오는 표적을 매우 효과적으로 보일 수 있는 기회가 되는 것이기 때문이다. 그러나 예수님은 이를 거부했다. 그는 세상이 다 알도록 떠들썩하게 그의 기적을 행하신 것이 아니라 평범한 일상적인 일로부터 거의 사적(私的)이라고 할 수 있는 곳에서 이 일을 행하셨다.

그 혼인잔치에 참석했던 자들이 과연 기적이 행하여졌다는 사실을 깨닫고 있었는지에 대해서는 다소 의심이 간다. 왜냐하면 그리스도의 사역은 거의 특별한 의미가 없는 듯이 이루어지기 때문이다. 우리는 복음서의 기록을 통해 이 예화가 예수님의 어머니, 제자들, 그리고 잔치를 주관했던 몇 사람의 등장인물에 제한되고 있다는 인상을 받는다.

또 바빙크의 주장에 따르면, 이스라엘에서의 결혼이란 신성하며 거룩한 것이었다. 결혼은 거룩한 축제로서 이스라엘로 하여금 그들을 향하신 하나님

---

10) Carson, *The Gospel According to John*, p. 168.

의 사랑을 깨닫도록 한다. 성경은 여러 곳에서 이스라엘과 여호와의 관계를 신랑과 신부의 관계로 그리고 있다. 솔로몬이 노래한 아가서와 호세아서는 바로 이 관계를 주제로 한 것이다.

유대인의 결혼식

유대인은 결혼에 앞서 먼저 정혼을 하게 된다. 유대인의 정혼은 오늘날 약혼보다 훨씬 더 심각한 의미를 갖는다. 그래서 정혼 후에 그 관계를 끊게 되면 이혼 수속이 필요하게 된다.[11] 그러나 결혼 때까지는 동거치 않고 각각 생활을 하게 되어 있다. 정혼과 결혼 사이의 기간은 때때로 길어지기도 하나(약 1년간) 대체로 짧은 기간 내에 결혼식을 올린다.

신랑은 친구들과 더불어 신부의 집에 가 신부를 자기 집으로 데려온다. 그리고는 거의 일주일 동안 계속해서 성대한 잔치를 저녁마다 치른다. 결혼잔치의 모든 경비는 신랑이 책임을 지게 되어 있다. 결혼잔치 때에 포도주가 다 떨어졌다는 사실은 "체면"을 중시하는 문화(shame culture)에서는 심각한 문제일 수밖에 없다.[12]

가나의 혼인 잔치에서 나타난 진실

예수님은 대여섯 명의 제자들과 함께 결혼잔치에 갔다. 어떤 학자들은 예수님과 그의 모친은 초대를 받아 갔지만, 그의 제자들은 초대받지 않았음에도 예수님이 그들을 데려갔을 것이라는 의견을 보인다. 본문을 그런 식으로 이해하는 일이 기술적으로는 가능할지도 모른다. 그래서 주석가들 가운데 어떤 이들은 예수님의 제자 다섯이 참석하였기 때문에 포도주가 부족하게 되었다고 추론을 해 본다. 다섯 사람의 제자들은 사도 요한, 베드로, 안드레, 빌립, 나다나엘이었다(요 1:35~51에 기록된 이름 참조).[13] 하지만 성경은 이와 관련하여 아무런 단서도 직접적으로 보여주지 않는다. 그러므로 잔치에 참석한 모든 이들이 초대를 받았을 것이라고 생각하는 것이 보다 타당할 것이다.

---

11) L. Morris, *The Gospel According to John*(Grand Rapids: Eerdmans, 1971), p.178.

12) D.A. Carson, *The Gospel According to John*, p. 169.

13) Merrill C. Tenney, *John: The Gospel of Belief* (Grand Rapids: Eerdmans, 1980), p. 83.

어떤 이들은 성경에 "예수님의 어머니도 거기 계시고"라는 구절이 있음을 들어, 이는 그녀와 결혼 잔치의 주인공의 관계가 친족이라는 것을 말하는 것이라고 주장하면서, 마리아는 공식적인 초대를 받지 않았을 것이라고 주장한다. 하지만 이 주장을 액면 그대로 받을 수는 없다. 어째든 마리아가 포도주와 관련하여 일종의 책임감을 보이고 있는 것으로 보아 그녀가 결혼식과 어떤 관계를 지니고 있는 것만은 틀림없는 사실로 여겨진다.

모친에 대한 예수님의 대답은 사람들이 생각하듯 그렇게 퉁명스러운 것은 아니었다. "여자"(γύναι)라는 용어는 존경의 의미를 함축하고 있는 용어이다. 우리말의 "이 여자는" 혹은 "이 여자가" 등의 말에서 풍기는 경멸적인 의미가 거기에는 없다(요 19:26; 20:13; 눅 13:12 참조). 헬라의 비극에도 여왕이나 유명한 여인들을 가리켜 "여자"라고 지칭하고 있다.[14] 마리아 자신은 분명 만족해했던 것이다(요 2:5). 그리스도는 마리아에게 그녀와의 관계가 지금까지와는 다른 새로운 국면으로 들어가고 있음을 암시해주고 있다. 마리아는 예수님을 그녀의 주님으로 바라보기 시작해야 한다. 그 새로운 관계가 어떠한 것인지는 후에 알게 될 것인데, 과연 그녀는 그것을 뒤에 깨닫게 된다.

예수님이 만든 포도주의 양은 엄청난 양이었다. 그곳에는 두 세 통의 양을 담을 수 있는 돌 항아리 여섯이 있었다. 한 통의 크기를 약 8갤론 정도로 계산할 때, 결국 예수님이 만든 포도주는 144갤론에 해당하게 된다(3×8×6=144). 이 계산은 학자에 따라 60갤론에서 위의 계산 수치에까지 다양하게 나타나므로, 확정지을 수는 없지만 눈여겨 보아두어야 할 것이다.[15] 예수님이 제자 다섯을 데리고 왔다면 혼인잔치에 참석한 일행의 수가 여섯이 된다. 그들에게는 돈이 없었으므로, 포도주의 선물이야말로 혼인잔치에 대한 그들의 선물인 셈이 된다. 이 점을 생각해 보면 매우 흥미롭

---

14) Marcus Dods, *The Gospel of St. John : The Expositor's Greek Testament* (Grand Rapids: Eerdmans, 1980), p. 703; W. Hendriksen, *The Gospel of John*, p. 115 참조.

15) 예수님이 사역 초기에 풍성한 양의 포도주를 만드셨다는 사실은 특별한 의미를 내포하고 있다. 구약의 선지자들이 이스라엘의 회복을 설명하면서 "산들은 단 포도주를 흘리며 작은 산들은 녹으리라"(암 9:13)고 예언하고, 여호와의 날을 예언하면서 "그날에 산들이 단 포도주를 떨어뜨릴 것이며 작은 산들이 젖을 흘릴 것이며"(욜 3:18)라고 예언한 것은 의미심장하다. 이런 구약의 예언에 비추어 볼 때 가나 혼인 잔치의 포도주 이적은 예수님의 오심으로 메시아 시대가 시작되었음을 암시하고 있는 것이다.

다. 그 선물은 하나의 작은 재산이 되었을 것이다. 혼인하는 부부는 어쩌면 남은 것을 팔아 생활을 시작하였을지도 모르며, 혹은 그것을 잘 보관해 두어 손님이 올 때마다 이를 마시면서 그리스도의 존재와 그들에게 임했던 그 기쁨을 다시금 생각했을지도 모른다. 예수님께서는 이 가정을 기쁨으로 시작케 하신 것이다.

주님께서 마리아를 "여자여"라고 일컫는 그 부르심이 여기서부터 시작하여 이후로 성경 전체에 걸쳐 계속된다. 이와 관련하여 살펴보기를 원하면, 십자가에 달리셨던 그의 생애 말기를 읽어보기를 바란다(요 19:26). 성경은 마리아에 대한 예수님의 이러한 부르심에 임의적이거나 우연적인 것 이상의 어떤 것이 있음을 말하여 준다. 예수님께서는 지금 보는 본문에서처럼 사역 초기에 그의 모친을 "여자여"라고 불렀을 뿐만 아니라, 그가 십자가에 달려 죽어가면서도 또한 그렇게 불렀다. 그리스도께서는 이 "여자여"라는 말을 그의 모친에게만 한정한 것이 아니고 다른 사람들에게도 사용하였다(요 4:21; 마 15:28 참조). 그는 메시아, 곧 하나님의 아들로서 말씀하고 계신 것이다.

가나의 포도주 이적과 예수님의 신성

가나의 혼인 잔치에서 물로 포도주를 만든 표적은 예수님의 신성을 드러내 보이는 표적들 가운데 한 가지이다. 그리스도께서 말씀으로 기적을 베푸심으로 그의 신성이 드러난다. 그리스도의 신성을 나타내는 것이 요한이 복음서를 기록한 동기이다(요 1:1~3, 14).요한은 가나의 혼인잔치 이적을 통해 영광을 나타내 보이시고 계시는 예수 그리스도에 대해 말하고 있다. 우리는 항상 요한복음 1:14로 돌아가 독생자 예수 그리스도의 영광을 잊지 말아야 한다. 그리스도께서 자신의 영광을 다양한 방식으로 나타내 보이시고 있음은 많은 흥미를 준다. 그리스도께서 변형되실 때에도 자신의 영광을 보여주셨으나 그것은 전혀 다른 방법으로 보여주신 것이었다. 변화산에서는 사적으로 (privately) 보여주셨고, 제자들은 그 영광스러운 계시의 마지막 부분에 가서야 예수님의 영광을 알아차렸던 듯싶다. 그러나 여기 혼인잔치에서는 예수님이 반(半) 사적인 형편(semi-privately)에서 영광을 보여주셨고 많은 사람들은 예수님의 영광이 나타나 보여 지고 있는 사실도 깨닫지 못하고 있었다.

예수님은 처음에 "내 때가 아직 이르지 아니하였나이다"(요 2:4, 개역개정)라고 반응을 보이신다. 본문의 "내 때"(ἡ ὥρα μου)는 마리아에게 "잠시 기다려라" 정도의 의미로 사용된 것이 아니다. 또한 "내 때"는 어떤 일을 위해 정해진 시간이라는 의미의 카이로스(καιρός)를 뜻하지도 않는다. "내 때"를 카이로스의 의미로 이해하여 본문의 때가 예수님의 죽음과 부활을 가리키는 것으로 잘못 해석하기도 한다.

본문의 "내 때"는 예수님께서 메시아의 사역을 행하실 때 이런 저런 일을 위해 정해진 시간들이 있다는 것을 말해준다. 그래서 예수님은 결코 조급하게 일을 하시지 않는다. 예수님께서 행하실 어떤 사건을 위해 정해진 때가 있기 때문이다. 그 사건을 행하실 때가 도래하면 예수님이 그 사건을 성취하실 것이지만 그때가 이르기 전에는 그 사건을 성취하시지 않을 것이다(요 7:6, 8, 30; 8:20; 12:23; 17:1 참조).[16]

박윤선 박사는 "여기 이른바, '내 때'는 바로 가나의 혼인잔치에서 그의 권능을 나타내실 일정한 시간을 가리킨다고 생각된다. 예수님께서는 하나님 아버지의 뜻을 순종하시어 그의 중보사역의 일체를 시행하신다. 그리고 이 점에 있어서 그의 순종은, 시간까지 하나님 아버지의 정하신대로 맞추어 움직이신 것이다. 이런 일은 일반인으로는 생각해 볼 수 없는 절대 완전하신 순종이다"[17]라고 바로 설명한다.

요한 사도는 "제자들이 그를 믿으니라"(요 2:11)고 기록한다. 과연 제자들이 무엇을 믿었을까? 요한복음 1장에서 우리는 그들이 그를 메시아로 믿었음을 나다나엘의 고백과 빌립의 말을 통해서 알 수 있다. 물로 포도주를 만드는 증거는 무엇을 뜻하는가? 요한복음 제 1장에 나타난 나다나엘과 빌립의 고백을 확증하는 것이다. 그리스도께서 평범한 일상적 일 가운데서 그의 영광을 나타내 보이신 사건은 예수님이 메시아임을 믿는 제자들의 믿음을

---

16) R.C.H. Lenski, *The Interpretation of St. John's Gospel* (Minneapolis: Augsburg Publishing House, 1943), pp. 189-190; L. Morris, *The Gospel According to John*, p. 181; W. Hendriksen, *The Gospel of John*, p. 115; Carson은 여기 본문의 "내 때"는 예수님의 죽음과 부활을 가리킨다고 설명한다. 좀 더 자세한 내용은 D.A. Carson, *The Gospel According to John*, pp. 171-173을 보라.

17) 박윤선, 『성경주석 : 요한복음』 (서울: 영음사, 1981), p. 101.

확신시켜 주고 있는 것이다. 나사렛에서 무슨 선한 것이 날 수 있는가? 이러한 의문을 가진 자들이 만일 메시아 되심의 증표로서 하늘로부터의 어떤 위대한 표적이나 이적들을 기대했더라면, 그들은 결코 그런 표적들을 보지 못했을 것이다. 믿음으로 그들은 나사렛 출신의 이 천하고 볼 것 없는 예수님(실제로 그리스노였지만)을 믿었다. 그리고 그들이 예수님을 이제 메시아로 믿을 만큼 그들의 신앙이 확고해진 것이다.

여기서 우리는 다음과 같은 관찰을 해볼 수 있다. 먼저, 믿어야 한다. 그리하면 표적을 보게 된다. 실로, 표적을 보기(이해하기, 인식하기) 위해서 필요한 유일한 조건은 믿음뿐인 것이다.

이상에서 살펴 본 가나 혼인잔치의 예화를 배경으로 하여 한 가지 금언이 떠오른다. "그리스도 없는 혼인은 기쁨보다는 불협화음으로 치닫게 된다." 덧붙여 말하면, 먹고 마시는 것 자체는 결코 죄가 아니나 문제는 그것이 하나님의 영광을 위한 것인가 하는 것이다.

3. 첫 성전 정결 사건(요 2:13~25)

유대인의 유월절이 가까운지라 예수께서 예루살렘으로 올라가셨더니 성전 안에서 소와 양과 비둘기 파는 사람들과 돈 바꾸는 사람들이 앉아 있는 것을 보시고 노끈으로 채찍을 만드사 양이나 소를 다 성전에서 내쫓으시고 돈 바꾸는 사람들의 돈을 쏟으시며 상을 엎으시고 비둘기 파는 사람들에게 이르시되 이것을 여기서 가져가라 내 아버지의 집으로 장사하는 집을 만들지 말라 하시니 제자들이 성경 말씀에 주의 전을 사모하는 열심이 나를 삼키리라 한 것을 기억하더라 이에 유대인들이 대답하여 예수께 말하기를 네가 이런 일을 행하니 무슨 표적을 우리에게 보이겠느냐 예수께서 대답하여 이르시되 너희가 이 성전을 헐라 내가 사흘 동안에 일으키리라 유대인들이 이르되 이 성전은 사십육 년 동안에 지었거늘 네가 삼 일 동안에 일으키겠느냐 하더라 그러나 예수는 성전된 자기 육체를 가리켜 말씀하신 것이라 죽은 자 가운데서 살아나신 후에야 제자들이 이 말씀하신 것을 기억하고 성경과 예수께서 하신 말씀을 믿었더라 유월절에 예수께서 예루살렘에 계시니 많은 사람이 그의 행하시는 표적을 보고 그의 이름을 믿었으나 예수는 그의 몸을 그들에게 의탁하지 아니하셨으니 이는 친히 모든 사람을 아심이요 또 사람에 대하여 누구의 증언도 받으실 필요가 없었으니 이는 그가 친히 사람의 속에 있는 것을 아셨음이니라 (요 2:13–25, 개역개정).

요한복음 2:13~25은 예수님이 성전을 정결하게 하는 사건을 통해 예수님 자신이 성전 되심을 가르쳐 주신 내용을 기록한다. 예수님 당시에 있던 성전의 건축은 주전 19년이나 혹은 주전 20년에 헤롯에 의해 시작되어 주후 65년에 완성되었다.[18] 헤롯 성전은 성전이 없어서 새로 지은 것이 아니요

---

18) 성전이 완성됨으로 18,000명의 일꾼이 일터를 잃게 되었다고 전해진다. Cf. J. Jeremias, *Jerusalem*,

제2 성전인 스룹바벨 성전을 개축한 것이다(참조, 스 1:1~4). 본문의 "이 성전은 사십 육년 동안에 지었거늘"(요 2:20)이란 말은 B.C. 20년부터 시작하여 46년 동안 건축했다는 뜻이다.[19] 성전은 그 당시 짓고 있는 상태에 있었다. 성전이 완성된 5년 뒤(A.D. 70년)에 로마의 장군 디도(Titus)에 의해 완전히 파괴되었다. 디도는 제 10대 로마 황제가 되어 로마 제국을 다스렸으며(A.D. 79~81), 예수님의 예언 성취를 위해 사용된 사람이었다(마 24:1~14).

본문의 기록이 예수님의 분노에 대한 처음 기록이다. 동양의 선생들은 분노를 나타내 보이지 않기 때문에, 그리스도의 이러한 모습은 의미 깊은 것이었다. 그리스도의 분노는 완전한 노여움, 의로운 분노, 또는 거룩한 분노라고 할 수 있다.

그리스도의 공적 사역의 시작

성경의 여러 사건들을 조사해 볼 때, 거룩한 성읍인 예루살렘에서 그리스도의 실제적인 사역은 분노의 행동, 곧 성전 정결 사건으로부터 시작한다.

성전 정결 사건은 1차, 2차 모두 유월절 기간에 일어났다. 1차 성전 정결 사건(요 2:12~25)도 유월절 기간에 발생했고, 2차 성전 정결 사건(마 21:12~13 ; 막 11:15~18; 눅 19:45~46)도 유월절 기간에 발생했다. 칼빈은 예수님의 사역 기간에 성전 정결이 두 번 있었던 것으로 생각하여, 요한복음의 경우는 사역 초기에 있었고 공관복음의 경우는 사역 말기에 있었던 것으로 주장한다. "두 번째 성전 정결 때에 복음서 기자늘은 유대인늘이 하나님의 성전을 도석의 동굴로 만들었다는 예수님의 더 과격하고 심한 말씀을 언급한다. 이런 심한 말씀은 유연한 책망이 효과를 거두지 못할 때 당연한 것이었다."[20]

---

p. 22.

19) ἓξ ἔτεσιν οἰκοδομήθη ὁ ναὸς οὗτος의 οἰκοδομήθη〈부정과거(aorist), 수동태(passive)〉는 전체기간 부정과거 (global aorist)로 그 의미는 건축 시작부터 그때까지 전체 기간(globally)이 46년이란 뜻이지 46년 동안 계속해서 건축 중에 있었다는 뜻은 아니다(참고, 행 18:11, ἐκάθισεν). cf. Maximilian Zerwick, *Biblical Greek*, p. 83(sec. 253). 그리고 헤롯 성전을 46년 동안 지었다는 사실은 예수님의 탄생 연대를 B.C. 4년이나 B.C. 5년으로 추정하게 한다. 왜냐하면 예수님이 사역을 시작하실 때 그의 나이는 30세 쯤 이었고(눅 3:23 참조) 그 해가 A.D. 26년경이었음을 지적해 주고 있기 때문이다.

20) John Calvin, *The Gospel according to St. John*, Part 1, Trans. T.H.L. Parker (Grand Rapids: Eerdmans, 1974), p. 52.

요한복음과 공관복음서의 성전 정결 묘사가 많이 다르다. 예수님의 사역 초기와 후기라는 시간적인 것 이외에도 요한복음에는 "소와 양과 비둘기 파는 사람들"(요 2:14)이란 묘사와 "노끈으로 채찍을 만드사"(요 2:15)의 표현이 있는데, 공관복음에는 그런 표현이 없으며, 성경 인용의 경우도 공관복음은 이사야 56:7과 예레미야 7:11을 인용한 것으로 되어 있는데, 요한복음은 그런 성경 구절 인용에 대한 언급이 없고 단지 제자들이 시편 69:9을 생각했었다고만 기록했다. 이와 같은 차이로 볼 때 성전 정결 사건이 예수님의 생애 기간 두 번 있었던 것으로 생각하는 것이 타당하다.

요한복음은 예수님의 생애 기간 중 유월절을 세 번 언급한다. 첫 번째 언급이 성전 정결 시 유월절이요(요 2:13~23), 두 번째 언급이 오천 명을 먹이시는 이적을 베푸실 때요(요 6:1~15), 세 번째 언급이 예수님이 잡히시기 직전에 지켰던 유월절이다(요 11:55; 12:1; 13:1; 18:28, 39; 19:14 참고, 요 5:1의 "유대인의 명절"을 유월절로 생각하면 네 번이 된다).[21] 유월절이 갖는 시기적 의미는 매우 중요하다. 왜냐하면 유월절에는 어린양 의 희생제사가 드려졌기 때문이다. 요한이 예수님을 가리켜 하나님의 어린 양이라고 외쳤던 사실과 관련하여 볼 때, 어떤 의미에서 그는 단순히 예루살 렘에서가 아니라 하나님의 성전에서 이미 하나님의 어린양으로서 드려진 셈이었다.

성전 정결 사건은 말라기에 기록된 말씀인 "너희가 구하는 바 주가 갑자기 그의 성전에 임하시리니 곧 너희가 사모하는 바 언약의 사자가 임하실 것이라 그가 임하시는 날을 누가 능히 당하며 그가 나타나는 때에 누가 능히 서리요 그는 금을 연단하는 자의 불과 표백하는 자의 잿물과 같을 것이라" (말 3:1-2, 개역개정)라는 말씀을 생각나게 한다. 말라기의 말씀에서 "너희가 구하는바 주" 나 "언약의 사자" 는 동일한 존재를 가리킨 다. 여호와의 사자는 피조 된 천사가 아니요, 신적인 이름을 소유한 분이요 신적인 위엄과 권능을 가지고 신적인 구원을 이루시는 분이다. 말라기는 "언약의 사자" 가 임하시면 "금을 연단하는 자의 불과 표백하는 자의

---

21) 예수님의 사역의 기간을 1년, 2년, 3년, 4년으로 계산하는 학설들이 있지만 그 가운데 3년을 주장하는 이론이 가장 성경적인 내용과 일치한다. cf. Harold W. Hoehner, *Chronological Aspects of the Life of Christ* (Grand Rapids: Zondervan, 1979), pp. 45-60.

잿물"(말 3:2)처럼 철저한 정결의 심판을 하실 것이라고 예언한다. 예수님의 성전 정결 사건은 말라기의 이 예언을 연상시킨다.[22]

성전에서 매매가 이루어지던 곳은 이방인의 뜰 안이었다.

성전은 제사장의 뜰, 안 뜰, 여인의 뜰, 그리고 이 모든 것들을 둘러싸고 있는 이방인들의 뜰로 구성되어 있었다. 유대교로 개종한 이들도 이 뜰 안으로 들어왔다. 그런데 여기서는 출애굽기 30:13에 따라 성전을 유지, 보존하기 위하여 내는 반 세겔의 성전세를 그리스나 로마의 돈일 경우, 성전의 화폐로 환전하여 내도록 되어졌다. 그리스나 로마의 화폐는 그 위에 신상(혹은 황제의 상)을 새겨 놓았으므로 성전세를 내는데 사용할 수가 없었다.

예수님께서 행하신 일

예수님은 성전에서 장사하는 사람들을 보았다. 이때까지는 그처럼 잘못된 일에 대해서 아무런 반응을 나타내지 않았었는데, 이는 그가 유대의 한 개인의 자격으로서 자신을 이해함으로 참아왔기 때문이었다. 그러나 이제 예언자로서, 제사장으로서, 왕으로서 자신의 공적 사역을 담당함에 따라 자신의 권위를 나타내 보이기 시작하셨다. 예수님은 일부러 나아가 하나님의 율법을 어기고 있는 자들을 찾으셨다.

예수님은 노끈으로 채찍을 만드셨다. 틀림없이 예수님은 흩어진 노끈 조각을 모아서 이것들을 꼬아서 심판의 임무를 수행하셨을 것이다. 렌스키는 예수님께서 상인들에게 채찍을 휘두르셨을 것이라고 생각한다.[23] 반면에 고데(Godet)는 그것이 순전히 상징적인 것으로 심판을 의미하는 것일 따름이라고 주장한다. 본문을 문법적인 견지에서 볼 때 상인들에게 채찍을 휘두르셨을 것이라는 견해가 더 타당하다.[24]

분명히 이러한 모습은 "온화하며, 부드럽고 온순한 예수님"의 묘사는

---

22) James T.H. Adamson, "Malachi," *The New Bible Commentary : Revised*, ed. D. Guthrie, J.A. Motyer, A.M. Stibbs, D.J. Wiseman (Grand Rapids: Eerdmans, 1970), p. 808.

23) R.C.H. Lenski, *The Interpretation of St. John's Gospel*, p. 206.

24) 요 2:14-15의 문맥 중 πάντας의 가장 가까운 선행사가 τοὺς κερματιστάς(돈 바꾸는 사람)인 사실은 예수님이 양이나 소만 채찍질하신 것이 아니요, 성전을 더럽히는 일을 한 사람들에게도 채찍질하셨음을 증거 한다.(마 21:12 참조). Cf. M. Dods, *The Gospel of St. John: The Expositor's Greek Testament*, p. 708.

아니다. 여기서 우리는 예수님이 필요하다면 물리적 힘을 행사해서라도 하나님의 성전을 깨끗케 하시는 분이심을 보게 된다. 예수님은 잘못된 일들을 방치해둔다는 의미에서의 평화주의자는 결코 아니다. 그는 그가 내릴 심판을 지지하기 위하여 물리적 힘을 사용하셨던 것이다.

예수님의 성전 정결 사선은 하나의 커다란 사건으로 생각이 된다. 우선 성전에서 벌어진 장사의 규모는 결코 작은 것이 아니었다. 많은 사람들이 나와서 또 많은 품목의 물건들을 팔았을 것이라고 생각이 된다. 예수 그리스도는 그들을 두려워하기는커녕 오히려 양이나 소를 다 성전에서 내어 쫓으시고 돈 바꾸는 사람들의 돈을 쏟으시며 상을 엎으심으로 성전에서 장사하던 무리 전체를 꾸짖으셨다. 이는 예수님께서 어느 것이든 파괴하기를 원치 않으셨기 때문이었는데, 만일 그리하였더라면 사람들이 그에게 책임을 물어 송사할 것이기 때문이다.

예수님의 말씀은 성전의 본래의 모습을 상기시켜 준다.

첫째, 예수님은 성전을 "내 아버지의 집"(요 2:16)이라 부르신다. 이 말은 그리스도가 아버지와 자신과의 관계를 의식하고 계심을 보여준다. 예수님은 성전을 가리켜 "나의 아버지의 집"이라고 말함으로 자신이 메시아임을 드러내고 있다. 그는 하나님의 아들로서 아버지의 명령을 이 땅 위에서 실현해 나가셨다. 그곳은 아버지의 집으로 기도와 예배와 제사와 그리고 찬양하는 일에 드려져야 할 신령한 곳이었다. 그곳은 세상의 사업을 하는 곳과는 결코 동일시 할 수 없는 것이다.

둘째, 예수님은 "내 아버지의 집을 장사하는 집으로 만들지 말라"(요 2:16)고 책망하시므로 성전의 본래의 모습을 되찾기 원하신다. 이들은 하나님 나라의 확장을 위하여서가 아니라, 또 장사하여 얻은 이익을 하나님의 뜻대로 사용하기 위해서가 아니라, 오직 자신들의 주머니를 채우기 위하여 성전에서 장사를 하여 왔다. 예수님은 성전 정결 사건을 통해 희생 제사제도와 관련하여 성전에서 시행되고 있는 전체 상거래 행위를 공격하고 있다.[25]

---

25) Richard Bauckham, "Jesus' Demonstration in the Temple," (ed. Barnabas Lindars), *Law and Religion: Essays on the Place of the Law in Israel and Early Christianity* (SPCK, 1988), pp. 72-89.

제자들의 반응

제자들은 이 문제와 관련하여 성경의 한 구절을 머리에 떠올렸다. 아마도 그들은 성경구절을 즉각적으로 생각해 낸 것 같다. 그들이 떠올린 구절은 시편 69:9의 "주의 집을 위하는 열성이 나를 삼키고 주를 비방하는 비방이 내게 미쳤나이다"(개역개정)는 말씀이었다. 여기서 우리는 시편 69편이 메시아적인 시편임을 알 수 있다. 이러한 열성으로 말미암아 적개심과 증오, 그리고 핍박을 초래하는 결과가 나타나게 되었다. 예수님은 그러한 반응을 피하지 않고 그의 사역의 초기부터 그들의 반응 한가운데로 걸어 들어갔다.

제자들도 또한 그리스도의 열심을, 모든 것을 불살라 버리는 불과 같은 열심으로 생각하였다. 그리스도는 이 경우에 거룩한 분노를 발하셨기 때문에 그들이 그리스도 앞에서 움추려 들 수밖에 없었다. 만일 그렇지 않았더라면, 그들은 틀림없이 함께 연합하여 혼자인 주님을 내몰았을 것이다.

유대인들의 반응

유대인들은 표적을 요구하였다(요 2:18). 그들은 예수님 자신이 위대한 표적임을 보지 못하고 외적인 표적만을 구한 것이다. 어떤 표적을 요구했던 것일까? 그것은 권위의 표적이었다. 그들은 사실상 "좋다. 스스로 열렬한 개혁가임을 자처하는 당신은 무슨 권위로 이와 같은 일을 하는가?" "당신의 수색 영장은 어디에 있는가?" 하고 묻고 있는 것이다.

유대인들의 질문에 대한 그리스도의 답변은 그들이 이해하지 못하는 것이었다. "너희가 이 성전을 헐라 내가 사흘 동안에 일으키리라"(요 2:19)는 주님의 답변은 어려운 것이었다.

첫째, 이때 그는 자신의 육체의 죽음과 관련하여 성전의 파괴를 말한 것이었다. 홀츠만(Holtzmann)은 예수님의 사역 기간 중 이렇게 빠른 시기에 그의 죽음과 부활에 대해 예수님께서 언급할 수 없었다고 주장한다.[26] 그러나 "예수님이 세례 요한의 세례를 받으시고 시험을 받으신 이후 여기서와 마찬가지로 그가 그의 죽음과 부활에 대해 은연중에라도 말할 수 없는 그런 불가능한 형편에 처한 적이 한 번도 없었다."[27] 예수님은 언제든지

---

26) Dods, *The Gospel of St. John : The Expositor's Greek Testament*, p. 709에서 인용.

자신의 죽음과 부활에 대해 말씀하실 수 있었지만 그의 계획에 따라 점차 그 사실을 밝히시고 계신다.

둘째, 예수님이 십자가상에서 운명하실 때, 그 성전은 성소 휘장이 찢어짐으로 파괴되어버렸다(마 27:51). 예수님이 부활하였을 때, 실제적이며 문자적인 성전에서가 아니라 그를 통하여 비로소 새로운 생명이 존재하게 되었다.

예수님의 대답을 들었을 때, 그들은 그 대답을 이해하지 못했음이 드러났으며, 제자들은 그가 부활하시고 난 후에야 이를 기억하였다. 그때 제자들은 이 말씀을 그리스도 자신에게 적용하였다(요 2:21~22). 예수님은 성전을 가리켜 "성전된 자기 육체"(요 2:21)라고 비유적으로 말씀하신다. 예수님이 "이 성전을 헐라 내가 사흘 동안에 일으키리라"(요 2:19, 개역개정)고 하신 말씀 중 "헐라"와 "일으키리라"는 그의 죽음과 부활을 가리키고 있음에 틀림없다. 제자들이 예수님께서 부활하신 후에야 이 말씀을 믿은 것이 이를 증거하고 있다(요 2:22).

성전 정결 사건의 결과

그리스도는 사역의 초기에 성전을 정결케 하셨다. 그러나 사람들은 곧 다시 성전에서 이전에 했던 장사를 계속했다. 왜냐하면 마태복음 21:12이하를 볼 때, 그리스도는 성전을 또 다시 정결케 하신 것으로 여겨지기 때문이다.

성전 정결 사건과 관련하여 몇 가지 가능한 생각들을 살펴보도록 하자.

첫째, 우선 문제가 되는 것은 "어떤 가시적인 결과를 이루었다는 점에서 이 사건이 어떤 유익을 가져왔는가?"라고 질문할 것이 아니라, 심판과 진리와 공의가 유지되었느냐고 질문을 해야 한다. 그리스도는 세상에 평화를 주러 오셨다. 그러나 그것과 동시에 심판이 함께 이루어진다. 만일 그의 심판들이 침해를 받거나 극악무도하게 무시된다면, 그렇게 한 이들은 그 고통의 결과를 맛보게 될 것이다. 결국, 노아는 120년 동안 의를 설파했으나 사람들은 그의 경고의 결과에 아무도 응답치 않았던 것이다.

둘째, 하나님은 인간을 로보트로 만드신 것이 아니므로, 인간은 그의 뜻을 거역하고 그의 말씀을 청종치 않으며 계속해서 악을 저지를 수가

---

27) *Ibid.*, p. 710.

있다. 그러나 그러는 동안에 하나님은 그들에게 아무런 핑계도 남겨 두시지를 않는다(롬 1:20 참조). 결과적으로 하나님의 이와 같은 행동은 그들에 대한 심판이 되신다.

셋째, 예수님의 행동은 예수님께서 의도하신 선을 이룬다. 앞으로 예수님은 "성전 된 자기 육체"(요 2:21)를 십자가상에서 "단번에 제사로 드려 죄를 없게"(히 9:26) 하시므로 사람들이 더 이상 더럽힐 수 없는 성전을 만드신다.

4. 첫 번째 강화 – 예수님과 니고데모(요 3:1~21)

그런데 바리새인 중에 니고데모라 하는 사람이 있으니 유대인의 지도자라 그가 밤에 예수께 와서 이르되 랍비여 우리가 당신은 하나님께로부터 오신 선생인 줄 아나이다 하나님이 함께 하시지 아니하시면 당신이 행하시는 이 표적을 아무도 할 수 없음이니이다 예수께서 대답하여 이르시되 진실로 진실로 네게 이르노니 사람이 거듭나지 아니하면 하나님의 나라를 볼 수 없느니라 니고데모가 이르되 사람이 늙으면 어떻게 날 수 있사옵나이까 두 번째 모태에 들어갔다가 날 수 있사옵나이까 예수께서 대답하시되 진실로 진실로 네게 이르노니 사람이 물과 성령으로 나지 아니하면 하나님의 나라에 들어갈 수 없느니라 육으로 난 것은 육이요 영으로 난 것은 영이니 내가 네게 거듭나야 하겠다 하는 말을 놀랍게 여기지 말라 바람이 임의로 불매 네가 그 소리는 들어도 어디서 와서 어디로 가는지 알지 못하나니 성령으로 난 사람도 다 그러하니라 니고데모가 대답하여 이르되 어찌 그러한 일이 있을 수 있나이까 예수께서 그에게 대답하여 이르시되 너는 이스라엘의 선생으로서 이러한 것들을 알지 못하느냐 진실로 진실로 네게 이르노니 우리는 아는 것을 말하고 본 것을 증언하노라 그러나 너희가 우리의 증언을 받지 아니하는도다 내가 땅의 일을 말하여도 너희가 믿지 아니하거든 하물며 하늘의 일을 말하면 어떻게 믿겠느냐 하늘에서 내려온 자 곧 인자 외에는 하늘에 올라간 자가 없느니라 모세가 광야에서 뱀을 든 것 같이 인자도 들려야 하리니 이는 그를 믿는 자마다 영생을 얻게 하려 하심이니라 하나님이 세상을 이처럼 사랑하사 독생자를 주셨으니 이는 그를 믿는 자마다 멸망하지 않고 영생을 얻게 하려 하심이라 하나님이 그 아들을 세상에 보내신 것은 세상을 심판하려 하심이 아니요 그로 말미암아 세상이 구원을 받게 하려 하심이라 그를 믿는 자는 심판을 받지 아니하는 것이요 믿지 아니하는 자는 하나님의 독생자의 이름을 믿지 아니하므로 벌써 심판을 받은 것이니라 그 정죄는 이것이니 곧 빛이 세상에 왔으되 사람들이 자기 행위가 악하므로 빛보다 어둠을 더 사랑한 것이니라 악을 행하는 자마다 빛을 미워하여 빛으로 오지 아니하나니 이는 그 행위가 드러날까 함이요 진리를 따르는 자는 빛으로 오나니 이는 그 행위가 하나님 안에서 행한 것임을 나타내려 함이라 하시니라 (요 3:1–21, 개역개정).

요한복음 3:1~21은 예수님의 첫 번째 강화인 예수님과 니고데모 사이의 대화를 싣고 있다. 본문은 중생에 관해, 예수님이 누구신지에 관해, 예수님이 왜 오셨는지에 관해, 예수님이 어떤 일을 하실 지에 관해, 그리고 우리가 어떻게 구원을 받을 수 있는지에 관한 내용 등 기독교의 중요한 교리를 포함하고 있다. 이제 본문을 좀 더 구체적으로 고찰해 보자.

대화의 두 상대: 니고데모와 예수님

이름조차 거론이 되지 않았던 사마리아 여인과는 대조적으로 본문은 니고데모가 누구인지 잘 나타내 보이고 있다. 니고데모와 관련하여 나오는 설명은 요한복음의 세 곳에서 눈에 띄는데, 본문과(요 3:1~15), 니고데모가 대제사상들과 바리새인들 앞에서 그리스도를 옹호하는 장면(요 7:50~52), 그리고 그가 그리스도의 장례를 돕는 장면(요 19:39) 등 세 곳이다. "니고데모"는 백성들의 지도자 또는 정복자 혹은 승리자라는 뜻을 지닌다. 그는 유대인의 지도자였으므로, 이름 그대로 실제 그러한 사람이었다. 니고데모라는 이름은 헬라적인 이름이었는데, 당시에 유대에 미친 헬라의 영향으로 말미암아 더러 그런 식의 이름을 가진 유대인들이 있었다.

니고데모는 몇 가지 이유로 해서 바리새인으로 지명이 되어 있었다. 그가 바리새인이라는 이유만으로도 그가 예수님께 왔다는 것은 대단한 일이었다. 이 본문은 요한복음 4장에서 보는 사마리아 여인이 그러한 것처럼 "낮은 신분의 사람들"뿐만 아니라, "높은 신분의 사람들"도 또한 기독교를 필요로 한다는 사실을 보여 준다. 뛰어난 바리새인조차도 새롭게 거듭날 필요가 있는 것이다.

성경이 니고데모에 대해서 묘사하기를 그의 이름을 밝혀주고, 또 종교적 성향이 바리새인임과, 유대인의 관원이라는 그의 지위를 밝힌 점, 아울러 그가 하는 일이 선생이라는 점(요 3:10), 그리고 끝으로 그가 밤에 예수님을 찾아왔다는 사실 등, 비교적 상세하게 설명하고 있음을 유의해 보라. 종종 그가 사람들의 눈을 두려워하여 밤에 찾아왔다는 이유로 비난을 받기도 하지만, 그가 예수님을 찾아왔다는 사실 자체가 중요하다. 그는 아마도 예수님을 방문한 일로 인해 동료들을 당황하게 하고 싶지 않았을 것이며, 그래서 밤에 예수님을 찾았을 것이다.

은밀한 밤의 침묵 속에서 이 대화 당사자들이 서로에게 주고 있는 평가의 내용이 흥미를 준다. 니고데모는 예수님을 "랍비여"(요 3:2)라고 부른다. 이는 예수님이 다른 사람을 지도하고 가르칠만한 충분한 지식이 있는 자임을 인정하는 말로서 선생과 같은 말이다. 많은 교육을 받은 자로서, 이미 자신도 또한 그러한 칭호를 지니고 있었던 니고데모가 아무런 공식적인 교육을 전혀 받은 적이 없는 젊은이에게 랍비라 일컬은 것이다. 이것은 니고데모가 약간의 존경심과 인내심을 지니고 있었음을 보여준다.

니고데모가 예수님을 향해 "당신은 하나님께로부터 오신 선생인 줄 아나이다"(요 3:2)라고 표현한 것은 커다란 인정임에 틀림없다. 다른 선생들은 가말리엘이나 힐렐 혹은 샴마이로부터 온 자들이었으나, 예수님은 하나님의 표식을 지녔다.[28]

니고데모는 하나님이 예수님과 함께 하신다고 믿었다. 왜냐하면 그렇지 않고서는 그가 본 기적들을 예수님이 이룰 수 없었기 때문이다(요 3:2). 여기서 우리는 올바른 지식 이상의 것이 필요함을 알 수 있다. 니고데모가 예수님에게 관대하였으며, 옳은 것들을 또한 많이 알고 있었을지라도 그는 여전히 거듭나야만 했다.

그러나 그리스도는 그에게 인사에 대한 응답조차도 주지를 않았다. 이것은 실로 중요한 일이기에 그리스도는 곧바로 문제의 핵심인 거듭남의 필요성을 역설하는 데로 나아갔다(요 3:3). 니고데모가 예수님께 인사하자(요 3:2) 예수님은 곧바로 거듭남의 필요성을 언급하신다(요 3:3). "거듭 난다" 할 때의 "거듭"(ἄνωθεν)은 "위에서부터"의 뜻도 있고 "다시"의 뜻도 있다. 니고데모가 예수님의 말씀을 "다시"(again)로 이해했는데(요 3:4) 예수님이 아무런 교정도 하시지 않았기 때문에 "거듭"의 의미를 "다시"로 생각해야 한다고 주장하는 사람도 있으나, 예수님께서 곧바로 거듭나는 것은 성령의 사역이라고 말씀하신 사실로 보아 영적으로 태어나는 것을 뜻한다.

칼슨은 "예수님께서 천국에 들어가는 필수조건으로 중생을 주장한 사실로부터 알아야 할 것은 니고데모와 같은 중요한 사람에게도 이 진리가 적용되었다는 것이다. 니고데모처럼 지식과 은사와 이해력과 직위와 신실성을 겸비한 사람이 그의 위치와 사역으로 약속된 천국에 들어갈 수 없다면 그런 인간적인 방법으로 구원을 얻고자 하는 사람에게 무슨 소망이 있겠는가? 니고데모에게까지도 육체적인 출생과 비교할만한 혁신적인 변화와 새로운 생명의 출생이 있어야만 하는 것이다"[29]라고 바로 말한다.

---

28) D.A. Carson, *The Gospel According to John*, p. 187. 칼슨은 니고데모의 "당신은 하나님께로서 오신 선생인 줄 아나이다"라는 말이 하나님께서 모세나 예레미야와 함께 하신 정도의 생각을 표현한 것이라고 주장한다.

니고데모와 예수님 사이의 대화 내용

예수님은 진지하게 니고데모에게 말씀 하신다. 요한복음 3:3, 5, 11에서 예수님은 감정이 담긴 강조의 표현인 "진실로 진실로 네게 이르노니"라는 말을 사용하셨다. 당연히 이는 의미심장한 일이다. 왜냐하면 여기에 복음의 본질과 핵심이 담겨 있기 때문이나. 여기에 그리스도의 가르침 가운데 위대한 중심적 진리가 제시된다. 즉, 거듭남의 필요성이 선포되었다. 이와 같은 일은 진실로 물과 성령, 곧 죄의 회개와 성령으로 말미암아 주어지는 생명의 씨가 아니고는 일어날 수가 없다.

예수님은 "땅의 일과 하늘의 일"을 대조하신다(요 3:12). 만일 니고데모가 "땅의 일"인 죄의 회개, 죄로부터 돌아섬의 필요성을 이해할 수가 없었더라면, 그는 분명히 하늘의 일을 이해할 수가 없었을 것이다.

하나님 나라를 보기 위하여는 영적으로 거듭나야만 한다. 하나님 나라의 표적은 영적인 것이기 때문에, 눈으로 보는 것에 의해서가 아니라 믿음에 의해서 삶을 살아야 한다. 육을 좇아 난 아브라함의 후손은 아무것도 아니다. 세례 요한은 그와 같은 것이 아무런 중요성도 갖지 못하는 것임을 보여 주었다(마 3:9~10). 참으로 중요한 것은 죄를 회개하는 것이다. 니고데모는 이 회개가 곧 거듭남의 증거가 되는 것임을 이해할 수 있어야만 했으나 유감스럽게도 그러하지 못했다. 니고데모는 "네가 거듭 나야겠다"고 하신 예수님의 말씀에 어리둥절했다. 거듭 나야 할 필요성에 대한 이유는 그가 마치 이방인들처럼 그릇된 것을 강조하는 사실에서 찾아질 수 있다. 니고데모는 그가 아브라함의 씨를 타고 났다는 자연적 출생을 강조하였는데, 그럼으로써 그는 육적으로 자신이 아브라함의 후손이라는 사실이 자신에게 가장 중요한 의미를 지니고 있음을 드러내 보였다. 이 사실 때문에 자신이 하나님의 선택된 백성들 가운데 하나라고 생각한다. 결국 이 사실이야말로 그에게 가장 중요한 것이 된다. 그러나 그리스도께서는 이와 같은 사실을 즉각적으로 흔들어 놓으셨다.

니고데모가 세례 요한에게로 나아온 무리들 가운데 한사람이었을 가능성은 있다. 그러나 그는 세례를 받지 않았을 것이다. 그러므로 예수님은 만일

---

29) *Ibid.*, p. 190.

니고데모가 요한의 메시지를 듣고도 이해하지 못해 세례를 받지 않았다면 그런 그가 어찌 하늘의 일들을 이해할 수 있을 것이라 기대할 수 있겠는가라고 말했을 수도 있다.

예수님은 "물과 성령"으로 태어나야 한다고 말씀하신다.

"물과 성령"이라는 말이 무엇인지에 관한 해석은 여러 가지로 나타난다.

첫째, 어떤 이는 요한복음 3:6에서 두 가지 출생을 말한 것으로 생각하여 물은 육체로 태어나는 것이며, 성령은 영으로 태어나는 것을 뜻한다고 한다. 그리고 여기서의 "물로 태어난다"는 말은 태아를 둘러싸고 있는 양수가 터질 때 생명이 태어나기 때문이라고 말한다. 또 어떤 이는 여기 "물"이 남자의 정액을 가리킨다고 생각하여 "물로 나는 것"은 자연적인 출생을 가리킨다고 말한다.[30]

그러나 헬라어의 구조가 한 번의 출생을 지지하고 있으며 또한 3절의 예수님의 말씀과 5절의 예수님의 말씀을 연결시키면 물과 성령이 한 번의 출생을 뜻한다고 생각된다.

둘째, 어떤 이는 본문의 "물"이 기독교 세례 의식을 가리키고 "성령"은 물을 통해 새로 태어나도록 효과를 일으킨다고 해석한다. 그러나 물이 세례 의식을 가리키고 그것이 천국에 들어가는 조건이 된다면 나머지 구절에서도 계속 언급했어야 한다. 본 구절은 "물과 성령"을 단지 5절에서만 언급하고 있다.

셋째, 어떤 이들은 예수님이 "물과 성령"을 사용한 것은 에세네파의 정결의식을 반대하면서 논의를 전개하고 있다고 주장한다. 그러나 본문은 "물"과 "성령"을 대조시키지 않고 서로 연결시키고 있으며 그 의미가 "거듭 나는"(from above) 것과 같은 것이다.

우리는 "물과 성령으로 난다"는 뜻을 찾기 위해 문맥에 비추어 다음 사항을 유의해야 한다. 첫째, "물과 성령으로 나는 것은"(요 3:5) "거듭 나는"(위로부터 나는, 요 3:3) 것과 병행적인 뜻이며 따라서 하나의 출생을 뜻한다. 둘째, "물과 성령"(ἐξ ὕσατος καὶ πνεύματος)의 표현 중 전치사 "엑스"(ἐξ, of)가 물과 성령을 같이 묶고 있기 때문에 물과 성령은 개념적인 통일성을

---

30) L. Morris, *The Gospel According to John*, pp. 216-218.

나타내고 있다. 셋째, 예수님이 그 뜻을 이해하지 못하는 니고데모를 나무랐다. 예수님은 니고데모가 "이스라엘의 선생"(요 3:10)으로 그 뜻을 알지 못한다고 꾸짖은 것이다. 넷째, 예수님의 이런 태도는 우리의 시선을 구약으로 인도한다. 예수님의 태도는 구약을 알고 있으면 물과 성령으로 거듭난다는 의미를 알 수 있을 텐데 어찌하여 알지 못하느냐고 이스라엘의 선생인 니고데모를 꾸짖은 것이다.[31]

구약에서 보면 "물"이 상징적으로 재생 혹은 깨끗하게 하는 뜻이 있고, 특히 "물"이 성령과 함께 사용되면 더욱 그렇다(참조, 민 19:17~19; 시 51:9~10; 사 44:3~5; 55:1~3; 겔 47:9; 욜 2:28~29). 에스겔 36:25~27은 물이 불결에서부터 깨끗해지는 것을 뜻하는 것으로 사용된다. 에스겔 36:25~27의 경우나 신약의 디도서 3:3~5의 경우 모두 죄 씻음과 성령의 새롭게 하심을 언급하고 있다. 예수님은 죄를 깨끗이 씻음 받을 필요성과 성령을 통한 새로운 삶의 필요성을 말하고 계신다. 이는 하나님의 백성들이 하나님을 전적으로 섬기는 새로운 마음을 갖는 것을 뜻한다. 이렇게 볼 때 예수님께서 "물과 성령으로 난다"는 말을 구약의 선지자들을 통해 약속된 새롭게 태어남, 깨끗하게 함, 종말적인 새로움의 의미로 사용했다고 생각할 수 있다. 예수님은 니고데모에게 구약에서 약속된 종말론적인 때가 시작되었음을 가르치고 있는 것이다.

니고데모에게 주신 메시지와 도전

● 예수님은 "우리가 아는 것을 말하고 있다"(요 3:11)고 확언하신다. 그리스도는 강조하기 위해 자신을 가리키면서 "우리"라는 말을 사용하셨다. 우리가 다 알다시피 이 부분이야말로 복음의 핵심적인 내용을 담고 있으므로 성경의 구절 가운데 가장 의미심장한 부분이다.

그러나 여기서 사용된 "우리"라는 단어가 누구를 포함하는 것인지에 대해서는 여러 다른 의견들도 있다. 어떤 이들은 예수님이 여기서 의미하는 것은 "나와 선지자들" 혹은 "하나님과 나"일 것이라고 주장을 하며, 또 다른 혹자는 그가 세례 요한과 자신을 말씀하고 있는 것일 수도 있다고 생각한다.

---

31) D.A. Carson, *The Gospel According to John*, p. 194.

그러나 "우리"의 뜻은 그리스도가 하나님 그리고 성령과 동일한 분이심을 의미하는 것이라고 이해하는 것이 가장 좋다.[32]

• 증거는 확실하나 사람들이 그 증거를 받지 않았다. 예수님의 증거는 기적 가운데, 선포되는 메시지 안에, 그리고 성전 정결 사건 가운데 있었다. 예수님이 구약의 성취로 오셨고, 예수님이 바로 성전 자체이시다. 오직 예수님을 통해서만 죄 사함이 있고 하나님과의 화목이 다시 열리게 된다.

이러한 하늘의 일은 하늘의 마음을 요구한다. 사람들은 근본적으로 받을 수 있었으나 받기를 거절한 것이었다. 그리하여 그리스도는 사람들에게 중생을 나누어 주기 위하여 이 땅에 오셨다. 참 빛이 세상에 왔으나 사람들이 사랑의 빛이신 그리스도보다 어두움을 더 사랑하였다(요 1:5 참조).

• 믿음에의 촉구

예수 그리스도께서 들리심으로 믿음으로 말미암아 구원에 이르는 길이 주어졌다(민 21:8,9).[33] 이 신앙은 하나님께서 주시는 것이 된다. 왜냐하면 하나님께서 사랑의 선물로서 세상 가운데 그의 아들을 보내 주셨기 때문이다(요 3:16).

그리스도가 이같이 들리시며, 또 들리신 그를 믿는 믿음은 영원한 생명을 받게 된다. "영원한 생명(영생)"이란 표현은 요한복음에 17번이나 나오고 있다(요 3:15, 16, 36; 4:14, 36; 5:24, 39; 6:27, 40, 47, 54, 68; 10:28; 12:25, 50; 17:2, 3).

그의 아들을 보내시는 하나님의 목적은 요한복음 3:16, 17에 나타나 있다. 아들을 세상에 보내신 하나님의 목적은 세상을 심판하려 함이 아니요, 아들을 통해 세상이 구원을 받게 하기 위함이다.

불신앙의 비극

빛이 어두움 속에 비추었다. 빛이 세상에 왔으나 사람들이 사랑의 빛이신 그리스도보다 어두움을 더 사랑하였다(요 3:19). 이러한 사실이 요한복음에

---

32) 칼슨은 예수님이 11절에서 "우리"를 사용한 것은 니고데모가 요 3:2에서 "우리가"라고 사용했기 때문에 냉소적인 의미로 "우리"를 사용했다고 말한다. Cf. D.A. Carson, *The Gospel According to John*, p. 197.

33) "들린다"라는 헬라어 ὑψόω는 요한복음에서 항상 십자가 사건과 연계되어 사용된다(요 3:14; 8:28; 12:32; 12:34). 요한복음은 예수님께서 육체적으로 십자가에 달릴 것과 예수님의 승귀의 사상을 연계시켜 설명한다. 따라서 예수님의 십자가 고난과 승귀는 떼래야 뗄 수 없는 관계에 있다.

얼마나 무겁게 드리어지고 있는지를 살펴보라. 이미 제1장(요 1:5)에서부터 같은 사상이 나타나고 있다.

본 구절에서 "사랑하였더라"는 말이 강조를 위해 먼저 쓰여 졌다.[34] 이는 사람들이 의식적으로, 일부러, 고의적으로 어두움을 사랑하였음을 보여준다. 또 여기에 쓰이고 있는 동사는 시적인 행동과 선택을 말해주고 있다. 사람들이 빛이신 예수님은 미워하고 악을 더 사랑한 것이다.

예수님은 이 모든 진리를 니고데모 개인에게 적용할 수 있도록 하셨다. 다시 말해서, 그것은 이 유대인의 지도자요, 사려 깊은 사람이었으며, 선한 사람이었던 그가 거듭남의 일이 어떻게 가능한가에 대해 의아해하며 이해하지 못했던 이유가 무엇이며, 그가 어떠한 사람인지에 대해서 그려주고 있는 것이다. 그도 역시 다른 사람들과 마찬가지로 빛보다는 어두움을 사랑하였던 것이며, 그의 행위도 또한 악할 따름이었다. 그러한 상태에 있기에 그도 거듭나지 않으면 안 되는 것이다.

본문이 담고 있는 신학과 교훈

그리스도는 니고데모에게 물과 성령으로 새롭게 거듭나야 한다고 말했다. 이 말은 정확히 무엇을 의미하셨던 것일까? 요한복음 1장에, 세례 요한이 물로 세례를 주러 왔다는 사실이 세 번씩이나 언급되고 있음을 주목할 필요가 있다. 세례 요한의 사역은 죄를 회개토록 설교하는 것이었으며, 그 회개의 가시적 증거가 바로 세례였던 것이다. 예수님은 니고데모에게 세례 요한의 메시지가 그랬던 것처럼 그의 죄를 회개하여야 한다고 말씀하셨다. 니고데모는 모든 경건한 유대인이 그러하듯이 하나님 나라의 도래에 관심이 있었기 때문에, 예수님은 사실상 자신이 영적인 하나님의 나라이며, 그 나라로 들어가는 일은 각자가 죄 씻음을 받는 일로부터 시작되는 것임을 말하고 있는 것이다.

주께서는 "성령"이라는 말을 덧붙이고 계시는데, 이는 진실로 의롭고 영적인 생명을 얻었는가에 대한 두 번째 표식을 뜻한다. 즉 성령은 새로운 생명의 원리를 가리킨다. 여기 물은 죄로부터 씻음 받는 것을 뜻하며 성령은

---

34) καὶ ἠγάπησαν οἱ ἄνθρωποι μᾶλλον τὸ σκότος ἢ τὸ φῶς(요 3:19).

새로운 생명의 원리를 뜻하는 것이다. 이 말씀은 하나님의 나라에 들어가기 위해서는 실재를 상징하는 물로 죄 씻음을 받는 것만으로는 부족하며 실재 자체인 성령의 사역이 함께 있어야 함을 가르친다. 성령은 성도 안에 내주하셔서 성도로 하여금 새로운 생활을 할 수 있게 하는 것이다.

인간은 죄 사함의 회개를 필요로 할 뿐만 아니라, 성령께서 주시는 생명과 정결케 하심을 또한 받아야 하는 것이다. 바로 이러한 사실을 그리스도는 이스라엘의 지도 계층에 있는 자요 선생인 니고데모에게 가르치신 것이다.

그리스도는 니고데모에게 땅의 일과 하늘의 일을 말씀하셨다(요 3:12). 누구라도 이것들이 과연 무엇일까 궁금해 할 것이다. "땅의 일"에 속한 것들은 예수님께서 지금까지 언급한 대화의 주제인 중생(regeneration)을 가리킨다고 생각된다. 어떤 이는 물과 성령으로 나는 중생이 "위로부터" 나는 것이기 때문에 "땅의 일"이 될 수 없다고 주장한다. 그러나 "땅의 일"이라고 할 때 "땅의"라는 말을 지상에서 발생하는 행위를 가리키는 의미로 받으면, 중생 역시 지상에 있는 사람에게 발생하는 것이므로 중생을 "땅의 일"이라고 해석할 수 있다.[35]

그러면 "땅의 일"과 대칭되는 "하늘의 일"은 무엇을 가리키는가. 중생은 구원 문제에 있어서 기본적인 것이다(히 6:1~2참조). 예수님께서는 니고데모가 구원과 같은 이런 기본적인 것을 알지 못한다면, 그리스도가 보신 것(요 3:11), 하늘에 올라간 자만이 알 수 있는 것(요 3:13), 즉 구원의 종국적인 영광과 장엄함을 어떻게 깨달을 수 있겠느냐고 말씀하신 것이다. 그러므로 "하늘의 일"은 하나님 나라의 완성된 상태의 화려함과 그 안에서 사는 삶의 지고한 모습을 가리킨다고 생각된다.

우리가 아는 범위로는 주께서 이 경우에 니고데모에게 어떤 답변이나 결정을 하도록 요구하고 계신 것은 아니다. 주님께서는 씨를 뿌리신 것이며, 성령께서 이어서 이 사람에게 영향을 계속적으로 미치심으로, 니고데모는 그가 그리스도라 불리는 예수님과 어떠한 관계를 가져야 하는가에 대해서 갈등과 논의와 기도와 기다림의 시간들을 가졌을 것이다. 요한복음 7장을 보면, 니고데모가 예수님을 변호하는 장면이 나오며, 19장에서는 그리스도의

---

35) W. Hendriksen, *The Gospel of John*, p. 136.

시체를 장사한 이가 바로 니고데모인 것으로 나오는데, 이것은 바로 그가 주의 제자가 되었음을 보여 주는 것이다. 조용한 방법으로, 니고데모는 마침내 그리스도에게 자신의 생명을 바치기에 이른다. 그러한 결과는 우리에게 선교 방법에 있어 좋은 교훈을 던져 준다. 구원은 성령님께서 하실 일이다. 그러므로 우리는 사람들에게 결정을 내리도록 강요하여서는 안 된다. 우리는 성령의 인도하심을 기다려야 할 필요가 있는 것이다. 물론, 우리가 사람들을 설득시켜야 할 필요가 있는 것은 분명하나, 각각의 경우에 따라 형편과 방법이 다를 수 있음을 또한 인식해야만 하는 것이다.

제6장

그리스도의 초기 사역의 종결 국면

1. 세례 요한의 마지막 증거(요 3:22~36)

그 후에 예수께서 제자들과 유대 땅으로 가서 거기 함께 유하시며 세례를 베푸시더라 요한도 살렘 가까운 애논에서 세례를 베푸니 거기 물이 많음이라 그러므로 사람들이 와서 세례를 받더라 요한이 아직 옥에 갇히지 아니하였더라 이에 요한의 제자 중에서 한 유대인과 더불어 정결예식에 대하여 변론이 되었더니 그들이 요한에게 가서 이르되 랍비여 선생님과 함께 요단 강 저편에 있던 이 곧 선생님이 증언하시던 이가 세례를 베풀매 사람이 다 그에게로 가더이다 요한이 대답하여 이르되 만일 하늘에서 주신 바 아니면 사람이 아무 것도 받을 수 없느니라 내가 말한 바 나는 그리스도가 아니요 그의 앞에 보내심을 받은 자라고 한 것을 증언할 자는 너희니라 신부를 취하는 자는 신랑이나 서서 신랑의 음성을 듣는 친구가 크게 기뻐하나니 나는 이러한 기쁨으로 충만하였노라 그는 흥하여야 하겠고 나는 쇠하여야 하리라 하니라 위로부터 오시는 이는 만물 위에 계시고 땅에서 난 이는 땅에 속하여 땅에 속한 것을 말하느니라 하늘로부터 오시는 이는 만물 위에 계시나니 그가 친히 보고 들은 것을 증언하되 그의 증언을 받는 자가 없도다 그의 증언을 받는 자는 하나님이 참되시다는 것을 인쳤느니라 하나님이 보내신 이는 하나님의 말씀을 하나니 이는 하나님이 성령을 한량 없이 주심이니라 아버지께서 아들을 사랑하사 만물을 다 그의 손에 주셨으니 아들을 믿는 자에게는 영생이 있고 아들을 순종하지 아니하는 자는 영생을 보지 못하고 도리어 하나님의 진노가 그 위에 머물러 있느니라 (요 3:22-36, 개역개정).

요한의 사역 영역으로 나아가신 예수님

요한복음 3:22~36은 예수님에 대한 세례 요한의 훌륭한 고백을 기록한다. 예수님은 성전을 정결케 하시고 니고데모와 대화를 마치신 후 예루살렘을 떠나 시골로 가셨다.[1) 예수님께서 왜 그렇게 하셨을까 에 대해서 일부 학자들은 아마도 예수님께서 거룩한 성읍인 예루살렘에서 받으신 그 응답에 실망을 느꼈기 때문에 그러하셨을 것이라고 풀이를 하지만 이는 옳은 것이 아니다. 왜냐하면 그리스도는 하나님의 계획에 따라 움직이시며, 그가 행하시는 어떠한 일도 실패일 수가 없는 까닭에 그로 하여금 실패감을 느끼게

---

1) 비록 헬라어 본문을 문자적으로 번역하면 "유대 땅으로"(εἰς τὴν Ἰουδαίαν γῆν)라고 번역해야 하지만 본문의 뜻은 NIV의 번역처럼(Jesus and his disciples went out into the Judean countryside) 예수님과 그의 제자들이 예루살렘에서(요 2:23 참조) 시골로 가셨다고 생각된다.

하는 일이란 있을 수가 없기 때문이다.

예수님은 그의 제자들에게 세례 주는 일을 허락하셨다. 요한복음 3:22은 예수님이 친히 세례 베푸신 것처럼 보인다. 그러나 요한복음 4:2은 예수님이 세례를 베푸신 것이 아니요 제자들이 세례를 베풀었다고 설명한다. 다른 복음서에서는 예수님이 세례 베푸신 사실을 언급하지 않는다. 제자들이 이때에 세례를 베풀었던 이유가 무엇이었는지, 그들이 사용한 세례 의식의 형식은 어떠한 것들이었는지, 그들이 얼마나 광범위하게 세례를 베풀었는지 등에 대해서 성경은 침묵하고 있다. 예수님의 제자들이 세례를 베푼 것은 아마도 세례 요한으로부터 예수님에 대한 마지막 증거를 얻어내려는데 그 목적이 있었다고 생각된다.

본문은 그리스도의 특정적인 사역지에 대해서는 아무런 언급도 하지 않는다. 그 이유는 요한이 물이 많이 있던 한 곳에 머물러 있었던 반면, 예수님은 이곳저곳으로 두루 다니셨기 때문일 가능성이 많다.

세례 요한의 세례 베푸는 사역

세례 요한은 살렘 가까운 애논에서 세례를 주었다. 그 장소는 실제적으로 잘 알려진 곳이 아니었다. 다만, 그곳은 물이 많이 있는 곳으로 묘사되고 있으며, 애논이라는 말 자체가 샘을 뜻하고 있으므로 아마도 많은 물이 있음을 설명하고 있는 것이 아닐까 싶다. 요한은 계속해서 많은 사람들에게 세례를 베풀었다. "와서 세례를 받더라"(παρεγίνοντο καὶ ἐβαπτίζοντο)(요 3:23)의 시상은 그들이 계속 찾아와서 계속 세례를 받았다는 뜻을 담고 있다.

요한의 제자들의 불만

① 문제 발생(요 3:22~23)

예수님의 제자들도 세례를 준다는 사실이 문제의 발단이 되었다. 이는 마치 문제를 제기한 유대인이 예수님의 세례가 보다 더 우월한 것으로 인정하는 듯한 느낌을 갖게 한다. 렌스키는 이 유대인이 예수님의 대적자였을 거라고 생각을 한다. 왜냐하면 복음서 기자들은 예수님의 대적자들을 "그

유대인들"이라고 불러왔기 때문이다.[2]

② 세례 요한에게 의문을 제기함(요 3:26)

세례 요한의 제자들이 요한에게 물은 것은 실질적으로 예수님이 그와 더불어 경쟁하는 것이 과연 옳은 일인지에 대한 물음이었다. 세례 요한은 그리스도에게 도움이 될 만한 것은 무엇이든지 해 왔다. 그런데 예수님은 세례 요한과 경쟁을 하는 것처럼 보이는 것이다.

세례 요한의 사역이 장차 어떻게 될 것인가에 대한 그들의 깊은 염려가 "사람이 다 그에게로 가더이다"(요 3:26)라는 증언 속에 담겨 있다. 헨드릭센은 세례 요한의 제자들이 세례 요한에게 보고한 사실에 대해 다음과 같이 세 가지로 평한다. 첫째, 세례 요한의 제자들은 시기심과 분노의 정신으로 예수님의 이름조차 언급하지 않았다. 그들의 눈에는 예수님과 세례 요한이 서로 경쟁관계에 있는 것으로 보였다. 둘째, 그들은 세례 요한이 예수님에 대해 증언한 사실을 못마땅하게 생각했다. "선생님과 함께 요단강 저 편에 있던 자 곧 선생님이 증언 하시던 자"(요 3:26)라는 말 속에는 책망조의 못마땅한 태도가 나타난다. 셋째, 세례 요한의 제자들은 과장법을 사용하여 "사람이 다 그에게로 가더이다"라고 말했다. 그 뜻은 "당신은 곧 아무런 추종자도 없게 될 것입니다"라는 것과 같다.[3]

③ 세례 요한의 훌륭한 답변(요 3:28~32)

첫째, 세례 요한은 자신의 사명을 다시 진술한다. 그는 그리스도 앞에 보내심을 받은 자였다. 세례 요한이 자신의 위치를 잘 알아, 이를 기억하고, 자신의 임무를 훌륭히 수행한 것은 그에게 있어 명예로운 일이요 하나님의 은혜가 그에게 있음을 보여주는 영광된 일이었다.

둘째, 세례 요한은 또한 자신의 임무를 기쁨으로 감당했다. 세례 요한이나 예수님이 둘 다 배척을 받았으며, 둘 다 젊어서 죽었고, 또한 그들의 죽음이 고통스러운 것이었으나, 오히려 그들은 자신의 일에 즐거움이 충만함을 증거 했다(요 3:29과 히 12:2을 보라). 기독교의 이러한 측면들로 인하여 성도들은 기쁨을 누리지 않을 수 없다.

---

2) R.C.H. Lenski, *The Interpretation of St. John's Gospel* (Minneapolis: Augsburg Publishing House, 1943), p. 282.

3) W. Hendriksen, *The Gospel of John*, Vol. 1 (*N.T.C.*, Grand Rapids: Baker, 1975), p. 148.

셋째, 세례 요한이 말하기를 자신은 비록 땅에서 난 자이지만 예수님은 위로부터 오신 분이시요 따라서 하늘로부터 오신 이로서 만물 위에 계시다고 한 것은 올바른 일이었다(요 3:31). 여기서 세례 요한은 예수님을 오시는 이, 즉 메시아로서 다시금 소개하고 있는 것이다. 예수님을 영접하는 사람은 예수님이 하늘로부터 오신 분임을 인정하고 예수님 안에 계시된 하나님의 진리를 인정하는 것이다. 그래서 그는 "하나님이 참되시다"4.(요 3:33)라고 말할 수 있는 것이다.

④ "인침"의 의미(요 3:33)

인침이란 봉하여진 것의 진정성을 보증하는 것이다. 그것은 인친 자를 위한 것이 아니라 인침을 받는 자를 위한 일이다. 인침은 소유권을 나타내기 위해 사용되었을 뿐만 아니라 인친 사람이 확실히 보증한다는 의미로도 사용되었다.5)

세례 요한이 인침을 말할 때 그것은 자신의 믿음을 따라 이루어진 일이었을 뿐만 아니라 하늘의 보증으로 이루어진 일이었음을 증언한다. 이는 세례 요한 자신이 하나님의 보내심을 입은 자로서 하나님의 도우심을 받고 있다는 사실을 설명한다. 렌스키(Lenski)는 "요한은 그의 제자들을 확신시키기 위하여 먼저 예수님이 메시아라는 하나님의 진리 위에 자신의 권위와 인격으로써 인침을 하였다. 그리고 나서 이 진술의 무게를 보다 분명하게 하기 위하여 하나님의 보내심을 받은 자인 자신은 하나님의 말씀 외에 다른 말을 할 수 없음을 덧붙이고 있다. 그가 이와 같이 말하게 된 것은 물론 성령께서 그와 같은 말을 하도록 적절히 인도하셨기 때문이다."6)라고 설명한다.

⑤ 그리스도를 증언하는 세례 요한(요 3:27~30)

세례 요한은 단지 그가 하늘이 그로 하여금 말하도록 하는 것만을 선포할 따름이라고 말하고 있다. 그는 소리이기에, 그 자신의 메시지가 아닌 천국의 메시지를 말하여야만 하는 것이다. 그래서 세례 요한은 "그는 흥하여야 하겠고 나는 쇠하여야 하리라"(요 3:30)라고 말한 것이다. 세례 요한은 메시아가 자신보다 우월함을 인정한 것이다.7) 또한 세례 요한은 예수님이 모든

---

4) ὁ θεὸς ἀληθής ἐστιν.
5) L. Morris, *Commentary on the Gospel of John* (*NICNT*, Grand Rapids: Eerdmans, 1971), p. 245.
6) R.C.H. Lenski, *The Interpretation of St. John's Gospel*, p. 290.

만물보다 우월하심을 천명한다(요 3:31~36). 왜냐하면 예수님은 하늘에서 부터 오셨기 때문이다. 본문을 구속역사의 맥락에 비추어 해석하면 세례 요한은 새로운 질서의 창시자인 예수님의 등장으로 자신은 물러나야 한다. 세례 요한은 본질적으로 구질서에 속해 있기 때문에 새로운 질서에 포함될 수 없는 것이다.[8]

세례 요한이 증언하는 예수님은 그 자신이 신랑이시며, 완전히 자신의 뜻대로 말하며, 자유롭게 행동하는 분이시다. 예수님은 하나님 아버지의 뜻과 소망에서 벗어나지 않으면서 하나님과 일치를 이루는 분이시다. 예수님은 하나님의 아들이요, 메시아요, 하나님 자신이시다. 이런 예수님을 세례 요한과 비교할 때 얼마나 커다란 차이가 나타나겠는가!

예수님의 반응

주님은 바리새인들이 세례 요한과 자신 사이를 이간시키려고 온갖 수단을 부릴 때마다, 세례 요한과 연합하는 모습을 보여주셨다. 예수님은 세례 요한의 사역이 전개되는 영역을 떠나 갈릴리로 물러나셨다.

2. 예수님이 만나신 사마리아 여인(요 4:1~42)

예수께서 제자를 삼고 세례를 베푸시는 것이 요한보다 많다 하는 말을 바리새인들이 들은 줄을 주께서 아신지라 (예수께서 친히 세례를 베푸신 것이 아니요 제자들이 베푼 것이라) 유대를 떠나사 다시 갈릴리로 가실새 사마리아를 통과하여야 하겠는지라 사마리아에 있는 수가라 하는 동네에 이르시니 야곱이 그 아들 요셉에게 준 땅이 가깝고 거기 또 야곱의 우물이 있더라 예수께서 길 가시다가 피곤하여 우물 곁에 그대로 앉으시니 때가 여섯 시쯤 되었더라 사마리아 여자 한 사람이 물을 길으러 왔으매 예수께서 물을 좀 달라하시니 이는 제자들이 먹을 것을 사러 그 동네에 들어갔음이러라 사마리아 여자가 이르되 당신은 유대인으로서 어찌하여 사마리아 여자인 나에게 물을 달라 하나이까 하니 이는 유대인이 사마리아인과 상종하지 아니함이러라 예수께서 대답하여 이르시되 네가 만일 하나님의 선물과 또 네게 물 좀 달라 하는 이가 누구인 줄 알았더라면 네가 그에게 구하였을 것이요 그가 생수를 네게 주었으리라 여자가 이르되 주여 물 길을 그릇도 없고 이 우물은 깊은데 어디서 당신이 그 생수를 얻겠사옵나이까 우리 조상 야곱이 이 우물을 우리에게 주셨고 또 여기서 자기와 자기 아들들과 짐승이 다 마셨는데 당신이 야곱보다 더 크니이까 예수께서 대답하여 이르시되 이 물을 마시는 자마다 다시 목마르려니와 내가 주는 물을 마시는 자는 영원히 목마르지 아니하리니 내가 주는 물은 그 속에서 영생하도록 솟아나는 샘물이 되리라 여자가 이르되 주여 그런 물을 내게 주사 목마르지도 않고 또

---

7) Marcus Dods, *The Gospel of St. John: The Expositor's Greek Testament* (Grand Rapids: Eerdmans, 1980), p. 721: Dods는 "His affirmation of the Messiah's superiority to himself"라는 표현으로 "그는 흥하여야 하겠고 나는 쇠하여야 하리라"고 말한 세례 요한의 말을 해석한다.

8) 박형용, "세례 요한의 구속사적 위치와 기능," 「신학정론」, 2권 2호(1984. 11), pp. 256-285.

여기 물 길으러 오지도 않게 하옵소서 이르시되 가서 네 남편을 불러 오라 여자가 대답하여 이르되 나는 남편이 없나이다 예수께서 이르시되 네가 남편이 없다 하는 말이 옳도다 너에게 남편 다섯이 있었고 지금 있는 자도 네 남편이 아니니 네 말이 참되도다 여자가 이르되 주여 내가 보니 선지자로소이다 우리 조상들은 이 산에서 예배하였는데 당신들의 말은 예배할 곳이 예루살렘에 있다 하더이다 예수께서 이르시되 여자여 내 말을 믿으라 이 산에서도 말고 예루살렘에서도 말고 너희가 아버지께 예배할 때가 이르리라 너희는 알지 못하는 것을 예배하고 우리는 아는 것을 예배하노니 이는 구원이 유대인에게서 남이라 아버지께 참되게 예배하는 자들은 영과 진리로 예배할 때가 오나니 곧 이 때라 아버지께서는 자기에게 이렇게 예배하는 자들을 찾으시느니라 하나님은 영이시니 예배하는 자가 영과 진리로 예배할지니라 여자가 이르되 메시야 곧 그리스도라 하는 이가 오실 줄을 내가 아노니 그가 오시면 모든 것을 우리에게 알려 주시리이다 예수께서 이르시되 네게 말하는 내가 그라 하시니라 이 때에 제자들이 돌아와서 예수께서 여자와 말씀하시는 것을 이상히 여겼으나 무엇을 구하시나이까 어찌하여 그와 말씀하시나이까 묻는 자가 없더라 여자가 물동이를 버려 두고 동네로 들어가서 사람들에게 이르되 나의 행한 모든 일을 내게 말한 사람을 와서 보라 이는 그리스도가 아니냐 하니 그들이 동네에서 나와 예수께로 오더라 그 사이에 제자들이 청하여 이르되 랍비여 잡수소서 이르시되 내게는 너희가 알지 못하는 먹을 양식이 있느니라 제자들이 서로 말하되 누가 잡수실 것을 갖다 드렸는가 하니 예수께서 이르시되 나의 양식은 나를 보내신 이의 뜻을 행하며 그의 일을 온전히 이루는 이것이니라 너희는 넉 달이 지나야 추수할 때가 이르겠다 하지 아니하느냐 그러나 나는 너희에게 이르노니 너희 눈을 들어 밭을 보라 희어져 추수하게 되었도다 거두는 자가 이미 삯도 받고 영생에 이르는 열매를 모으나니 이는 뿌리는 자와 거두는 자가 함께 즐거워하게 하려 함이라 그런즉 한 사람이 심고 다른 사람이 거둔다 하는 말이 옳도다 내가 너희로 노력하지 아니한 것을 거두러 보내었노니 다른 사람들은 노력하였고 너희는 그들이 노력한 것에 참여하였느니라 여자의 말이 그가 내가 행한 모든 것을 내게 말하였다 증언하므로 그 동네 중에 많은 사마리아인이 예수를 믿는지라 사마리아인들이 예수께 와서 자기들과 함께 유하시기를 청하니 거기서 이틀을 유하시매 예수의 말씀으로 말미암아 믿는 자가 더욱 많아 그 여자에게 말하되 이제 우리가 믿는 것은 네 말로 인함이 아니니 이는 우리가 친히 듣고 그가 참으로 세상의 구주신 줄 앎이라 하였더라 (요 4:1–42, 개역개정).

자기 백성을 찾으시는 메시아

요한복음 4:1~42은 예수님이 야곱의 우물가에서 이름 모를 사마리아 여인을 만난 사건을 전한다. 예수님이 사마리아 여인을 만난 사건 속에서도 예수 그리스도는 마치 요한복음 1장에서 그러했듯이 자기 백성을 구하며 찾는 메시아로서의 자신의 모습을 보여주고 있다. 요한복음 1장에서는 유대 인을 구하셨으나, 여기서는 사마리아의 악한 한 여인을 구하신다.

요한복음 1장에서는 예수님께서 찾아오는 사람들을 만나셨다. 예수님은 안드레와 베드로가 "좇는 것을 보시고"(요 1:38) "무엇을 구하느냐"(요 1:38)라고 물으셨으며, 나다나엘이 "자기에게 오는 것을 보시고"(요 1:47) "보라 이는 참 이스라엘 사람이라"(요 1:47)고 칭찬하셨다. 그러나 요한복음 4장에서는 예수님께서 방법을 달리 하신다. 주께서는 그의 제자들이 먹을 것을 구하러 마을로 들어간 사이에 야곱의 우물가에 앉아 기다리고 계셨다. 그 죄 많은 사마리아 여인이 다가오자, 주께서 먼저 행동을 취하신다. 그 당시에 유대 남자가 사마리아 여인을 상대로 어떤 행동을 취한다는 것은 좀처럼 있을 수 없는 일이었다. 그러나 주께서는 그녀가 주를 메시아로 알게 하기를 원하셨기 때문에 그렇게 행하셨다.

예수님과 사마리아 여인과의 대화는 예수님의 강림 이래 하나님의 백성은 혈통이나 종교적 배경이나 도덕적 상황에 관계없이 예수님을 세상의 구주로 인정하고 그로부터 살려주시는 영을 받아 하나님을 신령과 진리로 예배드리는 모든 사람들로 구성되었음을 분명히 해준다.[9]

예수님의 초기 사역의 종결

예수님께서 사마리아 땅으로 들어가심과 더불어 그의 사역의 서막이 종결 된다. 그는 먼저 유대 민족에게 천국 복음을 전파하셨다. 그리고는 자신이 물러나시므로 그의 사역과 메시지가 뿌리를 내리도록 하셨다. 이러한 사실로부터 이끌어지는 몇 가지 결론들을 정리해 볼 수 있겠다.

사람들은 이 새로운 선생에 대해 어떻게 생각해야 할지 알 수 없었다. 그들은 대개 변화가 없이 미적지근한 상태였다. 그들은 관심도 있었고 마음도 열려져 있기는 했으나, 전통을 중시하는 일반 민중들이라 옛것을 고수하였다.

많은 군중들이 그를 따랐고 한동안은 계속해서 그러했다. 자연히 예수님에 관하여 많은 대화와 논란이 있었다. 이런 현상은 그 당시까지도 예수님에 관해 찬반의 논란을 벌이는 정도의 단계였음을 말해 준다. 그들이 예수님이 전한 복음을 믿음으로 받아들일 것인가 아니면 불신앙으로 이를 거부할 것인가의 결정은 아직 다음의 문제로 남아 있는 상태였다.

예수님은 자신의 주위에 제자들을 모으기 시작했다. 제자들은 주께서 세상을 떠나신 후 그의 계획을 실행에 옮길 주님의 핵심 그룹 역할을 감당하게 될 것이다. 유대 지도자들은 상황을 지켜보며, 정탐꾼을 보내는 등의 일을 하면서 이미 예수님을 반대하여 예수님의 권세를 깨뜨릴 기초 작업을 세워가고 있었다. 그러나 반대의 명분은 아직 뚜렷하게 드러나지 않았다.

---

9) R.V.G. Tasker, *The Gospel According to St. John* (*The Tyndale New Testament Commentaries*, Leicester: IVP, 1992), p. 75.

예수님의 때가 아직 이르지 않았기 때문에 예수님은 예루살렘과 유대로부터 물러나 잠시 동안의 사역을 위해 사마리아를 거쳐 갈릴리로 가셨다. 그의 사역의 첫 단계는 약 일 년 정도의 기간 동안 진행되었다.

시마리아를 통과하신 예수님

예수님은 이번 여행에서 반드시 사마리아를 거쳐 지나가야 할 필요가 있었다. 남북으로 연결하는 길은 두 가지 경로가 있었다. 한 길은 경건한 유대인들에게 "출입 제한 지역"이었던 사마리아를 피하기 위하여 대개의 유대인들이 이용했던 길로 베레아와 여리고를 거쳐 예루살렘에 이르는 길이었으며, 또 다른 한 길은 예루살렘으로부터 사마리아를 거쳐 산악지대를 지나서 갈릴리로 이르는 직선 경로였다.[10] 이렇게 선택의 여지가 있었는데 예수님께서 사마리아를 통과하는 길을 선택하신 것은 신적인 작정에 의한 것이었다. 본문은 "사마리아를 통과하여야 하겠는지라"(요 4:4, ἔδει)라는 표현으로 예수님의 의지를 나타내고 있다.[11]

유대인과 사마리아인 사이의 적대관계는 오랜 과거 역사로 거슬러 올라간다. 앗수르가 북왕국의 수도 사마리아를 점령하고(B.C. 722) 수많은 사마리아 주민을 앗수르 왕국에 분산시키고 사마리아 지역에는 다른 앗수르 주민을 거주하게 만들었다(왕하 17:32이하). 다른 앗수르 주민들은 그들의 신을 가져와(왕하 17:29~31) 여호와 섬기는 일과 함께 그들의 신들도 섬기게 되었다(왕하 17:25, 28, 32, 33, 41). 그러나 시간이 지나면서 사마리아에 거주하는 사람들은 여호와만 섬기게 되었으나 그들의 종교에 특이성도 나타나게 되었다. 그 한 가지 예는 그들은 구약성경 중 단지 모세오경만 인정하고 나머지는 인정하지 않게 되었다.

그리고 유대인들이 바벨론 포로에서 귀환했을 때 사마리아 사람들은 유대인들의 성전 건축에 협력하기를 원했지만 유대인들은 이를 거절했다(스 4:2~3). 이렇게 하여 유대인들과 사마리아인들 간의 적대감은 심화되었다. 또한 사마리아 사람들은 예루살렘에서 하나님을 경배하는 사실을 거부하고

---

10) 갈릴리에서 사마리아를 거쳐 예루살렘으로 가는 길은 사흘 길쯤 된다.
11) Carson, *The Gospel According to John* (Leicester: IVP, 1991) p. 216.

B.C. 400년경에 그리심 산에 건축된 그들 자신의 성전에서 예배했다(요 4:20 참조). 이 그리심 산의 성전은 B.C. 128년경 유대인들에 의해(John Hyrcanus에 의해) 불태워졌다. 그래서 유대인들과 사마리아인들 사이가 더 나빠졌다.[12]

예수님 당시 유대인과 사마리아인은 이런 역사적 배경의 결과로 좋지 않은 관계에 있었다. 그래서 사마리아 여인이 "당신은 유대인으로서 어찌하여 사마리아 여자인 나에게 물을 달라 하나이까"(요 4:9, 개역개정)라고 말한 것이다.

그리스도께서는 신적 의지에 이끌려 사마리아를 거쳐 가는 길에 한 사마리아 여인을 만나셨다. 이 사마리아 여인은 여자 친구란 하나도 없었으며 심지어는 자신의 사회에서조차도 버림을 받은 여인이었다. 주께서는 이 여인을 찾으사 그녀의 동족들에게로 보냄을 받은 사자로 삼으셨다. 구원받은 사람이 증인이 된다는 것은 선교의 원리적 교훈이 된 셈이다.

우물가에서 그리스도의 사역

① 이 우물은 아마도 수가라는 동네 밖에 있었을 것 같다. 혹시 동네의 더욱 가까운 곳에 다른 우물이 있었을지라도 이 여인은 이 우물을 찾았을 것이다. 왜냐하면 그녀는 동네의 다른 사람들로부터 따돌림을 받는 처지였다. 그래서 그녀는 남의 눈을 피해 은거하기를 원했을 것이기 때문이다.

예수님이 사마리아 여인을 만난 사건이 정오에 발생했느냐 혹은 오후 늦게 발생했느냐에 대해 약간의 논란이 있다. 오후 늦은 시간으로 생각하는 견해는 그 당시 유대 지방에서는 정오 시간에 여행을 보통 하지 않았으며, 물건을 사고팔지도 않았다는데 근거한다. 정오시간에 낮 취침을 즐겼고 그 동안에는 시장의 장도 한 두 시간 정도 서지를 않았다. 그런데 성경 본문은 예수님이 행로에 곤했다(요 4:6)고 나와 있으며 제자들은 "먹을 것을 사러 동네에 들어갔다"(요 4:8)고 나와 있다. 이 사실은 하루의 일과가 끝나가는 오후 끝 무렵일 가능성을 더 높여주고 있다고 생각한다.

그러나 이 사건이 오후 늦은 시간보다는 정오에 발생한 것으로 생각하는

---

12) L. Morris, *John*, p. 256.

것이 더 타당하다. 왜냐하면 사마리아 여인은 그 지역 사회의 버림을 받은 여인이기 때문에 사람들과 어울리기를 꺼려했을 것이다. 그래서 밤 시간을 피해 아무도 우물을 찾지 않는 정오시간에 물을 길으러 우물을 찾았을 것이다. 그리고 본문의 기록에 제자들이 먹을 것을 사러 동네에 들어갔다고 말하는 것은 그렇게 큰 문제가 되지 않는다. 그 이유는 제자들이 가야 할 마을까지의 거리가 꽤 멀었으며 또 제자들이 돌아오고 있는 중이었을 수도 있기 때문이다. 그리고 가장 신빙성 있는 근거는 제 육시쯤 되어서 이 사건이 발생했다고 전하는 성경본문이다(요 4:6). 여기 제 육시는 정오에 해당하는 것이다. 저녁때라면 예수님이 여기에 멈추실 이유가 없었으며, 사마리아 여자가 홀로 물을 길으러 여기까지 나올 수 없었을 것이다.13)

② 예수님이 피곤해 하며 갈증을 느꼈다는 사실은 그의 인성을 보여준다. 물을 길으러 왔다는 사실에서 이 여인의 신분이 하층 계급에 속하였음을 알 수 있다. 왜냐하면 이와 같은 허드렛일은 노예처럼 낮은 계층의 사람들만이 하는 것이기 때문이다. 비록 유대인들과 사마리아인들 사이에는 아무런 거래적인 활동도 있지 않았으나, 본문에서처럼 제자들은 사마리아 사람들로 부터 먹을 것을 구입하여야만 했었다. 이처럼 어쩔 수 없는 생필품의 구입과 같은 활동에 있어서는 예외가 적용되었다.

③ 사마리아 여인은 예수님이 유대인이라는 사실을 어떻게 알았을까? 세 가지 가능성을 생각할 수 있는데, 옷 술의 모양 때문이라는 가능성과, 용모 때문일 가능성, 그리고 말씨로 인한 가능성 등이 그것이다(의복, 용모, 그리고 말투).14)

사마리아 여인에게 깊은 인상을 준 것은 이 유대인이 다른 유대인과는 전혀 다르다는 사실이었다. 그러한 인상 자체만으로도 그녀를 놀라게 하기에 충분하며, 이 사람이 도대체 어떤 인물일까 하는 호기심이 그녀에게 일어났음 에 틀림이 없다.

④ 여인의 이름이 나타나 있지 않은 점에 유의하라. 그녀는 분명, 이스라엘 의 선생이요 유대인의 지도자였던 니고데모와는 달리, 한낱 사마리아인으로

---

13) Marcus Dods, *John*, p. 725.
14) *Ibid.*: "Probably there were slight differences in dress, feature and accent. Edersheim says 'the fringes on the Tallith of the Samaritans are blue, while those worn by Jews are white.'"

서 수가성의 알려지지 않은 존재에 불과했다. 그녀의 이름이 알려지지 않음으로써, 그녀에 대한 것들은 오는 세대에게 필요한 만큼만이 알려질 따름이다.

사도 요한은 니고데모와 사마리아 여인을 의도적으로 비교하고 있을 수 있다. 니고데모는 학식이 있고, 권세가 있고, 존경을 받았고, 신학적으로 교육을 받은 사람이었으나 사마리아 여인은 교육을 받지 못했고, 영향력이 없고, 경멸 받는 존재였다. 니고데모는 남자였고, 유대인이었으며, 지도자였으나 사마리아 여인은 여인으로 사마리아 사람이었고 도덕적으로 인정받지 못한 사람이었다. 그러나 니고데모나 사마리아 여인이나 둘 다 예수님을 필요로 했다.[15]

본문의 교훈

① 본문은 예수님께서 죄에 빠져 살고 있는 사람들에 대해서 깊은 관심을 가지고 있음을 보여준다. 예수님의 사역을 살펴보면 이따금씩 주께서 유대인의 지경을 넘어 사마리아로 나아가시는 것을 볼 수가 있다. 이러한 사실을, 후에 주께서 하늘에 오르시면서 하신 명령, 곧 복음이 예루살렘과 온 유대와 사마리아와 땅 끝까지 전파되어야 한다고 말씀하신 것과 연관지어 생각할 때 많은 흥미를 준다(행 1:8 참조).

② 본문은 사마리아 여인이 무지와 죄와 머뭇거림과 호기심으로부터 믿음에로 변화, 발전되어 가고 있음을 보여준다. 이것은 바로 신앙의 진전이 어떻게 되어가는 가에 대한 가르침을 준다.

첫째, 사마리아 여인은 저음에 예수님이 단지 물을 구하는 한 유대인으로 생각 했다.(요 4:9). 누가 생수인가라는 문제의 답은 본 구절과 요한복음 7:38, 39을 함께 연구하면 쉽게 찾을 수 있다. 생수는 바로 예수님 자신이시다.

둘째, 그 후 사마리아 여인은 예수님을 "선지자"로 생각했다. 사마리아 여인은 "주여 내가 보니 선지자로소이다"(요 4:19)라고 고백한다.

셋째, 다음에는 사마리아 여인이 예수님을 "메시아"로 인정한다(요 4:25). 사마리아 여인은 메시아 곧 그리스도를 고대하고 있었다.

넷째, 마지막에 사마리아 여인은 예수님을 "세상의 구주"로 인정한다.

---

15) D.A. Carson, *The Gospel According to John*, p. 216.

사마리아 여인이 전한 예수님을 알게 된 많은 사마리아 사람들이 예수님을 "세상의 구주"로 고백했다(요 4:42). 당연히 사마리아 여인도 예수님을 "세상의 구주"로 인정한 것이다.

사마리아 여인은 예수님을 만나 대화를 나누면서 유대인, 선지자, 메시아, 세상의 구주로 진전히는 믿음을 보여 준다.

③ 본문은 사마리아 여인이 그러했던 것처럼 그리스도를 증거 하도록 격려하고 있다. 만약 우리가 참되게 증거를 한다면, 여전히 어두움 가운데 있으나 하나님의 섭리와 은혜 안에 속한 자들은 그 말씀을 듣는 일에 관심을 보일 것이다.

본문은 또 어두움 속에 있는 자들에게 접근해 가는 주님의 방법에 대한 좋은 이해를 제공해 준다. 이것은 선교의 일꾼들이 이용하여야 할 고전적인 귀감 가운데 하나이다. 예수님이 생수에 대해 말씀하시다가 왜 갑자기 "가서 네 남편을 불러오라"(요 4:16)라고 주제를 생수에서 남편으로 옮기셨을까? 그 이유는 생수를 요청하는 그 여자가 자신이 죄인임을 깨닫기 전에는 예수님께서 그 여자에게 생수를 줄 수 없었기 때문이다. 예수님은 그 여자가 죄인임을 깨닫게 하기 위해 그 여자의 남편을 데려 오라고 말씀하신 것이다.[16] 이처럼 복음을 전하는 사람은 복음을 듣는 사람이 생수 즉 예수님을 만날 수 있도록 대화를 이끌어 가야 한다.

④ 예수님은 사마리아 여인에게 "아버지께 참되게 예배하는 자들은 영과 진리로 예배할 때가 오나니 곧 이때라"(요 4:23, 개역개정)라고 말씀하신다. 예수님의 마음에는 현재와 미래가 연결되어 있다. 예수님의 죽음과 부활 그리고 승귀가 가져다 줄 예배의 절정이 이미 예수님의 인격과 사역 속에 나타나고 있다.[17] 요한은 예수 그리스도 안에서 미래가 이미 현재에 침입해 있으며, 또 현재 속에서 미래를 볼 수 있다고 말한다. 그래서 우리는 그리스도 안에서 하나님 나라가 현재 실현되었으나 그 완성은 미래로 남아있다고 말할 수 있고, 우리의 구원과 영생도 현재 100퍼센트 완전하지만, 또한 완전한 형태의 구원과 영생은 미래로 남아있다고 말하게 된다. 그러므로

---

16) Marcus Dods, *John*, p. 727.

17) George R. Beasley Murray, *John: Word Biblical Commentary*, Vol.36 (Waco: Word Books, 1987), p. 62.

구원 받은 성도, 즉 신령과 진정으로 예배하는 자는 마음 전체를 쏟아 하나님께 경배해야 하며 또한 그렇게 예배할 때 성경 말씀에 계시된 하나님의 진리에 근거해서 예배를 드리는 것이다.[18]

예수님은 마지막 때, 즉 종말론적인 때가 오면 유대인들이 주장하는 예루살렘이나 사마리아인들이 주장하는 그리심 산이 문제가 아니요 어느 곳에서나 신령과 진정으로 하나님께 예배할 수 있다고 말씀하신다. 그 이유는 하나님은 영이시기 때문에 예배하는 자가 신령과 진정으로 예배해야 하기 때문이다(요 4:24).

본문의 "하나님은 영이시니"(πνεῦμα ὁ θεός)는 하나님이 어떤 존재인지를 설명하고 있다. 렌스키(Lenski)와 칼슨(Carson), 그리고 모리스(Morris)는[19] 본문의 영(πνεῦμα)을 소문자 영으로 해석한다. 따라서 "하나님은 영이시다"라는 말은 단지 하나님의 본질을 설명하는 것일 뿐이라고 말한다. 즉, "하나님은 영이시다"라는 표현은 "하나님은 빛이시다," "하나님은 사랑이시다"(요일 1:5; 4:8)와 같은 표현으로 하나님의 본질적 품성을 가리킨다고 말한다. 따라서 하나님은 영이시기 때문에 예배하는 자가 신령과 진정으로 예배를 드려야 하는 것이다.

예배하는 자가 "영과 진리로"(ἐν πνεύματι καὶ ἀληθείᾳ) 예배를 드릴 때, 하나님께 어떻게 예배를 드려야 하는지에 대한 렌스키(Lenski)의 말은 많은 유익을 준다. "다행히도 예수님은 평범한 여인에게 말씀하고 계신다. 평범한 여인에게 진리(truth)는 진리의 말씀(truth)을 뜻한다. 더욱이 예배자가 하나님 아버지와 진정한 접촉을 가져야 한다면, 그리고 예배의 진정한 대상에게 접근해야 한다면, 이 두 가지 즉 예배자 자신의 영(spirit)과 하나님 자신이 계시하신 진리(truth)가 함께 연합하여 예배를 드리는 영역(분위기, sphere)을 형성해야 한다는 뜻이 아닌가? 이런 분위기가 없는 모든 예배는 가짜 예배인 것이다. 영(spirit)을 생략해 보라. 비록 진리가 있을지라도 그 예배는 형식적 예배, 단순한 의식을 지키는 예배에 지나지 않는다. 진리

---

18) W. Hendriksen, *The Gospel of John*, Vol. I (Grand Rapids: Baker, 1953), p. 167.

19) R.C.H. Lenski, *The Interpretation of St. John's Gospel* (Minneapolis: Augsburg Publish House, 1943), pp. 324-325; D.A. Carson, *The Gospel According to John* (Leicester: IVP, 1991), pp. 224-225; Leon Morris, *Commentary on the Gospel of John* (*NICNT*, Grand Rapids: Eerdmans, 1971), pp. 271-272.

(truth)를 생략해 보라. 비록 전체 영혼이 예배에 몰두할지라도 그 예배는 하나님이 싫어하는 예배가 될 수밖에 없다. 그러므로 '영과 진리'(spirit and truth)는 하나의 단위를 이루며, 예배의 모든 행위에 함께 속하는 양면을 이루고 있는 것이다."[20]

⑤ 우리는 요한복음의 묘사에서 그리스도의 점신석인 섭근 방법을 찾을 수 있다. 예수님은 자신을 나타내실 때 점진적인 방법으로 나타내고 계신다.

첫째, 그리스도는 사마리아 여인의 동정에 호소하는 요청을 하고 계신다(요 4:7~9). 예수님은 "내게 물 좀 달라"는 말씀으로 대화의 접촉점을 찾으시며, 사마리아 여인의 마음을 부드럽게 만드신다.

둘째, 그리스도는 그녀가 생수에 관하여 호기심을 갖도록 말씀을 하셨다(요 4:10~12). 예수님은 사마리아 여인에게 "물 좀 달라 하는 이가 누구인줄 알았더라면 네가 그에게 구하였을 것이요 그가 생수를 네게 주었으리라"(요 4:10, 개역개정)고 말씀하셨다.

셋째, 그리스도는 간절한 욕구의 만족을 약속하셨다(요 4:13~15). 예수님은 "내가 주는 물을 마시는 자는 영원히 목마르지 아니하리니"(요 4:14, 개역개정)라는 말씀으로 사마리아 여인의 마음 속 깊은 곳에 숨어있는 영적인 갈급함을 해소할 수 있는 길을 제시하신다.

넷째, 그리스도는 사마리아 여인의 양심을 흔들어 죄책감을 느끼도록 하셨다(요 4:16). 예수님은 "네 남편을 불러오라"는 말씀으로 사마리아 여인의 잘못된 삶을 지적하신다..

다섯째, 그리스도는 사마리아 여인의 종교적 본능에 호소하는 방식을 통해 자신을 계시하셨다(요 4:17~20).

여섯째, 그런 다음, 그리스도는 미래의 희망을 제시하심으로 자신을 계시하셨다(요 4:21~25).

일곱째, 그리고 마침내, 그리스도는 사마리아 여인이 최종적인 계시를 받을 만 하게 되었을 때 "네게 말하는 내가 그라"는 말씀(요 4:26)으로 자신을 계시하셨다.

⑥ 사람들이 그리스도를 만나면 죄는 떠나가고 기쁨이 영혼에 가득 차게

---

20) Lenski, *The Interpretation of St. John's Gospel*, p. 323.

된다. 본문이 가르쳐주는 뚜렷한 특징은 그 마을 사람들이 기쁨을 누리게 되었다는 사실이다. 유대인들과 다름없이 사마리아인들도 주를 영접하게 될 때 기쁨을 함께 받게 되었던 것이다. 복음이란 언제나 그와 같은 법이다. 누가복음 19:6을 보면 삭개오에 대해 "급히 내려와 즐거워하며 영접하거늘"이라고 쓰고 있다. 사도행전 13:51~52에서는 제자들이 기쁨과 성령에 충만하여 주의 일에 힘쓰는 모습의 기록을 볼 수가 있다. 주의 메시지를 온전히 받아들이게 되면 기쁨이 충만하게 되는 것이다.

사마리아 사람들이 그리스도를 믿으며 또한 그리스도를 기쁨으로 대우했지만 그리스도는 단지 이틀 동안만을 그들과 함께 머무셨다(요 4:43). 그 이유는 물론 그의 진정한 사역이 그 자신의 민족이었던 유대인들에게 있었기 때문이다.

본문이 주는 몇 가지 특징적 교훈들

① 그리스도께서 사마리아 여인과 같이 죄악에 깊이 물든 사람들을 찾아 나섰다는 사실이다. 그 누구도 그리스도께서 구속 못할 정도로 낮고 천한 사람은 없는 것이다. 니고데모로부터 사마리아 여인에 이르기까지 그리스도의 보혈은 모두 효력을 발휘한다. 빈부귀천의 차이 없이 누구나 예수님이 필요하다.

구원은 유대인을 위한 것임과 동시에 또한 멸시받고 있던 사마리아인들을 위한 것이기도 했다. 사람들이 서로 맺고 있는 관계가 어떠한 것이냐 와는 상관없이 구원은 죄인 모두에게 필요하다. 예컨대 본문의 경우 유대인과 사마리아인들 간의 반목에 관계없이 그리스도는 사마리아인들도 그의 나라에 참여토록 하시기를 원하신다는 사실을 보여 준 것이다.

② 예수님은 인간의 가장 깊은 내면적 욕구를 만족시켜 주신다.

인간의 욕구를 연구해 보면, 모든 사람들이 다음과 같은 욕구를 지니고 있음을 알 수 있다.

- 먹을 것과 마실 것
- 편안한 안식
- 사랑

- 보호 및 안전
- 평화

이상의 모든 욕구들은 오직 예수 그리스도 안에서만 진정으로 만족될 수 있다. 죄가 세상 가운데 들어옴에 따라 가장 커다란 욕구는 구원을 향한 것이 된다. 일단 사람이 구원을 얻게 되면, 그는 비록 나른 모든 욕구들의 만족을 최소한으로 누린다하더라도 행복감을 느끼게 된다.

바빙크(J. H. Bavinck)는 그리스도께서 사마리아 여인에게 자신을 어떻게 계시하여 주셨는지를 설명해 준다. 주께서는 먼저 그녀에게 그녀 자신을 열어 보여주시고 난 후, 자신을 다음의 내용에 따라 계시하셨다.

- 목마름을 깨닫게 하심(요 4:15).
- 죄를 깨닫게 하심(요 4:17).
- 하나님을 계시하심(요 4:23~24).
- 메시아를 계시하심(요 4:26).

③ 우리는 사마리아 여인에게 일어난 변화를 주목할 필요가 있다. 사마리아 여인은 이전에 사람들을 피하였으며, 사람들도 그녀를 삼가 하였다. 그러나 이제는 그녀가 소유한 생명과 기쁨으로 말미암아 그녀는 마을 사람들에게로 들어가 그들에게 메시아를 전했으며, 그들도 또한 그녀를 좇아 그녀가 전하여 준 진리를 그들 스스로 확인해보고자 하였다. 예수 그리스도는 언어를 새롭게 하시며, 오랫동안 계속되어 온 원수 관계를 우정의 관계로 변화시키신다. 진실로 주는 만물을 새롭게 하시는 분이시다.

본문은 예수님께서 자신을 설명키 위해 사용하신 아름다운 비유를 보여 준다. 그것은 자신을 생수라고 일컬은 데에서 발견된다. 예수님께서 "나는 … 이다"라는 식으로 자신에 대해 말씀하신 표현들을 정리해보는 것은 요한복음을 연구함에 있어 흥미를 북돋워 주는 분야이다.

④ 예수님과 제자들의 대화를 통해 예수님의 사역의 목적을 들여다 볼 수 있다(요 4:31~38). 예수님은 제자들과의 대화에서 물질적인 양식에서부터 하나님의 일, 즉 영혼을 구원하는 영적인 양식에로 그 주제를 옮기신다(요 4:31~34). 그리고 예수님은 영혼의 추수기가 이미 이르렀다고 말씀하신다. 본문의 "넉 달"(요 4:35)은 마지막 파종 시기부터 처음 수확 시기 사이의

기간을 뜻한다.[21] 여기서 예수님께서 그 당시의 격언을 인용하신 이유는 그 격언과 현재 상태를 비교하기 위해서이다. 이제 기다리는 시간은 지났고 추수 때가 이미 도달한 것이다. 추수는 종말론적인 상징으로 사용되곤 하기 때문에(사 27:12; 욜 3:13; 마 13:24~30; 막 4:1~9, 26~29; 계 14:14~16) 예수님의 말씀은 그의 백성을 하나님의 나라 안으로 모으심을 뜻하는 것이다.[22] 예수님은 그의 백성을 모으는 일이 이미 시작되었고 앞으로도 계속될 것임을 암시하고 계신다.

⑤ 수년 후에 사마리아는 빌립의 전도를 받는다(행 8:4~8). 그 당시 사마리아 사람들이 빌립의 메시지를 듣고 예수님을 영접하게 된 것은 예수님과 그의 제자들이 사마리아를 방문하여 복음을 전했던 배경이 있었기 때문이라고 생각된다. 그런 의미에서 빌립도 다른 사람이 심은 것을 거둔 셈이다(요 4:37~38).[23] 그러므로 우리는 복음을 전하는 일에서 우리 자신이 수확을 거둘 것만 생각할 것이 아니요, 후대의 사람들이 우리들의 노력의 열매를 거두게 될 것을 확신하면서 열심히 복음을 전해야 한다. 이 원리가 예수님 이래 항상 선교 현장에서 나타나는 원리이다.

이렇게 하여 그리스도께서 유대와 예루살렘 지경에서 행하신 그의 초기 사역에 대한 한 국면을 마무리 짓는다. 이후 예수님은 갈릴리 지방으로 들어가셔서 좀 더 구체적으로 예수님의 왕국 계획을 제시하시며 산상보훈을 설교하신다. 예수님께서 산상보훈과 같은 설교를 예루살렘이 아닌 갈릴리에서 하셨다는 사실은 의미심장하다.

---

21) H. Strack and P. Billerbeck, *Kommentar zum Neuen Testament*, 2: 439-40.
22) George R. Beasley-Murray, *John*, Vol 36 (Word Biblical Commentary, Waco: Word Books, 1987), p. 63.
23) D.A. Carson, *The Gospel According to John*, p. 232.

제7장

인기와 배척이 공존한 갈릴리 사역

1. 왕의 신하의 아들을 고치심(요 4:43~54)

이틀이 지나매 예수께서 거기를 떠나 갈릴리로 가시며 친히 증언하시기를 선지자가 고향에서는 높임을 받지 못한다 하시고 갈릴리에 이르시매 갈릴리인들이 그를 영접하니 이는 자기들도 명절에 갔다가 예수께서 명절 중 예루살렘에서 하신 모든 일을 보았음이더라 예수께서 다시 갈릴리 가나에 이르시니 전에 물로 포도주를 만드신 곳이라 왕의 신하가 있어 그의 아들이 가버나움에서 병들었더니 그가 예수께서 유대로부터 갈릴리로 오셨다는 것을 듣고 가서 청하되 내려오셔서 내 아들의 병을 고쳐 주소서 하니 그가 거의 죽게 되었음이라 예수께서 이르시되 너희는 표적과 기사를 보지 못하면 도무지 믿지 아니하리라 신하가 이르되 주여 내 아이가 죽기 전에 내려오소서 예수께서 이르시되 가라 네 아들이 살아 있다 하시니 그 사람이 예수께서 하신 말씀을 믿고 가더니 내려가는 길에서 그 종들이 오다가 만나서 아이가 살아 있다 하거늘 그 낫기 시작한 때를 물은즉 어제 일곱 시에 열기가 떨어졌나이다 하는지라 그의 아버지가 예수께서 네 아들이 살아 있다 말씀하신 그 때인 줄 알고 자기와 그 온 집안이 다 믿으니라 이것은 예수께서 유대에서 갈릴리로 오신 후에 행하신 두번째 표적이니라 (요 4:43-54, 개역개정).

가나에서 일어난 사건1)

요한복음 4:43~54은 예수님이 갈릴리에서 왕의 신하의 병을 고치신 사건을 나룬다. 예수님은 유대에서 먼저 가나로 가신다. 가나는 나다나엘의 고향이다(요 21:2). 가나는 갈릴리 바다 서쪽에 자리 잡은 작은 도시로 성경은 가나에 대해 많은 설명을 하지 않는다. 성경은 "이것은 예수님께서 유대에서 갈릴리로 오신 후 행하신 두 번째 표적이니라"(요 4:54)고 밝힌다. 첫 번째 표적은 혼인잔치에서 베푸신 포도주 기적이었다(요 2:1~11). 처음 표적은 자연에 대한 예수님의 권세를 입증하는 표적이었으며, 두 번째 표적은 질병에 대한 권세를 말하여 주는 것이다.

---

1) 이 구절의 내용이 마 8:5-13과 눅 7:2-10의 내용과 비슷하기 때문에 요한 사도가 공관복음의 내용에서 영향을 받았느냐 받지 않았느냐에 대한 논란이 있다. 물론 내용상 약간의 유사점들이 있지만 중요한 것은 예수님께서 왕의 신하의 아들을 고친 사실을 요한이 이 구절에서 그의 방식대로 전하고 있다는 것이다.

본문이 주는 교훈

왕의 신하가 먼저 결정을 내려야 했던 중요한 의문은 "이 예수님이 단지 기적을 베풀어 병을 치료하는 자일뿐인가? 아니면 하나님이 보내신 메시아이신가?"의 문제였다. 이 문제는 그리스도의 가르침과 설교의 많은 부분이 그때까지 주어지지 않았기 때문에 커다란 신앙을 요구하는 것이었다.

그리스도의 가르침을 이해하기 위해서는 다시 "이것은 예수께서 유대에서 갈릴리로 오신 후에 행하신 두 번째 표적"(요 4:54, 개역개정)이라는 말씀을 고려하여야 한다. 이 기적은 포도주를 만드신 첫 번째 기적과 비교적인 의미에서 혹은 부가적인 의미에서 이루어진 것이다. 이 기적은 인간의 죄와 그리스도의 치료를 가리킨다. 예루살렘에서 절기를 지키고 돌아온 사람들에 의해서 말이 퍼짐으로써, 비록 그리스도의 명성이 그가 갈릴리로 가기 전에 미리 알려져 있었다 할지라도 그리스도의 관심은 개인적인 인기나 명예가 아니라, 하늘에 계신 아버지의 뜻을 실행하는 일에 온전히 주어져 있었다.

이 기적은 단순히 외적으로 병을 치유하셨다는 의미를 넘어서 그리스도의 권세가 개인의 영혼에 미치기 시작했다는 의미를 나타내 보여준다. 그 기적은 직접적으로 그리고 아주 구체적으로 죄로 인해 나타난 한 결과를 다루었던 것이다. 죄로 인해 나타나는 결과는 인간의 몸과 정신과 영의 세 가지 측면, 즉 전 인격적 삶에 그 영향이 나타난다. 그리스도는 이 세 가지 측면을 하나하나씩 모두 치유하셨다. 그는 몸을 고치셨으며, 귀신을 내어 쫓았고, 죽은 자들에게 생명을 넣어 주셨다.

그리스도께서 도움의 손길을 펴실 때는 누가복음 17:19에서처럼 사마리아인 문둥이에게조차도 "일어나 가라 네 믿음이 너를 구원하였느니라"는 식의 말씀을 하시곤 하셨다. 똑같은 사실이 본문에서도 확인이 된다. 그리스도께서는 왕의 신하의 아들의 건강을 회복시켜 주셨을 뿐만 아니라, 그 신하가 자기도 믿고 그의 "온 집안"이 믿었다는 기록에서 알 수 있듯이 그의 영혼에도 치유의 손길을 허락하셨던 것이다.

이러한 기적들은 결코 기적 자체가 목적으로 끝나지를 않는다. 그것들은 늘 언제나 단순한 병 나음 이상의 다른 어떤 목적들을 내포하고 있다. 우리는 이 기적을 포도주의 기적과 연결시켜 생각함으로, 이 기적의 목적은 하나님의 영광을 나타내 보이려는 것이지만, 그 영광은 인간에게 구원을 제공해 주는 영광이라는 인상을 얻게 된다.

선지자가 고향에서는 높임을 받지 못한다(요 4:44)

예수님은 생애의 대부분을 갈릴리에서 사셨다. 갈릴리 사람들은 예수님을 자신들과 똑같은 보통 사람으로 생각했다. 그리고 그들은 예수님이 후에 선생으로서 그리고 기적을 이루는 사람으로서 성공했다고 생각했다. 본문에 언급된 대로 예수님이 갈릴리를 방문할 그 때에는 갈릴리 사람들이 대대적인 환영을 예수님에게 보인 것 같지 않다. 유대에서는 예수님께서 명성을 떨쳤고, 그러한 명성이 고향에 알려졌다. 그래서 고향 사람들은 그의 활동을 보기 원한 것이다.

헨드릭센은 예수님께서 갈릴리로 가시면서 "선지자가 고향에서는 높임을 받지 못한다"(요 4:44, 개역개정)라고 말한 이유를 다음과 같이 해석했다. 예수님께서는 자신이 갈릴리로 가실지라도 바리새인들과 직접적인 충돌을 일으킬 만큼 그런 큰 영예를 누리지 않을 것을 내다보시고 자신이 갈릴리에 가더라도 때에 맞지 않는 위기가 조성되지 않을 것이라는 뜻으로 그렇게 말씀하셨다는 것이다.[2]

이제 갈릴리 사람들은 예수님을 믿게 되었다. 어떤 의미에서 그랬을까? 그것이 메시아에 대한 것으로서가 아니라, 그에게 명성을 누릴 만한 마땅한 것이 있다는 사실에 대한 확인으로서의 믿음이었던 것이 분명하다. 그들은 한 시골 출신의 촌뜨기가 성공을 거두었다는 점에서 위대하다는 의미로 그를 믿었던 것이다. 요한복음 6장에 가면 이 믿음이 증오로 바뀌고 마는

---

2) W. Hendriksen, *The Gospel of John*, vol.1(*NTC*, Grand Rapids: Baker, 1975), p. 179. 이 구절에 관한 다른 해석들의 예는 ① 예수님은 선지자가 고향에서 영예를 누리지 못한다는 사실을 알고 있음에도 갈릴리로 가는 계획을 고수했다. 이 경우는 고향을 갈릴리로 생각한 것이다. ② 예수님께서 수가에서 갈릴리로 가신 이유는 그의 고향, 즉 그가 태어난 유대 땅에서는 그의 노력이 열매를 맺지 못했기 때문이다. 이 경우는 고향을 예수님이 태어난 유대 땅으로 생각한 것이다. ③ 예수님은 예루살렘에서 명성을 얻기까지는 갈릴리로 가시지 않았다. 그 이유는 선지자가 고향에서(갈릴리) 높임을 받지 못함을 예수님이 알고 있었기 때문에 먼저 유대지방에서 명성을 누리면 갈릴리에서도 그를 높일 수 있게 될 것이기 때문이다. 이상의 해석은 문맥의 의미를 왜곡시켰거나 확대해석하여 본문의 뜻을 바로 전달하지 못한다고 생각한다(Hendriksen, *The Gospel of John*, p. 178). 예수님은 이 격언의 말씀을 나사렛 사람들의 배척을 받고 다시 사용하셨다(마 13:57; 막 6:4; 눅 4:24). 비슷한 견해이나 갈릴리 사람 전체를 가리키는 것으로 칼슨은 해석한다. 칼슨의 견해와 다른 견해의 자세한 설명을 위해, Carson, *The Gospel According to John*, pp. 235-237을 보라.

것을 본다. 한편, 그러한 가운데에서도 그를 믿어 궁극에 가서는 그의 메시아 됨을 보았던 이들도 있었다. 바로 이러한 측면에서 왕의 신하의 아들이 치유 받는 사건이 담고 있는 참으로 귀한 의미를 발견케 된다.

본문에 나타난 다른 교훈들

어떤 직분인지 알 수 없으나 왕을 섬기고 있던 그 신하는 그리스도께서 그의 집으로 들어가지 않으신 점으로 보아 이방인이었을지도 모르나, 유대인이었을 가능성이 더욱 큰 것으로 생각된다. 왕의 신하는 그 당시 분봉왕이었던 헤롯 안디바와 연관이 있었음에 틀림없다. 왕의 신하는 갈릴리 해안 도시 가운데 한 도시로서 가나보다 큰 도시였던 가버나움에서 살았던 것으로 여겨진다(요 4:46). 후에 주께서는 이 도시로 옮겨와 거주하시게 된다(마 4:13; 9:1; 막 2:1).

왕의 신하는 기적, 아들의 병을 낫게 하는 기적을 구하러 예수님께 나아갔다. 그는 아들의 병 문제를 가지고 예수님께 나아갔다. 그는 예수님께서 돌아보시지 않는다면 아들이 죽고 말 것이므로 예수님이야말로 그의 마지막 희망임을 알았다.

예수님은 사람들이 표적과 기사 때문에 자신에게 관심을 두고 있다고 신하에게–신하만을 염두에 두신 것은 물론 아니지만–말씀하셨다. 사람들은 이러한 주님의 표적들을 메시아로서의 그리스도를 해석하는 관점에서가 아니라 한낱 기적의 행사자로서 보는 관점에서 이해했던 것이다. 왕의 신하의 생각은 거기에까지 미치지 못했다. 그는 단지 "주여 내 아이가 죽기 전에 내려오소서"(요 4:49)라는 말로 자신이 온 목적에 매달렸다. 왕의 신하는 예수님이 누구냐에 대해서나, 성취된 예언에 대해서나 심지어 표적과 기사에 대해 별로 관심이 없었다. 왕의 신하의 유일한 관심은 그의 아들을 고치는 것이었다.

예수님께서는 그의 청을 받아들여 아들이 살았으니 돌아가라고 말씀해 주셨다. 왕의 신하는 예수님의 말씀을 믿고 떠나갔다(요 4:50). 우리는 왕의 신하의 아들의 병이 낫기 시작한 때가 예수님께서 말씀하신 때와 같은 때임을 주목해야 한다. 물론 예수님께서는 하나님의 지식과 권세를 지니신 분이시므로 그와 같이 될 것을 미리 아셨다. 이로 말미암아 그 사람과 그의 온 집이 다 믿게 되었다. 그 사람만이 아니라 다른 사람들도, 곧 그의 집안사람들이 그것도 일부가 아니라 "온 집안"이 모두 이 믿음에 동참케 되었다는 사실의 관찰은 흥미를 준다.

2. 나사렛에서 배척받으신 예수님(눅 4:16~30; 참조, 마 4:13~17; 13:53~58)

예수께서 그 자라나신 곳 나사렛에 이르사 안식일에 늘 하시던대로 회당에 들어가사 성경을 읽으려고 서시매 선지자 이사야의 글을 드리거늘 책을 펴서 이렇게 기록된 데를 찾으시니 곧 주의 성령이 내게 임하셨으니 이는 가난한 자에게 복음을 전하게 하시려고 내게 기름을 부으시고 나를 보내사 포로된 자에게 자유를, 눈먼 자에게 다시 보게 함을 전파하며 눌린 자를 자유롭게 하고 주의 은혜의 해를 전파하게 하려 하심이라 하였더라 책을 덮어 그 맡은 자에게 주시고 앉으시니 회당에 있는 자들이 다 주목하여 보더라 이에 예수께서 그들에게 말씀하시되 이 글이 오늘 너희 귀에 응하였느니라 하시니 그들이 다 그를 증언하고 그 입으로 나오는 바 은혜로운 말을 놀랍게 여겨 이르되 이 사람이 요셉의 아들이 아니냐 예수께서 그들에게 이르시되 너희가 반드시 의사야 너 자신을 고치라 하는 속담을 인용하여 내게 말하기를 우리가 들은 바 가버나움에서 행한 일을 네 고향 여기서도 행하라 하리라 또 이르시되 내가 진실로 너희에게 이르노니 선지자가 고향에서는 환영을 받는 자가 없느니라 내가 참으로 너희에게 이르노니 엘리야 시대에 하늘이 삼 년 육개월간 닫히어 온 땅에 큰 흉년이 들었을 때에 이스라엘에 많은 과부가 있었으되 엘리야가 그 중 한 사람에게도 보내심을 받지 않고 오직 시돈 땅에 있는 사렙다의 한 과부에게 뿐이었으며 또 선지자 엘리사 때에 이스라엘에 많은 나병환자가 있었으되 그 중의 한 사람도 깨끗함을 얻지 못하고 오직 수리아 사람 나아만뿐이었느니라 회당에 있는 자들이 이것을 듣고 다 크게 화가 나서 일어나 동네 밖으로 쫓아내어 그 동네가 건설된 산 낭떠러지까지 끌고 가서 밀쳐 떨어뜨리고자 하되 예수께서 그들 가운데로 지나서 가시니라 (눅 4:16–30, 개역개정).

누가복음 4:16~30은 예수님께서 구약 이사야 선지자의 말씀을 인용하여 자신이 메시아임을 함축적으로 드러내고 있다.

역사적인 사실들

① 예수님의 가정이 이미 가버나움3)으로 이사를 한 이후이기 때문에 이제는 더 이상 나사렛에서 살지 않았던 것이 분명하다. 왜냐하면 성경의 기록은 예수님이 가버나움에 방문객으로 왔다는 인상을 남기고 있지 않기

---

3) 가버나움(Capernaum)은 나훔의 마을(village of Nahum)의 뜻일 수도 있고, 나훔의 뜻이 동정이라는 의미가 있으므로 "동정의 마을"(village of compassion)이라는 의미일 수도 있다. 그러나 가버나움의 이름에 대한 유래는 정확히 알 수가 없다. 가버나움은 예수님의 사역 당시 중요한 도시로 시몬과 안드레의 집이 있던 곳이다(막 1:21, 29). 이 도시는 갈릴리 호수 북서쪽 해변에 위치해 있었다(현재는 Tell Hum이 있는 곳). 예수님은 갈릴리 사역 기간 가버나움을 사역의 중심지로 사용했다(마 8:5–17; 9:1–8; 11:23; 12:9–13; 눅 4:23; 7:1–10). 가버나움으로부터 스불론과 납달리 지경의 여러 마을을 쉽게 접근할 수 있는 이점이 있었다.

때문이다. 마태는 구체적으로 "나사렛을 떠나 스불론과 납달리 지경 해변에 있는 가버나움에 가서 사시니"(마 4:13, 개역개정; 참조, 눅 4:31; 7:1)라고 기록한다. 우선, 예수님은 나사렛에서 살면서, 자랐고, 목수의 일을 익히셨으며(마 2:23; 눅 2:39; 4:16), 어린 시절의 대부분을 보내셨다(눅 3:23). 그후 아버지 요셉이 죽은 후 예수님의 가정은 나사렛에서 가버나움으로 이사하였다. 장남이었던 예수님은 가버나움에서 목수 일을 하여 가정을 돌보고 모친 마리아를 봉양했다(마 4:13 참조). 리델보스는 "예수님의 가족에 대한 사람들의 말은 요셉이 이미 세상을 떠난 인상을 준다"[4]라고 말한다. 즉, "그 모친은 마리아, 그 형제들은 야고보, 요셉, 시몬, 유다라 하지 않느냐"(마 13:55)라고 이름들을 언급하지만 요셉의 이름은 언급되어 있지 않다.

② 그런데 예수님은 옛 고향인 나사렛에서 배척을 받으셨다(눅 4:28~30; 마 13:54~58; 막 6:1~6). 예수님의 나사렛 방문이 예수님의 공생애 기간 중 이번이 처음인 것이 확실하다. 예수님은 회당에서 가르치기 시작하셨으나 자신의 초자연적인 신분과 사명에 대해서는 아직 나타내시지 않았다.[5] 나사렛 도시의 사람들이 그를 낭떠러지까지 끌고 가서 밀쳐 내치고자 한 것으로 보아서 이 도시는 산 낭떠러지 위에 세워진 도시임을 알 수 있다(눅 4:29). 그리고 이 도시의 이름이 구약에서 한 번도 언급되지 않은 것으로 보아서 과거에 전혀 중요치 않았던 마을이었음을 알 수 있다.

예수님은 어릴 때 나사렛 회당에 종종 참석했었다. 유대인들은 늘 북쪽에서 회당으로 들어갔다. 그들이 들어가면서 마주 보게 되는 남쪽 벽에는 성문서들의 궤가 놓여 있었다. 그 궤 앞에는 등불을 꺼뜨리지 않은 채 계속 켜둠으로써 이스라엘을 인도하시며 지키시는 빛으로서의 하나님의 말씀에 대한 그들의 신앙을 보여 준다.

예수님의 설교

① 마태복음의 기록으로 보면(마 4:12~17) 예수님께서 이사야 9:1~2을

---

4) H. Ridderbos, *Matthew* (Grand Rapids: Zondervan, 1987), p. 271.
5) *Ibid*, p. 272.

인용하여 자신의 사역을 설명한 때는 요한이 잡힌 후였다(마 4:12). 예수님은 자신의 사역이 구약 예언의 문자적인 성취임을 증거 한다. 예수님의 사역의 본질은 하나님의 나라를 설립하는 것이기 때문에 그의 백성들이 구원을 받고 기쁨을 소유하고 빛 가운데서 살게 된다(마 4:16~17)고 말씀하신다. 따라서 하나님 나라의 설립은 역사상에 나타난 하나님의 궁극적이고 결정적인 개입을 뜻하는 것이다. 하나님 나라는 하나님의 통치가 시행되는 곳이다.

② 예수님과 제자들은 하루 전에 나사렛 동네에 왔던 것 같다. 그의 명성이 두루 퍼졌기 때문에 회당 안은 사람들로 가득 찼다. 예수님이 어떻게 하여 설교를 하게 되었을까? 회당에는 고정된 설교자가 없었으며, 마땅한 지위에 있는 사람 가운데 누구든지 정하여진 교훈을 읽으면, 모인 사람들이 이를 따라 읽었다. 회당에서는 모세오경을 마치 요즘의 교리문답처럼 고정된 여러 교훈들로 나누어서 매 안식일마다 돌려가면서 차례로 읽었다. 안식일 아침에는 선지서에서 취한 또 다른 교훈이 정해진 순서에 따라 읽혀졌다.[6] 예수님께 안식일의 이러한 봉사의 임무가 미리 요청되지는 않았음이 분명하며, 그가 스스로 참여한 것으로 이해된다. 어쨌든 그는 선지서에서 글을 읽으시고 이에 대해 설명의 말씀을 덧붙이셨다.

③ 인도자가 성경 말씀으로부터 글을 취하여 읽을 동안에는 마땅한 존경과 경의를 표하기 위하여 서 있다가, 자신이 말을 할 때에 앉는 것이 당시의 관습이었다. 오늘 본문은 이 사실을 분명히 해준다. 본문은 "예수께서 … 회당에 들어 가사 성경을 읽으려고 서시매"(눅 4:16)라고 예수님께서 성경을 읽기 위해 서신 것을 묘사하며, 성경을 다 읽은 후에는 "책을 덮어 그 맡은 자에게 주시고 앉으시니"(눅 4:20)라고 예수님이 앉으신 것을 묘사한다. 예수님은 서서 성경을 읽으셨고 앉아서 그 내용을 설명하셨다. 예수님은 선지자 이사야의 글을 받으시고 이사야 61:1, 2의 내용을 펴서 읽으셨으며, 아울러 이사야 42:7도 같이 읽으셨다. 예수님이 이사야서를 읽으신 후에 이 내용들은 아람어로 통역이 되어졌다.[7] 예수님께서 이사야서를 읽으시고

---

6) 그 당시 회당의 관습으로 보아 회당의 어떤 사람이 모세오경의 한 부분을 읽은 후에 예수님께서 선지서를 읽은 것으로 생각된다.

7) 헨드릭센은 "책을 펴서 이렇게 기록한 데를 찾으시나"(눅 4:17)의 내용이 예수님께서 읽으실 곳을 친히 찾으셨음을 증거 해 주며 또한 예수님께서 친히 히브리어를 아람어로 번역하셨을 것이라고 제안한다. Cf. Hendriksen, *The Gospel of Luke*, p. 252.

"이 글이 오늘날 너희 귀에 응하였느니라"(눅 4:21)라고 말씀하신 것은 구약의
예언이 그의 사역을 통해 성취되었음을 알리는 것이다. 예수님은 그의 백성에
게 구원을 가져다 줄 메시아 시대가 시작되었음을 알리고 계신다.[8]

회당에 모인 사람들은 비교할 수 없는 훌륭한 태도로 예수님의 말씀을
경청 했다. 그들은 예수님의 말에 정신없이 끌려들어 갔다. 무리들은 예수님
의 입으로부터 나오는 은혜로운 말씀을 듣고 계속 놀랐다. 누가는 무리들이
놀란 모습을 "다우마조"라는 용어의 미완료 시상(ἐθαύμαζον)을 사용하여
계속 깜짝 놀랐음을 함축하고 있다(눅 4:22; 참조, 살후 1:10). 그들은 예수님
의 가르치시는 모습을 보고 깜짝 놀란 것이다.[9] 예수님께서 말씀을
구체적으로 해석해 들어가자 함께 있던 자들은 요셉의 아들인 예수가
어떻게 성경을 이처럼 잘 가르칠 수 있는가 하여 놀랐다(눅 4:22). 무리들은
눈앞에 벌어진 일을 이해할 수 없었고 믿을 수도 없었다(막 6:3 참조).
예수님께서 이스라엘 백성과 이방인을 비교해서 설명하시자 무리들은 더
이상 참지 못하고 예수님을 "동네 밖으로 쫓아냈다"(눅 4:29).

④ 예수님의 말씀 해석

그리스도께서 본문의 말씀을 해석하시기 시작하자, 듣던 회중들은 그가
다른 곳에서 했던 것처럼 그들에게 기적을 행하지 않음으로써 고향 사람들을
경시하고 있다는 이유를 들어 그에게 분을 발하였다(눅 4:23 참조). 그리스도
는 그러한 그들의 반응에 대해 상황을 역전시켜, 그들의 믿음이 너무도
없는 까닭에 기적을 베풀지 않노라고 응답하셨다. 다시 말해서, 그들은
주를 비난하려 하지만 실제로 그 비난의 책임이 오히려 그들에게 있다는
것이다. 자신의 약점과 죄악들의 책임을 다른 사람에게 전가하여 비난하기
를 원하는 것이 본래 인간이 아니던가!

어떤 선지자도 고향에서 환영을 받은 자가 없었다. 나사렛 사람들도

---

8) Norval Geldenhuys, *Commentary on the Gospel of Luke* (*NICNT*, Grand Rapids: Eerdmans, 1968),
   p. 168.
9) F. Annen, "θαυμάζω," *Exegetical Dictionary of the New Testament*, Vol. 2 (Grand Rapids: Eerdmans,
   1991), p. 135: "θαυμάζω" is related by root to θεάομαι ("see") and denotes the amazement that
   is awakened through sight." "With regard to content, the astonishment in the Gospels is almost
   always directed to Jesus, his life, and his works. Outside the Gospels 2 Thess 1:10 is noteworthy:
   There it is the Lord that is marveled at."

또한 마땅히 그를 믿었어야 했으나 실제에 있어서는 전혀 그리스도를 받아들이지 않았음으로 하여 그 진리를 다시금 확증하였다. 당시 상황에 대한 예수님의 분석이 옳았다는 증거가 그에 대한 그들의 반응에서 나타났다.

무리들의 반응

① 메시지를 마치시고 나서, 그리스도는 그들의 반응과 논평을 기다리셨을 것이다. 아무런 논평이랄 만한 것이 나오지를 않았다. 아무도 그에게 나와서, "주여, 당신의 말씀이 내 영혼을 깨우쳐, 나 자신의 죄인 됨을 깨닫게 하셨습니다. 제게는 구주가 필요합니다. 주여 저를 도우소서"라는 반응을 보인자가 없었던 것이다. 오히려 이와는 달리 그들은 분을 발하였으며, 그들의 긍지가 손상됨에 따른 감정의 폭발만이 나타났다(눅 4:28).

② 그리스도의 실책(?)

예수님께서 나사렛 회당에서 하신 말씀과 그 반응에 대해 몇 가지로 해석해 볼 수 있다. 그리스도께서 그의 고향 사람들의 감정을 그렇게 휘저어 놓으신 것은 그의 실책이 아니었을까 라고 생각하는 견해가 있다. 그들이 보 여준 무지와 불신앙적인 반응에 대해 비판의 태도를 늦추고 인내하며 온유한 태도를 보이는 것이 최상이 아니었을까 라고 생각하는 것이다.

그러나 그리스도께서는 무엇이 최선인지를 잘 알고 계셨다. 그런데 그리스도는 계속해서 사람들의 감정을 자극시켜 그들로 하여금 자신에 대해 대항하도록 만들었다. 주께서는 제자들에게도 동일한 과정을 반복하도록 가르쳤음에 틀림이 없다. 그랬기에 제자들도 또한 훗날 유대 당국과 마찰을 빚게 되었을 것이다. 베드로와 요한이 당한 경우를 살펴보라(행 4:10, 19, 20; 5:30~32). 스데반의 경우도 마찬가지였다(행 7:51~54). 이처럼 예수님은 그 당시 종교지도자들의 감정을 격발시키는 행동을 통해 제자들에게 본을 보여 주고 있다고 생각하는 견해가 있다.

아마도 다음의 과정이 가장 그럴듯한 설명으로 여겨진다. 즉, 불신앙이 노골적이면서 뿌리 깊으면 깊을수록, 더욱 더 예수님은 하나님의 분노로 그것에 대해 채찍을 가했다는 견해이다. 예수님은 성전 정결 사건 때와 마찬가지로 의의 분노를 내시고 있다고 생각하는 것이다.

③ 무리들의 잘못

실제로 그들이 예수님께 손을 대어, 성 밖으로 끌고 나가서는 거의 그를 죽일 뻔했다는 것은 분명하다. 조용한 안식일 날에 일단의 흥분된 소동이 일어난 것이다. 그들의 마음과 손에는 살기가 뻗쳐 있었다. 그들은 예수님을 도시 밖의 낭떠러지로 끌고나가서 그를 밀어 떨어뜨리려고 했다(눅 4:29). 그런데 매우 흥미롭게도 주께서는 이러한 그들의 행동을 얼마간 허용하시어 말없이 유순하게 그들에게 이끌려 가셨다. 그리고는 자신이 정하신 때에 그만 사라져 버리고 마신 것이다(눅 4:30).

회당에 있는 무리들의 행동은 예수님을 린치(lynch)하는 것이었다. 문맥으로 보아 그들이 공식적인 처형을 생각했으리라고는 볼 수 없다. 더구나 그들은 그들이 중요하게 생각하는 안식일에 이런 일을 실행하려 한 것이다.[10]

본문이 주는 전반적인 느낌으로 볼 때, 주께서는 그들로 하여금 그를 낭떠러지 끝에까지 끌고 가도록 허용을 하신 후, 그들이 그를 밀치려 했을 때 돌아서서 그들 한가운데를 지나 그들을 떠나가신 것이라고 생각된다. 이로써 그들이 돌아섰을까? 물론 아니다. 눈 먼 믿음은 스스로 돌아서지를 못하는 법이다.

3. 제자를 부르신 예수님(마 4:18~22; 마 10:1~4; 참조, 요 1:35~51)

> 갈릴리 해변에 다니시다가 두 형제 곧 베드로라 하는 시몬과 그의 형제 안드레가 바다에 그물 던지는 것을 보시니 그들은 어부라 말씀하시되 나를 따라오라 내가 너희를 사람을 낚는 어부가 되게 하리라 하시니 그들이 곧 그물을 버려 두고 예수를 따르니라 거기서 더 가시다가 다른 두 형제 곧 세베대의 아들 야고보와 그의 형제 요한이 그의 아버지 세베대와 함께 배에서 그물 깁는 것을 보시고 부르시니 그들이 곧 배와 아버지를 버려 두고 예수를 따르니라 (마 4:18-22, 개역개정).

> 예수께서 그의 열두 제자를 부르사 더러운 귀신을 쫓아내며 모든 병과 모든 약한 것을 고치는 권능을 주시니라 열두 사도의 이름은 이러하니 베드로라 하는 시몬을 비롯하여 그의 형제 안드레와 세베대의 아들 야고보와 그의 형제 요한, 빌립과 바돌로매, 도마와 세리 마태, 알패오의 아들 야고보와 다대오, 가나안인 시몬 및 가룟 유다 곧 예수를 판 자라 (마 10:1-4, 개역개정).

마태복음 4:18~22은 예수님이 베드로, 안드레, 야고보, 요한을 부르신 사건을 기록하고, 마태복음 10:1~4은 예수님이 열두 제자에게 병을 고치고 귀신을 쫓아내는 권능을 주신 사실을 기록한다. 예수님께서 열두 제자를

---

10) I. Howard Marshall, *Commentary on Luke*(*New International Greek Testament Commentary*, Grand Rapids: Eerdmans, 1978), p. 190.

부르신 사건은 한꺼번에 일어난 것이 아니다. 헨드릭센의 견해에 따르면 예수님께서 열두 제자를 전부 다 부르셔서 공적으로 제자로 삼으신 것은 예수님의 공생애 초기 일 년 어간에 속한 사건들이었다.

여기서 네 복음서에 기록된 내용을 근거로 예수님께서 제자들을 부르신 사실을 개요해 볼 필요가 있다. 우리는 예수님께서 제자들을 부르신 복음서의 기록을 다음과 같이 구분할 수 있다. 헨드릭센(Hendriksen)의 구분이 유용한 줄 알아 그대로 소개한다.[11]

안드레와 요한을 부르심(요 1:35~51)

A.D. 27년 2월경에 예수님께서 먼저 안드레와 요한을 부르시고 안드레는 베드로를, 요한은 야고보를 예수님께 인도했다. 그리고 그 직후 빌립과 나다나엘이 제자로서 부르심을 받았다. 이때에 부르심을 받은 제자들은 예수님이 여행하실 때 때때로 동반을 했지만 그들의 직업을 완전히 떠난 것으로는 보이지 않는다.

갈릴리 해변에서 네 제자를 부르심(마 4:18~22; 막 1:16~20)

갈릴리 해변에서 네 제자를 부르신 사건은 예수님이 안드레와 요한을 처음 부른 사건으로부터(요 1:35~51) 약 일 년 후, 즉 A.D. 28년 2월경에 있었던 것으로 간주된다. 예수님은 그 당시 랍비들의 관습을 그대로 따라서 제자들을 모으셨다. 랍비들은 주변에 많은 추종자들을 두었다. 랍비들을 추종하는 학생들은 랍비들로부터 율법의 교훈을 배울 뿐만 아니라 랍비늘의 실제적인 생활의 본을 통해 율법을 배우기 위해 즐거운 마음으로 랍비들을 위해 하인처럼 봉사하곤 했다.[12]

이 부르심을 통해 네 제자들은 예수님의 제자들로 훈련받고 있다는 사실을 인식하게 되었고, 예수님을 더 규칙적으로 따라 다녔지만 자신들의 직업을 완전하게 떠난 것 같지는 않다.

---

11) W. Hendriksen, *The Gospel of Matthew* (*New Testament Commentary*, Grand Rapids: Baker, 1973), pp. 245-246.
12) H. Ridderbos, *Matthew*(Grand Rapids: Zondervan, 1987), pp. 76-77.

배 위에서 제자들을 부르심(눅 5:1~11)

우선 우리는 누가복음 5:1~11과 마태복음 4:18~22, 그리고 마가복음 1:16~20의 내용이 비슷함을 발견한다. 하지만 누가복음 5장의 사건은 마태복음 4:18~22(막 1:16~ 20)의 사건과 다른 사건이다. 두 사건의 차이점을 몇 가지 언급하면 다음과 같다.

① 예수님이 제자들을 만난 시점의 차이

마태복음 4장은 베드로와 안드레가 "그물 던지는 것을"(마 4:18) 예수님께서 보시고 그들을 불렀다. 마태복음 4장은 제자들이 고기 잡고 있는 현장에 예수님이 찾아간 것이다. 반면 누가복음 5장은 베드로와 안드레가 고기 잡는 것을 그치고 그물을 씻고 있을 때 예수님께서 그들을 찾은 것으로 묘사한다(눅 5:1~2). 예수님이 제자들을 만난 때는 마태복음 4장의 경우처럼 고기 잡는 일이 진행될 때가 아니요 그물을 씻고 있을 때였다.

② 예수님의 행동에 나타난 차이

마태복음 4장은 예수님께서 "갈릴리 해변을 다니시다가"(마 4:18) 베드로와 안드레가 고기 잡고 있는 것을 보신다. 그리고 예수님은 "거기서 더 가시다가" 다른 두 형제 야고보와 요한이 "배에서 그물 깁는 것을"(마 4:21) 보셨다. 이 사실은 예수님이 계속 움직이셨다는 것을 증거 한다. 그러나 누가복음 5장은 예수님의 행동이 비교적 정적이었음을 말한다. 예수님은 "게네사렛 호숫가에 서서" 제자들이 그물을 씻고 있는 것을 보셨다(눅 5:2). 또한 예수님은 배에 앉으셔서 무리들을 가르치셨다고 누가복음 5장은 묘사한다(눅 5:3).

③ 고기 잡는 것과 관련된 차이

마태복음 4장은 제자들이 열심히 고기 잡고 있는 것을 강조하고 있다. 그물 던지는 것을 묘사한 표현이(현재, 능동태, 분사) 제자들의 계속적인 노력이 있었음을 증거 해 준다. 그러나 누가복음 5장은 고기가 많이 잡힌 것을 강조하고 있다(눅 5:6~8 참조).[13]

④ 제자들의 이름 명시에 있어서의 차이

마태복음 4장은 베드로, 안드레, 야고보, 요한의 이름이 명시되어 있다(마

---

13) 발론타스(βάλλοντας, 현재, 능동태, 분사)라는 표현을 쓰고 있다. 그러나 눅 5:6에서는 포이에산테스 (ποιήσαντες, 부정과거, 능동태, 분사)라는 표현을 쓰고 있다.

4:18, 21). 그리고 마태복음 4장은 예수님의 부르심이 제자들 각자에게 적용되는 것으로 기록한다. 적어도 예수님은 베드로와 안드레를 먼저 부르시고 그 후에 야고보와 요한을 부르셨다. 그러나 누가복음 5장은 안드레의 이름이 언급되어 있지 않고 예수님의 부르심이 베드로에게만 적용되는 것으로 기록하고 있다. 누가복음 5장은 "말씀을 마치시고 시몬에게 이르시되"(눅 5:4)라고 시몬의 이름을 구체적으로 언급하고 있다.

이상의 차이점으로 볼 때 마태복음 4:18~22(막 1:16~20)의 사건과 누가복음 5:1~11의 사건은 다른 사건이라고 생각할 수 있다. 누가복음 5장의 사건은 마태복음 4장의 사건이 있은 지 얼마 되지 않아 발생했던 사건으로 생각된다. 마태복음 4장과 누가복음 5장에서 제자들은 "모든 것을 버리고" 전적으로 예수님을 따랐다는 공통점이 있다.

마태를 부르심(마 9:9~13; 막 2:13~17; 눅 5:27~32)

마태를 부르신 사건은 누가복음 5장 사건이 있은 후 얼마 되지 않아 발생한 것으로 볼 수 있다. 누가복음 5:11이 "모든 것을 버려 두고" 예수님을 좇는 것으로 묘사하는데, 마태를 부르실 때도 "모든 것을 버리고"(눅 5:28) 예수님을 좇는 것으로 묘사한다.

열두 제자를 부르심(마 10:1~15; 막 3:13~19; 눅 6:12~16)

예수님은 이곳저곳에서 제자들을 부르셨다. 이제 열둘을 채우신 후 예수님은 열두 제자를 공식적으로 부르신다. 예수님은 그들을 사도로 그리고 제자로 훈련시키시기 위해 공식적으로 부르셨다. 이렇게 하여 예수님은 베드로, 안드레, 야고보, 요한, 빌립, 바돌로매, 도마, 세리 마태, 알패오의 아들 야고보, 다대오, 가나안인 시몬, 그리고 가룟 유다 등 열두 사도를 부르셔서 훈련시키기 시작하셨다.

예수님께서 열두 제자들을 공식적으로 부르실 때 몇 가지 특별한 권세와 책임을 부여하신다.

① 제자들이 받은 권세

첫째, 제자들은 "더러운 귀신을 쫓아내는"(마 10:1) 권세를 받았다. 예수님의 사역은 궁극적으로 사단과의 싸움이다. 그러므로 예수님은 제자들에게 사단의 하수인들을 물리칠 권세를 주셨다.

둘째, 제자들은 "모든 병과 모든 약한 것을 고치는 권능"(마 10:1)을 받았다. 복음서는 귀신 들린 것과 병에 걸린 것을 구분한다. 하지만 모든 육체적인 고통의 근본 뿌리를 파헤치면 하나님의 창소 실서를 파괴하려는 사단의 파괴적인 사역에 그 기원이 있는 것이다(마 9:32; 12:22).[14]

셋째, 제자들은 천국을 전할 권세를 부여받았다. 세례 요한에게도 주어지지 않은 권세를 제자들은 예수님으로부터 받은 것이다. 그 이유는 천국이 예수 그리스도 안에서 설립되었기 때문이다(마 10:5-8).

② 제자들의 책임

제자들은 "이스라엘 집의 잃어버린 양"(마 10:6)에게 보냄 받은 사실을 기억해야 한다. 복음은 먼저 유대인에게 기회가 주어져야 한다(롬 1:16). 예수님께서도 "나는 이스라엘 집의 잃어버린 양 외에는 다른 데로 보내심을 받지 아니하였노라"(마 15:24, 개역개정)고 말씀하셨다. 제자들은 예수님의 본을 받아야 한다.

제자들은 전도여행을 위해 의식주 걱정을 해서는 안 된다. 제자들은 "금이나 은이나 동이나" "두벌 옷이나 신이나 지팡이를 가지지 말아야 한다"(마 10:9~10). 예수님께서 이렇게 말씀하신 것은 제자들의 전체 생활이 복음을 받아들인 사람들에게 의존되어 있음을 보여주도록 하기 위해서이다. 예수님은 "일꾼이 저 먹을 것을 받는 것이 마땅함이니라"(마 10:10)라고 가르치신다. 예수님이 이런 모양으로 제자들을 파송한 것은 제자들이 예수님을 섬긴다고 하면서 자신의 유익을 구하지 못하게 함이요 또한 복음을 받는 자들도 최소한 천국확장 사역에 참여할 수 있도록 하기 위해서이다.

제자들은 합당한 집을 찾아내어 머물면서 그 집에 평안을 빌어야 한다. 사도들에게 거처할 장소를 제공하는 것은 희생이 아니요 특권이다.[15] 그리고 제자들이 주는 평안은 천국 복음의 평안이다. 본문(마 10:13)의 "너희 빈 평안"은 사실상 "너희 평안"($\dot{η}$ εἰρήνη ὑμῶν)을 뜻한다. 사도들은 천국 복음의 전달자

---

14) 박형용, "하나님 나라의 실현", 「신학정론」 1권, 1호(1983, 3), pp. 126-127.
15) Ridderbos, *Matthew*, p. 199.

로서 천국 복음의 평안 자체를 그 집에 비는 것이다.16) 그러므로 사도들은 단순히 설교자들이 아니요, 천국 복음 전파를 통해 구원을 실제로 전달하는 전달자인 것이다. 사도들이 너희에게 "하나님의 평안"이 임하기를 빈다고 말하면 진정으로 그 대상들에게 "하나님의 평안"이 임한 것이다. 예수님은 사도들에게 특별한 능력을 부여하셔서서 그를 대신하여 사역하게 하셨다.

4. 갈릴리 바다에서 예수님을 따른 어부들(눅 5:1~11)

무리가 몰려와서 하나님의 말씀을 들을새 예수는 게네사렛 호숫가에 서서 호숫가에 배 두 척이 있는 것을 보시니 어부들은 배에서 나와서 그물을 씻는지라 예수께서 한 배에 오르시니 그 배는 시몬의 배라 육지에서 조금 떼기를 청하시고 앉으사 배에서 무리를 가르치시더니 말씀을 마치시고 시몬에게 이르시되 깊은 데로 가서 그물을 내려 고기를 잡으라 시몬이 대답하여 이르되 선생님 우리들이 밤이 새도록 수고하였으되 잡은 것이 없지마는 말씀에 의지하여 내가 그물을 내리리이다 하고 그렇게 하니 고기를 잡은 것이 심히 많아 그물이 찢어지는지라 이에 다른 배에 있는 동무들에게 손짓하여 와서 도와 달라 하니 그들이 와서 두 배에 채우매 잠기게 되었더라 시몬 베드로가 이를 보고 예수의 무릎 아래에 엎드려 이르되 주여 나를 떠나소서 나는 죄인이로소이다 하니 이는 자기 및 자기와 함께 있는 모든 사람이 고기 잡힌 것으로 말미암아 놀라고 세베대의 아들로서 시몬의 동업자인 야고보와 요한도 놀랐음이라 예수께서 시몬에게 이르시되 무서워하지 말라 이제 후로는 네가 사람을 취하리라 하시니 그들이 배들을 육지에 대고 모든 것을 버려 두고 예수를 따르니라 (눅 5:1-11, 개역개정).

누가복음 5:1~11은 예수님이 반신반의하는 제자들을 확신시켜 다시 헌신하게 하는 내용을 전한다. 그리스도께서는 전 주 안식일에 나사렛 회당에서 설교하셨으며, 낭떠러지에로 던지움을 면하기 위하여 무리들로부터 몸을 피하셨다(눅 4:29~30). 그 나사렛 사람들은 그들이 그리스도에게 대했던 바로 "나사렛에서 무슨 선한 것이 나겠느냐"는 식의 태도에 걸맞게 살았던 것이다. 이제 그리스도는 몇 년 전에 그의 가속들이 이사를 한 도시, 곧 가버나움에 있는 그의 거처로 돌아가고 있었다. 주께서 갈릴리 바닷가를17) 거닐고 계실 때, 많은 무리들이 그에게 몰려들어 그는 배에 올라 설교를 하시고, 기적을 베푸셨으며, 직업을 버리고 그를 따르도록 네 명의 제자들을 부르셨다.

---

16) 본문 마 10:12의 "평안하기를 빌라"는 ἀσπάσασθε αὐτήν 으로 보통 인사할 때 사용하는 표현이지만(고후 13:12; 빌 4:21; 살전 5:26), 이 표현은 히브리적인 용법으로 "평안을 비는 뜻이 있다". 그리고 그 다음절인 마 10:13의 "너희 빈 평안이 거기 임할 것이요"는 ἐλθάτω ἡ εἰρήνη ὑμῶν ἐπ' αὐτήν으로 "너희 평안을 그 집에 임하게 하라"(let your peace rest on it(NIV); let your greeting of peace come upon it(NASB))와 같은 강한 의미가 함축되어 있다.

17) 갈릴리 바다를 구약에서는 긴네렛 바다(민 34:11; 수 11:2; 12:3; 13:27)라고 불렀으며, 신약에서는 게네사렛 호수(눅 5:1), 갈릴리 바다(마 4:18; 요 6:1), 혹은 로마식의 이름인 디베랴 바다(요 6:1; 21:1)라고 불렀다.

메시지를 전하시고 나서 기적을 베푸심

물론 메시지가 중요한 것임에는 틀림이 없지만, 본문에서 중요한 것은 메시지가 아니라 기적이 본문의 중심을 이룬다. 기적이 그처럼 강조되고 있는 목적은 무엇일까? 그 답변은 베드로가 평생 기억해 두어야 할 한 가지 교훈을 가르치기 위함이며, 동시에 전적으로 헌신할 제자를 부르시기 위함이었다. 베드로가 배워야만 했던 그 교훈을 간단히 정리하면 다음과 같다.

베드로는 자신의 이성의 소리를 듣지 않고 예수님의 명령에 순종했다. 예수님은 베드로의 순종을 이용하여 이적을 행하셨다. 하나님의 권능을 목격한 베드로는 자신이 죄인임을 깨달았다. 예수님은 베드로에게 새로운 사명을 맡기셨다. 베드로가 배워야 할 교훈은 첫째도 순종과 섬김이요, 둘째도 순종과 섬김이며, 셋째도 순종과 섬김이었다.

베드로는 예수님의 명령을 따른다는 것이 일시적으로 어리석게 보일지라도 그 명령에 순종하여 따랐다. 그리스도는 많은 무리들이 보는 가운데 "깊은 데로 나아가라"고 말씀을 하셨다. 목수가 어부에게 어디에서 고기를 잡으라고 명하는 형편이 되었다. 그런데 어부인 베드로가 알기로 그곳은 가장 물고기가 잡히지 않는 곳이었다. 베드로는 그 상황에 적당한 구실을 붙여 그리스도를 도와 그가 당황치 않게 하려고 하였으나, 그는 영적인 것은 물리적인 눈으로는 식별이 되지 않는 것임을 배워야만 했다.[18]

베드로가 그리스도의 명령에 대해 나타내 보인 반응 가운데 중요한 사상은 "그럼에도 불구하고 당신의 말씀에 의지하여" 라는 것이다. 그리스도께서 명령하신 것이기에 베드로는 순종을 하고자 하였으며 그 명령대로 행동을 하였다. 그것이 신앙의 시금석이었는데, 베드로는 이를 아름답게 통과한 것이다. 순종과 복종에는 다음의 두 가지 형태가 있다.

첫째, 사람이 어떤 내, 외적인 강압에 의해서 다른 이의 말에 순종을 한다면 그것은 강요된 순종이다. 억지 순종도 불순종보다는 낫다(마 21:28~32 참조).

---

18) 이 구절은 예수님께서 물고기의 위치를 알고 계셨음을 증거하고 있다. 이는 예수님이 지상에 계실 때도 그의 신성에 의해 전지(omniscience)의 능력을 가지고 계셨음을 말해준다(마 17:27 참조).

둘째, 사람이 자기 의지를 좇아 행한다면 자발적인 순종이 된다. 베드로는 이때 억지 순종 수준에 머물러 있었지만 후에 사도행전에서 보듯 "우리가 하나님보다 사람의 말을 들으랴"라고 말함으로써 그가 기쁜 마음으로 주를 따르게 되었음을 보여 준다. 그는 자발적으로 순종하는 높은 수준에로 나아갔던 것이다. 고기를 잡는 일에 있어서 그리스도는 일반 상식적인 법칙과는 반대로 나아가고 있었으나, 베드로는 순종하였다. 결국 많은 고기가 잡힘으로 그리스도께서 옳았음이 드러났다.[19]

기적에 대한 반응

① 주께 대한 베드로의 요청

베드로는 그리스도께 "주여 나를 떠나소서. 나는 죄인이로소이다"(눅 5:8)라고 말했다. 그의 고백을 볼 때, 베드로는 비록 주의 명령에 순종을 하기는 하였지만 마음속으로는 믿지 못하고 있었음을 알 수 있다.

여기서 베드로는 자신의 느낌들을 숨기지 않은 채 그대로 드러내 보인다. 베드로의 말의 요점은 자신은 주님처럼 거룩한 분의 임재를 감당할 수 없을 정도로 낮고 천한 몸인데, 어찌 한 배에 함께 머물 수 있겠습니까 라는 의미였다. 바로 이것이 주께서 베드로에게 일깨우기를 원하셨던 태도였으며, 베드로는 훌륭하게 그의 교훈을 배웠던 것이다.

② 어부들을 놀라게 한 기적

고기를 많이 잡은 이 기적은 제자들이 숙련자로 자처할 수 있는 분야에서 발생한 것이다. 그들은 호수에서의 고기잡이에 관한 한 이에 관련된 법칙을 잘 알고 있었다. 제자들은 고기 잡는 일에 대해 전문가였던 반면에 예수님은 고기 잡는 일에 전혀 익숙하지 않은 사람이었다.

그러나 그리스도는 기적을 행하셨으며, 그로 인해 무리들은 놀라움을 금치 못했다. 그런데 우리는 하나님의 축복과 기대된 성공이 우리들의 노력과 부합하지 않을지라도 놀랄 필요가 없다. 왜냐하면 우리가 예수님의 명령에

---

19) 일반적으로 고기는 밤에 잘 잡히며, 낮은 곳에서 잘 잡힌다. 예수님의 명령은 고기 잡힐 가능성에 대해 이중으로 어렵게 만들고 있다. 그래서 어떤 이는 이 사건을 상징으로 해석하여 "깊은 곳"은 "이방세계"를 가리키고, "베드로가 원치 않으면서 순종한 것"은 "베드로가 특별계시를 받기 전까지 이방에 선교하는 것을 주저한 사실"(행 10장)을 가리키는 것으로 해석한다. 그러나 이런 상징적인 해석은 본문의 뜻을 바로 드러내지 못한 것이다. Cf. A.B. Bruce, *The Synoptic Gospels*, p. 495.

그대로 따르기만 하면 그 명령대로 성취되기 때문이다.[20]

나를 따르라는 부르심(마 4:19)

그리스도의 부르심은 세 가지 측면으로 나타난다. 첫째, 죄악 된 세상을 떠나 구원을 받으라는 부르심이 있으며, 둘째, 헌신석인 의미에서의 그리스도의 제자가 되라는 부르심이 있고, 셋째, 사도로서의 완전한 헌신을 요구하시는 부르심이 있다.

본문에 기록된 부르심은 사도로서 완전한 헌신을 요구하시는 부르심이다. 브루너(F.D. Bruner)는 "랍비들의 연설에서 '나를 따르라'는 의미는 '나의 학생이 되라, 나의 조수로 나에게서 배우라, 나의 학교에 속하라, 나와 함께 생활하라'는 뜻이라고 말 한다."[21] 제자들은 예수님과 함께 동거하면서 예수님으로부터 그의 말씀과 삶을 배웠다.

이들은 자신들의 배들을 육지에 댄 후, 이 모든 것을 하인들의 손에 맡기고 완전히 헌신된 사도로서의 부르심을 좇아 예수님을 따랐다. 훗날, 우리는 베드로가 이렇게 말하는 장면을 보게 된다. "나는 물고기 잡으러 가노라"(요 21:3). 아마도 배와 기타 선구들이 그곳에 그때까지 있었던 것 같다.

베드로라 하는 시몬

누가복음 5:1~11에서 "시몬"이 자주 사용된다(눅 5:3,4,5,8,10). 베드로는 아직 연약할 때 그의 육친인 요나(Jonas)의 아들로서 시몬이라 불렸다. 본문에서 "시몬"이 자주 사용된 것은 누가는 물론 주님께서 베드로가 연약할 때 불리던 대로 시몬이라 부르신 것으로 생각된다.

베드로가 영적인 신앙고백을 하였을 때, 그에게는 베드로라는 이름이 주어졌다. 그때에서야 비로소 그는 반석이요 강한 자이기 때문이다. 가이사랴 빌립보에서의 베드로의 고백은 믿음으로 말미암은 것임과 동시에 또한 반석처럼 튼튼한 것이다. 바로 그 이름은 베드로가 예수님은 그리스도이시라고 고백했을 때 주어졌던 것이다(마 16:13~19).

---

20) Calvin, *A Harmony of the Gospel, Matthew, Mark, and Luke*, p. 157.
21) Frederick Dale Bruner, *The Christbook: Matthew 1-12* (Waco: Word Books,1987), p. 126.

5. 예수님의 삼중 사역(마 4:23~25; 참조, 마 8:2~4, 14~17; 막 1:21~45; 눅 4:31~34; 5:12~16)

예수께서 온 갈릴리에 두루 다니사 그들의 회당에서 가르치시며 천국 복음을 전파하시며 백성 중의 모든 병과 모든 약한 것을 고치시니 그의 소문이 온 수리아에 퍼진지라 사람들이 모든 앓는 자 곧 각종 병에 걸려서 고통 당하는 자, 귀신 들린 자, 간질하는 자, 중풍병자들을 데려오니 그들을 고치시더라 갈릴리와 데가볼리와 예루살렘과 유대와 요단 강 건너편에서 수많은 무리가 따르니라 (마 4:23-25, 개역개정).

그리스도의 갈릴리 사역의 주된 활동

마태복음 4:23~25은 예수님의 갈릴리 사역을 세 가지로 정리한다. 예수님은 회당에서 가르치셨고, 천국 복음을 전파하셨고, 그리고 모든 종류의 병을 고쳐 주셨다(마 4:23).

① 성경의 기록에 따르면 그리스도께서는 회당에서 가르치셨다. 분명, 그리스도는 이스라엘 집의 잃어버린 양을 찾기 위해 적절한 장소에로 나아가는 올바른 시도를 보이셨다. 주님은 종교의 제도적 기구화에 반대하는 분이 아니셨다. 다만, 그는 그 당시 제도화되어 버린 종교의 일반적 양상이었던 종교 기구의 타락을 척결하시기 위해 노력을 하셨을 뿐이다. 그의 교훈은 일반 설교와는 구별되는 것이었다.

② 예수님은 하나님 나라의 복음을 설교하셨다. 예수님은 하나님 나라에 관한 좋은 소식을 전파하셨다. 예수님이 전파한 좋은 소식은 기쁨의 메시지였으며 그의 메시지는 긍정적이며 건설적이었다. 하나님 나라의 개념 속에는 하나님의 왕 되심, 즉 하나님의 주권, 완전한 구원, 하나님을 왕으로 인정하는 사람들이 모인 교회, 그리고 새롭게 된 새 하늘과 새 땅 등의 개념을 포함하고 있다.[22]

③ 그리스도께서는 또 병을 고치시기도 하였다. 병 고치심의 몇 가지 유형을 살펴보자. 마태는 예수님께서 "백성 중의 모든 병과 모든 약한 것을 고치셨다"(마 4:23)고 말한다. 예수님이 모든 병자들을 고쳐 주시자 사람들은 더욱 더 예수님에게로 몰려들었다. 이 상황을 마태는 "사람들이 모든 앓는 자 곧 각종 병에 걸려서 고통당하는 자, 귀신 들린 자, 간질하는 자, 중풍병자들을 데려오니 그들을 고치시더라"(마 4:24, 개역개정)고 기록

---

22) Hendriksen, *The Gospel of Matthew*, pp. 249-250.

한다. 또한 예수님은 무기력한 자들, 부정한 자들, 그리고 나병환자들을 치료해 주셨다.

④ 병 고치신 이적의 세 가지 의의

첫째, 예수님의 치유 이적은 예수님의 메시지를 확증하는 역할을 한다(요 14:11). 예수님이 병을 고치시는 이적을 행하시는 것은 복음을 전파하기 위한 목적이 있었기 때문이다.

둘째, 예수님의 치유 이적은 예수님이 예언된 메시아임을 증명하는 역할을 한다(사 35:5; 53:4,5; 61:1).

셋째, 예수님의 치유 이적은 어떤 의미에서 하나님의 나라가 이미 임재했다는 사실을 증명하는 것이다. 복음서에서는 하나님 나라와 이적을 가깝게 연계시키고 있다(마 9:35; 10:7,8; 눅 9:1,2).[23]

결과와 반응

① 예수님은 고난의 메시아이시다. 예수님은 성도들을 대신해서 친히 고난과 질고를 겪으셨다. 따라서 예수님이 병을 고치신 것은 메시아시대의 특징을 보여 주고 있다. 이사야 53:4의 "그는 실로 우리의 질고를 지고 우리의 슬픔을 당하였거늘 우리는 생각하기를 그는 징벌을 받아 하나님께 맞으며 고난을 당한다 하였노라"(개역개정)는 말씀이 메시아이신 예수님의 병 고침과 무관하지 않다.

② 예수님의 병 고치는 이적은 단번에 병자를 고치셨을 뿐만 아니라 완전하게 고치셨다. 그러므로 예수님에 의해 고침을 받은 병자들은 후일에 다시 그 병에 대해 치료를 받을 필요가 없게 된다. 주께서 이 일을 계속 진행하셨다는 성경의 기록에 비추어 볼 때 그는 몹시 분주하셨음을 알 수 있다.

③ 갈릴리와 데가볼리와 예루살렘과 유대와 요단강 건너편에서, 그리고 다메섹과 안디옥을 향하는 갈릴리 북쪽 수리아의 전 지역에서 허다한 무리가 따르는 것으로 보아, 그의 명성이 다른 지방에까지 두루 퍼졌음을 알 수 있다. 비록 그리스도 자신은 팔레스타인 지방을 떠나신 적이 없었으나, 그의 명성은 널리 퍼져 갔다.

---

23) *Ibid.*, p. 250.

제8장

그리스도의 이적들과 그 결과

예수님께서 갈릴리 사역 기간 중 높은 인기를 누린 이유들 가운데 하나는 그가 기적을 많이 베풀었으며 병을 고치신 일이 많다는 데서 찾을 수 있다. 당연하게도 이와 같은 일은 사람들 가운데 대립된 두 반응을 야기 시켰다. 일부의 사람들은 주께 대항을 하는 입장을 취하였으나, 일반 평민들과 병 치료를 받은 사람들은 주를 따랐다.

예수님의 행로 가운데 이 시점에서 복음서 저자들이 그리스도의 활동을 강조한 이유는 주님의 긍휼을 받은 사람들이 그리스도를 믿게 되었다는 사실을 나타내는 데 있지 않고 오히려 주님의 명성이 널리 퍼져 있었으며 또한 수많은 사람들이 온갖 문제를 가지고 그리스도에게로 몰려왔다는 사실을 나타내는데 있었다. 물론 예수님의 활동은 사람들의 믿음을 불러일으키기도 하였다. 그러나 복음서 저자들의 주된 의도는 그리스도의 명성이 널리 알려져 있음을 나타내기 원한 것이다. 주께 치료를 받았던 사람들 대부분이 그리스도를 증거 함으로써 하나님 나라의 복된 소식이 널리 퍼시게 되었다. 그러나 한편으로, 이로 인하여 아마도 많은 사람들이 유토피아가 이 땅에서 이루어질 것이라는 생각을 더욱 강하게 믿게 되는 그릇된 인상을 받았을 것이다. 그리스도는 그러한 생각을 바로잡을 수도 있었으나, 주께서는 하나님의 정하신 때가 이르게 되면 어린 아이에게까지도 온전한 진리의 빛이 비치게 될 것임을 아심으로, 여전히 사역만을 계속하셨다.

그리스도의 사역을 살펴볼 때 그의 사역은 몇 단계로 구분된다. 이제 주님은 한동안 병 고침과 같은 물리적인 일로 인해 바쁘실 것이다. 예수님은 지금껏 가르치는 일로 그러하셨다. 이제 주님은 자신이 위대한 의사임을 말하는 진리를 가르치시며, 자연에 대해서 뿐만 아니라 질병에 대해서도 또한 권세를 행하셨다.

1. 나병환자를 깨끗하게 하심(마 8:2~4; 참조, 눅 5:12~16)

> 한 나병환자가 나아와 절하며 이르되 주여 원하시면 저를 깨끗하게 하실 수 있나이다 하거늘 예수께서 손을 내밀어 그에게 대시며 이르시되 내가 원하노니 깨끗함을 받으라 하시니 즉시 그의 나병이 깨끗하여진지라 예수께서 이르시되 삼가 아무에게도 이르지 말고 다만 가서 제사장에게 네 몸을 보이고 모세가 명한 예물을 드려 그들에게 입증하라 하시니라 (마 8:2-4, 개역개정).

마태복음 8:2~4은 예수님이 나병환자를 깨끗하게 하신 사건을 기록한다. 주님께서 병자들을 치료하신 모든 경우들을 다 살펴보지 않더라도 몇 가지 흥미 있는 사실들을 발견할 수 있다.[1]

나병환자는 "주여 원하시면"이란 말로 예수님께 전적으로 의존한다. 우리는 이 본문에서 나병환자가 주님의 가장 값진 가르침의 핵심을 포착했던 사실을 보게 된다. 이 나병환자는 단지 "주께서 원하시면"이라는 말을 덧붙이는 것만으로, 주님의 치료사역에 자신을 온전히 맡기어 버리는 믿음을 보였다. 이는 달리 말해서, 설령 주님께서 원치 않으심으로 하여 자신의 나병이 계속되어진다 하더라도 그것으로 만족하리라는 믿음이었다. "사실상 좀 더 자세히 관찰하면 나병환자의 말은 간청(petition)이 아니라 확신(affirmation)이었다".[2] 이러한 믿음이 핵심적이라는 사실은 그리스도께서 "내가 원하노라"고 답하심으로 그리스도에 의해 인정을 받았다. 진정 그리스도께서는 이를 원하셨다.

예수님은 나병환자와 동일시되신다. 주님께서 나병환자에게 손을 대셨다는 사실은 예수님이 나병환자와 같은 위치로 내려 가셨음을 가리킨다. 예수님께서는 다른 사람들 같으면 하려고 하지도 않으며, 할 수도 없을 정도의

---

1) 마태는 계속되는 여러 이적 이야기 가운데서 이 나병환자의 이야기를 첫머리에 다룬다. 마가는 가버나움 회당에서 더러운 귀신 들린 사람을 고치는 이야기와(막 1:21-28) 시몬의 장모의 열병을 고치는 이야기(막 1:29-31) 다음에 세 번째로 나병환자 고치는 이야기를 소개하고 있다(막 1:40-45). 마태가 나병환자를 고치는 사건(마 8:1-4), 백부장의 하인을 고치는 사건(마 8:5-13), 그리고 베드로의 장모를 고치는 사건(마 8:14-17)을 연속적으로 소개하고 있는 것은 우리에게 특별한 메시지를 전해 준다. 그 당시 나병환자나 이방인이나 여자들은 사람대접을 받지 못하고 살았는데 예수님께서 이들을 정상 사회로부터 갈라놓는 높은 벽을 십자가상에서 무너뜨리신 것이다. 예수님은 만인의 구세주이신 것이다.

2) F.D. Bruner, *The Christbook: Matthew 1-12*, p. 300.

낮은 위치로 자신을 낮추셨다. 레위기 13장과 14장은 제사장이라 할지라도 나병환자에게 손을 대어서는 안 되며 단지 그를 바라볼 수만 있다고 가르친다. 또한 나병환자와 접촉한 사람이면 누구든지 그 사람도 부정하게 된다.

그런데 그리스도께서 나병환자들에게 손을 대신 일이 많았다. 그는 부정한 것을 만지셨는가? 그렇지 않다. 왜냐하면 그리스도께서 손을 대심으로 나병환자가 깨끗해졌기 때문이다. 칼빈은 "그리스도 안에 순결이 있었기 때문에 그가 불결과 오염을 다 흡수하셔서 나병환자를 만져도 자신을 더럽히지 않고 율법을 범하는 것이 아니다"[3]라고 말했다. 그리스도께서 나병환자에게 손을 대셨다는 사실로부터 자신을 나병환자와 동일시하는 정도에까지 낮추시는 주님의 모습을 보게 된다.

주님은 나병환자를 깨끗하게 하신 사건을 아무에게도 이르지 말라고 말씀하셨다. 렌스키는 이에 대해 다음과 같이 말한다. "주님의 이 엄격한 명령에 대한 설명은 단 한가지만이 가능하다. 그것은 제사장들이 적법한 절차에 따라 이 나병환자의 깨끗함을 선언하기 이전까지는 이 사람의 나병이 주님에 의해 깨끗함을 받았다는 소식이 예루살렘에 미리 퍼져서는 안 되기 때문이라는 설명이다."[4]

렌스키의 설명이 타당성을 지닐 수 있다 하더라도 또 다른 유력한 설명이 가능하다. 그것은 그리스도께서 사역 초기에 그의 형제를 포함하여 그 누구에게도 그리스도의 선포자로서의 역할을 인정해 주지 않으셨다는 사실과 관련이 된다. 만일 병 나음을 얻은 자가 그리스도의 명령을 어기고 그를 알리는 일이 있다 하더라도 그것은 그리스도에 대한 바른 설명을 보여주는 것은 결코 될 수가 없는 것이다. 결국 그리스도는 계획을 잘 세우셨으며, 그리스도의 인정을 받지 못한 증거에 대해 그리스도는 책임을 질 수가 없었던 것이다. 예수님께서 나병환자에게 고침을 받은 사실을 아무에게도 알리지 말라고 하신 것(마 8:4)은 자신이 누구인지를 서서히 공개하시려는 점진적 특성과 관련이 있다. 이 말씀은 주님께서 적절한 때에 점진적인 방법으로 자신이 메시아이심을 드러내고자 하시는 주님의 계획과 일치된 것이다.

---

3) J. Calvin, *A Harmony of the Gospels : Matthew, Mark, and Luke*, Vol. I, p. 244.
4) R.C.H. Lenski, *The Interpretation of St. Matthew's Gospel*, p. 321.

2. 베드로의 장모의 치료(마 8:14~17; 참조, 막 1:29~31; 눅 4:38~39)

> 예수께서 베드로의 집에 들어가사 그의 장모가 열병으로 앓아 누운 것을 보시고 그의 손을 만지시니 열병이 떠나가고 여인이 일어나서 예수께 수종들더라 저물매 사람들이 귀신 들린 자를 많이 데리고 예수께 오거늘 예수께서 말씀으로 귀신들을 쫓아 내시고 병든 자들을 다 고치시니 이는 선지자 이사야를 통하여 하신 말씀에 우리의 연약한 것을 친히 담당하시고 병을 짊어지셨도다 함을 이루려 하심이더라(마 8:14-17, 개역개정).

베드로의 결혼

마태복음 8:14~17은 예수님이 베드로의 장모의 열병을 고치신 사건을 소개한다. 성경은 결혼을 중요하게 생각한다. 결혼은 하나님이 세우신 중요한 제도이다. 본문은 베드로가 결혼을 하였음을 확실하게 증거 한다. 이는 로마 가톨릭에서 주장하는 사제상과는 전혀 다른 내용이다. 하나님 나라의 사역에 있어서 결혼을 한다는 것은 전혀 그릇된 일이 아닌 것이다. 특별히 고린도전서 9:5에서 바울이 지적하고 있는 내용으로 미루어 보건대 베드로는 아내와 동반하여 전도 여행을 다닌 듯싶다.

백 퍼센트 완쾌

예수님은 베드로의 장모의 병을 완전하게 고쳐 주셨다. 오늘날 치유의 은사로 병을 고칠 때는 거의 완쾌되는 경우가 드물다. 하나님은 신약교회를 위해 병 고치는 은사를 주셨지만 (고전 12:9) 예수님의 치유와 오늘날 교회 내에서 행하는 치유는 동일시 될 수 없다. 예수님은 베드로의 장모를 백 퍼센트 완벽하게 고쳐 주셨으며 따라서 베드로의 장모는 곧 일어나 예수님의 일행을 위해 수종을 들었다. 그리스도께서는 주일 만찬을 나누기 위해 베드로의 집에 초대되셨으며, 그곳에 도착하여 베드로의 장모가 열병을 앓고 있음을 보시고 병을 치료해 주셨던 것이다. 그 결과 행복하고 분주한 삶이 계속되었다. 예수님께서는 금욕적이거나 냉소적인 느낌을 전혀 주지 않은 모습으로 모든 일상생활에 참여하셨다. 예수님은 삶을 있는 그대로 받아들였으며, 그 삶에 참여하여 즐기셨고 다른 사람들을 기쁘게 만드셨다. 기독교인의 삶은 기쁘고 즐거운 삶이 되어야 한다.

치유 사역과 예언 성취

마태는 예수님께서 베드로의 장모의 열병을 고치신 사건과 귀신 들린 자와 병든 자를 고치신 사건을 함께 다루면서(마 8:16, 17) 예수님의 치유사역이 예언의 성취로 된 것이라고 말했다. 마태는 예수님의 치유사역을 설명하면서 이사야 53:4을 직접 번역하여 사용했다. 마태의 인용은 70인역(LXX)과는 약간 다르게 나타나고 있다.[5] 이처럼 마태가 예수님의 치유사역을 설명하면서 이사야 53:4을 인용한 것은 예수님께서 우리의 병과 질고를 대신 짊어지셨다는 대속적인 의미가 함축되어 있다. 왜냐하면 예수님의 십자가와 부활은 죄로 인해 일그러진 원래 창조를 회복시키는 역할을 하기 때문이다. 그렇다고 이 말씀이 우리의 병마를 예수님의 몸에 옮겼다고 생각하는 그런 기계적인 견해를 뜻하는 것은 아니다.[6]

3. 회당에서 더러운 귀신에 붙들린 사람을 고치심(막 1:23~28; 참조, 눅 4:31~37)

> 마침 그들의 회당에 더러운 귀신 들린 사람이 있어 소리 질러 이르되 나사렛 예수여 우리가 당신과 무슨 상관이 있나이까 우리를 멸하러 왔나이까 나는 당신이 누구인줄 아노니 하나님의 거룩한 자니이다 예수께서 꾸짖어 이르시되 잠잠하고 그 사람에게서 나오라 하시니 더러운 귀신이 그 사람에게 경련을 일으키고 큰 소리를 지르며 나오는지라 다 놀라 서로 물어 이르되 이는 어찜이냐 권위 있는 새 교훈이로다 더러운 귀신들에게 명한즉 순종하는도다 하더라 예수의 소문이 곧 온 갈릴리 사방에 퍼지더라 (막 1:23-28, 개역개정).

귀신들의 소란

마가복음 1:23~28은 예수님이 귀신을 제어하신 사건을 소개한다. 예수님께서 귀신을 쫓아내신 사건은 가버나움 동네에서 일어났다(막 1:21; 눅 4:31). 놀라운 일은 잇달아 발생했다. 회당의 사람들이 그리스도의 가르침을 듣고서 놀라움을 금치 못하고 있을 때, 그들을 또 한 번 경악케 하는 일이 발생했다. 더러운 귀신 들린 사람이 예수님을 "하나님의 거룩한 자"(막 1:24)로 인정하고 예수님의 사역이 무엇인지를 밝힌다(막 1:24~25).

---

5) 사 53:4(LXX): "οὗτος τὰς ἁμαρτίας ἡμῶν φέρει, καὶ περὶ ἡμῶν ὀδυνᾶται, καὶ ἡμεῖς ἐλογισόμεθα αὐτὸν εἶναι ἐν πόνῳ, καὶ ἐν πληγῇ, καὶ ἐν κακώσει."

마 8:17: "αὐτὸς τὰς ἀσθενείας ἡμῶν ἔλαβεν καὶ τὰς νόσους ἐβάστασεν."

6) R.C.H. Lenski, *The Interpretation of St. Matthew's Gospel*, pp. 336-337.

귀신 들린 자

마가복음에 나오는 "더러운 귀신"(πνεύματι ἀκαθάρτῳ)이라는 말(막 1:23)과, 누가복음 4:33에 나오는 "더러운 귀신"(πνεῦμα δαιμονίου ἀκαθάρτου)이라는 말은 이 두 단어의 의미를 서로 서로 보완 설명해준다. 마가복음의 표현과 누가복음의 표현은 동의어로 사용되었다. 그리고 귀신은 영적인 인격체인 것이다.

귀신이 인격체임의 증거는 "우리가 당신과 무슨 상관이 있나이까"(막 1:24; 눅 4:34)라고 말한 귀신 들린 자의 예수님을 향한 외침에서 찾을 수 있다. 귀신 들린 자는 귀신 혹은 귀신들을 포함시켜 자신을 "우리"라고 말하고 있다. 그는 "나"와 "그것"이라고 말한 것이 아니라 "우리"라고 표현한 것이다. 귀신 들린 자와 그리스도는 귀신들을 인격체로 생각하고 있었음이 분명하다. 비록 오늘날의 사람들은 자신들이 이룩한 의학적 진보를 옛사람들이 알지 못함으로 해서 귀신과 같은 원시적인 언어의 사용을 하였다고 생각을 하지만, 인격체로서의 귀신에 대한 이해는 오늘날에도 동일하다. 하나님이신 그리스도께서는 이를 충분히 알고 있었으며, 그러기에 그는 귀신 들린 자의 상태를 악한 인격체에 의해 생명이 사로잡힌 것으로 인식하였다.

"우리가 당신과 무슨 상관이 있나이까"라는 질문은 낮은 자가 높은 자에 대해 질문하는 형태이며 따라서 이 질문은 방어적인 기능을 나타내고 있으며 양쪽 당사자 간의 거리가 서로 화합될 수 없을 만큼 떨어져 있음을 함축하고 있다.[7]

귀신 들린 자의 고백

귀신 들린 자의 주님을 향한 고백은 흥미를 끈다. 그는 귀신에 들린 자이었으나 회당에서 그리스도를 발견하고는 소동을 일으켰다. 이 귀신이 왜 그리스도의 진정한 신분을 드러내야만 했을까? 귀신의 입장에서 그리스도를 나타내 보이는 것은 선한 목적에서가 아니다. 귀신 편에서 보면, 이 사람으로 하여금 회당에서 커다란 소동을 일으켜 그리스도의 가르침을 무력화시킬 수 있다고 생각했는지도 모른다.

그는 어쩌면 그리스도가 하나님이시라는 소식을 급히 전하되 그 소식이

---

7) Robert A. Guelich, *Mark 1–8:26: Word Biblical Commentary*, vol.34A (Dallas: Word Books, 1989), p. 57.

귀신의 입술로부터 나오게 하여 일반인들이 그리스도를 받아들일 수 없게 하기를 원했을 수도 있다. 뒤에 가면, 유대의 지도자들이 그리스도가 귀신의 왕인 바알세불의 힘을 빌려 귀신을 내어 쫓는다고 비난하는 기록을 보게 될 것이다(막 3:22).

귀신은 언제나 파괴적인 일을 한다. 이것은 다른 사람들에게 뿐만 아니라 자신에게도 또한 파괴적으로 작용한다. 이번 경험으로 인해 귀신은 자기의 처소를 떠나 새로운 처소를 찾아야만 했다. 사단, 귀신들, 그리고 지옥의 일이란 그 본질에 있어서 분파적이며, 파괴적이고, 분열을 조장한다. 급기야 귀신은 가능하다면 자신마저도 파괴시키기를 원한다.

주님의 호칭이 여기서는 "나사렛 예수"로 나타나는데, 이는 그리스도의 천한 출생을 의미하는 것으로 귀신에게 있어서는 다소 권위를 손상시키는 의도를 지니는 말이었다.[8] 나사렛 출신의 사람이 회당에서 도대체 무슨 일을 하였기에 사람들이 그의 가르침에 그토록 놀라운 충격을 받았는가? 그는 다름 아닌 하나님의 거룩한 자였다. 귀신은 자신과 그리스도와의 엄청난 격차를 인식했다. "하나님의 거룩한 자"라는 표현 속에서 "거룩한 자"는 주께서 언제나 죄로부터 분리된 자이심을 말해주며, "하나님의"라는 표현은 그 귀신이 그리스도를 메시아, 하나님의 아들로서 인식하였음을 보여준다.

나타난 결과들

① 예수님은 귀신 들린 자로부터 귀신을 쫓아내신다. 예수님께서 귀신을 책망하시자 격렬한 다툼 후에 이내 귀신이 쫓겨 나갔다. 쫓겨나지 않고 그대로 머물러 있어 오히려 그리스도를 이겨보려는 귀신과 그리스도와의 싸움은 그렇게 끝이 났다. 그리스도의 말씀의 권세는 귀신의 그것과는 비교가 되지 않으며, 귀신이 복종치 않을 수가 없는 것이다. 그리스도의 말씀의 권세를 주목하라. 그리스도의 말씀의 권세는 오늘날도 동일하다. 그리스도께서는 귀신에게 잠잠하라 명하셨다(막 1:25). 주님은 귀신의 증거를 받지 않으시며, 귀신의 입으로 나오는 어떠한 말에 대해서도 마음에

---

8) William L. Lane, *The Gospel According to Mark* (*NICNT*, Grand Rapids: Eerdmans, 1974), p. 73: "The demoniac does not confess the dignity of Jesus, but uses the accepted terms of opposition in the attempt to disarm him."

두지를 않으시기 때문이다.

귀신은 그리스도의 명령에 복종하지 않을 수 없었다. 귀신이 희생 제물로 삼은 자에게 경련이 일어나도록 소동을 부리고 난 이 후에 귀신은 귀신 들린 자에게서 나온다. 이는 한편으로 귀신의 힘이 얼마나 파괴적인가를 보여주는 반면, 또 한편으로는 이를 제입한 주님의 치유가 얼마나 놀라우며 경이로운 것인가를 보여준다. 만일 그리스도께서 형편이 보다 나은 조용한 사람에게 말씀하셨더라면 사람들은 그리스도를 믿지 않았을 것이다. 상황이 이처럼 놀랍게 전개되어야만 사람들은 믿는 법이다.

② 의사인 누가는 귀신이 그 사람을 심하게 다루고 나간 후의 그 사람의 상태에 관심을 보인다. 누가는 귀신이 나간 후에 "그 사람은 상하지 아니한지라"(눅 4:35)고 그 사람의 상태를 설명한다. 이는 누가가 이 사건의 자료를 전해준 사람에게 귀신들렸던 사람이 나은 후에 어떤 형편이었는지를 물어서 알고 있었기 때문이다. 의사들은 환자의 결과적인 상태에 관심을 기울인다. 따라서 이런 차이는 누가가 의사였기 때문에 나타난 차이라고도 생각할 수 있다.[9] 누가복음과 사도행전은 의사의 특성이 묻어 있는 표현을 많이 포함하고 있다.

③ 예수님께서 귀신 들린 자를 고치신 사건을 목도한 사람들의 반응은 놀람, 의문, 선전 등의 세 가지로 나타났다.

첫째, 여기서 쓰인 놀람을 나타내는 단어는 매우 뜻이 강한 단어로서, 무리들이 완전히 소스라치게 놀랐음을 의미한다. 놀라움의 충격 위에 경이로운 기이함이 더하여진 그런 상태였다. 로우(Louw)와 나이다(Nida)는 여기 사용된 "담보스"(θάμβος)가 "나타난 현상의 갑작스러움과 비정상적인 특성 때문에 놀라는 상태"를 설명하는 단어라고 분류했다.[10]

둘째, 무리들의 이러한 놀라움은 눈앞에 벌어진 사건을 이해하지 못해 그들이 서로 물었던 의문 속에서 분명하게 드러난다. 그들은 "어찜이냐 권위 있는 새 교훈이로다"(막 1:27, 개역개정)라고 의문을 제기한다. 그들은 사건을 이해하지 못해 질문을 한 것이다.

---

9) Hendriksen, *The Gospel of Luke*, p. 265.

10) Johannes P. Louw and Eugene A. Nida, *Greek-English Lexicon of the New Testament based on Semantic Domains*, vol I (New York: United Bible Societies, 1988), p. 311(section 25.208 참조).

셋째, 무리들은 서로 서로에게 이 사건의 전말을 전함으로써, 주의 명성은 갈릴리 지경 사방에 퍼지게 되었다. 예수님의 소문은 "온 갈릴리 사방에"(막 1:28) 퍼졌다.

④ 회당에서 귀신을 내어 쫓으신 사건은 그리스도께서 나사렛의 회당에서 배척을 받으신 후 대략 일주일 정도 지난 뒤에 발생한 사건이다. 예수 그리스도는 나사렛에서 그곳의 사람들이 주님을 쫓아내도록 허용하셨다. 그리고 주님은 나사렛에서 아무런 능력의 사역도 행치 않으셨다. 반면 귀신을 제압하는 이 사건은 예수님의 권세를 보여준다. 나사렛에서 쫓겨나신 사건과 귀신을 쫓아내신 사건은 큰 차이를 보인다. 이 병 고침의 결과에 대해 마가복음 1:28은 "예수의 소문이 곧 온 갈릴리 사방에 퍼지더라"(개역개정)고 쓰고 있다.

4. 중풍병자를 고치심(막 2:1~12; 참조, 마 9:1~8; 눅 5:17~26)

수 일 후에 예수께서 다시 가버나움에 들어가시니 집에 계시다는 소문이 들린지라 많은 사람이 모여서 문 앞까지도 들어설 자리가 없게 되었는데 예수께서 그들에게 도를 말씀하시더니 사람들이 한 중풍병자를 네 사람에게 메워 가지고 예수께로 올새 무리를 때문에 예수께 데려갈 수 없으므로 그 계신 곳의 지붕을 뜯어 구멍을 내고 중풍병자의 누운 상을 달아 내리니 예수께서 그들의 믿음을 보시고 중풍병자에게 이르시되 작은 자야 네 죄 사함을 받았느니라 하시니 어떤 서기관들이 거기 앉아서 마음에 생각하기를 이 사람이 어찌 이렇게 말하는가 신성 모독이로다 오직 하나님 한 분 외에는 누가 능히 죄를 사하겠느냐 그들이 속으로 이렇게 의논하는 줄을 예수께서 곧 중심에 아시고 이르시되 어찌하여 이것을 마음에 생각하느냐 중풍병자에게 네 죄 사함을 받았느니라 하는 말과 일어나 네 상을 가지고 걸어가라 하는 말 중에서 어느 것이 쉽겠느냐 그러나 인자가 땅에서 죄를 사하는 권세가 있는 줄을 너희로 알게 하려 하노라 하시고 중풍병자에게 말씀하시되 내가 네게 이르노니 일어나 네 상을 가지고 집으로 가라 하시니 그가 일어나 곧 상을 가지고 모든 사람 앞에서 나가거늘 그들이 다 놀라 하나님께 영광을 돌리며 이르되 우리가 이런 일을 도무지 보지 못하였다 하더라 (막 2:1–12, 개역개정).

가버나움에서 행한 특이한 치유 사건

마가복음 2:1~12은 네 사람의 친구가 특별한 방법으로 중풍 병자를 예수님께 데려 온 사실을 전한다. 중풍 병자를 고치신 이 기적은 그리스도께서 자신의 고향으로 삼으셨던 마을인 가버나움에서 일어났다. 마가복음 2:1의 "수일 후에 예수께서 다시 가버나움에 들어가시니 집에 계시다는 소문이 들린지라"(개역개정)는 말씀에서 알 수 있듯이 이때는 이미 주님께서 말씀 사역을 시작하여 한동안 계속하고 난 이후였다. 예수님께서는 갈릴리 지방 여기저기를 두루 다니셨으며, 주님의 행적을 최대한도로 재구성해볼 때 아마도 많은 기적을 행하셨던 갈릴리 호수 맞은편에서 돌아오시는 길이었을 것이다. 한 무리의 사람들이 갈릴리 호수 맞은 편 쪽으로 건너올 때, 주님께서는 폭풍우를 잠재우기도 하셨다(마 8:23~27). 주님께서는 또한 거라사 지방에서 귀신 들린 자를 치유하셨는데, 이때 귀신들은 돼지에게로 들어가 몰살하고 말았다(마 8:28~34). 그 후 그리스도께서는 배로 가버나움에 돌아와 한 집에서(아마도 그 집이 그의 모친의 집, 그러니까 주님의 가정이 아니었을까 싶다) 가르침을 펴고 계셨는데, 그 때 이 중풍병자가 네 사람에 의해 예수님의 발아래 옮기어지게 되었던 것이다.[11]

누가복음에 따르면 대중들의 지도자였던 바리새인들과 서기관들 중 몇몇이 유대와 예루살렘으로부터 파송을 받아 나와 그리스도의 행사를 주의 깊게 듣고 살펴보았다. 예수님께서는 그들의 태도가 비판적임을 아시고 기적적인 권능의 힘을 진리의 가르침에 덧붙여 보여주셨다.

그리스도께서는 호수 건너편 지경에서 배척 당하셨을 때, 그도 인간의 감정을 지니고 있었던바 떠나기를 요구받는 기분이 유쾌하지 않았을 것은 분명한 일이다. 그러므로 그리스도께서는 가버나움으로 되돌아오시면서 고향과 가정이 주는 안식과 평안의 감사를 누리기를 원하셨을지도 모른다. 비록 그에게 진정 자신의 고향이라고 할 만한 곳이 없기는 하지만, 그에게도 모친이 계셨으며 돌아갈 곳이 있었다. 그런데 그는 소망하는 안식과 평안을 누릴 수가 없었다. 왜냐하면 많은 무리들이 그를 에워쌌으며, 그를 비판하는 무리들이 그를 괴롭힘으로써 안식할 틈을 주지 않았기 때문이다.

귀중한 교훈들

① 오직 믿음의 방법

그리스도께서는 중풍병자의 친구들의 믿음을 보시고 감동을 받으셨다. 본문의 경우 "그들의 믿음"(막 2:5)이 누구의 믿음인지를 연구해 볼 필요가 있다. 왜냐하면 명백히 중풍병자 자신은 아무런 말도, 행동도 한 것이 없기 때문이다. 그렇다하더라도 중풍병자는 믿음이 있었음에 틀림이 없다. 만일 그에게 믿음이 없었더라면 그가 이들 네 친구에 의해 이곳까지 옮겨 와,

---

11) 중풍병자를 메고 온 사람들의 수가 네 명이란 설명은 막 2:3에만 나타난다. 마태와 누가는 "사람들이"라고 표현한다.

친구들이 지붕을 뜯어 구멍을 내어 그를 내리도록 허용하지 않았을 것이기 때문이다. 그러므로 여기서 문제되는 중요한 사실은 그리스도께서 과연 누구의 신앙을 칭찬하셨는가라는 물음에 대한 대답이다. 네 사람의 신앙인가, 아니면 네 사람과 병자의 신앙을 합친 것인가, 아니면 다른 사람이 아닌 병자의 신앙만을 가리키는 것인가?

렌스키는 예수님께서 네 사람의 친구와 중풍병자 자신의 믿음을 보시고 중풍병자에게 "이 사람아 네 죄 사함을 받았느니라"(눅 5:20, 개역개정)고 말했다고 주장한다. 렌스키는 성경에서 믿음이 없는데 죄 사함을 받은 사람이 없기 때문이라고 이유를 설명한다.[12] 헨드릭센도 "구세주의 입으로부터 이 말씀들을 흘러나오게 한 원인은 다섯 사람의 믿음 때문이었음이 확실하다"[13]라고 침상을 메고 온 네 사람의 친구와 중풍병자의 믿음을 함께 포함시켰다. 비록 성경에는 중풍병자 자신의 믿음에 대해 아무런 언급이 없지만 예수님께서 "작은 자야, 네 죄 사함을 받았느니라"(막 2:5, 개역개정)고 말씀하신 것은 중풍병자도 믿음을 가졌기 때문이다.

② 죄 문제

그리스도께서는 모든 질병을 다루시면서 문제의 핵심으로 곧바로 나아가셨다. 그것은 바로 죄 문제였다. 그러기에 주님께서 "작은 자야 네 죄 사함을 받았느니라"(막 2:5)고 말씀을 하셨으며, 그때 그는 자신이 요청한 병의 치료뿐만 아니라 죄의 용서함마저도 주께로부터 받게 되었다. 그렇다고 해서 그가 중풍병자가 된 것이 그의 죄의 결과에 따른 것이라는 말은 아니고, 다만 그도 역시 그곳에 있었던 비판자들과 다른 모는 이늘저럼 봉서함을 받아야 할 죄의 자식임을 말해줄 따름이다.

우리는 죄 사함이 우리의 삶 가운데서 가장 본질적으로 해결해야 할 필요한 것임을 그리스도께서 지적해 주셨다는 사실로부터 교훈을 얻어야 한다. 아울러 그리스도의 복음 선포사역과, 병 치유사역, 그리고 가르치심 속에 그와 같은 동기가 포함되어 있는 것이다. 다른 것들과 함께 그와 같은 가르침은 특별히 종교 지도자들에 의해서 경멸을 받았다. 그들은 주의 교훈이

---

12) Lenski, *The Interpretation St. Luke's Gospel*, p. 295.
13) Hendriksen, *The Gospel of Luke*, p. 296.

지시하는 바가 그들에게 무슨 의미를 지니는지를 분명히 깨닫게 됨에 따라, 더욱 더 주께 대하여 비판적이며 증오하는 마음으로 그 현장을 떠났다. 그들이 보기에 주의 가르침은 자신이 곧 하나님이라고 주장하는 것에 다를 바가 없으며, 그것은 참으로 듣고 넘길 수 없는 신성모독으로 여겨졌던 것이다.

③ 하나님 나라의 복음 선포

병자들을 고치고 죄인들을 용서하는 것은 구원의 시대를 예언한 예언의 성취를 뜻하는 것이다. 중풍병자를 고치는 맥락에서 죄 용서함의 선언은(막 2:5) 예수님의 병 고치는 사역의 근본적 특성을 분명히 드러내고 있다. 예수님의 병 고치는 사역은 병 자체를 고치는 데만 의미가 있지 않고, 새로운 세대에서의 완전하게 됨을 의미하는 것이다(마 11:3~5; 눅 7:18~23 참조). 예수님이 병자를 고치는 행위나(막 2:1~12) 귀신을 쫓아내는 행위(막 1:21~28)는 하나님 나라의 복음을 선포하는 것이다. 예수님과 그 당시 종교 지도자들 간의 상충은 그 핵심이 바로 이 문제에 있었던 것이다.14)

④ 종교지도자들의 배척

이 맥락에서 우리가 주의해서 관찰해 보아야 할 또 다른 한 가지 사실이 있다. 그것은 이때로부터 종교지도자들 편에서 좀 더 거세진 비판적 움직임이 일어났다는 사실이다. 주님께서는 이미 나사렛에서 마을 사람들로부터 배척을 받았는데, 이제는 예루살렘에서 온 종교지도자들의 비난까지 불러일으킨 것이다. 이러한 비난과 배척은 마침내 갈보리 산의 십자가 위에 주님을 못 박을 때까지 계속되어 갔으며, 점점 더 그 정도는 강하여져 갔다.

본문에 나타난 주요 인물들의 행동 및 말들

① 중풍병자 및 네 사람의 행동

중풍병자는 분명 그리스도에게로 이처럼 옮겨지게 된 경위와 관련하여 주님께 아뢰고 싶은 말이 있었을 것이다. 왜냐하면 그가 이들 네 친구에 의해 그리스도에게 억지로 이끌려 왔다고는 생각되지 않기 때문이다. 그가 지붕 위로 옮겨져 사람들의 시선을 끄는 광경을 연출한 후, 지붕 위의 기와를

---

14) Robert A. Guelich, *Mark 1-8:26*, p. 86.

벗기고 만든 구멍을 통해 내려지도록 하는 과정에 대해 동의하였음에 틀림이 없을 것이라고 추정하는 것은 논리적으로 가능하다. 주께로 나아오는 과정 중에 그는 어느 때라도 "여보게들, 이제 됐네. 난 더 이상 견딜 수가 없으니 집으로 데려가 주게"라고 자신의 반응을 나타내 보일 수가 있었을 것이기 때문이다. 그러나 그는 이 모든 부끄러움의 고된 시련을 견디어 내었던 것이다.

이러한 추론이 어떻게 가능한가? 그것은 이 사람의 경우에도 역시 주께서 그의 죄가 사하여졌다는 선언을 하실만한 믿음이 있었음에 틀림이 없기 때문이다.15) 주석가들 가운데 이 중풍병자의 믿음의 가능성을 전적으로 부정하는 이들도 있으나, 믿음이 없이 어떻게 사람의 죄가 사함을 받을 수가 있겠는가? 중풍병자를 옮긴 네 사람의 믿음이 설령 있었다하더라도 이들의 믿음이 다른 사람에게로 옮겨질 수는 없는 것이며, 또 이들의 믿음 때문에 다른 사람의 죄가 대신 사함 받을 수는 없는 것이다.

만일 그리스도께서 신앙의 모습을 네 사람에게서만 보시고 병자에게서는 낙심한 모습만을 보셨더라면 먼저 그에게 신앙을 주시고 나서야 그의 죄가 용서함을 받았다고 말씀하셨을 것이라고 주장하는 것은 일리가 있는 지적이다. 다시 말해서, 믿음이란 하나님의 선물이므로, 이 경우에도 하나님의 즉각적인 선물이 있었을지도 모르는 일이다. 그리스도께서 "네 죄가 깨끗해 졌느니라"고 선언하시기 이전에 그리스도를 구주시요 주님이시며 메시아로 인정하는 의식적이며 자발적인 행위가 요구되었다는 것은 틀림이 없는 일이었다. 이것이 바로 믿음의 행동인 것이다.

② 그리스도의 말씀은 "작은 자야 안심하라 네 죄 사함을 받았느니라"(마 9:2, 개역개정)로 나타났는데, 이 말씀은 갚아야 할 빚과 받아야 할 벌이 면제되었음을 알리는 선언이었다. 여기서 "안심하라"는 말은 헬라어 "달세이"(θάρσει)의 번역으로서 "원기를 내어라"(be of good cheer)의 의미를 지닌다. 또 "작은 자야"라는 말은 헬라어 "테크논"(τέκνον)의 번역으로 "아이"를 뜻하는 말이나 성인에 대해서도 애정을 담아 말할 때 사용했던 단어이다.16)

---

15) Lenski, *The Interpretation of St. Luke's Gospel*, p. 295.
16) J.H. Moulton and G. Milligan, *The Vocabulary of the Greek Testament* (Grand Rapids: Eerdmans, 1980), p. 628: "τέκνον is also used as a form of kindly address, even in the case of grown-up

그것은 어머니의 사랑어린 포옹의 생각을 담고 있는 표현이다. 그러므로 그리스도의 손길이 어떻게 작용이 될 것인가는 분명해진다.

주님께서는 이 병자가 여러 모로 낙심하고 있음을 알았다. 특별히 그가 그런 것은 병으로 인한 것이 가장 큰 이유인데, 그의 병은 그가 저지른 죄의 탓일 수도 있었던 것이나. 그리스도께서는 그를 안심시키셨다. 그 순간 그는 믿음을 갖게 되었을 것이다. 더 나아가 그리스도는 그를 "작은 자야"라고 부르심으로 그에 대한 주님의 사랑을 보여주셨다. 진실로 그리스도께서는 우리가 그를 사랑하기 전에 우리를 먼저 사랑하셨던 것이다.

그리스도께서는 그 병자가 그의 죄로부터 놓임을 받도록 하셨다. 실제로, 그의 죄는 씻김을 받았던 것이다. 그것은 곧 영적 치유가 우선되었음을 말한다. 그렇지만 영적 씻음과 육적 치유가 본문에서 보듯이 항상 맞물려 따라 나오는 것은 아니다. 그리스도께서는 이 사람의 죄를 용서하시고 난 후, 그에게 일어나 걸으라고 말씀하셨다.

③ 본문을 통해 우리는 비록 죄가 질병과 고통을 야기 시키기는 하지만 그렇다고 해서 모든 경우에 있어 본문의 병자가 받고 있는 고통이 어떤 특정한 죄의 직접적인 결과라고 말할 수 없다는 사실이 분명하게 제시되고 있음을 알아야 한다.[17] 고통이 죄의 직접적인 결과일 수도 있다. 그러나 고통을 받고 있는 그 사람의 죄가 이미 사함을 받았을 수도 있으며, 그럼에도 아직 여전히 걷지를 못할 수도 있는 것이다. 본문에서 그리스도께서는 두 번째 명령을 주심으로 그 사람의 육체적인 병을 고치어 주셨다.

④ 또 다른 각도에서 본문을 살펴보도록 하자. 사람들은 이 가련한 장면을 목도했을 때, 아마도 이러한 처지에 놓인 그 사람을 측은히 여겼을 것이다. 하지만 그들은 단지 그 사람의 외적이며 가시적인 운명에 대해서만 동정심을 가졌을 것이다. 그들은 보지 못했으나 그리스도께서 먼저 보셨던 것은 바로 그 사람의 영혼, 곧 그의 내적 삶이 그의 외적인 형편보다 더욱 악한 상태에 처해 있다는 사실이었다. 그러기에 그리스도께서는 먼저 죄에 빠져 있던 그 사람의 영혼을 고치셨던 것이다. 그리스도께서는 이 사람의 영혼이 죄에

---

persons."

17) William Hendriksen, *The Gospel of Mark* (*NTC*, Grand Rapids: Baker, 1975), p. 88: "To infer from this that Jesus traced the man's sickness to his sin, as is often done, is unwarranted."

붙들려 그로 인해 큰 속박을 받고 있음을 보셨다. 그의 상태는 사람들이 볼 수 있었던 것 이상으로 악한 상태에 있었다.

죄 용서의 권세를 가지신 예수님

서기관들과 바리새인들이 하나님 이외에 누구도 사람의 죄를 사할 수 없다고 그리스도를 비난한 논리는 정당한 것이었다. 그러나 그들은 예수 그리스도가 진정으로 하나님이시라는 사실을 깨닫지 못한 채, 그들의 판단과 결론을 내림으로써 잘못을 범한 것이다. 예수 그리스도의 신성에 대한 고백은 믿음으로만 가능하며, 그 어떠한 인간의 지혜로도 이를 깨달을 수는 없다. 그들이 믿음으로 그리스도에게 자신들의 마음을 복종시킬 때까지는 그들은 결코 예수님을 그리스도로서 볼 수가 없는 것이다.

그리스도에게 마음을 복종시키는 것은 그리스도에게 합당하게 항복하는 문제이기도 하다. 만일 그리스도께서 중풍병자의 몸만을 치료하셨다면, 그리스도를 비난하러 온 무리들은 그리스도께서 참람한 말을 했다는 이유로 비난을 하지 않았을 것이다. 그러나 그리스도께서는 죄의 사함과 병의 치유가 다 같은 권세로부터 비롯되었음을 가르친다. 그리스도께서 "네 죄 사함을 받았느니라 하는 말과 일어나 걸어가라 하는 말 중에 어느 것이 쉽겠느냐"(마 9:5, 개역개정)라고 하신 말씀에서 우리는 어느 것이 더 쉬운 일인지를 생각해보게 된다. 인간적인 차원에서 생각할 때 "네 죄 사함을 받았느니라"가 "일어나 걸어가라"보다 더 쉬운 말일 수 있다. 왜냐하면 "네 죄 사함을 받았느니라"는 보이는 증거가 뒤따르지 않아도 되기 때문이다.[18] 하시만 예수님이 본문에서 나타내시기를 원한 요점은 인자가 죄를 용서하는 권한과 중풍병자를 고칠 수 있는 권한을 모두 가지고 계신다는 것이다(마 9:6). 이것을 올바른 관점에서 바라보기 위해서는 믿음이 필요하다. 서기관들과 바리새인에게는 이 믿음이 없었으나, 유대 민중들과 중풍병자 그리고 이를 데려온 네 사람에게는 주의 긍휼하심과 은혜를 받기에 필요한 그 믿음이 있었다.

---

18) Bruner, *The Christbook: Matthew 1-12*, p. 332.

중풍병자의 반응

중풍병자의 첫 번째 반응은 그리스도께서 그에게 일어나 걸으라고 말씀하셨을 때, 그가 주저하지 않은 채 즉시 순종한 것이다(막 2:9). 그 순간 그는 모든 무리들이 보는 앞에서 일어나 설 수 있게 되었다.

중풍병자의 두 번째 행동은 침상을 거두는 일이었다. 그렇다고 해서 병 나음을 입은 그에게 이제 자신을 태우고 네 사람이 들고 와야만 했던 무거운 침상을 거두어 들고 갈만한 초인적 힘이 주어진 것으로 오해하면 안 된다. 이 침상은 간이침대로서 일종의 침낭과 같은 것이었으므로 누구나 손쉽게 들고 갈 수 있는 것이었다.

중풍병자의 세 번째 행동은 그곳을 떠나 집으로 가는 것이었다. 그러나 그 걸음은 줄곧 하나님께 영광을 돌리는 감격 속의 길이었다. 물론 그러한 감격은 육신의 병 나음을 입은 사람이면 누구나 나타내 보일 논리적 결론이기도 하지만, 이 경우에는 그가 죄 사함을 받았기 때문에 좀 더 깊은 의미에서의 찬양과 영광을 하나님께 돌렸을 것으로 생각이 된다.

본문에서 이 사건은 그곳에 있었던 모든 무리들에게 놀라움과 두려움을 불러일으켰으며, 이들도 또한 하나님께 영광을 돌렸다. 하나님께 드리는 영광의 찬미가 전염병처럼 퍼져 갔다. 본문의 이야기는 주님께서 죄를 용서할 수 있는 절대적인 권세를 가지고 계심을 나타내보여 주고 있다.[19]

5. 마태를 부르심과 이별의 잔치(마 9:9~17; 참조, 막 2:13~22; 눅 5:27~39)

> 예수께서 그 곳을 떠나 지나가시다가 마태라 하는 사람이 세관에 앉아 있는 것을 보시고 이르시되 나를 따르라 하시니 일어나 따르니라 예수께서 마태의 집에서 앉아 음식을 잡수실 때에 많은 세리와 죄인들이 와서 예수와 그의 제자들과 함께 앉았더니 바리새인들이 보고 그의 제자들에게 이르되 어찌하여 너희 선생은 세리와 죄인들과 함께 잡수시느냐 예수께서 들으시고 이르시되 건강한 자에게는 의사가 쓸 데 없고 병든 자에게라야 쓸 데 있느니라 너희는 가서 내가 긍휼을 원하고 제사를 원치 아니하노라 하신 뜻이 무엇인지 배우라 나는 의인을 부르러 온 것이 아니요 죄인을 부르러 왔노라 하시니라 그 때에 요한의 제자들이 예수께 나아와 이르되 우리와 바래새인들은 금식하는데 어찌하여 당신의 제자들은 금식하지 아니하나이까 예수께서 그들에게 이르시되 혼인집 손님들이 신랑과 함께 있을 동안에 슬퍼할 수 있느냐 그러나 신랑을 빼앗길 날이 이르리니 그 때에는 금식할 것이니라 생베 조각을 낡은 옷에 붙이는 자가 없나니 이는 기운 것이 그 옷을 당기어 해어짐이 더하게 됨이요 새 포도주를 낡은 가죽 부대에 넣지 아니하나니 그렇게 하면 부대가 터져 포도주도 쏟아지고 부대도 버리게 됨이라 새 포도주는 새 부대에 넣어야 둘이 다 보전되느니라 (마 9:9-17, 개역개정).

---

19) Ridderbos, *Matthew*, p. 180.

마태복음 9:9~17은 예수님이 세리 마태를 제자로 부르신 사건을 소개한다. 중풍병자를 치료하신 직후에 그리스도에게 중요한 또 다른 한 사건이 일어났는데, 이것은 바로 세리였던 마태를 부르신 사건이었다. 아마도 그날은 중풍병자를 고치신 어느 날이었을 것이다. 주님께서는 집을 떠나 갈릴리 바닷가에서 많은 사람들에게 둘러싸인 채 말씀을 전파하고 계셨다. 마태는 거기에 있는 세관에 앉아 있었다.[20] 그는 그리스도에 대한 사람들의 반감이 커져가고 있었으나 그것에 전혀 개의치 않았는데, 그것은 그 자신도 사람들의 미움을 받고 있었던 처지였기 때문이었다. 마태는 그리스도의 부르심에 모든 것을 버리고 일어나 주를 좇았다. 이러한 마태의 행동은 그리스도의 마음을 기쁘게 하였음에는 틀림이 없지만, 마태처럼 사람들의 미움을 받는 사람을 그리스도께서 용납하셨다는 사실 때문에 그리스도의 대적자들의 분노는 더욱 거세어졌다.

증오의 대상이 된 세리들

당시의 세리들이 유대인들에 의해 그토록 미움을 받았던 이유가 무엇이었을까? 그것은 그들이 세금을 거두는 자들이었다는 이유 때문이었다. 유대인들은 로마인들이 하나님의 백성인 자신들에게 세금을 물리는 것은 잘못된 일이라고 생각을 했다. 왜냐하면 로마 제국의 수입 재원으로 이용당한다는 것이 혐오스러운 일이기도 했으며, 또 그들은 이미 주님의 나라, 성전, 그리고 그 사업을 위해 합당한 분량을 지급했기 때문이었다.

그 당시 지방 행정관들 중에는 양심적인 사람들도 있었지만 그들이 비양심적인 세리들을 다루는 데는 두 가지 이유로 속수무책이었다.

첫째, 로마 정부가 요구한 세금(공물)을 거두어들이는 책임은 지방행정관에게 있었고, 지방행정관은 이 일의 성취를 위해 세리들의 활동에 의존할 수밖에 없었다.

둘째, 그 당시 세리들은 국가에서 봉급을 받는 공무원이 아니었고 로마에 본부를 둔 개인 사업가들로 구성되어 있었다. 따라서 지방 세리들의 관행에

---

20) 마태복음이 마태를 "세관에 앉아 있는 것"으로 묘사한다. 이런 묘사는 마태가 그 세관의 책임자가 아니요 하급 직원인 것으로 생각하게 한다. 그런데 세관의 책임자이든 세관의 하급 직원이든 세리라고 명칭을 붙일 수 있다(눅 5:27 참조).

도전을 하는 것은 로마의 가장 영향력 있는 시민들과의 충돌을 유발할 수 있게 된다. 이런 이유로 지방행정관들은 자신의 위치에 영향을 줄 수 있는 로마의 사업가의 조종을 받는 지방 세리들을 함부로 다룰 수가 없었다.[21] 따라서 세리들은 자신이 할당 받은 세금 이상을 거두어들일 수 있었고 유대인들의 증오의 대상이 될 수밖에 없었다.

세리들은 이방 나라, 로마를 위해 세금을 거두어 들였기 때문에 유대인들의 눈에 이들은 매국노로 여겨졌다. 그들은 하나님의 백성들로부터 세를 거두어, 유대인들을 종속시키는데 그 세를 사용하는 로마에게 바쳤던 것이다.

많은 세리들은 할 수만 있으면 단 한 푼이라도 더 긁어모으려고 하였기 때문에 그들의 과세는 불공정한 것이었다. 세리들은 일정한 정도의 담보금을 로마 정부에 바침으로써 세리직을 구하였다. 그래서 그들은 일단 자리를 구하고 나면, 로마정부에 바친 담보금을 보충해야 할 뿐만 아니라 자신들의 생활비와 이익을 확보하여야만 했다. 렌스키는 세리들이 유대인들로부터 미움을 받고 경멸을 당한 이유는 세리들이 이스라엘을 억압하는 로마를 섬김으로 애국심이 전혀 없기 때문일 뿐만 아니라, 또한 그들 스스로 치부하기 위해 탐욕스럽게 세금을 부과했기 때문이라고 설명한다.[22] 이 일은 상당히 돈벌이가 되는 직업이었다. 당연히 세리 가운데는 세금을 징수하는 방법에 있어 그다지 양심적이지 못한 사람들이 있었던 것이다.

헌신이 가져오는 기쁨

본문에서 뚜렷이 드러나는 한 가지 사실은 예수님의 뒤를 따르는 것이 진정 즐거운 일이라는 점이었다. 그러기에 마태는 세상일을 버릴 때 수익성 좋은 사업을 포기해야 하는 아쉬움을 느끼기 보다는 오히려 깊은 감사와 고마움을 느꼈던 것이다. 그는 자신의 감사를 나타내 보이고 또 더욱 많은 사람들을 예수님께로 인도하기 위하여 그의 옛 동료들을 초대하여 고별잔치를 벌였다. 십중팔구 그는 자신에게 그리스도인의 기쁨이 충만한 새 생명을

---

21) Paul W. Walaskay, *'And So We Came to Rome': The Political Perspective of St. Luke* (Society for New Testament Studies, Monograph Series No. 49, London: Cambridge University Press, 1983), p. 29.
22) Lenski, *The Interpretation of St. Matthew's Gospel*, p. 362.

허락하신 주님을 영화롭게 하기 위하여 이 잔치를 배설하였을 것이다. 마태가 보여준 교훈으로부터 다음과 같은 금언을 얻게 된다. 죄 된 세상을 떠나는 데에는 후회하는 슬픔이 아니라 희생적인 축하잔치가 요구된다.

반대자들의 목소리가 점점 더 커지고 있음을 주목하라. 누가복음 5:30에는 이 사실과 관련하여 "바리새인들과 저희 서기관들이 그 제자들을 비방하여 가로되 너희가 어찌하여 세리와 죄인과 함께 먹고 마시느냐"고 씌어 있다.

성경을 보면, 많은 수의 세리들과 죄인들이 등장하는데, 예수님께서 그들에게 희망을 주심으로 인하여 이들이 예수님의 가르침을 기쁨으로 듣고 있음을 발견하게 된다. 많은 재산을 지니고 있었던 것으로 보이는 마태는 이 가운데 얼마를 들여 사람들을 초청하는 잔치를 벌임으로써, 그의 구원받지 못한 친구들에게 그리스도의 말씀을 들을 기회를 제공했다. 마태와 레위는 동일인으로 마태복음 9:9~10에서는 마태로 나타나고 마가복음 2:13~17과 누가복음 5:27~32에서는 레위로 나타난다. 레위가 본명이고 마태는 사도가 된 이후의 이름인 듯하다.[23]

한 가지 결론은 확실하다. 예수님은 잔치를 반대하지 않으셨다. 잔치란 그 자체로 나쁜 것이 아니다. 잔치는 언제나 하나님께 감사와 기쁨을 표현하는 것이어야 한다.

예수님의 직접적인 명령

레위에게 내리신 그리스도의 명령은 몇 마디 말로 이루어진 그야말로 단순하고도 직접적인 것이었다. 어떤 이들은 마태가 그리스도의 가르침을 이전에 들은 적이 있었기 때문에 주의 명령이 주어졌을 때 곧바로 그 의미를 알아들을 수 있었던 것으로 생각한다. 아니면 예수님께서 명령을 내리실 때 그 의미도 충분히 모르면서 그저 단순한 믿음으로 의문도 품지 않은 채 따랐던 경우가 아닌가라고 생각할 수도 있을 것이다. 그런데 예수님께서

---

23) 마가(2:14)와 누가(5:27)는 마태를 레위로 부른다. 만약 레위를 마태로 개명해 주셨다면 예수님이 친히 그렇게 하셨을 것이다. 예수님은 시몬에게 베드로란 이름을 주셨고, 야고보와 요한에게 보아너게 곧 우뢰의 아들이란 이름을 주셨다(막 3:16, 17). 그러나 레위가 처음부터 마태라는 다른 이름을 가지고 있었을 가능성도 있다〈예를 들면, 도마는 디두모였고(요 11:16), 나다나엘은 바돌로매였다(요 1:45-49; 21:2; 마 10:3; 막 3:18; 눅 6:14 참조)〉. 여하간 레위와 마태가 동일인임은 분명하다.

"나를 따르라"(마 9:9)하실 때 곧바로 일어나 따른 것은 이전에 예수님의 말씀을 들은 적이 있었기 때문이라고 생각된다.

브루너(Bruner)는 "예수님을 따르도록 사람을 부르는 말씀은 핵폭탄의 능력을 가진 말씀이다. 이 말씀은 그때까지 그 사람에게 가장 중요하게 생각되었던 모든 것으로부터(고기 잡는 일, 배, 부모) 그 사람을 떼어내는 능력을 소유하고 있으며, 또한 반대로, 그때까지 그 사람을 가장 천하게 만들었던 것으로부터(식민주의, 돈) 떼어내는 능력을 가지고 있는 것이다"[24]라고 말했다. 예수님의 부르심은 그만큼 능력이 수반하는 말씀이었다.

복음의 조용한 변혁

마태가 하던 일을 그만 두게 됨으로 그 일을 떠맡게 된 다른 사람들이 있었을 것이다. 왜냐하면 세관이 문을 닫은 것은 아니기 때문이다. 예수님께서는 백성들로 하여금 세금 납부를 거부하게 하거나 할 수 없도록 하여 정부의 전복을 꾀하는 그런 일을 하지 않으셨다. 예수님의 사역은 구조적인 변혁이 아니라 내적 변화를 통해 외적 변화를 유도하는 방법으로 전개되어 갔다. 세관은 그대로 존재했으나 세리인 마태는 예수님을 따르므로 변화되었다.

레위의 초청에 응한 예수님

마태인 레위가 집으로 초대한 계층은 결코 평판이 좋은 사람들은 아니었다. 그런 거기에 그리스도께서 그들과 어울려 잔치를 즐겼다는 것을 생각해 보라! 그와 같은 그리스도의 행동은 바리새인들 가운데 심한 비난과 불평과 불쾌감을 불러 일으켰다. 예수님께서 자신의 행동에 대해 설명하신 답변은, 자신이 레위의 초청에 응한 것은 레위가 자기 동료들에게 구원의 길을 보여주기를 원했기 때문이며 그래서 그리스도께서는 그를 돕는 의미로 그곳에 계셨을 뿐이라는 것이었다.

---

24) Bruner, *The Christbook: Matthew 1–12*, p. 335.

편견의 사악성

누구도 비난을 일삼는 이들을 이길 수는 없다. 왜냐하면 그들의 주장은 근본적으로 잘못된 전제로부터 시작하기 때문이다. 그들은 예수님이 행한 것은 그 어떠한 것이든지 그릇되었다는 편견을 가지고 있었으며, 그처럼 닫힌 마음을 지니고 있었기 때문에 그들은 여기서도 그리스도의 어떤 선한 것도 인정할 수가 없었던 것이다. 예수님께서 바리새인들에게 "나무도 좋고 열매도 좋다 하든지 나무도 좋지 않고 열매도 좋지 않다 하든지 하라 그 열매로 나무를 아느니라. 독사의 자식들아 너희는 악하니 어떻게 선한 말을 할 수 있느냐 이는 마음에 가득한 것을 입으로 말함이라" (마 12:33~34, 개역개정)고 말한 것은 편견이 얼마만큼 잘못된 것임을 지적해 주신다. 바리새인들은 예수님이 행하신 사역은 나쁘다고 말하지 못하면서도 예수님에 대한 그들의 편견 때문에 예수님은 악하다고 정죄한 것이다.

새 헝겊과 새 포도주

예수님께서 이들 비난하는 자들에게 들려주신 비유는 낡은 옷에다 새 헝겊 조각을 붙이는 일 혹은 낡은 가죽부대에 새 포도주를 넣는 일을 소재로 다루고 있다(눅 5:36~39). 이 비유의 소재를 정반대로 바꾸어 버리면 비유가 성립 되지를 않는다. 비유의 목적은 다음과 같다.

그리스도를 따르는 사람들은 비유를 통해 예수 그리스도의 가르침과 행동이 갖는 의미를 더욱 분명히 알게 된다. 예수님은 비유를 사용하여 늘을 귀 있는 자에게는 진리를 더 밝히 드러내게 하신다. 그렇지만 그리스도와 함께하지 않는 자들은 여전히 무지한 상태에 놓이게 된다. 비유는 마음이 강퍅한 자에게 진리를 감추는 역할을 한다(마 13:11 참조).[25]

그리스도께서 이 비유를 통해 나타내시기를 원하셨던 것은 단지 오래되었다는 이유만으로 옛 방식을 계속하지는 않는 법이란 것이었다. 옛것이 좋았다 할지라도 더 나은 것이 나타났을 때는 옛것은 좋다는 자리를 내 놓아야

---

[25] 박형용은 비유의 목적을 첫째, 비유는 진리를 구체적으로 표현하는 이로운 점이 있다. 둘째, 비유는 진리를 전달하되 편견을 제거할 수 있다. 셋째, 비유는 진리를 감추기 위해 사용된다. 넷째, 비유는 단순히 설교적 및 교훈적인 측면으로만 사용되지 않고 예수님께서 태초부터 창조 속에 감추어진 진리를 드러내는 신학적인 의미를 가지고 있다고 설명한다. 더 자세한 내용은 박형용, "예수의 왕국선포에 관한 배경적 연구"「신학정론」제 2권 1호(1984. 4), pp. 8-11을 참조할 것.

한다. 서기관들과 바리새인들은 예수님께서 세리들과 함께 식사하는 것을 보아줄 수도 없었을 뿐만 아니라, 사랑과 진리와 의로 가득 찬 새로운 질서가 도래한 것도 깨달을 수가 없었다. 예수님의 비유는 새 질서에 반대하는 것은 잘못이라고 가르친다. 새 질서는 그리스도께서 보여주신 바로 그런 일들을 행하는 것이 된다. 새 질서에 대한 반대는 낡은 옷에 생베 조각을 붙이는 일을 하는 것이요, 낡은 가죽 부대에 새 포도주를 담는 일을 하는 것이다. 이런 일의 결과는 실패와 허무와 좌절밖에 남는 것이 없다. 이 비유는 예수님과 함께 새 질서가 도래했음을 증거하고 있다.

하나님의 뜻을 이루시는 그리스도

그리스도께서는 자신이 놓이게 될 상황이 설령 비난을 초래한다 할지라도, 그곳에 감으로써 아버지의 뜻을 이룰 수 있다면, 또 그렇게 함으로 구원의 빛을 던질 수만 있다면, 어디든지 가고자 하셨다. 물론 그렇게 하는 데에는 동기가 가장 결정적이다. 누구도 충분한 이유도 없이 비난을 초래할 장소에 가 몸을 드러내 보이는 그런 일을 일부러 할 사람은 없다. 하지만 만일 주께서 행하셔야 될 일이 있다면 그리고 그 동기가 정당하다면, 설령 사람들이 비난을 한다 할지라도 주께서 행하신 일은 정당하다. 어쨌든 그런 일들은 저절로 정리가 되어 가는 것 같다. 옳지 못한 장소에 있었던 사람이 실제로 나쁜 동기를 품고 있었더라면 대체로 정죄를 받기 마련인 것이다. 진실과 의는 반드시 승리를 거두는 법이다. 이런 모든 일을 논함에 있어 우리는 행여 주님의 목적과 동기에 불명예를 끼치지 않도록 최대한의 주의를 기울일 필요가 있다. 사람은 누구나 불필요한 비난을 받지 않도록 주의하여야 할 것이며, 혹시 비난을 살만한 여지가 있는 상황이나 장소에 들어가게 될 경우는 혼자가 아닌 두세 사람과 함께 주님의 이름으로 가도록 하여야 할 것이다. 아울러 자신의 마음이 주를 섬기는 일과 하나님의 영광을 위하는 일에 온전히 헌신되어 있는지를 확인해야 할 것이다.

제9장

천국 백성의 생활 원리

1. 안식일에 병 고치심(요 5:1~9)

그 후에 유대인의 명절이 되어 예수께서 예루살렘에 올라가시니라 예루살렘에 있는 양문 곁에 히브리 말로 베데스다라 하는 못이 있는데 거기 행각 다섯이 있고 그 안에 많은 병자, 맹인, 다리 저는 사람, 혈기 마른 사람들이 누워 (물의 움직임을 기다리니 이는 천사가 가끔 못에 내려와 물을 움직이게 하는데 움직인 후에 먼저 들어가는 자는 어떤 병에 걸렸든지 낫게 됨이러라) 거기 서른 여덟 해 된 병자가 있더라 예수께서 그 누운 것을 보시고 병이 벌써 오래된 줄 아시고 이르시되 네가 낫고자 하느냐 병자가 대답하되 주여 물이 움직일 때에 나를 못에 넣어 주는 사람이 없어 내가 가는 동안에 다른 사람이 먼저 내려가나이다 예수께서 이르시되 일어나 네 자리를 들고 걸어가라 하시니 그 사람이 곧 나아서 자리를 들고 걸어가니라 이 날은 안식일이니 (요 5:1-9, 개역개정).

서론적 설명

① 요한복음 5:1~9은 예수님이 안식일에 병을 고치신 사건을 소개한다. 유대의 한 절기를 맞아 예수님께서는 예루살렘에서 절기를 지키시기 위하여 잠시 갈릴리를 떠나셨다(요 5:1). 주석가들에 따르면 이 절기가 그리스도의 사역이 시작된 지 거의 일 년이 다 되어가는 시점에 있었던 것으로 생각된다. 그리스도는 예루살렘에서 얼마간의 시간을(바빙크에 의하면 8개월 정도), 그리고 사마리아에서 잠시 동안의 시간을 보낸 후, 이제까지 갈릴리에서 대략 삼사 개월을 보내고 있었던 때였다.

② 유대인들은 절기 지키는 일을 중요하게 생각했다. 경건한 유대인들은 일 년 중 한 절기 정도는 예루살렘에 올라가서 지키려고 노력했다. 예수님께서도 이 한 절기를 지키기 위해 예루살렘에 올라가신 것이다. 요한은 그의 이야기 전개를 유대인의 여러 절기와 연계시키면서 설명한다. 성전 정화 사건(요 2:13~22)을 설명하면서 유월절과 연계시키고(요 2:13), 오천 명 먹이는 사건을 설명하면서(요 6:1~13) 역시 유월절과 연계시켜 설명한다(요 6:4). 또한 예수님이 예루살렘 방문하신 사건을(요 7:1~9) 초막절과 연계시켜

설명하며(요 7:2),예수님이 선한 목자임을 설명할 때(요 10:22~30) 수전절(봉헌절)과 연계시켜 설명한다(요 10:22). 그리고 마지막으로 예수님의 예루살렘 여행을 설명하면서(요 11:54~57) 유월절과 연계시킨다(요 11:55).

그런데 본 절(요 5:1)에서는 단순히 "명절"이라고만 언급이 되었기 때문에 학사들 산에 견해가 나누인다. 어떤 학자는(Lampe, Lightfoot, Grotius, Wordsworth) 이 "명절"이 유월절을 가리킨다고 주장하지만, 다른 학자들은(Tischendorf, Meyer, Godet, Farrar, Weiss) 부림절을 가리킨다고 주장한다. 하지만 이 "명절"이 어느 절기를 가리키는지 명백하게 결론을 내릴 수 없다.[1] 만약 요한복음 5:1의 "명절"을 유월절로 생각할 경우 요한복음에 유월절이 네 번(요 2:13; 5:1; 6:4; 11:55) 언급되기 때문에 예수님의 사역기간을 약 삼년 정도로 계산할 수 있다.

③ 여러 절기에 대한 이해를 새롭게 하기 위하여 아래에 몇 가지 중요한 절기들을 정리해 놓았다.

• 부림절은 3월(현대력)에 지켰다. 부림절은 성전과는 아무 상관이 없으나, 에스더 시절에 유대인들이 학살당할 위기에서 자신들을 지켜 구원했던 역사를 경축하는 절기이다(레 9:1~32).

• 유월절 절기는 4월(현대력)에 있었다. 유대력으로는 정월(니산월) 14일에 지켰다(출 12:18).

• 오순절은 유월절이 지나고 50일째 되는 날에 지켰다. 오순절은 칠칠절 혹은 추수절이라고도 부른다(레 23:9~21).

• 장막절은 10월(현대력)에 이스라엘의 광야 생활을 회상하는 의미로 지키어졌다(레 23:33~43; 요 7:2).

• 나팔절은 9월(현대력) 하순에 지켰다(민 29:1; 레 23:24). 나팔절은 이스라엘 백성들에게 주 여호와가 하나님이심을 상기시키는 기쁨의 날이다.

④ 본문에서 우리는 찾아 나서신 구주(the seeking Savior)의 모습을 본다. 주님께서는 행각으로 가셔서 비참하게 일그러진 삶을 살던 네 종류의 사람들, 곧 병자, 맹인, 혈기 마른 자, 절뚝발이들을 만나주셨다. 그들 가운데서, 그리스도는 그곳에서 38년이란 세월을 불평 가운데 보내며 가장 큰 슬픔과

---

1) Carson, *The Gospel According to John*, pp. 240-241.

깊은 좌절에 빠져 있던 한 병자를 찾으셨다. 그리스도께서는 가장 깊은 곳, 가장 먼 곳에까지 내려가 만나주신 것이다.

⑤ 사람의 육신을 치료한다고 해서 그 사람으로부터 영혼이 치유되는 역사나 어떤 감사의 반응이 반드시 결과 되는 것은 아니다. 본문을 읽어볼 때, 병 고침을 받은 이 사람이 그다지 감사를 모르는 사람이며, 그의 마음이 바르지 않다는 느낌을 받는다(요 5:14, 15 참조). 베데스다 연못가에서 38년 된 병자를 고친 사건은 안식일과 관련되어 설명된다. 예수님은 유대인들이 지키고 있는 안식일이 하나님을 기쁘게 하지 않으며, 자신과 자신의 추종자들이 지키는 안식일이 하나님을 기쁘게 한다고 말한다. 예수님은 유대인들에게 자신과 아버지의 관계를 "내 아버지께서 이제까지 일하시니 나도 일한다"(요 5:17)라고 보통의 아버지-아들 관계가 아니라 특별한 의미의 아버지-아들 관계임을 분명히 한다. 여기서 예수님은 자신을 하나님과 동일시하고 계신다. 따라서 예수님은 안식일의 주인이 되신다.[2]

⑥ 유의해 살펴보아야 할 몇 가지 사실들

베데스다의 의미는 "긍휼의 집"이다. 오늘날의 개념으로는 일종의 병원인데, 최소한 행각이 다섯이나 있어 병자들을 수용하였다. 그 못은 수영장과 같은 곳이었으며, 못의 물에 치료 효과가 있는 것으로 생각이 되었다.

그리스도의 제자들이 그와 함께 있는 것 같지는 않은데, 분명히 그는 혼자서 절기를 지키러 갔던 것 같다. 누구와 더불어 절기를 보내었는지 우리는 알 길이 없다.

예수님에 의해 병을 고침 받은 사람에게 안식일에 자리를 들고 가는 것이 옳지 않다고 말한 유대인들은 보통 거리에서 만날 수 있는 그런 사람들이 아니었다. 이들은 권력을 행사하는 유대인들이었음에 틀림없다(요 5:16 참조). 이들의 관심은 긍휼이 행해지는데 있지 않고 어떤 일이 기존 법의 테두리 안에서 행해졌느냐에 있었다. 그들은 법의 정신에는 관심이 없었고 법에 나타나있는 문자에만 관심을 가졌다. 요한은 그들의 법에 대한 태도를 "옳지 아니하니라"(οὐκ ἔξεστιν)라는 표현과 "이르되"(ἔλεγον, 미완료)라는 표현을 통해 나타내고 있다. 그들의 관심은 문자적인 법을 지키는 것이었고

---

2) Marcus Dods, *The Gospel of St. John:The Expositor's Greek Testament*, p. 738.

그 문제에 관해 거듭해서 병 나은 자를 괴롭힌 것이다.[3]

⑦ 예수님은 듣는 청중들이 알아들을 수 있도록 적응하여 말씀 하셨다. 소박한 어부들에게 말씀을 하셨던 갈릴리에서는 주님의 언어 또한 평이하고 쉬웠으며, 그 결과 심오한 내용의 말씀조차도 그들에게 이해될 수가 있었다. 하지만 지금처럼 지적인 사람들과 비판적 안목을 가진 지식인들에게 말씀을 하실 경우에는, 요한복음 5:17에서 시작되고 있는 대목에서 볼 수 있듯이, 깊은 진리의 말씀을 설명하셨다.

계산된 치유

① 그리스도의 질문

예수님은 어떤 문제들에 대해서는 침묵으로 일관하신다. 왜 그리스도께서는 이 사람의 경우 믿음에 대해 알아보시지를 않으셨던 것일까? 주님께서 하신 질문은 병 낫기를 원하는가의 질문이었다. 예수님은 38년 된 병자에게 "네가 낫고자 하느냐"(요 5:6)라고 물으신다. 여기서 물론 그리스도께서 "낫고자 하느냐"(made whole)라고 말씀하신 말 속에 담긴 의미는 몸과 영혼과 정신을 모두 포함하는 것이었다. 그렇지만 그 사람은 주님의 질문을 이해하지 못하였기 때문에, 기대되는 대답을 하지 못했다.

② 병자의 반응

아마도 우리는 그가 "주여, 온전히 나음을 얻는 것 이외에 내게 더 바랄 것이 없나이다"라고 즉각적인 대답을 할 것으로 기대하지만, 그는 이와는 달리 불평을 늘어놓았다. "주여 물이 움직일 때에 나를 못에 넣어 주는 사람이 없나이다"(요 5:7, 개역개정)라는 그의 답변은 실제로는 자신을 돌보아 줄 사람이 없어 소망이 전혀 없다는 자신의 고백을 나타내는 말이었다. 병을 치료할 기회가 있었을 때마다 그는 돕는 이가 없었기에 번번이 기회를 놓치고 말았던 것이다. 사실 그에게는 돌보아 줄 사람이 없었다.

그는 이곳의 다른 사람들에게서 사랑을 발견치 못했다. 그가 38년 동안이나 이곳에 있었으나 아무도 그에게 연민의 정을 나타내 보여주지를 않았던 것이다. 다른 병자들이 서로 연합하여 이 사람에게 병 나음을 얻을만한 잠시의 틈을 내어 준다는 것은 불가능한 일이었다. 왜냐하면 그곳에 있던

---

3) Lenski, *The Interpretation of St. John's Gospel*, p. 368.

모든 사람들은 각자 자기 일만을 돌아볼 뿐이었으며, 자기의 병을 낫기 위하여 최대한 애를 쓰고 있었기 때문이다.

③ 삼십 팔 년 된 병자의 치유

예수님의 능력 있는 말씀은 38년 된 병자를 고치셨다. 예수님의 말씀은 예수님이 "어제나 오늘이나 영원토록 동일하신"(히 13:8) 것처럼 항상 능력 있게 나타난다. 예수님의 이 능력 있는 말씀은 종말의 날에 무덤 속에 있는 자가 듣게 될 것이며(요 5:28~29), 오늘도 그 말씀은 능력 있게 역사하고 계신다(요 5:25).[4]

본문은 38년 된 병자의 믿음에 대해서는 아무런 언급이 없다. 그리스도께서 명령을 하시자 곧 그대로 성취가 되었다. 이것은 병자의 믿음과는 상관없이 일어난 기적적인 치료 사건으로 여겨진다. 그 사람은 믿음을 갖고 있지 않았던 것처럼 보인다. 물론 38년 된 병자는 그리스도의 말씀을 들었을 때 말씀대로 일어나 제 자리를 들고 걸어갔으므로 그에게도 이제는 얼마간의 믿음이 있는 것으로 생각된다. 하지만 이것은 자신의 몸속에서 힘이 솟구치는 것을 느꼈기 때문이었을지도 모르는 일이다. 그는 자신의 몸이 나아져 이제 걸을 수가 있음을 알았을 수도 있는 것이다.

이 사건으로 초래된 두 가지 결과들을 살펴보자.

첫째, 안식일에 병자는 자신의 침상을 들고 그곳을 걸어 나갔다. 침상은 그렇게 무거운 것이 아니므로 건강한 사람은 말아서 어깨에 메고 다닐 수 있는 것이었다.

둘째, 이 일로 인하여 그리스도에 대한 비난의 파도가 거세게 몰아쳤다. 이 사선이 기록되어진 까닭은 틀림없이 예수님께서 이제부터 그의 죽음에까지 이르게 되는 완강한 반대에 직면하게 된다는 사실을 보여주기 위함일 것이다.

유대인들의 악의에 찬 비난(요 5:10~18)

유대인들이 병 나은 사람에게 이르되 안식일인데 네가 자리를 들고 가는 것이 옳지 아니하니라 대답하되 나를 낫게 한 그가 자리를 들고 걸어가라 하더라 하니 그들이 묻되 너더러 자리를 들고 걸어가라 한 사람이 누구냐 하되 고침을 받은 사람은 그가 누구인지 알지 못하니 이는 거기 사람이 많으므로 예수께서 이미 피하셨음이라 그 후에 예수께서 성전에서 그 사람을 만나 이르시되 보라 네가 나았으니 더 심한 것이 생기지 않게 다시는 죄를 범하지 말라 하시니 그 사람이 유대인들에게 가서 자기를 고친 이는 예수라 하니라 그러므로 안식일에 이러한 일을 행하신다 하여 유대인들이 예수를 박해하게

---

4) Carson, *The Gospel According to John*, p. 243.

된지라 예수께서 그들에게 이르시되 내 아버지께서 이제까지 일하시니 나도 일한다 하시매 유대인들이
이로 말미암아 더욱 예수를 죽이고자 하니 이는 안식일을 범할 뿐만 아니라 하나님을 자기의 친아버지라
하여 자기를 하나님과 동등으로 삼으심이러라 (요 5:10~18, 개역개정)

① 유대인들의 비난 방법

요한복음 5:10~18온 유대인들이 예수님을 죽이고자하는 사건을 설명한다. 유대인들은 예수님께 대한 그들의 비난을 예수님께 말하지 않고, 병 나음을 입은 자에게 비난을 하기 시작했다. 어떤 의미에서 그는 안식일에 자신의 침상을 들고 걸었으니 율법을 범한 자이기도 했다. 이번에는 병 나음을 입은 자가 예수님께 비난의 화살을 쏘기 시작했다. 왜냐하면 그는 자신의 변명이 아무런 효력이 없다는 사실을 깨닫지 못한 채, 예수님께서 자기에게 침상을 들고 걸어가라고 명하셨기에 그렇게 했다고 주장한 것이다 (요 5:15). 어찌 됐든 그는 자신의 행동에 대해 도덕적 책임을 져야만 했다. 왜냐하면 그는 거부할 수도 있었기 때문이다.

② 본문이 전하는 몇 가지 교훈

첫째, 렌스키는 이 본문과 관련하여 "예수님께서 예루살렘을 첫 번째 방문하였을 때 성전으로부터 장사하던 무리들을 몰아 내셨던 것처럼, 두 번째 방문에서는 사람들 사이에 있던 그릇된 유전들을 깨끗게 하기를 원하셨다"[5]고 쓰고 있다.

둘째, 이 사람은 자신을 치료하여 준 사람이 누구인지를 알지 못했다. 이 점에 대한 이해를 어떻게 해야 할 것인가에 대해서는 여러 의견들이 있다. 한편으로는 그가 너무도 감사한 마음이 넘쳐서 자신에게 은혜를 베푼 이가 누구인지를 알고자 했을 것이라고 생각할 수도 있다. 또 다른 한편으로는 그리스도께서 일부러 사라졌으므로 그 사람이 알고자 하여도 알 수가 없었을 수도 있다(13절 참조).

셋째, 요한복음 5:14에 그리스도께서 그에게 더 심한 것이 생기지 않도록 다시는 죄를 범하지 말라고 말씀하신 것에 비추어 볼 때, 그 사람이 이러한 처지에 놓였던 것은 그의 죄 때문이었을 것이라고 생각이 된다. 더 심한 것이란 저주받아 지옥에 가는 일이다. 요컨대, 육신의 병을 앓는 것이 어려운

---

5) R.C.H. Lenski, *The Interpretation of St. John's Gospel*, pp. 367~368.

일이기는 하지만, 죄를 지음으로 영혼을 잃어버리게 되는 것은 더욱 나쁜 일인 것이다. 예수님이 "다시는 죄를 범하지 말라"고 말씀하신 것은 이런 뜻으로 이해해야 한다.

넷째, 그 사람은 유대인들에게 가서 알렸다. 우리는 그 사람이 예수님을 증거 하기 위해서 그랬을 것이라고 호의적으로 해석할 수 있다. 혹은 그 사람이 단순히 예수님에 대해 유대인들에게 보고했다고 해석할 수도 있다. 어찌됐건, 그 사람이 유대인들에게 이 사건을 알림으로써 유대인들은 주님에게 비난을 가할 수가 있게 되었다. 그런데 그들이 안식일을 범했다는 이유로 예수님을 법정으로 끌고 가지 않은 것은 또한 흥미롭다. 사실에 있어 그들은 안식일의 치유 사건을 빌미로 예수님을 핍박하였으며, 심지어 죽이려고까지 하였던 것이다. 하지만 예수님의 "때가 차기까지는" 유대인들의 뜻이 성취될 수 없었다.

그리스도에 대한 증거(요 5:19~47)

그러므로 예수께서 그들에게 이르시되 내가 진실로 진실로 너희에게 이르노니 아들이 아버지께서 하시는 일을 보지 않고는 아무 것도 스스로 할 수 없나니 아버지께서 행하시는 그것을 아들도 그와 같이 행하느니라 아버지께서 아들을 사랑하사 자기가 행하시는 것을 다 아들에게 보이시고 또 그보다 더 큰 일을 보이사 너희로 놀랍게 여기게 하시리라 아버지께서 죽은 자들을 일으켜 살리심 같이 아들도 자기가 원하는 자들을 살리느니라 아버지께서 아무도 심판하지 아니하시고 심판을 다 아들에게 맡기셨으니 이는 모든 사람으로 아버지를 공경하는 것 같이 아들을 공경하게 하려 하심이라 아들을 공경하지 아니하는 자는 그를 보내신 아버지도 공경하지 아니하느니라 내가 진실로 진실로 너희에게 이르노니 내 말을 듣고 또 나 보내신 이를 믿는 자는 영생을 얻었고 심판에 이르지 아니하나니 사망에서 생명으로 옮겼느니라 진실로 진실로 너희에게 이르노니 죽은 자들이 하나님의 아들의 음성을 들을 때가 오나니 곧 이 때라 듣는 자는 살아나리라 아버지께서 자기 속에 생명이 있음 같이 아들에게도 생명을 주어 그 속에 있게 하셨고 또 인자 됨으로 말미암아 심판하는 권한을 주셨느니라 이를 놀랍게 여기지 말라 무덤 속에 있는 자가 다 그의 음성을 들을 때가 오나니 선한 일을 행한 자는 생명의 부활로, 악한 일을 행한 자는 심판의 부활로 나오리라 내가 아무 것도 스스로 할 수 없노라 듣는 대로 심판하노니 나는 나의 뜻대로 하려 하지 않고 나를 보내신 이의 뜻대로 하려 하므로 내 심판은 의로우니라 내가 만일 나를 위하여 증언하면 내 증언은 참되지 아니하되 나를 위하여 증언하시는 이가 따로 있으니 나를 위하여 증언하시는 그 증언이 참인 줄 아노라 너희가 요한에게 사람을 보내매 요한이 진리에 대하여 증언하였느니라 그러나 나는 사람에게서 증언을 취하지 아니하노라 다만 이 말을 하는 것은 너희로 구원을 받게 하려 함이니라 요한은 켜서 비추이는 등불이라 너희가 한때 그 빛에 즐거이 있기를 원하였거니와 내게는 요한의 증거보다 더 큰 증거가 있으니 아버지께서 내게 주사 이루게 하시는 역사 곧 내가 하는 그 역사가 아버지께서 나를 보내신 것을 나를 위하여 증언하는 것이요 또한 나를 보내신 아버지께서 친히 나를 위하여 증언하셨느니라 너희는 아무 때에도 그 음성을 듣지 못하였고 그 형상을 보지 못하였으며 그 말씀이 너희 속에 거하지 아니하니 이는 그가 보내신 이를 믿지 아니함이라 너희가 성경에서 영생을 얻는 줄 생각하고 성경을 연구하거니와 이 성경이 곧 내게 대하여 증언하는 것이니라 그러나 너희가 영생을 얻기 위하여 내게 오기를 원하지 아니하는도다 나는 사람에게서 영광을 취하지 아니하노라 다만 하나님을 사랑하는 것이 너희 속에 없음을 알았노라 나는 내 아버지의 이름으로 왔으매 너희가 영접하지 아니하나 만일 다른 사람이 자기 이름으로 오면 영접하리라 너희가 서로 영광을 취하고 유일하신 하나님께로부터 오는 영광은 구하지 아니하니 어찌 나를 믿을 수 있느냐 내가 너희를 아버지께 고발할까 생각하지 말라 너희를 고발하는 이가 있으니 곧 너희가 바라는 자 모세니라 모세를 믿었더라면 또 나를 믿었으리니 이는 그가 내게 대하여 기록하였음이라 그러나 그의 글도 믿지 아니하거든 어찌 내 말을 믿겠느냐 하시니라 (요 5:19-47, 개역개정).

① 안식일 개념

요한복음 5:19~47은 예수님이 자신의 하나님 아버지와의 관계 그리고 자신의 사역을 소개하는 내용을 담고 있다. 예레미야 17:21에 따르면, 안식일에 물건을 옮기는 것은 율법을 어기는 것이다. 느헤미야 선지자도 안식일에 일상적 상거래를 하는 것을 정죄하였다(느 13:15). 병 나음을 입은 사람은 이제 주께로부터 주의를 받는다. 그의 보호받는 삶은 이제 끝이 났으며 일상적 교제 속에서 시험과 도전을 받게 되는 것이다.

② 그리스도의 말씀

예수님께서 안식일을 범했다고 유대인들이 핍박하자 예수님은 "내 아버지께서 이제까지 일하시니 나도 일한다"(요 5:17, 개역개정)라고 대답하신다. 한편으로 볼 때 예수님은 1세기의 보통 유대인들의 견해를 따르는 듯 보인다. 창세기 2:2~3에 보면 6일 동안 창조하신 후 하나님은 칠 일째 쉬신다. 여기서 하나의 질문이 제기된다. 하나님이 칠 일째 쉬시면 칠 일째 날에는 세상이 어떻게 될까? 하나님이 쉬시면 세상이 중지된 상태로 있을까? 아니면 하나님께서 세상을 주관하시기 위해 칠 일째도 일하시는 것 아닌가? 그렇다면 하나님이 안식일 법칙을 범하는 것 아닌가? 이런 질문의 배경을 필로(Philo)가 그의 견해에서 보여주고 있다.[6] 헬라어를 사용했던 유대인인 필로(Philo)는 헬라의 많은 저자들의 영향을 받아 하나님께서 창조의 사역을 멈추지 않았다고 주장했다. 그 이유는 하나님께서 6일 동안 창조하시고 칠 일째 쉬시면 하나님이 쉬시는 칠 일째 때문에 창조의 세계는 일주일을 주기로 정지 상태로 되곤 하기 때문이라고 말한다.[7]

---

6) Eduard Lohse, "σάββατον," *Theological Dictionary of the New Testament*, vol Ⅶ (Grand Rapids: Eerdmans, 1971), p. 27(이후부터 *TDNT*로 생략 사용함).

7) Cf. A. T. Lincoln, "Sabbath, Rest, and Eschatology in the New Testament," *From Sabbath To Lord's Day: A Biblical, Historical and Theological Investigation*, ed. D.A. Carson (Grand Rapids: Zondervan, 1982), p. 203: "Judaism had already rejected the crudely anthropomorphic view of God's rest that conceived of it as a state of inactivity since the creation. This was not only so in Hellenistic Judaism but also in rabbinic Judaism. It was taught that God was active as sustainer, life-giver and judge. He rested from His work on the world but not from His work with humanity."

그런데 1세기 말에 네 명의 랍비들(Rabban Gamaliel Ⅱ, R. Joshua, R. Eleazar b. Azariah, 그리고 R. Akiba)이 이 문제에 대해 의논한 후 결론을 내렸다. 그들의 결론은 비록 하나님께서 계속해서 일하시지만 하나님은 안식일 법칙을 범하시지 않았다는 것이다. 그 이유는 첫째, 전체 우주가 그의 영역이기 때문에(사 6:3) 하나님은 우주 밖으로 아무것도 가지고 가지 않으신다. 둘째, 다른 말로 표현하면, 하나님은 온 우주를 채우신다(렘 23:24). 셋째, 하나님은 아무것도 자기 자신보다 더 위대하게 높이시지 않는다고 설명을 가한다.[8]

하나님께서 안식일 법칙을 범했느냐 범하지 않았느냐는 질문은 하나님께서 자신이 만드신 자연법 질서에 매여 있느냐 매여 있지 않느냐고 질문하는 것과 같다. 여하간 1세기 랍비들의 결론은 하나님께서 계속 일하신다는 것이었다. 예수님은 이런 견해가 있는 것을 아시고 "내 아버지께서 이제까지 일하시니 나도 일한다"라고 말씀하신 것이다. 이는 아버지께 적용되는 것은 자신에게도 적용된다고 말씀하시고, 따라서 자신은 아버지와 동등하다고 밝히신 것이다. 우리는 여기서 요한복음 5:18에 나타난 대로 예수님을 더욱 죽이려고 하는 유대인들의 태도를 이해할 수 있게 된다.

③ 하나님 아버지와 동일하신 그리스도

첫째, 그리스도께서 자신이 하나님 아버지와 동일하심을 밝히신다. 아버지의 일과 아들의 일이 동일하다(요 5:19절 이하 참조.). 부활은 아버지의 사역이요 아들의 사역도 된다. 아버지께서 죽은 자들을 일으켜 살리심같이 아들도 자기의 원하는 자들을 살리신다(요 5:21). 심판은 아버지의 사역이요 아들의 사역도 된다. 아버지께서는 아무도 심판하지 아니하시고 심판을 다 아들에게 맡기셨다(요 5:22). 그러므로 아버지가 공경 받아야 하는 것처럼 아들도 공경 받아야 한다. 모든 사람으로부터 아버지가 공경을 받으시는 것같이 아들도 공경을 받도록 하시기 위함이다(요 5:23). 사람들이 갖는 아버지와의 관계는 아들을 향하여 공경과 믿음과 사랑을 드리며, 아들의 말을 청종하느냐에 따라 결정된다. 결국, 그리스도는 하나님의 자기 계시인 것이다.

둘째, 그리스도의 증거(요 5:31 이하 참조)는 참되시다.

가. 그리스도는 아버지를 증거 하신다(요 5:31).

---

8) Carson, *The Gospel According to John*, p. 247.

　나. 세례 요한은 그리스도를 증거 하였다(요 5:32, 33).

　다. 그리스도의 사역은 그가 하나님으로부터 보내심을 받았음을 증거한다(요 5:36 이하 참조).

　라. 모세는 주님에 대해 기록한 자신의 글을 통해 유대인들을 고소한다(요 5:45 이하 참조).

　마. 성경이 그리스도가 하나님이심을 증거 한다(요 5:39).

올바른 주일성수에 관한 몇 가지 결론들

　안식일과 관련한 구약의 가르침은 오늘날에도 뜻하는 바가 분명하다. 이사야 58:13~14에는 다음과 같이 기록되어있다. "만일 안식일에 네 발을 금하여 내 성일에 오락을 행하지 아니하고 안식일을 일컬어 즐거운 날이라, 여호와의 성일을 존귀한 날이라 하여 이를 존귀히 여기고 네 길로 행하지 아니하며 네 오락을 구하지 아니하며 사사로운 말을 하지 아니하면 네가 여호와의 안에서 즐거움을 얻을 것이라 내가 너를 땅의 높은 곳에 올리고 네 조상 야곱의 기업으로 기르리라 여호와의 입의 말씀이니라" (개역개정).

　지금 다루고 있는 본문(요 5:1~47)뿐만 아니라 방금 언급한 본문과 성경의 다른 관계 본문을 통해 볼 때, 안식일에 관해 다음과 같이 결론을 내릴 수 있다.

　㉮ 안식일은 하나님의 영광을 위한 것이 되어야 한다. 바로 이 점이 많은 사람들의 신앙을 판별하는 시금석이 된다. 그러나 이것은 또한 정기적으로 반복 강조 되어야 할 필요가 있다.

　㉯ 안식일은 인류에게 도움이 되는 방향으로 기여해야 한다. 인류에게 도움이 되도록 안식일을 지키는 것은 이기적인 의미에서 지키는 것이 아니다. 사람의 형편이 나아질 때, 하나님과 동료 인간에 대한 더욱 나은 섬김이 가능해진다.

　㉰ 안식일은 자신에 대한 점검과 개발을 위해 적절하게 사용되어야 한다. 안식일은 하나님 앞에서 자신의 삶이 정상적인 궤도에 있는지 점검하는 시간이 되어야 한다.

　㉱ 안식일은 사람과 자연의 휴식 및 회복을 위한 것이어야 한다. 예수님께서 안식일에 배가 고픈 제자들에게 진설병을 먹도록 허락하신 것은 제자들의

휴식과 회복을 생각하셨기 때문이다.

㉮ 안식일은 하늘나라의 삶과 하늘의 안식의 아름다움을 미리 맛보는 것이어야 한다. 예배와 찬양과 교제를 통해 천국에서의 삶을 맛보는 시간이 되어야 한다.

㉯ 안식일은 영적인 나라 곧 하나님 나라의 건설과 확장에 도움이 되어야 한다. 진정한 안식은 예수님 안에서 가능하기 때문에 성도들은 다른 사람도 안식을 누릴 수 있도록 복음을 전해야 한다(참조, 히 4:8~11).

2. 안식일의 주인이신 예수 그리스도(막 2:23~28; 3:1~6; 참조, 마 12:1~21; 눅 6:1~11, 17~19)

안식일에 예수께서 밀밭 사이로 지나가실새 그의 제자들이 길을 열며 이삭을 자르니 바리새인들이 예수께 말하되 보시오 저들이 어찌하여 안식일에 하지 못할 일을 하나이까 예수께서 이르시되 다윗이 자기와 및 함께 한 자들이 먹을 것이 없어 시장할 때에 한 일을 읽지 못하였느냐 그가 아비아달 대제사장 때에 하나님의 전에 들어가서 제사장 외에는 먹어서는 안되는 진설병을 먹고 함께 한 자들에게도 주지 아니하였느냐 또 이르시되 안식일이 사람을 위하여 있는 것이요 사람이 안식일을 위하여 있는 것이 아니니 이러므로 인자는 안식일에도 주인이니라 (막 2:23-28, 개역개정).

예수께서 다시 회당에 들어가시니 한쪽 손 마른 사람이 거기 있는지라 사람들이 예수를 고발하려 하여 안식일에 그 사람을 고치시는가 주시하고 있거늘 예수께서 손 마른 사람에게 이르시되 한 가운데에 일어서라 하시고 그들에게 이르시되 안식일에 선을 행하는 것과 악을 행하는 것, 생명을 구하는 것과 죽이는 것, 어느 것이 옳으냐 하시니 그들이 잠잠하거늘 그들의 마음이 완악함을 탄식하사 노하심으로 그들을 둘러 보시고 그 사람에게 이르시되 네 손을 내밀라 하시니 그가 내밀매 그 손이 회복되었더라 바리새인들이 나가서 곧 헤롯 당과 함께 어떻게 하여 예수를 죽일까 의논하니라 (막 3:1-6, 개역개정).

사건의 배경

마가복음 2:23~28과 마가복음 3:1~6은 예수님이 안식일에 병을 고치시는 사건을 소개한다. 바리새인들은 제자들이 안식일에 이삭을 자른 것은 율법을 범하는 것이라고 말한다. 그 때 예수님은 율법의 진정한 목적을 설명한다. 율법에는 최소한 두 가지 목적이 있다.

첫째, 율법은 하나님의 나라와 그 통치가 잘 이루어지도록 함으로써 율법의 근원이신 하나님을 최대한 영화롭게 하기 위하여 주어졌다. 다시 말해 율법은 보통 자아보존, 자아발전, 자아실현, 그리고 자아부정 등으로 나타나는 개개의 자아 향상뿐만 아니라 인간, 사회, 자연을 위해 존재하는 것이다. 율법은 또한 삶을 보호하고, 보다 평안하게 하며, 최대한 그 가치가

고양되도록 하기 위하여 주어졌다.

둘째, 율법은 인간이 그리스도를 대망하도록 주어졌다. 어떤 사람도 율법의 요구를 100퍼센트 성취할 수 없다. 결국 율법 앞에 선 인간은 자신의 힘으로는 율법을 온전히 이룰 수 없음을 깨닫게 된다. 따라서 율법은 인간이 죄인임을 깨닫게 하고 죄 문제의 해결을 위해 메시아의 필요를 깨닫게 한다.

안식일에 발생한 이 사건은 예수님을 죽이려고 하는 유대인들 때문에 그리스도께서 갈릴리로 돌아가셨을 때 일어났다. 주님께서는 안식일에 베데스다 연못에서 병자를 치유하신 유월절 직후에 예루살렘을 떠나셨다.

안식일에 관한 이야기에는 두 가지 내용이 함께 이어져 있다. 한편으로는 인간이 만들어 놓은 안식일 법칙에 대한 유대인들의 부정적이며 율법적인 고착을 보여주며, 또 다른 한편으로는 주일성수에 대한 예수님의 생각은 어떠한가를, 즉 안식일에 대한 보다 적극적인 접근 자세를 보여준다.

이삭을 자른 사건(막 2:23~28)

① 바리새인 편에서 본 율법(출 20:10; 16:21이하; 신 23:25 참조)

바리새인들은 안식일에 행하지 못할 노동의 목록을 39개 항목으로 만들었다. 그리고 각 항목에 6개의 소 항목을 첨가하여 결국(39×6 = 234) 234개 항목을 안식일에 금지된 노동의 항목으로 정했다.[9]

여기서 바리새인들은 예수님을 직접 공격하지는 않으나 제자들을 비난함으로써 주님에게로 접근해 간다. 그들은 인신공격이 아닌 순전히 율법적 문제를 다루었다. 바리새인들의 눈에는 제자들의 행동이 율법을 범한 것으로 비친 것이다. 그리스도는 제자들의 행동에 대해 완전한 책임을 떠맡으시고 그 행동을 정당화해 나가셨다.

② 제자들의 정당한 행위

구약의 율법은 이웃의 밭에서 밀 이삭 잘라 먹는 정도는 허용했다. "네 이웃의 곡식밭에 들어갈 때에는 네가 손으로 그 이삭을 따도 되느니라 그러나 네 이웃의 곡식밭에 낫을 대지 말지니라"(신 23:25, 개역개정). 이 말씀은

---

9) H.L. Strack and P. Billerbeck, *Kommentar zum NT aus Talmud und Midrasch*, Vol. I (1922), pp. 615-618.

도적질은 불가하지만 배고플 때 밀 이삭 몇 개로 허기를 채우는 것은 허용된다는 뜻이다. 그런데 바리새인들은 제자들의 행위를 "수확의 죄"에 해당하는 것으로, 예수님의 행위를 "동조죄"에 해당하는 것으로 비판한 것이다.

무엇보다도 그리스도는 문제의 핵심을 지적하셨다. 안식일의 진정한 목적을 이루는 것이 결코 바리새인들의 의도적인 소망이 아니라는 것이 문제의 핵심이었던 것이다. 바리새인들에게는 인간이 만들어 놓은 전통의 틀 안에 머물고자 하는 율법적 소망만이 있을 따름이었다. 마가복음 2:27은 안식일이 인간을 위하여 만들어졌음을 말해주고 있다. 그것은 안식일을 위한 목적 가운데 하나를 제시해 준다.

렌스키에 따르면 예수님께서는 문제가 되는 핵심에 개입을 하셨다. 그것은 유대인들이 랍비학자들의 율법은 지나칠 정도로 많이 읽지만 참된 하나님의 율법은 충분히 읽지 않는다는 점이다.[10]

사무엘상 21장에 나오는 다윗의 경험을 지적하면서, 그리스도는 의식법이란 보다 상위의 법에 종속되는 법임을 보여 주셨다. 렌스키는 이와 관련하여 다음과 같이 표현했다. "다윗의 굶주림이 하나님의 규례마저도 제쳐 놓았거늘, 하물며 그리스도의 제자들의 굶주림이 한낱 랍비들의 견해를 제쳐 놓지 못하겠는가?"[11]

그러나 그리스도는 자신의 논증을 이어 가셨다. 주께서는 하나님의 종이었으며 다름 아닌 하나님의 성전 안에서 율법을 삼가 지켜 왔던 제사장들이 안식일을 "범하였으나" 그들이 무죄하였다고 말씀하고 계신다. "율법"이라는 것이 상대적임을 이해할 수 있어야 할 것이다. 의식법이건 시민법이건 절대적인 것은 없다. 절대적인 것은 오직 하나님의 법이 있을 따름이며, 하나님의 법은 인간이 만들어 놓은 여러 법칙과 규례의 변형된 적용을 허용한다. 율법에도 반드시 영적인 욕구와 문제들, 그리고 영적 진보들이 담겨 있어야 한다. 율법은 그것이 영적으로나 도덕적으로나 심지어는 육체적으로라도 안녕과 발전에 도움을 줄 수 있어야만 정당화될 수 있다.

제자들이 밀밭 사이에서 이삭을 잘라 먹는 것과 다윗이 성전에 들어가 진설병을[12] 먹은 사건 사이에 무슨 관계가 있는가? 마가는 이 두 사건을

---

10) Lenski, *The Interpretation of St. Matthew's Gospel*, p. 462.
11) *Ibid.*, p. 462.
12) 진설병은 두 줄로 6개씩 12개를 진열한다. 12는 12지파를 상징하며 그리고 진설병은 하나님과 그의 백성이

연결시켜 안식일의 의미를 설명한다(막 2:23~28). 바리새인들은 사람이 일하는 것만 보지만, 예수님은 사람이 안식을 취하고 기쁨과 즐거움을 맛보고 있는 것을 보신다. 이삭을 잘라먹는 것도 휴식과 즐거움을 맛보는 것이요, 진설병을 먹는 것도 피로한 육체를 회복시키며 기쁨을 누리는 것이다. 그런데 이런 기쁨과 즐거움은 안식일의 주인이신 예수님과 함께 있을 때(막 2:28) 궁극적으로 맛볼 수 있는 것이다. 예수님은 천국의 주인과 함께 있는 사람은 금식 대신 잔치에 참여하게 되고, 슬픔 대신 기뻐해야 한다고 말씀하셨다. 복음서 기자는 이제 안식일을 지키는 일에 있어서까지도 슬픔 대신 기쁨을 나타내시는 주님의 모습을 밀밭 사이에서 이삭을 잘라먹는 제자들의 사건에서 묘사하고 계시는 것이다.[13]

율법과 관련하여 "긍휼," "사랑," "진리" 그리고 "정의" 등의 개념들을 함께 마음에 새겨둘 수 있을 때에라야, 율법은 그 의미를 인정받을 수가 있다. 그렇지 못할 때, 율법은 생명을 죽인다.

안식일에 한편 손 마른 자를 고치심(막 3:1~6)

안식일에 한편 손 마른 자를 고치신 사건(막 3:1~6)은 마가복음 2장에 기록된 중풍병자를 고치신 사건(막 2:1~12), 죄인들과 식사하신 사건(막 2:15~17), 금식문제에 관한 사건(막 2:18~22), 안식일에 밀 이삭 먹는 사건(막 2:23~27) 등과 함께 마가가 처음으로 기록한 예수님과 그 당시 종교 지도자들 간에 있었던 다섯 가지의 충돌사건을 설명한 기록이다.

① 커다란 비난을 야기시킨 예수님의 행동

첫째, 사람들에 의해서 주일성수가 마땅히 지켜지지 않고 있다는 의문이 제기되고 있음에도 불구하고, 예수님께서는 주저함이 없이 안식일에 병을 치유하셨다. 예수님은 안식일을 사람을 위해서 만들어진 것으로 생각하셨다.

둘째, 사람들의 문제는 율법적인 문제였다. 즉 안식일에 치유를 하는 것이 율법적으로 온당한가의 문제였던 것이다. 예수님은 생명을 구하는 것을 더 중하게 생각하셨다(막 3:4).

계속적인 교제 관계에 있음을 상징한다. 진설병은 매 안식일마다 새로운 것으로 교체하고(삼상 21:6) 묵은 것은 제사장만이 먹을 수 있다.

13) Hendriksen, *The Gospel of Mark*, p. 104.

셋째, 그리스도께서는 문제를 긍휼과 사랑과 선함으로 다루셨다. 사람들은 말 못하는 동물들이라도 어려움에 처해 있을 때면 그날이 안식일이라 할지라도 그 동물들을 돕게 될 것이어늘, 하물며 가치에 있어 동물과 비할 수 없는 사람이 고통을 받고 있는 경우라면 그 사람을 돕기 위해 선을 행하는 일이 어찌 합당한 일이 아니겠는가?

② 생명을 구하는 일과 죽이는 일

예수님께서 어려움에 처한 이 사람의 병을 치유하지 않으시면 이 사람의 생명은 파괴될 수밖에 없다. 이처럼 병자를 치유하는 일은 도덕적으로 가치 있는 행위이며 따라서 긍휼과 사랑, 그리고 선함이 있어야 가능하다. 예수님은 도덕적으로 선한 일은 인도적인 일이기 때문에 안식일에 행하는 것이 좋다고 말씀하신다(막 3:4).

이 점에서 예수님과 바리새인들 사이에 큰 차이가 있다. 바리새인들은 종교적인 의무와 자비를 베푸는 것을 구분시켰고, 신적인 것과 인적인 것을 날카롭게 구분했다.[14] 따라서 바리새인들은 다른 사람에게 선을 행하지 않아도 하나님께 예배만 규격에 맞추어 드리면 하나님이 기뻐하시는 것으로 생각했다. 그러나 예수님은 우리가 형제를 사랑하는 것이 하나님을 사랑하는 것이라고 하여 사람에게 행하는 것과 하나님에게 행하는 것을 구분시키지 않으신다.

③ 우리는 율법주의적 정신이나 삶의 결과를 예상해 볼 수 있다.

율법주의자들은 대체로 참된 의미에서의 종교성을 가지고 있지 못하며, 사단에 의해 그들의 영이 사로잡힌 경우가 많다. 율법주의자들은 일반적으로 그리스도를 대적한다. 율법주의자들이 그리스도를 대적한다면 그들은 악마와 동맹의 관계에 있는 셈이다. 왜냐하면 악마는 항상 예수님을 대적하기 때문이다.

안식일을 지켜야 할 이유

오늘날 안식일(주일)을 지켜야 할 이유로 여러 가지를 생각해 볼 수 있다. 안식일은 영혼과 몸의 재충전을 위해 필요하다. 우리는 일상 하던 일을 멈추고 하나님을 경배해야 한다. 안식일의 휴식은 인간의 삶이 노동에만 매여 있을 수 없다는 교훈을 가르치는 반면, 인간의 삶은 더 높은 대상,

---

14) A.B. Bruce, *The Synoptic Gospels*, p. 357.

즉 하나님과 연관된 삶인 것을 가르쳐 준다.[15]

여기서 안식일을 지켜야 할 이유 중 가장 중요한 요소 두 가지를 생각해 볼 수 있다.

① 성도들의 정체성(identity)을 위해 안식일을 지켜야 한다. 성도들은 주일날 노동으로부터 쉬는 반면 개인적으로나 혹은 단체적으로 하나님께 경배해야 한다. 이 중요한 성도들의 의무를 이행하기 위해 성도들은 수일을 휴식하면서 지켜야 한다.

② 성도들의 사명(mission)을 위해 안식일을 지켜야 한다. 성도들은 주일에 휴식함으로 불신의 문화 속에서 주일의 귀함을 알리는 역할을 한다. 기독교인들은 일주일에 하루를 정기적으로 쉼으로 인간의 근본적인 삶이 일만을 위해 존재하지 않고 하나님을 경배해야 할 책임이 있음을 불신 세계에 전해야 하는 것이다.

신약시대의 성도들이 안식일 대신 주일을 지키는 이유

왜 오늘날 성도들은 구약의 안식일 대신 주일을 지키는가? 구약에서는 창조 원리에 따라 6일 동안 먼저 일하고 그 다음 칠 일째 안식일을 지킨다. 이는 하나님의 창조 원리와 부합할 뿐만 아니라 그 원리 속에 하나님의 구속적 경륜이 내포되어 있는 것이다. 구약의 성도들은 메시아의 강림을 바라다보는 형편에 있었다. 그들은 구속 성취를 미래로 둔 상태로 바라다보는 믿음으로 구원을 얻은 것이다.

그런데 진정한 안식은 그리스도 안에서만 가능한 것이다. 그래서 히브리서 기자는 "만일 여호수아가 그들에게 안식을 주었더라면 그 후에 다른 날을 말씀하지 아니하셨으리라 그런즉 안식할 때가 하나님의 백성에게 남아 있도다"(히 4:8~9, 개역개정)라고 말했다. 따라서 구속과 뗄 수 없는 관계에 있는 참 안식을 바라다보아야 하듯 구약의 성도들은 6일 동안 노동하는 동안 칠 일째의 안식을 소망하면서 살도록 되어 있었다. 그러므로 구약의 안식일은 하나님의 창조 질서와 구속적 경륜에 따라 제 칠 일째가 안식일인 것이다.

---

15) M.D. Geldard, "Sabbath Observance," *Encyclopedia of Biblical and Christian Ethics*, general editor, R.K. Harrison (Nashville: Thomas Nelson Publishers, 1987), p. 363.

그러나 신약시대에 와서는 형편이 달라졌다. 그리스도를 통해 구속이 이미 성취된 것이다. 따라서 신약의 성도들은 구속을 바라다보는 것이 아니라 이미 성취된 그리스도의 구속을 되돌아보면서 사는 사람들이다. 신약의 성도들은 그리스도를 믿어 이미 그와 연합이 되었고, 이미 구속을 얻은 사람들이다. 신약의 성도들은 그리스도의 부활과 연합이 되었으므로 그리스도의 영화롭게 되신 상태와 연합이 된 것이다. 진정한 안식은 그리스도의 죽음과 부활을 통해 완전하게 성취된 구속을 받은 사람만이 누릴 수 있다. 진정한 안식은 구속과 함께 얻을 수 있는 것이기 때문에 신약시대의 성도들은 믿음으로 이미 구속을 얻었고 따라서 안식도 소유하게 된 것이다.

그러므로 안식일과 연관된 신약의 구속적 경륜은 일주일의 첫째 날에 구속에 대한 감사, 안식의 소유를 감사하면서 주일을 지키고 나머지 6일 동안은 감사의 마음으로 일하게 되는 것이다.

3. 열두 사도의 선택(마 10:2~4; 참조, 막 3:13~19; 눅 6:12~16)

> 열두 사도의 이름은 이러하니 베드로라 하는 시몬을 비롯하여 그의 형제 안드레와 세베대의 아들 야고보와 그의 형제 요한, 빌립과 바돌로매, 도마와 세리 마태, 알패오의 아들 야고보와 다대오, 가나안인 시몬 및 가룟 유다 곧 예수를 판 자라 (마 10:2-4, 개역개정).

열두 사도의 이름

마태복음 10:2~4의 내용은 예수님이 제자를 부르신 사건을 소개할 때 이미 간단하게 다루었다. 여기서는 좀 더 구체적으로 설명하도록 한다. 열두 사도의 이름은 시몬과 안드레, 야고보와 요한, 빌립과 바돌로매, 도마와 마태, 알패오의 아들 야고보와 다대오, 가나안인 시몬과 가룟 유다이다.

이상 열둘은 항상 네 사람씩 조를 이루어 세 조로 기록되어 있다. 그리고 각 조의 첫 사람은 항상 베드로, 빌립, 알패오의 아들 야고보이다.[16]

첫째 조 - 베드로, 안드레, 야고보, 요한

둘째 조 - 빌립, 바돌로매, 도마, 마태

셋째 조 - 알패오의 아들 야고보, 다대오, 가나안인 시몬, 가룟 유다

---

16) 박형용, 『사도행전 주해』(서울: 성광문화사, 1981), p. 43. 사도행전은 가나안인 시몬을 셀롯인 시몬으로(눅 6:15; 행 1:13), 다대오를 야고보의 아들 유다로 부른다(눅 6:16; 행 1:13).

예수님은 자신의 구속을 전파할 제자들을 선택하시고 훈련시켜 귀중한 사역을 맡기신다. 예수 그리스도의 사역 가운데 가장 뜻 깊은 것 중 하나는 그의 가르침을 실행에 옮길 사람들을 선택하신 일이다. 예수님께서 제자들을 선택하실 때 예수 그리스도는 기도로 한 밤을 지내시고 나신 다음에 비로소 선택하셨다.

주님께서 이 사람들을 사도로 선택하신 일이 한 번에 이루어진 일이겠는가 아니면 일정 기간에 걸쳐 이루어졌는가? 그리고 그 이후 어떤 시점에서 공식적인 행위를 통해 그리스도만을 전적으로 따르라는 요청을 하였는가? 만일 그렇다면 주님께서는 열두 명이라는 숫자가 다 채워졌을 때, 기도를 하신 후 그들을 사도로 임명하신 것이 된다. 그런데 주님께서 단지 열두 명의 제자들만을 선택하신 이유는 무엇이었을까? 열둘(12)이라는 숫자에 어떤 영적 의미가 있는 것일까? 그것에는 어떤 상징적인 의미가 담겨 있는 것일까? 이런 질문에 대한 답은 하나님의 구속 계획을 더 깊이 들여다 볼 수 있게 만든다.

이스라엘의 열두 지파와 그리스도의 열두 사도 간에는 어떤 연결점이 있는 것처럼 보이는 것은 확실하다. 요한 계시록을 보면 이 열두 사도에 관한 언급이 구약의 열두 지파에 대한 언급과 아울러 함께 제시되고 있음을 알 수 있다(계 2:2; 7:4~8; 21:14). '12'이라는 숫자는 '3'(성삼위일체 및 신성을 나타내는 숫자)과 '4'(땅과 사람에 관련된 것을 의미하는 숫자)의 조합으로 이루어진 숫자이다. 열 둘(12)이라는 숫자는 완전과 충만을 상징하는 숫자이다.

택함을 받은 열두 사도

① 숫자의 의미

바빙크(J. H. Bavinck)는 그의 책 『계시의 역사』에서 12라는 숫자가 완전한 사람이나 완전한 군중을 상징하며, 예수님께서는 장래에 있을 완전한 사람들을 대표하는 의미로 이들을 선택하신 것이라고 주장 한다.17) 박형용은 "3×4로 구성되는 12는 충만함의 개념을 강조한다. 이는 셋이 넷에 주는 영향의 결과이다. 즉 하나님의 사역이 그의 피조물에 미치므로 나타난 결과를 상징한다. 따라서 성경에서 12는 하나님의 주권적 선택의 결과를 나타낼 때 사용되곤 한다. 이는 하나님의 선민의 수이다. 12족장, 12족속, 12사도,

---

17) J. H. Bavinck, *Geschiedenis Der Godsopenbaring*, p. 167.

24장로, 144,000 등이 하나님의 주권적 선택의 결과를 나타낸다"[18]라고 숫자 12의 성경적 용법을 설명한다. 숫자 12와 그와 연관된 24, 144,000 등은 하나님이 계획한 완전함을 뜻한다.

② 사도들의 이름의 배열

사도들의 이름은 둘씩 묶여진 상태로 나타나고 있는데, 이러한 것은 의심할 여지도 없이 두 명씩 한 조가 되어 파송되었던 대로 기술된 것이다. 마태는 불과 두서너 절속에 12의 숫자를 두 번 반복해 놓음으로 숫자적 관심을 보인다. 그는 시몬이 그리스도의 대열에 합류한 첫 번째 제자가 아님에도 그를 가장 먼저 기록하고 있는데, 이는 마가나 누가의 경우도 마찬가지이다.[19]

제자들이 받은 명령(마 10:5~23; 막 6:7~13; 눅 10:1~6)

① "사도"라는 말은 "보내심을 받은 자"라는 뜻이다. 사도는 보내신 자의 권세를 가지고 보내신 자의 뜻을 좇아 말하는 자임을 뜻한다. 그러므로 그는 마땅히 보내신 자의 마음과 뜻을 알아야만 한다. 그렇기 때문에 그리스도는 제자들이 그를 바르게 대신할 수 있도록 그를 따르고 그로부터 배울 것을 말씀하셨다. 역시 그러한 이유 때문에, 주께서는 제자들을 진리 가운데로 이끄시며 인도하실 성령을 제자들에게 보내주실 것을 약속하셨는데, 이는 제자들이 부서지기 쉬운 연약한 진흙과 같은 그릇들이었기 때문이다.

② 사도는 주인의 말씀을 전하도록 보내심을 입은 한낱 종에 불과한 존재만은 아니었다. 사도는 그의 주님이시며 왕이신 분을 위해 일을 한다는 것을 나타내 보이기에 합당한 권세를 위임 받은 대리자이었다. 실제로 사도는 그를 보내신 주님의 목적을 성취할 수 있는 권세를 지니고 있었다. 그러하기에 요한복음 20장에서 주께서는 제자들에게 "너희가 누구의 죄든지 사하면 사하여질 것이요 누구의 죄든지 그대로 두면 그대로 있으리라"(요 20:23, 개역개정)고 말씀하신 것이다. 그리스도께서는 사도들에게 자신의 뜻을 실현할 실제적인 영적 권세를 주셨던 것이다.

---

18) 박형용, 『성경해석의 원리』(수원: 합동신학대학원출판부, 2007), p. 242.
19) 공관복음의 저자들이 시몬 베드로의 이름을 가장 먼저 기록한 이유는 복음서들이 예수님 당시에 기록된 것이 아니요 예수님 승천 이후 대략 30년 후에 기록되었기 때문이다. 베드로는 예수님의 승천 이후 30년 어간에 다른 사도들보다 더 두드러지게 활동함으로 초대교회의 인정함을 받았다. 누가도 사도행전 기록 시 베드로의 활동을 다른 사도들의 활동보다 더 부각시켜 기록했다.

③ 사도들이 행한 임무

소극적 측면에서 살펴보면, 사도들은 그때에는 이방인 마을이나 사마리아 사람들에게로 보내심을 받지 않았다. 그리고 자신들의 육적 필요에 대비한 어떠한 준비도 갖추도록 허락되지 않았으며 다만 보내신 자만을 온전히 의지하도록 명령 받았다.

적극적 측면에서는, 사도들은 임박한 하나님 나라를 선포하여야 했다. 바로 이것이 그들이 전하여야 할 메시지였던 것이다. 그들은 불행한 사람들에게 긍휼을 베풀며, 빈궁한 사람들에게 값없이 나누어주어야 했다. 그들은 영적인 것에만 전념하여야했으며 물적 필요는 방문한 마을에서 합당한 자에게 일임하여야 했다.

사도행전의 기록에 보면 가룟 유다의 자리를 채우면서 사도의 자격을 명백히 언급한다. 사도는 첫째, 예수님의 지상 사역기간 예수님과 함께 동행 한 사람이어야 한다. 둘째, 예수님의 부활을 목격한 사람이어야 한다(행 1:21~22).[20] 그러면 사도의 자격을 왜 예수님의 공생애기간 예수님과 동행을 하고 예수님의 부활을 목격한 사람으로 정하고 있을까? 그 이유는 예수 그리스도께서 가르치시고 행하신 모든 내용을 정확하게 전수할 책임이 사도들에게 있기 때문이다. 하나님은 사도들을 세우셔서 신약의 27권이 기록되기 이전까지 하나님의 계시 전달 책임을 맡기신 것이다. 그러므로 신약이 전부 기록된 이후에도 사도직이 계속될 필요는 없으나, 계시를 전수하고 교회의 기초를 놓는다는 뜻에서 사도직은 대단히 중요한 것이다.

사도들을 소개한 방법

① 항상 처음에 나오는 이름은 시몬이다. 그는 베드로가 아닌 시몬으로 나오는데, 그 이유는 아마도 그의 연약성을 강조하려는데 있는 것 같다. 베드로는 제자들에 의해 지도자로 인정을 받았으며, 그리스도에 의해 지도자로 세움을 입은 자였다.

② 유다의 이름은 늘 나중에 나온다. 이것은 시몬의 이름이 처음에 나오는 것과 같은 방식으로 그가 그리스도를 배신하였기 때문인 것으로 이해된다.

③ 마태는 마치 도마가 쌍둥이라는 의미의 디두모라고도 불린 것처럼(요

---

20) 박형용, 『주해 사도행전』, p. 49.

11:16) 레위라는 이름으로 불리기도 하였다. 그런데 도마와 쌍둥이였던 다른 한 사람이 사도 가운데 한 사람이었는지는 밝혀지지 않고 있다. 바돌로매의 이름은 달마이(Talmai)의 아들 혹은 톨레미(Ptolemy)의 아들이라는 이름의 뜻을 지니고 있으며 나다나엘과 동일 시 된다(요 1:45~51; 참조 21:2). 마태는 자신의 이름 앞에 '세리'라는 명칭을 달아 놓고 있다.

제자들의 이름이 몇 줄 안 되는 간단한 표현으로 소개되고 있으나 그것들에는 깊은 뜻이 담겨 있다. 시몬은 아마도 열심당원 가운데 한 사람이었던 것 같다. 가룟 유다는 그리욧(Kerioth, 수 15:25) 출신의 유다 지파 사람이었기에, 그리욧 사람 유다라고 불렀다.

④ 사도라는 말은 여러 다른 계층의 사람들을 지칭하는데 사용되었다. 첫째, 예수님께서 하나님 아버지의 사도로 불리어 지고 있다(히 3:1). 둘째, 공적으로 사도라고 일컫는 경우 그것은 12명의 제자를 의미한다. 셋째, 사도들을 도와 복음을 전하였던 바나바(행 14:14), 아볼로(고전 4:6,9), 그리고 주의 형제 야고보(갈 1:19) 등과 같은 이들도 사도로 불렸다.

4. 산상설교(마 5~7장)

> 예수께서 무리를 보시고 산에 올라가 앉으시니 제자들이 나아온지라 입을 열어 가르쳐 이르시되 3 심령이 가난한 자는 복이 있나니 천국이 그들의 것임이요 애통하는 자는 복이 있나니 그들이 위로를 받을 것임이요 온유한 자는 복이 있나니 그들이 땅을 기업으로 받을 것임이요 의에 주리고 목마른 자는 복이 있나니 그들이 배부를 것임이요 긍휼히 여기는 자는 복이 있나니 그들이 긍휼히 여김을 받을 것임이요 마음이 청결한 자는 복이 있나니 그들이 하나님을 볼 것임이요 화평케 하는 자는 복이 있나니 그들이 하나님의 아들이라 일컬음을 받을 것임이요 의를 위하여 핍박을 받은 자는 복이 있나니 천국이 그들의 것임이라 나로 말미암아 너희를 욕하고 박해하고 거짓으로 너희를 거슬러 모든 악한 말을 할 때에는 너희에게 복이 있나니 기뻐하고 즐거워하라 하늘에서 너희의 상이 큼이라 너희 전에 있던 선지자들도 이같이 박해하였느니라 (마 5:1-12, 개역개정).

예수님의 산상설교(마 5~7장)에는 아름답고도 놀라운 가르침들이 너무도 많기 때문에 이에 대해 알아보기를 원하는 사람은 기껏해야 그 중 몇 가지를 뽑아 이것만을 중점적으로 숙고할 도리밖에 없다.

하나님 나라의 왕국

마태복음의 목적은 예수 그리스도가 왕적 메시아, 곧 왕이심을 알리는

데 있다. 성령의 인도하심을 따라 기록된 마태복음은 기록 목적을 다음과 같은 내용 구분에 따라 실현하고 있다.

① 마태복음 1장부터 13장까지에 걸쳐 하나님 나라의 본질이 어떠한지를 묘사하고 있다. 특별히 마태복음 13장에서 그리스도는 들을 귀 있는 자들에게 비유를 사용하여 천국을 설명하신다.

② 마태복음 14장부터 16:20까지는 하나님 나라의 왕을 보여준다. 마태는 하나님 나라와 그 왕이 영적임을 강조하고자 하였다. 영적 가르침이 시작되는 산상설교를 숙고하고자 하는 이들은 이러한 측면에서의 이해를 가지고 출발하는 것이 바람직할 것이다.

③ 마태복음 16:21부터 28:20까지에 걸쳐서는 대제사장들과 장로들의 손에 죽임을 당하는 고통을 통하여 하나님 나라가 실현되어가며, 부활과 승천을 통해 승리를 이루는 과정을 그리고 있다.

산상보훈(마 5~7장)의 구분

① 팔복(마 5:1~12)

여덟 가지의 복은 심령이 가난한 자, 애통하는 자, 온유한 자, 의에 주리고 목마른 자, 긍휼히 여기는 자, 마음이 청결한 자, 화평케 하는 자, 의를 위하여 핍박을 받는 자가 받을 복이다. 여덟 가지 복 중에서 가장 중요한 복은 심령이 가난한 자가 받을 첫째 복이다. 산상보훈의 모든 계명은 성도로 하여금 팔복 중 첫째 복으로 돌아가게 한다. 마치 "너는 나 외에는 다른 신들을 네게 두지 말라"(출 20:3, 개역개정)고 명령하신 십계명의 첫 계명이 다른 모든 계명들을 지킬 수 있는 감추어진 능력의 근원이 되며 진정한 목적이 되는 것처럼, "심령이 가난한 자는 복이 있나니 천국이 그들의 것임이요"(마 5:3, 개역개정)는 산상보훈의 다른 내용의 목적이 될 뿐만 아니라 산상보훈처럼 살 수 있는 능력의 근원이 되는 것이다.[21]

② 바른 율법관(마 5:13~48)

첫째, 성도들은 세상의 소금과 빛이다. 소금과 빛은 세상으로부터 구별된다. 소금과 빛은 세상의 부패를 막고 어두움을 쫓아낸다. 소금과 빛은 자체

---

21) F.D. Bruner, *The Christbook:Matthew 1–12*, p. 137.

희생을 통해 소금의 역할을 그리고 빛의 역할을 감당한다. 소금과 빛은 한가지의 특성만을 가지고 있다. 이 말은 소금은 짜게 하는 특성, 빛은 밝게 하는 특성만을 가졌다는 뜻이다. 성도가 세상의 소금과 빛이라는 뜻은 성도가 세상을 향해 이런 특성을 발휘하지 못할 때 아무데도 쓸모가 없다는 뜻이다.[22]

둘째, 성도들은 구약의 율법을 초월한 삶을 살아야 한다. 성도들이 구약의 율법을 초월하는 삶을 살아야하는 이유는 그리스도께서 구약의 율법을 십자가상에서 성취하셨기 때문이다. 그리스도는 구약의 의식법, 시민법, 도덕법을 모두 성취하셨다. 우리는 때로 예수님께서 구약의 의식법과 시민법은 성취하셨으나 도덕법은 예수님의 구속 사건과 관계가 없는 것으로 생각하곤 한다. 예수님은 구약의 모든 법을 성취하셨다. 그러므로 그리스도 안에 있는 자만이 구약의 율법을 그리스도를 통해서 성취할 수 있는 것이다.

③ 바른 생활관(마 6:1~34)

첫째, 성도들의 구제생활(마 6:2~4). 성도들은 자신의 영광을 드러내는 수단으로 구제해서는 안 된다. 따라서 성도들의 구제는 은밀히 행해져야 한다. 예수님은 "너는 구제할 때에 오른손이 하는 것을 왼손이 모르게 하여 네 구제함을 은밀하게 하라"(마 6:3-4)고 가르치신다.

둘째, 성도들의 기도생활(마 6:5~15). 기도는 기도하는 자와 하나님과의 은밀한 대화이다. 따라서 기도는 가식 없이 순수한 마음으로 하나님과 대화해야 한다. 주님이 가르쳐주신 기도(주기도문)는 성도들의 표본 기도문이다.

셋째, 성도들의 금식생활(마 6:16~18). 금식은 금식 자체로는 아무런 의미가 없다. 금식은 그 목적이 분명할 때 의의를 가질 수 있다. 예를 들면 금식은 어떤 죄를 회개할 목적으로 금식을 하거나 하나님과의 바른 관계를 위해 거룩한 삶을 살기로 작정하면서 금식할 때 그 의의가 있다.

넷째, 성도들의 물질생활(마 6:19~34). 물질은 일상생활을 위해 필요한 것이다. 그러나 물질의 힘이 대단히 크다. 예수님께서 "너희가 하나님과 재물을 겸하여 섬기지 못하느니라"(마 6:24, 개역개정)고 말씀하신 것을 기억해야 한다. 성도들은 물질의 유혹이 얼마나 강했으면 예수님께서 물질을 하나님과 대비시켜 설명 하셨는지를 유념해야 한다. 성도가 복음의 목적을

---

22) 박형용, 『산상보훈 40강』(서울: 성광문화사, 1984), pp. 76-88.

위해 물질을 조종해야지 물질이 성도를 조종해서는 안 된다.

④ 성도가 경계해야 할 규범(마 7:1~27)

첫째, 비판하지 말 것(마 7:1~5). 성도는 비판의 말보다 축복의 말을 해야 한다. 우리는 먼저 우리 자신이 죄인임을 인식해야 한다. 사람의 비판이 공평하지 못하다는 것은 만고의 진리이다(고전 4:3~5). 주님의 판단만이 항상 공정하다.

둘째, 진리를 지킬 것(마 7:6). 진리를 함부로 취급해서는 실패하기 쉽다. 진리는 생명처럼 지켜야 한다. 예수님은 "거룩한 것"을 개에게 던지지 말라(마 7:6)고 말씀하신다.

셋째, 기도에 힘쓸 것(마 7:7~12). 예수님은 "구하라," "찾으라," "문을 두드리라"(마 7:7)는 말씀으로 기도의 중요성을 강조하신다. 비록 하나님이 우리의 모든 필요를 아시지만 우리가 우리의 필요를 아버지 하나님께 아뢰는 것을 기뻐하신다.

넷째, 좁은 문을 택할 것(마 7:13~14). 좁은 문은 바른 길과 진리의 길을 가리킨다. 성도들은 항상 성경 말씀이 제시하는 길로 좌로나 우로 치우치지 말고 전진해야 한다.

다섯째, 거짓 선지자를 삼갈 것(마 7:15~23). 거짓 선지자의 존재는 참 선지자의 중요성을 부각시킨다. 진리의 가치가 높을수록 거짓이 있게 마련이다. 그러나 거짓 선지자는 그 행위로 드러나게 마련이다.

여섯째, 튼튼한 기초 위에 집을 세울 것(마 7:24~27)

모래위에 세운 집과 반석위에 세운집의 차이는 환난이 닥쳐 올 때 그 결과가 드러난다. 성도들은 진리이신 하나님의 말씀 위에 우리의 모든 것을 의뢰해야 한다.

⑤ 예수님의 권세(마 7:28~29)[23]

산상보훈이 여기서 끝난다. 예수님의 교훈은 그 당시 서기관들의 가르침과는 판이하게 달랐다. 서기관들은 다른 사람의 말을 인용하여 가르쳤지만 예수님은 자신이 알고 있는 것을 가르치셨다. 그리고 예수님은 하나님의 계시이신 자기 자신을 가르치셨다. 그래서 무리들은 예수님의 가르침을

---

23) 자세한 내용은 박형용, 『권세있는 자의 가르침』, (수원: 합동신학대학원출판부, 2003)을 참조할 것.

"권세 있는 자의 교훈"으로 받았다(마 7:29).

하나님 나라에 관한 구체적인 이해

① 하나님의 계획과 하나님의 나라

하나님의 나라는 창조 역사와 더불어 확립되었으며, 죄의 유입으로 말미암아 타락하게 되었고, 예수 그리스도의 오심과 그의 십자가의 죽음 그리고 부활의 승리로 말미암아 회복이 되었다. 주께서는 만물을 새롭게 하셨으며, 하나님의 나라는 이제 영적 왕국으로 드러나 있다. 하나님 나라는 하나님이 통치하시는 나라로 하나님과 사람의 관계가 정상화되는 나라일 뿐만 아니라 사람과 사람의 관계, 사람과 자연의 관계도 정상으로 회복되어 하나님의 뜻에 따라 움직이는 나라이다.

② 선포된 하나님 나라의 원리들

첫째, 하나님의 나라는 이스라엘, 즉 신약에서의 영적 이스라엘로부터 출발해 나가며(사 60:3), 이방인들을 포함한다. 따라서 이방인들이 유대인들과 함께 거하게 될 것이다(슥 8:23). 하나님 나라에는 인종의 구별이나 빈부의 구별이 있을 수 없다.

둘째, 하나님의 나라는 기름부음을 받은 자인 그리스도를 통하여 오게 될 것이며 그 나라는 영원하고 끝이 없을 것이다(사 9:6). 하나님 나라의 왕은 바로 나사렛 예수 그리스도이시다.

셋째, 하나님의 나라는 온 세상에 가득한 보편적인 나라이다(단 2:35~44).[24] 하나님의 주권이 이 세상 어느 한 구석도 미치지 않는 곳이 없는 것처럼 하나님 나라도 온 세상을 다 포함하는 나라이다.[25]

산상보훈 이해에 도움이 되는 사항들

① 산상설교가 행하여진 장소는 가버나움 근처의 언덕이나 산일 것으로

---

24) 신약성경에서 하나님 나라와 천국은 동일한 의미로 사용되었다. 다만 복음서 저자들의 기록 목적에 부합되게 하기 위해 "하나님 나라"를 쓰기도 하고 "천국"을 쓰기도 한다. 더 자세한 내용은 G. E. Ladd, *Crucial Questions about the Kingdom of God* (Grand Rapids: Eerdmans, 1952), pp. 122–124를 참조할 것.

25) 삼대 개혁주의 신학자 중 한 사람인 카이퍼(Abraham Kuyper)는 "이 지구상의 한 평방 쎈치 미터도 예수 그리스도가 주님이 아닌 곳은 없다"(There is not one square centimeter on the face of the earth over which Jesus Christ is not Lord.)라고 말한 적이 있다.

생각 되지만, 그 곳이 구체적으로 어디인지는 알 수 없다. 특별히 그리스도께서 이 설교를 예루살렘의 성전이 아닌 갈릴리의 대단치 않은 도시에서 행하셨다는 것은 뜻 깊은 의미를 지닌다. 설교를 듣고 있던 청중들 가운데는 우연히 그 자리에 있게 된 이들도 포함되어 있었으나, 주님의 메시지는 제자들에게 직접 향하여 하시는 것처럼 설교 대상을 제자들로 삼고 있다. 따라서 산상설교는 그리스도의 제자가 되도록 요청하는 선교적 호소가 아니라 오히려 복음의 가르침을 선언하는 것이다. 여기서 그리스도는 결코 선교적 호소를 하고 있는 것이 아니다. 왜냐하면 주께서는 제자들에게 말씀하며, 이들을 가르치고 계신 것이기 때문이다. 그들은 이미 그리스도를 따르는 자들인 것이다.

② 산상설교는 하나님의 나라에 대한 그리스도의 계획을 내용으로 하고 있다. 혹자는 그리스도가 산상설교에서 하나님 나라의 원리를 선언하고 있다는 의미에서 그것을 하나님 나라의 시작을 위한 일종의 개막 설교로 보고 있지만, 사실 이 메시지는 그리스도께서 사역을 시작하시고 얼마간의 시간이 지나고 있었던 일이었다. 아마도 이 설교는 제자들을 주의 사도요, 주의 공식적인 대리자로서 삼으시고자 하시는 공적인 주님의 부르심과 관련하여 이루어진 것일 가능성이 많다.

③ 주님께서는 입을 열어 가르치시기 시작하셨다(마 5:2). 이것은 하나의 격식을 차린 표현으로 무엇인가 중요한 가르침이 뒤따를 것이므로 주의 깊게 청종해야 할 것이라는 인상을 주는 것이다. 풀핏 주석(the Pulpit Commentary)에 따르면 이것은 "의지와 목적이 확고함을 나타내 보이는 히브리적 표현"이며 "하나님의 메시지 선언에 있어서 용기를 나타내는 표현"이다.[26] 본문의 동사 "가르쳐"는 미완료 시제로서, 산상설교의 가르침이 지속되어질 것임을 암시하고 있다. 그리고 "가르쳐"는 산상보훈이 설교가 아니요 예수님을 따르고 봉사하려는 사람을 가르친 교훈임을 증거하고 있다.

팔복과 화

① 마태복음 5장과 마태복음 23장 사이에 내용적인 유사성이 있음은

---

26) H.D.M. Spence and Joseph S. Exell(editors), *The Pulpit Commentary: Matthew*, Vol.15 (Grand Rapids: Eerdmans, n.d.), p. 146.

누구도 놓치지 못할 것이다. 두 장 모두 비슷한 어조로 시작된다. 마태복음 23장은 마태복음 5장처럼 "이에 예수께서 무리와 제자들에게 말씀하여 가라사대"(마 23:1)로 유사하게 시작한다. 마태복음 5장에서의 "축복"과 마태복음 23장에서의 "화"가 대조를 이루는 점도 유사하다. 이것은 단순한 우연이라고 말할 수 없는 것이다. 어떤 설명이 가능하겠는가? 이는 팔복을 받고 그대로 실천하지 않는 사람들에게는 마태복음 23장에 나오는 "화 있을 진저"의 내용이 그 사람에게 적용될 것임을 경고한다고 생각할 수 있다.

② 사역 초기에 그리스도께서 산상보훈을 통해 하나님 나라와 자신의 사역 전반의 원리를 제자들에게 설명해 주셨다. 사역 말기에는 예수님께서 "화"에 대한 교훈을 통해 하나님 나라의 원리를 무시한 자들이 받게 될 형벌을 설파하신 것이다. 산상설교에서는 바리새적인 경건, 가장된 종교성, 그리고 잘못된 신앙의 근거 등과 같은 것들이 두드러지는 것처럼, 사역 후기에서는 그와 같은 위선적 삶의 결과가 제시되고 있다.

산상보훈과 구약

① 산상설교가 신약보다는 구약적 특성을, 즉 은혜보다는 율법적 특성을 보다 더 지니고 있다는 주장들이 있어 왔으나, 사실은 전혀 그렇지 않다. 팔복이 복음의 본질인 것은 분명한 사실이다.

그리스도께서 그 당시의 사역 단계에서 가장 높은 수준의 복음을 사람들에게 말씀하실 수는 없었다. 무엇보다 그들이 복음을 이해할 수 있기 위해서는 계속적인 가르침이 필요로 되어졌던 것이다. 우리는 그리스도께서 사람들이 이해하기 어려운 깊은 진리들을 말씀하신 것으로 알고 있다. 그러나 그리스도께서는 말씀하실 때 듣는 이들의 마음을 고려하여, 사역 초기 단계에서 그들이 이해할 수 있는 말씀으로 자신의 가르치심을 펴셨던 것이다. 그리스도는 훌륭한 교수법의 규칙을 잘 이행하셨던 것이다. 주께서는 먼저 잘 알려진 구약의 원리와 가르침으로부터 이제 가르치고자 하는 새로운 것으로 가르침을 펴나가셨다.

② 산상보훈의 명칭

산상설교는 다음과 같은 명칭들로 불린다. 산상설교라는 명칭 이외에, "언덕 위에서의 설교", "메시아 선언서", "주님의 서언적 메시지", 그리고 "하나님 나라의 헌장" 등으로 불린다.[27] 특별히 산상설교를 하나님 나라와 관련짓는 이유는 산상설교의 대상인 청중들을 그리스도께서 이미 이 땅에 오심으로 현존하는 실체가 되어버린 하나님 나라의 시민들로서 이해하기 때문이다.

③ 산상보훈과 십계명

본 산상설교를 연구할 때는 반드시 십계명을 주신 사건과 비교하여야 한다. 이는 십계명이 구약 백성들을 지도하는 지침이었기 때문이다.

십 계 명	산 상 설 교
1. 시내산에서 주어짐	1. 갈릴리의 무명의 산에서 주어짐
2. 이스라엘의 광야생활의 첫 해 때	2. 그리스도의 사역 초기에(첫 해?)
3. 광야에서	3.경사진 풀밭에서의 설교
4. 영광과 권능 가운데 하나님으로부터	4. 큰 전시 효과 없이 인자의 말씀으로
5. 하나님께서 영광중에 내려오심	5. 그리스도께서 겸손한 모습으로 오심
6. 천둥과 번개가 수반됨	6. 조용하며, 낮은 사랑의 음성으로
7. 하나님과 일정 간격을 유지하지 않 으면 백성들이 죽게 됨	7. 사람들(제자들)이 말씀을 들으러 그리스도께 가까이 나아옴
8. 열 가지 계명들	8. 아홉 가지의 보훈들
9. 구약에 계시됨	9. 신약에 계시됨
10.육적 규범에 영적 영향 및 강조 점을 덧붙임	10.영적 규범 위에 육적인 함의를 더함

④ 우리는 하나님 나라의 시민이 누구이며, 그들의 본질 및 사역이 무엇인지, 그리고 하나님 나라가 어떻게 묘사되었는지에 대해 생각을 해보아야 한다. 이것들은 그리스도의 사역 전체와 가르침에 대해서 그리고 하나님 나라에 대해서 이해하기를 원하는 자이면 누구나 스스로 연구하여 답을 해야 할 중요한 의문들이다.

5. 백부장의 하인을 고치심(눅 7:1~10; 참조, 마 8:1, 5~13)

예수께서 모든 말씀을 백성에게 들려 주시기를 마치신 후에 가버나움으로 들어가시니라 어떤 백부장의 사랑하는 종이 병들어 죽게 되었더니 예수의 소문을 듣고 유대인의 장로 몇 사람을 예수께 보내어 오셔서 그 종을 구해 주시기를 청한지라 이에 그들이 예수께 나아와 간절히 구하여 이르되 이 일을 하시는 것이 이 사람에게는 합당하니이다 저가 우리 민족을 사랑하고 또한 우리를 위하여 회당을 지었나이다 하니 예수께서 함께 가실새 이에 그 집이 멀지 아니하여 백부장이 벗들을 보내어 이르되 주여 수고하시지 마옵소서 내 집에 들어오심을 나는 감당하지 못하겠나이다 그러므로 내가 주께 나아가기

---

27) 슈바이쳐는[A. Schweitzer, *The Mystery of the Kingdom of God*, trans. Walter Lowrie (New York: Schocken Books, 1964), p. 97] "하나님 나라에 들어가는 회개로서 산상보훈의 윤리 역시 임시 윤리이다"라고 하여 산상보훈을 천국 설립을 위한 임시 윤리로 말한다.

도 감당하지 못할 줄을 알았나이다 말씀만 하사 내 하인을 낫게 하소서 나도 남의 수하에 든 사람이요 내 아래에도 병사가 있으니 이더러 가라 하면 가고 저더러 오라 하면 오고 제 종더러 이것을 하라 하면 하나이다 예수께서 들으시고 그를 놀랍게 여겨 돌이키사 따르는 무리에게 이르시되 내가 너희에게 이르노니 이스라엘 중에서도 이만한 믿음은 만나보지 못하였노라 하시더라 보내었던 사람들이 집으로 돌아가 보매 종이 이미 나아있었더라 (눅 7:1-10, 개역개정).

누가복음 7:1~10은 예수님이 백부장의 종을 고쳐주신 사건을 소개한다. 산상설교를 마치신 후, 그리스도께서는 가버나움으로 되돌아오셨다. 아마도 휴식을 위해 그랬을 것으로 생각된다. 그러나 허다한 무리가 예수님을 계속 따라 다녔다. 우리는 예수님께서 산상설교를 마치신 후 나병환자를 고쳐주시고(마 8:2~4), 백부장의 하인의 중풍병을 고쳐주시며(마 8:5~13), 그리고 베드로의 장모의 열병을 고쳐주신 사실(마 8:14~17)에 주목하여야 한다. 나병환자는 이스라엘 백성들의 경배에 참여할 수 없고 사회생활도 함께 할 수 없는 천국 밖의 "외인" 중의 대표적인 인물이며, 백부장의 하인은 이방인으로 역시 이스라엘 공동체 밖의 "외인"이며, 베드로의 장모는 이스라엘 여인으로 이스라엘 남자들이 들어갈 수 있는 성전 안에 접근이 금지되었고 단지 "여인들의 뜰"까지만 들어갈 수 있는 "외인"이었다. 그런데 예수님은 이 모든 "외인들"을 천국의 백성으로 만들어 주셨다. 예수님은 산상보훈에서 하나님 나라의 백성이 어떻게 살아야 할 것을 가르쳐 주시고, 그 나라의 백성은 어떤 특정인만이 아니요 예수님의 은혜를 입은 모든 사람이 그 나라의 백성이 될 수 있음을 가르쳐 주신다.

누가복음에는 산상설교가 더 요약 된 형태로 누가복음 6:20~49에 나타난다. 헨드릭센은 누가복음 6장 마지막 구절과 누가복음 7장 처음 구절은 세 가지 점에서 밀접한 관계를 가지고 있다고 설명한다. 첫째, 지리적으로 산상보훈을 가르친 장소와 가버나움은 그렇게 먼 거리가 아니었다. 둘째, 연대적으로 보아 백부장의 하인을 고치신 사건은 산상보훈을 가르치신 직후일 것으로 생각된다(눅 7:1 참조). 셋째, 주제적으로 보아 누가복음 6장에서는 예수님 안에 있는 믿음은 흔들릴 수 없는 믿음임을 보여주고(눅 6:46~49), 누가복음 7장에서는 그런 훌륭한 믿음을 가진 사람의 실례를 보여주고 있다.[28]

---

28) Hendriksen, *The Gospel of Luke*, pp. 373-374.

기적을 행하신 목적

① 그리스도께서 백부장의 하인을 고치신 사건은 몇 가지의 목적이 있다. 산상설교의 가르침의 실제적 의미를 보여 주기 위함이었다. 백부장의 하인은 비록 이방인이었지만 하나님의 나라 백성이 되었다(마 8:10~11 참조). 이것은 가르침이란 행동으로 뒷받침되어야 할 필요가 있는 것임을 증거 해 준다. 그러기에 그리스도께서는 선한 활동을 펴시므로 이 교훈을 주고 계신 것이다.

② 백부장의 종을 고쳐주신 사건으로부터 직접 도출되는 또 다른 목적은 이방인 백부장의 깊은 신앙을 제시해주는데 있다. 주님께서 이스라엘에서 믿음을 보셨던 것은 사실이었다. 우리는 때때로 이 점을 간과하는데, 그것은 그리스도께서 사역을 하셨던 그 시기가 신앙에 관한 한 완전히 소진되어버린 것으로 생각하는데서 비롯되어진다. 그러나 이스라엘에도 믿음은 존재하였다. 그렇지만 주께서 직접 말씀하셨듯이 더욱 더 큰 신앙이 이 이방인에 의해 제시되어졌던 것이다.

③ 유대인들이라는 그 자체의 이유만으로는 하나님의 진리를 독점할 수 없음을 보여주기 위함이다. 실제에 있어서, 그들은 불신앙으로 말미암아 내쫓김을 받을 것이며, 이방인들이 그 자리를 차지하게 될 것이다. 백부장의 하인을 고쳐주신 이적은 종교적인 사람들에게 믿음으로 말미암아 의롭게 됨의 원리가 필요함을 보여주기 위함이다. 하나님께서는 아들을 통해 만물을 새롭게 하셨은 즉, 그 아들을 믿는 것은 사람들의 생사를 가름 하는 반석이 된다. 종교성 그 자체로는 결코 참으로 그가 기독교인임을 보장해주지 못하는 것이다.

본문 이해를 위해 주의할 사항

① 백부장의 하인의 병은 중풍병이었다. 그는 너무도 병이 중하여 예수님께 데려올 수도 없는 처지였다. 그날은 안식일이었으며, 병자는 그 곳에 주둔하고 있던 백부장의 하인이었다. 백부장은 100명의 병사를 거느렸다.[29] 렌스키가 폴리비우스(Polybius)로부터 인용하여 기록한 것에 따르면, 부대에서 가장 훌륭한 군인들이 그 직책에 임명이 되어졌으며,[30] 특별히 누가복음을 보면 신약에 등장하는 모든 백부장들은 "합당하니이다"(눅 7:4)라는 말로

---

29) 백부장은 100명을 상화하는 병력을 통제하였으며, cohort는 6개의 백부장 부대로 구성된 600여명의 부대원으로 이루어져 있었고, legion은 10개의 cohort 그러니까 6,000여명의 병력으로 구성되었다.

30) Lenski, *The Interpretation of St. Luke's Gospel*, p. 388.

밝혀졌듯이 존경을 받을 만한 사람들이었다. 이 성경 구절들이 이방인들에 의해 읽혀지도록 씌어졌던 것임을 생각할 때, 이들에 대해 이처럼 호의적인 표현이 있게 된 이유에 대해서는 충분한 납득이 가능하다. 기록자들은 공연히 이방인이 성경에 대해 반감을 갖는 것을 원치 않았던 것이다.

② 유대인들은 백부장의 종을 고쳐 주시는 것이 "합당하니이다"라고 말하고 있다(눅 7:4). 그런데 백부장 자신은 "감당하지 못하겠나이다"(눅 7:6)라고 말하고 있음을 보게 된다. 이어 예수님께서는 "이스라엘 중에서도 이만한 믿음은 만나 보지 못하였노라"(눅 7:9)고 말씀을 하셨다. 유대인들이 이 자에 대해 "합당한" 사람이라는 평가를 한 이유가 무엇이었을까?

첫째, 그는 유대 민족을 사랑한 자이었던 것이다. 아마도 그는 개종자이었을지 모른다. 이 이방인은 하나님의 백성들을 사랑했으며, 이 일로 인하여 그는 합당한 자가 된 것이다. 그는 하나님 백성들을 통하여 하나님에 대한 자신의 사랑을 분명히 드러내 보였다.

둘째, 그는 자신의 돈을 들여 유대인을 위한 회당을 지었다. 유대인이 아니었기 때문에 회당에서의 활동에 그가 참여할 수 있었는지에 대해서는 의문시되지만, 그럼에도 불구하고 유대인들이 그를 합당한 자라고 평가할 정도로 인정을 받고 있음은 하나님과 유대인들에 대한 그의 사랑을 보여주는 표지였다. 하지만 예수님께서는 그 사람이 합당한 자라는 사실에는 관심을 두지 않으신 채, 그의 신앙을 바라보셨다. 그렇다면 과연 무엇이 사람을 합당한 자로 여김을 받도록 하는가? 다시 말해 하나님 보시기에 합당하다는 것은 곧 하나님의 은총을 받을 수 있게 되었다는 것을 의미하는 것이므로, 이 질문은 다음과 같이 바꾸어 표현해볼 수 있을 것이다. 무엇이 하나님의 마음을 움직이게 하는가? 그것은 바로 하나님에 대한 그 사람의 믿음이었다. 그것으로 인하여 그는 의롭다 여김을 받게 되었다.

③ 백부장은 자신의 하인에 대한 병을 낫도록 하는 도움을 청하려고 그리스도께로 사람을 보냈을 때, 한 가지 문제에 직면케 되었다. 그것은 한편으로는 예수님께도 문제가 되는 것이기도 했다. 유대인인 예수님이 어떻게 죽어가는 이방인의 하인을 고치기 위하여 이방인의 집에 발을 들여놓을 수가 있단 말인가? 그 백부장은 답을 알고 있었다. 그것은 하나님으로서는

능치 못할 일이 없으시다는 사실의 믿음이었다. 바로 여기서 그의 믿음은 분명히 드러나게 된 것이다. 즉 그는 예수님께서도 능히 그런 장애를 처리하실 것으로 믿었던 것이다. 그는 그리스도가 하나님임을 인정하고 그리스도께서 자신의 집에 들어올 필요조차도 없다고 생각하였던 것이다. 다만 필요한 것은 그리스도께서 한마디 말씀을 하시는 것뿐이었다(마 7:7). 그것이면 모든 문제가 해결되는 것이다.[31]

즉각적이고 완전한 치유

백부장에 대하여 주님께서 한마디 말씀을 하시자 즉각적으로 치유가 이루어졌다. 마태복음에는 치유를 위한 말씀이 언급되어 있으나, 누가복음에는 빠져있다. 이것은 물론 이 부분에 대한 성경의 강조점이 치유에 있었던 것이 아니라 백부장의 믿음에 있었기 때문이다. 그리하여 스스로도 권세를 지니고 있었으면서, 사람들을 좇지 않고 그리스도와의 관계성을 붙좇았던 한 사람이 소개되기에 이른 것이다. 그리스도는 만유의 주이시다. 그러기에 그가 단지 말씀만 하시면 모든 것들은 그대로 이루어진다.

6. 세례 요한의 의심과 예수님의 세례 요한에 대한 증거(눅 7:18~35; 참조, 마 11:2~19)

요한의 제자들이 이 모든 일을 그에게 알리니 요한이 그 제자 중 둘을 불러 주께 보내어 이르되 오실 그이가 당신이오니이까 우리가 다른 이를 기다리오리이까 하라 하매 그들이 예수께 나아가 이르되 세례 요한이 우리를 보내어 당신께 여쭈어 보라고 하기를 오실 그이가 당신이오니이까 우리가 다른 이를 기다리오리이까 하더이다 하니 마침 그 때에 예수께서 질병과 고통과 및 악귀 들린 자를 많이 고치시며 또 많은 맹인을 보게 하신지라 예수께서 대답하여 이르시되 너희가 가서 보고 들은 것을 요한에게 알리되 맹인이 보며 못 걷는 사람이 걸으며 나병환자가 깨끗함을 받으며 귀먹은 사람이 들으며 죽은 자가 살아나며 가난한 자에게 복음이 전파된다 하라 누구든지 나를 인하여 실족하지 아니하는 자는 복이 있도다 하시니라 요한이 보낸 자가 떠난 후에 예수께서 무리에게 요한에 대하여 말씀하시되 너희가 무엇을 보려고 광야에 나갔더냐 바람에 흔들리는 갈대냐 그러면 너희가 무엇을 보려고 나갔더냐 부드러운 옷 입은 사람이냐 보라 화려한 옷을 입고 사치하게 지내는 자는 왕궁에 있느니라 그러면 너희가 무엇을 보려고 나갔더냐 선지자냐 옳다 내가 너희에게 이르노니 선지자보다도 훌륭한 자니라 기록된 바 보라 내가 내 사자를 네 앞에 보내노니 그가 네 앞에서 네 길을 준비하리라 한 것이 이 사람에 대한 말씀이라 내가 너희에게 말하노니 여자가 낳은 자 중에 요한보다 큰 자가 없도다 그러나 하나님의 나라에서는 극히 작은 자라도 그보다 크니라 하시니 모든 백성과 세리들은 이미 요한의 세례를 받은지라 이 말씀을 듣고 하나님을 의롭다 하되 바리새인과 율법교사들은 그의 세례를 받지 아니하므로 그들 자신을 위한 하나님의 뜻을 저버리니라 또 이르시되 이 세대의 사람을

---

31) Hendriksen, *The Gospel of Luke*, p. 377.

무엇으로 비유할까 무엇과 같은가 비유하건대 아이들이 장터에 앉아 서로 불러 이르되 우리가 너희를
향하여 피리를 불어도 너희가 춤추지 않고 우리가 곡하여도 너희가 울지 아니하였다 함과 같도다
세례 요한이 와서 떡도 먹지 아니하며 포도주도 마시지 아니하매 너희 말이 귀신이 들렸다 하더니
인자는 와서 먹고 마시매 너희 말이 보라 먹기를 탐하고 포도주를 즐기는 사람이요 세리와 죄인의
친구로다 하니 지혜는 자기의 모든 자녀로 인하여 옳다 함을 얻느니라 (눅 7:18-35, 개역개정).

본문 이해를 위한 배경

누가복음 7:18~35은 예수님의 세례 요한에 대한 증거를 기록한다. 세례
요한이 옥에 갇힌 일이 마태복음 14:3~5, 마가복음 6:17~20, 누가복음
3:19~20에 서술되어 있다. 예수님께서 여기 저기 다니시며 자유로이 자신의
사역을 이루고 계실 때, 세례 요한은 감옥에서 괴로운 나날을 보냈어야만
했다. 요단강가에서 말씀을 선포하고 가르침을 베푸는 능력의 일을 행할
수 있었던 세례 요한과 같은 귀한 사람이 이제 감옥에 갇혀 있어야만 한다는
것을 생각할 때, 참으로 하나님의 방식은 이해하기가 어렵다. 하나님의
계획은 세례 요한이 옥에 갇히도록 하시는 것이었다. 이것이 주님을 위한
세례 요한의 사역이었던 것이다. 예수님께서 말씀을 선포하시기 위하여
역사의 무대에 등장하시자 하나님께서는 세례 요한을 무대에서 퇴장시키셨
던 것이다. 이렇게 함으로 두 사람의 제자들 사이에 있을 수 있었던 경쟁을
피할 수 있었을 것이다. 우리가 아는 대로 두 사람이 같은 시기에 활동하고
있었을 때에 예수님의 제자들에 의해 세례 받은 사람들이 요한의 제자들에
의해 세례 받은 사람들보다 많다는 사실에 대해 약간의 논쟁적 다툼이
있기도 하였던 것이다(요 3:26~30).

세례 요한이 수감된 이유는 헤로디아와 헤롯과의 부도덕한 생활 관계로
인하여 세례 요한이 헤롯을 심히 비난하였기 때문이었다. 헤롯은 세례 요한을
두려워했다. 헤로디아는 세례 요한에 대한 증오심에서 헤롯에게 부탁하여
세례 요한을 옥에 가두게 하였다. 요한이 감금되어 있던 곳은 마카이루스
(Machairus) 요새였다.[32]

누가복음 7:20에 기록된 것처럼 세례 요한의 제자들이 예수님께 나아왔을
때, 주님께서는 여러 기적들을 분주히 베풀고 계셨다. 이는 세례 요한에게
가르침을 주시기 위한 하나의 실물 학습(object lesson)의 성격을 지닌 것이었

---

32) Josephus, *Antiquities*, 18, 5, 2. Macherus 요새라고도 불린다.

다. 세례 요한에게 주는 답변에서 예수님께서는 심판에 대한 언급(사 35:4)은 하지 않으셨으나, 마치 세례 요한에게 복수의 일은 하나님께 맡겨 놓아야 한다는 말씀을 주시는 것처럼 긍휼과 자비의 사역을 보여주셨다.

요세푸스는 헤롯이 세례 요한을 감금한 이유가 세례 요한을 따르던 사람들이 헤롯에 대항하여 폭동을 일으키지 않을까하는 두려움 때문이었다고 쓰고 있다. 헤롯은 자신의 왕위를 빼앗기게 될까하는 두려움 때문에 현실적인 세력은 물론 예상되는 세력까지 망라한 모든 반대 세력들을 제거하고자 애를 썼던 것이다. 헤롯이든 혹 헤로디아이든 간에 이들이 세례 요한을 감금시킨 것은 분명하다. 왜냐하면 세례 요한이 담대하게 이들의 부도덕한 생활에 대해 진리를 외쳤기 때문이다. 게다가 서기관들과 바리새인들이 세례 요한을 감금하도록 헤롯을 부추기었을 가능성도 있는 것이다. 그 근거는 다음에서 찾을 수 있다.

첫째, 요한복음 1:19에 보면, 유대인들이 세례 요한을 알아보기 위해 사람들을 보낸 기록이 나오는데, 그것이 결코 우호적인 데에서 비롯된 것은 아니었다.

둘째, 누가복음 13:31, 32에 예수님께서는 바리새인들을 헤롯의 앞잡이로 선언하고 계신다.

① 세례 요한의 의심이 왜 생겼는지를 고찰하는 것이 유익하다.

첫째, 먼저 세례 요한의 의심은 구속 역사의 전체적인 완전한 구도를 미처 알지 못한데서 비롯되기도 한다. 그러나 그것을 알고 계신 분은 하나님 한 분이심으로, 의심은 반드시 하나님에 대해 순수하고도 완전한 신뢰감을 가질 때에라야 해결될 수가 있다. 세례 요한은 잠시 의심한 것이지 계속적으로 의심한 것은 아니다.

둘째, 의심은 헌신과 신앙의 요구에 대해 이를 의식적으로 거부한다는 측면에서 일종의 불신앙이기도 하다. 의심은 또한 말씀의 진리를 맛보거나 시험해 보지 않는데서 비롯되기도 한다.

② 예수님께서는 세례 요한의 제자들의 물음에 대한 답변에서 두 가지 것을 제시하셨다.

첫째, 세례 요한은 자신의 두 눈으로 주를 볼 때, 메시아를 지나치게 심판자의 모습으로만 보는 우를 범하였으며, 그러기에 그는 예수님께서 또한 많은 선행을 베푸시는 이시기도 하다는 사실을 깨달아야 하였다.

둘째, 예수님께서는 많은 이들이 실족케 될 것이나, 예수님의 참된 실재를 보는 자들에게 복이 있음을 넌지시 말씀하셨다. 오직 하나님의 계시를 통해 믿음을 지닐 때라야 그와 같은 사실을 알아볼 수 있게 될 것이다.

세례 요한이 의심하였으리라는 것은 사실일 수도 있겠으나, 이를 이유로 세례 요한이 믿음이 없었다고 비난하여서는 안 된다.[33] 세례 요한은 언제 생명을 마감할 시간이 임박할지 알 수 없는 상황에서 감옥에 홀로 있음으로 의문이 생기기 시작하였다. 세례 요한은 예수님의 입과 손으로부터 나온 모든 일들을 보고 들었을 때 예수님이 메시아 인지에 대한 회의를 갖게 되었다. 그리하여 그는 자신의 제자 두 사람을 예수님에게 보내어 한 가지 질문을 하였다. 그는 오신 예수님을 완전하게 이해하지 못하였던 것이다.

물론 세례 요한에게는 예수님의 대열에 합류하지 않은 제자들이 여전히 있었다. 과도기란 실로 어려운 때이다. 이들 제자들이 예수님에 대해 어떤 반감이나 질투를 지니고 있었을까? 이들이 그때까지도 여전히 다니며 설교하여 예수님의 길을 예비하고 있었을까? 이러한 질문들에 대한 해답이 우리에게는 주어져 있지 않다.

세례 요한의 질문

먼저 결정을 내려야 할 사항은 세례 요한의 의심이 어떤 성격을 지닌 것인가 하는 의문이다. 세례 요한은 그리스도가 오신다고 하신 바로 그 메시아인지 아니면 다른 이를 기다려야 하는지를 물었다. 그 상황은 세례 요한이 그리스도에게 사람을 보내어 직접 알아보려는 것으로 희망적으로 그려지고 있다. 세례 요한의 마음은 일단 보기에는 예수님이 그리스도라고 믿는 그런 상태에 여전히 있는 것 같다. 그런고로 그는 직접 그리스도에게로 향하였으나, 그에게로 전달된 예수님의 사역에 대한 소식들로 말미암아 그는 의심스런 생각을 갖게 되었다. 그는 심판을 기대해 왔었다. 사실,

---

33) 박윤선 『공관복음』(서울: 영음사, 1981), p. 268. 박윤선 박사는 "세례 요한이 옥고를 당하던 중에서 일시적인 의심이 일어나는 시험에 빠진 것으로 보여지는 것뿐이고, 결코 그의 인격의 변절은 아니다"라고 해석한다.

세례 요한은 진리와 공의의 실현을 이루게 될 메시아가 자신을 해방시켜줄 것으로 기대 했었을 지도 모른다. 그는 부당하게 감금이 되어 있었기 때문이다. 그런데 세례 요한이 예수님을 의심하게 된 것은 심판과 저주의 예언은 당장 이루어지지 않고 예수님의 재림 때에 이루어진다는 사실을 바로 이해하지 못했기 때문이다. 예수님이 심판을 하시겠지만 은혜의 시기를 허락하신 후에 심판을 하실 것이다.[34]

그리스도의 사역

세례 요한의 제자들이 예수님께 이르렀을 때, 마침 주께서는 긍휼의 손길을 더 많이 베푸신 것처럼 보인다(21절 참조). 누가복음 7:21은 그리스도의 마음을 그대로 보여주는 것이다. 세례 요한은 메시아가 오셔서 심판을 하실 것이라 생각을 했는데, 주께서는 은혜와 긍휼을 베푸셨다. 달리 말해서, 세례 요한의 의심은 잘못된 전제에서 기인되었다. 세례 요한은 하나님의 마음을 바르게 읽을 수 없었다. 예수님께서는 구약성경 가운데 이사야 61:1 이하에 기록된 부분을 인용하여 세례 요한의 제자들에게 답변을 해주셨다. 세례 요한은 치유와 사랑, 곧 회복의 측면을 깨달아야 했던 것이다.

실족에 대한 그리스도의 메시지

"누구든지 나로 말미암아 실족하지 아니하는 자는 복이 있도다"(눅 7:23, 개역개정). 의심하게 함은 어떠한 의미를 지니는가? 그것은 다른 이들에게 신앙의 걸림돌을 제공하는 것이다. 실족하는 자는 설치된 덫에 걸려 죽임을 당하게 된다. 실족함은 단순히 신앙의 걸림돌을 제공하는 것 이상의 의미를 지닌다. 그것은 회복할 수 없는 치명적인 죽음이다.

세례 요한에 대한 그리스도의 증거

① 그리스도의 질문

그리스도께서는 "너희가 무엇을 보려고 나갔더냐"고 세 번이나 물으셨다(눅 7:24~26). 그들은 바람에 흔들리는 사람을 보러 나갔던 것일까? 그들은

---

34) Hendriksen, *The Gospel of Luke*, p. 393.

세례 요한에게서 인기를 좇아 여론에 굴복하는 사람의 모습을 보기를 기대했었을까? 그들은 선지자를 보러 나갔던 것일까? 그들은 강한 영향력을 지닌 능력의 사람을 보러 나간 것일까? 여기 선지자보다 나은 자가 계신다. 세례 요한은 그리스도에 대해 증거 한 구약 선지자들 중에 가장 위대한 사람이다. 그들은 부드러운 옷을 입은 사람을 보러 나갔는가? 그렇다면 그들은 잘못된 장소에 와 있는 것이다. 그런 사람들은 아름다운 왕궁에서 살고 있으며 세례 요한은 들에서 살았던 것이다.

② 그리스도의 찬사

그리스도는 권위 있게 "내가 너희에게 말하노니"라고 말씀하셨다. 주께서는 이들에게 계속해서 지속되어질 인상을 남기기를 원하셨다. 예수님은 "여자가 낳은 자 중에 세례 요한보다 큰 이가 일어남이 없도다 그러나 천국에서는 극히 작은 자라도 그보다 크니라"(마 11:11, 개역개정)고 말함으로 세례 요한과 천국에서의 작은 자를 비교하신다. 이 비교는 인격적인 비교가 아니요, 사역적인 비교도 아니다. 이 비교는 예수님 중심적인 비교이다. 세례 요한은 예수님을 가리키고 준비하는 구약의 선지자이다. 천국에서의 작은 자는 예수님이 이루신 천국에 속한 자이다.

천국에서는 극히 작은 자라도 세례 요한보다는 크다. 왜냐하면 그들은 신약의 계시로 인해 새로운 것들을 보게 될 것이며, 세례 요한이 이해하지 못함으로 의심했던 것을 믿기 때문이다. 세례 요한은 실로 위대한 인물이기는 하지만, 천국에서는 가장 작은 자라도 세례 요한에게 보도록 허락이 되지 않았던 것, 곧 십자가 죽음을 당하시고, 부활하신 구세주를 볼 수 있다는 측면에서 볼 때, 그의 상대적 작음이 비교되어 잘 드러난다. 여자가 낳은 자 중에 세례 요한이 제일 크다는 사상은 천국에서 극히 작은 자가 세례 요한보다 크다는 사상을 조종하며 그 반대의 경우도 마찬가지이다. 예수님의 이 말씀은 구속 역사적인 입장에서 세례 요한의 기능을 이해할 때만 그 뜻이 분명해진다. 세례 요한은 구속 역사에 있어서 가장 가까운 처지에서 예수님의 선구자 역할을 한 것이다.[35]

박윤선 박사는 세례 요한이 모든 인류 중 위대한 이유를 두 가지로 설명했다.

---

35) C.K. Lehman, *Biblical Theology : New Testament*, Vol. 2 (Scottdale: Herald Press, 1974), p. 88.

첫째는 세례 요한의 사역의 탁월성을 지적한다.

둘째는 메시아 중심적으로 세례 요한을 평가하는 것이다. "여기 사람의 크고 작음에 관한 표준은 그 인격이 잘나고 못난 것에 관계된 것도 아니고, 내세에 받을 영광의 대소 문제에 관계된 것도 아니고 오직 현세에 있어서 그리스도의 계시에 대한 접촉의 징도 여하를 본위로 한 것이다. 그리므로 이 말씀은, 실질에 있어서 세례 요한 자신의 위대를 염두에 둔 것이 아니고 그리스도의 신약적 계시를 극히 놀랍게 여기시는 의미로 하신 말씀이다."[36]

예수님께서 세례 요한의 질문에 직접적으로 답변하시지를 않았다는 사실을 주목해야 한다. 주께서는 사실상 "요한아, 어찌하여 그와 같은 것을 묻느냐? 그 대답은 내가 세례를 받을 때, 내가 하나님의 아들이라고 선언됨으로 이미 주어진 것이다"라고 말씀하신 것이다. 혹자는 세례 요한이 그 소리를 듣지 못했을 것이라고 생각을 하지만, 분명 세례 요한 자신은 그 소리를 들어 알고 있었음에 틀림이 없다. 왜냐하면 그는 요한복음 1:29과 1:36에서 "보라, 세상 죄를 지고 가는 하나님의 어린 양이로다"라고 쓰고 있기 때문이다.

아울러, 의심의 문제는 대체로 하나님의 말씀을 연구함으로써, 그리고 실제로 그 가르침대로 삶을 살아봄으로써 해결될 수도 있다는 사실을 주목할 필요가 있다. 의심에 대한 가장 효과적인 치료책은 하나님을 줄곧 신뢰하면서, 주를 위해 나아가 분주히 일을 하는 것이다.

---

36) 박윤선, 『공관복음』, p. 271.

제10장

죄와 자연과 귀신들에 대한 그리스도의 권세

1. 예수님으로부터 질책 받은 도시들(마 11:20~30)

예수께서 권능을 가장 많이 베푸신 고을들이 회개하지 아니하므로 그 때에 책망하시되 화 있을진저 고라신아 화 있을진저 벳새다야 너희에게서 행한 모든 권능을 두로와 시돈에서 행하였더라면 그들이 벌써 베옷을 입고 재에 앉아 회개하였으리라 내가 너희에게 이르노니 심판 날에 두로와 시돈이 너희보다 견디기 쉬우리라 가버나움아 네가 하늘에까지 높아지겠느냐 음부에까지 낮아지리라 네게 행한 모든 권능을 소돔에서 행하였더라면 그 성이 오늘까지 있었으리라 내가 너희에게 이르노니 심판 날에 소돔 땅이 너보다 견디기 쉬우리라 하시니라 그 때에 예수께서 대답하여 이르시되 천지의 주재이신 아버지여 이것을 지혜롭고 슬기 있는 자들에게는 숨기시고 어린 아이들에게는 나타내심을 감사하나이다 옳소이다 이렇게 된 것이 아버지의 뜻이니이다 내 아버지께서 모든 것을 내게 주셨으니 아버지 외에는 아들을 아는 자가 없고 아들과 또 아들의 소원대로 계시를 받는 자 외에는 아버지를 아는 자가 없느니라 수고하고 무거운 짐진 자들아 다 내게로 오라 내가 너희를 쉬게 하리라 나는 마음이 온유하고 겸손하니 나의 멍에를 메고 내게 배우라 그리하면 너희 마음이 쉼을 얻으리니 이는 내 멍에는 쉽고 내 짐은 가벼움이라 하시니라 (마 11:20–30, 개역개정).

심판의 필요성과 타당성

마태복음 11:20~30은 예수님을 받아들이지 못하는 유대의 도시들을 예수님이 질책하신 사건을 다룬다.

① 예수님의 사역과 메시지에서 종종 간과되는 한 가지 측면은 심판에 관한 것이다. 죄가 세상에 들어옴과 동시에 심판도 들어왔다. 어디를 살펴보아도 온통 심판만이 있을 뿐이다. 세상은 끊임없이 심판을 낳고, 인간의 양심은 계속적으로 정죄를 하며, 그리고 창세기로부터 계시록까지의 하나님 말씀은 심판에 대해 말씀하시고 있다. 실로 예수님의 오심은 심판을 초래하게 되는 것이다. 요한복음 3:19에는 "그 정죄는 이것이니 곧 빛이 세상에 왔으되 사람들이 자기 행위가 악하므로 빛보다 어둠을 더 사랑한 것이니라"(개역개정)고 기록되어 있다.

그러나 예수 그리스도의 강림은 정죄를 위한 것이 아니요 구원을 위한 것이다. 정죄와 심판이 필요한 것은 인간 자신의 잘못된 행위 때문이다. 왜냐하면 "하나님이 그 아들을 세상에 보내신 것은 세상을 심판하려 하심이 아니요 그로 말미암아 세상이 구원을 받게 하려 하심"(요 3:17, 개역개정)이기 때문이다. 또 요한복음 8:11에서 보듯, 간음하다 잡혀 온 여인을 향하여 "나도 너를 정죄하지 아니하노니 가서 다시는 죄를 범치 말라"고 하신 주님의 말씀에서도 위의 사실이 확인된다.

세상이 정죄하며, 성경이 정죄하며, 인간의 양심도 또한 정죄한다. 예수 그리스도께서는 세상에 오심으로 죄와 심판에 빛을 던져 주었다. 주께서 귀신들을 내어 쫓으시므로, 이것들이 돼지에게로 들어가 바다로 달려들어 모두 익사해버린 사건은 주께서 이따금 행하셨던 심판의 행위를 보여준다. 그것은 '심판'에 대한 실물 학습이었던 것이다. 그러나 이와 같은 심판의 행위와 말씀 속에서 조차도 그리스도의 오심은 사람들을 회개로 이끌게 하시기 위한 긍휼과 은혜를 그 속에 담고 있다.

그러한 측면에서 볼 때, 몇몇 도시들을 향하셨던 그리스도의 질책 역시 사랑의 마음에서 비롯된 격한 말씀으로 이해되어야 한다. 인간적으로 말해, 주께서 말씀하신 저주의 말씀조차도 사람들을 회개로 이끄시기 위함이었던 것이다. 그러나 성경은 다른 곳에서 "그러나 너희들은 회개하지 않았다"라고 쓰고 있다.

② 예수님의 심판은 이방 사람들에게가 아니라 이스라엘에게 내려진 것이다. 흥미 있는 사실은 예수님께서 이방인들에게는 심판의 설교를 하시지 않았다는 것이다.

브루너(Bruner)는 "예수님의 심한 경고의 말씀이나 지옥에 대한 잦은 언급은 모두 특혜를 받은 사람들을 위해, 하나님의 옛 백성과 새로운 백성을 위해, 스스로 자신들은 하나님의 나라 안에 속했다고 생각하는 사람들을 위해 지정되어 있었다. 잘 알려진 사실은 마태의 묘사에 따르면 산상보훈의 설교자요 자비의 화신인 예수님이, 세례 요한을 제외하고, 신약의 다른 어떤 인물보다 심판과 지옥의 심각성에 대해 더 많이 설교했다는 점이다. 그러나 동등하게 중요한 것은 예수님이 심판의 메시지를 누구에게 설교했느냐는 문제이다. 예수님의 심판의 메시지는 우리들의 상상과는 달리 밖에 있는 사람들이 아닌 안쪽에 있는 사람들에게 향한 것이요, 회개의 필요를 가진 사람들이 아닌 이미 회개했다고 생각하는 사람들에게 향한 것이었다."[1] 라고 지적했다.

③ 본문의 병행 구절은 누가복음 10:13~15이다. 누가복음의 구절은 그리스도께서 70명의 제자들을 보내시면서, 그들에게 그리스도의 오심을 알리고 하나님 나라의 메시지를 전파하라는 말씀을 담고 있다. 누가복음의 맥락은 하나님 나라의 복음을 받지 않는 도시가 심판 날에 얼마나 견디기 어려울 것임을 생생하게 설명하고 있다.

심판의 메시지(마 11:20~24)

① 마태복음 11:20에서 사용한 "책망"이라는 용어는 "질책(upbraid)"이라는 의미이다. 이 말은 어떤 그릇된 행동들에 대해서 가혹하게 나무라거나 심판하는 의미를 지닌다. 유순한 주님이시지만 주님이 베푸시는 복을 거절하는 사람들에게는 질책을 하시는 능력의 주님으로 나타난다. 주께서 이와 같은 말씀을 하신 이유는 이들 도시들에 들어가 놀라운 기적들을 베푸셨음에도 불구하고 그들이 주를 향한 완악한 태도를 여전히 견지하고 있었기 때문이었다.

렌스키는 본문에 기적을 표현하는 말이 신앙을 심어주기 위한 의도를 담고 있는 "권능의 기적"이었을 것이라는 생각을 내놓았다.[2] 본문은 그리스도께서 자신의 인격이나 말씀에 대해 언급을 하셨다는 흔적을 보이지 않는다. 본문은 이적을 "권능"(δυνάμεις)으로 묘사 한다. 이는 주께서 이들을 자신에게로 돌이키기 위하여 가장 심오한 수단을 사용하셨다는 뜻이다. 그런데 그들은 이것조차도 거부하고 말았다. 주께서는 이 도시들에게 가장 좋은 것을 내어주었건만, 그들은 주님을 거부하였던 것이다. 이제 그들에게는 심판이 미칠 것이라는 것을 이해할 수 있을 것이다.

바클리(Barclay)는 고라신, 벳새다, 가버나움의 죄를 망각의 죄, 무관심의 죄, 그리고 무행동의 죄 세 가지로 요약했다.

---

1) Bruner, *The Christbook : Matthew 1-12*, p. 424.
2) Lenski, *The Interpretation of St. Matthew's Gospel*, p. 444.

첫째, 그들의 죄는 특권에 대한 책임을 망각한 죄이다. 두로와 시돈 혹은 소돔과 고모라에 주어진 특권보다 갈릴리에 있는 도시들에게 더 많은 특권이 주어졌는데 그들은 그 특권에 대한 책임을 잊어버린 것이다.

둘째, 그들의 죄는 무관심의 죄이다. 이 도시들은 예수님을 공격하거나, 쫓아내거나, 십자가에 못 박으려 하지 않았다. 그러나 그들은 예수님을 무시해 버린 것이다. 하나님의 아들을 무시하고 관심을 보이지 않은 죄는 큰 죄에 해당하는 것이다.

셋째, 그들의 죄는 아무것도 하지 않은 죄이다. 사람은 무슨 일을 행함으로 죄를 범할 수 있고, 아무것도 하지 않고 가만히 있음으로 죄를 범할 수 있다. 고라신과 벳새다, 가버나움의 사람들은 아무것도 하지 않음으로 죄를 지은 것이다.[3]

② "화(woe)"는 "복(blessed)"의 반대로 심판의 저주이다. 여기서 또 다시 우리는 온유하신 주님께서 가혹하면서도 통렬한, 심판으로 가득 찬 말씀들을 쏟아 붇고 있는 모습을 발견케 된다. 이제 달래고, 간구하며, 구슬리는 일이 의롭게 받아들여질 수 없는 때가 온 것이다. 거짓된 가장이 없도록 하기 위하여 살을 베는 통렬한 질책의 말이 발언되어야만 했다. 결국에 이 도시들은 아무도 자신들에게 잘못되어 있음을 말해주는 이가 없었다는 변명을 한마디도 늘어놓을 수가 없을 것이다.

③ 그리스도께서는 만일 본문에 언급된 이방인 도시에서 기적이 실제로 베풀어졌다면 그들이 회개하였을 것이라고 말씀을 하셨다. 죄로 말미암아 파멸을 당했던 도시들이 만일 주께서 베푸신 기적을 보았더라면 회개하였을 것이라는 사실에 대해 생각을 해보라. 주께서 사역을 하셨던 도시들이 얼마나 완악하였던가! 우리가 살고 있는 이 세대와 오늘날에 미칠 저주는 어떠하겠는가! 복음이 전파된 지 수세기가 지난 오늘에 사는 우리들의 경우, 만일 그토록 위대한 구원을 외면한다면 우리에게 미칠 심판은 얼마나 클 것인가!

④ 심판의 선언을 받은 도시들은 고라신, 벳새다, 가버나움 등이다.

---

3) William Barclay, *The Gospel of Matthew*, Vol. 2 (Philadelphia: The Westminster Press, 1975), pp. 12–13.

고라신은 성경 전체 가운데 이곳에서만 심판의 말씀을 받은 상태로 등장한다 (눅 10:13~16, 이것은 동일한 사건이다). 벳새다와 함께 고라신은 갈릴리 바닷가에 위치하고 있었으며, 이 두 도시는 지중해 해안가에 있던 이방의 두 도시 두로와 시돈과 비교되고 있다. 가버나움은 그리스도의 가족들이 살았으며, 또 그리스도께서 많은 시간을 보내셨던 도시였다. 가버나움은 예수님의 갈릴리 사역 중심지였다. 그 도시는 구약의 소돔과 비교되고 있다. 그러나 예수님께서 복음을 전하셨던 이 도시들은 이방의 사악한 도시들보다 더 가혹한 심판의 고통을 당하게 될 것이다. 가버나움에 내려질 심판은 이사야 선지자가 음부에까지 낮아지는 파멸을 당할 것이라고 바벨론에 예언하였던 것(사 14:15~17)과 동일한 것이 되었다. 가버나움에 내려진 심판은 가장 혹독한 것이었는데, 그것은 가버나움에서 베푸신 은혜가 많았으나 그들이 이를 배척하였기 때문이었다.4)

심판에는 개개인들에게 향한 심판이 있을 뿐만 아니라 공동체적으로 당하는 심판도 있음을 주목하여야 한다. 예수님은 '심판의 날'에 대한 믿음과, 그리고 하늘나라와 지옥에 대한 믿음을 분명히 보여주고 있다. 이 두 가지 사실 중 어느 것은 믿으나 다른 하나는 믿지 않는다면 이는 예수님의 말씀에 도전하는 것이다. 주님만이 기독교의 창시자이시며 근거이시다. 마태복음에는 음부라는 말이 본 절(마 11:23)에 언급되었으며 마태복음 16:18에 한 번 더 언급되고 있다.

희망의 메시지(마 11:25~30)

누가복음은 이 본문을 70명의 제자가 돌아와 보고한 것과 연결시켜 기록하고 있다(눅 10:17~22). 어떤 점에서는 이 말씀이 주어진 때가 정확히 언제인가 하는 것은 별로 중요하지 않다. 성령께서 우리를 위로하고자 이 말씀을 앞의 본문에 연결하여 주신 것으로 믿는다. 사악한 무리들에게는 무시무시한 심판이 다가올 것이나, 그리스도와 살아있는 관계를 유지한 사람들에게는 이 심판이 면제될 것임을 말해준다. 우리가 주의 멍에를 메게 될 때, 우리는

---

4) 가버나움은 그 지역에서 가장 번창한 도시였다. 예수님께서 "가버나움아 네가 하늘에까지 높아지겠느냐 음부에까지 낮아지리라"(마 11:23)라고 말한 것은 심한 냉소적인 특성을 담고 있다.

그것이 쉽고 그 짐이 가벼움을 알게 될 것이다.

브루너는 "교회 공동체 안의 모든 교인은 예수님을 소유했다. 왜냐하면 예수님은 말씀과 교제와 성례에 임재하시기 때문이다. 그러나 예수님은 교회 공동체 안의 모든 교인을 소유하고 계시지 않는다. 예수님은 기적적인 은혜의 영향아래에서 실제적으로 변화되어가고 있는 바로 그런 사람들만을 소유하고 계신다"[5]라고 성도들이 그리스도와 계속적으로 살아있는 관계를 유지하는 것이 중요함을 지적했다.

그리스도께서는 더 나아가 아버지 하나님이 이 같은 사실을 어린아이들에게 나타내셨다고 말씀하신다. 이 계시의 진리를 받기 위해서는 어린아이들처럼 순진해야만 한다. 예수님은 "너희가 돌이켜 어린아이들과 같이 되지 아니하면 결단코 천국에 들어가지 못하리라"(마 18:3, 개역개정)고 가르치신다. 바로 다음 절인 마태복음 18:4에서 예수님은 "누구든지 이 어린아이와 같이 자기를 낮추는 사람이 천국에서 큰 자니라"(개역개정)고 말씀하시므로 천국에 들어갈 자들이 어린아이처럼 순진하고 겸손해야 함을 가르치고 계신다.

마태복음 10:15에는 다음과 같이 씌어 있다. "내가 진실로 너희에게 이르노니 심판 날에 소돔과 고모라 땅이 그 성보다 견디기 쉬우리라."(개역개정). 예수님은 복음을 받지 않는 성이 심판 날에 엄격한 심판을 받을 것임을 확실히 하신다. 하지만 예수님은 백성들에게 소망과 위로의 메시지를 주신다. 이 세상에서의 삶은 "수고"가 있고, "무거운 짐"이 억누르는 삶이다. 예수님은 그를 아는 백성들은 이런 고난의 과정을 홀로 걸어가지 않을 것을 분명히 한다. 예수님은 "나는 마음이 온유하고 겸손하니 나의 멍에를 메고 내게 배우라"(마 11:29, 개역개정)고 초청하신다. 멍에는 두 사람이 함께 메도록 되어 있다. 우리가 멍에를 지고 있을 때, 예수님께서 우리 곁에 다가와 멍에를 함께 지고 가신다. 결국 주께서 '나의 멍에'를 메라고 말씀하실 때, 그것은 우리가 홀로 메는 것이 아니라, 주님과 함께 메고 나아가는 것이다.

---

5) Bruner, *The Christbook : Matthew 1-12*, p. 425.

2. 예수님과 죄 많은 여인의 회개(눅 7:36~50)

한 바리새인이 예수께 자기와 함께 잡수시기를 청하니 이에 바리새인의 집에 들어가 앉으셨을 때에 그 동네에 죄를 지은 한 여자가 있어 예수께서 바리새인의 집에 앉아 계심을 알고 향유 담은 옥합을 가지고 와서 예수의 뒤로 그 발 곁에 서서 울며 눈물로 그 발을 적시고 자기 머리털로 닦고 그 발에 입 맞추고 향유를 부으니 예수를 청한 바리새인이 이것을 보고 마음에 이르되 이 사람이 만일 선지자더면 자기를 만지는 이 여자가 누구며 어떠한 자 곧 죄인인 줄을 알았으리라 하거늘 예수께서 대답하여 이르시되 시몬아 내가 네게 이를 말이 있다 하시니 그가 이르되 선생님 말씀하소서 이르시되 빚 주는 사람에게 빚진 자가 둘이 있어 하나는 오백 데나리온을 졌고 하나는 오십 데나리온을 졌는데 갚을 것이 없으므로 둘 다 탕감하여 주었으니 둘 중에 누가 그를 더 사랑하겠느냐 시몬이 대답하여 이르되 내 생각에는 많이 탕감함을 받은 자니이다 이르시되 네 판단이 옳다 하시고 그 여자를 돌아보시며 시몬에게 이르시되 이 여자를 보느냐 내가 네 집에 들어올 때 너는 내게 발 씻을 물도 주지 아니하였으되 이 여자는 눈물로 내 발을 적시고 그 머리털로 닦았으며 너는 내게 입맞추지 아니하였으되 그는 내가 들어올 때로부터 내 발에 입 맞추기를 그치지 아니하였으며 너는 내 머리에 감람유도 붓지 아니하였으되 그는 향유를 내 발에 부었느니라 이러므로 내가 네게 말하노니 그의 많은 죄가 사하여졌도다 이는 그의 사랑함이 많음이라 사함을 받은 일이 적은 자는 적게 사랑하느니라 이에 여자에게 이르시되 네 죄사함을 받았느니라 하시니 함께 앉아 있는 자들이 속으로 말하되 이가 누구이기에 죄도 사하는가 하더라 예수께서 여자에게 이르시되 네 믿음이 너를 구원하였으니 평안히 가라 하시니라 (눅 7:36–50, 개역개정).

바리새인 시몬의 초청

누가복음 7:36~50에 기록된 사건은 마태복음 26:6~13, 마가복음 14:3~9, 요한복음 12:1~11에 기록된 비슷한 사건과는 다른 사건이다. 이 사건은 누가가 우리에게 전하는 특별한 사건이다. 예수님은 바리새인 시몬의 초대를 받고 그의 집에 들어 가셨다.

죄 많은 여인이 향유를 예수님의 발에 붓는 이야기는 예수님께서 죄인들과 어울린다고 비방하는데 사용된다. 그러나 그 근본 요점은 그 뒤에 따라 나오는 빚진 사의 비유에서 밝혀지듯, 예수님을 사랑하는 여인의 사랑과 예수님을 향한 바리새인 시몬의 결여된 사랑을 비교하는 것이다.[6]

① 이른바 "의로운" 사람들의 모임이라는 곳에서 벌어지는 삶의 양태에 대해서 예수님께서는 전혀 관심을 가지지 않으셨다. 본문의 말씀은 예수님께서 잔치에 대해 싫어하는 감정을 지니신 것은 아니라는 사실을 설명해 준다. 그러나 주께서 잔치에 참석하실 때면 어떤 목적을 가지고 계셨다. 그 목적들 가운데 한 가지는 사회적으로 유명하며 부유한 사람들을 찾아가 그들에게 구원의 교훈을 전하시고 하나님을 경배하도록 가르치시기 위함이

---

6) Marshall, *Commentary on Luke*, p. 304.

었다. 주께서는 단지 세리들과 죄인들만이 아니라 서기관들, 바리새인들, 그리고 사두개인들도 또한 찾아 구원하시기 위해 오신 것이다. 그리스도의 메시지는 전 세계 모든 사람들을 위한 것이므로 이 구원의 메시지가 어느 한 계층만으로 한정이 되어서는 안 된다.

② 바리새인 시몬은 자신이 저녁 시사에 초청한 분이 바로 구세주임에도 불구하고 그에게 친절을 베풀지 못했고 받으셔야 할 대접도 해드리지 못했다. 사실 주께서는 부당한 냉대를 받으셨던 것이다(눅 7:44~47).[7] 만일 우리라면 부당한 대우를 하는 사람에게 어떠한 반응을 보이게 될까? 이에 대해 마태복음 18:21~35은 일흔 번씩 일곱 번이라도 용서하라고 마땅한 답을 하고 있지만, 우리들은 다음의 어느 한 가지 태도를 보이게 될 것이다.

첫째, 많은 경우, 우리는 분노를 느끼며 보복 할 것을 결심한다. 그들이 우리에게 악을 행한 대로 우리도 그들에게 악을 행하기를 원한다. 우리는 "이는 이로, 눈은 눈으로"(레 24:20)의 생각을 먼저 한다.

둘째, 때때로 우리는 그 일을 무시하거나 스스로 자조하면서, "이 일로 인해서 뭐 마음 상할 필요가 있겠는가? 그저 무시한 채 내 나름대로 즐겁게 살면 되지"라고 말한다. 바른 심정으로 이렇게 한다면 이것도 또한 올바른 태도가 될 수 있다.

셋째, 또 어떤 경우에는 그러한 사람들에게 도리어 동정심을 가지고 그들을 설득하여 돕기 위해 애를 쓰기도 한다. 해를 끼친 사람을 찾아가서 함께 앉아 자신의 마음이 상하였다는 표를 내거나 화를 내는 일이 없이 문제에 대해 논의를 하는 것이 최선의 치유책이 된다. 바로 그리스도의 태도가 그와 같았다.

---

7) 마샬(Marshall)은 그 당시의 상황으로 보아 시몬이 특별히 잘못한 것이 없다고 지적한다. 그는 손님에게 발 씻을 물을 마련해 주는 것은 족장시대에는 시행이 되었지만(창 18:4; 19:2; 24:32; 43:24) 유대인들의 문헌에는 손님들을 위해 보통으로 준비하는 것으로 나타나있지 않다고 말한다. 따라서 시몬이 예수님에게 특별한 결례를 한 것이 아니라고 말한다. 또한 시몬이 예수님에게 입 맞추지 않은 것도 그 당시의 관행이 그렇게 요구하고 있지 않기 때문이었으며, 손님의 머리에 감람유를 바르는 것도 손님에게 예의를 베푸는데 꼭 필요한 행위가 아니었기 때문이라고 말한다. Cf. I. H. Marshall, *Commentary on Luke*, pp. 311-312. 하지만 우리는 예수님께서 시몬의 행위와 여인의 행위를 구체적으로 비교하면서 시몬의 행위가 잘못되었다고 지적한 사실을 기억해야 한다(눅 7:44-46 참조).

시몬의 초청

① 유대인들은 잔치를 즐겼다. 그래서 저녁 만찬에 친구들을 초청하여 먹고 마시고 교제와 대화를 나누는 일은 하나의 관습이기도 했다. 낮은 사회계층에 속한 사람이 바리새인의 초대를 받을 경우, 그것은 그에게 있어 사회 계층적 신분의 상승을 성취하는 것이었다. 그렇지만 예수님께서 그 초대에 응한 것이 단순히 좋은 식사나 교제를 즐기기 위해서라든가, 바리새인과 교제함으로 어떤 위신의 상승을 위한 것은 아니었음을 분명히 알아야 할 것이다. 주께서는 시몬의 초청 속에 그가 주를 직접 만나봄으로써 그 자신이 몸소 주를 판단하고 비판해보리라는 의도가 숨어 있음을 매우 잘 알고 계셨다.[8] 그러면 왜 예수님께서 시몬의 초대에 응하셨는가?

첫째, 예수님께서 이 초대에 응하신 것은 진리를 증거하며 하나님의 뜻을 이루고 시몬과 그의 친구들에게 하나님 나라의 진리를 전파하기 위한 것이었다.

둘째, 예수님께서 죄인들, 세리들 그리고 억압된 사람들과 함께 먹고 일하신 것처럼, 사회의 상류층에서 생활하던 이들을 향하여서도 주님의 동기는 자애롭고 친절하였다. 그들 역시 죄인들이었기에 영생의 말씀은 그들에게도 필요한 것이었다.

셋째, 예수님은 자신이 메시아로서 죄인들을 위해 구속적인 사랑을 베푸는 하나님이심을 나타내기 원하셨다. 예수님은 "네 죄 사함을 받았느니라"(눅 7:48, 개역개정)고 자신이 메시아임을 밝혔다.[9]

② 시몬의 태도

주님에 대한 시몬의 태도는 겉보기에는 존경심을 담고 있는 것 같았다. 시몬은 바리새인이었으며, 당시의 학제에 따라 교육을 받은 자이다. 시몬은 그 당시 종교 교육을 하는 학교의 학위를 얻은 자와 같다.

이러한 시몬이 그리스도를 향하여 "선생" 혹은 "랍비"라고 불렀던 것이다. 그는 "비록 당신이 학교에는 다닌 적이 없지만, 나는 당신을 선생으로 여전히

---

8) 헨드릭센은 시몬이 예수님을 초청한 것은 사랑으로 한 것이거나 예수님을 존경한 것이 아니요, 어쩌면 예수님에 대한 호기심 때문이었을 것이라고 말한다. Cf. Hendriksen, *The Gospel of Luke*, p. 405.

9) Norval Geldenhuys, *Commentary on the Gospel of Luke* (*NICNT*, Grand Rapids: Eerdmans, 1968), pp. 232–233.

인정하고 있나이다"라고 말하고 있는 것이다. 본 저자는 시몬이 예수님을 "선생," 혹은 "랍비"라고 부르는 이 말 속에 빈정거림과 심지어는 모욕적인 풍자마저 담겨 있는 것으로 보인다. 이것은 너무 지나친 비판일 수도 있다. 하지만 다른 여러 측면을 고려해 볼 때, 시몬의 행동은 예수님께서 "너는 내게 발 씻을 물도 주지 아니하였으되"(눅 7:44)라고 지적하신 대로 초대한 자로서 마땅한 도리를 보이지 않았다.

시몬의 행동

오늘날 우리들이 집에 오는 손님들과 악수를 나누듯이, 그 당시 사회 관습으로는 손님들과 입맞춤을 나누도록 되어 있었다. 입맞춤은 단지 머리 숙여 인사하는 것보다는 우정과 존경의 도를 더욱 친밀하게 표현한다. 그런데 시몬은 예수님께 입맞춤의 영접을 보이지 않았다. 손님들은 집을 들어올 때 신을 현관에 벗고 들어왔으며, 이에 종들이 나아와, 오느라고 먼지로 더럽혀졌으며 피곤에 지친 손님들의 발을 깨끗이 씻겨 주곤 하였다. 시몬은 이것 역시 행하지 않았다.

손님들이 편안히 자리를 잡으면, 주인의 지시에 따라 종들이 다소 향내가 진한 라일락, 장미, 혹은 오렌지 등의 향수를 손님들에게 뿌려주었다. 시몬은 물론 그와 같은 일도 전혀 하지를 않았다. 이러한 모든 행동은 그가 결코 예수님을 말로 표현한 것처럼 중요한 "랍비"로 생각지 않는다는 것을 말해 준다. 그야말로 말보다는 행동이 보다 진실을 말해주는 한 예라고 할 수 있겠다.

옥합을 깨뜨린 여인의 행동

① 누가복음에는 놀라운 어떤 일을 강조할 경우 "오!", "보라!" 등의 표현을 사용하였다. 옥합을 깨뜨린 이 여인이 그 자리에 나타난 것은 주변 사람들을 놀라게 하기에 충분했다. 누가복음의 서두 구절이 이를 가리키고 있다.[10] 그런데 본문에서는 예수님께서 비스듬히 기대어 식사를 하고 계셨으며,

---

10) Alfred Plummer, *A Critical and Exegetical Commentary on the Gospel According to S. Luke*, 5th ed. (Edinburgh: T & T Clark, 1977), p. 210.

모두들 조용하고 평온한 가운데 대화를 나누며 식사를 즐기고 있을 때, 이 여인이 잔치에 불쑥 끼어들었을 것이다.

이 여인이 예수님께 나아올 수 있었던 것은 동양의 가옥구조들과 관련이 있다. 동양의 가옥에는 길가로 개방된 집 뜰이 있는데, 이 집 마당을 통해 가끔씩 사람들이 집안의 사람들을 만나러 오기도 하였다. 식사를 하는 방이 이 집안 뜰 쪽으로 열려져 있어 불청객이건 손님이건 쉽사리 접근할 수가 있도록 되어 있었다.

② 본문은 죄 많은 여인의 이름을 밝히지 않는다. 요한복음 4장에 나오는 사마리아 여인처럼 이 여인의 이름도 나타나지 않는다. 아마도 누가복음이 기록될 때, 이 여인은 예수님을 따르는 제자가 되었기에, 그녀의 이름이 혹 토론의 대상이 되지 않도록 하기 위해 이름의 기록을 삼가 한 것이 아닌가 싶다. 이 여인은 "죄인"이었으며, 의심의 여지가 없이 그 마을에 잘 알려진 사람이었다. 예레미아스(J. Jeremias)는 이 여인이 창녀였다고 주장한다.[11] 사회 계층상 가장 낮은 신분이었으며, 사회에서 버림받은 자였던 그녀가 감히 이 자리에 나아온다는 것은 생각도 할 수 없는 일이었다. 그러나 그녀는 이 자리에 나타난 것이다. 이 여인이 막달라 마리아였을 것이라고 생각할 만한 증거는 아무것도 없다. 두 상황은 전혀 다르게 여겨진다.

③ 이 여인은 석고로 된 단지 혹은 반투명의 병에 향수를 담아 가지고 와서 자신의 눈물로 주님의 발을 적시고 자기 머리털로 씻고 그 발에 입 맞추고 향유를 부었다.[12]

참으로 한없이 깊은 의미를 지닌 자발적인 굴종이었다. 우리는 이와 같은 여인의 행동에서 그 어떠한 자만심도 찾을 수가 없다. 사람은 누구나 자신 속에 약간의 자부심은 다 가지고 있는 것이다. 그래서 아무리 비천한 처지에 놓인 사람이라 할지라도 어떤 일은 결코 행할 수가 없는 것이다. 죄수들과 대화를 나누어 보라. 그들에게도 나름대로 유지하고 있는 명예심은 있는 것이다. 그런데 이 여인은 진정으로 자신의

---

11) J. Jeremias, *The Parables of Jesus* (London, 1963), p. 126.

12) 향유는 감람유와 비교하면 아주 값비싼 것이었다. 그래서 예수님께서 "너는 내 머리에 감람유도 붓지 아니하였으되 그는 향유를 내 발에 부었느니라"(눅 7:46, 개역개정)고 비교하신다. 예수님은 너는 값싼 감람유를 머리에도 붓지 아니하였는데 저는 값비싼 향유를 발에 부었다고 이중으로 대칭을 시키고 계신다. 본문에 나타난 대칭은 물 – 눈물, 입맞춤 – 발에 입맞춤, 감람유 – 향유, 그리고 머리 – 발의 대칭이다.

창피를 무릅쓰고 있는 것이다.

이 여인의 행동을 묘사하고 있는 동사가 미완료 시제로 되어 있다는 것은 이 여인이 이 행동을 행하기를 계속해서 몇 번이고 되풀이 하였다는 것을 의미한다.13) 이 여인의 행동 하나하나를 살펴보면, 그녀가 예수님께 대한 존경의 태도가 얼마나 깊은 애정으로 덮여 있는가를 볼 수가 있을 것이다. 그녀는 단지 주님의 발에만 손을 대었을 뿐이다. 그녀는 눈물로 예수님의 발을 씻고 머리털로 예수님의 젖은 발을 닦았다. 이 여인이 그의 눈물로 예수님의 발을 적신 것은 어떤 특별한 목적을 이루기 위해서가 아니요, 받은 은혜에 감사해서 무의식중에 발생한 사건이었다.14) 루터는 이 여인의 눈물을 "가슴에서 흐르는 눈물"(heart water)이라 칭했다. 이 여인은 또한 그녀의 영광의 왕관인 머리카락을 문자 그대로 주의 발아래 늘어뜨려 주의 발을 씻었다. 그리고는 옥합을 깨뜨려 값비싼 향유를 주의 발에 부었던 것이다.

시몬의 생각

① 시몬은 속으로 이 여인에 대해서라기보다는 바로 예수님께 대하여 판단을 하였다. 그는 이것을 말로 하지 않고 생각만을 하였으나, 그리스도께 서는 그의 생각을 읽으셨다. 그리스도에 대한 그의 판단은 사람들이 그것을 어떤 식으로 이해하든 관계없이 비난의 성격을 담은 일종의 정죄와 같은 것이었다.

시몬은 먼저 이 사람이, 곧 예수님께서 사람들의 사고의 방향을 이끌어갈 선생 혹은 예언자는 결코 아닐 것이라고 판단하였다. 왜냐하면 시몬의 생각에 만일 예수님께서 선생 혹은 예언자라면, 마땅히 이 여인이 죄인이라는 것을 인식했을 것이며, 그러할 때 이와 같은 일이 일어나는 것을 허용하지 말았어야 하기 때문이다(눅 7:39).15)

---

13) 이 여인의 행동을 설명하는 동사가 모두 미완료시상으로 나타난 것은 의미심장하다. 이 여인은 자기 머리털로 씻고(ἐξέμασσεν, 미완료), 그 발에 입 맞추고(κατεφίλει, 미완료), 향유를 부었다(ἤλειφεν, 미완료).

14) A.B. Bruce, *The Synoptic Gospels*, p. 516.

15) 예수님은 빚진 자의 비유를 사용하여 시몬의 잘못된 판단을 교정시켜 주신다. 예수님은 자신이 이 여인의 과거와 현재의 역사를 알고 계시며, 시몬이 스스로 생각한 것도 알고 계시며, 따라서 자신은 선지자요 죄를 용서할 수 있는 구세주라고 증거하고 계신다.

시몬의 생각에 더욱 고약한 것은(이 생각이 시몬의 마음속에 없었을 수도 있겠으나, 누구라도 그 가능성을 인정하지 않을 수 없을 것이다), 만일 이 여인이 어떠한 여자인가를 알면서도 이와 같은 일이 일어나도록 허용한 것이라면 예수님은 자신을 스스로 더럽히는 일이 된다는 점이었다.

② 그리스도께서 시몬에게 질문 형식으로 말을 건네셨을 때, 시몬은 "당신의 말씀이 옳게 여겨집니다"라는 식으로 판단을 하였다. 빈틈없이 경계를 하면서, 그는 마치 "그 문제에 대한 나의 판단은 잠시 유보하겠습니다"라는 듯이 어깨를 으쓱하며 주님의 말씀에 동의하기를 썩 내켜하지 않았다. 그리스도께서는 그러한 시몬에게 마치 이것을 냉정하게 끊어버릴 수는 없다고 말씀하시는 것처럼 "네 판단이 옳다"(눅 7:43)고 응답하셨다.

그리스도의 판단과 선언

① 주님께서는 시몬이 행하지 않은 일을 지적하시고, 이어서 그 여인과 시몬의 행동을 비교하셨다. 이것의 결과가 어떻게 될 것인지는 짐작할 수 있을 것이다. 시몬은 모든 예의범절을 다 준수해 온 존경받는 바리새인이었으나, 그리스도께 대하여서는 그 존경심을 생략하였던 것이다. 한편 이 여인은 그리스도께 대하여 전혀 헌신적인 태도를 보일 것으로 여겨지지 않았음에도 불구하고, 그녀는 단순한 의무감을 넘어서 주께 그녀의 사랑과 애정을 보이는 예의 바른 태도를 취하였던 것이다.

② 주님은 이 여인의 행동에 깊은 감동을 받으셨다. 이 여인의 진실하고 순수한 사랑의 행위는 예수님의 마음을 움직인 것이다.[16] 예수님은 그녀에게 "네 죄 사함을 받았느니라"고 선언하신다. 그녀의 죄는 사라져버렸다. 이것은 최종적이며 권위적인 것이다. 죄 사함은 구원에 관한 한 하나님의 객관적인 행위로 단 한번만 필요한 것이다.

하나님은 그리스도 안에서 우리의 죄를 동이 서에서 먼 것같이 결코 만나지 못하도록 만드셨다(시 103:12). 하나님은 우리의 죄를 깊은 바다에 던지셨다(미 7:19). 그리고 하나님은 우리의 죄를 도말하셔서 더 이상 기억될

---

16) A.B. Bruce(*The Synoptic Gospels*, p. 517.)는 눅 7:44-46의 내용을 설명하면서 "There is a kind of poetic rhythm in the words, as is apt to be the case when men speak under deep emotion."이라고 예수님의 감동된 상태가 이 여인의 행동을 칭찬하는 시적인 표현과 관련이 있음을 지적한다.

수 없게 만드셨다(사 43:25).

그리하여 죄인들이라 할지라도 하나님 앞에서 의로움을 입은 모습으로 서게 된다. 이 여인은 그녀의 행동을 통해 회개하는 심령을 지녔음을 보임으로써 그리스도에 의해 의롭다함을 받았다. 그러나 주께서는 더욱 많은 것을 더하여 주셨다. 이 여인의 믿음이 그녀를 구원하였다. 이제 그녀는 구원을 찾은 것이다. 그리고 그녀는 평안히 그곳을 떠나게 되었다.

그리스도께서 시몬에게 너그럽게 대하셨음을 주목하라. 이것은 아마 여러 가지로 해석될 수가 있을 것이다. 우선은, 시몬이 말씀의 교훈을 깨달을 수 있을 것이라는 소망에서 그에 대한 판단을 하지 않으시는 자비를 보이신 것이 아닌가 하는 것이며, 또 한편으로는 시몬은 소망의 영역으로부터 벗어나 있는 사람이기에 그에게 말을 더하실 필요가 없으셨기 때문일 것이라는 측면이다. 하지만 이러한 추측들은 별로 중요하지 않다. 주님의 교훈은 명백한 것이다. 즉, 주를 위한 사랑에서 비롯된 행동은 주님께 인정을 받는다는 것이다. 사랑의 동기에서 비롯된 것이 아니면 그것이 아무리 그럴듯하게 좋아보여도 주님은 이를 인정치 않으시는 것이다.

3. 갈릴리에서의 설교(눅 8:1~3)

그 후에 예수께서 각 성과 마을에 두루 다니시며 하나님의 나라를 선포하시며 그 복음을 전하실새 열두 제자가 함께 하였고 또한 악귀를 쫓아내심과 병 고침을 받은 어떤 여자들 곧 일곱 귀신이 나간 자 막달라인이라 하는 마리아와 헤롯의 청지기 구사의 아내 요안나와 수산나와 다른 여러 여자가 함께하여 자기들의 소유로 그들을 섬기더라 (눅 8:1-3, 개역개정).

일행과 함께 하신 예수님의 전도 여행

① 누가복음 8:1~3은 예수님이 제자들과 함께 복음을 선포하고 계심을 전한다. 예수님께서 여러 곳을 다니실 때, 그를 좇는 청중의 무리가 있었음을 기억할 필요가 있다. 그것은 당시에 계속되어 온 풍습이었다. 선생은 제자들을 데리고 다니면서 그들과 항상 함께하였으며, 실제적으로 함께 살았던 것이다. 결국 제자들은 하루 24시간 동안 수업을 받는 셈이었다. 예수님과 함께 있던 제자들은 열두 명 이외에도 본문에서 구체적으로 언급된 것과 같이 그리스도에 의해 치료를 받았던 여자들이 포함되어 있었다.

본문에서는 그리스도의 생활 방식에 어떤 변화가 있는 것이 아닌가 싶은 점을 엿보게 하는 측면이 관찰된다. 가버나움과 같은 어느 한 곳에서 많은 시간을 보내시는 것이 아니라 이제는 이곳저곳을 다니시고 있는 모습을 본다.

② 스펜스(H.D.M. Spence)는 풀핏 주석(the Pulpit Commentary)에서 예수님의 공적 사역은 주(Master)로서, 복음전도자(Evangelist)로서, 그리고 선지자(Prophet)로서의 직분에 따라 세 가지로 정리될 수 있다고 쓰고 있다. 예수님은 남녀 할 것 없이 그들의 주로서 특별한 관계를 유지하시고, 복음전도자로서 하나님의 은혜와 자비 그리고 사랑을 일반 백성들에게 전하신다. 그리고 예수님은 선지자로서 그 당시 유대 사회의 정치적 종교적 지도자들에게 말씀하신다. 이 중 본문에서 강조되어 나타나는 것은 두 번째 직분과 관련된 사역이다.[17] 여기서 그리스도께서는 하나님 나라의 도래의 기쁨을 전하시고 있다.

③ 예수님을 따르던 사람들 가운데는 제법 재력을 지니고 있는 몇몇 사람들이 포함되어 있는 것 같다. 그리스도께서는 사람들의 인기를 모으던 때 사람들이 많이 사는 여러 도시를 다니셨으므로, 여러 계층의 사람들이 주의 가르침과 이적의 행사를 듣고 보았다. 수많은 일반 평민들 가운데는 상당한 자산을 소유한 이들도 있었던 것이다.

세리였던 마태는 주께 성대한 잔치를 베풀어 드렸으며, 야고보와 요한은, 마치 베드로가 그랬던 것처럼, 자신들의 배와 고기 낚는 일을 버려두고 아버지를 떠났다. 니고데모는 산헤드린의 회원이었으며, 요셉은 좋은 자리에 위치한 묘지 구역을 소유하고 있었다. 그리고 구사는 헤롯 궁정의 청지기였다(눅 8:3). 예수님은 공생애 기간 동안 많은 경우 이들의 도움을 받았다.

예수님은 하나님이셨지만 자신의 생계를 위해 결코 신적인 능력을 사용하시지 않았다. 그는 하나님의 아들이셨지만 겸손하셔서 그가 고쳐주었던 몇 사람의 여인들로부터 생활에 필요한 지원을 기꺼이 받으셨다.[18]

---

17) H.D.M. Spence, *St. Luke* (*The Pulpit Commentary*, Grand Rapids: Eerdmans, n.d.), p. 200.
18) Geldenhuys, *Commentary on the Gospel of Luke*, pp. 238-239.

주님과 동행한 여인들

막달라 마리아는 디베리우스 인근에 있던 한 작은 마을인 막달라 출신이었다. 지금까지의 우리가 아는 내용으로 미루어 볼 때, 그녀는 일곱 귀신에 들렸었던 것 같다. 그녀를 앞서 살펴보았던 죄지은 여인과 연결하는 것은 옳지 않다(눅 7:36~40 참조).

본문은 헤롯의 청지기였던 구사의 아내 요안나를 소개한다. 요안나는 궁정과 관계가 있었으므로 주를 따르는 자들 가운데 가장 부유했던 사람 가운데 하나가 아니었는가 싶다. 그녀는 아마도 주의 일행에게 필요한 생활 자금을 공급하는데 도움을 주었을 것이다. 성경에 그리스도께서 말씀을 전파하시고 가르치실 때 생계를 유지하기 위하여 일을 하셨다는 기록은 나타나 있지를 않다. 사실, 성경은 정반대의 인상을 준다. 요안나는 예수님의 부활 때에 다시 등장한다(눅 24:10).

수산나에 대해서는 더 이상 알려진 것이 없다. 그녀의 이름은 "백합"이라는 의미를 지닌다. 성경의 다른 기록들에 나타나 있는 것으로 미루어, 유대인들은 나무나 꽃의 이름으로 딸들의 이름 짓기를 좋아했던 것으로 여겨진다. 로데라는 이름은 "장미"(행 12:13)를 뜻하며, 다말은 "종려나무"(삼하 13:2)를 뜻한다.

그리스도께서 전하신 메시지

예수님께서는 마을에서 마을로, 도시에서 도시로 다니셨다. 즉, 끊임없이 사람들에게로 나아가셨던 것이다. 이때 주님께서는 하나님 나라의 도래의 기쁨을 전하셨다. 이 날들은 분명 행복한 날이었다. 왜냐하면 주님의 메시지는 기쁨과 소망으로 가득 차 있었기 때문이다. 아무튼 구원의 복된 소식이 복음인 것이다.

4. 귀신 들린 자의 치유(마 12:22~37; 참조, 막 3:20~30; 눅 11:14~23)

그 때에 귀신 들려 눈 멀고 말 못하는 사람을 데리고 왔거늘 예수께서 고쳐 주시매 그 말 못하는 사람이 말하며 보게 된지라 무리가 다 놀라 이르되 이는 다윗의 자손이 아니냐 하니 바리새인들은 듣고 이르되 이가 귀신의 왕 바알세불을 힘입지 않고는 귀신을 쫓아내지 못하느니라 하거늘 예수께서 그들의 생각을 아시고 이르시되 스스로 분쟁하는 나라마다 황폐하여질 것이요 스스로 분쟁하는 동네나 집마다 서지 못하리라 사탄이 만일 사탄을 쫓아 내면 스스로 분쟁하는 것이니 그리하고야 어떻게 그의 나라가 서겠느냐 또 내가 바알세불을 힘입어 귀신을 쫓아내면 너희의 아들들은 누구를 힘입어 쫓아내느냐 그러므로 그들이 너희의 재판관이 되리라 그러나 내가 하나님의 성령을 힘입어 귀신을 쫓아내는 것이면 하나님의 나라가 이미 너희에게 임하였느니라 사람이 먼저 강한 자를 결박하지 않고서야 어떻게 그 강한 자의 집에 들어가 그 세간을 강탈하겠느냐 결박한 후에야 그 집을 강탈하리라 나와 함께 아니하는 자는 나를 반대하는 자요 나와 함께 모으지 아니하는 자는 헤치는 자니라 그러므로 내가 너희에게 이르노니 사람에 대한 모든 죄와 모독은 사하심을 얻되 성령을 모독하는 것은 사하심을 얻지 못하겠고 또 누구든지 말로 인자를 거역하면 사하심을 얻되 누구든지 말로 성령을 거역하면 이 세상과 오는 세상에서도 사하심을 얻지 못하리라 나무도 좋고 열매도 좋다 하든지 나무도 좋지 않고 열매도 좋지 않다 하든지 하라 그 열매로 나무를 아느니라 독사의 자식들아 너희는 악하니 어떻게 선한 말을 할 수 있느냐 이는 마음에 가득한 것을 입으로 말함이라 선한 사람은 그 쌓은 선에서 선한 것을 내고 악한 사람은 그 쌓은 악에서 악한 것을 내느니라 내가 너희에게 이르노니 사람이 무슨 무익한 말을 하든지 심판 날에 이에 대하여 심문을 받으리니 네 말로 의롭다 함을 받고 네 말로 정죄함을 받으리라 (마 12:22-37, 개역개정).

다윗의 자손이냐 마귀의 하수인이냐

마태복음 12:22~37은 예수님이 귀신 들린 자를 고쳐주신 사건과 바리새인들을 책망하신 사건을 다룬다. 귀신 들린 자를 치유하는 기적의 요점은 예수님께 대한 증오심이 얼마나 격해졌으며 빠르게 증가하여 갔는가를 말해주는데 있다. 여기서 우리는 하나님과 사단 사이에, 빛과 어두움 사이에 놓인 뿌리 깊은 본질적 차이를 보게 된다.

누가복음 9:51 이하의 누가복음의 기록은 진정 그리스도의 수난과 죽음을 준비하는 과정이었다. 이번 과에서 우리는 예수님께서 겪어야만 했던 끔찍스런 수난을 다소 볼 수가 있다. 귀신을 내어 쫓는 선을 베풀고 난 뒤에 귀신의 힘을 입은 자라고 비난을 받는 것은 가장 비열한 공격을 받은 것과 같다. 바리새인들이 예수님을 가리켜 "이가"(οὖτος)라고 표현한 것은 예수님을 경멸적으로 대한 증거이다(마 12:24).

무리들(보통 사람들)은 예수님을 가리켜 "다윗의 자손"이 아니냐(마 12:23)라고 한 반면, 바리새인들은 "이가 귀신의 왕 바알세불을 힘입지 않고는 귀신을 쫓아내지 못하느니라"(마 12:24)고 말한다. 마태복음은 예수님을 "다윗의 자손"으로 칭한 사람들이 보통 사람들임을 증거하고 있다(마 9:27; 12:23; 15:22; 20:30, 31; 21:9, 15; 22:42).[19] 이 사실은 마태가 반(反) 이스라엘적이 아님을 증거하고 있다. 마태는 잘못된 편견을 가진 그 당시 이스라엘의

---

19) "다윗의 자손"이란 칭호는 다윗의 아들 중에 하나가 영원한 왕이 될 것을 예언한 나단의 예언에 뿌리를 내리고 있다. 하나님의 성전을 짓기 원하는 다윗에게 나단을 통해 그의 자손이 "그 나라"를 견고케 하리라고 약속하셨다(삼하 7:1-17, 12절 참조). 따라서 "다윗의 자손"은 메시아를 가리킨다.

종교지도자들을 반대했지, 유대인 전반을 반대한 것은 아니다. 만약 마태가 유대인 전반을 반대했다면 이는 그의 기록 목적과도 상충이 되는 것이다.

바리새인들의 비난과 유혹

바리새인들은 예수님이 바알세불의 힘을 빌려 귀신을 내어 쫓는다고 비난했다. 열왕기하 1:3에 따르면, 이 바알세불은 에그론의 우상이었다. 그 이름의 뜻은 "파리들의 주"이며, 파리들로 인한 역병을 피하게 해주는 신으로 블레셋 지방에서 숭배되었다.

렌스키는 위의 의미가 옳다고 확신하지는 않고 있다. 그는 바알세불을 "귀신들의 통치자이며 악의 왕국의 우두머리"로 생각했다.[20] 어떤 사람은 바알세불을 "배설물의 주"(lord of dung)를 뜻하는 것으로 생각한다. 바알세불의 뜻을 어느 경우로 생각하든 본문에서 바리새인들은 예수님을 "귀신의 왕"으로 생각한 것이다.[21]

그러나 본문은 자신들 앞에서 기적이 베풀어졌다는 명백한 증거를 가진 사람들이 영적으로 눈멀고 증오로 가득 차 있어서 이 사건 속에 담겨진 하나님의 손길을 보지 못함으로써, 이 기적을 하나님께로부터 비롯된 것으로 돌리지 않고 악마에게로 돌리고 말았음을 보여 준다.

그들은 더 나아가 주를 시험하여 하늘로부터 오는 표적을 구하였다. 그들은 그들의 질문에 대한 답변으로서 그들 편에서의 아무런 믿음도 요구되지 않는 하나의 표적을 예수님에게 요구하였다. 그들은 하나님께서 그들에게 보여주신 것을 봄으로써가 아니라 그들이 내세운 조건에 의한 것을 보기를 원했던 것이다. 예컨대 하늘이 움직인다든가, 해와 달 또는 별들의 궤도가 변한다든가 하는 등의 표적을 구하였던 것이다.

그러나 그들은 표적이란 믿음을 더하여 줄지언정 믿음을 낳을 수 없다는 것을 잊고 있었다. 그리고 이런 표적도 그들을 만족시킬 수가 없다. 설령 그와 같은 표적이 주어졌다하더라도 사람들은 여전히 의심하였을 것이다. 이것은 무엇보다도 표적의 문제가 아니라 믿음의 문제

---

20) R.C.H. Lenski, *The Interpretation of St. Matthew's Gospel*, pp. 476-478.
21) Ridderbos, *Matthew*, pp. 205, 237.

였던 것이다(고후 5:7).

그리스도의 대답

① 바리새인들이 예수님께서 귀신의 왕 바알세불을 힘입어 귀신을 쫓아 낸다고 비난할 때(마 12:24), 예수님은 "내가 바알세불을 힘입어 귀신을 쫓아내면 너희의 아들들은 누구를 힘입어 쫓아내느냐 그러므로 그들이 너희의 재판관이 되리라"(마 12:27, 개역개정; 눅 11:19)[22)]고 재치 있게 대답하신다. 예수님은 바리새인들의 아들들에게 귀신 쫓아낼 수 있는 능력이 있음을 그대로 인정하고 그들을 재판관으로 내세우신다. 예수님은 그 바리새인 들의 아들들이 예수님에 대한 바리새인들의 비난에 대하여 재판관 노릇을 해야 한다고 말씀하신다.

귀신을 쫓아내는 바리새인들의 아들들이 예수님을 비난하는 바리새인들 의 비난에 동의한다면, 그들은 그들 스스로를 정죄하는 것이 된다. 왜냐하면 그들의 동의는 그들 자신들도 귀신의 왕 바알세불의 능력으로 귀신을 쫓아내 고 있음을 증거하기 때문이다. 즉, 그들은 자신들이 바알세불의 졸개들임을 인정하는 셈이 된다. 반면, 귀신을 쫓아내는 바리새인들의 아들들이 예수님 을 비난하는 바리새인들의 비난에 동의하지 않으면, 그들은 예수님의 입장 은 인정하고 그들의 편인 바리새인들의 입장은 반대하게 되는 것이다. 결국 예수님의 이 답변에 바리새인들의 아들들이 어떤 방면으로 반응을 보이건 그것은 예수님을 비난하는 바리새인들의 입장을 난처하게 만드는 것이다.[23)]

② "내가 바알세불을 힘입어 귀신을 쫓아내면 너희의 아들들은 누구를 힘입어 쫓아내느냐"(마 12:27; 눅 11:19). 이 말씀은 바리새인들의 가르침이

---

22) 예수님의 이 대답은 예수님만이 귀신을 쫓아낼 수 있는 유일한 분이 아님을 예수님 자신이 증거하고 있다. 본문에서는 바리새인들의 아들들도 귀신을 쫓아낼 수 있었다. 이 사실은 첫째, 귀신을 쫓아내는 것은 항상 선한 능력에 의해서만 행해지지 않는다는 것을 증거하고 있다. 악령도 큰 표적과 기사를 행할 수 있고 자신들의 능력을 나타내 보이기 위해 사람에게 귀신들을 들어가게도 하며 또 나가게도 할 수 있다(마 24:24; 살후 2:9-10; 계 13:13-14). 둘째, 어떤 이가 귀신을 쫓아낸다고 해서 그 사람이 반드시 진리 위에 서 있다고 말할 수 없다. 왜냐하면 본문에서 예수님도 귀신을 쫓아냈고, 바리새인의 아들들도 귀신을 쫓아냈다. 우리는 "사랑하는 자들아 영을 다 믿지 말고 오직 영들이 하나님께 속 하였나 시험하라 많은 거짓 선지자가 세상에 나왔음이니라"(요일 4:1)라는 성경말씀의 경고를 심각하게 생각해야 한다.
23) 예수님은 마 21:23-27에서 비슷한 논리로 자신의 권위를 보호하신다.

어느 정도의 깊이에까지 타락해 갔는가에 대한 한 가지 암시가 된다. 그것은 마치 그들이 일종의 "선지자 학교"를 운영하면서 젊은이들에게 귀신 쫓는 자들이 될 것을 가르쳐 온 것이 아닌가 싶은 생각이 들게 한다. 그래서 바리새인들은 예수님이 귀신을 쫓아냈다는 소식을 듣고 예수님이 귀신의 왕 바알세불을 힘입어 귀신을 쫓아냈다고 말한 것이다.

여기에 외적 판단을 흐리게 하는 문제가 있다. 귀신을 쫓아내는 일은 외적으로 볼 때 선한 행위처럼 보인다. 바리새인의 아들들이 귀신을 쫓아내는 일이나 예수님이 귀신을 쫓아내는 일 모두 선하게 보일 수 있다. 그러나 우리는 그 행위의 근거와 동기를 살펴볼 필요가 있다. 바리새인들의 아들들은 귀신의 왕 바알세불을 힘입어 귀신을 쫓아냈다. 귀신의 왕이 그의 졸개들을 쫓아내는 것은 더 큰 악을 행하기 위해 그렇게 한 것이다. 그러나 예수님은 하나님의 성령을 힘입어 귀신을 쫓아낸 것이다. 이는 예수님이 귀신의 왕국을 점령함으로 하나님 나라를 확장하고 귀신 들린 자를 하나님 나라에 영접하시기 위해서이다.

③ 예수님께서 "내가 하나님의 성령을 힘입어 귀신을 쫓아내는 것이면 하나님의 나라가 이미 너희에게 임하였느니라"(마 12:28, 개역개정)고 말씀하신 것은 예수님이 성령을 힘입은 사실과 하나님 나라의 오심이 서로 연계되어 있음을 증거 한다. 이 말씀은 예수님께서 성령을 힘입어 귀신을 쫓아내는 것은 하나님의 나라가 현존하고 있음을 확증하는 것이다.

본 구절이 제시하고 있는 것은 보통사람이 행하는 귀신 쫓아내는 행위와 하나님 나라의 임재를 연계시키는 것이 아니다. 오히려 본 구절은 예수님께서 행하신 귀신 쫓아내는 행위와 하나님 나라의 임재를 연계시키고 있다. "내가 하나님의 성령을 힘입어 귀신을 쫓아내는 것이면"(마 12:28)의 의미가 이를 잘 증거하고 있다. 본 구절은 예수님의 귀신 쫓아내는 행위를 강조하고 있는 것이다.

이 말씀은 예수님의 종말론적 역할을 감추어진 상태로 증거하고 있다. "예수님은 자기 자신의 인격의 신비와 중요성을 함축적으로 주장하시지만 자기 자신에게 어떤 칭호도 부여하시지 않는다. 그는 메시아와 하나님의 아들이 임재하여 계시고 사단의 왕국을 약탈하기 때문에 하나님의 나라가 이미 도래했다고는 말하지 않는다. 그는 단순히 내가 귀신들을 쫓아낸다"라고 말한다. 청중들은 "이 사람이 도대체 누구인가"라고 질문을 했다.[24)]

이처럼 예수님은 자신이 귀신을 쫓아냄으로 천국이 현존하고 있음을 증거하고 있다. "그리스도의 오심과 더불어 세상에 모습을 드러낸 천국은 다름 아닌 예언의 마지막(마 11:13; 눅 16:16), 사단의 결박(마 12:28), 놀랍고도 전 포괄적인 생명의 구원(마 11:5; 눅 4:18, 19), 인자의 권세와 능력(막 2:10),그리고 심령이 가난한 자가 누리는 환희(마 5:3)를 뜻한다."[25)]

④ 누가는 "하나님의 성령" 대신 "하나님의 손"이라고 묘사했다(눅 11:20). 따라서 "하나님의 손"이나 "하나님의 성령"은 같은 뜻임이 틀림없다. 누가가 "하나님의 손가락"을 사용한 이유는 하나님의 직접적인 간섭을 가리키기 위해서이다.[26)]십계명은 하나님의 손으로 쓰여 졌음으로, 그 일은 하나님의 권위를 입은 것이 된다. 신약에서는 하나님의 손에 의해 귀신들이 내어쫓긴다. 그러기에 하나님의 권위로 이루어지는 행사는 그 아들 메시아를 통하여 닫히기도 열려지기도 하였다.

성령 훼방죄(막 3:28~29; 참조, 마 12:31~32)

내가 진실로 너희에게 이르노니 사람의 모든 죄와 모든 모독하는 일은 사하심을 얻되 누구든지 성령을 모독하는 자는 영원히 사하심을 얻지 못하고 영원한 죄가 되느니라 하시니 (막 3:28-29, 개역개정).

① 마가복음 3:28~29은 성령 훼방죄 (모독죄)를 다룬다. 사람들은 성령을 훼방하는 죄를 범할 수 있다. 본문의 연구에 들어가기에 앞서 우리는 성도들이 "성령을 근심케" 할 수가 있으며, 또 "성령을 소멸케" 할 수도 있음을 알아야 한다. 사람들은 심지어 "성령에 대항"할 수도 있으며, "성령을 거역"할 수도 있다. 다음의 성경 구절은 이를 증거 한다.

첫째, "하나님의 성령을 근심하게 하지 말라 그 안에서 너희가 구원의

---

24) W.D. Davies and Dale C. Allison, Jr. *A Critical and Exegetical Commentary on The Gospel According to Saint Matthew*, vol. Ⅱ(*I.C.C.*, Edinburgh: T & T Clark, 1991), p. 339.

25) H. Ridderbos, *The Coming of the Kingdom* (Philadelphia: The Presbyterian and Reformed Publ. Co., 1962), pp. 105-106.

26) J. Jeremias, *New Testament Theology : The Proclamation of Jesus* (New York: Charles Scribner's Sons, 1971), p. 79.

날까지 인치심을 받았느니라"(엡 4:30, 개역개정).

둘째, "성령을 소멸하지 말며"(살전 5:19, 개역개정).

셋째, "그들이 반역하여 주의 성령을 근심하게 하였으므로"(사 63:10, 개역개정).

넷째, "목이 곧고 마음과 귀에 할례를 받지 못한 사람들아 너희도 너희 조상과 같이 항상 성령을 거스르는도다"(행 7:51, 개역개정).

② 성령 훼방(모독)의 죄는 전에는 분명 믿는 것처럼 보이는 신자이었으나 실제적으로는 불신자인 사람들에 의해 저질러진다. 그들은 복음에 대한 지식을 꽤 잘 알고 있는 사람들이다. 그들은 하나님의 나라 가까이에 있었던 자들이다(참조. 히 6:4~6; 10:26~31; 요일 5:16). 성령 훼방 죄는 첫째, 복음을 알지 못하는 이방인들이나, 둘째, 혹시 이 죄를 범하지나 않을까 두려워하며 걱정하는 민감한 심령의 소유자들에 의해서는 결코 범하여지는 법이 없다.[27]

③ 성령 훼방 죄가 아닌 것은 어떤 것들인가?

첫째, 알면서 지은 죄나 양심에 반하여 지은 죄도 성령 훼방 죄는 아니다. 왜냐하면 그런 죄를 지은 사람들도 회개의 가능성이 있으며 따라서 용서를 받을 수 있기 때문이다. 예수님은 "사람의 모든 죄와 모든 모독하는 일은 사하심을 얻되"(막 3:28, 개역개정)라고 말하심으로 성령 훼방(모독) 죄를 특정한 죄에만 국한시켜 말씀하고 계신다.

둘째, 성도들이 지은 죄가 세상적인 판단으로 볼 때 악할 경우라도 그런 죄는 성령 훼방 죄에 해당하지 않는다. 성도들이 간음, 살인, 횡령과 같은 엄청난 죄를 범했을지라도 성령 훼방 죄를 지었다고 단정할 수 없다. 다윗 왕은 간음과 거짓말과 살인의 죄를 지었지만 용서함을 받았다(삼하 12:13, 시 51:1~19).

셋째, 예수님이나 하나님을 비방하는 죄도 성령 훼방 죄에 해당하지 않는다(참조 막 15:29; 눅 22:64~65). 하나님을 비방하는 것은 하나님의 권능과 존엄을 비방하는 것이다. 그 경우 하나님 자신이 직접 비방의 대상이 될 수도 있고(계 13:6), 하나님의 계시가 비방의 대상이 될 수도 있다(딤 2:5). 그리고 예수님을 비방하는 것은 예수님을 공개적으로 모욕하는 것이다

---

27) Bruner, *The Christbook: Matthew 1–12*, p. 462.

(막 15:29). 예수님과 하나님을 비방하는 죄는 심각한 죄이지만, 한 편 강도의 경우처럼 죄 용서함이 있을 수 있다.

④ 성경 본문은 성령 훼방 죄의 범위를 극히 제한시켜 사용하고 있다. 예수님은 일반적인 죄와 성령 훼방 죄를 비교함으로 성령 훼방 죄를 구체화시키며, 더 나아가서 "인자를 거역하는 죄"와 "성령 훼방 죄"를 비교함으로 성령 훼방 죄의 뜻을 제한시키고 있다. 예수님께서는 가르칠 때 자신을 반대하는 일반적인 저항과 자신의 사역 가운데 나타나는 성령의 사역에 대한 의도적인 왜곡을 구분하고 계시는 것이다.[28] 그러므로 성령 훼방 죄는 성령의 사역이 명백함에도 불구하고 그 사역을 성령의 사역으로 돌리지 않고 사단의 사역으로 돌리는 죄이다.[29]

그래서 예수님은 본문에서 "나무도 좋고 열매도 좋다 하든지 나무도 좋지 않고 열매도 좋지 않다 하든지 하라 그 열매로 나무를 아느니라"(마 12:33, 개역개정)고 말씀하신다. 즉 좋은 나무가 좋은 열매를 맺는 것처럼, 예수님이 좋으시기 때문에 예수님이 행하신 사역 역시 좋은 사역이라는 말씀이다. 그들은 예수님을 좋다고 생각하면서 예수님의 사역을 나쁘다고 말할 수는 없는 것이다.

5. 표적을 구하는 자들에 대한 질책(마 12:38~45; 참조, 눅 11:29~32)

그 때에 서기관과 바리새인 중 몇 사람이 말하되 선생님이여 우리에게 표적 보여 주시기를 원하나이다 예수께서 대답하여 이르시되 악하고 음란한 세대가 표적을 구하나 선지자 요나의 표적 밖에는 보일 표적이 없느니라 요나가 밤낮 사흘 동안 큰 물고기 뱃속에 있었던 것 같이 인자도 밤낮 사흘 동안 땅 속에 있으리라 심판 때에 니느웨 사람들이 일어나 이 세대 사람을 정죄하리니 이는 그들이 요나의 전도를 듣고 회개하였음이거니와 요나보다 더 큰 이가 여기 있으며 심판 때에 남방 여왕이 일어나 이 세대 사람을 정죄하리니 이는 그가 솔로몬의 지혜로운 말을 들으려고 땅 끝에서 왔음이거니와 솔로몬보다 더 큰 이가 여기 있느니라 더러운 귀신이 사람에게서 나갔을 때에 물 없는 곳으로 다니며 쉬기를 구하되 쉴 곳을 얻지 못하고 이에 이르되 내가 나온 내 집으로 돌아가리라 하고 와 보니 그 집이 비고 청소되고 수리되었거늘 이에 가서 저보다 더 악한 귀신 일곱을 데리고 들어가서 거하니 그 사람의 나중 형편이 전보다 더욱 심하게 되느니라 이 악한 세대가 또한 이렇게 되리라 (마 12:38–45, 개역개정).

마태복음 12:38~45은 이전 구절(마 12:33~37)과 밀접하게 연결되어 있다.

---

28) D. Guthrie, *New Testament Theology* (Downers Grove: IVP, 1981), p. 521

29) Robert A. Guelich, *Mark 1-8:26: Word Biblical Commentary*, vol.34A (Dallas: Word Books, 1989), p. 180.

하나는 "그때에"라는 시간을 가리키는 부사가 그 사실을 지적하며, 또 하나는 내용이 그 사실을 증거하고 있다. 이때까지 주께서 보여주신 표적은 땅에 속한 것들이었다. 즉, 땅 위의 것이며 땅에서 비롯된 것들을 다루신 것이었다.

예수님께서 베푸신 기적들은 네 종류로 구분된다. '자연'에 대한 이적, '질병'에 대한 이적, '죽음'에 대한 이적, 그리고 '귀신'에 대한 이적 등이 그것이다. 이제 그들은 이와는 전혀 다른 표적을 원하였다.[30] 하늘의 장막을 둘로 나누는 일이나, 하나님의 보좌로부터의 이적과 같은 것을 구하였다.

하늘로부터의 표적을 구함

바리새인들과 서기관들은 자제된 태도로 예수님께 요청한다. 그들이 "선생님이여"라고 표현하고, "우리에게 표적 보여주시기를 원하나이다"(마 12:38, 개역개정)라고 요청한 것은 적어도 외형적으로 그들의 태도가 불손하지 않았음을 가리킨다. 그러나 그들은 불신 가운데서 예수님이 주장한 그 고상한 주장을(마 12:28~30) 증명해 보이라고 요구하고 있는 것이다. 그들은 그때까지 예수님께서 행하신 이적들에 만족하지 않고 예수님이 하늘에서 오신 분임을 더 명백하게 나타내 보일 수 있는 이적을 행하라고 요구하고 있는 것이다.[31]

표적을 의지해서 사는 사람은 항상 만족을 누릴 수 없다. 사람이 표적을 보고 그 표적에 의지하여 살게 되면 하나의 표적만으로는 충분하지 못하며, 십여 가지의 표적이 있을지라도 마찬가지로 부족하게 여겨져 더욱 더 많은 중요한 표적을 구하게 된다. 왜냐하면 그렇게 될 때, 결국에는 속담에서 말하듯이 "자신의 두 눈으로" 보고 나서도, 그는 "자신의 두 눈으로" 보고 있는 것조차도 믿지 않게 되기 때문이다. 이처럼 표적을 구하는 자들은 예수님께서 보여주시는 영적인 실체와 세계를 보지 못하게 된다. 그리하여 하늘로부터 오는 표적이건 땅으로부터 오는 표적이건 간에 아무리 많은 표적이라 할지라도 그들에게 확신을 줄 수가 없게 되는 것이다.

---

30) 브루너(Bruner)는 이적과 표적의 차이를 다음과 같이 설명한다. 표적은 하늘로부터 직접 전달되는 것이지만, 이적은 사람과 물건을 통해 지상에서 이루어지는 것이다. 더 생생하게 설명하면 표적은 하늘에서 발생하거나 하늘로부터 나타나는 것이요, 이적은 지상에서 발생한 것이다. Cf. Bruner, *The Christbook: Matthew 1–12*, p. 466.

31) Ridderbos, *Matthew*, p. 244.

표적은 구하는 유대인들은 다니엘 7:13, 14의 "내가 또 밤 환상 중에 보니 인자 같은 이가 하늘 구름을 타고 와서 옛적부터 항상 계신 이에게 나아가 그 앞으로 인도되매 그에게 권세와 영광과 나라를 주고 모든 백성과 나라들과 다른 언어를 말하는 모든 자들이 그를 섬기게 하였으니 그의 권세는 소멸되지 아니하는 영원한 권세요 그의 나라는 멸망하지 아니할 것이니라" (단 7:13-14, 개역개정)는 말씀을 당연히 알고 있었을 것이다. 그들은 참된 메시아라면 하늘로부터 오는 표적을 행할 수 있어야 한다고 믿었다. 그들이 그리스도께 하늘로부터의 표적을 구한 것은 이번만이 아니었다. 이것은 그리스도를 시험하였던 시험적 요소들 가운데 하나로 여겨진다. 그런데 예수님은 그런 시험에 굴복하지 않으셨다. 마태복음 16:1 이하, 마가복음 8:11, 그리고 요한복음 6:30을 보라. 또 계속해서 바울은 고린도전서 1:22에서 "유대인은 표적을 구하고" 라고 쓰고 있음을 보게 되는데, 이는 마치 그와 같은 요구가 갈수록 집요해지고 계속된 것을 말해주는 듯싶다.

바리새인들의 요구에 대한 그리스도의 대답

그리스도는 이들이 표적을 구하는 까닭을 이 세대가 악하고 음란한 탓으로 돌리셨다. 다시 말해서, 세대가 의심과 회의를 더욱 더 강하게 드러내면 낼수록 신앙은 그만큼 나타나지 않게 되며, 그리스도와 그의 사역의 진실성에 대한 가시적 증거만을 더욱 구하게 되는 것이다. 이 세대에 대한 그리스도의 표현은 영적인 것이다.[32] 우리들은 호세아 선지자가 하나님과 그의 백성의 관계를 결혼의 관계로 표현한 것을 기억하고 있다. 그러나 이스라엘 백성들은 이방 신들을 추구하여 하나님께 충실하지 못했다. 그리스도는 이와 동일한 관계성을 당시의 백성들에게 적용을 하셨다. 곧 이 백성들은 그리스도를 믿지 못하고 표적을 구함으로써 바로 하나님께 음란한 행동을 저지르고 있는 것이다.

예수님은 보여줄 표적이 요나의 표적밖에 없다고 말씀하신다. 그러면 요나의 표적은 무엇을 의미하는가? 그들은 이미 요나의 표적을 알고 있었다.

---

32) Bruner는 "이 세대"를 문자적으로 생각하여 "언약에 불성실한 사람들"로 해석한다. Cf. *The Christbook: Matthew 1-12*, p. 466.

그러나 요나의 표적도 그들에게는 하늘에서 오는 표적일 수가 없었다. 그래서 그들은 요나의 표적을 바르게 이해할 수가 없었다. 왜냐하면 요나의 경험은 바로 그리스도에게 일어날 일에 대한 예표였기 때문이다. 요나가 삼일 밤낮을[33] 땅 한가운데에 있었던 것처럼, 그리스도께서 무덤 속에 들어가 있게 될 것이었다. 아울러 요나가 살아 돌아 왔듯이, 그리스도도 또한 살아 돌아오게 될 것이다. 이것은 그의 죽음과 부활을 의미한다.

예수님의 죽음과 부활만이 하나님께서 그들에게 보여주실 위대한 표적이었다. 이 표적은 하나님께서 모든 세대를 위해 마련한 것이었다. 예수님의 죽음과 부활의 표적이 있은 후 예수님의 재림 때까지 예수님께서 다른 표적을 행하시지 않을 것이다. 환상이나 이적이나 다른 영적 사건들은 단지 가능성이 있을 뿐이요, 모호하며 확정적이지 않은 것들이다. 그러나 예수님의 죽음과 부활은 확실하며 유일한 표적이다. 그러므로 예수님의 죽음과 부활을 선포하고 가르치는 것은 하나님의 위대한 표적을 영속시키는 역할을 한다.[34] 특히 예수님의 부활은 하나님께서 그의 아들 예수님의 생애와 사역을 인정하는 하나님의 위대한 표적인 것이다.

결론적으로 말해서, 이들이 그와 같은 표적을 읽지 못함으로 이들에게는 심판이 도래하게 될 것이다. 실제로 유대인들은 예수님께서 행하시는 일을 보고도 믿지 않음으로 여전히 영적인 맹인이었으나, 이방인들은 믿음을 지녔다. 유대인들의 마음은 하나님 앞에서 온당치 못하였다.

6. 바다와 바람도 복종하는 주님의 말씀(막 4:35~41; 참조, 마 8:23~27; 눅 8:22~25)

그 날 저물 때에 제자들에게 이르시되 우리가 저편으로 건너가자 하시니 그들이 무리를 떠나 예수를 배에 계신 그대로 모시고 가매 다른 배들도 함께 하더니 큰 광풍이 일어나며 물결이 배에 부딪쳐 들어와 배에 가득하게 되었더라 예수께서는 고물에서 베개를 베고 주무시더니 제자들이 깨우며 이르되 선생님이여 우리가 죽게 된 것을 돌보지 아니하시나이까 하니 예수께서 깨어 바람을 꾸짖으시며 바다더러 이르시되 잠잠하라 고요하라 하시니 바람이 그치고 아주 잔잔하여지더라 이에 제자들에게 이르시되 어찌하여 이렇게 무서워하느냐 너희가 어찌 믿음이 없느냐 하시니 그들이 심히 두려워하여 서로 말하되

---

33) 여기 삼일을 반드시 24시간을 세 번 계산한 삼일이라고 생각할 필요는 없다. 요나의 경우도 그렇고, 예수님의 경우도 그렇다. 유대인들은 어떤 날의 한 부분을 하루로 계산하는 관습이 있었다. Cf. Strack and Billerbeck, *Kommentar zum Neuen Testament aus Talmud und Midrasch*, vol. I, p. 649.

34) Bruner, *The Christbook: Matthew 1-12*, p. 467.

그가 누구이기에 바람과 바다도 순종하는가 하였더라 (막 4:35-41, 개역개정).

마가복음 4:35~41은 자연세계도 예수님께 순종하는 사건을 소개한다. 예수님은 자신이 창조주임을 제자들에게 가르치시길 원하셨다. 예수님께서 자신을 따르는 데는 헌신과 각오가 필요함을 말한 직후(마 8:18~22) 제자들이 예수님을 따랐다는 사실은 의미심장한 것이다. 이 사실은 제자들이 특별한 각오로 예수님을 따랐음을 증거하고 있다.

갈릴리 바다

디베랴 바다라고도 불리는 갈릴리 바다는 길이가 12.5마일(약 20km), 폭은 7.5마일(약 12km)에 이른다. 그리고 하프를 뜻하는 이름을 지닌 담수호인 긴네렛(Chinnereth)은 생긴 모양이 먹는 배처럼 생겼다고 해서 게네사렛(Gennesaret) 바다라고도 불리 운다. 이 물은 지중해 수면보다 682피트(약 208m)나 밑에 위치하고 있으며, 주위의 산 높이는 그로부터 약 1000피트(약 304m) 정도가 된다. 이 바다는 요단강으로부터 물이 유입되며, 그물로 고기를 잡을 만큼 어량이 풍부하다. 이런 지형적인 형편은 그 지역의 기온을 온화하게 만들지만 또한 폭풍과 같은 바람이 일어 위험을 가져오기도 한다.

갈릴리 바다의 상황

대체로 갈릴리 바다는 평온하며 조용하다. 그러나 바다가 언덕들 사이에 낮게 위치하고 있기 때문에 산을 타고 내려오는 빠른 바람이 불면 갑자기 성난 파도가 일어 마치 괴물이 성질을 부리듯 거친 풍랑을 일으키기도 한다. 특별히 본문의 폭풍은 그 표현이 마치 지진을 묘사하듯이 되어 있는 것으로 보아 유난히 격렬했던 것 같다.

예수님께서는 많은 무리들을 가르치고 계셨다. 그날, 저녁이 되자 주께서는 제자들에게 "우리가 저편으로 건너가자"(막 4:35)고 말씀을 하셨다. 주께서는 "평소의 주가 그러셨던 것처럼" 무리를 떠나 가셨다. 즉, 더 이상의 아무런 준비도 없이, 저녁도 먹지 않은 채 제자들을 데리고 가셨던 것이다. 무리들은 주의 일행이 떠나가는 것을 지켜보았다. 마태복음을 보면, 그리스도께서 많은 일로 인해 지쳐 배의 고물(선미)에 누워 이내 잠이 들어 버리셨다(마

8:24). 주의 몸은 완전히 긴장이 풀어져 있었는지라 폭풍우가 불었으나 잠을 방해하지는 못했다. 그 배는 작았고 폭풍은 유난히 거칠었기 때문에 배는 거의 물속으로 가라앉을 지경이 되었다.[35] 마가복음에는 이 상황을 물결이 부딪쳐 배에 들어와 배에 가득하게 되었다고 쓰고 있다(막 4:37).

제자들의 두려움

제자들의 공포가 어떠했을 지에 대해서는 기록할 내용이 많을 것이다. 이론적으로 지금쯤 제자들은 주님과 함께 있으면 아무런 걱정도 할 필요가 없다는 사실을 마땅히 배웠어야 했다.[36] 게다가 그들에게는 설령 그들이 파도에 휩쓸려 죽게 된다 할지라도 두려워할 권리가 없었다. 왜냐하면 겁을 먹는 대신 도리어 모든 걸음걸음마다 그리스도를 신뢰하는 온전한 확신 가운데 삶을 살아야 마땅했기 때문이다. 제자들이 지금까지 경험했을 법한 어떤 것보다도 더 강렬한 폭풍이 닥쳤을 것이라는 점은 사실로 지적될 수 있겠으나, 그들은 인간이었기에 두려워했던 것이다.

우리는 이 폭풍을 악마의 직접적인 공격이라고 생각할 필요는 없다. 하지만 이 폭풍이 예수님의 사역을 방해하는 것임에는 틀림없다. 이 폭풍은 그 때까지 제자들이 경험해 보지 못한 것이었으며, 그래서 제자들은 두려워했던 것이다. 그런 맥락에서 볼 때, 우리는 숙련된 어부들이었던 제자들이 그토록 당황 할 수밖에 없었던 이유를 이해할 수가 있을 것이다. 하지만 이와 같은 상황에서 조차도 그리스도께서는, 마치 아무리 마귀가 힘을 다해 악을 행한다 할지라도 주를 믿는 믿음을 온전히 지켜야 한다고 말씀을 하시는 것처럼, "어찌하여 이렇게 무서워하느냐 너희가 어찌 믿음이 없느냐"(막 4: 40, 개역개정)는 말씀으로 제자들을 책망하셨다.

한 가지 중요한 요점은 예수님께서 제자들의 믿음 없는 것을 책망하셨지만 그들의 간구를 들어주셨다는 사실이다. 예수님은 "너희들의 믿음이 더 강해

---

35) 헬라어의 표현이 아주 생생하다. 마태는 폭풍을 지진(σεισμός)으로 묘사했고, 파도가 너무 높아 배가 파도 사이에 감추어진 것으로(καλύπτεσθαι) 묘사했다.

36) Barclay는 이 구절의 의미를 오늘날 성도들의 생애에 적용시키면서 이 이야기의 의미는 예수님께서 갈릴리 바다에서 폭풍을 잔잔하게 했다는 사실에 그치지 않고, 예수님께서 계신 곳에는 어느 곳이든지 인생의 폭풍들이 잠잠하게 된다는 뜻이라고 설명한다. Cf. William Barclay, *The Gospel of Matthew*, vol. I (Philadelphia: The Westminster Press, 1975), p. 318.

지면 다시 오너라"고 말씀하시지 않고 바다와 파도를 잔잔하게 해주셨다. 예수님은 우리의 모습 그대로를 받으시고 우리의 간구를 들어주신다.[37]

제자들은 폭풍 앞에서 "주여, 선생님이여, 우리가 죽게 된 것을 돌아보지 아니하시나이까"라고 두려워한다. 이것이 파도와 바다의 성질을 잘 알고 있었던 어부들이 목수였던 예수님에게 내놓은 즉각적인 요구였다. 결국, 공포의 상황 속에서 그들은 예수님께 구원을 호소한 것이었다. 이것은 그들이 의식적으로든 무의식적으로든 주님이 한낱 목수에 지나지 않는 분이 아니시며 단순한 인간을 넘어서는 그 이상의 어떤 분이시라는 것을 인식하였기 때문이다. 그들은 생존의 소망이 주께서 무엇인가를 행하심에 달려 있다는 것을 깨달았다. 유일한 소망이 주께 있었던 것이다. 그들은 주께로부터 몇 가지 교훈을 이미 받았다.

첫째, 제자들이 주께 호소하는 내용을 살펴보면, 마치 그들이 이미 자신들의 생명을 주님께 맡기었음에도 불구하고 이제 그들이 죽든 말든 아무런 상관도 없다는 것입니까 라는 식의 투덜거리는 분위기를 준다.

둘째, 이처럼 급박한 상황에서는 누구나 남을 재빨리 비난하기가 일쑤이다. 제자들은 주께서 이러한 폭풍을 허락할 필요가 없으셨는데 공연히 그렇게 하셨다는 식으로 주님을 비난하였다. 어떤 의미에서는 그것이 사실이다. 주께서는 그것을 막으려면 막을 수도 있었지만 제자들에게 교훈을 주기를 원하셨던 것이다.

주님의 대답과 행동

그리스도께서 이번에는 그들을 "믿음이 적은 자들아"라고 부르시면서 꾸짖으셨다. 예수님께서는 그들에게 믿음이 없다고는 말씀하지 않으셨다. 그들이 주께 호소하였다는 사실은 그들에게 주님께 대한 신앙이 있음을 말해준다. 그것이 절박한 상태에서의 믿음일지 몰라도 분명히 믿음인 것이다. 그러나 그 믿음은 실로 부족한 믿음이었다. 참된 믿음이라면 어떠한 상황에서라도 주께 자신을 완전히 내맡길 수가 있었을 것이기 때문이다. 참된 믿음을 지닌 자들은 비록 주의 인도하심을 이해할 수는 없다 하더라도

---

37) Bruner, *The Christbook: Matthew 1–12*, p. 319.

주께서 결코 그릇된 길로 인도하실 리가 없다는 믿음으로 주를 따른다.

우리는 여기서 한 가지 배울 점이 있다. 우리가 때때로 위험에 처했을 때 예수님께 두려움을 가지고 기도하는 것보다 예수님을 전폭적으로 믿으면서 자신의 방에 들어가 침대에 누워 평안하게 잠을 잘 수 있는 신뢰의 마음을 소유하는 것이 예수님을 더 기쁘시게 한다는 사실이다.[38] 우리는 주님의 주님 되심을 믿어야 한다. 우리는 주님을 모든 분야의 주님이라고 고백은 하면서 어려움이 닥칠 때 주님 대접을 해드리지 못하는 경우가 많다.

여기서 우리는 믿음과 공포가 삶 속에 어떻게 얽혀있는가에 대한 아름다운 그림을 보게 된다. 그 누구도 믿음이 전혀 없거나, 또 반대로 완전한 믿음을 소유할 수는 없다.

그리스도께서 폭풍을 잔잔하게 하신 것은 주목할 만한 것이다. 주께서는 "잠잠하라"고 말씀하셨는데, 그 뜻은 어느 학자에 따르면 "계속해서 입에 재갈을 물어라"로 풀이된다. 바람은 "바람의 세기가 꺾여 아주 잔잔해졌다." "잠잠하라"는 그리스도의 명령이 있자 잠잠해졌던 것이다. 주께서는 단지 말씀만 하셨음에도 그대로 이루어졌다. 창조세계는 창조주를 인정하고 그 명령에 복종한 것이다(시 29:3,10; 65:7; 107:29).

제자들의 반응

제자들은 몹시 놀랐다. 그들이 다른 기적들을 많이 보아왔으나, 주님께서 자연까지도 마음대로 부리신다는 것은 조금도 기대하지 못했던 것이다. 그렇지만 주님이 그런 분이시기에 그들은 주께 그런 부탁을 드릴 수가 있게 되는 것이다.

이 구절은 제자들이 믿음이 적은 자들이요, 겁쟁이임을 증거 하는 구절이다. 그럼에도 제자들은(마태, 마가, 누가) 자신들에 대한 좋지 않은 평가를 그대로 복음서에 기록한 것이다.[39] 이 사실은 복음서를 기록할 때 제자들이 자신들을 영웅으로 만들지 않고 역사적으로 발생했던 사실 그대로를 전하고

---

38) *Ibid.*, p. 318.

39) John A. Bengel, *Bengel's New Testament Commentary*, Vol. I (Matthew–Acts)(Grand Rapids: Kregel, 1981), p. 144: "It shows candor in the disciples to record their own weaknesses; this was not however difficult to them, since after the coming of the Paraclete they had become other men."

있음을 증거 하는 것이다. 우리는 복음서에서 제자들이 자기 자신들을 과대 포장시켜 선전하는 것을 찾아볼 수가 없다.

7. 가다라 지방의 귀신 들린 자(마 8:28~34; 참조, 막 5:1~20; 눅 8:26~40)

또 예수께서 건너편 가다라 지방에 가시매 귀신 들린 자 둘이 무덤 사이에서 나와 예수를 만나니 그들은 몹시 사나워 아무도 그 길로 지나갈 수 없을 지경이더라 이에 그들이 소리 질러 이르되 하나님의 아들이여 우리가 당신과 무슨 상관이 있나이까 때가 이르기 전에 우리를 괴롭게 하려고 여기 오셨나이까 하더니 마침 멀리서 많은 돼지 떼가 먹고 있는지라 귀신들이 예수께 간구하여 이르되 만일 우리를 쫓아 내시려면 돼지 떼에 들여 보내소서 하니 그들에게 가라 하시니 귀신들이 나와서 돼지에게로 들어가는지라 온 떼가 비탈로 내리달아 바다에 들어가서 물에서 몰사하거늘 치던 자들이 달아나 시내에 들어가 이 모든 일과 귀신 들린 자의 일을 고하니 온 시내가 예수를 만나려고 나가서 보고 그 지방에서 떠나시기를 간구하더라 (마 8:28-34, 개역개정).

마태복음 8:28~34은 가다라 지방의 귀신 들린 자를 고치신 사건을 다룬다. 마태, 마가, 누가, 모두 예수님께서 바람과 바다를 잔잔케 하신 사건을 기록하고(마 8:23~27; 막 4:35~41; 눅 8:22~25), 그 후에 곧바로 가다라 지방의 귀신 들린 자를 고친 사건을 기록한다.

복음서에는 이 지역과 관련하여 세 가지 다른 명칭들이 나온다. 그것들은 가다라(Gadarences), 거라사(Gerasenes), 게르게사(Gergesenes)이다. 사본들의 비중, 지역적 특성, 그리고 갈릴리 바다와의 거리를 감안할 때 이 세 지역 중 가다라(Gadarences)가 예수님이 귀신들린 자를 고친 장소로 가장 적합하다고 생각된다. 우선 예수님이 귀신 들린 자를 고친 지방은 바다가 옆에 있었고, 돼지 떼가 비탈로 내리달아 바다에 빠질 수 있는 장소였다 (마 8:32; 막 5:13; 눅 8:33). 그런데 "거라사"(Gerasenes, Γερασηνῶν)는 갈릴리 호수 동남쪽으로 약 50 킬로 떨어진 장소로 바다 근처에 있지 않았고 돼지 떼가 비탈로 내리달아 바다에 빠질 수 있는 그런 지역이 아니었다.[40]

---

40) William Hendriksen, *The Gospel of Mark* (*New Testament Commentary*, Grand Rapids: Baker, 1975), p. 187. "We learn that it was a region of caves used as tombs, and that a steep hill descended sharply to the very edge of the water. This description does not fit Gerasa(Gerasene), a town situated at least thirty miles to the south-southeast of the Sea of Galilee." 오리겐(Origen)도 그의 요한복음 주석에서 세 지역 중 가장 적합하지 않은 지역이라고 해석한다. Cf. Bruce M. Metzger, *A Textual Commentary on the Greek New Testament* (New York: United Bible Societies, 1971), pp. 23-24.

또한 "가라사"는 필사자가 마가복음 5:1과 누가복음 8:26을 참조하여 동화시켰을 가능성이 크다. 그리고 게르게사(Gergesenes, Γεργεσηνῶν)는 오리겐의 제안에 따라 수정되었을 가능성이 많다.

따라서 이 세 지역 중 "가다라"(Gadarenes, Γαδαρηνῶν) 지방이 예수님께서 귀신 들린 사람을 고치신 가장 적합한 장소라고 결론지을 수 있다. 가다라는 갈릴리 바다 남동쪽 언덕에 위치해 있고 인구는 바다의 다른 쪽에 비해 비교적 적은 편이었다. 그리고 가다라는 석회암으로 장식된 아름다운 무덤이 많은 것으로 유명하다.[41] 본문에서 "귀신 들린 자 둘이 무덤 사이에서 나와 예수를 만나니"(마 8:28, 개역개정)라는 말은 이런 배경과 연관시켜 이해할 수 있다.

귀신 들린 자의 태도

마귀는 폭풍으로 배를 물속에 처박아 놓지 못하게 되자, 이제 귀신 들린 자를 이용하여 그리스도의 사역을 불신케 하려 하였다. 따라서 마귀는 이 사람들을 더욱 괴롭힘으로 자신의 엄청난 능력을 보여주고자 하였다. 요한일서 3:8에는 말세에 "하나님의 아들이 나타나신 것은 마귀의 일을 멸하려 하심이라"(개역개정)고 기록되어 있다. 그때에 돼지들 또한 마귀의 역사를 받고 있었는데, 그리스도께서 이 돼지들로 하여금 물속으로 달려 들어가도록 허용하심으로 마귀의 역사를 파멸하셨다. 귀신들이 돼지에게로 들어가기를 구하였으며 이에 주께서 허락을 하셨다는 점을 주의해보라. 돼지들은 귀신에 사로잡혀 그로부터 자극을 받아 "자발적으로" 물속으로 달려 들어갔다. 이것이 귀신 들린 자들의 결국이다.

마태는 귀신 들린 자 둘이 있는 것으로 쓰고 있는 반면, 마가와 누가는 한 사람만을 언급하고 있다. 이런 차이로 인해 어떤 학자들은 이 기록들은 한 사건을 묘사한 것이 아니라고 주장한다. 칼빈은 어거스틴(Augustine)의 추정을 인용하여 이런 상충은 두 사람 중에 한 사람의 형편이 더 심각하기 때문에 마가와 누가는 이적의 특이성을 나타내기 위해 심각한 형편의 귀신 들린 자만 언급하고 다른 사람은 언급하지 않은 것뿐이라고 말한다.[42]

---

41) Ridderbos, *Matthew*, pp. 175-176.

귀신 들린 경우에 있어 흥미로운 것은 귀신 들린 자가 예수님을 두려워하여, 주의 능력의 밖에 머물기를 원하면서도 주께로 이끌려져 나오는 것 같은 점이다. 그 같은 사실 뒤에 있는 교훈의 요점을 볼 수 있어야 한다. 예수님께서는 귀신들을 제압할 권세를 지니고 있으며, 주께서 그것들을 내어 쫓기를 원하실 때, 귀신들은 저항해보기를 원한다 할지라도 결코 이길 수가 없었던 것이다.

귀신 들린 자들의 생활

귀신 들린 자들은 묘지의 무덤에서 살았다. 그곳에는 호수로부터 얼마간 떨어진 절벽의 바위 안으로 깎아 들어간 공간이 있었다. 그들은 그 일대 마을 사람들에 의해 통제를 받지 않고 주변 마을들로 떠돌아다녔다. 귀신 들린 자들을 묶어 감금해보려는 시도가 있었으나 가장 강력한 족쇄마저도 끊어버리고는 벗은 채로 빠져 나와 묘지 사이를 돌아다녔다. 오직 복음의 능력으로만 귀신 들린 사람들을 제어할 수 있고 그들을 도울 수 있다.

귀신 들린 자들은 결코 잠잠할 것 같지 않았다. 밤낮으로, 말 그대로 소리를 지르며 울부짖고, 돌로 자신의 몸을 찢어 상처를 내고, 이웃들에게 참으로 성가시며 폭력을 가할 위협적인 존재들이었다. 그 마을 사람들에게 그들을 치유하기 위해서는 어떤 값이라도 치를 의사가 있었을 것이라고 생각이 됨에도 불구하고, 치유가 이루어지자 그들은 예수님께 그 지역을 떠나가 줄 것을 요청했다. 그들은 하찮은 몇 마리의 돼지를 잃기보다 그러한 일이 계속되는 쪽을 오히려 원했던 것이다.

예수님께서 다가가셨을 때, 그들은 주께로 달려 나와 주를 알아보고 주 앞에 엎드려 절하고, 자신을 괴롭게 말 것을 간청하였다. 이 귀신들은 그리스도께서 하나님의 아들이시라는 사실을 널리 알리기 원하였던 것처럼 보인다. 그 이유가 무엇일까? 아마도 그것은 자신들이 예수님을 하나님의 아들로 전파하면 사람들은 오히려 예수님을 하나님의 아들로 인정하지 않을 수도 있기 때문이다.

귀신 들린 자가 "하나님의 아들이여 우리가 당신과 무슨 상관이 있나이까

---

42) John Calvin, *A Harmony of the Gospels, Matthew, Mark and Luke*, pp. 283-284.

때가 이르기 전에 우리를 괴롭게 하려고 여기 오셨나이까"(마 8:29, 개역개정)라고 예수님에게 항의한다. 귀신의 영향을 받고 있는 사람이 예수님을 하나님의 아들로 인정하고 있다. 이는 귀신의 정체를 이해하는데 큰 도움을 준다. 귀신들은 영적인 문제를 이해하는데 보통사람의 능력을 능가한다.

"때가 이르기 전에"라는 말의 의미는 무엇인가? 어떤 사람은 이 구절의 의미가 "예수님께서 그의 능력을 이방에 나타내기 이전에"라는 뜻이라고 말한다. 그들은 다음에 나오는 "돼지"가 이방을 상징하며 이 사건이 발생한 가다라가 이방인 점을 주장의 근거로 든다. 그래서 그들은 본문에서 강조해야 할 용어는 "여기 오셨나이까"의 "여기" 즉 이방 지역이라고 주장한다. 어떤 이는 예수님의 죽음과 부활의 때를 가리킨다고 주장한다.

그러나 본문의 "때가 이르기 전에"는 마귀가 지상에서 사역할 수 있는 일반적인 시간을 가리킨다고 생각하는 것이 바르다. 즉 세상의 종말이 오면 마귀는 무저갱에 던져져 고통을 받게 될 것이다(계 20:3). 그러므로 본문의 "때가 이르기 전에"의 "때"는 사단의 종말의 때를 가리킨다고 생각된다.[43]

한 가지 놀라운 사실은 마귀가 구속 역사의 세대 구분을 하고 있다는 점이다. 초림하신 예수님 앞에서 마귀가 세상의 종말의 때, 즉 예수님의 재림의 때를 언급하고 있는 것이다. 그때 당시 예수님의 제자들까지도 하나님 나라의 준비적인 시기와 종국적인 때를 구분하는데 둔했던 것을 감안하면 마귀의 이런 인식은 의미심장한 것이다. 칼빈은 마귀들이 세상의 심판 주 앞에 있기 때문에 그들이 심판 주를 보자 마음이 두려움으로 사로잡히게 된 상태를 묘사한다고 설명했다.[44]

말씀으로 치유

예수님께서는 아무런 마술적 능력의 과시도 없이 단순한 한마디 말씀으로 치유하셨다. 주님께서는 귀신 들린 자로부터 군대 마귀라 하는 것을 끌어냄으로 치유하셨던 것이다. 이것은 귀신 들린 자의 몸 안에 약 6,000마리의

43) Ridderbos, *Matthew*, pp. 176-177; Lenski, *The Interpretation of St. Matthew's Gospel*, p. 352: "The καιρός is best referred to the final judgment when all the destructive powers of Satan and of the devils shall end"; Marshall, *Commentary on Luke*, p. 339.

44) J. Calvin, *A Harmony of the Gospels, Matthew, Mark, and Luke*, vol. I, pp. 285-286.

귀신이 들어 있었다는 의미이거나 혹은 그저 마귀가 많음을 가리키는 비유적 표현일 수도 있다.[45] 우리는 귀신 들린 일에 대해 아는 바가 적어서 어떻게 한 사람의 몸 안에 그토록 많은 귀신이 살 수 있는지 알 수가 없다. 하지만 분명한 것은 그 인생이 참으로 비참한 상태였음은 짐작할 수 있다.

여기서 중요한 요점은 복음서에서 마귀의 이름을 "군대"(λεγιών)라고 사용한 사실이다. "군대"라는 용어는 항상 예수님이 인자로서 하나님의 능력을 소유하신 분임을 나타내는 문맥에서 사용된다. 예수님은 하나님의 아들이시기 때문에 그의 곁에 하늘의 군대를 대동하고 계신다. 따라서 마귀가 "군대"로서 존재할지라도 예수님은 능히 물리치실 수 있는 것이다.[46]

그리스도께서는 귀신 들린 자의 삶 속에서 귀신들을 내어 쫓으심으로 치유하셨다. 귀신들의 요청에 의해 주께서는 무저갱에 들어가는 대신에 돼지에게로 들어가도록 허락하셨다. 귀신들은 하나님의 정한 때가 되기 전까지는 하나님의 섭리에 의해 잠시 동안 그들의 시간을 계속 가질 것이다. 그때가 오기 전까지 귀신들은 상당한 능력을 행사하면서 활동할 것이다.

돼지들이 약 2,000마리나 익사하였으므로 그 손실도 상당하였다(막 5:13). 물론, 그 소유주는 몹시 화가 났을 것이다.

치유가 미친 영향

먼저 귀신 들린 자의 경우, 그는 정신이 온전하여 의복을 차려 입게 되었으며 이성을 되찾았다. 그를 바라본 사람들은 두려움에 싸였다(눅 8:35). 일반 마을 사람들은 주께서 그들을 떠나주기를 요청하였다.

마을 사람들이 예수님에게 그 지방에서 떠나달라고 요청한 것은 두 가지 이유 중에 하나일 수 있다. 첫째 가능성은 그들이 예수님의 권능을 두려워했기 때문에 예수님에게 떠날 것을 요청했다고 생각하는 것이다. 둘째 가능성은 그들이 돼지를 잃어 재산상 손해 본 데 대해 분노했기 때문이라고 생각하는 것이다. 본문은 마을 사람들이 두 번째 가능성 때문에 예수님

---

45) 헬라 원어는 λεγιών 으로 6,000명 정도의 로마군 부대를 가리키는 용어이다. 신약에서 이 용어는 귀신 쫓아내는 이야기와(막 5:9, 15; 눅 8:30) 예수님이 붙잡히실 때 "열두 영 더 되는 천사"(δώδεκα λεγιῶνας ἀγγέλων)를 요청할 수 있다는 이야기(마 26:53)에서만 사용된다.

46) H. Preisker, "λεγιών," *TDNT*, Vol. IV(Grand Rapids: Eerdmans, 1967), pp. 68-69.

께 떠나달라고 요청한 것으로 제시한다. 왜냐하면 귀신들이 예수님께 간구하여 그들을 마을의 돼지에게로 들어가게 해달라고 요청한 것은 잘 계산된 계획이라고 생각되기 때문이다. 귀신들은 예수님이 마을의 돼지들을 파멸시키는 것처럼 나타나게 함으로 가다라 지방 사람들이 예수님을 반역하도록 유도했다고 생각할 수 있다.[47] 그렇다고 귀신들이 예수님의 허점을 찔렀다고 생각할 수는 없다. 결국 가다라 지방 사람들은 돼지를 살리는 것과 사람을 살리는 것 중에 하나를 택해야 하고, 돼지 떼와 예수님 중 어느 편을 택해야만 했다. 가다라 지방 사람들은 돼지를 선택한 것이다.[48]

이와는 달리 병 고침을 입은 자는 예수님을 따르기를 원하였다. 그러나 그리스도께서는 그를 전도자로서 남겨두셨다(눅 8:38~39). 그리하여 그는 예수님께서 자기에게 어떻게 행하신 것과 복음의 기쁜 소식을 아는 대로 데가볼리로 가서 전파하였다(눅 8:39).

---

47) Ridderbos, *Matthew*, p. 178; Calvin, *A Harmony of the Gospels, Matthew, Mark and Luke*, vol. I, p. 286: "Their purposes looked further, namely to drive the inhabitants of the region by the loss of the swine to bring curses down upon God."

48) Lenski, *The Interpretation of St. Matthew's Gospel*, p. 354.

제11장

사망의 권세를 이기신 생명의 떡 예수

1. 야이로의 딸을 살리심과 혈루병 앓은 여인을 고치심(마 9:18~26; 참조 막 5:22~43; 눅 8:41~56)

> 예수께서 이 말씀을 하실 때에 한 관리가 와서 절하며 이르되 내 딸이 방금 죽었사오나 오셔서 그 몸에 손을 얹어 주소서 그러면 살아나겠나이다 하니 예수께서 일어나 따라가시매 제자들도 가더니 열두 해 동안이나 혈루증으로 앓는 여자가 예수의 뒤로 와서 그 겉옷 가를 만지니 이는 제 마음에 그 겉옷만 만져도 구원을 받겠다 함이라 예수께서 돌이켜 그를 보시며 이르시되 딸아 안심하라 네 믿음이 너를 구원하였다 하시니 여자가 그 즉시 구원을 받으니라 예수께서 그 관리의 집에 가사 피리 부는 자들과 떠드는 무리를 보시고 이르시되 물러가라 이 소녀가 죽은 것이 아니라 잔다 하시니 그들이 비웃더라 무리를 내보낸 후에 예수께서 들어가사 소녀의 손을 잡으시매 일어나는지라 그 소문이 그 온 땅에 퍼지더라 (마 9:18–26, 개역개정).

이적을 통해 주신 교훈

예수님께서 가버나움으로 돌아오셨을 때, 즉시로 무리들이 그에게 밀어닥쳤다. 예수님은 그에게 나아오는 이들의 필요를 채워주시고 병을 고치기 시작하였다. 이때 예수님은 야이로라는 사람을 만나게 된다. 야이로라는 이름은 민수기 32:41('야일')에서도 발견되는데, 그 뜻은 "빛을 주실 것이다"이다. 야이로는 딸의 죽음으로 인해 예수님의 발아래 엎드리어 예수님께 도와 달라고 간청을 했다.

야이로의 집으로 가는 도중 예수님은 열두 해 혈루 증으로 앓는 여자를 만나게 된다. 열두 해 동안 혈루 증으로 앓는 여자는 "예수님의 겉옷 가를 만졌다"(참조, 민 15:37~39). 구약의 레위기 15:25, 27에 의하면 그 여자는 불결했고 바깥에 나다니지 말았어야만 했다. 그 여자는 예수님의 옷조차 자신의 병을 충분히 고칠 수 있는 거의 마술적인 힘이 있으리라는 믿음을 가지고 있었다.

두 이적에서 우리는 "무슨 교훈을 배울 수 있는가?" 우리는 한 사람의 믿음을 시험하시는 예수님을 배운다. 한 사람(야이로)에게는 인내와 그리스도에 대한 완전한 신뢰의 필요성을 가르치시며, 다른 한 사람(여자)에게는 자신의 신앙을 공적으로 고백할 필요성을 가르치시려는 믿음의 시험이 여기에 있다.[1]

시험받는 야이로의 믿음

야이로는 확실한 믿음을 가졌다. 야이로는 회당장으로서 바리새인과 사두개인들로부터 비난이 있을 것을 충분히 예상하면서도 공공연하게 이 비천하고 멸시조차 받는 그리스도로 불리는 선생에게로 와서 어려움을 털어 놓는다. 이처럼 예수님 만나는 것을 부끄럽게 여기지 않은 것으로 보아 야이로는 믿음을 가졌음에 틀림없다. 야이로는 단순히 지적으로 동의하는 믿음을 가진 것이 아니요 신뢰하는 믿음과 사랑과 순종으로 의존하는 믿음을 가졌다.[2] 야이로는 예수님을 존경하여 그의 앞에 무릎을 꿇었으며 예수님이 죽음을 다스릴 수 있다고 믿었다. 야이로가 "내 딸이 방금 죽었사오나 오셔서 그 몸에 손을 얹어 주소서 그러면 살아나겠나이다"(마 9:18, 개역개정)라고 말한 것은 예수님이 죽음의 권세를 깨뜨리고 자신의 딸을 살리실 수 있다고 믿은 것이다. 그의 딸은 죽음의 문턱에 있었고, 야이로는 인간적으로 할 수 있는 모든 것을 이미 시도했을 것이다. 적어도 그는 니고데모처럼 은밀히 예수님께 오려고 하지는 않았다.

야이로는 예수님께 직접 찾아왔다. 성경은 야이로가 예수님의 은혜를 구하기 위해 공개적으로 찾아온 훌륭한 사람이라고 묘사한 반면, 이름이 알려지지 않은 이 여인은 믿음으로 예수님께 나아오나 아무도 자신이 거기에 있다는 것을 모를 것이라고 스스로 생각한 것처럼 성경본문이 묘사하고 있는 것

---

1) 복음서 기록의 문맥으로 보아 마태복음은 예수님의 이적적 능력에 초점을 맞추어 기록하고 있는 반면, 마가복음과 누가복음은 회당장 야이로의 믿음의 단련에 초점을 맞추어 기록하고 있다. 마태복음은 "한 관리가 와서 절하며 이르되 내 딸이 방금 죽었사오나 오셔서 그 몸에 손을 얹어 주소서 그러면 살아나겠나이다"(마 9:18, 개역개정)라고 딸의 죽음이 기정사실화 되었으나, 마가복음은 "내 어린 딸이 죽게 되었사오니"(막 5:23)라고 기록하고, 누가복음은 회당장의 열두 살 먹은 딸이 "죽어 감이러라"(눅 8:42)고 기록함으로 딸이 아직 살아있을 때 회당장이 예수님께 그의 집으로 들어오시기를 간청한 것이다. 그런데 회당장의 집으로 가는 도중 열두 해 혈루 증 앓는 여인의 사건으로 인해 지체되었고 회당장의 딸이 죽었다는 소식이 예수님께 당도한 것이다(눅 8:49; 막 5:35) 그때 예수님은 회당장에게 "두려워하지 말고 믿기만 하라"(막 5:36)고 말씀하신다. 이는 회당장의 믿음을 단련시킨 증거이다.

2) Alan Cole, *The Gospel According to St. Mark*, p. 104.

같다. 한 사람은 공개적으로 나아오고 다른 한 사람은 비밀리에 찾아오나 두 사람 모두 믿음의 성격에 대한 교육을 필요로 한다. 야이로의 믿음은 인내와 신뢰를 증거 하는 믿음이다. 예수님은 야이로의 인내와 신뢰를 시험하시기 위해 지체하셨다. 의심할 여지없이 이 시험은 야이로가 꼭 점검 받아야 할 부분에 관한 것이었다. 무엇보다 그는 회당장으로 명령과 규칙을 하달하는데 익숙해 있었다. 그는 또한 다른 사람으로 순종하도록 하는데 익숙해 있었다. 이제 그리스도께서는 그를 시험하시면서 그로 하여금 기다리도록 하신다.

시험받는 여자의 믿음

여자의 모습은 야이로와는 정반대이다. 그 여인은 중요인물이 아니며 가난한 사람이었다. 그 여인은 사람들이 몹시 싫어하는 질병을 지니고 있었으며, 누구든지 그 여인과 얘기하려고 하지 않았다. 왜냐하면 그 여인은 실제로 관례에 따른 부정(不淨)한 인물이었기 때문이다.

그 여인은 믿음을 가졌으나 이는 거의 마술적인 믿음이었다. 겉으로 보아 그 여인은 예수님의 겉옷 가를 만지기만 해도 그 옷은 예수님의 능력으로 가득 차 있어서 자신이 치료될 수 있을 것이라는 거의 미신적인 믿음을 가지고 있었다. 예수님께서는 그 여인을 또한 가르치셔야만 했다. 그 여인의 믿음은 나름대로는 큰 것이었다. 왜냐하면 그 여인은 자신이 예수님의 "겉옷만 만져도 구원을 받겠다"(마 9:21)고 확신했기 때문이다.

그 여인의 믿음은 자신의 상황과 행동을 공적으로 드러 내놓고 대중 앞에서 고백해야 하는 시험을 받았다. 만일 그 여인이 자신의 상태를 공개하지 않은 채 고침을 받고 그리스도 앞에서 물러나게 되었다면 그 여인은 그리스도에 대해 잘못된 개념을 가지고 떠났을 것이다. 그 여인에게 있어서 예수님은 희한한 일을 행하는 놀라운 치료자로서 기억되었을 것이다. 그리스도는 그 여인의 그리스도에 대한 잘못된 개념을 바로잡기 위해 공개적으로 고백하도록 하셨던 것이다.3)

혈루 증은 레위기 15:19~27의 내용으로 보아 사회에서 격리를 받아야

---

3) 마태복음은 혈루 증을 앓고 있는 여인이 예수님을 만지므로 치유 받았음을 느낀 사실을 기록하고 있지 않지만 마가복음은 "여자가 자기에게 이루어진 일을 알고 두려워하여 떨며"(막 5:33)라고 기록하며, 누가복음은 "여자가 스스로 숨기지 못할 줄 알고 떨며 나아와"(눅 8:47)라고 기록함으로 혈루 증 앓은 여인이 치유 받았음을 스스로 깨달았다고 서술한다.

할 병이다. 혈루증은 자신도 불결할 뿐만 아니라 그를 만진 다른 사람들도 불결하게 만드는 병이다. 어쩌면 이 여인이 비밀리에 예수님의 옷 가를 만진 것은 자신의 병이 노출시킬 수 없는 병임을 알고 있었기 때문이라고 생각된다. 예수님은 초자연적인 능력으로 무슨 일이 발생했는지를 감지하셨다. 그리고 그 여인이 고침을 받은 사실을 알리시고 다시 그 여인을 사회의 일원으로 만들어 주셨다. 혈루 증을 고침 받은 그 여인은 더 이상 사회를 등질 필요가 없다.[4]

본문의 이해와 관련 있는 사실들

① 야이로는 회당장이었다. 회당장의 임무는 다음과 같이 세 가지였다.

첫째, 회당장은 회당예배의 낭독자와 강론자를 선발했다.

둘째, 회당장은 전해야 할 메시지를 승인하는 일을 했다.

셋째, 회당장은 회당예배의 질서와 품위를 보존하며, 모든 일을 전통적 양식에 따라 실행할 수 있도록 한다는 의미에서 관리자였다.

야이로는 예수님께서 마땅히 하셔야 할 형식을 제시했다. 그는 그리스도에게 무엇을 요청해야 하는지 알고 있었다. 그는 자기의 딸 위에 손을 얹어 고쳐달라고 예수님께 간구했다(막 5:23). 그리스도께서는 야이로가 제시한 형식을 정확히 따르지는 않으셨다. 그리스도께서는 그 아이에게 손을 대시는 대신에 그 아이의 손을 잡으셨다(막 5:41).

② 혈루병에 걸린 여자는 야이로의 딸의 나이와 동일하게(눅 8:42) 12년 동안 병들어 있었다(막 5:25). 마태와 마가는 야이로의 딸의 나이를 밝히지 않고 혈루병에 걸린 여인이 12년 동안 병들어 있었다는 사실을 밝힌다. 그러나 누가는 야이로의 딸이 열두 살이었고, 혈루병에 걸린 여인도 12년 동안 고생했음을 밝힌다. 이는 의사인 누가의 세밀한 관찰을 증거 하는 것이다.

③ 본문에 언급된 무리들은 흥미로운 연구 대상이다. 거의 통솔하기 어려운 큰 무리가 예수님을 따라다녔다. 그 사람들은 무슨 일이 일어날 것인지 보려는 열심에서 나온 호기심이 동기가 되어 예수님을 따라 다닌 듯하다. 야이로의 집에서 애도하는 자들은 예수님의 말씀에 즉각적인 반응을 했다.

---

4) Ridderbos, *Matthew* (Grand Rapids: Zondervan, 1987), pp. 188-189.

"그들이 비웃더라."(마 9:24)는 무리들의 반응을 보여 준다. 우선 예수님에 대한 공공연한 적대가 있은 후 그 다음 이적이 행해졌다. 그래서 커다란 놀라움이 있었다. 그들의 모습은 턱을 아래로 떨어뜨린 채 입을 벌린 상태였고 구경꾼들은 할 말을 잃고 그 자리에 있었다. 그러나 여기서 우리는 이 사람들이 예수님을 비웃었기 때문에 예수님께서는 그들을 내보내서 그 자리에 있는 것을 허락하지 않으셨다는 인상을 받는다. 냉소하는 자들과 의심하는 자들은 그리스도의 축복을 놓쳤으며 그의 행하신 일을 보지 못했다.

④ 중근동 지방의 장례 풍습은 흥미로운 점이 있다. 집에서 어떤 사람이 죽을 가능성이 있으면 직업적으로 애곡하는 자들은 일을 얻으려는 생각으로 그 집 주위에 집단을 이루어 모이기 시작한다. 사람이 죽자마자 곧바로 그들은 요란하고도 슬픈 애가와 격렬한 통곡의 노래를 부르기 시작한다(마 11:16~17 참조).5) 만일 사람이 아침에 죽었다면 매장은 죽은 바로 그 날 치러지거나, 아니면 다음날 아침에 치러진다. 가족이 부유하면 부유할수록 더 많은 애곡자들을 고용하며, 따라서 보다 크고 요란한 애곡이 있게 된다. 우리는 장례 풍습에서도 체면을 중시하는 그 당시의 인간상을 본문에서 찾아볼 수 있다.

⑤ 제자들은 예수님의 행동을 통해 교훈을 배워야 한다. 그런데 이번에도 제자들은 거의 아무것도 배우지 못했다. 그리스도께서 어떤 의도를 가지시고 "누가 내 옷에 손을 대었느냐" (막 5:30, 개역개정)물으시니 제자들은(아마도 베드로일 것이다) 이처럼 많은 무리가 예수님을 에워싸고 밀고 있는데 그것도 알지 못하시고 어리석은 질문을 하시느냐고 수근 대며 예수님께 불만을 토로했다. 제자들은 배움 대신 그들의 어리석음을 나타냈다.

⑥ 그리스도의 말씀에 그 여자는 두려움과 떨림으로 가득 찼었다. 그 이유는 무엇인가? 그녀는 그리스도의 능력을 무단히 훔쳤다고 생각했을지도 모른다. 그러나 그리스도의 온유함을 주목하라. "딸아, 네 믿음이 너를 구원하였다."6) 두려움 대신에 그녀는 평화를 얻고 떠났다. 야이로의 딸이 죽었다고

---

5) *Ibid.*, p. 189.

6) 목회적 차원에서 생각할 때 예수님께서 두 가지 면으로 우리에게 본을 보여주신다. 첫째는, 예수님께서 그녀의 병명을 언급하지 않음으로 그녀의 개인적인 상처를 노출시키지 않았으며, 둘째는, 예수님께서 자신이 그녀를 고쳤다고 말하지 않고 "네 믿음이 너를 구원하였다"(마 9:22)라고 말함으로 그녀의 믿음을 칭찬하고 결국 그녀의 위신을 세워주신 것이다. Cf. F.D. Bruner, *The Christbook: Matthew 1-12* (Waco: Word Books, 1987), pp. 344-345.

했을 때 그리스도께서는 "두려워 말라"고 말씀하셨다. 예수님께서는 사람이 그를 믿을 때 진실로 두려움을 내어 쫓아주신다. 그리스도께서는 그의 사역 중 한 가지 형식의 말씀을 계속적으로 하셨다. 그것은 "두려워 말라 네 믿음대로 될지어다"이다.

⑦ 예수님의 사역은 자주 방해를 받곤 했다. 본문은 야이로의 딸을 살리시기 위해 가는 도중 혈루증을 앓고 있는 여인의 사건으로 방해를 받는다. 하지만 어떤 상황에 처하든 예수님은 그 상황을 최선으로 활용하신다. 우리는 인자이시며 동시에 하나님의 아들의 사역을 목격한다. 우리가 방해라고 부를 수 있는 것이 예수님에게는 도약하는 발판 역할을 하여 오히려 위대한 어록을 말씀하시게 되거나, 놀랄만한 이적을 행하시거나, 그의 능력이나 지혜를 나타내시는 기회가 된다.[7]

⑧ 예수님께서 야이로의 딸을 살리셨다. 소녀의 죽음을 잠으로 표현한 이유가 무엇인가? 소녀는 잠자는 중 주 안에서 안식하고 있었는가? 흔히 죽음은 잠자는 것으로 표현된다. 여러 가지 이유가 제시될 수 있겠으나, 한 가지 이유는 죽음이 잠에서 깨어나는 것과 같다는 의미에서 그렇게 말씀하셨다. 여기서 우리는 부활의 이적이 발생했음을 본다. 우리가 잠자고 있을 때 아침과 새날이 밝아오는 것처럼, 죽음은 인생의 끝이 아니요 새로운 세상을 가져다주는 관문인 것이다. 한 주석가는 우리가 그리스도의 권능의 경륜(economy)을 주목해야 한다고 말한다.

예수님께서는 홀로 하실 수 있는 것은 홀로 하시지만 다른 사람이 도울 수 있는 곳에서는 다른 사람의 도움을 사용하셨다. 그래서 예수님께서는 거기 있었던 사람들로 하여금 소녀에게 먹을 것을 갖다 주도록 명령하셨다. 먹을 것을 주라는 명령은(막 5:43) 그 소녀가 온전히 건강을 회복하고 정상적인 상태가 되었다는 것을 증명하며, 이제는 건강한 사람처럼 배고플지도 모른다는 것을 말해주는 것이다. 예수님께서는 또한 그 소녀의 부모들이 원래의 의무를 다하며 정상의 삶으로 돌아갈 것을 말씀하셨다.

⑨ 이 사건은 소녀가 완전히 회복된 것을 보여준다. 성경은 마치 이 회복이 일시에 성취된 것처럼 설명한다. 영혼이 소녀의 몸에 돌아오자 소녀는 일어서서 걷기 시작했다. 그리스도께서는 항상 온전하고도 완전하게 회복시키신다. 예수님

---

7) Hendriksen, *The Gospel of Matthew*, p. 431.

께서는 그 소녀가 완전히 고침 받고 살았다는 것을 나타내시므로 부모와 가족들이 정상적인 생활로 돌아갈 수 있도록 그 소녀에게 먹을 것을 주도록 명하셨다.

소녀에게 먹을 것을 주라고 명하신 것은 그리스도께서 말씀 한마디로 사람을 온전케 하시되 참으로 온전하게 하신다는 점을 증거 하는 것이다. 죽은 자를 살리는 것은 하나님만이 하실 수 있는 특권으로 생각되었다. 이 이적으로 복음서 기자들은 주님이 하실 수 있는 최고의 이적을 우리에게 보여 준 것이다.[8]

방안에 있던 사람들은 모두 놀랐다. 그들은 이 경외로운 일에 대해 발설하지 말도록 주의를 받았다. 그 이유는 대개의 사람들이 이전에 그리스도를 비난하고 냉소했기 때문에 그리스도께서는 이제 이 일들이 거리의 풍문으로 되는 것을 원치 않으셨기 때문이다. 그들 스스로 되살아난 소녀를 보고 그들 자신의 결론을 내리도록 하시기 위해서였다. 어떤 일들은 지극히 신성하기에 풍문 화될 성질의 것이 아니기 때문이다. 그 방에 있던 사람들은 계시를 받을 준비가 되어 있었다. 그러나 다른 사람들의 눈은 닫친 채로 있어야만 하였다. "내 눈을 열어 보게 하소서."

2. 맹인과 벙어리를 고치심(마 9:27~35)

> 예수께서 거기에서 떠나가실새 두 맹인이 따라오며 소리 질러 이르되 다윗의 자손이여 우리를 불쌍히 여기소서 하더니 예수께서 집에 들어가시매 맹인들이 그에게 나아오거늘 예수께서 이르시되 내가 능히 이 일 할 줄을 믿느냐 대답하되 주여 그러하오이다 하니 이에 예수께서 그들의 눈을 만지시며 이르시되 너희 믿음대로 되라 하시니 그 눈들이 밝아진지라 예수께서 엄히 경고하시되 삼가 아무에게도 알리지 말라 하셨으나 그들이 나가서 예수의 소문을 그 온 땅에 퍼뜨리니라 그들이 나갈 때에 귀신 들려 말 못하는 사람을 예수께 데려오니 귀신이 쫓겨나고 말 못하는 사람이 말하거늘 무리가 놀랍게 여겨 이르되 이스라엘 가운데서 이런 일을 본 적이 없다 하되 바리새인들은 이르되 그가 귀신의 왕을 의지하여 귀신을 쫓아낸다 하더라 예수께서 모든 도시와 마을에 두루 다니사 그들의 회당에서 가르치시며 천국 복음을 전파하시며 모든 병과 모든 약한 것을 고치시니라 (마 9:27-35, 개역개정).

마태복음 9:27~35은 예수님께서 병자들을 고치신 사건을 계기로 천국복음을 전파한 사실을 기록한다. 맹인과 벙어리를 고친 사건은 언제 발생했는가? 그리스도께서 소녀에게 먹을 것을 주라고 제자들에게 명령하신 후 모든 일들은 다시 정상으로 돌아갔다. 예수님께서는 곧바로 그 집을 떠나셨다. 왜냐하면 인내하며 예수님을 기다리도록 하는 믿음과 순종의 교훈을 아이로

---

8) Ridderbos, *Matthew*, pp. 189-190.

에게 가르치심으로써 그 집에서의 사역이 성취되었기 때문이다. 예수님께서 그 집과 도시를 떠나신 후에 두 맹인이 예수님께 도와달라고 외치면서 예수님을 따랐음에 틀림없다(마 9:27). 예수님은 두 맹인의 요청을 무시하고 집으로 들어가셨다(마 9:28).[9] 맹인들은 집안에까지 예수님을 따라 들어간 듯하다.

그리스도께서는 맹인들에게 "내가 능히 이 일 할 줄을 믿느냐"(마 9:28, 개역개정)라고 물으셨다. 때때로 그리스도께서는 사람들이 가능하다고 생각하며 기대하거나 요청하는 것만을 행하시는 것으로 보이는 때가 있다. 만일 누가 예수님에게 적게 요청하면 예수님은 그가 요구한 만큼만 들어주신다. 그리고 만일 사람들이 예수님에게 많은 것을 기대하면, 그는 많은 것을 주신다. 긍휼을 구하고 이를 받으라. 은혜를 구하라. 그러면 그가 선물을 주실 것이다.

다윗의 자손이란 칭호는 메시아를 가리킴에 틀림없지만 또한 정치적인 의미도 내포하고 있다. 예수님은 단지 만짐으로써 맹인들의 눈을 뜨게 하실 수 있었다. 예수님은 사람들이 바라던 어떤 국가의 왕보다도 훨씬 위대한 분이시다.

맹인의 말

맹인은 예수님을 가리켜 "다윗의 자손이여"라고 호칭한다. 예수님은 이 사람들에게 관심을 기울이지 않는다. 그 이유는 그들이 사용한 "다윗의 자손"이란 칭호 때문이었다(마 9:27). 이 칭호의 사용은 그 당시 위험한 일이었다. "다윗의 자손"이란 말은 정치적 칭호였으며, 그리스도를 메시아로 인정하는 것이었다.[10] 이 글을 기록한 마태의 목적은 예수님께서 메시아라는 사실을 나타내려는 것이었기 때문에 이 칭호는 확실히 그가 염두에 두고 사용하였을 그런 종류의 것이다. 그러나 마태는 예수님께서 호칭에 전혀 유념하지 않으신다는 사실을 알려주고 있다. 더 나아가 예수님께서는 두 맹인을 고치신 후 아무에게도 알리지 말고 잠잠하라고 말씀하셨다(마 9:30).

---

9) 이 집은 가버나움에 있는 예수님 자신의 집인 듯하다(마 4:13 참조). 그러나 이 해석에 반대하는 사람은 마태복음 8:20의 내용을 근거로 예수님은 거처할 집이 없었다고 주장한다. 하지만 마태복음 4:13이나 마태복음 8:20 모두 결정적인 증거 구절이 되지 못한다.

10) 메시아를 다윗의 자손이라고 부른 증거가 기독교 이전 유대 기록에서 자주 나타나지 않는다. 우리에게 알려진 기록으로는 솔로몬의 시편(The Psalm of Solomon) 17:21에 한 번 나타나고 있다. Cf. Strack and Billerbeck, *Kommentar zum Neuen Testament*, 1:525. 그러나 마태복음 22:41-45에 보면 예수님 당시에 다윗의 자손이란 명칭을 메시아에 적용한 것이 틀림없다.

이것은 그리스도께서 이 사람들이 그를 메시아로 선포할 시기가 아직 당도하지 않았기 때문에 이렇게 말씀하신 것이다. 사실상 예수님께서는 그들이 바랬던 세상적 의미에서의 메시아가 결코 아니셨다.

두 맹인은 긍휼을 구하면서 크게 외쳤다. 이 두 맹인이 원했던 것은 오로지 눈을 뜨는 것이었다는 사실을 발견할 수 있다. 이는 잘못된 결론일지 모르나 예수님께서는 사람들이 원하는 것만을 채워주셨던 시기가 있었다. 왜 그렇게 하셨는지는 그만이 아실 수 있고, 우리는 믿을 수밖에 없다. 이때가 바로 그와 같은 시기인 것 같다. 두 맹인은 육체적으로 불행했고 결국 죄의 용서나 은혜가 아닌 긍휼을 구했다. 그들은 긍휼 즉 그들의 필요의 만족을 구했던 것이다.

그리스도의 말씀

맹인들에게 하신 그리스도의 질문은 "내가 고칠 수 있다는 것을 너희는 믿느냐"는 것이었다. 그들은 믿었다. 이 시점에 이르러 그들은 기적과 같은 믿음을 갖게 되었다. 예수님께서 두 맹인을 고치시면서 말씀하시기를 "너희 믿음대로 되라"(마 9:29)고 하셨다. 즉, 그리스도는 너희가 기적과 같은 놀라운 믿음을 소유했으므로 이 기적이 행해진다고 말씀하시는 것이다. 분명히 그들이 가진 믿음 이상의 어떤 것도 나타나지 않는다. 그리스도께서 이 사람들에게 알리지 말라고 하신 것도 역시 이런 이유 때문일 수도 있다.

예수님께서 이 사람들에게 가장 강한 어조로 "엄히 경고하시면서"(ἐμβριμάομαι) 다른 사람에게 눈뜨게 된 사실을 알려서는 안 된다고 말씀하셨다(마 9:30). 확실히 이 사람들은 주님에 대해서 말하고 다니기에는 적절한 대표자들이 아니었다. 예수님께서 떠들썩하게 알려지고 싶지 않은 이유는 예수님의 사명의 본질이 외적인 허풍을 통해서 이루어지는 것이 아니며 또한 예수님이 자신을 계시하는 방법이 점진적이라는 특성 때문이다. 이 당시 예수님은 자신이 널리 알려지기를 원치 않으셨다.[11] 왜 그들이 일어났던 일을 매우 기뻐하면서도 예수님의 말씀을 순종하지 않았는지 우리는 이해할 수 있을 것이다. 그들은 주님의 명령에 절대적으로 불순종하고 있었다.

---

11) Ridderbos, *Matthew*, p. 191.

벙어리 된 자를 고치심

두 맹인이 고침을 받고 집에서 나가자마자 사람들이 귀신들려 벙어리 된 자를 예수님께 데려왔다(마 9:32). 예수님은 그 사람으로부터 귀신을 쫓아내셨다. 그러자 그때까지 말을 하지 못하던 사람이 말을 하기 시작했다. 성경은 사람에게 귀신이 들릴 때 여러 가지 종류의 육체적 장애를 수반하게 된다고 증거 한다. 성경은 귀신 들린 자가 벙어리 된 것을 증거하며(마 9:32; 12:22; 막 9:25), 간질에 걸린 것을 증거하며(마 17:15~18), 꼬부라진 병에 걸린 것도 증거 한다(눅 13:11).[12]

예수님께서 귀신 들린 자로부터 귀신을 쫓아내심으로 그들의 병을 고쳐주시는 것은 예수님의 전체 사역이 사단과의 싸움인 것을 가르쳐 준다. 예수님의 사역은 일차적으로 영적인 싸움이지만 사단의 꾀임으로 말미암아 훼손되고 왜곡된 창조질서를 마지막 아담으로서(고전 15:45) 회복시키는 일을 하고 계신다. 그러므로 예수님께서 우리에게 주신 구원은 영혼만을 위한 구원이 아니요 전인(全人) 구원인 것이다.

그런데 마태가 본문에서 나타내기를 원하는 의도는 예수님의 이적에 대한 무리들의 반응을 보여주기 위한 것이다. 바리새인들은 예수님의 이적을 보고 "그가 귀신의 왕을 의지하여 귀신을 쫓아낸다"(마 9:34, 개역개정)라고 반응을 보였다. 바리새인들은 예수님이 하늘로부터 오신 하나님의 아들임을 인정하지 않았지만, 적어도 예수님에게는 초자연적인 능력이 있음을 인정했다.

---

12) Hendriksen〈*The Gospel of Matthew* (*NTC*, Grand Rapids: Baker, 1973), pp. 436-437)은 귀신 들림에 대해 몇 가지로 요약한다.
　① 신약 저자들은 육체적인 모든 병을 악령의 임재나 작용의 결과로 보지 않는다. 어떤 병은 귀신 들린 결과로 왔지만(마 12:22), 다른 병은 단순한 장애로 인해 온 병이었다(마 15:30).
　② 귀신 들림은 정신이상(insanity)을 가리키지 않는다.
　③ 귀신 들림이 비록 정신분열증세(multiple personality: "지킬 박사와 하이드")와 비슷하기는 하지만 동일한 것은 아니다. 귀신 들림의 특징은 ⓐ 귀신은 영적인 존재로 사람을 떠나서 돼지에게 들어갈 수 있다. ⓑ 귀신은 항상 악하다. ⓒ 귀신은 심리학적인 치유 방법으로 축출할 수 없고 단지 하나님의 말씀으로만 축출이 가능하다. 그런데 이상의 귀신 들림의 특징이 정신분열 증세에는 적용되지 않는다.
　④ 귀신 들림은 어떤 한 개인의 인격과는 구분된 별개의 악한 인격이 그 개인을 사로잡고 있는 상태를 말한다. 그 악한 인격은 사로잡고 있는 사람의 입을 통해 말을 하고 또 질문에 답을 하기도 한다(막 5:7-10; 눅 4:41; 행 16:18).
　⑤ 귀신은 사단의 하수인이다. 예수님은 사단의 능력을 분쇄하기 위해 세상에 오셨다. 예수님은 귀신을 축출하므로 사단의 사역을 공격하고 특히 십자가에서 사단의 머리를 깨뜨리셨다(창 3:15; 골 2:15).
　⑥ 오늘날 귀신 들림의 예들이 진정으로 귀신 들림의 현상인지 확실하지 않다. 귀신의 영향이라고는 말할 수 있지만 반드시 귀신 들림이라고는 말할 수 없다.

숙고해 볼 사실들

① 두 맹인을 고치신 기적은 예수님께서 가버나움에 도착하셔서 그곳에 있는 집에 들어가셨을 때 일어난 것으로 여겨진다(마 9:28).

② 누구든지 그가 지니고 있는 믿음대로 받는다. 보다 큰 믿음은 보다 커다란 선물을 받는다. "믿음은 그리스도의 호의를 받을 수 있는 위대한 조건이다. 그리스도의 자비(mercy)를 받기 원하는 사람들은 그리스도의 능력을 굳게 믿어야 한다".[13]

③ 귀신 들린 자를 고치신 기적은 두 가지의 특별한 목적을 내포하고 있다.

첫째, 무리들이 이스라엘에서 특이한 일이 일어나고 있다는 사실을 봄으로 메시아 시대가 도래했다는 것을 보여주기 위해서이다. 마태는 무리가 "기이히 여겼다"(θαυμάζω)고 표현함으로 무리들이 일어난 기적을 보고 깜짝 놀랐다고 말하고 있다.

둘째, 메시아의 대적은 마귀이다. 예수님이 귀신 들린 자를 고치심으로 예수님은 마귀의 영역을 정복하고 계신다. 따라서 그리스도를 반대하는 바리새인들은 더욱 더 그리스도를 반대하게 된다. 심지어 바리새인들은 예수님이 귀신과 연합하여 이 기적을 행하고 있다고 생각한다. 바리새인들의 적대는 계속 늘어나고 있다.

④ 예수님이 이 세상에 오신 목적은 하나님 나라를 설립하시고 그 나라를 확장하시기 위해서이다. 예수님이 천국을 확장하시는 방법은 가르치시는 것, 복음을 전파하시는 것, 그리고 모든 병과 모든 약한 것을 고쳐주시는 것을 통해서이다(마 9:35). 예수님이 두 맹인을 고쳐주시고(마 9:27~31), 귀신 들린 벙어리를 고쳐주신 것(마 9:32~34)은 하나님 나라 확장의 모습을 보여 준다.

3. 열두 제자 파송(마 10:1~23; 참조, 막 6:6~13; 눅 9:1~6)

예수께서 그의 열두 제자를 부르사 더러운 귀신을 쫓아내며 모든 병과 모든 약한 것을 고치는 권능을 주시니라 열두 사도의 이름은 이러하니 베드로라 하는 시몬을 비롯하여 그의 형제 안드레와 세베대의 아들 야고보와 그의 형제 요한, 빌립과 바돌로매, 도마와 세리 마태, 알패오의 아들 야고보와 다대오, 가나안인 시몬 및 가룟 유다 곧 예수를 판 자라 예수께서 이 열 둘을 내보내시며 명하여 이르시되

---

13) Matthew Henry, *Commentary on the Whole Bible*, Vol. V(Old Tappan: Fleming H. Revell Co., n.d.), p. 126.

이방인의 길로도 가지 말고 사마리아인의 고을에도 들어가지 말고 오히려 이스라엘 집의 잃어버린 양에게로 가라 가면서 전파하여 말하되 천국이 가까이 왔다 하고 병든 자를 고치며 죽은 자를 살리며 나병환자를 깨끗하게 하며 귀신을 쫓아내되 너희가 거저 받았으니 거저 주어라 너희 전대에 금이나 은이나 동을 가지지 말고 여행을 위하여 배낭이나 두 벌 옷이나 신이나 지팡이를 가지지 말라 이는 일꾼이 자기의 먹을 것 받는 것이 마땅함이라 어떤 성이나 마을에 들어가든지 그 중에 합당한 자를 찾아내어 너희가 떠나기까지 거기서 머물라 또 그 집에 들어가면서 평안하기를 빌라 그 집이 이에 합당하면 너희 빈 평안이 거기 임할 것이요 만일 합당치 아니하면 그 평안이 너희에게 돌아올 것이니라 누구든지 너희를 영접하지도 아니하고 너희 말을 듣지도 아니하거든 그 집이나 성에서 나가 너희 발의 먼지를 떨어 버리라 내가 진실로 너희에게 이르노니 심판 날에 소돔과 고모라 땅이 그 성보다 견디기 쉬우리라 보라 내가 너희를 보냄이 양을 이리 가운데로 보냄과 같도다 그러므로 너희는 뱀 같이 지혜롭고 비둘기 같이 순결하라 사람들을 삼가라 그들이 너희를 공회에 넘겨 주겠고 그들의 회당에서 채찍질하리라 또 너희가 나로 말미암아 총독들과 임금들 앞에 끌려 가리니 이는 그들과 이방인들에게 증거가 되게 하려 하심이라 너희를 넘겨 줄 때에 어떻게 또는 무엇을 말할까 염려하지 말라 그 때에 너희에게 할 말을 주시리니 말하는 이는 너희가 아니라 너희 속에서 말씀하시는 이 곧 너희 아버지의 성령이시니라 장차 형제가 형제를, 아비가 자식을 죽는 데에 내주며 자식들이 부모를 대적하여 죽게 하리라 또 너희가 내 이름으로 말미암아 모든 사람에게 미움을 받을 것이나 나중까지 견디는 자는 구원을 얻으리라 이 동네에서 너희를 박해하거든 저 동네로 피하라 내가 진실로 너희에게 이르노니 이스라엘의 모든 동네를 다 다니지 못하여서 인자가 오리라 (마 10:1-23, 개역개정).

열두 제자에게 위임한 선교 명령

열두 제자를 보내심은 누가복음 10장에 기록된 70명을 보내신 것과는 구별된다. 제자들을 파송하신 이 사건은 사도적인 임무를 위해 특별히 구별된 열두 제자들에 대한 그리스도의 공식적인 부르심이다. 이 파송은 예수님께서 "추수할 것은 많되 일꾼이 적으니"(마 9:37, 개역개정)라고 말씀하신 추수에 관한 내용과 연관이 있는 파송이다.

제자들은 예수님으로부터 선교에 대한 지시와 명령을 받는다. 제자들은 귀신을 쫓아내며 모든 병과 모든 약한 것을 고치는 권능을 받았다(마 10:1). 제자들이 이런 권세를 받은 것은 예수님이 그러했듯이 제자들도 사단과 싸우는 사역을 해야 하기 때문이다. 그래서 예수님은 제자들에게 사단의 추종자를 물리치는 권세를 주시고 왜곡된 창조질서를 회복시키도록 하신 것이다.[14]

첫째, 예수님의 명령의 소극적인 측면

제자들은 사마리아인에게나 이방인에게 가서는 안 되며 먼저 이스라엘의 잃어버린 양에게로 가야 한다(마 10:5~7). 예수님께서 제자들이 이스라엘의 잃어버린 양에게만 가야 한다고 제한하신 것은 잠정적인 것이요 영구한 것이 아니다. 마태가 이렇게 이스라엘에 복음이 먼저 전파되어야 함을 강조한 것은 이스라엘이 이런 특권을 받았음에도 불구하고 예수님을 배척했다는

---

14) Ridderbos, *Matthew*, p. 195.

사실을 밝히기 위해서이다.

제자들은 전대에 금이나 은이나 동전을 가지고 다니지 말아야 한다(마 10:9~10). 이것은 가난하게 지내라는 명령이 아니라, 오히려 그들이 영적인 일에 중점을 두면 주님께서 물질적인 필요를 채우실 것이라는 약속을 의미하는 것이다.[15]

둘째, 예수님의 명령의 적극적인 측면

제자들은 복음을 전파해야만 한다. 그들이 전할 메시지의 내용은 천국이 가까웠다는 것이다. 제자들은 자주 장소를 옮기지 말고 그들을 영접할만한 집에 머물면서 그 집의 평화를 기원한다. 제자들이 비는 평안은 말로만 전달되는 평안이 아니요, 실제적으로 그 집에 평안이 임하는 그런 평안이다.[16] 제자들은 용기와 정직을 겸비한 지혜로 깨어있어야 한다. 그들은 용기가 있어야 하되 또한 신중해야 하기 때문에 어리석어서는 안 된다.

위임의 중요성

그리스도께서는 그가 행하고 계셨던 일을 크게 확장하기 위해 제자들을 보내셨다. 예수님은 자신이 전파한 복음을 열두 사도가 전파할 수 있도록 파송하시고, 후에는 전체 교회가 전파할 수 있도록 분부하셨다(마 28:18~20; 행 1:8). 그리스도께서는 분명히 선교에 관심을 가지고 계셨다. 그는 단지 열두 제자만 보내신 것이 아니라 후에 그의 지상 사역의 기간이 어느 정도 지난 시점에서 70명을 보내신다.

배워야 할 본문의 교훈

① 선교의 과업은 공식적인 자격을 지닌 교회에 속한다. 어떤 한 저자는 "교회는 선교를 위해 존재 한다"라고 말했다. 다른 말로 말하면 교회는 그리스도의 몸이다. 몸의 임무는 점점 커지면서 자라는 것이므로 교회는 성장하여야 한다. 교회는 성장을 위해 외적인 일에 크게 염려하지 말고 영적인 일에 전념하여야 한다. 그러면 교회의 외적인 일들은 자연적으로

---

15) 예수님이 본문에서 "신"을 가지지 말라고 명령한 것은 맨발로 다니라고 명령한 것이 아니요 여분의 신발을 준비할 필요가 없다고 말씀하신 것이다. 그 당시 신발을 신지 않은 경우는 애통의 표식을 나타내기 위한 경우나(삼하 15:30; 겔 24:17) 금식하는 날이나 생활이 아주 궁핍한 경우에 한했다(눅 15:22).

16) Hendriksen, *The Gospel of Matthew*, p. 460.

채워질 것이다. 이 본문이 주는 전체적인 교훈은 주님의 사역에 전적인 헌신과 복종을 가르치는 것이며, 임무를 수행하면서 직면하게 되는 필요들을 그리스도께서 채워주실 것이라는 점이다. 교회의 사역은 급박한 것이다. 우리는 교회가 건전하고 굳건하게 서있을 수 있도록 참된 교리의 보존을 위해 열심을 다해야 한다. 그러나 우리는 또한 시간이 빨리 지나가기 때문에 교회의 지경을 보다 넓히도록 부름 받고 있다. 제자들이 그리스도로부터 배우고 그의 교훈을 받은 후, 제자들이 게으른 상태로 있지 않기를 원하셔서 그리스도는 제자들이 그를 위해 일하도록 내보내셨다.

예수님께서는 제자들을 둘씩 짝 지워 보내셨다. 이는 지금도 선교를 위해 좋은 방법이다. 이 방법은 메시지를 전함에 있어서 능력과 권세를 더하여 준다. 이것은 연약하여 홀로 행하기 어려운 사람을 세워주고 보전해 주는 역할을 한다.

② 인자(the Son of Man)[17]는 제자들이 이스라엘의 온 동리를 다니기 전에 돌아오실 것이다. 우리는 이 사실을 어떻게 설명할 수 있는가? 하나님께서 유대인들을 세계에 흩으셨기 때문에 오늘날에 이르기까지 아직도 이스라엘을 다 여행하지 못한 것이라 할 수 있다. 그리고 복음은 아직 "온 세계"에 도달하지 못했다. 이는 하나님 나라가 지연되었다거나 예수님의 인간적 계산이 실패했다는 의미가 아니다. 예수님께서는 자신의 부활로부터 시작되는 승귀의 시대를 처음부터 끝까지 한꺼번에 보시면서 "이스라엘의 모든 동네를 다 다니지 못하여서 인자가 오리라"(마 10:23; 참조. 마 16:28)고 말씀하신 것이다.[18] 예수님은 부활을 통해 우리에게 다시 오셨다. 예수님은 부활부터 재림까지의 승귀의 기간에 다시 오실 것을 약속하신 것이다. 이런 표현을 "예언적 원근축소"(prophetic foreshortening) 방법이라고 한다.[19] 예수님은 승귀의 기간을 처음과 나중으로 구분하지 않고 예언적 견지에서 이렇게 포괄적으로 말씀하신 것이다.

---

17) 인자에 대한 구약적인 배경은 다니엘 7:13, 14에서 찾는다. 인자의 칭호는 예수님의 인성을 가리키지 않고 하늘의 영광과 왕권을 소유한 메시아이신 하나님의 아들을 지칭하는데 사용되었다. 인자에 대한 더 자세한 설명은 박형용, "인자," 「빛과 소금」(1985. 5), pp. 39-41를 보라.
18) 박형용, "예수님과 하나님나라의 실현," 「신학정론」 제1권 2호(1983. 9), p. 236.
19) W. Hendriksen, *The Gospel of Matthew*, pp. 467, 659.

4. 세례 요한의 죽음(마 14:1~12; 참조, 막 6:14~29; 눅 3:19~20; 9:7~9)

> 그 때에 분봉 왕 헤롯이 예수의 소문을 듣고 그 신하들에게 이르되 이는 세례 요한이라 그가 죽은 자 가운데서 살아났으니 그러므로 이런 능력이 그 속에서 역사하는도다 하더라 전에 헤롯이 그 동생 빌립의 아내 헤로디아의 일로 요한을 잡아 결박하여 옥에 가두었으니 이는 요한이 헤롯에게 말하되 당신이 그 여자를 차지한 것이 옳지 않다 하였음이라 헤롯이 요한을 죽이려 하되 무리가 그를 선지자로 여기므로 그들을 두려워하더니 마침 헤롯의 생일이 되어 헤로디아의 딸이 연석 가운데서 춤을 추어 헤롯을 기쁘게 하니 헤롯이 맹세로 그에게 무엇이든지 달라는 대로 주겠다고 약속하거늘 그가 제 어머니의 시킴을 듣고 이르되 세례 요한의 머리를 소반에 얹어 여기서 내게 주소서 하니 왕이 근심하나 자기가 맹세한 것과 그 함께 앉은 사람들 때문에 주라 명하고 사람을 보내어 옥에서 요한의 목을 베어 그 머리를 소반에 얹어서 그 소녀에게 주니 그가 자기 어머니에게로 가져가니라 요한의 제자들이 와서 시체를 가져다가 장사하고 가서 예수께 아뢰니라 (마 14:1-12, 개역개정).

세례 요한의 죽음의 배경

본문은 세례 요한의 죽음에 대한 실제의 역사적인 기록이 아니라, 예수님이 다시 살아난 세례 요한이라고 믿었던 헤롯의 두려움과 연결되어 묘사되는 사건이다. 이 헤롯은 갈릴리와 베레아 지역을 다스리는 분봉왕이었던 헤롯 안디바로 알려지고 있다. 헤롯은 그의 지위를 빼앗길까 두려워했으며 예수님의 명성이 널리 퍼져갈 때 헤롯 역시 주의를 기울였다.

헤롯 대왕은 B.C. 37년에 태어나 B.C. 4년에 죽었다.[20] 헤롯 대왕의 사망 연대는 예수님의 탄생 연대를 추정하는 데 도움을 준다. 요한복음 2장에 기록된 성전 정결 사건도 예수님의 탄생 연도 추정을 위해 귀중한 역할을 한다.[21]

세례 요한의 사망 원인

헤로디아는 그녀의 악한 행위에 대해 질타하는 세례 요한을 증오했다. 그 결과 요한이 투옥되었다. 헤로디아는 요한의 단순한 투옥에 만족하지 못하고 그를 죽이고자 결심했다. 그러나 여기서 언급된 잔치의 이 시점에 이르기까지 그녀는 세례 요한을 죽이는 일에 성공하지 못했다.

헤로디아는 그녀의 조부인 헤롯대왕의 이름을 따라 명명되었으며 의심할 바 없이 사악한 왕의 강한 성격을 물려받았다. 헤로디아는 아합 왕의 아내인 이세벨을 연상하게 한다(왕상 21:1~16 참조). 왜냐하면 강한 개성의 헤로디아

---

20) 헤롯 왕가의 계보는 박형용, 『신약개관』 (서울: 아가페출판사, 1993), p. 56을 참조하라.
21) 박형용, 『신약 30 주제』 (서울: 도서출판 하나, 1996), pp. 98-105.

는 그녀가 바라는 것을 어떻게 해서든지 얻고야 마는 성격의 소유자이기 때문이다. 헤로디아는 그녀의 첫 번째 남편(헤롯 빌립)의 몰락의 화근이 되었다. 헤롯 안디바가 왕의 지위를 얻었기 때문에 그녀는 남편을 위해 헤롯 안디바의 명예를 질투했으며, 남편으로 하여금 같은 지위를 요구하게 했다. 그 결과 헤롯 안디바가 로마에서 그의 동생을 고발하여 그 동생은 프랑스로 유배되었다가 A.D. 39년에 거기서 죽었다. 그의 영토는 예수님께서 "저 여우"라고 부르셨던(눅 13:32) 헤롯 안디바에게로 넘겨졌다. 헤롯 안디바는 헤로디아의 두 번째 남편이 되었으며 세례 요한이 회개를 선포할 때에 그녀와 함께 살고 있었다.

세례 요한은 죄와 회개의 선포자였다. 세례 요한은 결혼의 신성함을 그 당시 권력자 앞에서 변증함으로 자신의 생명을 잃게 되었다. 그는 권력자 앞에서도 결코 진리를 타협하지 않았다.[22] 그는 개인의 죄뿐만 아니라 공적인 죄를 선포했다. 헤로디아는 요한의 설교에서 심한 비난을 받았다. 그녀는 그 비판을 받아들일 수 없었으며 예수님 사역의 첫해에 요한을 잡아 결박시켰다.

헤롯 안디바와 세례 요한

헤롯은 그의 아내와는 달리 요한을 두려워했으며 요한이 의롭다는 것을 알고 있었다. 헤롯은 여전히 진리와 의에 대해 어느 정도의 경외심을 갖고 있었기 때문에 감옥에 있는 요한을 안전하게 보호하며 그가 설교하는 것을 듣곤 했다. 헤롯은 요한을 하나님 앞에 합당한 "의로운 자"이며 하나님에 의해 구별된 "거룩한 자"로 인정한다. "헤롯이 요한을 의롭고 거룩한 사람으로 알고 두려워하여 보호하며 또 그의 말을 들을 때에 크게 번민을 느끼면서도 달게 들음이러라"(막 6:20)의 말씀은 이 사실을 말해준다.

마태는 헤롯이 세례 요한에게 해를 입히지 않은 또 하나의 이유가 사람들을 두려워했기 때문이라고 말한다(마 14:5). 헤롯은 요한을 감옥에 투옥시켰으나 사람들에 대한 두려움과 그 자신의 요한에 대한 인식 때문에 요한을 안전하게 지내도록 하였다.

---

22) F.D. Bruner, *The Churchbook: Matthew 13–28* (Dallas: Word Publishing, 1990), p. 524.

그런데 마가복음 6:21은 "마침 기회가 좋은 날이 왔으니"(개역개정)라고 기록한다. 헤로디아가 요한에 대해 갖고 있던 원한과 증오를 실행할 수 있는 "좋은 날"이 당도한 것이다. 이 날은 헤롯의 생일날이었다. 헤롯의 생일날에 참석한 손님들은 주로 세 부류에 속한 사람들이었다. 첫째 그룹은 "대신들"(μεγιστάνες)이었다. 대신들은 헤롯 왕궁의 사무를 보는 고관들을 가리킨다. 둘째 그룹은 "천부장들"(χιλίαρχοι)이었다. 그리고 셋째 그룹은 "갈릴리의 귀인들"(πρῶτοι)이었다. 이들은 관료도 아니고 군대의 직책도 맡지 않았지만 갈릴리에서 유명한 사람들이었다(막 6:21). 렌스키(Lenski)는 말하기를, 유대인들은 생일을 지키는 것이 로마로부터 온 이방 풍습이라 여겨 이를 무시하지만 헤롯 일가는 로마인들을 능가하여 과도하게 생일 잔치를 치렀다고 하였다.[23]

요한의 죽음에 있어서 살로메의 역할

살로메의 춤은 로마에서 배운 것으로 철저히 감각적이며 이교 의식(pagan rite)에 따른 것이었다. 그녀의 춤은 포도주로 화기가 돌고 격렬한 정욕으로 달아오른 헤롯을 즐겁게 했다. 헤롯은 그 정욕에 홀려 그의 나라의 반을 살로메에게 주기로 맹세했다. 헤롯은 두 가지 면에서 이 약속을 지킬 수 없었다.

첫째로, 헤롯은 만약 살로메가 그 나라의 반을 요구하였더라면 그 약속을 지킬 수 없었을 것이다. 왜냐하면 헤롯은 로마의 은덕으로 유대 땅을 다스리고 있었기 때문이었다. 유대 땅 절반을 살로메에게 주는 것은 그의 권한 밖의 일이었다.

둘째로, 살로메가 요한의 목을 요구했을 때 그 맹세는 구속력을 가질 수가 없었다. 왜냐하면 맹세가 만일 잘못된 것을 내포하였다면, 어떤 맹세도 도덕적으로 옳을 수 없기 때문이다.

그러나 헤롯은 많은 사람 앞에서 약속한 맹세 때문에 요한의 목을 베는

---

23) R.C.H. Lenski, *The Interpretation of St. Mark's Gospel* (Minneapolis: Augsburg Publishing House, 1964), p. 254: "The Jews abhorred the keeping of birthday because they regarded it as a pagan custom, but the Herods even outdid the Romans in these celebrations so that 'Herod's birthday'(*Herodis dies*) came to be a proverbial expression for excessive festival display."

잘못을 저지르고야 말았다. 헤롯은 잠시의 유흥에 취해 혀를 조종하지 못한 관계로 큰 죄에 빠지게 되었다(약 3:2~6 참조). 한 주석가는 식사, 춤, 살로메의 요청 등의 모든 일이 계획된 목적을 달성하기 위해 헤로디아에 의해 사전 준비된 것이었다고 생각한다.

요한의 죽음

세례 요한의 머리가 소반에 담겨져 바쳐지고 있는 장면은 생각만 해도 끔찍한 장면이다. 리델보스(Ridderbos)는 소반에 담긴 세례 요한의 목이 왕의 잔치석상에서 헤로디아가 받은 요리였다고 헤로디아의 악독함을 지적했다.[24] 악과 어둠의 세력은 강하다. 하나님께서는 그의 성도에게조차 고통스러운 일이 일어나도록 허락하신다. 그러나 요한의 죽음을 생각할 때 그가 어떻게 죽었는지에 상관없이 요한에게는 유익한 것이었다. 사실상 요한의 죽음은 신속하게 집행되었으며 병사들에 의해 조심스럽게 다루어졌다. 하나님의 방법은 항상 최선인 것이다.

요한의 제자들이 요한의 시체를 묻었다. 그리고 비극적 사건을 예수님께 고했다. 요한의 죽음은 예수님과 제자들에게 깊은 감동을 주었다. 그러므로 예수님께서는 두 가지 이유로 제자들을 위한 휴식 즉 퇴수회(retreat) 형태의 휴식을 제안하셨다.

첫째, 그리스도께서는 많은 무리가 있는 지역에서 떠나 자연 속에서 제자들에게 요한의 죽음에 대해 설명하기를 원하셨다. 예수님은 바로 그런 죽음을 위해 준비하고 계시며 몇몇 제자들도 역시 그런 죽음을 준비하고 있기 때문이다.

둘째, 그리스도께서는 그들의 일에 대해 보고를 받고, 그들이 힘든 사역에서 휴식하는 동안 그들을 가르치기 원하셨다.

5. 오천 명을 먹이심[25] (요 6:1~15; 참조, 마 14:13~21; 막 6:30~44; 눅 9:10~17)

---

24) Ridderbos, *Matthew*, p. 275: "This was her personal dish at the king's banquet!"
25) 오천 명을 먹이는 이적은 4복음서 모두에 기록되어 있다. 요한복음은 오천 명 먹이는 이적을 예수님이 생명의 떡이심을 증거하는 내용과 연계시켜 설명하고 있다(참조, 요 6:1-65).

그 후에 예수께서 디베랴의 갈릴리 바다 건너편으로 가시매 큰 무리가 따르니 이는 병자들에게 행하시는 표적을 보았음이러라 예수께서 산에 오르사 제자들과 함께 거기 앉으시니 마침 유대인의 명절인 유월절이 가까운지라 예수께서 눈을 들어 큰 무리가 자기에게로 오는 것을 보시고 빌립에게 이르시되 우리가 어디서 떡을 사서 이 사람들을 먹이겠느냐 하시니 이렇게 말씀하심은 친히 어떻게 하실 지를 아시고 빌립을 시험하고자 하심이라 빌립이 대답하되 각 사람으로 조금씩 받게 할지라도 이백 데나리온의 떡이 부족하리이다 제자 중 하나 곧 시몬 베드로의 형제 안드레가 예수께 여짜오되 여기 한 아이가 있어 보리떡 다섯 개와 물고기 두 마리를 가지고 있나이다 그러나 그것이 이 많은 사람에게 얼마나 되겠사옵나이까 예수께서 이르시되 이 사람들로 앉게 하라 하시니 그 곳에 잔디가 많은지라 사람들이 앉으니 수가 오천 명쯤 되더라 예수께서 떡을 가져 축사하신 후에 앉은 자들에게 나눠 주시고 물고기도 그렇게 그들의 원대로 주시니라 그들이 배부른 후에 예수께서 제자들에게 이르시되 남은 조각을 거두고 버리는 것이 없게 하라 하시므로 이에 거두니 보리떡 다섯 개로 먹고 남은 조각이 열두 바구니에 찼더라 그 사람들이 예수께서 행하신 이 표적을 보고 말하되 이는 참으로 세상에 오실 그 선지자라 하더라 그러므로 예수께서 그들이 와서 자기를 억지로 붙들어 임금으로 삼으려는 줄 아시고 다시 혼자 산으로 떠나가시니라 (요 6:1–15, 개역개정).

제자들과 함께한 퇴수회

오천 명 먹이는 이적은 요한복음 6:1~15뿐만 아니라 다른 복음서들에서도 찾아 볼 수 있다. 오천 명 먹이는 사건에서 우리는 제자들이 가진 예수님에 대한 친밀함과 확신을 볼 수 있다. 그들은 "예수님께 모든 일을 고했다"(마 14:15). 예수님께서는 추종자들의 심령과 마음속에 자신을 깊이 새겨 넣으셔야만 하셨다.

고되고 힘든 활동의 시기를 지낸 후 그리스도께서는 그의 제자들이 분주하고 소란스러운 데서 물러나 육체적, 영적으로 새로운 활력을 얻도록 "퇴수회"(retreat)를 제자들과 함께 가지셨다. 우리는 제자들의 분주한 삶을 주목할 필요가 있다. 성경은 "오고 가는 사람이 많아 음식 먹을 겨를도 없음이라"(막 6:31, 개역개정)고 전한다.

또한 제자들은 요한의 죽음의 소식으로 인해 휴식을 필요로 했다. 제자들은 개별적으로 그들이 나아가 행한 일의 결과에 대해 토론을 가져야 했었다. 더 나아가 그들은 "영적인 재무장"을 필요로 했다. 제자들은 함께 생활하며 하나님께 기도하기 위해 물러나기를 원했다.

예수님을 추종한 많은 무리

그처럼 많은 사람들이 예수님의 주위에 몰려들 수 있었던 것으로 보아 그 해가 50년 만에 갖는 안식과 평화의 해인 희년(Jubilee)이었을 것으로 생각된다(레 25:8~17). 더 나아가 유월절 또한 가까이 있어 많은 사람들을 불러들였을 것이다. 그리고 세례 요한은 죽었고 사람들은 그들의 지도자가 사라졌다고 생각하여 불안감에 젖어 있었을 것이다. 그래서 많은 사람들은 예수님께로 나아갔다. 이것이 예수님께서 무리에 대해 불쌍히 여기셨다고 말씀한 이유이다. "그 목자 없는 양 같음으로 인하여 불쌍히 여기사 이에 여러 가지로 가르치시더라"(막 6:34, 개역개정).

만일 이때가 유월절이었다면 그 해의 봄이었을 것이고, 그때 사람들은 언덕의 푸른 잔디에 앉아 있었으므로 매우 효과적으로 소리의 전달이 이루어질 수 있어서 예수님께서 말씀하시는데 어려움이 없으셨을 것이다. 예수님은 무리들에 대해 동정의 마음을 가졌다. 한 저자는 모인 사람들의 광경이 예수님의 마음을 움직였다고 기록한다(마 14:14). 이것은, 비록 몇몇 사람들의 불신과 적대감이 있었고 그리스도와 제자들은 조용한 곳을 찾아 물러나 쉬시기를 원하는 형편이었음에도 불구하고, 예수님의 진실한 마음 상태를 표현한 것이다.

오천 명 먹이신 사건과 사천 명 먹이신 사건의 비교

여기서 오천 명과 사천 명을 먹이신 사건을 비교해 보자.

오천 명을 먹이심 (마 14:13~21; 막 6:30~44; 눅 9:10~17; 요 6:1~15)	사천 명을 먹이심 (마 15:32~39; 막 8:1~10)
① 예수님께서는 그들과 오랫동안 함께 하시며 많은 영적 진리를 가르치심으로써 그들의 영적 상태에 대해 관심을 나타내신다. 제자들은 그들을 보내기 원한다. 그러나 예수님께서는 그가 생명의 떡이심을 나타내신다.	① 제자들은 육체에 대한 관심을 나타낸다.
② 무리들에게 음식 먹이는 일에 대해 제자들이 먼저 제안한다.	② 무리들에게 음식 먹이는 일에 대해 예수님께서 먼저 제안한다.
③ 소년이 떡 5개와 물고기 2마리를 바친다.	③ 제자들이 떡 7개와 물고기 두어 마리를 가지고 있었던 듯하다.
④ 제자들은 그리스도를 믿는 믿음이 부족한 듯하다. 왜냐하면 그들은 예수님께 사람을 보내도록 말한다.	④ 제자들은 교훈을 얻은 것 같다. 왜냐하면 예수님께서 먼저 제안하셨기 때문이다.
⑤ 무리는 예수님과 함께 하루 종일 머물렀다.	⑤ 무리는 예수님과 함께 3일 동안 머물렀다.
⑥ 처음에 떡 5개와 물고기 2마리가 있었으나 제자들은 작은 크기로 생각되는 바구니(κόφινος)로 12개를 모았다. 제자들은 각각 하나씩 가졌으며 예수님은 아무것도 갖지 않으셨다.	⑥ 처음에 떡 7개와 몇 마리의 물고기가 있었고 좀 더 큰 크기의 광주리(σπυρίς)로 7개를 거두었다.[26]
⑦ 제자들은 남은 조각을 모으도록 명령받았다.	⑦ 남은 조각을 모으라는 명령은 없으나 제자들이 이를 행한다.

두 경우 모두 예수님은 사람들을 먹이신 후 제자들에게 인간 마음의 강퍅함에 대해 말씀하시고, 또한 무리들이 그를 생명의 떡으로서 필요로 함을 나타내 보여주셨다. 두 경우 모두 무리들을 먹이신 후 그리스도 자신을 위해서는 어떤 것도 남기지 않으셨다.

몇 가지 관찰

① 복음서에 나타난 예수님의 이적들을 치유 이적과 비 치유 이적으로 구분해 볼 수 있다.[27] 5,000명 먹이신 이적은 비 치유 이적 중 대표적인 이적이라고 할 수 있다.

② 떡 다섯 개와 물고기 두 마리는 대략 만 명으로 추산되는 거기에 모인 무리들이 충분히 먹고도 남았다. 어떻게 기적이 일어났는지에 대해서는 상상할 수밖에 없다. 예수님께서 떡을 떼어 제자들에게 나누어 주셨을 때 증가되었고, 제자들이 그 떡을 쪼개 가족의 대표들에게 주었을 때 역시 증가되어 모든 사람이 먹을 때까지 계속 증가되었을 수 있다.

③ 모든 사람이 만족하게 먹고 난 후 열두 광주리가 남았다는 사실을 주목해야 한다. 한 가지 주목할 것은 어떤 사람이 욕심을 가지고 있었다는 사실이다. 그들은 먹을 수 있는 분량 이상을 취했으며, 오히려 이 기적적인 음식은 낭비되므로 그리스도께서는 그것을 다시 모으셨다. 구약에서 만나를

---

26) Hort는 κόφινος 와 σπυρίς 의 차이는 그것들을 만든 재료에 있지 크기에 있지 않다고 말한다. 두 단어는 "바구니"(마 14:20)와 "광주리"(마 15:37)로 각각 번역되었는데 오천 명과 사천 명을 먹이시고 나머지를 거두는데 사용되었다. Cf. Donald A. Hagner, *Matthew 14-28: Word Biblical Commentary*, Vol. 33B (Dallas: Word Books, 1995), p. 418.

27) Gerhardsson은 마태복음에 나오는 이적 이야기를 집중적으로 연구한다. 그는 이적을 두 가지 유형으로 분류하는데 하나는 치유 이적(therapeutic miracles)이요, 다른 하나는 비 치유 이적(non-therapeutic miracles)이다. 그는 14개의 치유 이적 중 11개가 복음서 전반부 즉 제 8장부터 12장 사이에 나타나고 단지 3개만 복음서 후반부(15장의 가나안 여인의 딸을 치유하신 이적, 17장의 간질로 고생한 아이를 고쳐주신 이적, 20장의 두 맹인을 고쳐주신 이적)에 나타난다. 반면 7개의 비 치유 이적 중 1개만을 제외하고(제 8장의 폭풍 이적) 모두 복음서의 후반부에 나타난다(제 14장의 5,000명 먹이신 이적, 예수님이 물 위로 걸으신 이적, 베드로가 물 위로 걷는 이적, 15장의 4,000명 먹이신 이적, 17장의 물고기의 입에서 얻은 한 세겔 동전 이적, 그리고 21장의 무화과나무가 마른 이적 등이다). Cf. Birger Gerhardsson, *The Mighty Acts of Jesus According to Matthew*(1979), p. 52. 비 치유 이적에 대한 놀랄만한 사실은 예수님께서 이적을 행하실 때 항상 제자들의 면전에서나 제자들을 교훈하시기 위해서 이적을 행하셨다는 것이다. 이런 이유로 Gerhardsson은 비 치유 이적을 가리켜 교훈적 내용을 담은 "교회적 이적"(ecclesiastical miracle)이라고 지칭한다(*Ibid*, pp. 54, 56). 그런데 7개의 비 치유 이적 중 17장의 물고기의 입에서 얻은 한 세겔 동전 이적을 제외하고는 6개의 이적 모두에서 제자들이 예수님의 무한한 능력을 깨닫지 못하고 믿음 없게 행동하는 내용이 나타난다.

거두는 것과 이 사건과는 유사성이 있다. 또 다른 생각은 그리스도는 넉넉히 주시면서도 낭비되지 않도록 풍부하게 주신다는 것이다. 이 생각은 첫 번째 생각이 바를지라도 잘 맞아 들어가는 생각이다.

광주리는 어디서 가져왔을까? 그 광주리들은 아마도 제자들이 여행하며 가지고 다녔던 그릇이었던 것 같다. 그것들의 목적은 음식과 최소한의 공급품을 옮기기 위함이었다. 왜냐하면 그리스도께서는 제자들에게 둘씩 짝 지워 보내실 때 지시하셨듯이 많은 것을 가지고 다니지 않기를 바라셨기 때문이다. 그 광주리는 아마도 한 제자 당 한 광주리였을 것으로 보이나 그리스도께서는 자신을 위해 아무것도 갖지 않으셨다.

④ 이 떡은 제자들의 아침 식사가 되었을 것이다. 요한복음은 그리스도께서 홀로 기도하시러 산에 올라가셨음을 기록하고 있다. 요한복음 4:32에 "내게는 너희가 알지 못하는 먹을 양식이 있느니라"고 예수님의 음식에 대해 기록한 것처럼 여기서도 그 말씀을 예수님에 대해 적용할 수 있다. 한편 제자들은 배를 타고 폭풍 속에서 밤새 수고했다. 그리스도께서는 5,000명을 먹이신 기적으로(여자와 아이는 제외) 그들을 위한 음식을 마련하셨다. 예수님은 떡 다섯 개와 물고기 두 마리로 5,000명 이상의 사람들에게 양식을 제공하신 것이다.[28]

⑤ 본문을 연구하면서 가져야 할 질문은 "이 기적의 요점은 무엇인가"이다. 이에 대한 대답은 그리스도께서 무리에게 인기가 있으셨던 이유들 가운데 하나는 그가 훌륭한 공급자였기 때문이라는 사실이다. 예수님께서는 일상생활을 위하여 무리들 스스로의 노력과 분투가 없었어도, 즉 그들이 일하지 않았음에도 경제적인 보장을 해주셨다. 그래서 무리들은 예수님을 왕으로 삼기를 원했다. 그러나 예수님께서 그들이 생각하는 태도가 그릇되었다는 것을 알리시자 많은 사람들이 예수님 곁을 떠나버렸다.

---

28) 오리겐(Origen)은 이 이적을 풍유적으로 해석하여 100명씩 앉힌 것은 100이란 숫자가 거룩한 숫자이므로 신적인 통일성에 헌신된 것을 뜻하며, 50명씩 앉힌 것은 50이란 숫자가 희년(Jubliee)이나 오순절(Pentecost)과 연관되어 있기 때문에 죄 용서의 뜻이 있는 것으로 해석한다. 그리고 제롬(Jerome)은 떡 다섯 개와 물고기 두 마리를 가진 소년이 5권의 책(모세오경)과 두 돌비를 가진 모세를 뜻한다고 풍유화시킨다. Cf. John A. Broadus, *Commentary on the Gospel of Matthew*(Valley Forge: Judson Press, 1886), p. 325. 지능이 탁월한 사람들의 이런 해석은 우리가 성경 본문을 다룰 때 얼마나 신중하게 다루어야 한다는 사실을 다시 한 번 일깨워 준다.

⑥ 하나님의 생각은 자주 인간과 다를 때가 많다. 작은 것과 큰 것, 혹은 큰 것과 작은 것 그 자체가 큰 의미를 갖는 것은 아니다. 하나님께서는 본질을 보시기 때문에 때때로 작은 것이 실제로는 큰 것이다. 제자들은 "몇 개의 떡 덩어리가 이렇게 많은 사람을 위해 무슨 소용이 되겠습니까"라고 말했다. 예수님께서는 그의 손을 사용하여 작은 것이 위대한 사역을 이룰 수 있다는 사실을 보여주셨다. 하나님은 옥수수 한 개로 많은 열매를 맺게 하신다. 하나님은 열두 제자들을 통해 하나님의 크고 위대한 교회를 세우셨다.

예수님을 왕으로 삼으려 함(요 6:15)

예수님을 왕으로 삼으려는 상황은 그리스도의 인기가 절정에 달했을 때의 이야기이다. 이 사람들은 강제적으로 예수님에게 왕위를 떠맡기려고 하고 있었다. 여기서 그리스도께서는 그 당시 메시아에 대한 대중적 개념에 호응하는 것처럼 보인다. 즉 유토피아가 있게 될 것이며, 음식은 일하지 않고도 얻을 수 있으며, 모든 사람은 행복하고 부유함을 누리게 될 것이다. 유대인의 대적들은 정복될 것이며 하늘나라가 땅에 세워질 것이다. 그러나 이 추측은 잘못이었다. 그리스도께서는 그러한 요구에 응하시지 않고 물러나 피하셨다.

그러나 무리들은 예수님의 왕권의 본질을 곡해하고 있었다. 예수님은 지상의 왕이 되기 위해 오시지 않았다. 빌라도가 예수님을 심판하면서 "네가 유대인의 왕이냐"(요 18:33)라고 물었을 때 예수님은 사신의 왕권의 본질을 분명히 설명한다. "내 나라는 이 세상에 속한 것이 아니니라 만일 내 나라가 이 세상에 속한 것이었더라면 내 종들이 싸워 나로 유대인들에게 넘겨지지 않게 하였으리라 이제 내 나라는 여기에 속한 것이 아니니라"(요 18:36, 개역개정). 예수님 자신이 그의 왕국이 승리하는 길은 전쟁에서 적을 물리침으로가 아니요 죽었다가 다시 죽은 자들 가운데서 부활하심으로라는 것을 알고 있었다. "그는 창을 휘둘러 심판하기 위해 예루살렘에 올라간 것이 아니요 오히려 창을 받고 심판을 감당하시기 위해서이다."[29] 그러므로 예수

---

29) D.A. Carson, *The Gospel According to John*(Leicester: IVP, 1991), p. 273. 참조, Edmund

님은 그들의 지상 왕이 되어달라는 무리들의 요구에 응할 수가 없었다.

예수님께서는 왜 5,000명 먹이는 기적을 행하셨는가? 대답은 평범하다. 그것은 믿음으로 분별할 수 있는 눈을 가진 사람들이 예수님이 영적 의미로 생명의 떡이신 것을 알도록 하기 위해서이다. 예수님 스스로가 요한복음 6:22~71에서 5,000명 먹인 이적의 이 같은 성격에 대해 말씀하고 계신다. 예수님은 "내가 곧 생명의 떡이로라"(요 6:48)고 분명한 결론을 내려주셨다.

이 전체의 사건은 다음 두 가지를 초래한다(요 6:66~71).

첫째, 많은 제자들의 변절이 있은 후 예수님이 열두 제자들을 시험하여 그들도 예수님을 떠날지에 대해 시험하신다. 예수님이 이적을 베푸는 지상의 왕이 아니요 영적인 나라를 설립하기 위해 오셨다는 것을 감지한 제자들은 예수님을 떠난다(요 6:66). 이 제자들은 12제자가 아닌 이적을 보고 예수님을 추종한 헌신되지 못한 제자들이었다. 이들의 떠나감을 보고 예수님은 열두 제자에게 "너희도 가려느냐"(요 6:67)라고 물으셨다. 이에 베드로가 "주여 영생의 말씀이 주께 있사오니 우리가 누구에게로 가오리이까"(요 6:68, 개역개정)라고 고백하고 계속 예수님을 따른다. 결국 5,000명 먹인 이적은 헌신되지 못한 제자들과 헌신된 제자들을 구분하는 척도 역할을 한다.

둘째, 예수님은 제자들 중 한 사람이 반역자라고 밝히신다(요 6:64, 70~71). 여기서 우리는 유다가 마침내 그리스도를 배반하는 이유를 조금은 알게 된다. 유다는 그리스도께서 베푸신 유익과 편안한 생활을 위해 그리스도를 따르게 된 것이다. 그러나 이에 실망하자 유다는 주님과 함께 보내었던 시간을 낭비된 것으로 생각하고 할 수 있는 한 많은 것을 건지기 원했다(요 6:71). 그는 은 30전을 얻었다가 잃었다.

P. Clowney, "A Biblical Theology of Prayer," *Teach us to Pray: Prayer in the Bible and the World*, ed. D.A. Carson (Paternoster / Baker, 1990).

제12장

너희는 나를 누구라 하느냐

1. 바다 위를 걸으심[마 14:22~33; (14:34~36); 참조, 막 6:45~52; (6:53~56); 요 6:16~21]

예수께서 즉시 제자들을 재촉하사 자기가 무리를 보내는 동안에 배를 타고 앞서 건너편으로 가게 하시고 무리를 보내신 후에 기도하러 따로 산에 올라가시니라 저물매 거기 혼자 계시더니 배가 이미 육지에서 수 리나 떠나서 바람이 거스르므로 물결로 말미암아 고난을 당하더라 밤 사경에 예수께서 바다 위로 걸어서 제자들에게 오시니 제자들이 그가 바다 위로 걸어오심을 보고 놀라 유령이라 하며 무서워하여 소리지르거늘 예수께서 즉시 이르시되 안심하라 나니 두려워하지 말라 베드로가 대답하여 이르되 주여 만일 주님이시거든 나를 명하사 물 위로 오라 하소서 하니 오라 하시니 베드로가 배에서 내려 물 위로 걸어서 예수께로 가되 바람을 보고 무서워 빠져 가는지라 소리 질러 이르되 주여 나를 구원하소서 하니 예수께서 즉시 손을 내밀어 그를 붙잡으시며 이르시되 믿음이 작은 자여 왜 의심하였느냐 하시고 배에 함께 오르매 바람이 그치는지라 배에 있는 사람들이 예수께 절하며 이르되 진실로 하나님의 아들이로소이다 하더라 (마 14:22-33, 개역개정).

배경적 설명

마태복음 14:22~33에서 우리는 예수님이 물위로 걷는 이적을 읽는다. 예수님께서 오병이어의 사건 후에 왜 제자들을 재촉하셔서 배를 타고 바다 건너편으로 가게 하셨는지에 대한 이유는 마태복음과 마가복음에는 언급되어 있지 않다. 그러나 요한복음은 그 이유를 제공하고 있다. "예수께서 그들이 와서 자기를 억지로 붙들어 임금으로 삼으려는 줄 아시고 다시 혼자 산으로 떠나 가시니라"(요 6:15, 개역개정). 예수님은 사람들이 자기를 높이려고 할 때 아버지 하나님과 교제하며 혼자 있고 싶어서 혼자 산으로 들어가셨다. 이 경우는 열두 제자들까지 제거하시고 혼자 기도하신 것이다(마 14:23).

예수님께서 바다 위를 걸어오셨을 때 제자들이 그를 유령으로 생각했다는 것은 이상한 반응이다. 오랫동안 그와 함께 있었고 그의 위대한 가르침을 받았으며 많은 그의 이적들을 보아왔으므로, 그가 바다 위를 폭풍 가운데 걸어오셨을 때, 그들의 자연스런 반응은 따뜻한 환영이었어야 했다. 제자들은 즉시 예수님이 자신들을 구하러 오신 것으로 생각하였어야 마땅함에도 불구하고, 그들은 그를 유령으로 생각했다. 왜 그랬을까? 그는 주님(divine Lord)이 아니셨는가? 그는 바람과 파도의 주가 아니셨는가? 제자들의 반응을 볼 때 그 답은 그들이 여전히 인간일 뿐이라는 것이다. 즉 그들의 안목은 신적인 일들(divine things)을 볼 수 있을 정도로 충분히 열려있지 않았고, 그들의 인간적 생각은 땅의 영역을 넘어설 수 없었기 때문에 그들은 예수님을 유령이라고 소리쳤던 것이다. 그 당시 사람들은 영들과 귀신들의 생각으로 가득 차 있었고, 이것이 그들의 사고 영역이었기 때문에 제자들은 이 비상한 사건을 하나님의 능력의 손으로 이루신 이적으로 생각하지 않고 오히려 그들은 그들의 사고를 유령 세계의 영역에 머물게 한 것이다.

바다 위를 걷는 사건은 야경 시간(night watches)에 일어났다. 유대인들은 다음과 같이 시간을 구분한다.

제1 야경 시간(一更)은 해가 지는 6시에서 9시까지이다.
제2 야경 시간(二更)은 9시에서 12시까지이다.
제3 야경 시간(三更)은 12시에서 3시까지이다.
제4 야경 시간(四更)은 3시에서 해가 뜨는 6시이다.

성경은 예수님이 물 위로 걷는 이적이 밤 사경, 즉 3시부터 6시 사이에 발생했다고 전한다(마 14:25; 막 6:48). 제자들은 그날 밤 줄곧 역풍과 싸웠다(막 6:48; 요 6:18). 요한복음에 의하면 우리는 그들의 수고에도 불구하고 단지 약 4마일 항해했을 뿐임을 알 수 있다(요 6:19).

역풍

인간의 삶 자체가 흥미진진한 경험이다. 의심할 것도 없이 이 어부들에게는 항해하는 일과 고기 잡는 일에 있어서 성공적이던 때가 있었다. 어떤 때에는 그렇지 못했다. 이것은 그런 때의 하나이다. 밤새 역풍을 거슬러 항해하여 밤 사경(四更)에 그들이 출발했던 해안에서 기껏해야 4 혹은 5마일을 왔고, 아직도 그들이 가야할 곳까지는 4 혹은 6마일이 남아 있었다. 예수님은 그의 소명 성취를 위해 순종하심으로 하나님을 기쁘시게 하기 위해 조용한 장소에서 기도로 무장하셨다.[1] 예수님은 무리들이 그를 세상의 왕으로 삼으려 하자(요 6:15) 홀로 하나님 아버지와 기도로 교제하신 것이다.

물론 제자들은 역풍을 염려하는 것 같지는 않았다. 그러나 이 허깨비와 같은 형태가 나타났을 때 그들은 두려워하였다. 비록 그 바람이 역풍이었고 강풍과 파도가 매우 사나운 것이었다 하더라도 이것은 그들의 예전의 경험한 바에 속하는 것이었고, 그래서 그들은 두려워하지 않았다. 그러나 그들의 생각에 허깨비를 보는 것은 다른 일이었다. 사실 그들은 두려워하지 말았어야 했다. 우리가 그런 것처럼 그들은 허깨비나 유령은 존재하지 않는다는 것을 알았어야 했다. 그러나 그들은 한편으로는 불가능한 것을 믿으면서도, 다른 한편으로는 외관상 불가능한 것, 즉 예수 그리스도께서 바다 위를 걷고 계신 사실을 이해하고 믿는 일에는 실패하였다.

오병이어의 이적을 목도한 바가 있으므로 적어도 그들은 그리스도께서 또 다른 이적을 일으킬 수 있음을 추론할 수 있었어야 했다. 그러나 그들은 그렇지 못했다. 오히려 그리스도께서 바다 위를 걷고 계신다는 사실보다는 미신적인 것을 믿어버린 것이다(막 6:52).

다가오시는 그리스도

우리가 그리스도께서 어떻게 파도 위에서 제자들에게 걸어오셨는지를 이해할 수 없다고 하더라도 최소한 그 문제를 논할 수는 있다. 그리스도께서 파도의 물결을 타고 파도 위로 올라왔다가 파도 아래로 내려갔다가 하시면서 걸으셨는가? 명백히 그런 것은 아니다. 그는 물에 빠지시거나 파열하는 파도의 물방울에 적셔지심이 없이 수면 위를 미끄러지듯이 걸으셨던 것이다. 그리스도께서 파도의 물결을 따라 오르락내리락하지 않으셨다는 합리적인 추론은 제자들이 그들에게 다가오시는 그를 바라볼 수 있었다는 것으로부터 나온다. 그렇지 않았다면 적어도 그 같은 상황에서 그리스도를 바라본다는 것은 참으로 어려운 일이었을 것이다.

예수님께서 그들에게 다가오셨을 때 그는 그들을 지나쳐가려 하신 것같이 보인다(막 6:48). 예수님은 제자들이 그를 배 안으로 영접하기를 원하셨다. 그래서 예수님은 제자들이 그들의 필요를 그에게 아뢰고 그를 의지하기를 바라셨다.

제자들이 두려워하였을 때 주신 그리스도의 말씀, 즉 "안심하라 나니

---

1) H.N. Ridderbos, *Matthew* (*Bible Student's Commentary*, Grand Rapids: Regency, 1987), p. 280.

두려워하지 말라"(마 14:27, 개역개정)는 말씀은 우리들을 위한 말씀도 된다. 이 말씀은 제자들을 상당히 평온하게 하였고, 베드로로 하여금 배에서 바다로 뛰어내려 그리스도에게 다가가게 하였다.

그리스도의 명령으로 베드로는 배에서 뛰어내렸으나 물에 빠지게 되었다. 베드로가 물 위로 걸어간 사실은 베드로의 성격을 잘 반영한 것으로 강함과 약함, 용기와 비겁이 혼합된 모습을 보여준다. 모습은 견고한 의지를 소유한 사람의 모습이라기보다는 때로 충동에 의해 움직이는 사람의 모습으로 나타난다.[2] 그리스도께서는 이 사실을 통해 베드로에게 믿음이 연약하며 그의 말은 기초가 튼튼하지 않은 경솔한 것이라는 것을 보여주기 원하셨다. 그의 믿음이 강했을 때는 베드로도 강하였다.

예수님께서는 제자들을 버려두지 않으셨다. 제자들이 두려워 떨고 있을 때 그들에게 찾아오셨다. 두렵게 하는 일들이 종종 위장된 축복으로 나타날 수 있는 것이다. 이 이적의 특별한 목적은 제자들을 준비시켜 미래 사역을 감당하게 하기 위한 것이다. 제자들은 어떤 어려움이 있어도 그들이 예수님을 의지하고 예수님과 함께 있으면 안전하다는 교훈을 배워야 했다.[3]

평온

배안에 그리스도가 함께 계시자 즉시 바다는 잠잠해졌다. 제자들은 이 일의 깊은 뜻을 아직도 이해하지 못했다. 왜냐하면 그들의 눈은 열려있지 않았고, 그들의 마음은 그리스도에 대한 더 깊은 진리를 받아들이지 않았다. 하지만 배 안에 있는 제자들은 이 이적을 통해 다시 한 번 예수님을 하나님의 아들로 고백하게 되었다(마 14:33). 예수님은 자신을 따르는 자들에게 평강을 주시는 주님이시다(요 17:13; 빌 4:7, 9).

2. 떠나가는 많은 제자들(요 6:60~71)

제자 중 여럿이 듣고 말하되 이 말씀은 어렵도다 누가 들을 수 있느냐 한대 예수께서 스스로 제자들이 이 말씀에 대하여 수근거리는 줄 아시고 이르시되 이 말이 너희에게 걸림이 되느냐 그러면 너희는

---

2) A.B. Bruce, *The Expositor's Greek Testament*, Vol. 1: *The Synoptic Gospels* (Grand Rapids: Eerdmans, 1980), p. 211.
3) Ridderbos, *Matthew*, p. 281

인자가 이전에 있던 곳으로 올라가는 것을 본다면 어떻게 하겠느냐 살리는 것은 영이니 육은 무익하니라 내가 너희에게 이른 말은 영이요 생명이라 그러나 너희 중에 믿지 아니하는 자들이 있느니라 하시니 이는 예수께서 믿지 아니하는 자들이 누구며 자기를 팔 자가 누구인지 처음부터 아심이러라 또 이르시되 그러므로 전에 너희에게 말하기를 내 아버지께서 오게 하여 주지 아니하시면 누구든지 내게 올 수 없다 하였노라 하시니라 그 때부터 그의 제자 중에서 많은 사람이 떠나가고 다시 그와 함께 다니지 아니하더라 예수께서 열두 제자에게 이르시되 너희도 가려느냐 시몬 베드로가 대답하되 주여 영생의 말씀이 주께 있사오니 우리가 누구에게로 가오리이까 우리가 주는 하나님의 거룩하신 자이신 줄 믿고 알았사옵나이다 예수께서 대답하시되 내가 너희 열둘을 택하지 아니하였느냐 그러나 너희 중의 한 사람은 마귀니라 하시니 이 말씀은 가룟 시몬의 아들 유다를 가리키심이라 그는 열둘 중의 하나로 예수를 팔 자러라 (요 6:60-71, 개역개정).

제자들이 떠나가는 이유

① 여기 제자들은(요 6:61) 예수님의 열두 제자와는 구별되어야 한다(참고 요 6:67~71). 예수님을 떠나는 제자들은 단순히 예수님의 이적 행함에 관심이 있었던 사람들로, 헌신된 상태에 있는 사람들이 아니었다.[4] 그러면 그들이 예수님의 말씀 중 어느 부분을 불쾌하게 생각했는가?

첫째, 그들은 정치적인 메시아(요 6:14~15), 음식(요 6:26), 표적(요 6:30~31) 등에 더 관심을 가지고 있었고, 영적인 실재에는 별로 관심이 없었다. 예수님의 영적인 말씀이 그들의 구미에 맞지 않았다.

둘째, 그들은 그들 자신의 전통적인 종교관에 매여 예수님을 있는 그대로 믿는 순수한 믿음의 첫 발걸음을 내디딜 수가 없었다(요 6:41~48). 그들은 예수님께서 "내가 곧 생명의 떡이니라"(요 6:48, 개역개정)하신 말씀을 믿을 수가 없었다.

셋째, 그들은 예수님께서 자신이 모세보다 큰 자라고 말씀하신 내용을 받을 수가 없었다(요 6:32~40). 그들은 예수님이 영생을 주시는 자요, 하나님의 보내심을 받은 자라는 사실을 믿지 못했다.

넷째, 그들은 예수님께서 살을 먹고 피를 마셔야 한다고 말씀하신 내용을 받을 수가 없었다. 살을 먹고 피를 마시는 것은 그 당시 금기 사항이요, 그들이 그 영적인 의미를 이해하지 못한 상태에서 그 깊은 의미를 깨닫고 수용할 수 없었던 것이다.[5]

② 예수님은 오천 명을 먹이신 일 다음에(요 6:1~15) 영적인 말씀을 하셨다. 예수님을 따르는 많은 자들은 물질적인 기적만을 보았고 그것이 그들의

---

4) Marcus Dods, *The Gospel of St. John: The Expositor's Greek Testament*(Grand Rapids: Eerdmans, 1980), p. 758.

5) Carson, *The Gospel According to John*, p. 300.

이익을 위해 사용되기를 바랐다. 여기에 글자 그대로 금광이 있었다. 그들은 예수님을 왕으로 만듦으로써 모든 것을 얻고 아무것도 잃지 않을 수 있다. 성경은 "그러므로 예수께서 그들이 와서 자기를 억지로 붙들어 임금으로 삼으려는 줄 아시고 다시 혼자 산으로 떠나가시니라"(요 6:15, 개역개정 참조)고 예수님의 본뜻을 간접적으로 표현한다.

③ 사람들이 예수님을 왕으로 삼으려는 이 사건은 그리스도에게는 큰 유혹이었다. 마귀는 전에 예수님에게 세상 왕국을 주겠다는 제안을 한 적이 있었다(마 4:8~9). 그러나 이제 마귀의 제안은 이전보다 더 적어졌다. 이는 마귀가 자신이 승리하고 있기 때문에 그리스도에게는 보다 더 적은 것을 제공할 수 있다고 생각하고 있는 것을 가리키는 듯하다. 이제 그리스도 자신의 사람들이 그리스도를 그들의 왕으로 삼으려 하고 있고, 만일 그가 잘 통치하기만 하면 그는 세상의 왕국들을 얻을 수 있을 것이다. 만약 그리스도 가 양보하는 경우 그가 치러야 할 대가를 보라. 항상 군중들의 인기에 종속되어 그는 계속하여 새로운 이적을 일으켜야만 할 것이다.

④ 그리스도께서는 이 사건이 그의 사역에 있어서 위기라고 생각하셨다. 그는 이 왕권의 사건을 다루는 문제 때문에 제자들이 불만족하고 있다는 것을 아셨다. 그들의 불만족을 초래하는 것은 얼마나 어리석은 일인가! 그러나 그리스도께서는 그의 사역이 무엇보다도 영적인 것이며 그가 그 일을 계속 수행하셔야만 한다는 것을 적절히 설명하신다. 그리스도께서는 그들의 주장에 기초하여 왕이 되는 것은 육에 호소하는 일, 즉 단지 육체만을 만족시키는 일임을 알리셨다. 더 많은 음식을 제공하고 단순히 배만 불리는 것이 실제의 삶은 아니다. 영적인 것이 생명이다.

생명이신 그리스도

그리스도께서는 그의 말씀이 생명이라고 말씀하신다(요 6:63).[6] 이 생명은 문맥에 비추어 볼 때 예수님 자신을 가리키고, 특별히 예수님께서 주시는 생명은

---

6) τὰ ῥήματα ἃ ἐγὼ λελάληκα ὑμῖν πνεῦμά ἐστιν καὶ ζωή ἐστιν(요 6:63 하)에서 πνεῦμά ἐστιν καὶ ζωή ἐστιν으로 ἐστιν을 반복해서 사용한 것은 πνεῦμα와 ζωή를 분명하게 구별시키기 원한 것이다. 그런데 요한복음 6:63 상반절에서 τὸ πνεῦμά ἐστιν τὸ ζῳοποιοῦν이라고 표현함으로 πνεῦμα와 ζῳοποιοῦν을 연결시킨 것은 성령이 생명을 주신 분임을 가리키는 것이다(고후 3:6 참조). 예수님은 부활을 통해 "살려 주시는 영"(πνεῦμα ζῳοποιοῦν)이 되셨다(고전 15:45).

예수님의 죽음과 관련되어 있음이 명백하다. 예수님은 본 구절과 이전 구절에서 자신이 "생명의 떡"(요 6:48)이라고 말씀하시고 그 떡은 "하늘에서 내려오는 떡"(요 6:50)이며, 바로 "세상의 생명을 위한 내 살"(요 6:51)이라고 말씀하신다. 그리고 예수님은 사람이 그 떡을 먹으면 영생할 것이라고 말씀하셨다(요 6:51). 바로 그것은 "내 살을 먹고 내 피를 마시는 자는 영생"(요 6:54)하리라는 말씀처럼 예수님과 연합된 자는 영생을 소유하게 된다는 뜻이다. 이런 말씀을 하신 직후 요한복음 6:64에서 예수님은 자신의 죽음의 문제를 말씀하셨다. 이는 사람이 영생을 소유하는 것과 그의 죽음이 밀접하게 연결되어 있음을 증거 하는 것이다.

만일 제자들이 그리스도가 설교하신 메시지를 포착했다면 그들은 결코 지상의 왕을 가지려 그렇게 열심을 내지는 않았을 것이다. 예수님께서 물질적인 것으로 사람들에게 공급하신 사실이 결코 위기로 이어지지 않았을 것이며, 오히려 그들은 예수님의 프로그램을 따르는데 만족하며 그의 인도를 기다렸을 것이다.

예수님의 신적 지식

예수님은 무리의 생각이 표현되기 오래전에 그들의 생각을 아셨다. 그리스도께서는 사역을 계속하시던 중 그가 행하시고 말씀하셨던 많은 것들이 사람들에 의해 오해되었음을 실제로 알게 되셨다. 이것은 얼마나 비극적인 일인가!

예수님은 자신이 설교하고 이적을 행하였지만 군중들이 그것들을 마음에 새기지 않았다는 것을 알고 연민과 고뇌로 우셨을 때가 여러 차례 있었음이 틀림없다. 우리는 그리스도께서 "아버지의 뜻을 행하기 위해 오셨다"는 지식으로 위로를 받으셨으며, 하나님의 얼굴을 마라볼 때 그를 승인하시는 하늘의 아버지의 미소를 통해 위로를 받으신 사실을 이제 이해할 수가 있다. 이는 기쁨이고 만족임에 틀림없다.

이 시점에서 우리는 어렵지만 진실 되고 위로로 주시는 메시지 중 하나를 받는다. 즉 "내 아버지께서 오게 하여 주지 아니하시면 누구든지 내게 올 수 없다"(요 6:65, 개역개정). 실제로 세상의 모든 것은 그로부터 왔고, 그를 통하여 왔으며, 그를 위해 왔다(골 1:16).

열두 제자에게 떠날 기회를 주심

그리스도께서는 열두 제자에게 그를 떠날 기회를 주신다. 예수님은 12제자에게 "너희도 가려느냐"(요 6:67)라고 물으신다. 이것이 위기라는 사실을 우리는 이해할 수 있다. 이는 그리스도께서 얻었던 모든 것을 잃는 것처럼 보인다.[7] 예수님께서는 제자들이 그들 앞에 있는 희생을 평가하기를 바라신다. 만일 그들이 떠나기를 바랐다면 이때가 바로 그 기회가 될 것이다.

제자들은 하나님이 선택한 자들이기 때문에 예수님과 함께 머물렀다. 확실히 신적 계시에 의해 베드로는 예수님이 "하나님의 거룩하신 자"라는 중요한 고백을 하였다. "하나님의 거룩하신 자"라는 표현은 흔히 사용되지 않는 특이한 표현이다. 이 표현은 가버나움에서 귀신 들린 자가 예수님을 가리켜 "하나님의 거룩하신 자"라고 부를 때 사용되었고(막 1:24; 눅 4:34) 그리고 여기서(요 6:69) 사용되었을 뿐이다. "하나님의 거룩하신 자"는 예수님을 가장 높이는 칭호이다. 이 베드로의 고백은 그가 가이사랴 빌립보에서 고백한 내용과 비슷한 고백이다(마 16:16 참조). 베드로는 "우리가 주는 하나님의 거룩하신 자이신줄 믿고 알았사옵나이다"(요 6:69, 개역개정)라고 고백했다.[8]

예수님께서는 하나님이시자 사람이시며, 육신을 먹이기 위한 이적을 행하시도록 하나님께서 세상으로 보내신 것이 아니요, 예수님이 육체를 입고 오신 하나님 자신이시며 사람들이 그를 통해 영생을 얻게 하시기 위해 하나님께서 세상에 보내신 분이시다. 우리는 베드로의 고백 중 "믿고 알았다"라는 고백의 순서에 관심을 기울여야 한다. 우리는 예수님이 하나님의 거룩한 자임을 먼저 믿어야 한다. 그 다음에 우리는 그를 알 수 있는 것이다.[9] 가이사랴 빌립보 지방에서도 베드로가 "주는 그리스도시요 살아계신 하나님의 아들이시니이다"(마 16:16, 개역개정)라고 고백할 때, 예수님께서 "바요나 시몬아 네가 복이 있도다 이를 네게 알게 한 이는 혈육이 아니요 하늘에 계신 내 아버지시니라"(마 16:17, 개역개정)라고 베드로의 고백의 기원이 하나님 아버지이심을 밝히셨다.

만일 사람이 그 자신의 마음속에서부터 그리스도를 믿지 못한다면 결국

---

7) Carson, *The Gospel According to John*, p. 303: "One might guess from the flow of the narrative that the defection has been so substantial on this occasion that not many more than the Twelve actually remain."

8) *Ibid.*, p. 303.

9) 여기 사용된 "믿고 알았다"는 두 동사 모두 완료 시상으로 그들의 "믿고 안" 상태가 이전부터 시작하여 지금도 계속되고 있음을 뜻하고 있다.

그는 그리스도와 외적으로도 분리되고 말 것이다. 그와 같은 사람은 그리스도로부터 떠나갈 수밖에 없는 것이다.

3. 바리새인들의 반대(마 15:1~20)

그 때에 바리새인과 서기관들이 예루살렘으로부터 예수께 나아와 이르되 당신의 제자들이 어찌하여 장로들의 전통을 범하나이까 떡 먹을 때에 손을 씻지 아니하나이다 대답하여 이르시되 너희는 어찌하여 너희의 전통으로 하나님의 계명을 범하느냐 하나님이 이르셨으되 네 부모를 공경하라 하시고 또 아버지나 어머니를 비방하는 자는 반드시 죽임을 당하리라 하셨거늘 너희는 이르되 누구든지 아버지에게나 어머니에게 말하기를 내가 드려 유익하게 할 것이 하나님께 드림이 되었다고 하기만 하면 그 부모를 공경할 것이 없다 하여 너희의 전통으로 하나님의 말씀을 폐하는도다 외식하는 자들아 이사야가 너희에 관하여 잘 예언하였도다 일렀으되 이 백성이 입술로는 나를 공경하되 마음은 내게서 멀도다 사람의 계명으로 교훈을 삼아 가르치니 나를 헛되이 경배하는도다 하였느니라 하시고 무리를 불러 이르시되 듣고 깨달으라 입으로 들어가는 것이 사람을 더럽게 하는 것이 아니라 입에서 나오는 그것이 사람을 더럽게 하는 것이니라 이에 제자들이 나아와 가로되 바리새인들이 이 말씀을 듣고 걸림이 된 줄 아시나이까 예수께서 대답하여 이르시되 심은 것마다 내 하늘 아버지께서 심으시지 않은 것은 뽑힐 것이니 그냥 두라 그들은 맹인이 되어 맹인을 인도하는 자로다 만일 맹인이 맹인을 인도하면 둘이 다 구덩이에 빠지리라 하시니 베드로가 대답하여 이르되 이 비유를 우리에게 설명하여 주옵소서 예수께서 이르시되 너희도 아직까지 깨달음이 없느냐 입으로 들어가는 모든 것은 배로 들어가서 뒤로 내버려지는 줄 알지 못하느냐 입에서 나오는 것들은 마음에서 나오나니 이것이야말로 사람을 더럽게 하느니라 마음에서 나오는 것은 악한 생각과 살인과 간음과 음란과 도둑질과 거짓 증언과 비방이니 이런 것들이 사람을 더럽게 하는 것이요 씻지 않은 손으로 먹는 것은 사람을 더럽게 하지 못하느니라 (마 15:1–20, 개역개정).

마태복음 15:1~20에 서술된 예수님의 이 교훈은 더럽게 되는 것이 결코 외적인 것이 아니라 무엇보다 내부에서 나온다는 사실을 분명하게 한다. 예수님은 불결한 것이 도덕적인 것이며 마음을 포함한다고 가르친다.

바리새인들은 누구인가

바리새인들은 그리스도의 시대에 가장 보편적인 집단으로 유대인들의 유명한 종교적 당파였다.[10) 바리새인들은 율법(the Torah) 연구와 유대주의 의식(ceremony)을 발전시켰다. 그들은 하나님이 모세에게 주신 것으로 생각하는 기록된 율법과 기록되지 않고 구전으로 전해오는 구전된 율법을 똑같이 중요하게 생각했다. 그들은 율법적인 순결, 안식일 준수 그리고 십일조 등 그들이 가르치는 교훈을 지키기 위해 여러 가지 자세한 규칙을 제정하여 실시하므로 그 결과 율법의 진정한 정신은 파괴한 채 외식에만 빠지게 되었다.

---

10) 본서 제1장. 3. '바리새인들' 참조.

예수님의 책망은 바로 표리부동한 바리새인들의 삶을 겨냥한 것이었다.

이제 바리새인들의 교훈을 조목별로 요약해 보자.

① 바리새인들의 삼중 신앙

바리새인들의 삼중 신앙(a triad of faith)은 첫째, 한분이신 아버지 하나님이 개인을 사랑하셨으며, 둘째, 하나님 아버지가 그의 백성 이스라엘에게 이중적인 율법을 주셨는데, 하나는 모세오경이요, 두 번째 것은 모세로부터 여호수아에게, 여호수아로부터 장로들에게, 장로들로부터 선지자들에게, 선지자들로부터 바리새인들에게 구전으로 내려온 율법이며, 셋째, 각 개인은 이 이중적 율법을 심중에 새겨 영혼의 영생과 몸의 부활을 소망할 수 있게 되었다는 교훈이다.[11]

② 바리새인들의 하나님 개념

바리새인들은 선지자의 예언에 근거하여 하나님을 전능하고, 전지하며, 지혜로우시고, 의로우시며, 자비로우신 영적 존재로 믿었다. 그들은 하나님이 사람을 창조하시되 그 속에 선한 충동과 악한 충동을 창조하셔서 선과 악을 선택할 수 있는 능력을 부여하셨다고 믿었다. 그리고 그들은 사람이 선한 충동에 의지하여 선한 생활을 하는 것이 하나님의 뜻이었다고 가르친다.

③ 자유 의지와 신적 보복

바리새인들은 세상의 모든 것이 하나님의 뜻에 의해 정해져 있지만 사람이 선과 악을 택할 수 있는 능력이 있기 때문에 사람이 선을 택하면 하나님이 돕지만, 반면 사람이 악을 택하면 하나님이 보복하시는 것으로 믿었다. 바리새인들은 내세를 믿었기 때문에 이 세상에서 어떻게 사느냐에 따라 다음 세상에서 상급도 받고 징벌도 받는다고 믿었다.

④ 바리새인들의 부활 개념

바리새인들은 율법에 근거해서 영혼불멸과 부활을 믿었다. 그들은 이 지상에서의 불의에 대한 해결은 내세의 하나님의 공의로 이루어질 수 있다고

---

11) Ellis Rivkin, "Pharisees," *The Encyclopedia of Religion*, vol.11 (New York: MacMillan Publishing Company, 1987), p. 270: ① The one God and Father so loved the individual that ② he revealed to his people Israel a twofold law, one written down in the five books of Moses, the Pentateuch, and the other transmitted orally from Moses to Joshua to the elders to the prophets to Pharisees(Avot 1.1), so that ③ each individual who internalized this twofold law could look forward to eternal life for his soul and resurrection for his body(cf. San. 10.1).

생각했기 때문에 영혼불멸과 죽은 자의 부활을 믿었다.

⑤ 회당에 대한 바리새인들의 태도

바리새인들은 하나님의 편재를 믿었기 때문에 반드시 성전 안에서만 하나님께 경배해야 된다고 생각하지 않았다. 그들은 성전 안에서나 성전 밖에서나 하나님을 경배할 수 있다고 믿었다. 따라서 바리새인들은 회당을 경배의 장소, 성경연구의 장소, 기도의 장소로 생각했고, 그 결과 회당이 사람들의 삶에 필요한 중요한 장소로 인정받게 되었다.[12]

서기관들은 누구인가

서기관들은 법률가라고 말할 수 있다. 사람들의 생활 속에 중요한 역할을 하는 많은 법과 전통으로 말미암아 법을 알고 연구하며 해석할 수 있는 사람들이 필요했다. 이런 일들을 하는 것이 서기관의 기능이었다.

서기관들은 법을 배우는 학생으로서 이 사람들은 열정적으로 끈질기게 법을 사랑하며 옹호했다. 그들은 또한 사람들의 교사가 되었다. 어떤 이가 서기관이기 때문에 바리새파나 사두개파의 어느 한 당파에 속할 필요는 없었다. 즉 그가 서기관이라 할지라도 그는 여전히 바리새인이나 사두개인이 될 수 있었다. 역사적으로 볼 때 대부분의 서기관들이 바리새파에 속했다. 왜냐하면 이 집단은 법을 보존한다는 원칙에 집착되어 있기 때문이다. 그런데 법에 너무 비중을 둔 나머지 서기관들은 모든 종교적 도덕적 생활을 법의 차원으로 끌어내렸다.

이런 서기관들의 잘못된 법 적용 때문에 종교는 법을 지키는 형식주의에 빠지게 되었다. 프랭크 힐쉬(Frank E. Hirsch)는 종교의 잘못된 형식주의의 결과에 대해 다음과 같이 정리했다.[13]

개인은 법의 규범에 지배를 받는다. 그런데 법은 사람과 사람과의 관계를 규제하기 때문에 법의 목적은 개인이 아니요 사회단체이다. 그래서 개인은 유기적인 사회 속에서 자신의 적절한 행동을 법 안에서 찾아야 한다. 이는

---

12) Menahem Mansoor, "Pharisees," *Encyclopedia Judaica*, Vol. 13 (Jerusalem: Keter Publishing House, n.d.), pp. 363-364.

13) Frank E. Hirsch, "Scribes," *International Standard Bible Encyclopedia*, Vol. Ⅳ (Grand Rapids: Eerdmans, 1939), p. 2705.

사회에서 책임과 지배의 문제로 나타난다. 그러나 종교는 지배의 문제가 아니다. 종교는 자유와 선택과 행위의 문제이다.

종교의 실천을 법의 형태로 축소함으로써 모든 행위는 서로 동등한 위치에 놓이게 된다. 동기는 중요하지 않고 행위 자체만 중요하게 생각되어진다. 이렇게 되면 가장 높은 도덕적 성취는 법의 형식을 지키는 것으로 이루어질 수 있다. 따라서 그 결과는 까다로운 문자주의에 빠지게 된다.

결과적으로, 그런 상황에서 도덕적 삶은 전인적인 통일성을 잃게 되고, 여러 가지 형태로 나타난 교훈과 의무를 지키는 것으로 분산되어지게 된다.

우리는 왜 예수님께서 바리새인들과 서기관들의 율법 해석을 책망했는지 이해할 수 있다. 그들은 법의 동기와 정신은 버리고 법의 외형만 철저히 지키기를 원한 것이다. 법의 문자는 죽이는데 비해 성령은 자유와 생명을 준다(고후 3:6 참조).

예수님과 바리새인들의 갈등

예수님과 바리새인들 사이에는 근본적인 차이가 있었다. 바리새인들에게 외적인 것, 작은 법들은 중요하였다. 그것들이 매일 지켜야 할 문제들이었기 때문에 그들은 그것들을 지켰다. 우리들의 손은 더러워지며 우리들은 매우 규칙적으로 먹기 때문에 우리들은 이런 문제와 정규적으로 대면하게 된다. 결과적으로 이 율법주의자들은 너무 상세한 것에 골몰하여 보다 크고 넓은 것들은 잊게 된 것이다. 법을 지키는 것이 마음 없이 습관만의 문제로 전락하고 만 것이다. 사실상 바리새인들이 식사 전에 손을 씻도록 전통을 세운 것은 성경을 파괴하기 위해서 그렇게 한 것이 아니요 성경을 높이기 위해서 그렇게 한 것이다. 만약 어떤 이가 무의식적으로 불결한 사람이나 물건을 만졌을지라도, 식사 전에 손을 씻게 되면 율법을 성취한 것이 되기 때문이다. 그러나 바리새인들은 너무 외적 의식에 치중하게 되었다.

서기관들과 바리새인들은 공식적인 조직으로 구성되어 있었다. 그들은 산헤드린 공회의 파견을 받아 예루살렘으로부터 예수님의 가르침과 사역을 조사하여 멈추게 하기 위해 왔을 수 있다. 서기관들과 바리새인들이 예루살렘으로부터 예수님을 방문한 것은 "심각한 문제"(Serious business) 때문에 방문한 것이다.[14)

예수님께서는 그때에 예루살렘에 없었다. 그들은 예수님이 시골에서 조직된 종교체계에 대항하는 반역의 씨를 뿌리고 있다고 생각하였기 때문에 이런 예수님의 행동은 심각하고 비극적인 결과를 초래할 것이라고 생각하였다. 그리스도의 사역의 효과는 그가 하고 계신 일의 영향 때문에 더욱 더 뚜렷해졌다.

만일 그들이 예수님을 왕으로 삼으려는 무리들에 대해 들었다면 바리새인과 서기관들은 놀라서 그들이 갖고 있던 기본적인 생각을 진행시킬 좋은 이유를 가졌을 것이다.

서기관들과 바리새인들은 좋은 구실을 가졌다. 우선 지켜야만하나 결국 지킬 수 없는 많은, 거의 셀 수 없을 정도로 많은 전통을 가지고 있었다. 예수님에게 그 전통 중의 하나 혹은 그 이상을 위반한 것으로 올무를 놓는 일이 그리 어렵지는 않을 것이다.

여기서의 문책은 그리스도 자신에 대한 것이 아니다. 분명히 예수님께서는 식사하기 전 손을 씻으셨다. 그러나 그의 제자들은 그리 하지 않았다. 예수님께서는 교사가 학생의 행동에 책임을 진다는 근거에서 제자들의 행위로 인해 계속 비난을 받으셨다.

이 씻는 의식의 기초는 성결에 대해 말하고 있는 레위기 11:44, 19:1~4 이하에서 찾아진다. 이 두 본문은 거룩하게 되는 것에 관하여 말하고 있다. 그리고 손 씻는 의식은 레위기 15:11; 22:1~16 등에서 언급되어 있다. 그러나 유대인들은 손 씻는 의식 자체에 너무 큰 비중을 두었다.

예수님의 명백한 교훈

그리스도께서는 명확히 해야 할 것과 교정해야 할 두 가지 문제가 실제로 있다는 사실을 분명히 아셨다.

첫째, 전통의 참된 의미가 무엇인가?(마 15:2).

둘째, 거룩의 의미가 무엇인가?(마 15:2).

첫 번째 질문에 대해 그리스도께서는 "장로들의 전통"에 대항하여 하나님의 계명을 내세우셨다. 우리는 양편이 어떻게 구성되는지를 볼 수 있다.

---

14) F.D. Bruner, *Matthew: The Churchbook, Matthew 13-28*, Vol. 2 (Dallas: Word Publishing, 1990),
　　 p. 540.

사람들인 바리새인들과 서기관들은 사람의 전통을 세운다. 하나님이신 신인 (神人)은 하나님의 계명을 제시하신다.

실제로 하나님의 계명에 비추어 볼 때 인간의 많은 전통들은 죄가 가득한 것이다. 인간의 전통을 규범화시켜서 하나를 지키는 것은 다른 하나를 배제하는 것이다. 이 사람들은 하나님께서 내리신 법보다는 그들 자신이 생각해낸 전통에 보다 강조를 둔다. 그래서 분명히 부모를 공경하는 것이 하나님의 명령임에도 불구하고 그들은 그들의 전통에 따라 그들이 "하나님께 드림이 되었다"(마 15:5, 개역개정)라고 말로 선포하기만 하면 자신의 부모에 대한 의무를 지지 않아도 되는 것으로 생각했다.[15]

예수님께서 마태복음 15:4에서 그들이 지키고 가르쳤던 것과는 대조적으로 "하나님께서 말씀하셨다"라고 진술하신다. 여기에 예수님의 결론이 있다. "너희의 전통으로 하나님의 말씀을 폐하는도다"(마 15:6, 개역개정). 이 비평가들에 대항한 힘 있는 논의는 이사야서에 이런 일이 일어날 것이라고 예언되어 있다(사 29:13; 마 15:7~9).

우리는 우리 자신을 평가할 때는 많은 관용을 베풀면서 올바른 일을 평가할 때는 정당한 평가를 하지 못한다. 우리는 항상 자아성찰을 바로 해야 한다.

거룩의 참된 의미에 대한 두 번째 질문에 대해 그리스도께서는 무리에게 설교하신다(마 15:11). 한 저자는 첫 번째 질문은 신학적이므로 그리스도께서는 신학자들에게 말씀하신다고 말한다(마 15:3~9). 그리고 두 번째 질문은 보다 실제적이므로 그리스도께서는 이것으로 유익을 얻을 사람들에게 말씀하신다(마 15:10~11)고 말한다.[16]

두 번째 질문에 대해 예수님께서는 어떻게 사람이 더러워지게 되는가를 설명하신다. 요점은 아무도 외적인 것에 의해 불결해지지 않는다는 것이다. 이것은 우리가 무엇을 먹느냐 혹은 어떻게 먹느냐의 문제가 아니라 우리의 마음의 태도와 우리가 하고 있는 말이 도덕적 깨끗함을 결정한다는 것이다.

---

15) 유대인의 전통에 의하면 "하나님께 드림"이 되기 위해 아들이 반드시 선물을 제사장에게 드릴 필요가 없고 단지 "하나님께 드림이 되었다"고 선언만 하면 되었다. Cf. Strack and Billerbeck, *Kommentar zum Neuen Testament*, vol. 1, pp. 711ff.

16) Hendriksen(*The Gospel of Matthew*, p. 617)은 예수님께서 a. 바리새인과 서기관들에게(마 15:3-9), b. 일반 백성들에게(마 15:10-11), 그리고 c. 그의 제자들에게(마 15:12-14) 말씀하시고 마태복음 15:15부터는 반응을 기다리신다고 해석한다.

불결은 몸의 상태에서 오지 않고 마음의 상태에서 오는 것이다.[17] 그리스도께서는 외적이고 형식적인 종교행위와 말 그리고 내부에서 발출된 헌신과 경배의 행위 사이를 구별하고자 시도하고 계신 것이다.

그리스도께서는 여기서 시간의 사용 문제를 건드리지 않는다. 그러나 우리는 잠시 이를 생각해 보자.

첫째, 율법의 극히 작은 요소를 지켜야 한다고 생각하면서 시간을 보내는 것이나 한 가지라도 잘못 지켰거나 지키지 않게 되면 큰일이라는 염려 속에, 식사하기 전에 손을 씻는 것과 같은 의식적인 씻음 등의 모든 법을 철저히 준수해야 한다고 생각하면서 시간을 보낸다는 것은 애처롭기까지 하다.

둘째, 그러나 이 같은 일들이 최고의 가치를 지닌다고 생각하기 때문에 이런 일에 우리의 시간을 할당하는 것은 훨씬 더 애처롭다. 한편 우리가 너무나 왜곡되어 있어서 이런 주변적인 일은 준수하면서 다른 사람들이 나와 똑같이 생각하지 않고 가르치지 않는다고 그들을 증오하고 시기하며 더 적극적으로 악을 꾀하면서 시간을 보내는 것은 얼마나 더 애처로운 일인가!

바리새인들의 반응(마 15:12)

바리새인들의 잘못된 태도에 대한 증거는 제자들이 그리스도에게 와서 이 지도자들이 참으로 화가 났다는 것을 말한 사실에서 드러난다(마 15:12). 즉 바리새인들이 그리스도께서 그의 의견을 재고해야 한다고 화를 냈다면, 어쩌면 그리스도에게 잘못이 있을 수도 있기 때문이다. 심지어 제자들도 옳고 그름을 결정하는 표준으로서 바리새인들을 바라본 것이다.

바리새인들은 종종 최상의 확신을 가지고 말하며, 자신들을 미덕의 전형으로 내세우고, 자신들이 바르고 경건하다는 인상을 주며, 그런 행동에 의해 다른 사람들로 하여금 그들이 옳다는 것을 생각하도록 만든다. 우리도 이런 현혹시키는 합리화에 빠지지 않도록 주의하여야 한다.

그리스도의 엄격한 명령

예수님은 바리새인들을 내버려 두라(마 15:14)고 명령하신다. 예수님은

---

17) Ridderbos, *Matthew*, p. 286.

그런 사람들과 함께 일할 수 없다. 그들은 자만심으로 가득 차 교정될 수 없고 회생이 불가능하며 죽어가고 있으며, 썩어가고 있다. 그들은 유기된 자들의 범주에서 가장 나쁜 배교자이다.

바리새인들은 맹인이 되어 맹인을 인도하는 지도자들이다. 심각한 문제는 그들이 지도자들이라는 사실이다. 만약 그들이 눈먼 추종자들이라면 희망이 있으며, 그들은 진실하고 좋은 지도자들을 따를 수 있는 것이다. 예수님께서는 평범한 유대인들인 눈먼 추종자들을 민망히 여기셨으나 눈먼 지도자들에 대해서는 참지 못하셨다. 예수님은 그들이 화나게 되었다는 사실을 개의치 않으신다. 비록 개의치는 않으셨지만 예수님께서는 지도자들의 화가 결국 그를 십자가에 못 박으리라는 사실을 알고 계셨다. 사람들 역시 예수님을 십자가에 못 박는데 있어서 그들의 몫을 했으나 사도행전은 그들이 무지하여 그런 일을 했다고 말한다. 이 지도자들은 무지 때문이 아니라 의지적으로 예수님을 죽였다. 그들이 지도자이기는 하나 그들은 눈이 먼 지도자들이었다. 눈먼 맹인은 교육받지 못한 무리로 제한되지 않는다. 교육이 시력을 보장하지 못한다. 영적 맹인은 바리새인의 경우처럼 또한 의지적일 것이다.

예수님의 답변은 사람이 입으로 먹는 것은 육체의 소화기관을 따라 내려가 배설되는 것으로 끝나기 때문에 영혼을 더럽게 할 수 없지만, 입에서 나오는 더러운 말은 마음속에 이미 담겨있는 더러운 것을 표출시키는 것으로 사람을 더럽게 한다고 설명한다.[18]

바리새인과의 이 같은 충돌 후에 예수님께서는 그 땅을 떠나 북쪽으로 가신다. 예수님은 악과 종교의 편협한 생각, 그리고 충돌로부터 멀리 있기 원하셨을 것이며, 새로운 곳에서 그의 제자들을 가르치고 새 사람들을 만나기를 바라셨을 것이다. 그는 두로와 시돈 지방으로 여행하신다.

4. 수로보니게 여인을 만나신 예수님(마 15:21~31; 참조, 막 7:24~37)

예수께서 거기서 나가사 두로와 시돈 지방으로 들어가시니 가나안 여자 하나가 그 지경에서 나와서 소리 질러 이르되 주 다윗의 자손이여 나를 불쌍히 여기소서 내 딸이 흉악하게 귀신 들렸나이다 하되 예수는 한 말씀도 대답하지 아니하시니 제자들이 와서 청하여 말하되 그 여자가 우리 뒤에서 소리를

---

18) A.B. Bruce, *The Synoptic Gospels : The Expositor's Greek Testament*, Vol. I (Grand Rapids: Eerdmans, 1980), p. 215.

지르오니 그를 보내소서 예수께서 대답하여 이르시되 나는 이스라엘 집의 잃어버린 양 외에는 다른
데로 보내심을 받지 아니하였노라 하시니 여자가 와서 예수께 절하며 이르되 주여 저를 도우소서
대답하여 이르시되 자녀의 떡을 취하여 개들에게 던짐이 마땅하지 아니하니라 여자가 이르되 주여
옳소이다마는 개들도 제 주인의 상에서 떨어지는 부스러기를 먹나이다 하니 이에 예수께서 대답하여
이르시되 여자여 네 믿음이 크도다 네 소원대로 되리라 하시니 그 때로부터 그의 딸이 나으니라 예수께서
거기서 떠나사 갈릴리 호숫가에 이르러 산에 올라가 거기 앉으시니 큰 무리가 다리 저는 사람과 장애인과
맹인과 말 못하는 사람과 기타 여럿을 데리고 와서 예수의 발 앞에 앉히매 고쳐 주시니 말 못하는
사람이 말하고 장애인이 온전하게 되고 다리 저는 사람이 걸으며 맹인이 보는 것을 무리가 보고 놀랍게
여겨 이스라엘의 하나님께 영광을 돌리니라 (마 15:21-31, 개역개정).

예수님의 의도적 여행

예수님은 의도적으로 두로와 시돈 지방으로 들어가신다. 예수님은 거기서
한 가나인 여인을 만나신다. 그리스도께서 이전 구절에서는 사람을 더럽게
하는 것은 어떤 음식이 아니라 사람 자신의 마음이라고 말씀하셨다(마
15:10~20). 또한 예수님은 어떤 사람이 이방인이기 때문에 자동적으로 불결
한 사람이 아님을 보여주시기 위해 이방 나라의 지경으로 여행하신다. 예수님
이 방문한 두로와 시돈 지방은 갈릴리 서북쪽에 위치한 지중해 해안에
인접한 이방도시였다.

이 교훈은 예수님께서 많은 반대를 받은 기간 동안에 발생한 것으로 생각된다.
적대자들에 대한 그리스도의 전략 중의 하나는 많은 반대를 일으켰던 큰
도시에서 물러나서 약간 떨어진 땅, 인구가 별로 많지 않은 지역에서 일하시면서
시간을 보내시는 것이었다. 여기서 그의 계획은 유대인들로부터 물러나 그가
이방인의 주님도 되심을 증명하기 위해 이방인 지역으로 들어가신 듯하다.

이 사건은 마가(7:26)가 헬라인으로, 마태가 가나안인으로 부르는 한 여자
를 다룬다. 헬라인이란 말과 가나안인이란 말은 서로 모순되지 않는다. 헬라인
이란 분명히 그녀가 말하고 있던 언어를 언급하며, 이는 그녀의 양육과
교육이 아마도 이교도적이었으리라는 사실을 나타내며, 가나안인이란 그녀
의 혈통을 의미한다.[19] 두 경우 모두 그녀는 이방인이었고 유대인들에 의해

---

19) 유대인을 의식하고 마태복음을 기록한 마태가 이 여인을 "가나안 여자"(마 15:22)로 묘사하고, 이방인들을
의식하고 마가복음을 기록한 마가는 이 여인을 "헬라인"(막 7:26)으로 묘사한다. 마태는 이 여인의 역사적
배경, 종교적 배경이 유대인으로부터 멀리 떨어져 있음을 강조하는 반면, 마가는 헬라인이란 표현을 통해
이방인들에게 친밀감을 갖게 한다. 이와 같은 표현은 마태와 마가의 기록목적에 부합하는 것이다. Cf. Lenski,
The Interpretation of St. Matthew's Gospel (Minneapolis: Augsburg Publishing House, 1964), p.
593.

멸시받았음을 의미한다. 그녀가 양의 우리 바깥에 있었다는 사실은 이스라엘의 잃어버린 양을 위해 보냄을 받으셨다는 그리스도의 대답으로 증명된다.

가나안 여인을 만난 예수님

본문의 맥락을 볼 때 우리는 두 가지로 결론지을 수 있다. 첫째, 예수님께서는 이방인 땅에 있을지라도 유대인에게서 이방인에게로 돌아선 것이 아니라는 사실을 분명히 하신다. 그래서 예수님은 "나는 이스라엘 집의 잃어버린 양 외에는 다른 데로 보내심을 받지 아니하였노라"(마 15:24, 개역개정)고 말씀하신다. 유대인들의 이 같은 배척과 냉대로 인해 그리스도께서는 이제 이방인들에게로 돌아섰을 것이라고 결론지을 수도 있다. 그러나 그것은 그렇지 않다. 그는 이스라엘의 잃어버린 양, 유대인들과 함께 머무시도록 위임받으셨다. 예수님은 그들에게 충분한 계시를 주어야 한다. 그래서 그들이 예수님을 배척할 때 그 배척의 책임은 전적으로 그들의 책임임을 알게 하셔야 한다. 둘째, 그러나 그리스도께서는 이방인들에게 은혜를 베푸실 것을 나타내신다. 그리스도께서 이방인과 상종하시는 이 예외적인 일들은 이방인 역시 그리스도 안에서 구원을 얻는다는 사실을 말해준다.

여기서 다시 우리는 예수님께서 "보라 내가 만물을 새롭게 하노라"(계 21:5)의 말씀처럼 새롭게 하시는 예수님의 사역을 본다. 유대인이나 이방인, 묶인 자나 자유자, 남자나 여자 등의 구별은 없어지며 그들 간에 새로운 관계가 형성될 것이다. 그리고 이 사람들은 모두 그리스도 안에서 하나가 될 것이다.

어떤 이는 여기서 그리스도가 이전보다 더 과격하게 행동하셨다고 말한다. 그 이유는 예수님께서 이방인의 땅으로 들어 가셨기 때문이다. 맹인된 지도자들의 눈으로 볼 때 예수님은 더 악한 일을 하고 계시다고 생각할 수도 있다. 이제 그는 불결한 지역인 이방인의 지역으로 들어가신 것이다. 그것은 맹인된 지도자들의 눈으로 볼 때 참으로 잘못된 것이다.

예수님을 만난 이방 여자의 논리와 인내

우리는 사랑하는 자녀의 건강, 행복, 복지가 위험에 처했을 때 많은 것을 시도할 것이다. 본문도 비극적인 이야기가 소개된다. 한 아이가 귀신에 붙들려 있는 것이다. 악마는 한계를 가리지 않고 어떤 수단이든 사용하여 그의 목적을 성취할 것이다. 이번에는 악마가 아이를 귀신 들리게 만들어 아이뿐만 아니라 어머니까지 괴롭히고 있는 것이다. 이 가나안 여자는 큰 위험에 처해있었기 때문에 심혈을 기울이고 있다. 예수님께 외치는 모습이 계속해서 외치는 모습이요, 예수님께 경배하는 행위도 계속해서 경배하는 모습이다. 이 여인은 끈질기게 예수님께 매달린 것이다.[20] 우리는 여기서 이 여인이 심혈을 기울여 문제를 해결하고자하는 모습을 본다.

제자들은 "그녀가 우리에게 계속 소리치고 있사오니 보내소서"라고 말하므로 그녀를 멀리 쫓으려 했다. 렌스키(Lenski)는 제자들이 그리스도의 관심에 호소함으로 그가 행동하셔야만 했고 은총을 베푸셔야만 하도록 했다는 점에서 제자들의 요청에 어느 정도의 긍휼이 있다고 생각한다.[21] 그러나 렌스키(Lenski)의 주장은 본문 어느 구절에서도 지지를 받지 못한다. 제자들은 이 가나안 여자를 귀찮은 존재로 생각했을 것이다. 예수님은 가나안 여인의 요구에도 침묵하셨고 제자들의 요청에도 침묵하셨다.[22] 예수님이 그렇게 침묵하신 것은 주님의 계산된 계획에 의해서였다. 예수님은 그녀의 믿음을 시험하시기 원한 것이다.

가나안 여인은 예수님을 메시아의 칭호인 "다윗의 아들"이라고 부르며 "선생" 혹은 그의 신성을 인정한 "주"라고 부른다. 그 여인이 어떻게 이 칭호를 발견했는지 아는 것은 흥미로운 것이다. 그녀는 자비를 요청한다. 열 명의 나병환자의 경우와 비슷하게 이 경우 역시 은혜가 아니라 자비를 요청하는 또 하나의 경우이다. 그 여자의 요청에 구원에 관한 생각이 포함되어 있다고 말할 수 있는지는 불확실하다. 우선은 병 고침을 받는 생각이 중심된 생각이다. 그녀는 딸의 병을 고치기를 원했다.

가나안 여인은 아는 사람들을 통해 예수님이 다스리기 위해 오실 다윗의 아들 메시아 에 대해 들어 알게 되었다. 그 여인은 그가 아는 지식에 비추어 그리스도를 주라고 부른다. 가나안 여인은 메시아가 그녀에게 자비를 베풀어

---

20) 본문은 "외치다"(ἔκραζεν, 마 15:22) "절하다"(προσεκύνει, 마 15:25)를 모두 미완료 과거 시상으로 사용하고 있다. 이는 그 행동이 계속적임을 뜻한다.

21) Lenski, *The Interpretation of Matthew*, p. 595.

22) 마가복음에는 제자들의 요청에 관한 언급과 그에 대한 예수님의 답변이 나타나 있지 않다.

줄 수 있다고 굳게 믿고 있었다.

가나인 여인을 대하는 예수님의 태도

① 처음에 예수님은 가나안 여인을 무시하셨다. 그렇게 하신 것은 그녀의 믿음을 시험하신 것인지도 모른다. 분명히 그녀는 그리스도를 기다리고 그리스도에게 청하는 데 있어 인내하고 끈질기며 지속적이다. 그리스도의 행동에는 교육시키는 과정이 있었을 것이다. 왜냐하면 그리스도께서 그녀에게 전혀 관심을 기울이지 않았기 때문에 그녀는 "와서 절했다"고 기록되어 있다. 처음 그녀는 자비만을 구했으나 이제 믿음의 길에서 앞으로 더 나아가 예수님을 경배한다.

예수님께서 "자녀의 떡을 취하여 개들에게 던짐이 마땅하지 아니하니라"(마 15:26, 개역개정)고 말씀하실 때는 이 여인의 딸을 고쳐주시겠다는 어떤 암시도 주시지 않았다. 그러나 예수님께서 이 여인의 믿음을 보신 후 그 여인의 딸을 고쳐주신 것이다.[23]

② 예수님은 제자들이 "그 여자가 우리 뒤에서 소리를 지르오니 그를 보내소서"(마 16:23, 개역개정)라고 말하자, 겉으로 보기에 예수님은 제자들에게 대답한듯한 말씀을 하신다. 하지만 예수님은 가나안 여인을 위해서 "나는 이스라엘 집의 잃어버린 양 외에는 다른 데로 보내심을 받지 아니하였노라"(마 16:24, 개역개정)고 말씀하신다. 예수님은 가나안 여인이 도와달라고 간청할 때에(그녀의 딸을 도우므로 그리스도께서는 그녀를 도우실 것이다) 빵과 개에 대한 짧은 이야기를 하신다.

대부분의 주석가들은 여기서 예수님께서 거리의 쓰레기를 먹는 개나 집 잃은 개를 언급하신 것이 아니요 집에서 기르는 개나 애완용 개를 가리키고 있다고 말한다.[24] 유대인들은 거리의 쓰레기나 먹으며 아무 유익도 되지 않고 남에게 폐를 끼친다는 의미에서 이방인들을 "개들"이라고 불렀다. 그러나 그리스도께서는 여기서 그 용어를 사용하시지 않았다. 예수님께서는 절대적인

---

23) Ridderbos, *Matthew*, p. 288.

24) Lenski, *The Interpretation of Matthew*, p. 598; Hendriksen, *The Gospel of Matthew*, p. 623; Hendriksen 은 여기 사용된 "개"의 의미를 "the dogs kept in the homes as pets"라고 설명한다. 여기 언급된 "개"는 마태복음 7:6의 "개"와는 약간 차이가 있다. 마태복음 7:6의 κυνός는 난폭한 개를 가리킨다.

불가능을 말씀하시지 않고 적당한 일이 아니라는 정도로 말씀하셨다. 예수님은 "바르지 않다"(οὐκ ἔξεστιν)를 쓰지 않고 "마땅치 아니하다"(οὐκ ἔστιν καλόν)를 사용함으로 그 여자에게 약간의 격려를 하신 것이다. 그래서 그 다음에 나오는 "개들"이란 용어도 지소사(diminutive)로 사용하신 것이다.[25]

③ 가나안 여인의 대답은 아름답고, 사려 깊은 것이며, 강인한 면을 나타내며, 오히려 그녀의 믿음은 소원을 성취하기 위해 무엇이든지 사용할 것이라는 것을 보여준다. 여기에 예수님께서 말씀하신 모든 것을 인정하는 참된 겸손이 있다. 그리고 그녀는 계속해서 매달렸다. 헨드릭센(Hendriksen)은 본문에서 수로보니게 여인의 경외의 태도, 심한 고통, 강렬한 사랑, 겸손, 반짝이는 재치, 든든한 믿음, 그리고 인내를 찾을 수 있다고 말한다.[26]

④ 그리스도의 대답은 감동받으셨다는 사실을 나타낸다. 예수님은 "여자여, 네 믿음이 크도다 네 소원대로 되리라"(마 15:28, 개역개정)고 말씀하신다. 여기 "여자여"라는 표현은 예수님이 감정을 실어 표현한 것이다. 헬라어 원문에는 "오, 여자여"로 되어 있어 예수님이 감정을 실어 표현하고 있음을 분명하게 전달한다.

칼빈(Calvin)은 말하기를, "그녀가 지닌 믿음의 위대성은 주로 이 측면에서 표현되었다. 즉 그녀는 그녀를 인도해줄 교훈과 희미한 접촉을 했을 뿐인데 그녀는 그리스도의 순전한 직책을 인식했고 그에게 하늘의 권세를 돌렸을 뿐만 아니라 강력한 반대를 무릅쓰고 그녀의 요청을 줄기차게 추구했다. 그녀는 그리스도의 도움을 얻을 것이라는 확신을 꼭 붙들고 자기 자신을 비운 것이다."[27] 그녀의 딸이 고침을 받았을 뿐만 아니라 그녀는 그리스도가 메시아이심을 믿었다.

관찰해야 할 요점

① 바빙크(J.H. Bavinck)는 이제 십자가가 그리스도의 생각 속에 보다 크게 부각되기 시작했기 때문에 이교도나 이방인들 또한 그 개념 안으로 다가오고 있다고 밝힌다. 이스라엘이 예수님을 배척할 때 이방인이 그를 영접할 것이라고

---

25) H.N. Ridderbos, *Matthew*, p.289.
26) Hendriksen, *The Gospel of Matthew*, pp.623~625.
27) John Calvin, *A Harmony of the Gospels : Matthew, Mark, and Luke*, vol. Ⅱ.(Grand Rapids: Eerdmans, 1975), pp.170~171.

그리스도께서는 알리신다. 그러나 그리스도께서는 그의 사역과 선교가 완성될 때까지 유대인에 한하여만 일하신다. 예수님의 사역이 충분히 성취된 후에 유대인과 이방인을 격리시키는 벽이 확실히 무너진다(엡 2:13~15 참조).

② 바빙크(Bavinck)는 또한 서기관과 바리새인들을 대하시는 가운데 그리스도께서는 죄가 무엇보다 항상 내부에 있다는 사실을 나타내신다고 말한다. 현대주의의 주장과는 반대로 우리는 외부의 것들을 변화시킬 수 없으며, 관계를 개선시킬 수도 없고, 그리고 의로움을 기대할 수도 없다.[28]

③ 복음서를 연구함에 있어서, "주(Lord)"란 용어의 발달에 주의해야 한다. "선생(Sir)"으로부터 "주인(Master)", "선생(Teacher)", "지존하신 하늘의 왕(Supreme, Divine King)"으로 진행하며, 이는 그리스도가 하나님이시라는 것을 인정한 것이다. 주어진 구절에서 정확한 의미를 분명히 구별하는 것은 항상 쉬운 것은 아니다.

5. 사천 명을 먹이심(마 15:32~39; 참조, 막 8:1~10)

예수께서 제자들을 불러 이르시되 내가 무리를 불쌍히 여기노라 그들이 나와 함께 있은 지 이미 사흘이매 먹을 것이 없도다 길에서 기진할까 하여 굶겨 보내지 못하겠노라 제자들이 이르되 광야에 있어 우리가 어디서 이런 무리가 배부를 만큼 떡을 얻으리이까 예수께서 이르시되 너희에게 떡이 몇 개나 있느냐 이르되 일곱 개와 작은 생선 두어 마리가 있나이다 하거늘 예수께서 무리에게 명하사 땅에 앉게 하시고 떡 일곱 개와 그 생선을 가지사 축사하시고 떼어 제자들에게 주시니 제자들이 무리에게 주매 다 배불리 먹고 남은 조각을 일곱 광주리에 차게 거두었으며 먹은 자는 여자와 어린이 외에 사천 명이었더라 예수께서 무리를 흩어 보내시고 배에 오르사 마가단 지경으로 가시니라 (마 15:32–39, 개역개정).

사천 명 먹이는 사건의 배경적 설명

그리스도께서 두로와 시돈 지방에 머무신 기간은 대체로 길지는 않았던 것 같다. 두로와 시돈 지방에서 예수님께서는 갈릴리 바닷가 근처로 오신다. 그 후 바다 건너편 데가볼리 지방으로 가셨고, 기록된 첫 번째 사건은 많은 사람의 병을 고치시는 내용이다(마 15:29~31). 그 목적은 참 종교가 보통 사람들 가운데 널리 퍼져가고 있음을 나타내는 것이며 이 기적이 그들에게 일어났을 때 그들은 이스라엘의 하나님께 영광을 돌렸다. (마 15:31b)

데가볼리 지방에서 그의 명성이 퍼져나가 큰 무리들이 그에게 모여드는

---

28) J.H. Bavinck, *Geschiedenis Der Godsopenbaring Het Nieuwe Testament* (Tweede Druk)(Kampen: J.H. Kok, 1949), p. 258.

결과를 낳게 되었다. 그들의 열심이 지나쳐서 먹고 마실 것을 전혀 마련하지 못했을 정도로 그들은 개인적 필요를 잊고 있었다.

사천 명을 먹이신 동기

예수님은 무리들을 보시면서 그들을 불쌍히 여기신다고 제자들에게 말씀하셨다(마 15:32). 본문은 예수님께서 제자들을 확신하고 계시다는 사실을 보여 준다. 왜냐하면 그는 무리의 필요에 대해 제자들과 상의하는 것처럼 보였기 때문이다. 그런데 제자들은 무리들의 필요를 공급해 주실 분이 예수님 자신인 것을 알지 못했다. 오히려 제자들은 예수님을 신뢰하지 못하고 그 무리들을 먹이는데 반대하는 사람들이 되었다. 예수님은 이 사건을 통해 제자들을 훈련시키신다.

그리스도께서는 실제로 무리들과 함께 고통스러워하고 있다는 사실을 제자들에게 말씀하신다. 왜냐하면 이는 연민(compassion)이라는 단어가 그런 의미를 가지고 있기 때문이다.[29] 그리스도께서 이를 말씀하실 때, 자신을 어떻게 묘사하고 계시는가? 주님이 경험해야 하는 것은 고통의 삶이 어떤 것인지를 보여준다. 여기서 예수님께서는 무리들이 먹지 못했기 때문에 고통스러워하고 계신다. 사실 예수님께서는 그들이 자신의 상태를 깨닫기 전에 고통당하셨을 것이다. 왜냐하면 그들은 생각 없이 또한 어리석게도 그들이 먹지 못한다면 그들에게 닥칠 비참한 상태에 관하여 미리 생각하지 못했기 때문이다.

그러나 제자들은 예수님과 같은 느낌을 갖고 있지 않았으며, 오히려 반대를 제기한다. 제자들은 아무도 충분한 떡을 갖고 있지 않다고 생각한 것이다. 그들은 장소가 광야이므로 무리의 굶주림을 채울 수 없다고 생각했다. 그들은 그렇게 많은 기적을 행하신 예수님께서 이 모인 무리 역시 먹이실 수 있으리라 생각하지 못했는가? 그러나 그들은 이처럼 믿지 못하는 태도로 이 사건을 바라보았을 것이다.

어떤 이는 사천 명 먹인 사건과 오천 명 먹인 사건이 한 사건이었는데 한번은 유대인을 먹인 것으로 설명하고, 한번은 이방인을 먹인 것으로 설명하

---

29) 헬라어는 σπλαγχνίζομαι 를 사용한다(마 15:32; 막 8:2). 빌립보서 1:8의 "그리스도의 심장"은 이 용어의 명사형이다. 본문의 뜻은 예수님께서 그들을 불쌍히 여기며, 그들의 형편을 자신의 형편으로 느끼고 있는 것이다.

기 위해 5,000명을 먹인 사건과 4,000명 먹인 사건으로 나누어 설명했다고 말한다.30) 그러나 사천 명을 먹이신 사건과 오천 명 먹이신 사건은 같은 사건이 아니다. 두 사건의 차이는 5,000명 먹일 때는 사람들이 푸른 잔디 위에 앉았지만(막 6:39), 4,000명 먹일 때는 딱딱한 땅 위에 앉았다(막 8:6). 그리고 예수님이 친히 오천 명 먹인 사건과 사천 명 먹인 사건을 구분해서 설명해 주셨다(마 16:9~10 참조). 그런데 제자들이 그리스도에게 이 일 처리를 맡기기 위해 "이 광야 어디서 떡을 얻어 이 사람들로 배부르게 할 수 있으리이까"(막 8:4, 개역개정)라고 말을 했다면 이는 제자들의 공적이라고 생각되어진다. 왜냐하면 제자들이 예수님께서 5,000명을 먹이신 사건을 그렇게 빨리 잊을 수는 없었을 것이기 때문이다(마 14:15~21 참조). 그러나 제자들의 질문은 그런 상황에서 어떻게 해야 할지 알지 못해서 당황한 가운데 예수님께 여쭙는 것이다.31)

식사 전 그리스도의 축사

사람들을 먹이신 두 번의 사건을 다루는 구절에서 복음서 저자들은 음식을 나누기 전 그리스도의 기도에 관심을 둔다. 오천 명을 먹이실 때에, 마태복음 14:19에서는 "하늘을 우러러 축사하시고 떡을 떼어 제자들에게 주시매"(개역개정)라고 기록하고 있다. 사천 명을 먹이실 때에는 마태복음 15:36에서 "축사하시고 떼어 제자들에게 주시니"(개역개정)라고 기록하고 있다. 여기에 우리가 확실히 본받아야 할 모습, 즉 음식을 나누기 전 기도하시는 하나님 아들의 단순한 모습이 그려져 있다. 마가복음에서 우리는 이 지방 사람들에게 먹고 마시는 이 같은 평범한 일들 가운데서도 하나님을 인식하고 감사하는 절대적인 필요를 가르치시기 위해 그리스도께서 두 번 기도하시는 장면을 보게 된다.32)

남은 떡 조각

누구의 명령도 없었지만 제자들이 이번에는 일곱 광주리를 모았다. 사천

---

30) Robert H. Gundry, *Matthew: A Commentary on His Literary and Theological Art* (Grand Rapids: Eerdmans, 1982), pp. 321–322 참조.

31) Hendriksen, *The Gospel of Matthew*, p. 629.

32) 마태는 예수님의 감사기도를 한번으로 묶어 기록한 반면(마 15:36), 마가는 두 번으로 나누어 기록한다. 마가는 예수님께서 떡을 위해 감사하시고 또 생선을 위해 감사하신 것으로 기록한다(막 8:6, 7).

명을 먹이신 이번의 사건과 오천 명을 먹이신 사건과의 비교 점을 알아야한다. 사천 명 먹이실 때 사용한 일곱 광주리는 훨씬 더 컸다. 광주리란 단어는 바울을 담에서 내렸던 광주리, 즉 사도행전 9:25에서 사용된 것과 같다. 바울은 이 광주리를 타고 성에서 내려와 도망칠 수 있었다. 그러므로 이는 큰 광주리이다.

사천 명을 먹이신 사건이 있은 후 예수님은 청중을 해산시키셨으며(마 15:39), 이번에는 그를 왕으로 삼으려는 흥분은 없었다. 예수님도 배에 오르셔서 호수를 건너 그 땅을 떠나셨다.

6. 바리새인과 사두개인들의 누룩(마 16:1~12; 참조, 막 8:11~22)

바리새인과 사두개인들이 와서 예수를 시험하여 하늘로부터 오는 표적 보이기를 청하니 예수께서 대답하여 이르시되 너희가 저녁에 하늘이 붉으면 날이 좋겠다 하고 아침에 하늘이 붉고 흐리면 오늘은 날이 궂겠다 하나니 너희가 날씨는 분별할 줄 알면서 시대의 표적은 분별할 수 없느냐 악하고 음란한 세대가 표적을 구하나 요나의 표적 밖에는 보여 줄 표적이 없느니라 하시고 그들을 떠나 가시니라 제자들이 건너편으로 갈새 떡 가져가기를 잊었더니 예수께서 이르시되 삼가 바리새인과 사두개인들의 누룩을 주의하라 하시니 제자들이 서로 의논하여 이르되 우리가 떡을 가져오지 아니하였도다 하거늘 예수께서 아시고 이르시되 믿음이 작은 자들아 어찌 떡이 없음으로 서로 의논하느냐 너희가 아직도 깨닫지 못하느냐 떡 다섯 개로 오천 명을 먹이고 주운 것이 몇 바구니며 떡 일곱 개로 사천 명을 먹이고 주운 것이 몇 광주리이던 것을 기억하지 못하느냐 어찌 내 말한 것이 떡에 관함이 아닌 줄을 깨닫지 못하느냐 오직 바리새인과 사두개인들의 누룩을 주의하라 하시니 그제서야 제자들이 떡의 누룩이 아니요 바리새인과 사두개인들의 교훈을 삼가라고 말씀하신 줄을 깨달으니라 (마 16:1-12, 개역개정).

바리새인과 사두개인의 시험

그리스도 생애의 이 기간은 예수님께서 심한 매직을 빚는 기간에 해당된다. 예수님에 대한 적대 행위는 두 반대파들의 경쟁심으로 인해 더욱 강렬해지고 있다. 서로 상극의 관계에 있던 당파들이 이제 예수님을 붙잡고 그 땅에서 없애 버리기 위해서는 서로 결속한다. 바리새인들과 사두개인들은 예수님께서 하늘로서 온 표적을 보여주기 요청했다. 즉 폭풍, 질병, 죽은 자를 살리는 것, 떡과 포도주를 공급하는 것과 같은 지상의 것을 다루었던 다른 기적과는 다른 하늘로부터 직접 오는 어떤 기적을 원했다.

이 시점에 이르기까지 예수님은 앞서간 다른 사람들을 능가하지 않으셨다. 모세는 바위를 쳐서 물을 나오게 했다. 사실 모세는 하늘로부터 내리는 만나를 얻는데 도구로 쓰임 받았던 것이다. 어떤 이들은 하늘의 기적을 행했다. 여호수아는 태양과 달을 멈추게 했으며, 엘리야는 불이 하늘로부터 갈멜산으로 떨어지게 해서 바알 선지자들을 소멸시켰고, 사무엘은 기도하여 천둥이 블레셋 땅을 치게 했다(삼상 7:10 참조).

바리새인들과 사두개인들은 메시아는 확실히 이들보다 더 나은 것을 할 수 있으셔야 한다고 생각했다. 메시아는 이 구약의 사건들이 그리 중요치 않게 보일 행동을 하실 수 있어야 한다.

표적과 믿음

그리스도께서 표적을 행하셨다면 사람들이 믿었을 것이라는 암시가 있었다. 바리새인들과 사두개인들은 그 점에서 잘못 알고 있었다. 표적은 과거에 다른 사람들을 확신시키지 못했다. 표적은 오늘날도 사람들을 확신시키지 못한다.

바리새인들은 예수님의 기적을 보았지만 믿지 않았다. 사람이 믿음을 가지기 위해 자신의 조건을 정해 놓을 때 그는 여전히 믿지 못할 것이다. 왜냐하면 그리스도께서 만일 그들이 요구하는 표적을 행하였을지라도 그들의 영혼은 다시 의심에 빠졌을 것이며, 증거로 또 다른 표적들을 보아야만 했을 것이기 때문이다. 그리스도께서는 그들이 이미 알고 있는 요나의 표적과 날씨의 표적 외에 어떤 표적도 제공되지 않을 것이라고 말씀하신다.

요나의 표적

예수님은 바리새인들과 사두개인들이 자연적인 표적을 잘 읽을 줄 알면서(마 16:2~3) 시대의 표적은 분별할 줄 모른다고 책망하신다. 예수님께서는 유대의 지도자들이 메시아 시대가 도달했으며 역사의 전환점이 시작되었음을 분별할 줄 알았어야 한다고 말씀하신다. 요나의 표적은 바로 예수님의 죽음과 부활의 사건을 통해 성취될 것이다. 요나가 삼일 동안 물고기 뱃속에 있다가 다시 살아난 것처럼 예수님도 죽었다가 3일 만에 부활하실 것이다. 이 표적이 그들에게 줄 수 있는 유일한 표적이요 가장 위대한 표적인 것이다.

그리스도의 태도

그리스도께서 이 사람들을 거칠게 다루셨다. 우리는 "그가 그들을 남겨두고 떠났다” 는 구절을 읽는다(마 16:4). 예수님은 “악하고 음란한 세대가 표적을 구하나 요나의 표적밖에는 보여 줄 표적이 없느니라”(마 16:4, 개역개정)고 말씀하신다. 예수님은 그들과 대화를 중단하시고, 아무런 관계도 갖지 않으시며, 그들 앞과 그 지역에서 물러나신다.

제자들에 대한 그리스도의 충고

예수님이 경고하신 “바리새인과 사두개인들의 누룩을 주의하라”(마 16:6, 개역개정)는 말씀을 제자들이 오해하였다. 제자들은 떡을 가져오는 것을 잊었다. 바리새인과 사두개인들과의 만남으로 제자들은 너무 당황하여 떡을 가져온다는 생각을 잊고 있었을 수 있다. 제자들은 떡을 가져오지 않은 사실이 마음에 걸려 그들은 계속해서 잊었던 떡에 대해 생각하고 있었다.

한편 그리스도께서는 그가 바리새인들과 만났던 사실을 계속해서 생각하고 계셨다. 예수님은 제자들이 그와 함께 이 악한 사람들을 만나게 될 것에 대비해 그의 제자들에게 교훈을 가르치시고자 바리새인과 사두개인들의 “누룩”을 주의하라고 말씀하신다.[33]

제자들은 즉각 잘못된 결론을 끌어내었다. 제자들은 그들이 떡을 잊었기 때문에 그리스도께서 책망하시고 있다고 생각한다. 그리스도께서는 이를 무시하고 “내가 그것들을 초월한 존재라는 것을 너희는 깨닫지 못하느냐? 너희가 떡을 잊었다는 사실은 그렇게 중요한 것이 아니다. 기적을 기억하라. 우리는 하늘로부터 떡을 얻을 수 있다. 그러나 바리새인과 사두개인의 누룩은 악하고 무서운 것으로 너희가 대항하여 싸워야만 할 것이다”라는 뜻으로 말씀하신다. 제자들은 그리스도를 이해하지 못했으며 제자들의 이런 오해는 그들의 적은 믿음을 계속해서 드러내었다. 제자들은 악에 대항해서 싸울 때 큰 믿음의 소유자가 되어야만 했다. 여기서 예수님께서 그의 제자들조차 잘 깨닫지 못하고 있다는 사실로 인해 영적 고통을 당하시며 괴로워하셨다면 우리는 예수님을 비난할 수 있겠는가?

---

33) “바리새인과 사두개인들의 누룩”(마 16:6)이란 표현은 일상 사용하지 않는 특이한 표현이다. 이 말씀을 마태복음 13:33의 내용에 비추어 생각할 때, 그 뜻은 예수님께서 인간의 생애의 모든 부분을 조종하고 부패하게 하는 바리새인들과 사두개인들의 감추어진 동기와 그들의 교훈의 원리를 주의하라고 경고하신 것이다. Cf. Ridderbos, *Matthew*, p. 295.

이 누룩은 교만, 이기심, 진리를 미워하는 바리새인과 사두개인의 교훈을 말한다. 그리고 그들의 교훈은 누룩처럼 생의 모든 부분을 오염시키는 역할을 한다.

마지막으로 제자들은 그리스도께서 바리새인과 사두개인들의 교훈에 대하여 경고하고 계신다는 사실을 감지하게 되었다. 만일 그들이 이 가르침을 믿었다면 그들뿐만 아니라 그를 따르는 자에게도 영향을 미쳐 전적으로 부패되었을 것이다.

7. 위대한 고백(마 16:13~28; 참조, 막 8:27~9:1; 눅 9:18~27)

예수께서 빌립보 가이사랴 지방에 이르러 제자들에게 물어 이르시되 사람들이 인자를 누구라 하느냐 이르되 더러는 세례 요한, 더러는 엘리야, 어떤 이는 예레미야나 선지자 중의 하나라 하나이다 이르시되 너희는 나를 누구라 하느냐 시몬 베드로가 대답하여 이르되 주는 그리스도시요 살아 계신 하나님의 아들이시니이다 예수께서 대답하여 이르시되 바요나 시몬아 네가 복이 있도다 이를 네게 알게 한 이는 혈육이 아니요 하늘에 계신 내 아버지시니라 또 내가 네게 이르노니 너는 베드로라 내가 이 반석 위에 내 교회를 세우리니 음부의 권세가 이기지 못하리라 내가 천국 열쇠를 네게 주리니 네가 땅에서 무엇이든지 매면 하늘에서도 매일 것이요 네가 땅에서 무엇이든지 풀면 하늘에서도 풀리리라 하시고 이에 제자들에게 경고하사 자기가 그리스도인 것을 아무에게도 이르지 말라 하시니라 이 때로부터 예수 그리스도께서 자기가 예루살렘에 올라가 장로들과 대제사장들과 서기관들에게 많은 고난을 받고 죽임을 당하고 제삼일에 살아나야 할 것을 제자들에게 비로소 나타내시니 베드로가 예수를 붙들고 항변하여 이르되 주여 그리 마옵소서 이 일이 결코 주에게 미치지 아니하리이다 예수께서 돌이키시며 베드로에게 이르시되 사탄아 내 뒤로 물러 가라 너는 나를 넘어지게 하는 자로다 네가 하나님의 일을 생각하지 아니하고 도리어 사람의 일을 생각하는도다 하시고 이에 예수께서 제자들에게 이르시되 누구든지 나를 따라오려거든 자기를 부인하고 자기 십자가를 지고 나를 따를 것이니라 누구든지 제 목숨을 구원하고자 하면 잃을 것이요 누구든지 나를 위하여 제 목숨을 잃으면 찾으리라 사람이 만일 온 천하를 얻고도 제 목숨을 잃으면 무엇이 유익하리요 사람이 무엇을 주고 제 목숨과 바꾸겠느냐 인자가 아버지의 영광으로 그 천사들과 함께 오리니 그 때에 각 사람이 행한 대로 갚으리라 진실로 너희에게 이르노니 여기 서 있는 사람 중에 죽기 전에 인자가 그 왕권을 가지고 오는 것을 볼 자들도 있느니라 (마 16:13-28, 개역개정).

위대한 고백의 서론적 배경

가이사랴 빌립보에서의 사역은 예수님의 갈릴리 사역의 중요한 시점이 된다. 마태는 12장부터 그 당시 사회의 지도자들이 계속해서 예수님을 대적한 사실을 설명한다. 예수님은 갈릴리 바다 북쪽 지역으로 가셨다가 이제는 그보다 더 북쪽 지역 헬몬산 기슭에 자리한 가이사랴 빌립보에 이르게 되셨다.[34]

---

34) 본문을 근거로 다음과 같이 설교의 대지를 만들 수 있다. **하나님이 주신 위대한 고백**이라는 제하에 (1) 그리스도의 두 가지 신학적 질문, (2) 하나님으로부터 영감을 받은 베드로의 대답, (3) 그리스도의 천국 선포와 축복, (4) 하나님의 교회의 튼튼한 기초로 나눌 수 있다.

사람들이 예수님을 왕으로 삼기 원했던 때부터 그리스도의 사역은 더 많은 어려움을 당하게 되었다. 백성들이 왕으로 삼으려 하는 현장을 로마인들이 발견했다면 그들은 그리스도를 잡아 마치 그가 반역자인 것처럼 보이게 할 수 있었다. 전에 예수님을 왕으로 삼으려는 기쁨을 맛보았던 사람들은 계속해서 기회를 찾으려 할 것이므로 예수님께서는 계속해서 피해야만 했다.

예수님의 대적들은 이 기회를 예수님께 대한 고발의 기회로 사용할 것이다. 그리고 그들은 그렇게 함으로 큰 유익을 얻으려 할 것이다. 그래서 이제 그리스도께서는 가능한 한 많은 무리와 환호로부터 물러나 계신 것이다. 사실 그는 곧 그의 제자들에게 그가 고통 받고 죽어야 한다는 사실을 알리신다.

이제 그리스도께서는 큰 도시를 방문하기보다 오히려 외곽의 조용한 지역으로 가신다. 가이사랴 빌립보처럼 보다 작은 마을을 방문했다. 가이사랴 빌립보는 이교도의 땅이었고 그 환경 역시 이교도적이었다. 우리는 그리스도께서 다시 유대주의의 한계 밖 이방인들이 거주하는 지역으로 가시는 것을 본다.

가이사랴 빌립보는 팔레스틴의 가장 북쪽 끝에 위치한 도시였다. 이 도시는 분봉왕 빌립으로부터 빌립보라는 이름을 얻었다(눅 3:1). 빌립은 이 도시를 자신에게 바치는 뜻으로 아름답게 가꾸고 자신의 이름을 붙였다. 빌립은 자신의 영광을 위해 그 땅을 건설함과 동시에 가이사를 위해서 세웠던 것이다. 그러므로 도시 이름에 "가이사"라는 부분이 붙여진 것이다.[35] 그렇지 않으면 빌립이 이 도시를 확대하고 아름답게 하도록 허락받지 못했을 가능성이 있었던 것이다.

자신에 관한 그리스도의 두 가지 질문

① 예수님은 제자들에게 "사람들이 인자를 누구라 하느냐"(마 16:13, 개역개정)라고 묻는다. 제자들은 예수님의 발아래서, 그의 신학교에서 오랜 시간을 보냈다. 그리고 예수님은 성령님께서 오실 때 어엿한 복음의 선포자들이 되어 예수님의 둥지를 떠날 수 있도록 마지막 자격시험을 위해 그들을 준비시키고 있었다. 그러므로 그리스도께서는 그들에게 두 가지 질문을 하신다. 그 중 첫째가 지금 우리가 생각하고 있는 것이다. 예수님은 정보를

---

35) Lenski, *The Interpretation of St. Matthew's Gospel*, p. 618.

얻기 위해 물으신 것이 아니다. 그는 이미 알고 계셨다. 그러나 예수님께서는 제자들이 그 당시 신학적 사고와 추세를 알고 있는지 알아보기 위해 그들의 심중을 떠보신 것이다.36) 예수님은 그들이 세상의 돌아가는 일을 알고 있는지, 사람들이 무엇을 생각하고 있는지를 알고 있는지 그래서 그들이 효과적으로 사람들을 섬길 수 있을 것인지에 대해 알기 원하셨다.

② 예수님께서 물으신 두 번째 질문은 "너희는 나를 누구라 하느냐"(마 16:15, 개역개정)였다. 이는 사도들에게 묻는 개인적 질문이었고 개인의 대답을 요구했다. 이는 올바른 신학적 답변을 기대하는 신학적 질문이었을 뿐만 아니라 개인의 헌신을 요구하는 질문이기도 했다. 그 질문에 대한 대답은 믿음에 기초한 것이어야 했다.

첫 번째 질문에 대한 제자들의 답변

① 다양한 제자들의 답변

첫째, 제자들은 사람들이 예수님을 세례 요한이라고 부른다고 답변한다. 왜 세례 요한인가? 요한은 죄의 용서와 회개를 설교한 심판의 설교자였다. 어떤 이들은 그리스도의 설교 속에서 죄에 대해 고발하는 심판을 들었다. 이 대답은 요한이 살아 돌아왔다고 생각하며 요한을 두려워했던 헤롯에 대해 성경이 말하고 있는 사실에 의해 영향 받았을 것이다. 헤롯은 지금 예수님을 두려워했고, 헤롯대왕과 예루살렘 전체가 두려워했던 예수님 탄생 의 시기처럼 그런 어떤 두려움이 사람들의 마음속에 파고들었다. 예수님은 심판을 선포한 설교자이셨다. 그러나 그는 그 이상이셨다. 우리가 예수님을 심판의 설교자로만 본다면 우리는 그리스도를 결코 올바로 보지 못한 것이다.

둘째, 제자들의 또 다른 답은 사람들이 예수님을 엘리야로 생각한다는 것이었다. 왜 엘리야인가? 이 대답의 이유는 말라기 선지자가 메시아가 오시기 전 엘리야가 다시 오리라고 선포한 것 때문이다(말4:5). 더 나아가 엘리야는 선지자였고 희망과 은혜의 설교자였다. 이때 어떤 이들은 로마인들 이 쫓겨나고 평화와 번영이 가득 찰 때가 돌아오는 희망과 은혜의 날이

---

36) *Ibid.*, pp. 618–619: "Jesus is not asking for information for his own sake, for he knows the different opinions of men. What he desires is to have the disciples state the wrong opinions of men in order to set over against them their own right conviction."

이를 것을 기대한 것이다. 진실로 예수님께서는 사랑과 은혜의 선포자이시나 또한 그는 그 이상이시다. 죄에 대한 심판, 사랑, 용서는 함께 생각해야 하는 것이다. 이 사람들은 이 표적을 보지 못했다.

셋째, 제자들은 어떤 이들이 예수님을 예레미야라고 말한다고 답한다. 예레미야는 이스라엘이 포로로 잡혀가기 전에 활동한 선지자였다. 그는 회개를 외친 위대한 설교자였고 심판을 강조한 선지자였다. 마지막 대답은 선지자 중의 한 사람이시라는 것이다. 이 사상은 신명기 18:15에 기록된 모세의 예언에서 유래되었을지 모른다. 풀핏(Pulpit) 주석은 이를 다음과 같이 덧붙였다. "여기서 언급된 네 가지 대중의 견해는 두 가지 사실을 말해준다. 예수님이 그 당시에 높은 명성을 지니셨으며, 그는 아무에게서도 이때 메시아로 여겨지지 않았다는 점이다."37)

② 흥미로운 것은 사람들 가운데서 어느 누구도 정확한 답을 알지 못했다는 사실이다. 여러 달 동안 설교한 후에 결국 아무도 적절히 성경을 해석하지 못했고 그를 메시아로 보지 못했다는 것은 인간 예수에게 얼마나 낙심되는 일인가! 이 사람들은 즉각 다니엘 7:13,14의 말씀을 생각하여 대답을 했어야 했다. "내가 또 밤 환상 중에 보니 인자 같은 이가 하늘 구름을 타고 와서 옛적부터 항상 계신 이에게 나아가 그 앞으로 인도되매 그에게 권세와 영광과 나라를 주고 모든 백성과 나라들과 다른 언어를 말하는 모든 자들이 그를 섬기게 하였으니 그의 권세는 소멸되지 아니하는 영원한 권세요 그의 나라는 멸망하지 아니할 것이니라" (단 7:13-14, 개역개정). 그러나 그들의 눈은 아직 열리지 않았다. 그리스도께서 삼 년 후 베드로에게 "이를 네게 알게 한 이는 혈육이 아니요 하늘에 계신 내 아버지시니라"(마 16:17, 개역개정)고 말씀하신 것으로 보아 그들에게는 아직 보도록 허락되지 않았다.

하나님이 주신 베드로의 고백

① 두 번째 질문에서 그리스도께서는 "다른 사람들"과 대조하여 "너희"에 강조를 두신다.38) "지금 나는 다른 사람들이 말한 것을 들었다. 그러나

---

37) H.D.M. Spence and Joseph S. Exell(ed.), *The Pulpit Commentary: Matthew*, vol Ⅱ Grand
Rapids: Eerdmans, n.d.), p. 33.
38) 헬라어 원문에서는 너희(ὑμεῖς)에 많은 강조를 두고 있다. 그 뜻은 첫째, 예수님이 제자들 모두를 염두에

참으로 중요한 생각은 너희가 나를 누구라고 생각하느냐하는 것이다." 그리스도께서는 제자들의 심중의 고백을 요구하고 계셨다. 그들은 마음과 생각을 그리스도에게 털어 놓아야만 했다. 그의 가르침이 소화되었는가? 그들은 그에 대해 올바른 생각을 갖고 있었는가? 항상 대답할 준비가 되어 있던 베드로는 이번에도 재빨리 마음과 생각을 내놓았다. "주는 그리스도시요 살아계신 하나님의 아들이시니이다"(마 16:16, 개역개정).

② 베드로의 고백 내용

첫째, 베드로는 제자들을 대표해서 "당신은 그리스도이십니다"(마 16:16)라고 답한다. 즉 베드로는 그리스도를 그의 선생, 제사장, 왕으로 인정했다. 그리스도께서는 베드로가 그의 생애 동안 배웠던 많은 일들의 내용과 이에 대한 해석을 결정하실 것이다(선생). 그리스도께서는 그의 희생적 죽음과 흘린 피로써 베드로를 위한 위대한 중보자가 될 것이다. 베드로는 보혈의 신학과 대리 속죄에 동의하고 있었다(제사장). 가장 어려운 것은 하늘의 왕에게 순종하는 것이었다(왕). 베드로는 예수님이 그리스도이신 것을 깨달았을 때 이 모든 것을 고백했다. 이는 또한 그의 하나님 됨을 인정하는 것이다.

둘째, 베드로는 "살아계신 하나님의 아들이시니이다"(마 16:16)라고 고백한다. 베드로가 "살아계신"이란 말을 덧붙인 것은 "죽은" 우상과 비교하고 있는 것이다. 죽은 우상도 그것을 믿는 대상에게는 주권자 노릇을 할 수 있다. 그러나 하나님은 주권자 그 이상이시다. 그 이유는 하나님은 살아계시기 때문이다. 만일 우리 하나님이 죽은 주권자 하나님이시라면 무슨 소용이 있는가! 베드로의 고백은 예수님이 하나님의 모든 약속의 초점이요, 이스라엘이 소망한 메시아이심을 분명히 한다. 베드로는 예수님과 하나님의 특별한 관계를 잘 설명하고 있다.[39] 요한일서 4:8에서 하나님은 사랑이시다고 말한다. 그러나 하나님은 사랑 그 이상이시다. 그러나 만일 그가 죽으셨고 죽으신 상태로 머무셨다면 그의 사랑은 영원한 사랑이 되지 못했을 것이다. 그래서 베드로는 예수님이 살아계신 하나님이라고 말하는 것이다.

셋째, 베드로는 또한 그리스도를 삼위일체의 이위(二位) 즉 하나님의

두고 말씀하고 계신다는 말씀이요, 둘째, 구원은 개인적인 것이므로 다른 사람이 무엇이라 하든 너희의 생각은 어떤 것이냐고 물으시는 말씀이다.

39) Ridderbos, *Matthew*, p. 301.

아들로 깨달았다. 우리는 베드로가 이 사실을 스스로 생각하지 못했을 것이라는 것을 알 수 있다.

그리스도의 천국 선포와 축복

예수 그리스도는 제 삼자에게 말하는 방법으로 메시지를 시작하신다. 예수님은 "시몬-바요나" 즉 "요한의 아들 시몬아"라고 말을 시작하신다. "시몬"은 혈과 육을 지녔고, 혈과 육을 지닌 한 아버지로부터 태어났으며, 그 아버지는 아담에게서 기원되었으며, 아담은 죄인이었으며 연약한 존재였다. 그러나 그가 혈육을 지녔다는 사실에도 불구하고 베드로가 한 대답이나 고백은 하나님께서 주신 것이었다.

예수님은 "이를 네게 알게 한 이는 혈육이 아니요"라고 베드로의 고백이 하나님으로부터 임을 확실히 한다. 기독교의 본질은 우리의 신앙이 하나님으로부터 임을 증거 한다. 믿음을 가진 사람은 이 사실이 확실함을 증거 한다. 이는 하나님이 주신 것이며 하나님으로부터 나온 것이다. 그리스도께서는 베드로가 고백하기 전 이에 대해 어떤 것도 말씀하시지 않았다. 예수님께서 이런 방법을 사용하신 것은 베드로의 증언을 인정하심으로 베드로를 격려하시기 위해서이다.

그리스도께서는 또 시몬에게 이제부터는 그의 이름이 베드로가 될 것임을 말씀하신다. 그리스도께서는 베드로가 그리스도의 제자로 선택되었을 때인 요한복음 1:42의 말씀으로 이미 그 사실을 예언한바 있다. 베드로는 축복을 받을 것이며, 같은 고백을 하는 모든 자도 그처럼 축복받을 것이다. 여기에 신약의 가장 아름다운 축복 중의 하나가 있다. 하나님의 천상적인 축복(God's heavenly benediction)이 바로 그것이다.

예수님은 앞으로 이 반석 위에 자신의 교회를 세울 것을 예고하신다. 예수 그리스도는 "너는 베드로라 내가 이 반석 위에 내 교회를 세우리라"(마 16:18)고 하셨다. 이 구절에 대한 해석이 여러 가지로 나타난다. 여기서는 가장 자주 주장되는 견해 둘만을 소개하기로 한다.

첫째 견해는, 예수님께서 "너는 베드로라"(πέτρος, 남성) "이 반석 위에"(ἐπὶ ταύτῃ τῇ πέτρα, 여성) "내 교회를 세우리라"고 말씀하실 때 베드로는 남성형으로, 반석은 여성형으로 사용했기 때문에 예수님은 교회의 기초로 사도 베드로(πέτρος)를 생각한 것이 아니요 베드로가 고백한 "주는 그리스도 시요 살아계신 하나님의 아들이시니이다"(마 16:16)라는 신앙고백을 생각한 것으로 보는 견해이다. 이 견해는 그리스도께서 분명히 시몬을 가리키는 이름으로 베드로를 먼저 사용하시고, 고백을 가리키는 여성명사 "반석"이란 단어를 의도적으로 구별하여 사용하였다고 주장한다.40) 그래서 그리스도 께서는 그의 교회를 베드로 한 사람 위에 세운 것이 아니요 그 고백 위에 세웠다고 생각한다. 본문을 이렇게 해석한다고 해서 크게 잘못된 것은 없다. 그러나 이 해석은 베드로가 초대 교황이라는 가톨릭의 견해를 너무 의식하고 본문을 해석한 듯하다.

둘째 견해는, 예수님께서 "너는 베드로라"(πέτρος) "이 반석 위에 내 교회를 세우리라"고 말씀 하셨을 때 "반석"이 "베드로"를 가리키는 것으로 생각하는 견해이다. 예수님께서 "너는 반석(베드로)이라", "내가 이 반석 위에 내 교회를 세우리라"고 말했을 때 뒤에 나온 반석이 앞에 언급된 반석을 가리키지 않는다는 것은 자연스럽지 않다.

그러면 베드로(반석)가 교회의 기초가 된다는 말은 무슨 뜻인가? 베드로 사도는 열한 사도를 대표해서 "주는 그리스도시요 살아계신 하나님의 아들이 시니이다"(마 16:16)라고 고백했다. 성경은 사도들이 교회의 기초라고 증거 한다. "너희는 사도들과 선지자들의 터 위에 세우심을 입은 자라 그리스도 예수께서 친히 모퉁잇돌이 되셨느니라"(엡 2:20, 개역개정). 그리스도는 교회의 일차적인 터가 되신다(고전 3:10, 11). 그러나 사도들은 교회의 이차적 인 터가 되는 것이다. 그 이유는 사도들의 증언을 통해 그리스도의 말씀과 사역이 선포되고 그 선포를 들은 사람들이 "주는 그리스도시요 살아계신 하나님의 아들이시니이다"라고 고백함으로 신약의 교회가 설립되었기 때문 이다. 다시 설명하면 단순한 요한의 아들 시몬 베드로가 교회의 이차적 기초가 아니라 하늘의 은혜를 입어 예수님을 주와 그리스도로 고백한 사도 베드로와 열 한 사도가 교회의 이차적 기초가 된다는 뜻이다.41)

---

40) Lenski, *The Interpretation of St. Matthew's Gospel*, pp. 625-627.
41) H.N. Ridderbos, *Matthew*, pp. 302-304; Hendriksen, *The Gospel of Matthew*, pp. 646-648; John
   A. Bengel, *Bengel's New Testament Commentary*, vol.1 (Grand Rapids: Kregel Publications, 1981),

첫 번째 해석보다는 두 번째 해석이 더 타당한 해석이라고 생각한다. 두 번째 해석은 신약교회 설립에 있어서 사도들의 중요성이 강조될 뿐만 아니라 "주는 그리스도시요 살아계신 하나님의 아들이시니이다"라고 믿는 신앙 고백의 중요성도 강조된다.42) 예수님은 "네가 복이 있도다"라고 말씀하심으로 교회에 주실 참된 축복을 약속하고 계신다.

그리스도의 교회의 특권

① 그리스도의 교회는 흔들릴 수 없는 반석 위에 세워질 것이다. 예수님은 "이 반석 위에 내 교회를 세울 것이다", 마 16:18)라고 말씀하신다. 그리스도의 교회는 베드로처럼 예수님이 그리스도이신 것을 깨닫고 고백하는 사람들로 세워진다. 주님의 교회는 흔들거리며 비틀거리는 세계 속에서도 견고하며 반석 같은 구조로 서있는 것이다.

② 그리스도의 교회는 "음부의 권세가 이기지 못할 것이다"(마 16:18). 그리스도의 교회는 엄청난 투쟁을 하게 될 것이다. 이 투쟁은 너무 치열하여 때때로 교회가 굴복하여 살아나지 못할 것처럼 보이게 될 것이다. 그러나 그리스도께서는 어려운 시기에도 불구하고 음부의 권세가 이기지 못할 것이라는 확신을 주신다. 마지막 승리는 그리스도의 교회에 속한 것이다.

③ 그리스도의 교회에게는 "천국의 열쇠가 사도들에게 주어질 것이다"(마 16:19). 천국의 열쇠가 교회에서 올바로 사용된다면 천국은 열리기도 하고 닫히기도 할 것이다. 교회가 땅에서 매거나 푸는 것은 하늘에서 매고 푸는 것으로 여겨질 것이다. 교회는 거대한 능력을 갖는다.

천국의 열쇠는 하나님 나라에 들어가거나 배제되는 사람에 대해 결정하는 수단으로 교회에 주어진 힘이다. 천국의 열쇠는 복음 증거를 통해 복음을 받는 사람에게는 천국의 문을 열수 있게 할 것이요, 복음을 거부하는 사람에게는 천국의 문을 닫히게 할 것이다. 이 열쇠는 그리스도의 진리의 말씀에

---

p. 211.

42) Michael Green, *Matthew for Today* (London: Hodder and Stoughton, 1988), p. 159: "But it is not just Peter. Peter *in his confessional capacity*, Peter full of trust in the Son of God, is the one who will become the rock man for the early Church. He did become just that, as the early chapters of Acts reveal. It is Peter who preaches the first evangelistic sermon, but Peter as representative of the twelve"(Italics are original).

따라 성령의 인도 아래 사용되어질 때 열고 닫는데 사용된다. 교회는 가시적 측면에서 볼 수 있는 기관이기에 실수가 있을 수 있다. 그러므로 열쇠는 주의 깊고 신중하게 사용되어야 한다.

교회가 이 고백에 따라 행동하고, 살아계신 삼위 하나님을 인정하며, 삼위 하나님의 통치를 받을 때 그 교회는 강해질 것이다. 그리스도의 몸인 교회가 성령을 통해 교회를 통치하시고 그 안에 거주하시는 그리스도를 머리로 인정하지 않을 때, 즉 교회 안에서 영적 요소가 약해질 때, 교회는 약해질 것이며 그 중요한 위치를 상실하게 될 것이다.

그리스도의 사역 기간 동안 제자들을 향해 점진적인 교육이 이루어졌다. 가르침의 첫 번째 기간에 예수님께서는 제자들에게 하나님 나라의 본질을 가르치셨다. 두 번째 기간에 예수님은 그의 성품의 본질 즉 그가 하나님이심을 가르치셨다. 이 기간은 그리스도가 살아계신 하나님의 아들이시라는 베드로의 고백에서 절정을 이룬다. 이제부터 점진적 교육의 마지막 기간은 그리스도의 임박한 죽음과, 고통과 복종의 목적을 가르치시는 일에 사용된다.

제13장

예루살렘을 향한 여정

1. 예수님의 변모 사건(Transfiguration)(눅 9:28~36; 참조, 마 17:1~13; 막 9:2~13)

이 말씀을 하신 후 팔 일쯤 되어 예수께서 베드로와 요한과 야고보를 데리고 기도하시러 산에 올라가사 기도하실 때에 용모가 변화되고 그 옷이 희어져 광채가 나더라 문득 두 사람이 예수와 함께 말하니 이는 모세와 엘리야라 영광 중에 나타나서 장차 예수께서 예루살렘에서 별세하실 것을 말할새 베드로와 및 함께 있는 자들이 깊이 졸다가 온전히 깨어나 예수의 영광과 및 함께 선 두 사람을 보더니 두 사람이 떠날 때에 베드로가 예수께 여짜오되 주여 우리가 여기 있는 것이 좋사오니 우리가 초막 셋을 짓되 하나는 주를 위하여, 하나는 모세를 위하여, 하나는 엘리야를 위하여 하사이다 하되 자기가 하는 말을 자기도 알지 못하더라 이 말 할 즈음에 구름이 와서 그들을 덮는지라 구름 속으로 들어갈 때에 그들이 무서워하더니 구름 속에서 소리가 나서 이르되 이는 나의 아들 곧 택함을 받은 자니 너희는 그의 말을 들으라 하고 소리가 그치매 오직 예수만 보이더라 제자들이 잠잠하여 그 본 것을 무엇이든지 그 때에는 아무에게도 이르지 아니하니라 (눅 9:28-36, 개역개정).

변모 사건의 배경적 설명

① 예수님을 소개하는 말씀으로 하늘로서 나는 소리는 적어도 세 번 복음서에 기록되어 있다.

첫째, 마태복음 3:17에 기록된 대로 예수님이 세례 받으실 때 하늘로부터 "이는 내 사랑하는 아들이요 내 기뻐하는 자라"(개역개정)는 소리가 있었다.

둘째, 요한복음 12:28에 기록된 대로 헬라인들이 예수님을 만났을 때 하늘에서 "내가 이미 영광스럽게 하였고 또 다시 영광스럽게 하리라"(개역개정)는 소리가 있었다.

셋째, 마태복음 17:5에 기록된 예수님이 변모되실 때 구름 속에서 "이는 내 사랑하는 아들이요 내 기뻐하는 자니 너희는 그의 말을 들으라"(개역개정) 소리가 있었다.

② 예수님의 변모는 히브리서 12:2에서 "그는 그 앞에 있는 기쁨을 위하여 십자가를 참으사"(개역개정)라고 말씀하고 있는 내용이 역사적으로 실현된 상황일 것이다. 하나님 아버지께서는 그의 아들 예수가 큰 고통과 십자가의 죽음을 당하기에 앞서 이 같은 영광의 단면을 예수님에게 보여주심으로써 예수님을 고무하고 격려할 필요가 있었다고 생각하셨을 것이다. 하지만 예수님의 변모 사건은 예수님이 앞으로 당할 십자가의 고통을 상기시켜 준다(눅 9:31).

③ 비록 베드로는 그가 "우리가 여기 있는 것이 좋사오니 우리가 초막 셋을 짓겠다"(눅 9:33)고 말한 내용이 무엇을 의미하는지는 알지 못했지만 그는 이 사건이 엘리야가 먼저 와야 한다는 말라기 예언의 성취라고 생각했을 가능성이 있는 것이다(말 4:5). 이 같은 이유로 말미암아 잠재의식의 반응으로 베드로는 모세, 엘리야, 예수님을 함께 지내도록 하기 위해 초막 셋을 짓겠다고 하였고, 이 같은 방법으로 하나님 나라를 도래케 할 수 있는 것으로 생각했다.

베드로가 예수님과 모세 그리고 엘리야를 위해 초막 셋을 짓겠다고 제안한 것은 주님에 대한 베드로의 큰 사랑을 표현한 것이다. 베드로는 자신과 자기의 친구들을 위한 초막은 생각지 않고 예수님과 모세 그리고 엘리야만을 생각한 것이다. 베드로의 마음은 헌신적으로 봉사하기 위해 준비되어 있는 마음이었다. 이런 마음은 그의 예수님에 대한 사랑 때문에 가능했다.

하지만 베드로의 제안은 큰 잘못을 포함하고 있다. 예수님이 모세와 엘리야와 함께 논의한 주제는 예수님이 예루살렘에서 별세하실 것에 대한 것이었다. 이런 심각한 시간에 베드로는 변모의 영광스러움에 매달려 있기를 원했으며, 그 투명한 아름다움을 영원히 소유하기를 원한 것이다.[1] 그런데 예수님의 변모되신 사건은 이를 보았던 제자들에게 커다란 충격을 남겼다.

④ 변모의 사건은 예수님께서 쉬운 길을 택해 모세, 엘리야와 함께 하늘로 돌아갈 것인지 아닌지에 관하여 그리스도를 시험하는 유혹이었을 것이다. 왜냐하면 예수님께서는 완전히 율법을 지켰으므로 어느 때든 하늘의 집에 돌아갈 수 있었다. 그렇지 않으면 그는 고통과 죽음을 선택해야만 한다.

---

1) Klaas Schilder, *Christ in His Suffering* (St. Catharines, Ontario: Paideia press, 1979), p. 29.

우리는 여전히 예수님이 직면하고 있었던 문제인 "예수님의 죽음에 대해" 그들이 의논했던 사실을 보게 된다. 그의 고통과 죽음은 이때부터 계속 그의 마음의 대부분을 차지하고 있었다. 왜냐하면 누가복음 9:51에서 "예수께서 승천하실 기약이 차가매 예루살렘을 향하여 올라가기로 굳게 결심하시고"(개역개정)라는 말씀이 있기 때문이다.

변모 사건의 시간과 장소

변모의 사건은 베드로의 고백이 있은 후 일주일 만에 발생했다. 가이사랴 빌립보에서 예수 그리스도의 두 번째 질문은 예수님의 신성을 제자들에게 가르치는 계기가 되었다. 제자들은 예수님이 그리스도이시라는 베드로의 고백에 의해 예수님의 신성을 배우게 되었다. 이제 그리스도께서는 예루살렘에서 당하셔야만 하는 그의 수난과 죽음에 대해 제자들에게 더 집중적으로 가르치신다. 예수님의 수난과 죽음을 가르치는 한 단계는 베드로의 고백이 있은 일주일 후 변화산 사건에서 강하게 나타난다.

마태와 마가는 예수님의 변모가 베드로의 고백 6일 후 일어났다고 말하고, 누가는 8일 후라고 말한다. 두 종류의 설명이 다 가능하다.

마태와 마가는 베드로가 고백한 날과 예수님이 변모되신 날을 실제로 계산에 넣지 않는다. 그러므로 그들은 단지 사이에 있었던 날들만을 계산에 넣고 있는 것이다. 반면 누가는 베드로가 고백한 날과 예수님의 변모의 날을 모두 계산에 넣고 있는 것이다. 누가는 정확한 시간에 관심이 없다. 그래서 그는 "약 8일"이라고 기록하면서 일주일 후를 말하는 인상을 남겨둔다.

고대 팔레스틴 전통에 의하면 변화산 사건이 다볼(tabor)산에서 일어났다고 생각한다. 그러나 예수님 당시 다볼산 꼭대기에는 작은 도시가 위치해 있었기 때문에 거기서 예수님이 변화되었다고 생각할 수 없다. 예수님께서 변모되실 수 있는 조용한 장소를 거기에서 발견하실 수 없었을 것이다. 어떤 이들은 변화산 사건이 헬몬산에서 일어났다고 생각한다. 왜냐하면 예수님께서 "높은 산으로"(막 9:2) 제자들을 데리고 가셨다고 기록되어 있으며 해발 9,000피트인 헬몬산은 주위에서 가장 높은 산이었기 때문이다. 그러나 이 산은 너무 북쪽에 있는 것 같다. 보다 새로운 결론은 변화산 사건이 가이사랴 빌립보에서 그렇게 멀리 떨어져 있지 않은 높은 산등성이 중 한 곳에서 일어났다는 것이다.[2]

여기서 우리의 주의를 끄는 것은, 서기관들과 바리새인들은 하늘로부터 오는 표적을 구했으나 예수님은 그들에게 요나의 표적에 관한 역사 기록이 있다고 말씀하시면서 아무런 표적도 허락하지 않으셨다. 그런데 아무것도 구하지 않고 그리스도의 신성을 믿고 고백한 제자들에게는 하나님은 하늘로부터 표적을 주시고 그 표적에 대해 말씀하시기조차 하셨다. 여기 이 표적이 믿음의 눈으로 볼 수 있는 사람들에게 주신 하늘로부터 온 하나의 표적이다.

변모의 사실들

① 예수님께서 변모되셨다. 예수님께서 변모되셨다는 의미는 형체가 변형되셨다는 것을 뜻한다. 예수님의 성품을 묘사함에 있어 누가복음에서는 기도가 탁월한 위치를 차지한다. 그래서 누가복음 9:29은 "기도하실 때에" 용모가 변화되셨다고 전한다.[3] 예수는 모습이 변화되어 그의 전체 모습은 세상이 결코 본 적이 없는 해와 같은 광채의 모습이었다. 예수님이 변모되신 사실은 예수님의 영광과 거룩이 어떠한 것인지를 보여주며 또한 예수님은 십자가의 길을 걷지 않고도 천국에 들어가실 수 있음을 증거 해 주고 있다. 왜냐하면 예수님이 변모되셨을 때 모세와 엘리야는 천국에 속한 사람들이었고 예수님이 천국에 주소를 둔 두 사람과 함께 대화하신 것은 예수님이 십자가를 거치지 않고도 천국에 들어가실 수 있음을 증거 하는 것이다. 예수님은 죄가 없으시기 때문에 직접 천국에 들어가실 수 있는 것이다.

의심할 바 없이 요한이 "우리가 그의 영광을 보니 아버지의 독생자의 영광이요 은혜와 진리가 충만 하더라"(요 1:14, 개역개정)라고 기록한 것은 예수님의 변모 사건과 비교되는 기록이다. 예수님의 변모의 영광은 성육신의 영광보다 훨씬 더 충만한 영광이다.

예수님의 변모의 장면은 확실히 베드로로 하여금 "우리는 그의 크신 위엄을 친히 본 자라"(벧후 1:16b, 17)고 기록하게 했다. 그리고 다시 요한은 깊은

---

2) Hendriksen(*The Gospel of Matthew*, p. 665)은 해발 4,000피트 높이에 위치한 북쪽 갈릴리 지역의 가장 높은 장소인 Jebel Jermak이 예수님께서 변모되신 장소라고 추정한다.

3) A.B. Bruce, *The Synoptic Gospels: The Expositor's Greek Testament*, p. 531.

감명을 받아 후년에 "그 성은 해나 달의 비침이 쓸 데 없으니 이는 하나님의 영광이 비치고 어린양이 그 등불이 되심이라"(계 21:23, 개역개정)고 기록했다.

② 왜 모세와 엘리야가 예수님의 변모 현장에 나타났을까? 왜 믿는 자들의 조상인 아브라함이 나타나지 않았는가? 그리스도와 대조되는 아담이나 혹은 이사야, 예레미야, 에스겔, 다니엘은 왜 나타나지 않았을까?

이는 하늘나라의 실재 세계에 대한 증거였다. 왜냐하면 이 사람들은 하나님에게서 직접 왔기 때문에 그들의 증거는 진실하며 아멘이다. 두세 사람의 증인의 입으로 모든 증거가 진실함을 입증하게 된다. 그들이 그리스도에게 말하기 위해 하늘로부터 직접 왔다는 것은 그리스도에게 얼마나 큰 격려가 되는가!

어떤 이는 모세와 엘리야가 예수님의 변모의 장면에 나타난 것은 예수님의 변모 사실에 대한 증인들로 나타났다고 말한다. 그렇게 주장하는 이유는 예수님이 모세와 엘리야보다 탁월하기 때문에 예수님을 그들과 동일하게 취급해서는 안 된다는데 근거하고 있다. 그러나 모세와 엘리야가 여기 나타난 것은 그들의 신비스러운 죽음과 관계가 있으며 또한 그들이 세상 끝에 나타날 종말론적 인물의 표상으로 묘사되었기 때문이다.4)

또한 그리스도께서는 율법 아래서 죽으셨다. 그는 율법을 성취하기 위해 죽으셨다. 따라서 율법의 창시자이며 편찬자로서의 모세가 이곳에 있었다. 그리고 모세가 율법의 제공자인 반면 엘리야는 위대한 구약의 선지자였다. 사실 엘리야는 모세가 율법을 대표하는 것처럼 구약에서 큰 비중으로 하나님의 은혜를 대표하는 대표자였다. 모세는 율법을 보이는 형태로 만들었고 사람의 마음속에 심었다. 엘리야는 위대한 해설자가 됨으로써 사람들을 위해 율법이 살아있도록 만들었다.

사람들은 구약에서처럼 유사한 점을 이끌어 낼 수 있었다. 하나님은 이때를 위해 이 사람들을 이미 준비시키고 계셨다. 어떤 의미에서 두 사람은 특별한 죽음을 경험했다. 모세는 그의 백성으로부터 분리되어 하나님께서 그를 장사지내셨다가 곧 부활시키시고 육체를 갖게 하셔서 하늘로 데려가셨을 수 있다. 엘리야는 불 병거를 타고 하늘로 데려감을 받았다. 변화산에서

---

4) I.H. Marshall, *Commentary on Luke* (*NIGTC*, Grand Rapids: Eerdmans, 1978), pp. 380, 384.

두 사람이 나타난 것은 아마도 이런 이유에서일 것이다. 그들은 몸을 지녔고 이미 영화롭게 되어 다시 돌아올 수 있었다. 두 사람은 40주야 동안 산에서 금식하며 하나님의 존전에 있었다. 어떤 이는 이들이 어떠한 몸을 지녔으며, 변화의 광경을 목격했던 세 제자들이 어떻게 이들을 알아볼 수 있었는지에 대해 궁금히 여긴다. 그것은 베드로가 직관적으로 모세와 엘리야를 알아보았으며 후에 예수님께서 이를 확인해 주셨다고 생각된다(마 17:9).[5]

③ 베드로의 제안

베드로가 변화산의 경험을 계속 유지하기를 제안했을 때에 그는 그 의미를 알지 못한 상태로 이야기하고 있었다. 베드로는 세 분이 기거할 초막을 짓기 원했다. 베드로가 이런 제안을 할 때는 "두 사람이 떠날 때에"(눅 9:33)였다. 아마 베드로가 이런 제안을 한 것은 제자들이 예수님께서 변모되신 전체 기간을 깨어있지 못하고 졸고 있었기 때문에 미안한 마음으로 변명하고 있는 것으로 생각할 수 있다.[6]

우선 우리는 그런 영광을 초막 안에 머물게 할 수 없다. 땅은 하늘의 영광을 보유할 수 없다. 변모된 그리스도를 장막 안에 거하시게 하는 것은 이스라엘 백성이 장막을 가지고 있었던 구약의 초기로 돌아가는 것이며 후퇴하는 것이다. 하나님조차 장막 안에 거하기를 원치 않으셨으며 한동안 성전에 거하시기를 바라셨다. 그 후 하나님은 옮기셔서 그의 아들을 보내셨고 육체 가운데 거하셨다. 그러나 그것으로 끝난 것이 아니다. 그리스도께서는 영광을 받으셔야만 했고 다음에 성령을 보내셔서 인간의 성정을 지닌 한 육체 안에 거하지 않으시고 그리스도의 몸인 교회에 거하실 것이다.

베드로는 이 초막을 세울 것을 제안한다. 이는 하나님을 자기 자신의 손으로 제한시키기 원하는 사람의 전형적 모습이다. 아무튼 우리는 무엇인가를 해야만 한다고 생각한다. 이때 하나님께서는 지금 행동하지 말고 "그의 말을 들으라"고 말씀하신다.

④ 세 사람의 대화

그들은 그리스도가 예루살렘에서 죽게 될 것에 대하여 얘기했다(눅 9:31).

---

5) Ridderbos, *Matthew*, p. 318.
6) A.B. Bruce, *op. cit.*, p. 532.

여기에는 두려움이나 고뇌는 없고 조용한 대화만 있었다. 이 사람들이 그리스도에게 어떤 소식을 알리고 있었는가? 그들이 예수를 위로하고 있었는가?

본인의 생각은 그들이 예수님에게 몇 가지 선택을 제시했다는 것이다. 예수님께서는 지금 원한다면 모세, 엘리야와 함께 하늘로 돌아갈 수 있는 완전한 사람이었다. 이는 예수님을 위한 상당한 고통을 피하게 할 것이나 그 후 하나님의 백성을 위한 구원은 결코 성취하지 못할 것이다. 이는 그리스도가 중대한 선택을 해야 할 결정적 시점이었다. 그리스도가 어느 쪽을 선택하느냐에 따라 온 천지의 장래가 달려 있다. 모세와 엘리야는 예수님께 무엇을 하실 것인가 제안한다. 예수님께서는 머물러 고통을 계속 받으실 것을 선택하신다. 이는 그들이 산 아래 도달했을 때 증명되었다.

누가복음 9:31은 예수님의 별세를 엑소더스(Exodus, ἔξοδος)로 표현한다.[7] 이 표현은 예수님의 죽음이 어떤 의미를 가지고 있는지 함축적으로 설명하고 있다. 구약의 출애굽(Exodus)은 하나님께서 그의 백성을 죄악과 고통의 세상을 대표하는 애굽에서 이끌어내어 약속의 땅 가나안으로 들어갈 수 있도록 하신 하나님의 구속 사역이었다. 그런데 누가는 예수님의 죽음을 엑소더스(Exodus)란 용어를 사용하여 묘사함으로 예수님의 죽음이 그의 백성을 죄악의 세상에서 구원하실 하나님의 구속 사역임을 암시적으로 증거하고 있는 것이다.

하나님의 음성은 예수님이 죽음을 선택하고 하나님은 예수님의 선택을 인정하신 것을 뜻한다. "이는 나의 아들 곧 택함을 받은 자니 너희는 그의 말을 들으라"(눅 9:35, 개역개정). 하나님은 이 말씀으로 예수님이 하나님의 아들이며, 예수님에게 사명을 맡기신 것을 확실하게 해주신다.

⑤ 하나님의 음성

아들에 대한 하나님의 인정. 하나님은 아들의 신성을 선포하신다. 이 음성은 세례 때 들려졌던 음성이다. 그때는 예수님께서 사역을 위해 기름부음을 받았고, 여기서는 예수님께서 사역을 위해 인정을 받고 격려를 받는다. 하나님 아버지께서는 예수님께서 선택한 이 선택을 기뻐하셨다.

---

7) 예수님의 변화의 모습을 친히 목격한 베드로는 자신의 죽음을 묘사하면서 베드로후서 1:15에서 ἔξοδος를 사용한다.

그리고는 하나님께서 덧붙여 "내 기뻐하는 자라"고 말씀하셨다. 그리스도께서는 옳게 행동하셨으며 이제 아버지께서는 그의 아들에 대한 승인의 도장을 찍으셨다. 그리스도께서 이루시기 위한 구원의 전(全) 계획 가운데 절정이며 위기이고 중도지점인 여기서 그리스도께서는 아버지의 축복된 승인을 얻으셨다.

그의 음성을 들으라. 아버지는 승인하셨다. 그의 추종자인 우리들은 어떻게 해야 하는가? 우리들의 직무는 예수님께 듣는 것이다. 하나님 아버지는 이 사람들이 얼마나 깨어지기 쉽고 연약한가를 아셨다. "듣는다"는 의미는 이해한다는 것이다. 그들이 이해하지 못했다는 사실은 세 초막을 세우자는 베드로의 제안에서 분명하다. 하나님께서는 그리스도가 선택한 특별한 사역에 대해 이 제자들이 확실하게 듣기를 원하셨다. 왜냐하면 이제 예수님께서는 그의 고통과 죽음으로 사역을 넓힐 것이기 때문이다. 이제부터 누가복음 9:51에 나온 "예수께서 승천하실 기약이 차가매 예루살렘을 향하여 올라가기로 굳게 결심하시고"의 말씀이 끊임없이 그 앞에 있을 것이며 십자가의 그림자는 깊어질 것이다. 이제부터 "그는 예루살렘을 향하여 올라가기로 굳게 결심하셨다."

예수님은 한밤중에 변모하셨다. 우리는 예수님이 변모하신 때가 밝은 낮이었다고 생각할지 모르나 아마도 야경시간이었을 것이다. 제자들은 곧 잠이 들었고 깊이 잠들었다(눅 9:32). 그리고 밤의 어둠이 갑자기 하늘의 광채로 밝게 빛났다. 그리스도께서는 밤에 변모되셨다. 스킬더(Schilder)는 예수님의 변모사건이 밤에 발생한 근거를 첫째, 누가복음 9:29에 "기도하실 때에" 예수님이 변모하셨다고 기록하였는데 일반적으로 예수님은 밤 시간을 택하여 기도하셨으며, 둘째, 제자들이 "곤하여 졸은 것"(눅 9:32)은 그때가 밤인 것을 가리키며, 셋째, "이튿날"(눅 9:37) 산에서 내려오셨다는 것은 그 전날 밤에 변모사건이 있었음을 증거 한다고 말한다.[8] 그리고 다른 의미로 생각할 때 이 변모는 어두운 세계에 희망으로 밝게 비췬 셈이다. 예수 그리스도께서는 "나는 세상의 빛이니 나를 따르는 자는 어둠에 다니지 아니하고 생명의 빛을 얻으리라"(요 8:12, 개역개정)고 진실로 말씀하실

---

8) Klaas Schilder, *Christ in His Suffering*, p. 26.

수 있는 것이다. 우리는 이제 왜 하나님 아버지께서 "그에게 들으라"고 말씀하셨는지 그 이유를 이해할 수 있게 되었다.

결론. 예수님은 "그들이 산에서 내려올 때에 예수께서 명하여 이르시되 인자가 죽은 자 가운데서 살아나기 전에는 본 것을 아무에게도 이르지 말라 하시니"(마 17:9)라고 변화산 사건에 대한 함구령을 내렸다. 예수님이 이렇게 말씀하신 이유는 무엇인가? 만일 그들이 변화산 사건을 말하게 된다면 사람들은 이것을 예수님이 오실 지상의 메시아요 지상의 지도자라는 사실을 나타내는 하늘로부터의 표적이라고 생각했을 것이다. 그리고 변화산 사건을 공표하는 것이 그리스도가 앞으로 성취하실 영적 사역의 유익이나 진보가 되지 않았을 것이다.

2. 산기슭에서 간질병 소년을 고치심(마 17:14~20; 참조, 막 9:14~29; 눅 9:37~43)

> 그들이 무리에게 이르매 한 사람이 예수께 와서 꿇어 엎드려 이르되 주여 내 아들을 불쌍히 여기소서 그가 간질로 심히 고생하여 자주 불에도 넘어지며 물에도 넘어지는지라 내가 주의 제자들에게 데리고 왔으나 능히 고치지 못하더이다 예수께서 대답하여 이르시되 믿음이 없고 패역한 세대여 내가 얼마나 너희와 함께 있으며 얼마나 너희에게 참으리요 그를 이리로 데려오라 하시니라 이에 예수께서 꾸짖으시니 귀신이 나가고 아이가 그 때부터 나으니라 이 때에 제자들이 조용히 예수께 나아와 이르되 우리는 어찌하여 쫓아내지 못하였나이까 이르시되 너희 믿음이 작은 까닭이니라 진실로 너희에게 이르노니 만일 너희에게 믿음이 겨자씨 한 알 만큼만 있어도 이 산을 명하여 여기서 저기로 옮겨지라 하면 옮겨 질 것이요 또 너희가 못할 것이 없으리라 (마 17:14–20, 개역개정).

고통의 길

간질병 소년을 고친 사건은 예수님과 제자들이 변화산에서 내려온 다음날 일어난다. "이튿날"(눅 9:37)이라는 시간 표시는 비록 예수님께서 제자들에게 산상에서 본 환상(vision)을 아무에게도 말하지 말라고 명했지만(환상을 보는 것이 절대적으로 낮에만 일어나는 것은 아니다) 변화산 사건이 밤에 발생했음을 믿게 해준다.

이 사건은 산 정상에서 예수님께서 고통의 길을 택하셨는데 이제 골짜기로 내려가셔서 곧 고통의 현장을 경험하게 되었다는 사실을 나타낸다. 하나님 앞에 계시다가 이제 예수님께서는 불신 가운데 처하시게 되셨다. 그의 아홉 제자들은 그들의 적은 믿음으로 무력한 상태에 있었다. 그래서 그리스도께서는 "믿음이 없고 패역한 세대여 내가 얼마나 너희와 함께 있으며 얼마나 너희에게 참으리요"(마 17:17, 개역개정)라고 외치셨다. 교훈의 요점은 큰 불신이 당시 하나님의 백성과 그 세대의 특징이었다는 것이다. 그들 가운데 거하시는 위대한 기적 자체이신 예수님께서는 끊임없이 불신과 대면하셨으며, 이는 그로 하여금 소리치시게 하였다. 제자들에게 있어서 이는 터무니없는 불신이 아니라 오히려 예수님께서 주셨던 약속을 믿고 굳게 잡지 못한데서 오는 불신이었다. 예수님께서 그들에게 병든 자를 고치고 죽은 자를 일으키며 나병을 깨끗이 하고 귀신을 내쫓는 권세를 주셨던 마태복음 10:8과 비교하라. 이 제자들은 그리스도께서 명령하셨던 것을 할 수 없다고 생각했든지 아니면 잊었던 것이다.

믿음의 능력

그리스도가 그 소년을 고치신 후 제자들이 와서 왜 그들은 고칠 수 없었는지 이유를 물었다. 그리스도께서는 직접적이며 급격하고 단호하셨다. 그는 "너희 믿음이 작은 까닭이니라"(마 17:20, 개역개정)고 강조하여 말씀하신다.

그런 후 그리스도께서는 믿음의 능력에 관하여 교훈을 주셨다. 참된 믿음은 겨자씨와 같이 작을지라도 위대한 일을 할 것이다. 예수님께서 "만일 너희에게 믿음이 겨자씨 한 알 만큼만 있어도 이 산을 명하여 여기서 저기로 옮겨지라 하면 옮겨질 것이요"(마 17:20, 개역개정)라고 말씀하신 것은 믿음이 무슨 일을 해야 할 것인지를 말씀한 것이 아니요 믿음의 능력에 대해서 말씀하고 계신 것이다. 예수님은 믿음이 어떤 사역을 해야 할 것인지 그리고 믿음이 어떤 방향으로 역사해야 할 것인지에 대해서 말하고 있는 것이 아니요, 하나님의 전능 위에 기초하여 발생하는 믿음의 능력에 관해서 말씀하고 계시는 것이다.[9] 우리는 제자들과 함께 "주여 우리의 믿음을 더하여 주소서"라고 말해야만 한다.

3. 하나님 나라에서 큰 자 – 갈릴리 사역의 마지막까지(마 17:22~18:10; 참조, 막 9:30~50; 눅 9:43~56; 요 7:1~9)

---

9) Ridderbos, *Matthew*, p. 326.

갈릴리에 모일 때에 예수께서 제자들에게 이르시되 인자가 장차 사람들의 손에 넘겨져 죽임을 당하고 제삼일에 살아나리라 하시니 제자들이 매우 근심하더라 가버나움에 이르니 반 세겔 받는 자들이 베드로에게 나아와 이르되 너의 선생은 반 세겔을 내지 아니하느냐 이르되 내신다 하고 집에 들어가니 예수께서 먼저 이르시되 시몬아 네 생각은 어떠하냐 세상 임금들이 누구에게 관세와 국세를 받느냐 자기 아들에게냐 타인에게냐 베드로가 이르되 타인에게니이다 예수께서 이르시되 그렇다면 아들들은 세를 면하리라 그러나 우리가 그들이 실족하지 않게 하기 위하여 네가 바다에 가서 낚시를 던져 먼저 오르는 고기를 가져 입을 열면 돈 한 세겔을 얻을 것이니 가져다가 나와 너를 위하여 주라 하시니라 (마 17:22-27, 개역개정).

그 때에 제자들이 예수께 나아와 이르되 천국에서는 누가 크니이까 예수께서 한 어린 아이를 불러 그들 가운데 세우시고 이르시되 진실로 너희에게 이르노니 너희가 돌이켜 어린 아이들과 같이 되지 아니하면 결단코 천국에 들어가지 못하리라 그러므로 누구든지 이 어린 아이와 같이 자기를 낮추는 사람이 천국에서 큰 자니라 또 누구든지 내 이름으로 이런 어린 아이 하나를 영접하면 곧 나를 영접함이니 누구든지 나를 믿는 이 작은 자 중 하나를 실족하게 하면 차라리 연자 맷돌이 그 목에 달려서 깊은 바다에 빠뜨려지는 것이 나으리라 실족하게 하는 일들이 있음으로 말미암아 세상에 화가 있도다 실족하게 하는 일이 없을 수는 없으나 실족하게 하는 그 사람에게는 화가 있도다 만일 네 손이나 네 발이 너를 범죄하게 하거든 찍어 내버리라 장애인이나 다리 저는 자로 영생에 들어가는 것이 두 손과 두 발을 가지고 영원한 불에 던져지는 것보다 나으니라 만일 네 눈이 너를 범죄하게 하거든 빼어 내버리라 한 눈으로 영생에 들어가는 것이 두 눈을 가지고 지옥 불에 던져지는 것보다 나으니라 삼가 이 작은 자 중의 하나도 업신 여기지 말라 너희에게 말하노니 그들의 천사들이 하늘에서 하늘에 계신 내 아버지의 얼굴을 항상 뵈옵느니라 (마 17:22-18:10, 개역개정).

예수님의 죽음에 대한 예고

그리스도 사역의 세 번째 부분에서 그리스도는 그의 고난과 죽음에 대해 많은 것을 말씀하신다. 이 시점에서 두드러진 내용은 보다 구체적으로 몇 가지 상세한 것들을 밝히신 점이다. 첫째, 예수님은 사람들의 손에 넘겨질 것이며, 둘째, 사람들이 예수님을 죽일 것이다. 예수님은 이 사실을 제자들에게 말씀하신다. 이는 적어도 그의 죽음에 대한 두 번째 예고이다. 여기서 예수님을 죽이는 일에 누가 참여할 것인지 그들의 이름이 언급되었다. 하나님도 그들의 악을 막지 않으시고 악한 자들이 그들의 죄악이 가득 친 목적을 이루도록 내버려두실 것이다. 셋째, 예수님은 죽으심을 당한 후 셋째 날 다시 부활하실 것이다. 제자들은 이 일들을 이해하지 못했으며(마가복음, 누가복음), 예수님이 죽으실 것이라는 공표 때문에 슬퍼했다(마태복음).

세금에 관한 가르침(마 17:24~27)

마태복음만이 이 이야기를 전한다. 이 이야기는 예수님의 일행이 인접지역인 두로와 시돈, 가이사랴 빌립보 지방을 방문하고 가버나움에 돌아왔을 때 발생한 사건이다. 예수님과 제자들은 가버나움에 이르렀고 그들은 그곳을 활동의 중심지로 삼았다. 따라서 성전세가 거기에서 그들로부터 징수되었다.

출애굽기 30:11~16에서 기인되는 이 세금은 반 세겔로써 20세에 달한 모든 이스라엘 사람들이 지불해야만 했다. 이 세금은 아다르(3월) 15일에 시작하여 약 10일 후 유월절까지 수도에서 모아졌다. 만일 어떤 유대인이 이 세금을 지불할 수 없다면, 그는 유월절을 축하할 수 없었다. 그 당시 경건한 유대인은 다섯 가지의 실천을 통해 종교의 외형적인 모습을 지켰다. 첫째, 성전세를 정규적으로 내는 일, 둘째, 예루살렘을 방문하는 순례여행, 셋째, 안식일마다 회당에서 예배드리는 일, 넷째, 절기를 지키는 일, 다섯째, 이스라엘과 세상에 흩어진 유대인들 사이의 교류를 계속 유지하는 일 등이 그것이다.[10]

이 사건은 그리스도와 그의 제자들에 대한 시험이었을 것이다. 세리들은 예수님께서 세금을 지불하지 않았다고 생각하면서 그들이 세금을 내지 않았음을 밝혀 그에게 나쁜 영향을 주고자 했다. 그들은 그리스도께서 전통을 지키는 것을 반대한 것으로 알고 있었다. 그래서 예수님이 율법을 지키지 않았다면 그를 붙잡을 수도 있을 것으로 생각했다. 그런데 세리들은 이 문제에 관해 예수님께 직접적으로 접근하지 않고 베드로를 통해 접근한다. 베드로는 그 당시 예수님의 제자들 가운데서 지도자적인 역할을 하고 있었다. 본문에 나타난 세리의 태도는 베드로가 지도자격의 인물이었다는 사실이 밖에 있는 사람들에게도 알려졌음을 증거 해 준다.

예수님은 이 사건을 통해 베드로를 가르치기 원하셨다. 예수님께서 먼저 세리와 대면하고 온 베드로에게 세금 문제에 관한 질문을 던진 것은 예수님의 초자연적인 지식과 세금에 대한 그의 책임을 감당하시겠다는 예수님의 뜻을 나타내준다(마 17:25). 그러나 왕의 아들들은 세금을 내지 않는다. 그리스도께서는 하나님의 아들이셨기 때문에 그는 세금을 내실 필요가 없었다. 예수님은 자신이 세금에서 면제받을 수 있는 근거를 자신이 하나님의 아들이시라는 사실에 두고 있다. 여기서 그의 아들직은 메시아적 아들직을 가리킨다(마 12:1~8 참조). 우리는 하나님의 아들로 수양(adoption)을 받았기 때문에 종교적인 일들을 위해 세금을 낼 필요가 없다. 여기서 우리는 예수님의 아들직과 성도들의 하나님의 자녀 됨 사이에 분명한 구별을 해야 한다. 자유주의자들은 우리가 열심히 노력하면 예수님처럼 될 수 있다고 주장한다.

---

10) Frederick Dale Bruner, *The Churchbook: Matthew 13-28*, p. 629.

즉, 예수님의 아들직과 성도들의 아들직을 동일시하려 한다. 그러나 예수님의 하나님과의 관계와 성도들의 하나님과의 관계는 결코 동일시되어 질 수 없는 것이다. 예수님의 아버지 하나님과의 관계가 성도들의 하나님 아버지에 대한 관계의 절대화가 아니기 때문이다.[11]

두 번째 주장은 우리가 즐거운 마음으로 바치기를 원하지 않을지라도 우리는 세금을 지불해야 한다는 것이다. 이 주장은 형제의 감정을 상하게 해서는 안 된다는 관점에서 제시되어진다. "우리가 그들이 실족하지 않게 하기 위하여"(마 17:27, 개역개정)라고 하신 예수님의 말씀이 이를 증명한다. 사람들이 무지와 불신으로 예수님의 행동을 오해하고, 예수님이 세금을 내지 않음으로 성전을 더럽혔다고 생각할 수도 있기 때문에 예수님은 그런 오해를 없이하기 원했다. 그래서 예수님은 베드로에게 바다에 가서 낚시를 던져 먼저 잡힌 고기 입에서 두 사람 분의 성전세 한 세겔을 얻어 예수님 자신과 베드로를 위해 바치라고 말씀하신다(마 17:27).

예수님은 이적을 통해 베드로를 가르치신다. 베드로는 해야 할 일을 명령받는다. 그리고 예수님께서 말씀하신대로 그 일은 실행된다. 그리스도의 말씀대로 물고기는 잡히고, 이 고기는 입속에 동전을 갖고 있었으며, 베드로는 세리에게 그것을 갖다 주라는 명령을 받는다(마 17:27). 헨드릭센(Hendriksen)은 이 전체 이야기 속에서 예수님의 꿰뚫어 보는 지식(마 17:25상), 하나님의 아들 됨의 의식(마 17:25하), 사려 깊음(마 17:27상), 바다와 동물에 대한 권세(마 17:27하), 그리고 관용(마 17:27하)이 잘 나타나고 있음을 지적한다.[12]

본문은 이 시점에서 두 가지 선교 방법을 강조하고 있다. 예수님께서는 그의 제자들이 이 두 가지를 알기 원하셨다. 첫째는 사랑이다. 우리는 사랑으로 주고 사랑으로 일하며 사랑으로 행해야 한다. 환언하면 우리가 해야 할 과제는 하나님을 사랑하고 하나님을 위해 사랑해야 하는 보다 높고 큰 동기가 있음에도 불구하고 죄인들은 단지 자기만을 사랑하기 위해서 일하고 있다는 사실을 그들로 하여금 알게 하는 것이다. 사람은 강요받기

---

11) H.N. Ridderbos, *The Coming of the Kingdom* (Philadelphia: The Presbyterian and Reformed Publ. Co., 1969), p. 237.

12) Hendriksen, *The Gospel of Matthew*, pp. 679-680.

때문에 종교 활동의 유지비를 내지는 않는다. 그는 사랑으로 한다. 만일 사랑 이외의 어떤 다른 동기가 우세하다면 참된 목적은 상실된다. 둘째는 주님께 대한 전적 의존이다. 즉 주님께 대한 참된 신뢰이다. 그런 신뢰를 갖고 사는 사람은 기쁨으로 전진하게 될 것이다.

하나님 나라에서 큰 자(마 18:1~5)

마태복음 17:24~27의 구절은 세상을 향해 기독교인으로서의 융통성을 나타내야 한다고 가르친다면, 본문 마태복음 18:1~5은 교회 안에서 어떤 태도를 가져야 함을 가르친다.

우리는 여기서 제자들의 마음을 흥미 있게 일별해볼 수 있다. 그들은 모두가 큰 자일 것이라고 상상했다. 환언하면 그들은 위대한 일들이 그들 모두를 위해 준비되어 있다고 실제로 믿었다. 그리고 그 믿음은 일이 잘 되어가고 있을 때 의심할 여지없이 그들을 고무시켰다. 그런데 제자들은 가장 큰 자가 누구인가에 대한 토론을 하고 있다. 그들의 토론은 "우리 중에 누가 큰가"와 같이 구체성이 있는 것은 아니었다. 단순히 "천국에서는 누가 크니이까"(마 18:1)라는 일반적인 토론이었다. 제자들은 이 문제에 대해 심지어 다투는 시점까지 도달하게 되었다. 그들에게는 이 사실이 매우 중요하게 생각되어진 것이다. 다시 이기적인 관심들이 표출되었다. 이 사람들까지도 그리스도로부터 얻을 수 있는 것에 대해 마음을 쓴 것이다.

그리스도께서 가르치신 교훈은 무엇인가? 그리스도께서는 작은 아이를 데려다가 교훈을 가르치셨다.[13] 성경의 이 구절에서의 교훈은 매우 평범하다. 즉 참된 위대함은 어린이처럼 됨으로써 얻어진다. 다른 말로 하면 우리의 일은 작은 자가 되는 것이며 우리를 겸손하고 신뢰할 만 한 자가 되도록 하는 것이다. 이렇게 할 때 우리는 점점 위대하게 되며 위대한 일들이 우리에게

---

[13] 브루너(Bruner)는 예수님이 어린이를 내세워 교훈을 가르치신 이유를 다음과 같이 설명한다. 첫째, 예수님은 어린이의 주관적인 무흠이나 순결에 관심을 가진 것이 아니요, 어린이의 객관적인 빈약함과 연약함에 관심을 가지시고 교훈하셨다. 예수님 당시 어린이는 듣고 순종하는데 제한되어 있었다. 둘째, 예수님은 어린이들이 큰 것을 생각지 않고 작은 일에 자신을 몰두하고, 일의 사소함을 부끄러워하지 않고 그 일에 자신을 내맡기는 것처럼, 제자들은 자신에 대한 관심을 버리고 늘 새로운 정신으로 살아가야 함을 가르치고 계신다. 셋째, 예수님은 어린이들이 선물 받는 것을 좋아하는 것처럼 제자들도 순수한 사랑과 듣기를(받기를) 갈구해야 한다고 가르치신다. See, Bruner, *The Churchbook: Matthew 13-28*, p. 634.

발생하게 될 것이다.

물론 어린이들도 역시 많은 결점을 가졌다. 그러나 여기서 예수님은 어린이를 대표하는 특징들을 강조하기 원하셨다. 어린이는 쉽게 믿고 신뢰한다. 어린이는 겸손하고 온유하다. 어린이는 허풍과 화려함에 매료되지 않는다. 어린이들은 대부분의 사람들을 차별 없이 받아들인다. 어린이는 확실히 사람들의 박수와 칭찬을 원할 만큼 본성적으로 "야심적"이지 않다. 아마도 어른들이 어린이들을 야심적이 되도록 만들지 모르나 어린이들은 어른들이 다르게 훈련시키기 전까지는 우리가 부르는 것처럼 자연적인 상태로 남아 있는 것이다.

더 나아가 어린이는 어머니와 아버지를 바라보면서 살 것이다. 물론 어린이에게는 많은 죄가 있다. 그러나 여기서 그리스도가 지적하고 있는 것은 어린이가 부모를 의지하고 믿고 또 부모 안에서 즐거움을 찾는 것처럼 이 제자들도 우선 그들이 차지할 높은 관료직에 관심을 보일 것이 아니라, 자기 자신 이외의 대상 즉 그리스도, 하나님, 왕국 등에 관심을 가져야만 한다는 것이다.

실족시키는 죄(마 18:6~10)

그리스도는 실족시키는 것에 대해 계속해서 가르치신다. 그는 이제 어린이에 대해 우리가 가져야만 하는 태도에 관해 가르치신다. 어른들은 어린 아이처럼 될 필요가 있다. 어른들은 어린이들이 어른처럼 생각하고 행동하기를 원한다. 그러나 그리스도께서는 이를 바꾸어 어른이 어린 아이처럼 되도록 요구하신다. 우리는 종종 "큰 자"처럼 행동하기 때문에 우리 역시 다른 사람을 실족시킬지 모르며 이는 심각한 문제인 것이다. 어린 아이를 실족시키는 것은 그가 일어날 수 없어 결국 멸망되도록 그를 넘어뜨리는 것이다. 이는 심각한 일인 것이다. 어린이는 신뢰를 잘 하기 때문에 그를 인도하기는 매우 쉬운 일이다. 그러므로 우리는 그를 넘어뜨릴 장애가 되지 않도록 어린이에 대한 우리들의 행동을 두 배로 조심하여야 하는 것이다.

그리스도께서는 가장 심각하신 상태로 다른 사람을 실족시키는 사람들에게 화를 선포하신다. 이 같은 화는 그리스도가 선포하신 축복이 성취되는 만큼 확실하게 성취되고 실제로 발생하게 될 것이다. 헨리 드러몬드(Henry Drummond)는 "누구든지 나를 믿는 이 작은 자 중 하나를 실족하게 하면 차라리 연자 맷돌이 그 목에 달려서 깊은 바다에 빠뜨려지는 것이 나으리라"(마 18:6, 개역개정)의 말씀을 해석하면서 연자 맷돌을 목에 달고 바다에 빠지는 것은 확실하게 죽은 것이기 때문에 어린이와 같은 믿는 작은 자를 실족하게 하면 즉 작은 자를 사랑하지 않아서 작은 자가 실족하게 되면 차라리 자신이 죽는 것이 낫다고 말한다. 드러몬드는 이 말씀은 "사랑하지 않는 것보다 살지 않는 것이 더 낫다"고 강하게 도전한다.[14]

그러면 실족시키는 일이 발생했을 때 어떻게 처리하여야 하는가? 우선 자기 자신의 실족은 눈을 빼고 손을 잘라버리는 각고의 결심으로 실족하지 않도록 해야 한다. 예수님은 불구의 몸을 가지고 "영생에 들어가는 것이"(마 18:8) 성한 몸을 가지고 영원한 불에 떨어지는 것보다 낫다고 실족의 심각성을 강조하여 말씀하신다(마 18:6~10).

그리고 타인이 실족하는 경우에는 정당한 방법에 의거하여 그 실족을 처리하라고 말씀하신다. 형제가 범죄 하면 먼저 단 둘이서만 조용하게 범죄한 형제에게 권면해야 한다. 그리고 개인적인 권면을 듣지 않으면 두세 증인과 함께 권면하고, 두세 증인과 함께하는 권면도 받아들이지 않으면 그를 교회의 교제권 밖으로 내쫓으라고 말한다. 이렇게 하는 것은 범죄한 형제를 사랑하기 때문에 그렇게 하는 것이며 교회 공동체를 보호하기 위해서 그렇게 하는 것이다(마 18:15~20 참조). 오늘날 매우 잘 알려진 이 같은 지침이 더욱 주의 깊게 실천된다면 많은 문제를 해결하게 될 것이다

갈릴리 사역의 특성들

갈릴리 사역은 주로 여행으로 구성되었다. 이때 예수님은 갈릴리 북쪽 지역과 유대 영토 바깥으로 여행하셨다. 그는 이 기간에 확실히 이방인 전도를 하고 계셨다. 요한복음 6장의 사실은 그리스도께서 물러나셔서 이방

---

14) Henry Drummond, 『세상에서 가장 귀한 것』 박형용 역 (서울: 새순출판사, 1983), p. 38. 렌스키는 마태복음 18:6의 σκανδαλίζειν의 의미는 항상 단순한 거침돌 이상의 뜻을 가지고 있으며 그 뜻은 "영적인 파멸"(spiritual destruction)을 뜻한다고 말한다. 렌스키는 "The sense is : whoever destroys a child or a childlike believer spiritually incurs the greatest wrath of Christ."라고 본 구절의 의미를 설명한다. Cf. Lenski, *The Interpretation of St. Matthew's Gospel*, p. 686.

전도를 한 이유를 말해준다(요 6:15 참조). 사람들이 예수님을 왕으로 모시기 원했기 때문이다.

① 갈릴리 사역의 기간을 세 가지의 특징으로 설명할 수 있다.

첫째, 예수님은 복음화에 주력하셨다. 누가복음은 예수님의 갈릴리 사역을 누가복음 4:14부터 누가복음 9:50까지 기록하고 있다. 예수님은 이 기간 중 구약의 예언이 자신을 통해 성취되고 있음을 증거하며(눅 4:18~21), 자신의 죽음의 의미를 밝히신다(눅 7:36~40; 9:31).

둘째, 예수님은 왕국확장을 위해 필요한 조직을 만드신다. 이 기간 동안 예수님은 그의 제자들을 부르셔서 그들에게 사명을 맡기신다(눅 5:27~29; 6:12~16; 9:1~6). 예수님은 열두 제자에게 모든 귀신을 제어하며, 병을 고치는 능력과 권세를 주시며 하나님 나라를 전파하게 하신다.

셋째, 예수님은 부르신 사도들을 가르쳐서 준비시키신다. 그리스도께서는 그들을 가르치시는데, 이 기간에 그의 시간의 상당한 부분을 보내셨다. 예수님은 천국의 사역을 위해서는 고난도 감수해야 함을 가르친다. 그리고 예수님은, 천국의 사역은 죄로 인해 왜곡된 창조질서를 회복시키는 일임을 친히 가르치신다.

예수님이 갈릴리에서 활동하셨던 이유는 그의 적들이 유대 지방에서 그를 죽이기 원했기 때문이었다. 그러므로 유대로부터 가장 먼 지역에 계심으로써 예수님은 그들과의 충돌을 피하셨던 것이다. 그러나 우리가 알고 있듯이 적대자들은 예수님을 홀로 있게 하지 않는다. 서기관들과 바리새인들은 그를 추적하고 여러 장소로 그를 쫓아갔다. 그가 외적인 충돌을 피했을지라도 그가 잘 알고 있었듯이 그의 때는 가까이 다가오고 있었다. 그때가 이르렀을 때 그는 준비되어 있을 것이며, 그의 제자들은 필요한 지시를 이미 받은 상태로 그때를 맞이하게 될 것이다. 그리고 그들은 훗날 그 지시를 회상하며 이를 사용하게 될 것이다.

② 갈릴리 사역에 대한 몇 가지 요점

첫째, 갈릴리 사역은 약 16개월쯤 지속되었을 것이다(어떤 이들은 1년으로 추정한다).

둘째, 이 기간 동안에 예수님께서는 사람들이 열정적으로 반응할 정도로 그의 가르침과 기적으로 무리들을 놀라게 하셨다.

셋째, 이 기간 동안에 예수님께서는 종교지도자들의 적대감을 일으켰다. 그 당시 종교지도자들은 예수님의 교훈을 그대로 받을 수 가 없었다.

넷째, 이 기간 동안에 다음과 같은 특징이 나타난다. 다음의 특징은 갈릴리 사역의 요약과 같다.

가. 예수님의 가르치심에 대한 열정적 반응

나. 예수님에 대한 적대감의 증가

다. 예수님의 해석적 설교

라. 예수님을 따르려는 결심과 예수에 대한 배척

③ 여기서 누가복음에 의지하여 예수님의 행적을 고찰하는 것이 도움이 되리라 생각한다. 누가복음은 예수님의 행적을 네 부분으로 나누어 기술하고 있다.

첫째, 누가복음 1:1~4:13은 예수님의 탄생과 그와 관련된 사건들을 기록한다.

둘째, 누가복음 4:14~9:50은 갈릴리 지방에서의 예수님의 사역을 기록한다.

셋째, 누가복음 9:51~19:44은 예루살렘을 향한 여정 중 예수님의 교훈을 기록한다.

넷째, 누가복음 19:45~24:53은 예루살렘에서의 예수님의 수난과 부활 그리고 승천 사건들을 기록한다.

이상의 기록이 연대적으로 선후가 정확하다는 뜻은 아니지만 누가는 예수님의 행적을 이처럼 네 가지 구분으로 나누어 그의 복음서를 기록했다.

누가는 예수님의 갈릴리 사역을 마무리하고 누가복음 9:51에서 "예수께서 승천하실 기약이 차가매 예루살렘을 향하여 올라가기로 굳게 결심하시고"라고 예수님의 예루살렘을 향한 여정의 시작을 설명한다. 그후 누가는 예수님께서 예루살렘을 향하여 가고 계심을 여러 차례 언급하고 있다(눅 9:53; 13:22; 17:11; 18:31; 19:28).

4. 예루살렘에서의 초막절 참석(요 7:1~52; 7:53~8:11)

그 후에 예수께서 갈릴리에서 다니시고 유대에서 다니려 아니하심은 유대인들이 죽이려 함이러라 유대인의 명절인 초막절이 가까운지라 그 형제들이 예수께 이르되 당신이 행하는 일을 제자들도 보게 여기를 떠나 유대로 가소서 스스로 나타나기를 구하면서 묻혀서 일하는 사람이 없나니 이 일을 행하려 하거든 자신을 세상에 나타내소서 하니 이는 그 형제들까지도 예수를 믿지 아니함이러라 예수께서 이르시되 내 때는 아직 이르지 아니하였거니와 너희 때는 늘 준비되어 있느니라 세상이 너희를 미워하지 아니하되 나를 미워하나니 이는 내가 세상의 일들을 악하다고 증언함이라 너희는 명절에 올라가라 내 때가 아직 차지 못하였으니 나는 이 명절에 아직 올라가지 아니하노라 이 말씀을 하시고 갈릴리에 머물러 계시니라 그 형제들이 명절에 올라간 후에 자기도 올라가시되 나타내지 않고 은밀히 가시니라 명절 중에 유대인들이 예수를 찾으면서 그가 어디 있느냐 하고 예수께 대하여 무리 중에서 수군거림이 많아 어떤 사람은 좋은 사람이라 하며 어떤 사람은 아니라 무리를 미혹한다 하나 그러나 유대인들을 두려워하므로 드러나게 그에 대하여 말하는 자가 없더라 이미 명절의 중간이 되어 예수께서 성전에 올라가사 가르치시니 유대인들이 놀랍게 여겨 이르되 이 사람은 배우지 아니하였거늘 어떻게 글을 아느냐 하니 예수께서 대답하여 이르시되 내 교훈은 내 것이 아니요 나를 보내신 이의 것이니라 사람이 하나님의 뜻을 행하려 하면 이 교훈이 하나님께로부터 왔는지 내가 스스로 말함인지 알리라 스스로 말하는 자는 자기 영광만 구하되 보내신 이의 영광을 구하는 자는 참되니 그 속에 불의가 없느니라 모세가 너희에게 율법을 주지 아니하였느냐 너희 중에 율법을 지키는 자가 없도다 너희가 어찌하여 나를 죽이려 하느냐 무리가 대답하되 당신은 귀신이 들렸도다 누가 당신을 죽이려 하나이까 예수께서 대답하여 이르시되 내가 한 가지 일을 행하매 너희가 다 이로 말미암아 이상히 여기는도다 모세가 너희에게 할례를 행했으니 (그러나 할례는 모세에게서 난 것이 아니요 조상들에게서 난 것이라) 그러므로 너희가 안식일에도 사람에게 할례를 행하느니라 모세의 율법을 범하지 아니하려고 사람이 안식일에도 할례를 받는 일이 있거든 내가 안식일에 사람의 전신을 건전하게 한 것으로 너희가 내게 노여워하느냐 외모로 판단하지 말고 공의롭게 판단하라 하시니라 (요 7:1-24, 개역개정).
예수는 감람 산으로 가시다 아침에 다시 성전으로 들어오시니 백성이 다 나아오는지라 앉으사 그들을 가르치시더니 서기관들과 바리새인들이 음행 중에 잡힌 여자를 끌고 와서 가운데 세우고 예수께 말하되 선생이여 이 여자가 간음하다가 현장에서 잡혔나이다 모세는 율법에 이러한 여자를 돌로 치라 명하였거니와 선생은 어떻게 말하겠나이까 그들이 이렇게 말함은 고발할 조건을 얻고자 하여 예수를 시험함이러라 예수께서 몸을 굽히사 손가락으로 땅에 쓰시니 그들이 묻기를 마지 아니하는지라 이에 일어나 이르시되 너희 중에 죄 없는 자가 먼저 돌로 치라 하시고 다시 몸을 굽혀 손가락으로 땅에 쓰시니 그들이 이 말씀을 듣고 양심의 가책을 느껴 어른으로 시작하여 젊은이까지 하나씩 하나씩 나가고 오직 예수와 그 가운데 섰는 여자만 남았더라 예수께서 일어나사 여자 외에 아무도 없는 것을 보시고 이르시되 여자여 너를 고발하던 그들이 어디 있느냐 너를 정죄한 자가 없느냐 대답하되 주여 없나이다 예수께서 이르시되 나도 너를 정죄하지 아니하노니 가서 다시는 죄를 범하지 말라 하시니라(요 8:1-11, 개역개정).

예수님의 초막절 참석(요 7:10~52)

① 사도 요한은 "그 후에"(μετὰ ταῦτα, 요 7:1)라는 표현으로 이전의 사건들과 예수님이 초막절에 예루살렘을 방문한 사건의 시간적인 관계를 설명한다. 5,000명을 먹인 사건(요 6:1~13)과 생명의 떡 강화(요 6:31~59) 후에 예수님은 갈릴리에서 계속 걸어 다니시면서 그의 사역을 계속하였다. 본문의 "다니시고"(περιεπάτει, 미완료)는 예수님의 사역의 방법이 어떤 것이었던 것을 짐작케 한다. 예수님은 도보로 걸어 다니시면서 그의 사역을 계속하신 것이다.

시간적인 흐름을 보면, 초막절 사건은 5,000명 먹인 사건으로부터 6개월 후에 발생한 사건이다. 5,000명 먹인 사건은 유월절(요 6:4, 3월 말경, 유대력 1월 14일) 명절 때에 있었으며 초막절은 그로부터 약 6개월(10월 초순경,

유대력 7월 15~21일) 후에 뒤따라오기 때문이다. 이 사실은 예수님께서 6개월 동안 걸어 다니며 사역을 계속하신 것을 보여준다. 또한 사도 요한은 예수님의 사역 중 예수님이 그리스도시며 하나님의 아들이심을 사람들이 믿도록 하기 위해 그 목적에 부합하는 사건들만 골라서 기록한 것이다(요 20:31 참조).

예수님께서는 자신에게 적절한 시기에 예루살렘으로 가기를 원하셨다. 우리는 예루살렘에 있는 당국이 그를 체포할 적절한 기회를 바라며 기다리고 있음을 기억할 것이다. 그 이유로 인해 예수님께서는 유대 땅 대신에 갈릴리에서 활동하셨다. 예수님의 갈릴리 사역은 약 1년간으로 추정된다. 공관복음은 예수님의 이 기간 동안의 사역에 대해 그들의 관심을 집중시킨다.[15]

② 예수님의 형제들은 초막절이 가까이 다가오자 예수님께서 그 절기에 참석하기를 원하였다(요 7:3). 그리스도께서는 누구에게도 지시받는 것을 거절했다. 따라서 그는 그의 적절한 시간에 예루살렘에 올라가셨다.

우리들은 왜 그의 형제들이 예수님의 예루살렘 여행을 원했는지 궁금해 할 수 있다. 물을 것도 없이 그들은 그리스도께서 공공연히 자신을 선포하기를 원했다. 그들은 많은 사람들이 전에 그랬듯이 그리고 마귀가 시험 때 했던 것처럼 그가 왕 되심을 선포하기를 원했다(요 6:15). 다시 여기서 우리는 그들이 경배하기 원했던 왕, 즉 메시아가 어떤 종류의 메시아가 되어야 한다고 그들이 만들기를 원하는 메시아 상을 보게 된다. 그러나 예수님께서는 그런 유혹에 넘어가지 않으실 것이다. 예수님의 형제들은 일시적인 메시아, 정치적인 메시아, 이스라엘 나라 중심적인 메시아를 기다리고 있었다. 그의 형제들은 확실히 믿는 자들이 아니었으며, 이는 그들이 예수님과 그의 사역을 냉소적으로 축소시키는 가운데 나타나고 있다. 공관복음서는 예수님의 형제들이 불신자였음을 좀 더 명백히 밝힌다(막 3:21, 31~35 참조).

그런데 요한복음 7:1~9에 묘사된 예수님의 행동과 요한복음 7:10~13에 묘사된 예수님의 행동을 비교하면 예수님의 인격과 신실성에 문제가 있는 것처럼 보인다. 예수님은 그의 형제들이 초막절에 예루살렘으로 올라갈 것을 권유하자 "내 때가 아직 차지 못하였으니 나는 이 명절에 아직 올라가지 아니하노라"(요 7:8, 개역개정)고 예루살렘에 올라가지 않을 것이라고 말한

---

15) D.A. Carson, *The Gospel According to John*, p. 305.

다. 그런데 그의 형제들이 명절에 올라간 후에 예수님도 뒤따라 올라가셨다(요 7:10). 우리는 상충되는 것처럼 보이는 이 구절들을 어떻게 해석할 수 있는가? 예수님이 거짓말하신 것인가? 아니면 이 구절에 더 깊은 의미가 함축되어 있는가?

우리는 이 문제를 해결하기 위해 이 구절의 배경을 알아야 한다. 예수님의 형제들이 예수님에게 예루살렘으로 올라갈 것을 요청한 이유는 요한복음 7:4에 명백히 진술되어 있다. "스스로 나타나기를 구하면서 묻혀서 일하는 사람이 없나니 이 일을 행하려 하거든 자신을 세상에 나타내소서"(요 7:4, 개역개정). 예수님의 형제들의 소망은 예수님이 유대에 올라가서 정치적인 메시아로, 이스라엘을 구할 메시아로 드러내 놓고 활동하기를 원한 것이다. 예수님의 형제들은 예수를 아직 믿지 않은 상태이기 때문에 그런 생각을 할 수밖에 없었다(요 7:5).

그러나 예수님은 그들의 생각에 일치하는 그런 메시아로 오시지 않았다. 그래서 예수님은 "내 때가 아직 차지 못하였다"(요 7:8)라고 말씀하시면서 그들이 원하는 일을 하기 위해서는 명절에 예루살렘으로 올라가지 않을 것임을 분명히 한 것이다. 본문의 "내 때"는 예수님의 죽음의 때를 가리키지 않고 예수님께서 예루살렘으로 여행할 때를 가리킨다.[16] 예수님이 후에 예루살렘으로 올라가신 것은 그의 형제들이 요청한 목적과는 전혀 다른 목적으로 올라가신 것이다. 그런 이유로 예수님은 자신을 드러내지 않고 비밀리에 올라가신 것이다(요 7:10). 예수님은 예루살렘에 올라가셔서 그의 형제들이 원하는 일은 하지 않았지만 자신이 진정한 의미의 메시아란 사실은 그의 가르침을 통해서 나타내 보여주신다(요 7:16~52 참조).

③ 초막절에 대한 몇 가지 설명

첫째, 초막절은 유대인의 감사 절기였다. 그러나 추수를 위한 감사 절기는 아니다. 비록 추수는 이미 끝났지만 초막절의 감사는 좋은 땅에 있게 된 것에 대한 감사이다. 우리는 이 절기가 이스라엘 백성이 장막에 거주했던 것을 기념하는 것임을 기억한다. 초막절은 큰 절기 중 세 번째로 현대월력으로

---

16) John Calvin, *The Gospel According to St. John*, part I (chapters 1–10), trans. T.H.L. Parker (Grand Rapids: Eerdmans, 1974), p. 182; D.A. Carson, *The Gospel According to John*, pp. 307–308; 박윤선 『성경주석: 요한복음』 (서울: 영음사, 1981), pp. 240–241.

10월 초에 기념되었다. 이 절기는 7일 동안 지속되었다(레 23:26).

둘째, 유대의 속죄일도 유대월력으로 7번째 달(티쉬리)에 지키는데(레 16:29 이하; 23:27 이하), 초막절은 속죄일 5일 후에 지키게 된다(레 23:34 이하). 속죄일에는 이스라엘의 죄가 다음 해로 넘어가게 되어 있다. 우리는 여기서 왜 초막절이 감사의 절기이며 즐거운 축제의 절기인지 알 수 있게 된다.

셋째, 초막절은 3가지 특징을 나타낸다. 이스라엘 백성이 출애굽한 후 광야에서 경험한 생활의 특징이다. 세 가지 특징은 가. 즐거움의 축제, 나. 장막에서의 거주, 다. 희생제물과 제사 이다.

④ 명절 축하 기간 중 예수님의 교훈

예수님께서는 초막절 초기에 공개적으로 오신 것이 아니라(요 7:8~9), 절기가 시작된 후 조용하게 올라가 참석하셨다. 대중은 그가 명절에 참석할 것을 예상했을 것이며 기대감을 가지고 그를 기다렸으나 그는 여전히 지체하고 계셨다. 그런데 예수님께서 도착하셔서 그의 극적인 설교를 하시게 된다 (요 7:14~38).

그리스도께서 "누구든지 목마르거든 내게로 와서 마시라"(요 7:37, 개역개정)고 말씀하신 것은 명절의 마지막 날이었다. 초막절 의식은 제사장이 7일 동안 매일 실로암 못에 가서 물병에 물을 가득 채워 와 제단 밑에 붓는 의식을 거행했다. 그들은 메시아가 생명의 물이라는 점을 묘사하기 위해 상징적으로 이 의식을 행했다. 본문 요한복음 7:37~38을 중심으로 두 가지 문제가 대두된다. 하나는 구두점을 어디에 찍느냐 이며 다른 하나는 "그 배에서"(요 7:38)가 누구의 배를 가리키느냐이다.

첫째, 구두점 찍는 문제를 다루어 보자.

일반적으로 우리는 구두점(full stop)을 "마시라"(πινέτω) 다음에 찍는다. 그럴 경우 개역한글판처럼 "누구든지 목마르거든 내게로 와서 마시라"로 번역된다. 그러나 어떤 이는 구두점을 "내게로"(πρός με) 다음에 찍어야 한다고 주장한다. 그럴 경우 "마시라"는 38절 상반절과 같이 번역해야 한다. 이 경우의 본문 번역은 "누구든지 목마르거든 내게로 나아오게 하라" 그리고 "나를 믿는 자는 마시게 하라"고 할 수 있다. 이 두 견해 중에 구두점을 "마시라" 다음에 찍어 "누구든지 목마르거든 내게로 와서 마시라"고 번역하는 것이 더 타당하다고 생각한다. 왜냐하면 목마른 사람과 마시는 것은 잘 어울리지만 믿는 사람과 마시는 것은 잘 어울리지 않기 때문이다. 모리스 (Morris)는 "우리가 마시리라 기대할 수 있는 사람은 목마른 사람이지 믿는 사람이 아니다"[17]라고 말한다.

둘째, "그 배에서 생수의 강이 흘러나오리라"(요 7:38, 개역개정)에서 "그 배"가 누구의 배이냐 하는 문제이다. 기독론을 강조해서 해석하는 사람은 그 배가 그리스도의 배를 가리킨다고 해석한다. 이렇게 해석하는 이유는 그리스도가 생수를 공급하지 성도들이 생수를 공급할 수 없다는 데 근거를 둔 것이다.

그러나 "그의 배" 할 때 "그의"는 앞에 나오는 "나를 믿는 자" 즉 성도를 가리키지 그리스도를 가리킨다고 생각할 수 없다. 그리고 본문에서 생수의 근원을 성도 자신이라고 말하지 않는다. 오히려 다음 절인 요한복음 7:39에서 "이는 그를 믿는 자들이 받을 성령을 가리켜 말씀하신 것이라"(개역개정)고 말한 것처럼 생수의 근원은 성도 안에 내주하시는 성령인 것이다. 그러므로 본문의 "그 배에서"는 성도들의 배에서를 가리킨다(참조, 요 4:14). 그리고 생수의 강이 성령으로 말미암아 성도들의 배에서 흘러내릴 것을 뜻한다.[18] 이처럼 예수님께서 자신이 메시아이심과 성도들이 받을 성령에 대해 말씀하실 때 대중들은 예수님에 대한 견해로 나누어진다. 어떤 이들은 그가 위대한 선지자라고 생각하며, 다른 이들은 그가 그리스도일 것이라는 증거를 보기 시작한다. 반면에 어떤 이들은 그를 기꺼이 죽이려 하였으나 어느 누구도 그에게 손을 대지 못했다. 성전수비대조차 그의 가르침에 의해 사로잡혀 그를 잡지 못했기 때문에 상관들에게 꾸지람을 받았다. 여기서 공공연히 예수님을 변호하고 있는 니고데모를 보게 된다.

간음하다 잡힌 여인(요 8:1~11)

요한복음 8:1~11의 내용이 어떤 사본에는 없을지라도 그리고 이 부분을 본문에 포함시키는 이유나 생략시키는 이유에 대해 본문 비평을 하지 않더라

---

17) Leon Morris, *Expository Reflections on the Gospel of John* (Grand Rapids: Baker, 1988), p. 278.
18) Carson, *The Gospel According to John*, pp. 322-325.

도 몇몇 신뢰할 만한 사본이 이 본문을 포함하고 있고 또 지금까지 우리에게 전해온 사실은 우리가 이 본문을 공부 할 충분한 이유가 된다. 성경의 이 본문이 비록 좋은 사본에는 없을지라도 이 사건이 역사적으로 발생한 사건임에는 틀림없다.[19] 간음하다 잡힌 여인의 이야기는 간음이 그렇게 큰 문제가 아닌 것처럼 생각하게 한다. 그러나 초대교회는 간음을 심각한 죄로 생각했기 때문에 그들의 입장과 반대되는 의미를 제공하는 이 이야기를 꾸며낼 이유가 없는 것이다. 그러므로 간음하다 잡힌 여인의 이야기는 실제로 발생했으나 어떤 이유에서인지 초기 사본들에 포함되지 않았을 뿐이다.[20]

이 이야기는 한 인간의 모습을 그린 이야기이다. 절기 때 예루살렘에는 많은 사람들이 있었고 기쁨과 축하가 있었고 이와 관련하여 죄 또한 만연했다는 사실을 기억해야 한다. 절기를 축하하는 모든 사람들과 모든 것들이 순수하지 않았다. 의심할 바 없이 부도덕과 간음 또한 머리를 들었다. 여기서 아마 정화 작업의 일환으로 당국자들은 간음한 여자를 붙잡아 그녀를 재판에 회부하기 전 예수님께서 이런 경우에 무엇이라 말씀하시는가를 알아보고 가능하다면 예수님이 올무에 걸리기를 원했다.

간음하다 붙잡힌 여인의 용서는 그리스도께서 여자들의 지위를 높이신다는 것이다. 결국 이 여자를 붙잡아 그녀를 벌하려 한 것은 여자들을 향한 서기관들과 바리새인들의 태도를 보여주었다. 율법은 간음의 경우에 남자도 똑같이 죄가 있다고 규정하고 있으나 남자는 자유롭게 떠났고 이 여자는 수치와 형벌을 받아야만 했다. 지금처럼 그때도 남자는 죄를 짓고는 재빨리 자유로울 수 있다. 여자는 죄의 대가를 지불한다. 그리스도께서는 여자의 지위를 올리며 기독교도 마찬가지로 여자의 지위를 높인다.

더 나아가 이 바리새인들은 예수님을 시험하려는 올무로 이 여자를 사용하고 있는 만큼(요 8:6) 의에 대해서는 큰 관심을 가지고 있는 것 같지 않다. 그들은 예수님을 체포하기 위해 여자를 상품화하고 있으며 우롱하고 있는 것이다. 예수님께서는 속으로 의분을 품으시고 계셨음에 틀림없다. 물론 그 여자는 죄인이었다. 물론 그 여자는 율법을 범했으나 그 여자를 이런

---

19) 요 7:53-8:11을 포함하는 사본들은 D, G, H, K, M, U, T 등이다.
20) Morris, *Expository Reflections on the Gospel of John*, p. 291; Carson, *The Gospel According to John*, pp. 333-335.

방법으로 다룰 수는 없는 것이다. 왜 예수님께서 처음에 말씀하지 않으셨는지를 우리는 이해할 수가 있다. 예수님께서 말씀하셨을 때 예수님은 그들의 마음을 읽고 계셨다. 그들의 마음 또한 죄로 가득 차 있었다. 좋게 생각하여 이는 그리스도를 시험하는 죄였다고 생각하자. 그러나 한 가지 죄로 차있는 마음은 매우 쉽게 다른 죄로 빠져들 수 있는 것이다. 이 사람들은 그들의 생각과 행위가 그 여자보다 더 순수하지 않다는 것을 인정해야만 할 것이다. 그러나 그녀는 붙잡혔고 그들은 보호될 수 있는 위치에 있었기 때문에 붙잡히지 않았다.

요한복음 8:4의 "간음하다가 현장에서 잡혔나이다"(ἐπ' αὐτοφώρῳ)는 논쟁의 여지가 없을 만큼 명백한 증거가 있다는 뜻이다. 서기관들과 바리새인들은 이 명백한 증거를 가지고 예수를 넘어뜨리기 위해 시험하고 있는 것이다. 그러나 예수님은 그들의 마음을 읽고 있으시기 때문에 처음에는 대답하지 않으시고 앉으신 상태에서(요 8:2) 몸을 굽히사 땅에 글을 쓰신 것이다(요 8:6). 예수님께서 땅에 쓴 글이 무엇이었는지, 누구를 향한 말씀이었는지에 대해서는 알려진 바 없다. 데렛(Derrett)은 예수님께서 첫 번째 몸을 굽혀 글을 쓰실 때는 "악인과 연합하여 위증하는 증인이 되지 말라"(출 23:1하, 개역개정)를 썼으며, 두 번째 몸을 굽혀 글을 쓰실 때는 "거짓 일을 멀리하며 무죄한 자와 의로운 자를 죽이지 말라 나는 악인을 의롭다 하지 아니하겠노라"(출 23:7, 개역개정)를 썼다고 제안한다.[21] 이 제안은 간음하다 잡힌 여인을 많이 이해하는 입장임을 보여주지만 추측일 뿐 아무런 근거도 없는 것이다. 예수님은 쓰신 내용과 대상에 대해 알리시지 않는 것을 기뻐하셨다. 그러나 한 가지 분명한 것은 예수님께서 "너희 중에 죄 없는 자가 먼저 돌로 치라"(요 8:7, 개역개정)는 말씀 전에 글을 쓰신 행동과 그 말씀 후에 글을 쓰신 행동은 그 주변에 있던 사람들에게 예수님에 대한 존엄과 경외심을 갖게 만들었던 것만은 틀림없다.[22]

그리스도께서 죄를 두둔하고 계신다고 잠시라도 그렇게 생각해서는 안 된다. 예수님이 그 여인에게 주신 대답을 보라. 그는 그녀를 여기서 공공연히

---

21) J. Duncan M. Derrett, *Law in the New Testament* (Darton, Longman and Todd, 1970), p. 187.
22) William Hendriksen, *The Gospel of John* Vol. Ⅱ (Grand Rapids: Baker, 1975), p. 38.

정죄하지 않으셨으나 그리스도와 진리 그리고 정의 앞에 서있다는 것이 이미 그녀를 정죄한 것이다. 그녀는 그리스도께서 알고 계셨듯이 잘못했음을 알았다. 그리스도께서는 그녀에게 "다시는 죄를 짓지 말라"고 말씀하신다(요 8:11). 결국 그리스도께서는 "죄"를 죄로 부르셨다. 신명기 22:22~24은 간음하다 붙잡히면 남자와 여자 두 편 다 죽여야 할 것을 말했다. 이제 예수님은 여자에게 "너는 마땅히 죽어야 할 형편에서 구원받았다. 이제 너는 시간을 빌려서 살고 있는 셈이다. 그 시간은 바로 나의 시간이다. 이제 너는 가라. 가서 새로운 삶을 살아라. 그리고 그렇게 살 때에 더 이상 죄를 짓지 말라."라고 말씀하신다

5. 하나님 나라와 참 제자도(눅 9:57~62; 참조, 마 8:18~22)

> 길 가실 때에 어떤 사람이 여짜오되 어디로 가시든지 나는 따르리이다 예수께서 이르시되 여우도 굴이 있고 공중의 새도 집이 있으되 인자는 머리 둘 곳이 없도다 하시고 또 다른 사람에게 나를 따르라 하시니 그가 이르되 나로 먼저 가서 내 아버지를 장사하게 허락하옵소서 이르시되 죽은 자들로 자기의 죽은 자들을 장사하게 하고 너는 가서 하나님의 나라를 전파하라 하시고 또 다른 사람이 이르되 주여 내가 주를 따르겠나이다마는 나로 먼저 내 가족을 작별하게 허락하소서 예수께서 이르시되 손에 쟁기를 잡고 뒤를 돌아보는 자는 하나님의 나라에 합당하지 아니하니라 하시니라 (눅 9:57-62, 개역개정).

누가복음 9:57~62에 묘사된 예수님의 여정은 하나님 나라를 설립하시고 그 나라를 확장해 가시는 모습을 보여준다. 예수님은 이 일을 복음을 선포하심으로(눅 4:16~22), 귀신을 쫓아내심으로(눅 4:31~37), 병자들을 치유하심으로(눅 4:38~44), 그리고 이적을 행하심으로(눅 5:1~11) 진행해 나가셨다. 그래서 예수님은 여러 동네를 다니시면서 하나님의 나라 복음을 전하셔야만 했다(눅 4:43). 예수님을 따르는 추종자들은 예수님을 따름으로 오는 고통과 환난을 맛보기 보다는 오히려 극적인 일을 경험하고 즐거운 일만 경험한 상태였다. 그들은 예수님이 감당하셔야 할 배척과 고난과 십자가의 고통을 감지할 수 없었다.

그런데 예수님은 이제 예루살렘으로 올라가서 고난을 당해야만 한다. 예수님은 자신의 죽음에 대해 여러 차례 예고하신다(요 8:21~30).[23] 예수님

---

23) 공관복음에서는 예수님이 자신의 죽음과 부활을 세 번씩 예고한 것으로 기록한다. 그 기록은 마태복음(첫 번째, 16:21-28; 두 번째, 17:22-23; 세 번째, 20:17-19), 마가복음(첫 번째, 8:31-9:1; 두 번째, 9:30-32; 세 번째, 10:32-34), 누가복음(첫 번째, 9:21-27; 두 번째, 9:44-45; 세 번째, 18:31-34)에 나타나

이 "승천하실 기약이 차가매 예루살렘을 향하여 올라가기로 굳게 결심"(눅 9:51, 개역개정)하신 것이다. 예수님의 앞날은 붉은 카펫이 펼쳐있는 길이 아니며, 장미꽃이 만발한 화원을 걷는 것도 아닌 것이다. 예수님의 앞날은 배신과 배척과 고난과 고통의 길이요, 종국에는 십자가의 죽음인 것이다. 이런 상황에서 세 사람이 예수님을 좇겠다고 나선 것이다. 그리고 예수님은 그들에게 적절한 대답을 하셨다.

참 제자도와 고난

누가는 "길 가실 때에 어떤 사람이 여짜오되"(눅 9:57, 개역개정)라고 말함으로 첫 번째 사람이 어떤 사람인지 밝히지 않는다. 그러나 마태복음은 "한 서기관이 나아와 예수께 아뢰되"(마 8:19)라고 그 사람이 서기관이었던 것을 밝힌다. 서기관은 구약을 해석하고 랍비의 전통을 해석하는 사람이다. 이 사람은 자신이 선생으로서 율법을 배우고 연구한 사람이다. 그런데 이 사람이 예수님을 좇겠다고 자청한 것이다.24) 이 서기관은 예수님이 가는 곳은 그곳이 어디이든지 예수님을 따르겠다고 말한다. 이 헌신은 마치 베드로의 결심과 비슷하다. "주여 내가 주와 함께 옥에도, 죽는 데에도 가기를 각오하였나이다"(눅 22:33, 개역개정; 참조, 요 13:36~38). 베드로의 결심은 얼마 못가서 예수님을 세 번 부인하는 것으로 끝났다. 마찬가지로 이 서기관의 결심도 무너질 가능성이 있다. 이 서기관은 이상주의자요, 열정적인 사람이지만 앞으로 어떤 어려움이 놓여있는지를 계산해 보지 않은 사람이다.

이 요청에 대해 예수님은 실재를 잘 분별하고 따라야 한다고 제시한다. 예수님은 서기관의 요청을 용납도 하지 않고, 또 거절도 하지 않으면서 그의 앞에 어떤 길이 전개될 것을 설명하신다. "여우도 굴이 있고 공중의 새도 집이 있으되 인자는 머리 둘 곳이 없도다"(눅 9:58, 개역개정). 예수님의 말씀은 예수님을 추종하는 사람들이 항상 장미 꽃다발만 받게 될 것이 아니요, 예수님이 배척을 받고 거처할 곳이 없는 것처럼 그들도 그런 경험을

있다.
24) 본문의 "혹이"를 서기관으로 해석한 학자는 Lenski[*The Interpretation of St. Luke's Gospel* (Minneapolis: Augsburg Publishing House, 1946), p. 559]와 Marshall [*Commentary on Luke* (*NIGTC*), p. 409] 등이다.

할 수 밖에 없을 것임을 밝히신다. 예수님을 추종하는 사람들은 예수님 앞에 배척이 있고, 고난이 있으며, 십자가가 있는 것을 알면서 예수님을 따라야 한다. 십자가의 고난이 없으면 영광의 면류관이 있을 수 없는 것이다(no cross, no crown).

바른 우선순위

누가는 두 번째 사람을 '다른 사람'으로 묘사하며, 예수님이 그에게 '나를 따르라'고 먼저 명령하신 것으로 기록한다(눅 9:59). 그러나 마태복음은 "제자 중에 또 한 사람이 이르되"(마 8:21)라고 말함으로 두 번째 사람이 누구인지를 밝히고, 그리고 그 두 번째 사람이 예수님께 먼저 묻는 것으로 기록한다.[25]

문맥으로 보아 두 번째 사람은 예수님을 이미 따랐던 사람이다. 그리고 그는 예수님의 가르침을 좋게 생각하고 이제는 전적으로 예수님을 따르기 원한 것이다. 즉 넓은 의미에서 제자였던 이 두 번째 사람이 이제는 좁은 의미에서 예수님을 철저하게 따르기를 원한 것이다.[26] 그런데 이 제자에게는 한 가지 해결해야 할 문제가 생겼다. 방금 그의 부친이 세상을 떠났다는 소식을 들은 것이다.[27] 그래서 그 제자는 "내가 먼저 가서 내 아버지를 장사하게 허락 하옵소서"(눅 9:59, 개역개정)라고 예수님을 추종하는 일에 지연이 있을 것을 말한다. 이 제자의 요청은 그 당시의 사회 관습상 자연스러운 것이요, 당연한 것이었다. 랍비들은 친척이 죽으면 정중한 장례를 치러야

---

25) Marshall은 마태복음의 본문을 원본(original)으로 생각하면서 누가복음이 예수님이 먼저 명령하신 것으로 기록한 이유는 예수님의 대답 마지막에 '너는 가서 하나님의 나라를 전파하라'(눅 9:60)는 예수님의 명령과 일치시키기 위해서라고 설명한다. Cf. Marshall, *Commentary on Luke* (*NIGTC*), p. 411.

26) 이 두 번째 사람이 이미 예수님을 따르고 있었던 넓은 의미에서의 제자였기 때문에 예수님은 그에게 '하나님 나라를 전파하라'고 명령할 수 있었다. 만약 두 번째 사람이 전혀 예수님의 일행과 어울리지도 않고, 예수님의 교훈이 무엇인지도 알지 못한 새로운 추종자였다면 '너는 가서 하나님 나라를 전파하라'는 예수님의 명령이 자연스럽지 못한 것이다.

27) Hendriksen(*The Gospel of Luke*, p. 561)과 Lenski(*The Interpretation of St. Luke's Gospel*, p. 561)는 두 번째 사람의 부친이 이미 세상을 떠난 것으로 해석한 반면, Norval Geldenhuys⟨*Commentary on the Gospel of Luke*(*NICNT*, Grand Rapids: Eerdmans, 1968), p. 296⟩와 Marshall⟨*Commentary on Luke*(*NIGTC*), p. 411⟩은 두 번째 사람의 부친이 아직 죽은 상태가 아니요 그저 늙고 병들어 있는 상태일 수 있다고 해석한다. 본 필자는 그 제자의 부친이 방금 세상을 떠난 것으로 본다. 그 이유는 "내가 먼저 가서 내 아버지를 장사하게 허락 하옵소서"의 뜻이 부친이 이미 죽었다는 의미 이외의 다른 뜻으로 해석할 수 없기 때문이다.

하며 이런 장례 행위는 종교적 의식이나 율법연구보다 더 우선으로 취급되어야 한다고 가르쳤다.[28]

이렇게 타당한 요청임에도 불구하고 예수님은 금언과 같은 말씀으로 그의 요청을 거절하신다. 예수님은 "죽은 자들로 자기의 죽은 자들을 장사하게 하고 너는 가서 하나님의 나라를 전파하라"(눅 9:60, 개역개정)고 그의 요청을 거절하는 대신 그가 해야 할 일을 제시하신다. 이 말씀의 뜻은 영적으로 죽은 자들로 육적으로 죽은 그들의 친척을 장사하게 하라는 뜻이다.

이 말씀에서 예수님은 일의 우선순위를 결정해 주시고 하나님의 나라 일은 결코 지연될 수 없는 급박하고 중요한 일이라고 말씀하신다. 하나님 나라의 일은 자연적인 애정이나 가족에 대한 의무 때문에 지연될 수 없는 중요한 것이다. 예수님을 좇는 일이나 하나님의 나라를 전파하는 일은 가장 친근한 가족의 의무까지도 제쳐놓아야 할 만큼 긴급하고 중요한 일이다. 그래서 예수님은 그 제자에게 곧바로 자신을 따라야 한다고 말씀하신다(no excuse).

하나님 나라에서 합당치 않은 반쪽 헌신

마태복음에는 이 세 번째 사람에 대한 기록이 나타나 있지 않다. 세 번째 사람은 첫 번째 사람이나 두 번째 사람보다 더 준비된 상태에 있는 사람이다. 그는 예수님을 추종할 준비가 되어있지만 한 가지 조건을 덧붙여 예수님에게 요청한다. 세 번째 사람의 요청은 합리적인 요청이요, 너무도 자연스러운 요청처럼 보인다. 그는 "주여 내가 주를 따르겠나이다마는 나로 먼저 내 가족을 작별하게 허락하소서"(눅 9:61, 개역개정)라고 말한다.

이 당연한 요청에 대해 예수님의 대답은 "손에 쟁기를 잡고 뒤를 돌아보는 자는 하나님의 나라에 합당하지 아니하니라"(눅 9:62, 개역개정)였다. 예수님의 말씀은 하나님의 나라에 속한 사람은 다른 어떤 문제도 자신의 거룩한 소명을 방해하거나 흔들리게 해서는 안 된다는 뜻이다. 때때로 인간적으로 대단히 고상한 일인 친구간의 우정이나 가족 간의 사랑이 하나님의 거룩한 소명을 방해하는 경우가 있다(no half-hearted devotion).

---

28) Cf. Strack and Billerbeck, *Kommentar zum Neuen Testament aus Talmud und Midrasch*, vol. I, pp. 487-489.

예수님은 천국의 사역을 위한 전적인 헌신과 무조건적인 충성심이 예수님을 추종하는 사람에게 있어야 할 필수 조건임을 말씀하고 계신다. 예수님은 그의 추종자들은 인자의 거처 없는 상태를 체험할 각오가 되어있어야 하며, 가족으로서의 책임보다도 제자의 길을 걷는 것을 중요하게 생각하고, 그리고 하나님 나라의 일을 위해 뒤를 돌아보지 않고 끝까지 견디며 충성할 것을 말씀하신다. 예수님을 추종하는 일은 너무도 중요하기 때문에 핑계의 여지도 없고, 세상과 타협할 수도 없으며, 반쪽 헌신으로 뛰어들 수도 없는 그런 중차대한 일이다.

6. 칠십 명의 선교(눅 10:1~24)

그 후에 주께서 따로 칠십 인을 세우사 친히 가시려는 각 동네와 각 지역으로 둘씩 앞서 보내시며 이르시되 추수할 것은 많되 일꾼이 적으니 그러므로 추수하는 주인에게 청하여 추수할 일꾼들을 보내 주소서 하라 갈지어다 내가 너희를 보냄이 어린 양을 이리 가운데로 보냄과 같도다 전대나 배낭이나 신발을 가지지 말며 길에서 아무에게도 문안하지 말며 어느 집에 들어가든지 먼저 말하되 이 집이 평안할지어다 하라 만일 평안을 받을 사람이 거기 있으면 너희의 평안이 그에게 머물 것이요 그렇지 않으면 너희에게로 돌아오리라 그 집에 유하며 주는 것을 먹고 마시라 일꾼이 그 삯을 받는 것이 마땅하니라 이 집에서 저 집으로 옮기지 말라 어느 동네에 들어가든지 너희를 영접하거든 너희 앞에 차려놓는 것을 먹고 거기 있는 병자들을 고치고 또 말하기를 하나님의 나라가 너희에게 가까이 왔다 하라 어느 동네에 들어가든지 너희를 영접하지 아니하거든 그 거리로 나와서 말하되 너희 동네에서 우리 발에 묻은 먼지도 너희에게 떨어버리노라 그러나 하나님의 나라가 가까이 온 줄을 알라 하라 내가 너희에게 말하노니 그 날에 소돔이 그 동네보다 견디기 쉬우리라 화 있을진저 고라신아, 화 있을진저 벳새다야, 너희에게 행한 모든 권능을 두로와 시돈에서 행하였더라면 그들이 벌써 베옷을 입고 재에 앉아 회개하였으리라 심판 때에 두로와 시돈이 너희보다 견디기 쉬우리라 가버나움아 네가 하늘에까지 높아지겠느냐 음부에까지 낮아지리라 너희 말을 듣는 자는 곧 내 말을 듣는 것이요 너희를 저버리는 자는 곧 나를 저버리는 것이요 나를 저버리는 자는 나 보내신 이를 저버리는 것이라 하시니라 칠십 인이 기뻐 돌아와 이르되 주여 주의 이름이면 귀신들도 우리에게 항복하더이다 예수께서 이르시되 사탄이 하늘로부터 번개 같이 떨어지는 것을 내가 보았노라 내가 너희에게 뱀과 전갈을 밟으며 원수의 모든 능력을 제어할 권능을 주었으니 너희를 해칠 자가 결코 없으리라 그러나 귀신들이 너희에게 항복하는 것으로 기뻐하지 말고 너희 이름이 하늘에 기록된 것으로 기뻐하라 하시니라 그 때에 예수께서 성령으로 기뻐하시며 이르시되 천지의 주재이신 아버지여 이것을 지혜롭고 슬기 있는 자들에게는 숨기시고 어린 아이들에게는 나타내심을 감사하나이다 옳소이다 이렇게 된 것이 아버지의 뜻이니이다 내 아버지께서 모든 것을 내게 주셨으니 아버지 외에는 아들이 누군인지 아는 자가 없고 아들과 또 아들의 소원대로 계시를 받는 자 외에는 아버지가 누군인지 아는 자가 없나이다 하시고 제자들을 돌아 보시며 조용히 이르시되 너희가 보는 것을 보는 눈은 복이 있도다 내가 너희에게 말하노니 많은 선지자와 임금이 너희가 보는 바를 보고자 하였으되 보지 못하였으며 너희가 듣는 바를 듣고자 하였으되 듣지 못하였느니라 (눅 10:1-24, 개역개정).

칠십 명을 파송한 사건은 남아있는 시간이 많지 않음을 암시하고 있다.

열두 제자는 이미 복음을 전하기 위해 여행을 나간 바 있다. 이제 주님은 70명을 내보내신다.[29] 이 구절은 누가복음 9:51, 57 두 절과 연관됨이 틀림없다. 그리스도께서는 전도여행을 위해 6개 팀 대신 전도여행에 35개 팀을 보유하고 계셨다. 이 사람들은 예수님께서 시작하기를 소망한 일을 위해 미리 내보내신 사역자들이었다. 그들은 예수님 앞에서 길을 준비하게 된다.

주님께서 칠십 명에게 주신 명령

흥미 있는 일은 주님께서 그들에게 풍부한 추수를 위해 기도하라고 요청하지 않으셨다는 사실이다. 풍부한 추수는 예수님 자신에 의해 이루어질 것이다. 그는 이 70명이 추수꾼을 보내주시도록 기도하기를 원하신다. 관심은 일꾼의 부족이지 추수에 있지 않다. 추수할 것이 거기에 많이 있기 때문에 거두는 자들이 있어야만 한다. 이 같은 사실은 오늘날도 마찬가지다. 추수거리가 너무 많기 때문에 일꾼의 과잉공급은 있을 수 없다.

보냄 받은 자들이 마치 이리 가운데 양 같은 것을 기억하면서 가야 한다. 이 구절은 인상적이다. 하나님의 대리자로서 양은 모든 교활함과 모든 강퍅함이 제거된 양들이며, 그 양들은 이리 가운데서 무력할 뿐이다. 그러나 하나님은 그들을 보호하신다. 그들은 찢고 훔치고 죽이는 사악한 피조물인 이리 가운데로 보냄을 받는다. 그러나 양들은 이리보다 더 능력이 강하다. 왜냐하면 참 목자이신 예수님께서 그들과 함께 계시며 그들을 보호할 것이기 때문이다.

제자들이 가야 하는 길

제자들은 필요를 공급해 주실 주님을 신뢰하면서 그들의 일상 필수품을 많이 담고 있는 짐을 가지지 않은 상태로 나아가야 한다. 또한 그들이 해야 할 왕의 일이 긴급하기 때문에 그들은 시간을 낭비할 수가 없다.

제자들은 사람들에게 평안을 전달하는 문안을 하면서 나아가야 한다. 사도들은 단순히 평안을 소원하는 정도에 그치지 않고 실제로 평안을 가져오

---

[29] 예수님께서 내보내신 제자들의 숫자가 70명이었는지 72명이었는지에 대해서는 사본상의 지지도로 보나 학자들의 논리로 보나 분명하게 결정지을 수 없는 문제이다.

는 사람들이다(눅 10:5, 6). 사도들이 가져온 평안은 그리스도가 이루신 하나님 나라 안에서의 평안이다(눅 10:9, 11).

기쁨으로 돌아온 칠십 명

제자들의 사명은 성공적이었음에 틀림없다. 제자들은 그들이 복음을 전할 때 그리고 그들이 병자들을 고칠 때 풍성한 결과를 목격한 것이다. 제자들은 "주여 주의 이름이면 귀신들도 우리에게 항복하더이다"(눅 10:17, 개역개정)라고 그들이 귀신 축출까지 했음을 보고한다. 이때에 예수님께서 "사탄이 하늘로부터 번개같이 떨어지는 것을 내가 보았노라"(눅 10:18, 개역개정)고 말씀하신다. 예수님이 이렇게 말씀하신 것은 상징적으로 말씀하신 것이다.[30) 예수님은 제자들의 복음 선포를 통해 사탄의 사역이 매이게 된 것을 말씀하고 계신다. 이 말씀은 신약시대의 복음 사역자들의 활동을 통해 사탄의 사역이 계속적으로 제한을 받고 매이게 된다는 뜻을 함축하고 있다.

주님은 제자들이 소유하게 될 또 다른 기쁨을 주신다. 그들은 생명책에 그들의 이름이 기록된 하나님의 자녀라는 사실을 알고 기뻐해야한다. 이는 그들에게 힘을 줄 것이다.

7. 마리아와 마르다(눅 10:38~42)

그들이 길 갈 때에 예수께서 한 마을에 들어가시매 마르다라 이름하는 한 여자가 자기 집으로 영접하더라 그에게 마리아라 하는 동생이 있어 주의 발치에 앉아 그의 말씀을 듣더니 마르다는 준비하는 일이 많아 마음이 분주한지라 예수께 나아가 이르되 주여 내 동생이 나 혼자 일하게 두는 것을 생각하지 아니하시나이까 그를 명하사 나를 도와주라 하소서 주께서 대답하여 이르시되 마르다야 마르다야 네가 많은 일로 염려하고 근심하나 몇 가지만 하든지 혹은 한 가지만이라도 족하니라 마리아는 이 좋은 편을 택하였으니 빼앗기지 아니하리라 하시니라 (눅 10:38-42, 개역개정).

마르다와 마리아의 집을 찾으신 예수님

그리스도께서는 자주 베다니에 있는 나사로, 마리아, 마르다의 집에 방문하셨다. 선한 목자는 그의 양들을 항상 돌보며 그들과 함께 시간을 보내려 노력한다. 선교와 목회 원리 중 한 가지는 영혼에 관한 관심을 실제로 나타내는 것이다. 개인적 접촉은 상대방에게 매우 많은 의미를 제공하는 것이다.

---

30) I. Howard Marshall, *Commentary on Luke*(*New International Greek Testament Commentary*, Grand Rapids: Eerdmans, 1978), p. 428.

마을의 이름이 없지만, 여리고로 가는 도중 예루살렘에서 1.5마일에서 2마일 정도(약 3킬로미터) 떨어진 올리브 산 동쪽 측면에 있는 조그만 마을 베다니가 틀림없다. 예수님의 이번 베다니 방문은 유월절 얼마 전에 방문한 것과는 다른 방문이다(요 11:1~2; 12:1~11). 예수님은 예루살렘 근처에서 신실한 성도들의 집을 자주 방문했기 때문에 베다니 마리아의 집을 여러 번 방문한 것이 전혀 문제가 되지 않는다(마 21:17; 26:6~13; 막 11:11; 요 12:1~8 참조).

의심할 여지없이 예수님께서는 두 가지의 목적을 위해 머무셨다. 첫째로 그는 친구 대 친구로서 잠시 동안 함께 있기를 바라셨다. 그러나 그의 두 번째이자 주요목적은 영적인 것에 대해 토론하는 것이었다. 이것이 그의 목적이었기 때문에 예수님께서는 우선 식사하기 위해 오시지 않았을 뿐만 아니라 식사에 대해서는 별로 관심이 없으셨다. 물론 마르다는 식사에 대해 매우 큰 관심을 보여주고 있다.

렌스키(Lenski)는 그리스도께서 그 자매들이 당해야 할 시험에 대해 준비시키고자 이곳에 머무셨다는 견해를 갖고 있다.[31] 예수님의 방문은 미래를 준비하기 위한 힘의 저축이었다. 시험이 오게 되면 예수님께서 최근에 그곳에 계셔서 영적인 일들에 관해 말씀하셨기 때문에 그들은 자연적으로 예수님에게로 생각을 돌릴 것이며 그의 말씀에 대한 기억은 힘이 될 것이다.

마르다의 경우

누가복음 10:40은 마리아와 마르다 사이의 대조를 말해준다. 무엇보다도 마르다가 행한 일 자체에는 아무런 잘못이 없다. 그러나 문제는 이런 일 뒤에 숨겨져 있는 정신에 있는 것이다. 마르다는 마리아가 하고 있는 일과 자신이 하고 있는 일을 동등하게 생각하는 정도를 지나서 자신의 일을 영적인 일 이상으로 높이고 있었던 것이다. 마르다는 누군가가 예수님의 식사 준비를 해야 하기 때문에 그 준비를 자신과 마리아가 함께 해야 한다고 믿었다. 그래서 마르다는 마리아가 예수님과 영적인 문제로부터 잠시 떨어져 식사 준비를 같이 한 후에 두 사람이 예수님 발 앞에 앉아 예수님의 말씀을

---

31) Lenski, *The Interpretation of St. Luke's Gospel*, p. 610.

즐겁게 들을 수 있기를 원한 것이다. 마르다도 역시 그리스도의 가르침에 깊은 관심을 가지고 있었다.

칼빈(Calvin)은 마르다의 잘못을 두 가지로 지적한다. 첫째는 예수님께서 간단한 음식을 먹기 원하셨는데 마르다는 너무 지나치게 준비한 점이요, 둘째는 마르다가 예수님을 떠나 다른 일에 분주함으로 예수님의 방문의 목적을 무용하게 만든 점이라고 한다.[32]

그러나 마리아의 생각은 그리스도와 먼저 얼마간의 시간을 보낸 후 모두가 식탁에 앉아 호화스러운 것은 아닐지라도 몸의 필요를 채워줄 정도의 충분한 음식으로 간단한 점심을 함께 먹을 수 있다는 것이었다. 그리스도께서는 항상 그들과 함께 계시지 않을 것이기 때문에 그와 더 많은 시간을 보내고 음식을 장만하거나 먹는 데는 시간을 보다 더 적게 보내기를 원하신 것이다.

마르다가 분주해야만 하는 이유를 우리는 잘 알 수 있다. 분명히 그녀 역시 그리스도께서 나누어 주고 계신 좋은 것들을 듣고 싶고 참여하고 싶었다. 그러나 누군가가 식사를 준비해야 하고 그 일은 그녀가 해야 했었다. 그래서 마르다는 마리아에게 눈짓과 몸짓으로 신호를 보냈을 것이다. 그러나 모든 노력이 아무 소용이 없게 되자 거의 화가 나서 예수님께로 가서 마리아로 그녀를 돕도록 말해주시기를 청한 것이다.

마르다의 태도는 예수님을 책망하는 느낌을 갖게 한다. 마르다는 예수님이 자신도 예수님 앞에서 말씀 듣기를 원하고 있다는 사실을 알아차렸어야 했다는 어투이다. "주여 내 동생이 나 혼자 일하게 두는 것을 생각지 아니하시나이까?"(눅 10:40) 그런데 주님이 마르다의 그런 생각에 전혀 관심을 보이지 않자 불평하게 된 것 같다.

마리아의 경우

마리아는 주님의 발아래 앉아 그에게서 배웠다. 어느 누구도 주님께서 얼마 동안 그들과 함께 계실지 알지 못했다. 그러나 예수님께서 그들과 있는 동안 마리아는 할 수 있는 한 그로부터 모든 것을 받고 그가 가르치는

---

32) John Calvin, *A Harmony of the Gospels: Matthew, Mark and Luke*, Vol Ⅱ, Trans. T.H.L. Parker (Grand Rapids: Eerdmans, 1975), p. 89.

말씀들을 배우기 원한 것이다. 마리아의 듣는 태도를 설명하는데 사용한 용어가 미완료 시상으로(ἤκουεν) 나타난다. 이는 마리아가 예수님의 말씀을 계속적으로 들었음을 가리켜 준다.[33]

헨드릭센(Hendriksen)은 마리아가 예수님의 발 앞에 앉아 "구세주의 마음과 입으로부터 흘러나오는 생명의 말씀을 진지하게 계속 듣고 있었다"[34]라고 마리아의 모습을 묘사한다.

② 결국 그리스도께서는 하나님 나라에 대한 문제를 토론하기 위해 오셨고 마리아는 이에 대한 그녀의 관심을 나타내 보인 것이다. 이는 참된 종교적 마음이며 칼빈주의 신앙의 핵심이라고 할 수 있다. 우리도 삶의 모든 순간 우리의 모든 하는 일에 있어 하나님께서 영광을 받으시도록 살아야 한다. 하나님께서는 마르다가 하고 있는 일을 통해서도 영광을 받으실 수 있고 또 받으신다는 것이 사실이다. 그러나 그녀는 주님의 발 앞에 앉아있는 동생, 마리아에 대해 좋지 않은 생각을 품고 있음을 스스로 인정하며 일하고 있었다. 우리는 이제 왜 주님께서 마리아가 좋은 것을 선택했다고 말씀하셨는지 이해할 수 있게 되었다.

주님의 대답

① 예수님께서 "마르다야 마르다야"(눅 10:41)라고 마르다를 두 번 부르신 사실은 지금까지 진행된 일이 주님께 매우 중요하였다는 것을 보여준다. 왜냐하면 예수님께서는 마르다의 이름을 강조하시며 감정을 실어 두 번 반복함으로써 마르다에게 대답하셨기 때문이다.

② 예수님은 "네가 많은 일로 염려하고 근심하나"(눅 10:41, 개역개정)라고 마르다의 마음의 형편을 지적 하신다 . 그리스도께서는 마르다의 근심이 마리아로 그녀를 돕게 하는 것보다 훨씬 깊어진 것을 아셨다. 그녀는 적절한 접대와 에티켓 같은 외적인 일들에 대해 "늘 걱정하는 사람"이었다. 이는 대단히 잘못된 것이다. 삶의 과정에는 이와 같은 외적인 일들에 대해 관심을 써야 할 장소와 형편이 있지만, 그러나 그러한 외적인 것들은 우리를 근심시키

---

33) Maximilian Zerwick, *Biblical Greek*(Roma: Editrice Pontificio Istituto Biblico, 1963), p. 91(section 270-272 참조). Zerwick은(*Biblical Greek*, pp. 91-93) 미완료 시상에 대해 자세한 설명을 가한다.
34) Hendriksen, *The Gospel of Luke*, p. 598.

는 그런 중요한 위치에 놓여서는 안 되기 때문이다.

③ 예수님은 "한 가지만이라도 족하니라. 마리아는 이 좋은 편을 택하였으니 빼앗기지 아니하리라"(눅 10:42, 개역개정)고 마리아의 선택이 올바른 것임을 가르쳐 주신다. 한 가지만이란 말이 무슨 뜻인가. 어떤 이는 예수님께서 여러 가지 종류의 음식이 필요 없고 한 가지 음식만 필요하다는 뜻으로 말했다고 해석한다.

그러나 예수님은 좀 더 깊은 의미로 이 말씀을 하셨다. 여기 한 가지는 다른 모든 일을 지배할 수 있는 한 가지 목적을 뜻한다.[35] 결국 예수님의 말씀은 마리아가 택한 예수님의 말씀을 듣는 몫을 가리킨다.[36] 마리아는 좋은 편을 택했다. 주님에게 주의를 기울이며 하나님의 말씀을 먹는 것은 영적이다. 영혼을 먹이고 양육하는 일은 필요한 일이며 영원한 일이다. 마르다는 다른 것을 선택하고는 자신이 옳고 마리아는 잘못되었다고 생각한 반면 마리아는 말씀을 듣는 것을 선택했다. 이 이야기는 우리 모두의 전형적인 모습을 보여주고 있다. 우리 모두는 다른 사람들의 바른 입장을 생각지 않고 자기 자신의 소우주(small cosmos)가 늘 옳다고 생각하는 것이다.

8. 날 때부터 맹인 된 자를 고치심(요 9:1~41)

예수께서 길을 가실 때에 날 때부터 맹인 된 사람을 보신지라 제자들이 물어 이르되 랍비여 이 사람이 맹인으로 난 것이 누구의 죄로 인함이니이까 자기니이까 그의 부모니이까 예수께서 대답하시되 이 사람이나 그 부모의 죄로 인한 것이 아니라 그에게서 하나님이 하시는 일을 나타내고자 하심이라 때가 아직 낮이매 나를 보내신 이의 일을 우리가 하여야 하리라 밤이 오리니 그 때는 아무도 일할 수 없느니라 내가 세상에 있는 동안에는 세상의 빛이로라 이 말씀을 하시고 땅에 침을 뱉어 진흙을 이겨 그의 눈에 바르시고 이르시되 실로암 못에 가서 씻으라 하시니 (실로암은 번역하면 보냄을 받았다는 뜻이라) 이에 가서 씻고 밝은 눈으로 왔더라 이웃 사람들과 전에 그가 걸인인 것을 보았던 사람들이 이르되 이는 앉아서 구걸하던 자가 아니냐 어떤 사람은 그 사람이라 하며 어떤 사람은 아니라 그와 비슷하다 하거늘 자기 말은 내가 그라 하니 그들이 묻되 그러면 네 눈이 어떻게 떠졌느냐 대답하되 예수라 하는 그 사람이 진흙을 이겨 내 눈에 바르고 나더러 실로암에 가서 씻으라 하기에 가서 씻었더니 보게 되었노라 그들이 이르되 그가 어디 있느냐 이르되 알지 못하노라 하니라 그들이 전에 맹인 되었던

---

35) Calvin, *op. cit.*, p. 90.

36) 개역한글판은 "그러나 몇 가지만 하든지 혹 한 가지만이라도 족하니라"(눅 10:42 상)고 나와 있기 때문에 음식의 종류로 착각하게 만든다. 개역한글판은 P³, ℵ, C², L과 같은 사본의 지지를 받는다. 만약 누가복음 10:41, 42을 "주께서 대답하여 가라사대 마르다야 마르다야 네가 많은 일로 염려하고 근심하나 한 가지만이 필요한 것이다. 마리아는 이 좋은 편을 택하였으니 빼앗기지 아니하리라"로 번역한다면 본문의 뜻이 더 선명하게 나타날 것이다.

사람을 데리고 바리새인들에게 갔더라 예수께서 진흙을 이겨 눈을 뜨게 하신 날은 안식일이라 그러므로 바리새인들도 그가 어떻게 보게 되었는지를 물으니 이르되 그 사람이 진흙을 내 눈에 바르매 내가 씻고 보나이다 하니 바리새인 중에 어떤 사람은 말하되 이 사람이 안식일을 지키지 아니하니 하나님께로부터 온 자가 아니라 하며 어떤 사람은 말하되 죄인으로서 어떻게 이러한 표적을 행하겠느냐 하여 그들 중에 분쟁이 있었더니 이에 맹인 되었던 자에게 다시 묻되 그 사람이 네 눈을 뜨게 하였으니 너는 그를 어떠한 사람이라 하느냐 대답하되 선지자니이다 하니 유대인들이 그가 맹인으로 있다가 보게 된 것을 믿지 아니하고 그 부모를 불러 묻되 이는 너희 말에 맹인으로 났다 하는 너희 아들이냐 그러면 지금은 어떻게 해서 보느냐 그 부모가 대답하여 이르되 이 사람이 우리 아들인 것과 맹인으로 난 것을 아나이다 그러나 지금 어떻게 해서 보는지 또는 누가 그 눈을 뜨게 하였는지 우리는 알지 못하나이다 그에게 물어 보소서 그가 장성하였으니 자기 일을 말하리이다 그 부모가 이렇게 말한 것은 이미 유대인들이 누구든지 예수를 그리스도로 시인하는 자는 출교하기로 결의하였으므로 그들을 무서워함이러라 이러므로 그 부모가 말하기를 그가 장성하였으니 그에게 물어 보소서 하였더라 이에 그들이 맹인이었던 사람을 두 번째 불러 이르되 너는 하나님께 영광을 돌리라 우리는 이 사람이 죄인인 줄 아노라 대답하되 그가 죄인인지 내가 알지 못하나 한 가지 아는 것은 내가 맹인으로 있다가 지금 보는 그것이니이다 그들이 이르되 그 사람이 네게 무엇을 하였느냐 어떻게 네 눈을 뜨게 하였느냐 대답하되 내가 이미 일렀어도 듣지 아니하고 어찌하여 다시 듣고자 하나이까 당신들도 그의 제자가 되려 하나이까 그들이 욕하여 이르되 너는 그의 제자이나 우리는 모세의 제자라 하나님이 모세에게는 말씀하신 줄을 우리가 알거니와 이 사람은 어디서 왔는지 알지 못하노라 그 사람이 대답하여 이르되 이상하다 이 사람이 내 눈을 뜨게 하였으되 당신들이 그가 어디서 왔는지 알지 못하는도다 하나님이 죄인의 말을 듣지 아니하시고 경건하여 그의 뜻대로 행하는 자의 말은 들으시는 줄을 우리가 아나이다 창세 이후로 맹인으로 난 자의 눈을 뜨게 하였다 함을 듣지 못하였으니 이 사람이 하나님께로부터 오지 아니하였으면 아무 일도 할 수 없으리이다 그들이 대답하여 이르되 네가 온전히 죄 가운데서 나서 우리를 가르치느냐 하고 이에 쫓아 내어 보내니라 예수께서 그들이 그 사람을 쫓아냈다 하는 말을 들으셨더니 그를 만나사 이르시되 네가 인자를 믿느냐 대답하여 이르되 주여 그가 누구시오니이까 내가 믿고자 하나이다 예수께서 이르시되 네가 그를 보았거니와 지금 너와 말하는 자가 그이니라 이르되 주여 내가 믿나이다 하고 절하는지라 예수께서 이르시되 내가 심판하러 이 세상에 왔으니 보지 못하는 자들은 보게 하고 보는 자들은 맹인 되게 하려 함이라 하시니 바리새인 중에 예수와 함께 있던 자들이 이 말씀을 듣고 이르되 우리도 맹인인가 예수께서 이르시되 너희가 맹인이 되었더라면 죄가 없으려니와 본다고 하니 너희 죄가 그대로 있느니라 (요 9:1-41, 개역개정).

죄에 대한 제자들의 관념

예수님께서 길 가시다가 태어날 때부터 맹인 된 자를 만나신다. 제자들이 주님께 맹인 자신이 죄를 지었는지 아니면 그의 부모 때문인지를 물었다. 제자들의 이런 질문은 그 당시 널리 퍼져있던 죄의 개념을 표현하고 있었다.[37]

그 사람은 태어날 때부터 맹인이었으므로 죄는 그의 출생 이전으로 거슬러 올라간다. 그러므로 만일 그 사람이 죄를 지었다면 그가 출생하기 전 즉 임신의 때부터 출생 때까지 사이에 죄를 죄었든지 혹은 전생(前生)이 있어서 이 같은 모습으로 다시 태어났든지 둘 중의 하나일 것이다(참조,

---

37) 예수님 당시 "There is no death without sin, and there is no suffering without iniquity."라는 랍비들의 격언이 있었다. 랍비들은 이 격언이 구약성경 에스겔 18:20과 시편 89:32의 내용에서 온 것으로 생각했다. 본문에서 제자들의 죄에 대한 태도는 그 당시에 널리 알려진 견해를 그대로 반영한 것이다. Cf. Leon Morris, *Expository Reflections on the Gospel of John*, p. 346.

롬 9:11; 눅 1:44).

그 사람의 부모가 죄를 범했다면 죄는 아버지로부터 아들에게도 전수되었을 것이다. 물론 이는 사실이다. 그러나 예수님께서는 이 경우의 맹인 된 사실이 그 사람의 죄나 부모의 죄로 말미암지 않는다고 말씀하신다.

성경의 이 부분에서 나타나는 또 하나의 요점은 제자들이 매우 자신 있게 그리고 독단적으로 누군가가 죄를 범했다고 단정한 점이다. 제자들은 누군가가 죄를 지었다는 사실에는 자신이 있었다. 그들은 하나님의 의로운 처사를 그들 스스로 이해할 수 있다고 생각했다. 왜냐하면 그들은 이 사람이 맹인 된 것은 하나님께서 이 사람의 죄나 그의 부모의 죄 때문에 벌을 내리시는 결과라고 생각했기 때문이다. 그들은 마치 하나님의 마음을 읽고 있는 것처럼 말했다. 예수님께서는 그들이 잘못되었다고 말씀하신다. 왜냐하면 그들은 그리스도와 아주 가까운 형편에 있었고 하나님 나라에서 위대한 사람이 될 것을 기대고 있었기 때문에 하나님을 친숙히 알고 하나님의 마음을 잘 알 수 있는 것처럼 행세했다. 그래서 그들은 "이 사람이 맹인으로 난 것이 누구의 죄로 인함이니이까"(요 9:2, 개역개정)라고 판단하게 된 것이다. 그리스도께서는 그들에게 그들의 판단이 잘못되었다는 사실을 알리셨다. 우리는 그리스도인의 삶에서 병이나 재난이나 징벌 등이 누군가가 저지른 구체적인 죄의 결과, 즉 하나님이 직접적이고도 즉각적으로 벌하신 결과라고 생각하는 편견을 갖지 않도록 주의해야 한다. 본문의 맹인은 누가 죄를 지어서 그렇게 된 것이 아니었다. 하나님께서 그리스도인을 다루실 때 그런 법칙으로 다루시지 않으신다.

그리스도의 답변

그리스도께서는 그 사람의 맹인 됨이 특별한 목적이 있기 때문에 그렇게 되었다고 말씀하신다. 그들은 누가 죄를 지었는지를 들추어내기 위해 과거에 몰두해서는 안 된다. 오히려 바로 앞에 있는 맹인을 생각하면서 그 맹인이 고침을 받을 미래를 내다보아야 한다. 맹인이 고침을 받은 것은 하나님께서 영광을 받으시기 위해서였다. 이것이 제자들에 대한 그리스도의 가르침이었다.

그리고 그리스도는 그 맹인을 고쳐 주신다. 이는 예수님께서 "나는 세상의 빛이라"(요 8:12)고 선포하신 말씀의 성취이다. 그곳에서 사람들은 예수님께서 "나는 세상의 빛이다"라고 말씀하신 것만을 들었을 뿐이면 그것은 하나의 이론으로 들릴 수밖에 없었다. 아마도 그때 그들은 그 말씀의 뜻을 이해하지 못했을 것이다. 요한의 목적은 예수님의 가르침을 통해서 그가 그리스도이시고 세상의 빛이심을 나타낼 뿐만 아니라, 그의 기적을 통해서도 그리스도가 세상의 빛이심을 증명하셨다는 것을 보여주기 원했다. 맹인의 눈을 뜨게 한 이적은 그리스도께서 맹인의 어두운 눈에 빛을 주실 때 발생한 것이다. 예수님은 세상의 빛이셨다. 예수님은 영적으로도 태어날 때부터 눈이 먼 사람들에게 또한 구원을 주심으로써 영적인 의미에서 세상의 빛이시다.

맹인을 고치신 사건에서 주목할 사항

① 그 당시 종교 지도자들은 예수님에 대해 적대감을 가지고 있었다. 매우 흥미롭게도 예수님께서 안식일에 병을 고쳤다는 문제가 쟁점으로 대두되긴 했지만(요 9:16), 그 논쟁에 대한 자세한 설명은 나타나지 않는다(참조, 막 2:23~28; 3:1~6). 바리새인들의 관점으로 보아서는 예수님의 행동이 세 가지 점에서 안식일 준수규칙을 어긴 것이다. 첫째, 생명이 위협을 받지 않으면 안식일에 병을 고쳐서는 안 된다. 둘째, "땅에 침을 뱉어 진흙을 이긴"(요 9:6, 개역개정) 예수님의 행동은 안식일에 금한 일의 범주에 속한다. 셋째, 눈에 진흙을 바르는 것도 안식일에 금한 행위이다.[38] 바리새인들은 예수님이 그들의 안식일 규칙을 지키지 않았다고 해서 예수님이 "하나님께로부터 온 자가 아니라"(요 9:16, 개역개정)고 단정한다. 그러나 빛이신 예수님은 눈 먼 사람에게 시력을 회복시키시고 하나님께 영광 돌리는 것을 더 중요하게 생각하신다.

맹인을 고치신 사실은 다음과 같이 전개되어진다. 첫째, 사람들과 지도자들은 이 사람이 맹인 되었던 자인가 의심한다. 그의 부모를 불러 이 점을 확인하자, 질문은 맹인을 고친 사람의 인격(character)에 대한 문제로 옮겨진다. 둘째, 날 때부터 맹인으로 태어난 사람의 증언의 신빙성 문제를 제기한다. 맹인을 고친 사건의 전모가 아주 복잡하게 전개된다. 그 이유는 그 당시

---

38) Carson, *The Gospel According to John*, p. 367.

지도자들이 영적으로 눈이 멀어 세상의 빛으로 오신 예수님을 알아볼 수 없었기 때문이다.

② 예수님께서 병을 고치시기 위해 사용하셨던 수단들은 두 가지이다. 예수님께서는 침과 진흙을 사용하셨다. 알려진 바로는 이 같은 것들에 실질적인 의학적 가치는 전혀 없다. 그러나 이 경우 침과 진흙은 그리스도께서 치료하시는 자이심을 그에게 보여주시고자 그 사람의 유익을 위해 사용하셨던 표식이었다.

예수님께서는 "보냄을 받은 자"라는 뜻을 가진 실로암 연못에 그를 보내셨다(요 9:7). 그리스도께서 그를 연못으로 보내 씻도록 하신 것은 그를 시험하신 것이었다. 마치 엘리사가 나아만에게 "요단강에 몸을 일곱 번 씻으라"(왕하 5:10, 개역개정)라고 명령한 것처럼, 예수님께서 날 때부터 맹인 된 자에게 "실로암 못에 가서 씻으라"(요 9:7, 개역개정)라고 명령하신다. 이 두 경우 모두 그들의 순종을 시험한 것이다.[39] 그 이유는 아무도 설명할 수가 없다. 어쩌면 이 사람이 후에 지도자들에 의해 시련을 당할 때 그리스도에 대한 확고한 믿음을 갖도록 하기 원해서 그렇게 하셨을 수 있다. 결국 이 사람은 시력을 찾은 후에 믿음 때문에 고난을 받은 사람 중의 한사람이 되었다.

③ 세상의 빛이신 예수님과 맹인된 지도자인 바리새인들 사이의 논쟁에 주목할 필요가 있다.

첫째, 관련된 무리들

가. 이웃 사람들은 맹인 된 사람이 고침을 받고 집에 왔을 때 놀라는 태도를 보인다.(요 9:8). 어떤 사람들은 무슨 술책으로 그들이 알고 있는 맹인 대신 다른 사람이 고침을 받은 맹인처럼 돌아왔다고 생각했다. 다른 사람들은 전에 눈먼 자가 바로 그 사람으로 지금은 고침을 받았음이 확실하다고 생각했다. 또 어떤 사람들은 그는 형제이거나 쌍둥이일 것이라고 생각했다(요 9:9).

나. 맹인 되었던 사람은 그들의 태도에 대해 단호한 어투로 대답한다. "내가 그라"(요 9:9). 그 다음 그는 병 고침 받은 이야기의 자초지종을 진술하라는 요청을 받고 같은 어투로 "실로암 못에 가서 씻으라"고 하신 그리스도의

---

39) Hendriksen, *The Gospel of John*, vol Ⅱ, p .75.

말씀을 반복하면서 대답한다. 그는 더 나아가 예수님이 요구한 것을 자신이 실천했고, 또 자신이 예수님의 말씀에 순종했었다고 말하였다. 맹인 되었던 사람은 그를 고쳐주신 분이 예수님이심을 분명히 했다.

다. 이웃 사람들은 고침을 받은 맹인 되었던 사람을 바리새인들에게 데려간다. 왜 이웃 사람들이 이 사람을 바리새인들에게 데려가야만 했는지 그 이유를 알기는 어렵다(요 9:13). 예수님의 행적에 관한 무슨 정보이든 그것을 아는 사람들은 지도자들에게 알려야만 한다는 압력이 점점 가중되고 있었을 런지도 모른다. 맹인 되었던 사람은 바리새인을 만나자 다시 같은 이야기를 반복된다. 그 사람은 사건을 다시 말해야만 했다. 그러나 맹인 되었던 사람은 이번에는 모든 것을 자세히 말하지 않는다. 바리새인들은 한때 맹인 되었던 사람에게 예수님에 대한 그의 의견을 물었다. 그는 주저하지 않고 그의 의견을 제시하고, 그들은 그의 의견을 믿지 못한다.

라. 유대인들은 맹인 된 사람의 부모를 불러 그들의 아들에 관해 묻는다. 맹인 되었던 사람의 부모들은 병 고침을 받은 사람이 그들의 아들인지를 확증하기 위해 소환된다. 그들은 그가 아들임을 확인한다. 그들은 바리새인들을 두려워했기 때문에 더 이상 설명하려 하지 않는다. 그 부모의 재치가 특이하다(요 9:20~21). 그들은 이전에 눈먼 아들에 대해 "불쌍한 우리 아들," "가련한 눈먼 우리 아이"라고 말했을 것이다. 그런데 이제는 부모들이 "우리는 알지 못하나이다 그에게 물어 보소서 그가 장성하였으니 자기 일을 말하리이다"(요 9:21, 개역개정)라고 말하면서 본인에게 물으라고 바리새인들에게 대답한다. 그 부모는 아들이 고침을 받은 일에 대해 아들과 아무 관계가 없는 것처럼 행동한다. 그 부모는 그가 스스로 고침을 받았으니 그에게 책임이 있다고 말하는 것 같다. 마치 그들의 아들이 죄를 범한 것 같은 태도이다.

맹인의 부모들이 이렇게 말한 이유는 "유대인들이 누구든지 예수를 그리스도로 시인하는 자는 출교하기로 결의하였으므로"(요 9:22, 개역개정) 그렇게 행동한 것이다.[40]

---

40) 요한복음 9:22-23이 본 문맥에 삽입되는 것은 그 내용상으로 볼 때 타당하지 않다고 주장하는 학자들이 있다. 그 자세한 신학적인 이유와 그에 대한 답은 Carson, *The Gospel According to John*, pp. 369-372를 보라.

마. 눈을 고침 받은 맹인 되었던 사람은 오직 한마음을 지닌 사람이었다. 그는 병을 고쳐주신 예수님을 보호하고 예수님께 감사하는 마음을 가지고 있었다. 왜냐하면 요한복음 9:25에서 그는 말하기를, "그가 죄인인지 내가 알지 못하나 한 가지 아는 것은 내가 맹인으로 있다가 지금 보는 그것이니이다"(개역개정)라고 말했기 때문이다. 이는 훌륭한 증거였다.

둘째, 논쟁의 결말

가. 유대인들은 그 사람을 내어 쫓았다(요 9:34).

나. 예수님께서는 그를 찾아 그에게 구원의 확신을 주셨다(요 9:35~38).

④ 관찰과 결론

맹인 되었던 그 사람은 매우 영리했다. 그는 말하기를, "당신들도 그의 제자가 되려 하나이까? 당신들은 무엇 때문에 나를 계속 괴롭히고 있는가"라고 했다(요 9:27) 유대인들은 그 사람을 내쫓는다(요 9:34). 그들은 예수님을 가리켜 "이 사람"이라고 지칭한다(요 9:16). 그들이 좌절 가운데서 할 수 있는 유일한 것은 독설의 말을 하는 것이었다. 그들은 무엇을 해야 할지 알지 못하여 예수님을 비난하고 맹인 된 자를 내어 쫓음으로써 그들의 악의를 드러낸다.

예수님께서 그를 찾아오셨다. 그는 어디로 가야 할지 알지 못했으나 예수님께서 그에게 다가오신 것이다. 그 사람은 예수님께 대한 믿음을 고백하고 그리스도께 경배를 드린다(요 9:38). 우리가 앞에서 주목했듯이 이 구절의 요점은 예수님께서 눈먼 자에게 빛이신 것을 나타내는 것이다. 이 구절에서 "흑암에 행하던 백성이 큰 빛을 보고 사망의 그늘진 땅에 거주하던 자에게 빛이 비치도다"(사 9:2, 개역개정)라는 오랜 예언이 성취된다. 실제로 이 예언은 이방인에게도 적용되었고 또한 후에도 성취되게 될 것이다. 눈을 뜬 사람은 새로운 삶을 얻는다. 그에게는 "모든 것이 새롭다."

제14장

그리스도의 절기 참여로부터 지도자들의 음모까지

1. 예루살렘에서의 봉헌절(요 10:19~39)

이 말씀으로 말미암아 유대인 중에 다시 분쟁이 일어나니 그 중에 많은 사람이 말하되 그가 귀신 들려 미쳤거늘 어찌하여 그 말을 듣느냐 하며 어떤 사람은 말하되 이 말은 귀신들린 자의 말이 아니라 귀신이 맹인의 눈을 뜨게 할 수 있느냐 하더라 예루살렘에 수전절이 이르니 때는 겨울이라 예수께서 성전 안 솔로몬 행각에서 거니시니 유대인들이 에워싸고 이르되 당신이 언제까지나 우리 마음을 의혹하게 하려 하나이까 그리스도이면 밝히 말씀하소서 하니 예수께서 대답하시되 내가 너희에게 말하였으되 믿지 아니하는도다 내가 내 아버지의 이름으로 행하는 일들이 나를 증거하는 것이거늘 너희가 내 양이 아니므로 믿지 아니하는도다 내 양은 내 음성을 들으며 나는 그들을 알며 그들은 나를 따르느니라 내가 그들에게 영생을 주노니 영원히 멸망하지 아니할 것이요 또 그들을 내 손에서 빼앗을 자가 없느니라 그들을 주신 내 아버지는 만물보다 크시매 아무도 아버지 손에서 빼앗을 수 없느니라 나와 아버지는 하나이니라 하신대 유대인들이 다시 돌을 들어 치려 하거늘 예수께서 대답하시되 내가 아버지로 말미암아 여러 가지 선한 일로 너희에게 보였거늘 그 중에 어떤 일로 나를 돌로 치려 하느냐 유대인들이 대답하되 선한 일로 말미암아 우리가 너를 돌로 치려는 것이 아니라 신성모독으로 인함이니 네가 사람이 되어 자칭 하나님이라 함이로라 예수께서 이르시되 너희 율법에 기록된 바 내가 너희를 신이라 하였노라 하지 아니하였느냐 성경은 폐하지 못하나니 하나님의 말씀을 받은 사람들을 신이라 하셨거든 하물며 아버지께서 거룩하게 하사 세상에 보내신 자가 나는 하나님의 아들이라 하는 것으로 너희가 어찌 신성모독이라 하느냐 만일 내가 내 아버지의 일을 행하지 아니하거든 나를 믿지 말려니와 내가 행하거든 나를 믿지 아니할지라도 그 일은 믿으라 그러면 너희가 아버지께서 내 안에 계시고 내가 아버지 안에 있음을 깨달아 알리라 하시니 그들이 다시 예수를 잡고자 하였으나 그 손에서 벗어나 나가시니라 (요 10:19-39, 개역개정).

서론적 배경

요한복음 10:19~39은 예수님이 봉헌절(수전절)을 참석하시면서 행하신 기록이다. 그리스도의 절기 참여 시기로부터 지도자들이 예수님을 죽이기 위한 음모를 꾸밀 때까지의 기간 동안에는(요 10:19~11:53) 그리스도께서 만물을 새롭게 하시는 사실에 대해 많은 것을 기록하고 있지 않다. 우리는 그리스도께서 만물을 새롭게 하신다는 사상이 이 주해의 기본적인 기초가 된다는 사실을 항상 마음에 간직하여야만 한다. 봉헌절에 다시 한 번 이를 상기하는 것이 좋다(요 10:22 참조).

그리스도께서는 이 봉헌절에 새로운 교훈을 주신다. 예수님의 교훈은 자신이 메시아이시며(요 10:22~31) 또한 하나님의 아들임을(요 10:32~39) 가르친 내용이다. 그런데 예수님의 이런 교훈은 사람들의 반응을 요구하고 사람들의 반응에 따라 결과가 나타남을 볼 수 있다. 예수님이 자신과 연관시켜 가르치신 내용을 세 가지로 요약해 볼 수 있다.

첫째, 유대 백성은 대개 행복한 백성들이었지만 종교적으로 볼 때 너무 형식적으로 되어 있어서 그리스도께서 그 형식과 관습을 깨뜨릴 수 없을 정도였던 것 같다. 여기서 그리스도께서는 죽음의 위협을 무릅쓰고 자신이 기쁨이고 생명이며, 생명과 기쁨의 이 같은 새로움은 오직 그를 통해서 발견된다는 사실을 지적하신다. 이런 말씀을 하실 수 있는 것은 예수님과 하나님이 하나이시고 예수님이 하나님의 일을 하시기 때문에 가능하다. 이런 이유 때문에 유대인들은 더욱 더 열심히 그를 죽이고자 했다.

둘째, 참된 기념은 외적 형태의 문제가 아니라 마음과 영혼을 사역하게 하는 데에 문제가 있는 것이다. 예수님께서는 사람들의 삶이 그리스도에 의해 주장되고 그분 안에서 발견될 때 비로소 삶에 대한 새로운 전망을 소유할 수 있음을 보여 주신다. 그렇게 된 때라야만 사람들은 기쁨으로 절기를 즐길 수 있다. 우리의 절기, 우리의 삶은 그리스도가 우리의 구주가 되실 때 새로울 것이다.

셋째, 어떤 의미에서 그들이 새롭게 되어야 할 이유는 그들이 예수님을 메시아로 인정하지 못하는 그들의 무지에서 기인된다. 구약은 사람이 하나님을 대신해서 하나님 행세를 하게 된 것을 말씀하신다. 모세는 사람들 앞에서 하나님처럼 나타나게 된다(출 4:16; 7:1). 그러므로 하나님이셨던 그리스도께서 인간의 몸을 입으시고 오셨을 때 이스라엘 백성들은 하나님께서 인간을 통해 하나님을 대신할 수 있게도 하실 수 있다는 구약의 사상을 생각해 보았어야 했다. 사실상 하나님은 그 일을 성취하시기 위해 수세기를 통해 사람들을 준비시키고 계셨다. 그러나 불신과 죄는 그들의 눈을 멀게 했다. 그들은 그리스도를 가리키는 내용과 교훈을 구약에서 명백히 가르치고 있음에도 불구하고 예수님을 새로운 인간(the New Man)으로 볼 수 없었다(참조, 시 82:6).

요한복음 10:19~21의 말씀은 예수님께서 자신이 선한 목자임을 가르치신 이후(요 10:7~18) 유대인 중에 분쟁이 일어난 사건을 설명한다. 본문의 "다시 분쟁이 일어나니"(요 10:19, 개역개정)는 이런 상황이 계속 발생하고 있었음을 지적한다. 이런 분쟁은 예수님이 초막절에 예루살렘을 방문했을 때도 발생한 분쟁(요 7:12, 25~27, 31, 40~41; 9:16)을 연상케 한다. 많은 유대인들은[1] 예수님이 귀신들려 미쳤다고 중상하였지만, 다른 사람들은 "귀신이 맹인의 눈을 뜨게 할 수 있느냐"(요 10:21, 개역개정; 참조, 요 9:1~41)라고 말하므로 적어도 예수님이 귀신들려 미치지 않은 것은 인정하려 했다.

봉헌절(Hanukkah)의 시기와 이유

봉헌절은 구약성경에 언급되지 않은 절기이다. B.C. 167년에 시리아의 안티오커스 에피파네(Antiochus Epiphanes)가 예루살렘을 점령하고 성전을 더럽혔다. 안디오커스는 성전에서 신성한 물건들을 가져가고 지성소에 쥬피터의 형상을 놓으므로 유대인들을 분노케 했다. 그는 또한 예루살렘 벽을 무너뜨리고 돼지를 희생 제물로 바쳐야 한다고 명령했다. 이는 자연히 유대인들로 증오심을 갖고 앙심을 품게 하는 원인이 되었다.

많은 유대인들은 안티오커스 에피파네의 행동에 반항하게 되었고 유다 마카비(Judas Maccabaeus)의 영도 하에 성전을 재탈환하고 B.C. 164년 12월 중순경(25 Kislev) 성전을 다시 하나님께 봉헌했다.[2] 봉헌절(Hanukkah)은 기슬르월 25일 혹은 12월 중순 쯤 시작하여 8일 동안 계속되었으며 전국에서 지켜졌다. 이 절기는 등불 절기($\tau\grave{\alpha}$ $\phi\hat{\omega}\tau\alpha$)라고도 부른다. 그 이유는 이 절기를 지키는 동안 많은 등불이 켜지기 때문이다. "능불은 성전에 뿐만 아니라 각 가정에도 켜졌다. 경건한 가정은 가정 식구의 수에 따라 등불을 켰다. 그리고 열심이 많은 가정은 매일 저녁 매 식구의 수에 따라 등불을 늘려갔다. 그래서 10명이 사는 가정은 첫날 10개의 등불로 시작하지만 8일 후 마칠 때는 80개의 등불로 마치게 된다."[3]

---

1) Carson은 본문의 "유대인"이 일반 대중(the crowds at large)을 가리킨다고 해석하고(Carson, *The Gospel According to John*, p. 390), Lindars는 "예수님을 대적하는 자들"(the opponents of Jesus)이라고 해석한다 [Barnabas Lindars, *The Gospel of John: The New Century Bible Commentary* (Grand Rapids: Eerdmans, 1981), p. 364]. 이 두 해석 중 유대인을 예수님의 대적으로 해석하는 것이 더 타당하다고 생각된다. 그 이유는 본 구절 요한복음 10:19-21이 요한복음 9:41을 사상적으로 이어받고 있기 때문이다.

2) Josephus, *Antiquities*, xii. 7. 6.

문제의 요점

① 세 종류의 사람들이 예수님에 대해 다른 의견을 가지고 있었다. 첫째, 어떤 이들은 예수님이 악하고 혹은 악으로부터 왔거나 아니면 악과 결탁했다고 말했다. 유대인 지도자들로 구성된 이 그룹은 예수님을 가장 미워했으며 그를 죽이기 원했다. 둘째, 어떤 사람들은 회의적인 입장에 있는 사람들이었다. 그들은 예수님에 대해 의문을 가졌고 마음을 정하지 못했다. 많은 사람들이 이 그룹에 속했다. 셋째, 또 다른 그룹은 예수님이 하나님의 아들이라고 주장하며 믿었던 사람들이었다. 예수님을 하나님의 아들이라고 주장하는 사람들과 두 번째 그룹의 사람들 때문에 지도자들은 감히 그에게 돌을 던지지 못했다. 만일 지도자들이 예수님에게 돌을 던졌다면 두 그룹의 사람들이 "영웅"이나 "순교자" 주위로 결속할 것이기 때문에 유대 지도자들은 평범한 사람들과 그들의 결합된 힘을 두려워했다.

② "유대인들"이란 표현은 예수님의 "비평자" 혹은 "대적"과 동등한 뜻이라 생각된다. 이런 관점에서 볼 때 그들이 예수님께 물었던 질문은 정직한 대답을 얻기 위해서가 아니라 오히려 주님을 대적하는데 덫을 놓기 위해 더 많은 증거를 얻고자 질문한 것이었다. 예수님이 누구인지 묻는 질문에 대한 대답으로 예수 그리스도는 그의 말씀으로 그리고 그의 행적으로 보여주셨다고 답하신다(요 10:25). 그러나 그들은 주님의 양이 아니기 때문에 듣거나 보기를 원치 않았다(요 10:26~27).

③ 그리스도께서는 그들과 자신 사이에 넓은 격차가 있음을 계속해서 보여주신다. 그는 그가 하나님이시며, 그들은 하나님을 대적하고 있고, 또한 마귀의 자식이라는 사실을 보여주신다. 여기서 예수님께서는 자신을 하나님과 동일시하신다(요 10:30). 유대인들의 판단에 의하면 예수님께서는 하나님을 모욕했기 때문에 그들은 그를 죽이고자 했다.[4]

신분을 밝히신 예수님

예수님께서 봉헌절(수전절)에 가르치신 교훈의 내용은 크게 두 가지로

---

3) Marvin R. Vincent, *Word Studies in the New Testament*, vol Ⅱ (Grand Rapids: Eerdmans, 1975), p. 196.
4) 적어도 그리스도의 생애 기간 동안 10회 정도 사람들은 예수님을 체포하여 죽이려고 했다. 그러나 매번 그의 때가 이르지 않았기 때문에 그들은 성공하지 못했다. 예수님께서는 성경을 이루기 위해 십자가에 죽어야만 했다. 그러므로 인간은 그를 실제로 건드릴 수 없었다.

나눌 수 있다. 하나는 예수님이 메시아이심을 가르치신 내용이요(요 10:22~31), 또 하나는 예수님이 하나님의 아들이심을 가르치신 내용이다(요 10:32~39). 이제 두 부분을 좀 더 구체적으로 생각해 보자.

① 메시아이신 예수님(요 10:22~31)

예수님께서 자신이 메시아이심을 설명하게 된 배경은 유대인들이 당신이 "그리스도 이면 밝히 말씀하소서"(요 10:24)라고 질문한데서 기인된다.

유대인들이 질문하는 어투는 "예," "아니오"의 명백한 대답을 요구했지만[5] 예수님은 간접적인 방법으로 그 질문에 답을 하신다.[6] 예수님은 상징적으로 자신이 목자이심을 밝힌다. 본문 요한복음 10:26~27은 예수님이 선한 목자이심을 밝히는 요한복음 10:1~19을 연상하게 한다. 구약에서 목자는 다윗 왕을 상징하는 표현으로 사용되었다(겔 34:23~ 24). 따라서 예수님이 목자이심을 밝힐 때 유대인들은 그가 메시아이심을 알아차렸어야 했다. 예수님은 그들이 그의 양이 아니므로 그를 믿지 못한다고 밝히신다(요 10:26). 예수님께 속한 양은 예수님의 음성을 듣고 또 그를 따른다(요 10:27). 본문 요한복음 10:26~27 의 사상은 자연적으로 28절로 이어진다. 예수님께 속한 양에게는 예수님께서 영생을 주신다(요 10:10 참조). 예수님께서 주신 영생은 "영원히 멸망하지 아니할"(요 10:28, 개역개정) 것이다. 본문은 영생 자체의 능력을 강조한 것이 아니요 예수님의 능력을 강조하고 있다. 이는 "그들을 내 손에서 빼앗을 자가 없느니라"(요 10:28, 개역개정)에서 확실시된다.[7] 하지만 예수님의 능력도 하나님 아버지로부터 독립되어 존재하는 것은 아니다(요 10:29~30).

② 하나님의 아들이신 예수님(요 10:32~39)

예수님께서 "나와 아버지는 하나이니라"(요 10:30)라고 말씀하신 내용을 듣고 유대인들은 예수님을 돌로 치려했다(참조, 요 5:18; 8:59). 예수님께서 "내가 아버지로 말미암아 여러 가지 선한 일로 너희에게 보였거늘"(요 10:32,

---

5) "당신이 언제까지나 우리 마음을 의혹하게 하려 하나이까"(요 10:24, 개역개정)는 "당신이 얼마나 더 우리를 괴롭게 하려느냐"로 해석할 수 있다. Barrett은 고대와 현대 헬라어의 예를 들어 이 해석을 주장한다. 유대인들은 예수님으로부터 확실한 대답을 듣기를 원했다. Cf. C.K. Barrett, *The Gospel According to St. John* (London: S.P.C.K., 1967), p. 316.
6) "내가 너희에게 말하였으되"는 지금까지 말한 내용이 내가 메시아임을 밝히 보여주고 있다는 뜻을 함축하고 있어 다소 직접적인 의미의 대답이라고 할 수 있다[See, Beasley-Murray, *John* (*WBC*, Waco: Word Books, 1987), p. 174]. 하지만 예수님은 "그렇다," "아니다"로 대답하시진 않았다.
7) Carson, *The Gospel According to John*, p. 393.

개역개정) 너희가 어찌하여 나를 돌로 치려 하느냐고 물으신다. 유대인들은 예수님이 사람으로서 "자칭 하나님이라"고 참람한 말을 했기 때문에 그를 돌로 치려 한다고 그 이유를 말한다.

이때 예수님은 시편 82:6을 인용하여 자신이 하나님의 아들임을 증거하신다. 시편 82:6~7은 예수님의 논리를 이해하는데 도움을 준다. "내가 말하기를 너희는 신들이며 다 지존자의 아들들이라 하였으나 그러나 너희는 사람처럼 죽으며 고관의 하나같이 넘어지리로다." (개역개정). 이 본문은 일차적으로 재판장들에게 해당된다(시 82:1~2). 재판장들은 하나님의 말씀의 도구들로서 사용되어졌다. 따라서 본문은 그들을 가리켜 "너희는 신들이며 다 지존자의 아들들이라"고 말할 수 있는 것이다.[8]

여기서 예수님은 성경에서 신(god)을 하나님 이외의 다른 사람들을 가리키는데 사용하고, 사람을 가리켜 지존자의 아들이라고 명칭을 붙였는데, 내가 "하나님의 아들이라"(요 10:36)고 말하는 것을 어떻게 참람하다고 말할 수 있느냐고 반문하신다. 예수님의 논리는 성경이 사람을 가리켜 "신"으로 불렀는데 하나님께서 거룩케 하시고 세상으로 보냄을 받은 내가 하나님의 아들이라고 말할 때 너희들이 무슨 근거로 나를 참람하다고 평가하느냐이다.[9] 예수님은 성경해석적 표현으로 "경중의 법칙"을 사용하여 자신이 하나님의 아들이심을 밝히신다.

하나님과 자신을 동일시하신 구절들

예수님은 몇 가지 방법으로 자신이 하나님 아버지와 동일하심을 증거한다. 첫째, 예수님은 하시는 일을 근거로 하나님과 하나이심을 말한다. 요한복음 5:17~23에서 하나님 아버지와 아들은 일하시는데 있어 하나이시다. 아버지께서 지금까지 일하시니 아들도 일하신다(요 5:17). 둘째, 아버지나 아들이나 각자 자신 안에 생명을 갖고 계시는 점에서 또한 하나이시다. "아버지께서 자기 속에 생명이 있음같이 아들에게도 생명을 주어 그 속에 있게 하셨다"(요 5:26, 개역개정). 아버지께서 부활을 통해 아들에게 생명을

---

8) Raymond E. Brown, *The Gospel According to John I–XII* (*The Anchor Bible*, New York: Doubleday and Company, 1966), pp. 409–410.
9) Carson, *The Gospel According to John*, p. 397.

주신다(행 2:32; 3:15). 셋째, 요한복음 8장에서는 예수님께서 그의 가르침과 말씀이 바로 하나님의 가르침과 말씀이라고 증거 하심으로 자신을 아버지와 동일시하신다(요 8:25~29). 넷째, 예수님은 그의 뜻과 아버지의 뜻이 동일하다고 말씀하심으로 자신을 아버지와 동일시하신다(요 8:29). 다섯째, 예수님께서 빌립에게 그를 본 자는 아버지를 보았다고 말씀하심으로 자신과 아버지가 동일하다고 증거 하신다(요 14:9).

2. 제자들의 기도서(눅 11:1~13)

예수께서 한 곳에서 기도하시고 마치시매 제자 중 하나가 여짜오되 주여 요한이 자기 제자들에게 기도를 가르친 것과 같이 우리에게도 가르쳐 주옵소서 예수께서 이르시되 너희는 기도할 때에 이렇게 하라 아버지여 이름이 거룩히 여김을 받으시오며 나라가 임하옵시며 우리에게 날마다 일용할 양식을 주시옵고 우리가 우리에게 죄 지은 모든 사람을 용서하오니 우리 죄도 사하여 주시옵고 우리를 시험에 들게 하지 마옵소서 하라 또 이르시되 너희 중에 누가 벗이 있는데 밤중에 그에게 가서 말하기를 벗이여 떡 세 덩이를 내게 꾸어달라 내 벗이 여행 중에 내게 왔으나 내가 먹일 것이 없노라 하면 그가 안에서 대답하여 이르되 나를 괴롭게 하지 말라 문이 이미 닫혔고 아이들이 나와 함께 침실에 누웠으니 일어나 네게 줄 수가 없노라 하겠느냐 내가 너희에게 말하노니 비록 벗됨으로 인하여서는 일어나 주지 아니할지라도 그 간청함을 인하여 일어나 그 요구대로 주리라 내가 또 너희에게 이르노니 구하라 그러면 너희에게 주실 것이요 찾으라 그러면 찾아낼 것이요 문을 두드리라 그러면 너희에게 열릴 것이니 구하는 이마다 받을 것이요 찾는 이는 찾아낼 것이요 두드리는 이에게는 열릴 것이니라 너희 중에 아버지된 자로서 누가 아들이 생선을 달라 하는데 생선 대신에 뱀을 주며 알을 달라 하는데 전갈을 주겠느냐 너희가 악할지라도 좋은 것을 자식에게 줄 줄 알거든 하물며 너희 하늘 아버지께서 구하는 자에게 성령을 주시지 않겠느냐 하시니라 (눅 11:1-13, 개역개정).

서론적 배경

주님이 가르치신 기도의 내용은 사복음서 중 본문(눅 11:2~4)과 마태복음 6:9~13에 기록되어 있다. 두 곳의 내용이 정확하게 일치하지 않는다. 마태복음에 수록된 것은 산상보훈의 한 부분으로 되어 있다. 마태복음의 경우는 누가 요청하지도 않았지만 예수님께서 많은 그의 제자들에게 기도하는 방법을 가르치시는 내용이다.

누가복음의 경우는 전혀 다른 상황에서 주님께서 가르치신 기도의 모본이다. 누가는 예수님이 기도의 모본을 가르치시게 된 배경을 제자 중의 하나가 기도하는 방법을 가르쳐 달라고 요청했기 때문이라고 전한다(눅 11:1).[10]

---

10) Lenski는 "제자 중의 한 사람"이 70인 제자 중의 한 사람이었을 것이라고 결론짓고(눅 10:1, 17), 그 제자가 예수님께서 산상보훈을 가르치실 때 그 현장에 없었기 때문에 여기서 예수님에게 기도하는 방법을 가르쳐 달라고 요청한 것이라고 해석한다. 계속해서 Lenski는 예수님께서 그 제자의 요청에 산상보훈을 요약해서

누가는 예수님께서 이 기도문을 가르치신 때와 장소를 분명히 밝히지 않는다. 그럼에도 불구하고 누가복음 11:1~13의 내용을 여기서 다루는 이유는 이 부분이 예루살렘을 향해 올라가고 계신 예수님께서 행한 사건들 속에 포함되어 있기 때문이다. 누가는 예수님의 예루살렘을 향한 여정을 누가복음 9:51~19:40까지에서 다루고 있다.

누가복음 11:1~13은 두 부분으로 나누어져 있다. 누가복음 11:1~4은 기도의 형식을 가르치고, 누가복음 11:5~13은 불굴의 기도의 태도를 가르친다.[11]

주님이 가르치신 기도의 명칭

어떤 의미에서 우리는 이 기도를 주님께서 가르쳐 주셨기 때문에 주님의 기도라 부를 수 있다. 그러나 실제로 주님의 기도문은 요한복음 17장에 있는 기도이다. 요한복음 17장의 기도는 예수님께서 십자가의 고난을 얼마 남겨 놓지 않은 상태에서 그의 제자들을 위해 기도하신 대제사장적인 기도이다. 예수님은 그의 제자들을 위해 기도하는 중, 제자들이 기쁨을 소유할 수 있도록 기도하셨고(요 17:13~14), 제자들의 성별을 위해 기도하셨고(요 17:15~17), 제자들의 선교사명을 위해 기도 하셨으며(요 17:18~19), 제자들의 연합을 위해 기도하셨고(요 17:20~24), 그리고 제자들이 하나님 아버지의 사랑을 알도록 기도하셨다(요 17:25~26).[12]

주님이 가르치신 기도를 보다 바르게 설명한다면 이 기도는 모범 기도문이다. 왜냐하면 이 기도문은 항상 같은 말을 사용하라고 표본으로 주신 것이 아니라 마땅히 기도해야 하는 내용을 제자들에게 가르쳐 주는 안내서로서의 표본이기 때문이다. 따라서 이 기도문은 제자들의 기도라고 불릴 수 있다. 왜냐하면 주님 자신은 이렇게 기도하지 않으셨기 때문이다. 예수님께서는 "우리 죄를 사하여 주옵시며"라고 기도하지 않으실 것이다. 이런 이유로 주님은 기도를 가르치시면서 "너희는 기도할 때에 이렇게 하라"(눅 11:2, 개역개정)고 가르치셨다.

반복해 준 것이라고 해석한다. Cf. Lenski, *The Interpretation of St. Luke's Gospel*, p. 620.

11) A.B. Bruce, *The Synoptic Gospels: The Expositor's Greek Testament*, p. 546.

12) Leon Morris, *Expository Reflections on the Gospel of John* (Grand Rapids: Baker, 1988), pp. 582-600.

마 6:9~13과 눅 11:2~4의 비교

	마태복음	누가복음
하나님을 부르는 부분	하늘에 계신 우리 아버지여	아버지여
첫째 간구	이름이 거룩히 여김을 받으시오며	이름이 거룩히 여김을 받으시오며
둘째 간구	나라가 임하시오며	나라가 임하시오며
셋째 간구	뜻이 하늘에서 이루어진 것같이 땅에서도 이루어지이다	
넷째 간구	오늘 우리에게 일용할 양식을 주시옵고	우리에게 날마다 일용할 양식을 주시옵고
다섯째 간구	우리가 우리에게 죄 지은 자를 사하여 준 것같이 우리 죄를 사하여 주시옵고	우리가 우리에게 죄 지은 모든 사람을 용서하오니 우리 죄도 사하여 주시옵고
여섯째 간구	우리를 시험에 들게 하지 마옵시고 다만 악에서 구하시옵소서	우리를 시험에 들게 하지 마옵소서
결 론	나라와 권세와 영광이 아버지께 영원히 있사옵나이다. 아멘[13]	

① 마태복음과 누가복음의 비교는 대부분 비슷한 내용이나 약간의 차이가 있음을 나타낸다. 우선 누가복음은 하나님을 부르는 부분(Invocation)에서 "하늘에 계신 우리"를 생략했고, 셋째 간구가 송두리째 없으며, 다섯째 간구는 마태복음은 빚(debts; τὰ ὀφειλήματα)을 사용한 반면, 누가복음은 죄(sins; τὰς ἁμαρτίας)를 사용했다. 헬라어 본문은 마태복음과 누가복음이 다른 용어를 사용했으나 개역 한글판과 개역개정 한글판은 두 복음서 모두 죄로 통일했다.[14]

② 그리스도께서 제자들이 이 기도를 한 마디 한 마디 매번 그대로 기도하기를 원치 않으셨다는 사실은 두 곳의 기도문이 서로 다른 데서 찾아볼 수 있다. 이렇게 두 곳의 내용이 똑같지 않은 것은 예수님께서 제자들이 기도할 때 이 기도문대로만 기도할 필요가 없음을 증거하고 있다. 칼빈은 "그리스도께서 그가 용어들을 사용하여 만든 형태대로 기도하여야 한다고 그의 백성들에게

---

13) 마태복음의 주기도문은 헬라어의 구두점으로 따지면 간구가 넷이다. 이는 첫째, 둘째, 셋째 간구가 하나로 묶여져있기 때문이다. 참조, 박형용, 『권세 있는 자의 가르침』 (수원: 합동신학대학원출판부, 2003), 1984), p. 187.

14) 표준 새번역 성경은 마태복음을 "우리가 우리에게 죄 지은 사람을 용서하여 준 것같이 우리 죄를 용서하여 주시옵고"라고 번역한 반면, 누가복음을 "우리가 우리에게 빚진 모든 사람을 용서하오니, 우리 죄를 용서하여 주시옵고"로 번역하여 약간 일관성을 결여하고 있다.

말씀하고 있는 것이 아니요, 그의 백성들의 모든 간구들과 기도들이 마땅히 취해야 할 그런 방향을 그들에게 보여주신 것이다"[15]라고 말했다. 예수님이 가르치신 기도는 하나의 모범적인 기도문으로 성도들이 기도할 때 하나의 본 역할을 한다. 주님이 가르치신 기도문은 우리들의 기도생활의 여러 측면을 매우 잘 포괄한다. 이 기도를 모범으로 사용할 때 우리는 영혼 속에서 솟아나는 생각들을 확대시켜 하나님의 보좌에 도달하게 할 수가 있다.

주님이 가르치신 기도의 내용

① "아버지여"는 성도들이 어떤 태도로 아버지께 기도해야 하는지를 가르쳐 준다. 우리는 기도 중 아버지 하나님께 진지한 믿음과 거룩한 경건으로 접근해야 한다.[16]

② "이름이 거룩히 여김을 받으시오며"는 기도하는 사람이 어떤 관심을 가져야 함을 보여준다. 성도의 관심은 하나님이 영광을 받으시는 것이다. 성경에서 하나님의 이름은 하나님 자신이시다. 따라서 "이름이 거룩히 여김을 받는 것은" 하나님 자신이 거룩히 여김을 받는 것과 같은 뜻이다.

③ "나라가 임하시오며"는 세상의 왕으로 오신 예수님의 초림을 통해 하나님의 통치가 인류의 삶에 능력 있게 임하기 시작했는데 이제 예수님의 재림을 통해 충만한 영광과 완전으로 임하기를 간구하는 뜻이다.[17] "나라가 임하시오며"는 하나님의 온전하신 뜻이 이 세상과 우리의 삶에서 실현되기를 간구하는 기도이다.

④ "우리에게 날마다 일용할 양식을 주시옵고"는 성도들이 육체를 입고 사는 동안 계속적으로 필요한 것을 채워 주십사 요청하는 간구이다. 성도들이 욕심을 부리는 것은 잘못이지만 일용할 양식을 공급해 주시라고 기도하는 것은 옳은 일이다. 그리고 성도들은 일용할 양식을 제공해 주시는 주님께 감사해야 한다.

⑤ "우리가 우리에게 죄 지은 자를 사하여 준 것 같이 우리 죄를 사하여 주시옵고"는 성도가 다른 사람을 용서했기 때문에 하나님의 용서하심을 받을 공적이 있다는 뜻이 아니요, 그리스도 안에 나타난 하나님의 은혜에

---

15) John Calvin, *A Harmony of the Gospels : Matthew, Mark and Luke*, Vol. I, p. 205.
16) Norval Geldenhuys, *Commentary on the Gospel of Luke* (*NICNT*), p. 319.
17) *Ibid.*, p. 320.

근거하여 용서를 구하는 것이다. 하나님은 우리의 죄를 예수님에게 전가하시고 그의 의를 우리에게 전가시켜 주셨다. 그러나 용서하지 않는 마음은 용서를 받을 준비도 되어 있지 않다.[18]

⑥ "우리를 시험에 들게 하지 마옵소서"는 죄의 용서를 간절히 구하는 성도의 마음을 표현해 준다. 본 구절의 헬라어 표현은 성도가 죄 짓기 전에 죄 짓는 자리에 빠지지 않도록 보호해 주시라는 간구의 기도이다.[19] 죄의 용서를 구하는 성도는 계속 죄 짓는 것을 원치 않는다. 그래서 비록 하나님이 친히 시험하시지 않지만(약 1:13) 성도를 튼튼하고 정결하게 하시기 위해 시련 받도록 허용하시는 경우가 있다. 성도는 죄를 짓는 형편에 빠지지 않도록 "우리를 시험에 들게 하지 마옵소서"라고 간구해야 한다.

불굴의 기도의 태도(눅 11:5~13)

예수님은 여행 중 자기 집에 들른 친구를 위해 다른 친구에게 떡 세 덩이를 빌리는 이야기를 통해 성도들이 간절히 기도할 것을 가르치신다. 예수님은 "비록 벗됨으로 인하여서는 일어나서 주지 아니할지라도 그 간청함을 인하여 일어나 그 요구대로 주리라"(눅 11:8, 개역개정)고 말씀하심으로 성도가 기도할 때에 얼마나 열심히, 좌절하지 않고, 인내심을 가지고 하나님께 구해야 함을 가르친다. 그리고 예수님은 누가복음 11:9에서 세 가지의 약속이 보장된 세 가지의 권면을 말씀하신다.

첫째 권면과 약속 - "구하라 그러면 너희에게 주실 것이요", 구하는 것은 겸손의 태도를 나타내고 자신에게 필요가 있음을 인식하는 것이다. 구하는 자는 하나님이 구하는 것을 허락하실 수 있는 분이요, 또 그렇게 할 것을 믿는다. 예수님은 그렇게 구하는 자에게 "너희에게 주실 것이요"라고 약속하신다.

둘째 권면과 약속 - "찾으라, 그러면 찾아 낼 것이요." 찾는 것은 구하는 것에 동작을 첨가하는 것이다.[20] 성도는 기도의 응답을 얻기 위해 할 수 있는 모든 것을 해야 한다. 예수님은 찾는 자가 발견하게 될 것이라고 약속하신다.

---

18) Hendriksen, *The Gospel of Luke* (Grand Rapids: Baker, 1978), p. 610.

19) 헬라어의 표현 중 동작이 시작되기 전에 금지를 바라는 구문이 있는데 본 구절이 그런 구절에 해당되며, 또 다른 경우는 동작이 이미 시작되었는데 금지를 바라는 경우가 있다. 예수님이 마리아에게 "나를 만지지 말라"(요 20:17)고 명령한 것은 동작이 이미 시작되었는데 금지하시는 예이다.

20) *Ibid.*, p. 612.

셋째 권면과 약속 – "문을 두드리라 그러면 너희에게 열릴 것이다." "두드리는 것은 구하는 것에 동작을 첨가하고 그 위에 끈기를 첨가하는 것이다."[21] 문을 두드리는 사람은 문이 열릴 때까지 계속해서 두드린다. 마찬가지로 기도하는 성도는 기도의 응답을 받을 때까지 계속해서 기도해야 한다. 예수님은 성도들이 문을 두드릴 때 외면하시지 않겠다고 약속하신다.

3. 베레아에서 안식일에 병 고치심(눅 13:10~17)

예수께서 안식일에 한 회당에서 가르치실 때에 열여덟 해 동안이나 귀신 들려 앓으며 꼬부라져 조금도 펴지 못하는 한 여자가 있더라 예수께서 보시고 불러 이르시되 여자여 네가 네 병에서 놓였다 하시고 안수하시니 여자가 곧 펴고 하나님께 영광을 돌리는지라 회당장이 예수께서 안식일에 병 고치시는 것을 분 내어 무리에게 이르되 일할 날이 엿새가 있으니 그 동안에 와서 고침을 받을 것이요 안식일에는 하지 말 것이니라 하거늘 주께서 대답하여 이르시되 외식하는 자들아 너희가 각각 안식일에 자기의 소나 나귀를 외양간에서 풀어내어 이끌고 가서 물을 먹이지 아니하느냐 그러면 열여덟 해 동안 사탄에게 매인 바 된 이 아브라함의 딸을 안식일에 이 매임에서 푸는 것이 합당하지 아니하냐 예수께서 이 말씀을 하시매 모든 반대하는 자들은 부끄러워하고 온 무리는 그가 하시는 모든 영광스러운 일을 기뻐하니라 (눅 13:10-17, 개역개정).

서론적 배경

예수님께서는 죽으시기 위해 예루살렘으로 가고 있는 도중 안식일에 병자를 고치셨다. 얼마나 빨리 여행하고 계셨는지 우리는 알지 못한다. 예수님께서 예루살렘을 향해 가시면서 사역을 하실 때 그에 대한 반대 역시 더욱 심하게 일어났다. 우리는 예수님을 반대하는 지도자들이 더욱더 적대적이고 조급하게 행동한 사실을 본다. 그리스도께서 오래 살아계시면 계실수록 예수님께서는 더 많은 적들을 만들게 될 것이고, 온 지역을 통해 그들의 영향은 더욱 커지고 그들의 미움은 더 강해질 것이다. 이 사건의 결과는 몇 사람의 격렬한 미움과 극심한 원한을 불러 일으켰다. 대적들의 미움이 심한 이유로 그리스도께서는 날카롭게 대적들을 향해 "외식하는 자들아"(눅 13:15)라고 말씀하셨다.

병 고치는 사건이 주는 교훈

예수님이 회당에서 가르치실 때 "열여덟 해 동안이나 귀신 들려 앓으며

---

21) *Ibid.*

꼬부라져 조금도 펴지 못하는 한 여자"(눅 13:11, 개역개정)가 회당 안으로
들어온 듯하다. 예수님은 먼저 여자를 부르시고 그 여자의 병을 고쳐 주신다
(눅 13:12).[22] 그 여자의 상태는 가련한 상태였다. 이날은 안식일이었고
예수님께서는 이 병 고침을 통해 다른 사람들의 분노를 자아내게 되었다.
회당장 즉 회당의 관리인은 어떤 의미에서 믿음과 진리의 옹호자였기 때문에
예수님이 안식일에 병자를 고치는 것을 보고 화를 냈지만 감히 예수님을
책망하지 못하고 대신 무리들을 책망했다(눅 13:14).[23]

예수님은 자연의 상황을 이용하여 그의 논리를 전개시킨다. 예수님은
소나 나귀가 물을 먹어야 할 필요가 있을 때 안식일일지라도 물을 먹이는
것처럼(눅 13:15), 18년 동안 사단에 매인바 된 아브라함의 딸을 풀어 주는
것이 합당하지 않느냐고 말씀하신다. 안식일에 소나 나귀에게 물을 주는
것은 쉼을 주는 일이요, 소생시키는 일이요, 구원하는 일이다. 마찬가지로
안식일에 18년 된 병자를 고치는 것도 안식을 주는 일이요, 소생시키는
일이요, 구원하는 일이다. 안식일은 생명을 억압하고 파괴하기 위해 정해진
것이 아니요, 생명을 구원하기 위해 정해진 것이다.[24]

회당장은 무리들에게 책망했지만 사실은 예수님을 은근히 책망한 셈이며
무리들은 회당장의 행동에 동의할 수밖에 없었다. 이 경건한 무리들은 회당장
에게 동의하지 않을 수 없었다. 왜냐하면 이것이 그들이 받은 교육의 전부이었
기 때문이다. 이 사실은 예수님을 화나게 만들었다. 예수님은 회당장뿐
아니라 거기에 있는 모든 무리들에게 외식하는 자라고 말씀하셨던 것이다.
왜냐하면 그들 중에 대부분은 안식일에 곤경에 빠진 동물을 보면 구해줄
사람들인데 어찌하여 이 여자가 고통을 당하는 것은 그대로 내버려 둔다는
것인가? 이런 태도가 그들의 위선을 극명하게 드러내 보여 주고 있다.

예수님의 병 고침은 즉각적이요 완전했다. 그래서 누가는 "여자가 곧
펴고 하나님께 영광을 돌리는지라"(눅 13:13, 개역개정)라고 기록한다. 예수
님의 병 고침은 나을 때까지 기다리거나 나을지 안 나을지 주저할 필요가

---

22) 누가복음 13:11은 "보라, 한 여인을"(καὶ ἰδοὺ γυνὴ…)으로 시작하여 전반부 문장에 동사가 없다. 이는 누가가
   현장의 생동감을 그대로 우리에게 전해주고 있는 것이다. Cf. Hendriksen, *The Gospel of Luke*, p. 699.
23) Norval Geldenhuys, *Commentary on the Gospel of Luke*, pp. 374-375.
24) Ridderbos, *The Coming of the Kingdom*, p. 303.

없다. 예수님의 병 고침과 오늘날 치유은사 받은 사람들의 병 고침은 서로 비교가 될 수 없다.

예수님은 그 여자를 고치기 위해 다음날까지 기다리지 않으신다. 사탄이 이 여자를 결박했는데 그녀를 풀어주지 않는 것은 악마의 세력에 굴복하는 것이 되는 것이다. 주의해야 할 또 하나의 요점은 어떤 질환과 질병은 궁극적으로 사탄의 능력과 활동에서부터 기인한다는 사실이다. 이는 하나님께서 이것들을 통해 영광을 받으시고자 허락하신 것이다. 반면 모든 질병을 사단의 영향으로 취급하는 것은 잘못이다.

병 고친 사건에 대한 반응

예수님의 대적들은 부끄럽게 되었다(눅 13:17). 그들은 대답할 말을 찾지 못했다. 비록 그들이 부끄러움에 처했다 할지라도 그들은 여전히 강퍅했다. 아니 그들은 좌절과 체면의 손상으로 인해 더욱 예수님을 미워했다. 일반 백성들은 그들 앞에서 행해진 영광스러운 일들을 보고 기뻐했다(눅 13:17). 무리들이 얼마나 쉽게 변하는가!

예수님께서 병을 고치실 때 단지 한마디의 말씀만 하셨고 손을 얹었을 뿐이다. 이는 안식일의 규정을 위반하는 경우가 아니었다. 어떤 저자는 다음과 같은 중요한 내용을 말한다. "예수님이 하셨던 일이 하나님의 능력과 자비를 통해 이루어진 것으로 인정할 때 사람들은 예수님을 하나님과 연결시키며 예수님의 사명은 하나님으로부터 온 것임을 인식하게 된다. 그래서 사람들은 예수님이 실제로 하나님으로부터 보냄을 받은 메시아임을 발견하게 되고 또 믿게 되는 것이다."

성경의 이 맥락과 관련하여 누가복음 13장 마지막 부분에 보면 예수님께서 예루살렘에 대해 탄식하고 계심을 본다. 마태복음 23:37~39에서도 예루살렘에 대한 예수님의 탄식이 나타나는데 이 말씀은 수난 주간의 맥락가운데서 나타나기 때문에 이 사건은 그때 가서 다루기로 한다. 누가복음 13:22은 예수님께서 죽음을 향해 어떻게 진행하고 계셨는가 보여준다. "예수께서 각 성 각 마을(70명을 보내셨던 성과 마을. 참조, 눅 10:1~16)로 다니사(죽음으로 가는 길) 가르치시며 예루살렘으로 여행하시더니"(눅 13:22, 개역개정)의 말씀은 예수님이 어떻게 예루살렘을 향해 여행하셨는지를 보여준다.

4. 바리새인 집에서 안식일에 병자를 고치신 예수님(눅 14:1~35)

안식일에 예수께서 한 바리새인 지도자의 집에 떡 잡수시러 들어가시니 그들이 엿보고 있더라 주의 앞에 수종병 든 한 사람이 있는지라 예수께서 대답하여 율법교사들과 바리새인들에게 이르시되 안식일에 병 고쳐 주는 것이 합당하냐 아니하냐 그들이 잠잠하거늘 예수께서 그 사람을 데려다가 고쳐 보내시고 또 그들에게 이르시되 너희 중에 누가 그 아들이나 소가 우물에 빠졌으면 안식일에라도 곧 끌어내지 않겠느냐 하시니 그들이 이에 대하여 대답하지 못하니라 청함을 받은 사람들이 높은 자리 택함을 보시고 그들에게 비유로 말씀하여 이르시되 네가 누구에게나 혼인 잔치에 청함을 받았을 때에 높은 자리에 앉지 말라 그렇지 않으면 너보다 더 높은 사람이 청함을 받은 경우에 너와 그를 청한 자가 와서 너더러 이 사람에게 자리를 내주라 하리니 그 때에 네가 부끄러워 끝자리로 가게 되리라 청함을 받았을 때에 차라리 가서 끝자리에 앉으라 그러면 너를 청한 자가 와서 너더러 벗이여 올라 앉으라 하리니 그 때에야 함께 앉은 모든 사람 앞에서 영광이 있으리라 무릇 자기를 높이는 자는 낮아지고 자기를 낮추는 자는 높아지리라 또 자기를 청한 자에게 이르시되 네가 점심이나 저녁이나 베풀거든 벗이나 형제나 친척이나 부한 이웃을 청하지 말라 두렵건대 그 사람들이 너를 도로 청하여 네게 갚음이 될까 하노라 잔치를 베풀거든 차라리 가난한 자들과 몸 불편한 자들과 저는 자들과 맹인들을 청하라 그리하면 그들이 갚을 것이 없으므로 네게 복이 되리니 이는 의인들의 부활 시에 네가 갚음을 받겠음이라 하시더라 함께 먹는 사람 중의 하나가 이 말을 듣고 이르되 무릇 하나님의 나라에서 떡을 먹는 자는 복되도다 하니 이르시되 어떤 사람이 큰 잔치를 베풀고 많은 사람을 청하였더니 잔치할 시각에 그 청하였던 자들에게 종을 보내어 이르되 오소서 모든 것이 준비되었나이다 하매 다 일치하게 사양하여 한 사람은 이르되 나는 밭을 샀으매 아무래도 나가 보아야 하겠으니 청컨대 나를 양해하도록 하라 하고 또 한 사람은 이르되 나는 소 다섯 겨리를 샀으매 시험하러 가니 청컨대 나를 양해하도록 하라 하고 또 한 사람은 이르되 나는 장가 들었으니 그러므로 가지 못하겠노라 하는지라 종이 돌아와 주인에게 그대로 고하니 이에 집 주인이 노하여 그 종에게 이르되 빨리 시내의 거리와 골목으로 나가서 가난한 자들과 몸 불편한 자들과 맹인들과 저는 자들을 데려오라 하니라 종이 이르되 주인이여 명하신 대로 하였으되 아직도 자리가 있나이다 주인이 종에게 이르되 길과 산울타리 가로 나가서 사람을 강권하여 데려다가 내 집을 채우라 내가 너희에게 말하노니 전에 청하였던 그 사람들은 하나도 내 잔치를 맛보지 못하리라 하였다 하시니라 수많은 무리가 함께 갈새 예수께서 돌이키사 이르시되 무릇 내게 오는 자가 자기 부모와 처자와 형제와 자매와 더욱이 자기 목숨까지 미워하지 아니하면 능히 내 제자가 되지 못하고 누구든지 자기 십자가를 지고 나를 따르지 않는 자도 능히 내 제자가 되지 못하리라 너희 중의 누가 망대를 세우고자 할진대 자기의 가진 것이 준공하기까지에 족할는지 먼저 앉아 그 비용을 계산하지 아니하겠느냐 그렇게 아니하여 그 기초만 쌓고 능히 이루지 못하면 보는 자가 다 비웃어 이르되 이 사람이 공사를 시작하고 능히 이루지 못하였다 하리라 또 어떤 임금이 다른 임금과 싸우러 갈 때에 먼저 앉아 일만 명으로써 저 이만 명을 거느리고 오는 자를 대적할 수 있을까 헤아리지 아니하겠느냐 만일 못할 터이면 그가 아직 멀리 있을 때에 사신을 보내어 화친을 청할지니라 이와 같이 너희 중의 누구든지 자기의 모든 소유를 버리지 아니하면 능히 내 제자가 되지 못하리라 소금이 좋은 것이나 소금도 만일 그 맛을 잃으면 무엇으로 짜게 하리요 땅에도, 거름에도 쓸 데 없어 내버리느니라 들을 귀가 있는 자는 들을지어다 하시니라 (눅 14:1–35, 개역개정).

예수님은 바리새인 집에서 안식일에 병자를 고치신다. 성경의 사건들을 발생 연대로 배열하려고 노력하는 학도들은 이 사건이 그리스도의 베레아 지역의 사역기간 중에 발생한 것임을 알 수 있다. 이 사건은 베레아에서의 사역 마지막쯤 해서 발생한 사건으로 예수님께서 마지막으로 예루살렘에 올라가셔야만 할 때쯤이었다.

바리새인들의 경고

예수님이 바리새인의 한 두령의 집에 떡 잡수시러 들어간 사건과(눅 14:1) 바리새인들이 예수님에게 헤롯 안디바가 그의 목숨을 노리고 있다고 경고한 사건(눅 13:31)은 서로 연관시켜 생각해야 한다. 우리들이 누가복음 13:31을 읽을 때 바리새인들이 실제로 예수님을 보호하는데 관심이 있었다고 생각할 수도 있다. 그러나 그런 생각은 지나치게 선의적으로만 생각한 것이다. 예수님이 이 경고를 받았던 베레아 지역은 헤롯의 관할로 예수님께서는 여전히 그의 관할 하에 있었다. 헤롯 안디바는 분봉왕으로 그 당시 갈릴리와 베레아 지역을 다스리고 있었다. 헤롯과 바리새인들은 종교적으로 서로 다른 입장에 있었다. 하지만 예수님을 대적하는 일에 있어서는 서로 같은 입장에 있었다(막 3:6; 12:13 참조). 그러면 헤롯과 바리새인들이 예수님을 대적하는데 왜 힘을 합쳤는가. 그 이유는 다음과 같다.

헤롯은 자신의 관할지 내에서 예수님으로 인해 정치적인 문제가 발생하는 것을 원치 않았다. 예수님의 사역은 그가 죽인 세례 요한을 상기시켰다(눅 9:7~9). 그리고 헤롯은 세례 요한에 이어 예수님을 살인하고 싶은 생각이 없었다. 그래서 헤롯은 예수님을 위협하여 자기의 관할 지역으로부터 떠나게 하기를 원했을 수 있다.

반면 바리새인들은 예수님이 유대 땅에 있기를 원했다. 왜냐하면 그들은 자신들의 영향력이 다른 지역에서 보다 유대 땅에서 훨씬 효력이 있다고 생각했기 때문이다. 그래서 바리새인들은 베레아 지역에 있는 예수님을 위협하여 유대 땅으로 옮기게 함으로 예수님을 자신들의 영향력이 큰 유대 땅에 두기를 원한 것이다. 바리새인들은 속히 예수님을 없애버리기 원했다.[25) 그래서 바리새인들은 이런 간교한 의도로 예수님께 "여기를 떠나소서 헤롯이 당신을 죽이고자 하나이다"(눅 13:31, 개역개정)라고 권면한 것이다.

그리스도의 응답

반대자들은 주님을 대적하는 속도를 한층 가속화시킨다. 하지만 예수님 역시 강한 의지와 태도로 그들에게 대응하신다. 예수님은 율법사들과 바리새

---

25) Hendriksen, *The Gospel of Luke*, p. 709.

인들의 병자들에 대한 태도를 질책하신다(눅 14:3, 5). 그리스도의 이 분노와 적대가 패배당하고 비겁한 사람의 모습이라고 잠시라도 생각해서는 안 된다. 즉 목적을 이루지 못한데서 오는 좌절을 보상하기 위한 행동이라고 생각해서는 안 된다. 공의로우신 주님은 이 사람들에게 원 모습 그대로의 진리를 나타내시며 그들의 죄 된 길과 생각들을 공개적으로 반대하고 계신 것이다.

예수 그리스도의 응답은 단호한 것이었다. 그의 응답은 의로운 것이며, 그릇된 것에 대한 거룩한 분노이다. 그래서 여기서는 부드러운 마음이나 부드러운 말이 필요하지 않고 남자답고 의롭고 진노에 가득 찬 대답이 필요한 것이다.

여기서 그리스도의 분노는 외식하는 자였던 바리새인들을 향한 것이었다. 더 나아가 그는 교활하고 영리한 헤롯에게 그의 분노를 돌리신다. 헤롯은 신뢰할 수 없는 사람이어서 예수님은 그를 가리켜 "저 여우"(눅 13:32)라고 말씀하신다. 예수님이 헤롯을 가리켜 "저 여우"라고 부른 이유는 예수님이 헤롯의 간교함과 교활함을 알고 있었기 때문이다.[26] 예수님이 헤롯 안디바에게 보낸 메시지는 예수님이 헤롯의 계획에 의해서 움직이지 않고 하나님의 계획에 의해서 움직이고 계신다는 사실이다. 헤롯이 아무리 협박하고 죽이고자 할지라도 예수님은 정해진 시간에 따라 그의 사역을 계속하실 것이다(눅 13:32). 그리고 하나님의 정하신 때가 되면 예루살렘에 올라가 죽으실 것이다. 그래서 예수님은 "내가 갈 길을 가야 하리니 선지자가 예루살렘 밖에서는 죽는 법이 없느니라"(눅 13:33, 개역개정)고 말씀하신 것이다.[27]

그러니 그리스도의 분노는 비록 강할지라도 그 안에 어느 정도 연민을 내포하고 있다. 왜냐하면 그는 또한 예루살렘을 향해 탄식하셨기 때문이다(눅 13:34~35). 우선 예수님의 예루살렘에 대한 탄식이 두 번 있었느냐 한번 있었느냐에 대해 견해가 나뉜다. 복음서 내에서 누가복음은 누가복음 13:31~35의 문맥 속에서 예루살렘에 대한 탄식을 다루고(눅 13:34~35), 마태복음은 수난 주간 도중에 예루살렘 탄식을 다룬다(마 23:37~39).

---

26) *Ibid.*, p. 709.
27) 누가복음 13:32의 "제 삼일에는 완전하여지리라"는 예수님의 부활을 연상하게 하고, "완전하여지리라"(τελειοῦμαι)가 이 사상을 뒷받침해 주고 있다. Cf. E.E. Ellis, *The Gospel of Luke* (*The New Century Bible Commentary*, Grand Rapids: Eerdmans, 1981), p. 190.

이 문제를 해결함에 있어 우리는 예루살렘에 대한 탄식이 두 번 있었다고 생각하기보다 누가가 마태복음의 내용을 본 문맥에 맞도록 사용했다고 결론을 내린다. 그 이유는 예수님의 생애의 행적으로 보아 예루살렘에 대한 탄식을 두 번 말씀하셨다고 생각되지 않고 또한 예루살렘에 대한 탄식이 예루살렘에 가서서 죽을 것을 깊이 생각하시고 예루살렘의 장래를 내다보신 예수님의 마음을 표현하고 있는 본 문맥(눅 13:31~35)에 잘 맞기 때문이다.[28]

이 같은 배경 때문에 그리스도께서 바리새인의 집에 식사나 연회를 초대받으셨을 때 그리스도는 즐거울 수가 없었다. 그들은 예수님을 넘어뜨리려는 목적으로 예수님을 초대한 것이다. 성경 본문은 "저희가 엿보고 있더라"(눅 14:1)고 기술하고 있다.

잔치석상에서의 예수님(눅 14:1~24)

① 안식일에 수종병 든 사람을 고치심(눅 14:1~6)

이날은 안식일이었다. 이날은 어떤 특별한 절기가 아니었다. 이날이 문자적인 절기는 아니었을지 모르나 당시에는 안식일에 몇 가지 오락과 함께 잘 준비한 식사를 하는 관습이 있었다. 하지만 이 식사는 예수님의 대적자들이 예수님에게 올무를 씌우기 위해 마련한 듯하다. "그들이 엿보고 있더라"가 이를 증거 한다.[29] 어떤 의미에서 예수님이 참석한 이 잔치는 세 가지 면으로 비평의 대상이 될 수 있다. 첫째, 무엇보다도 예수님께서는 바리새인들과 식사를 하기 위해 들어가셨다. 이는 보통의 사람들이 기뻐하지 않을 일이었다. 둘째, 안식일은 이런 종류의 잔치를 즐길 그런 날이 아니다. 그날의 상황은 잔치의 모습이었다. 본문은 그날의 상황을 "안식일에 예수께서 한 바리새인 지도자의 집에 떡 잡수시러 들어가시니"(눅 14:1, 개역개정), "청함을 받은 사람들이 높은 자리 택함을 보시고"(눅 14:7, 개역개정), "또 자기를 청한 자에게 이르시되"(눅 14:12), "함께 먹는 사람 중의 하나가 이 말을 듣고 이르되 무릇 하나님의 나라에서 떡을 먹는 자는 복 되도다"(눅 14:15, 개역개정) 등의 표현으로 그날이 잔치 분위기였음을 증거 해 주고

---

28) Hendriksen, *The Gospel of Luke*, p. 710.
29) Ellis, *The Gospel of Luke*, p. 192.

있다. 그러나 공개적으로 그 사실을 비평하지 않았지만 많은 사람들은 예수님을 엿보고 있었다(눅 14:1). 셋째, 예수님은 안식일에 수종병 든 사람을 고쳐 주셨다. 안식일에 대한 왜곡된 견해를 가지고 있는 바리새인들은 창조의 질서를 회복시키고 진정한 안식을 제공하시는 예수님의 깊은 의도를 깨달을 리 없었다. 그래서 바리새인들은 예수님이 안식일을 범했다고 비평을 하게 된다.

예수님께서 먼저 행동을 개시하신다. 예수님께서는 비평자들이 겉으로 말하기 전에 그들에게 대답하시면서 그들이 생각해야 할 제목을 제시하신다. 그리스도께서는 안식일에 병 고치는 것이 합당한지 물으셨다(눅 14:3). 이 사람들은 아무 답도 하지 못하나 많은 것을 생각했음에 틀림없다(눅 14:4). 예수님은 수종병 든 사람을 데려다가 고쳐주신다. 고창병은 근육조직과 혈관 속에 물이 고이는 병으로 수종병이라 불리기도 한다. 본문의 내용은(눅 14:4) 마치 예수님이 겉옷을 간단히 벗을 수 있는 것처럼 병자를 쉽게 고치신 것으로 전한다. 사실상 창조주 되신 예수님에게는 어떤 병일지라도 그 병을 고치는 것이 문제가 되지 않는다.

예수님께서 안식일에 병자를 고쳐 주신 후 바리새인들의 안식일 지키는 관습을 예로 들어 설명해 주신다. 바리새인들도 아들이나 소가 우물에 빠졌으면 그날이 안식일일지라도 아들이나 소를[30] 곧 구해준다. 따라서 예수님은 안식일을 범한 것이 아니요 안식일에 허용되는 선한 일을 한 것이다. 이 사건은 모인 자들이 자리에 앉기 전에 일어났을 것이다.

② 겸손의 교훈을 가르치심(눅 14:7~14)

아마도 무리가 자리에 앉기 전 어떤 시점에 누가 어느 자리에 앉아야 할 것인지에 대해 토론이 있었던 듯하다. 그들은 사람의 중요성에 따라 앉을 자리를 정해야 한다고 토론했었던 듯하다(눅 14:7). 이때 예수님께서는 이 문제에 대해 가르치신다. 비록 예수님께서는 포악한 죄인처럼 취급받고 곧 죽게 되실 것이지만 이 모든 사건에서 지도적 위치를 지키신다. 잔치에 초청 받은 사람들에게 주신 예수님의 교훈은 다음과 같다.

---

30) 어떤 사본은 "아들이나 소"(P⁴⁵,⁷⁵ A, B, W)대신 "나귀나 소"(ℵ, K, L, X)로 되어있다. "아들이나 소"를 택한 사본이 더 좋은 사본이다. 이렇게 본문을 "나귀나 소"로 바꾼 이유는 필사자가 본문을 누가복음 13:15과 일치시키려고 노력했기 때문이라고 생각된다.

첫째, 상석에 앉으려 하기보다 겸손히 보다 낮은 말석에 앉으라(눅 14:8~10). 말석으로 자리를 옮기는 것보다는 상석으로 오도록 청함 받는 것이 훨씬 더 쉬운 것이다.

둘째, 주인의 집에서 준비한 음식, 친구, 접대 등 모든 것을 좋게 생각해야 한다. 물론 유대인들은 옆의 동료보다 자신이 더 낮다고 생각하여 아무 옆에나 앉기를 원치 않았다.

셋째, 예수님은 주인에게도 권면을 하신다(눅 14:12~14). 본문에서 그리스도는 잔치나 식사에 누구를 초대할 것인지에 대해 말씀하신다. 예수님은 사람들이 자주 잔치에 청하는 네 계층, 즉 친구, 형제, 친척 혹은 부유한 이웃을 청하기보다는 사람들이 잔치에 잘 청하지 아니하는 네 계층, 즉 가난한 자들, 절름발이, 불구자, 맹인 등을 잔치에 청하라고 가르치신다. 그들은 그들이 처한 형편 때문에 자주 먹을 기회가 없고 또 그들이 다른 사람을 잔치에 청할 수 있는 형편에 있지 않은 것이다.

헨드릭센(Hendriksen)은 본문에 나타난 예수님의 교훈을 다음과 같이 요약한다. 첫째, 언제나 손님을 잔치에 청할 수 있는 능력을 가진 사람만 잔치에 초청하는 것은 성경의 교훈을 실천하지 않는 것이다. 성경은 가난한 자를 잘 접대하라고 가르친다(참고, 롬 12:13; 딤전 3:2; 딛 1:8; 벧전 4:9). 성도들은 자신들을 잔치에 초청할 수 없는 사람들 까지도 잔치에 초청해서 잔치를 즐겨야 한다. 둘째, 우리를 초청할 수 있는 사람만 잔치에 초청하는 것은 이기주의적인 관행이다. 이런 일이 계속되면 "의인들의 부활 시"(눅 14:14)에 무슨 상급이 있겠는가? 셋째, 자신과 동류와만 교제하는 사람은 도움을 받는 사람들의 얼굴에 나타난 빛나는 기쁨과 순수한 감사를 접할 수 없게 된다.[31]

③ 큰 잔치의 비유(눅 14:15~24)

예수님께서 위에 일들에 대해 말씀하시는 것을 들으면서 모인 자들과 함께 식탁에 앉아있던 어떤 이가 "하나님의 나라에서 떡을 먹는 자는 복되도다"(눅 14:15)라고 말하자 예수님의 세 번째 강론이 계속되어진다(눅 14:15~24). 그 사람의 동기는 알려져 있지 않으나 그는 참으로 매우 영적인

---

31) Hendriksen, *The Gospel of Luke*, p. 725.

사람이었고 식탁에서 계속 높은 차원의 대화를 하기 원했다. 이에 그리스도께서는 혼인잔치의 초대에 대한 비유로 대답하셨다. 이 비유에서 우리는 그리스도의 생각하시는 방향을 알 수 있다. 그것은 끊임없이 그를 반대하던 자들에 대한 것이었다. 그리스도의 교훈의 핵심은 친척이나 벗 또는 그리스도 가까이 있는 자 모두가 그리스도와 함께 반드시 하나님 나라에서 떡을 먹게 되지 않을 것이라는 사실을 보여주는 것이다.

큰 잔치에 청함을 받았던 사람들은 성실하지 못한 사람들이었다. 그들은 처음에 오기로 약속하고 후에 그 약속을 파기한 것이다. 밭을 산 사람이 가서 보아야 하겠다는 핑계나(눅 14:18), 소 다섯 겨리를 산 사람이 시험하러 가야 한다는 핑계나(눅 14:19), 장가든 사람이 갈 수 없다는 핑계(눅 14:20)가 순전히 구실에 지나지 않은 것이다. 예수님은 이 비유를 통해서 구원의 복음이 처음부터 거절되어온 사실을 가르치시는 것이다. "예수님은 그 잔치에 참석한 모든 사람들에게, 감탄의 말을 한 그 사람을 포함하여(15절) 수세기 동안 이 비유를 읽고 듣는 모든 사람에게, 믿음을 통한 은혜로만 구원을 받을 수 있다는 하나님의 은혜의 초청을 거절한 사람은 새 하늘과 새 땅의 축복과 완성된 왕국과, 승리 교회로부터 제외될 것임을 말씀하고 계신다."[32]

참된 제자도(눅 14:25~35)

일반 대중은 앞으로 닥칠 사건에 대해 느낄 수 있었고 또 알고 있었던 것 같다. 식사가 바리새인의 집에서 계속되고 있는 동안 허다한 무리가 그 집 주위로 모이고 있었다(눅 14:25). 예수님께서 이 집을 떠나실 때 무리가 그를 따랐다. 이 무리를 향해 예수님께서는 참된 제자도에 대해 말씀하셨다. 특히 예수님께서 그의 행로의 마지막에 하신 말씀을 통해 우리는 그를 따르는 자들이 대가를 지불해야 함을 알게 된다. 그 대가는 자기 자신과 그리고 자신과 관계된 모든 것을 전적으로 그리고 완전하게 주 예수 그리스도에게 복종시키는 것이다.

예수님이 "자기 부모와 처자와 형제와 자매와 더욱이 자기 목숨까지 미워하지 아니하면 능히 내 제자가 되지 못하고"(눅 14:26, 개역개정)라고 가르치신

---

32) *Ibid.*, p. 733.

내용 중 "미워한다"는 말은 무슨 뜻인가? 원수를 사랑하라고 가르치신(마 5:44) 예수님이 어떻게 가까운 친척들을 미워하라고 가르치시는가? 본문의 "미워한다"는 말은 비교적인 차원에서 "덜 사랑한다"는 뜻이 있다. 즉 예수님의 제자가 되기 위해서는 인간적인 차원에서 가장 사랑해야 할 대상까지도 주님과의 관계에서 방해가 될 수 없다는 뜻이다. 주님에 대한 헌신과 비교할 때 다른 모든 헌신은 부차적인 것이 되어야 하고, 자기의 생명을 포기할망정 주님은 포기할 수 없다는 뜻이다.[33]

예수님은 참된 제자도를 가르치시면서 세 가지 예화를 든다. 첫째 예화는 망대를 세울 때 합리적인 계산이 먼저 있어야 함을 가르치고, 둘째 예화는 공격해 오는 적을 물리칠 수 없으면 화친을 청해야 한다고 가르친다. 예수님은 이 두 가지 예화를 통해서 사람이 예수님을 대할 때 자신의 형편을 합리적으로 생각해야만 함을 가르친다. 사람은 자신의 무능을 깨닫고 엄청난 세력으로 공격해오는 하나님을 대적할 수 없음을 깨닫고 화친해야 한다. 그렇게 하는 것이 합리적이요, 현명한 처사라고 가르친다. 셋째 예화는 참된 제자는 소금의 맛을 내는 제자라고 가르친다. 참된 제자는 세상을 부패로부터 막아야 할 뿐만 아니라 세상을 맛있는 삶의 터전으로 보존할 책임을 가지고 있다.

5. 잃은 자에 대한 세 가지 비유(눅 15:1~32)

모든 세리와 죄인들이 말씀을 들으러 가까이 나아오니 바리새인과 서기관들이 수군거려 이르되 이 사람이 죄인을 영접하고 음식을 같이 먹는다 하더라 예수께서 그들에게 이 비유로 이르시되 너희 중에 어떤 사람이 양 백 마리가 있는데 그 중의 하나를 잃으면 아흔아홉 마리를 들에 두고 그 잃은 것을 찾아내기까지 찾아다니지 아니하겠느냐 또 찾아낸즉 즐거워 어깨에 메고 집에 와서 그 벗과 이웃을 불러 모으고 말하되 나와 함께 즐기자 나의 잃은 양을 찾아내었노라 하리라 내가 너희에게 이르노니 이와 같이 죄인 한 사람이 회개하면 하늘에서는 회개할 것 없는 의인 아흔아홉으로 말미암아 기뻐하는 것보다 더하리라 어느 여자가 열 드라크마가 있는데 하나를 잃으면 등불을 켜고 집을 쓸며 찾아내기까지 부지런히 찾지 아니하겠느냐 또 찾아낸즉 벗과 이웃을 불러 모으고 말하되 나와 함께 즐기자 잃은 드라크마를 찾아내었노라 하리라 내가 너희에게 이르노니 이와 같이 죄인 한 사람이 회개하면 하나님의 사자들 앞에 기쁨이 되느니라 또 이르시되 어떤 사람에게 두 아들이 있는데 그 둘째가 아버지에게 말하되 아버지여 재산 중에서 내게 돌아올 분깃을 내게 주소서 하는지라 아버지가 그 살림을 각각 나눠 주었더니 그 후 며칠이 안 되어 둘째 아들이 재물을 다 모아 가지고 먼 나라에 가 거기서 허랑방탕하여 그 재산을 낭비하더니 다 없앤 후 그 나라에 크게 흉년이 들어 그가 비로소 궁핍한지라 가서 그 나라 백성 중 한 사람에게 붙여 사니 그가 그를 들로 보내어 돼지를 치게 하였는데 그가 돼지 먹는 쥐엄 열매로 배를 채우고자 하되 주는 자가 없는지라 이에 스스로 돌이켜 이르되 내 아버지에게는 양식이 풍족한 품꾼이 얼마나 많은가 나는 여기서 주려 죽는구나 내가 일어나 아버지께

---

33) Ray Summers, *Commentary on Luke* (Waco: Word Books, 1972), p. 180.

가서 이르기를 아버지 내가 하늘과 아버지께 죄를 지었사오니 지금부터는 아버지의 아들이라 일컬음을
감당하지 못하겠나이다 나를 품꾼의 하나로 보소서 하리라 하고 이에 일어나서 아버지께로 돌아가니라
아직도 거리가 먼데 아버지가 그를 보고 측은히 여겨 달려가 목을 안고 입을 맞추니 아들이 이르되
아버지 내가 하늘과 아버지께 죄를 지었사오니 지금부터는 아버지의 아들이라 일컬음을 감당하지
못하겠나이다 하나 아버지는 종들에게 이르되 제일 좋은 옷을 내어다가 입히고 손에 가락지를 끼우고
발에 신을 신기라 그리고 살진 송아지를 끌어다가 잡으라 우리가 먹고 즐기자 이 내 아들은 죽었다가
다시 살아났으며 내가 잃었다가 다시 얻었노라 하니 그들이 즐거워하더라 맏아들은 밭에 있다가 돌아와
집에 가까이 왔을 때에 풍악과 춤추는 소리를 듣고 한 종을 불러 이 무슨 일인가 물은대 대답하되
당신의 동생이 돌아왔으매 당신의 아버지가 건강한 그를 다시 맞아 들이게 됨으로 인하여 살진 송아지를
잡았나이다 하니 그가 노하여 들어가고자 하지 아니하거늘 아버지가 나와서 권한대 아버지께 대답하여
이르되 내가 여러 해 아버지를 섬겨 명을 어김이 없거늘 내게는 염소 새끼라도 주어 나와 내 벗으로
즐기게 하신 일이 없더니 아버지의 살림을 창녀들과 함께 삼켜 버린 이 아들이 돌아오매 이를 위하여
살진 송아지를 잡으셨나이다 아버지가 이르되 얘 너는 항상 나와 함께 있으니 내 것이 다 네 것이로되
이 네 동생은 죽었다가 살아났으며 내가 잃었다가 얻었기로 우리가 즐거워하고 기뻐하는 것이 마땅하다
하니라 (눅 15:1-32, 개역개정).

서론적 배경

① 누가복음 15장은 세 가지 비유를 가르친다. 본문은 "모든 세리와 죄인들
이 말씀을 들으러 가까이 나아오니"(눅 15:1, 개역개정)라고 많은 무리가
주님께 모여 들었음을 밝힌다. 그리스도에게 무슨 매력이 있어서 이런 사람들
이 몰려들었는가? 그리스도의 인격이나 모습이 사람들을 끄는 매력이 아니었
다. 왜냐하면 성경은 "그는 모양도 없고 풍채도 없은즉 우리가 보기에 흠모할
만한 아름다운 것이 없도다"(사 53:2, 개역개정)라는 말씀을 통해 이 점에
대해 바르게 지적한다. 그것은 그리스도께서 사랑으로 그들을 위해 자신을
주신 사실과 그의 메시지 때문이었다. 그 당시 바리새인들과 서기관들은
세리와 죄인들을 경멸하고 용납하지 않은 반면 예수님은 그들에게 깊은
관심을 보이셨다. 따라서 모든 세리와 죄인들이 예수님의 말씀을 듣기 위해
예수님에게 가까이 나아오는 것은 너무도 당연하다. 맨손(Manson)은 "세리
들과 죄인들에 대한 예수님의 태도는 예수님 편에서 보인 단순한 인간적인
열정이 아니요, 그 태도는 하나님의 뜻과 목적의 표출이다"[34]라고 설명한다.

② 성경은 "바리새인과 서기관들이 수군거려 이르되"(눅 15:2, 개역개정)라
고 일부 지도자급 인사들이 예수님을 반대했음을 밝힌다. 이 지식층은 단지
그리스도께서 죄인들에게 관심을 두신다는 사실로 화가 나 있었다. 바리새인
과 서기관들의 관점에서 보면 예수님의 행동은 관례에 어긋나는 행위였다.

---

34) N. Geldenhuys, *Commentary on the Gospel of Luke*, p. 403에서 인용(T.W. Manson, *Teaching of Jesus*, p. 574)

예수님은 바리새인과 서기관들이 하는 것처럼 죄인들을 경멸적으로 다루었어야 마땅했다. 바리새인들과 서기관들이 예수님을 가리켜 "이 사람"(ού̃τος)이라고 부른 것은 그들의 태도가 경멸적인 태도임을 가르쳐 준다(참고, 눅 14:30). "이 사람"이란 용어는 유대인들이 예수님을 멸시의 태도로 부를 때 사용하는 하나의 관용적인 표현이다. 유대인들은 예수란 이름을 사용하지 않고 이 용어를 자주 사용했다. 이 용어는 그들이 예수님에 대해 말하거나 생각할 때 멸시를 나타내기 위해 사용했던 보다 천한 용어 중의 하나이다.[35]

③ 누가는 죄인들과 지식층의 반응을 비교하기 원한다. 죄인들은 "가까이 나아왔고," 반면에 지식층은 "멀리서서 잘못을 찾았다." 바리새인들과 서기관들이 비평하며 화를 낸 반면 하늘의 천사들은 회개한 한 죄인에 대해 기뻐했다(눅 15:7).

④ 누가복음 15장에 기록된 세 가지 비유는 누가복음에 독특한 위치를 제공하며 어떤 의미에서 누가복음의 핵심인 절정으로 이어진다. 누가복음의 핵심은 누가복음 19:10에 나타난 대로 "인자가 온 것은 잃어버린 자를 찾아 구원하려 함이니라"(개역개정)는 말씀이다. 누가복음 15장부터 누가복음 19:10까지의 모든 자료는 누가복음 19:10의 말씀을 위해 사용되었다고 말할 수도 있다. 어떤 이는 누가복음 9장에서 18장까지를 "예수님과 함께하는 학교"라 부를 수 있다고 말했다. 사실상 그리스도가 가르치는 그 학교의 교훈 중의 하나는 그리스도께서 그의 생명과 피의 대가로 성취하신 구원이라고 할 수 있다.

비유로 말씀하신 이유

① 본문은 "모든 세리와 죄인들이 말씀을 들으러 가까이 나아오니 바리새인과 서기관들이 수군거려 이르되 이 사람이 죄인을 영접하고 음식을 같이 먹는다 하더라"(눅 15:1~2, 개역개정)는 표현으로 시작한다. 여기에 이중적인 상황이 나타난다. 첫째, 예수님의 평판이 세리와 죄인에게 널리 알려진 점과 둘째, 바리새인과, 서기관들은 불평과 증오를 계속하고 예수님으로부터 멀어져 간 사실이 그것이다. 분명히 이 지도자들은 베레아와 예루살렘

---

35) Hendriksen, *The Gospel of Luke*, p. 744; Marshall, *Commentary on Luke*(*NIGTC*), p. 599.

사이의 어느 곳에 있었으나 그들이 어디에 있었든지 간에 예수님에 대한 그들의 반응은 같은 것이었다. 즉 그들의 태도는 증오 자체였다. 그들은 한 집단으로 전체가 결속하여 예수님을 대적하였다.

② 함께 연결되어 나타나는 이 세 가지 비유들은 두 가지 모습을 보여준다. 첫째, 바리새인들은 잃어버렸던 죄인이 그리스도를 통해 발견되고 그의 나라 안에 들어오게 된 데 대해 하나님께서 기뻐하신다는 사실을 잘 알아야 했다. 그 이유 때문에 예수님께서는 그들과 함께 일하고 그들에게 말씀 전하시는 것을 기뻐하셨다. 둘째, 죄인들은 그들에게 희망이 있음을 알아야만 한다. 왜냐하면 하나님께서 잃은 자를 위해 일하시기 때문에 그는 죄인들을 살피시고 찾으시는 것이다. 그러므로 죄인들은 소망이 있다. 그러나 그들은 회개해야 하고 구원을 얻어야만 한다.

③ 성경 해석자들은 세 가지 비유를 3위 1체 하나님과 연계시킨다. 잃은 양의 비유에서 잃은 양을 찾아 나선 "목자"는 제 2위이신 아들을 상징하고, 잃은 아들의 비유에서 잃은 아들을 기다리시는 "아버지"는 제 1위이신 아버지를 상징하며, 잃은 은전의 비유에서 "여자"는 제 3위이신 성령을 상징한다.[36] 하지만 세 비유를 3위 1체의 각 위에 연계시키는 것이 세 비유의 목적은 아니다. 우리는 세 비유를 통해 죄인을 찾으시는 하나님의 사랑을 배울 수 있다.

④ 예수님은 세 개의 비유를 통해 잃은 자에 대한 하나님의 사랑을 가르치고 계신다. 잃은 양, 잃은 은전, 잃은 아들을 찾으시는 주인과 아버지의 모습에서 잃은 자에 대한 하나님의 사랑을 볼 수 있다. 하나님은 잃은 자를 열심히 찾으실 뿐만 아니라 찾은 후에는 크게 기뻐하시는 것이다. 이처럼 이 비유들은 잃은 자에 대한 하나님의 특별한 사랑을 가르치고 있다.

또한 이 비유를 삶의 정황(Sitz im Leben)에 비추어 보면 잃은 양에 대한 하나님의 사랑이 종말론적인 맥락 안에서 성취되고 있음을 본다. 예수님께서 이 비유들을 말씀하시게 된 정황은 그 당시 경멸의 대상이 되었던 세리들과 죄인들과 더불어 식사하고 어울리시는 예수님을 바리새인들과 서기관들이 비평한데서 기인되었다. 따라서 이 비유를 듣는 대상은 바리새인들과 서기관

---

36) 참조, Hendriksen, *The Gospel of Luke*, p. 748; Lenski(*The Interpretation of St. Luke's Gospel*, p. 804)는 잃은 은전의 비유에 나오는 "여자"는 교회를 상징한다고 주장한다. Bengel(*Bengel's New Testament Commentary: Matthew-Acts*, p. 472)은 잃은 은전의 비유에 나오는 "여자"가 성령을 상징한다고 해석한다.

들이었다(눅 15:3). 그런데 메시아이신 예수님이 이 땅에 오신 목적은 가난한 자에게 복음을 전하고, 포로 된 자를 자유하게 하고, 눈먼 자를 다시 보게 하고, 눌린 자를 자유하게 하시기 위한 것이다(참조, 사 61:1~2; 눅 4:16~19). 따라서 예수님께서 세리들과 죄인들을 만나고 그들에게 복음을 전파하신 것은 메시아의 일을 행하고 계신 것이다. 예수님은 자신이 하고 있는 일이 구약 예언의 성취로 잃어버린 자신의 백성을 만나는 메시아의 행위라고 가르치신 것이다. 하나님이 이스라엘의 잃어버린 자를 방문하신 것이다(참고, 마 11:4~6; 사 35:5~6). 예수님은 이 비유들에서 잃어버린 자에 대한 하나님의 사랑이 어떻게 종말론적으로 성취되고 있음을 친히 보여주고 계신다.[37]

세 가지 비유의 가르침

세 가지 비유의 가르침에 점진적인 성격이 있다. 처음 비유에는 99를 소유하고 1을 잃었다. 둘째 비유에는 9를 소유하고 1을 잃었다. 마지막 비유에는 두 사람이 있는데 그중의 한 사람이 배반자이고 다른 한사람도 그의 아버지와의 관계가 문제로 남는다.[38] 세 비유에 나타난 99:1, 9:1, 2:1의 비율은 잃어버린 자의 심정이 비율에 따라 더 강렬함을 나타내준다. "어쩌면 100마리의 양을 소유한 부자는 한 마리의 양을 잃었을 때, 10개의 동전 중 한 동전을 잃은 여인보다 잃었다는 데 대한 느낌이 깊지 않았을 것이다. 그리고 그 여인의 느낌은 두 아들 중 한 아들이 길을 잃고 떠나가는 모습을 본 아버지의 애정과 비교할 때 훨씬 부족한 것이다. 이처럼 우리들은 소망과 두려움과 사랑의 더 좁고 더 강력한 써클로 움직여 나아가는 우리 자신을 발견하며 따라서 우리는 진리의 깊은 중심에로 더 가까이 나아가는 우리 자신을 발견하게 된다."[39]

① 잃었던 양의 비유(눅 15:4~7)는 잃었던 한 마리 양을 찾는 목자의 행동을 통해 예수님이 잃은 자를 찾아 이 땅위에 오셨음을 가르쳐 준다. 예수님이

---

37) Robert H. Stein, *An Introduction to the Parables of Jesus* (Philadelphia: The Westminster Press, 1981), p. 62.

38) 어떤 해석자는 비유의 관심을 사람에 두지 않고 순전히 물건에 두어 목자가 원하는 것은 99+1의 완전한 숫자의 양이었고 100-1의 불완전한 숫자가 아니었다고 말한다. 하지만 이런 해석은 예수님의 비유 목적과 거리가 먼 것이다.(Cf. *The Gospel of Truth*)

39) Richard C. Trench, *Notes on the Parables of our Lord*(Grand Rapids: Baker, 1968), p. 134.

지나가고 계신 지역은 목자가 양을 치는 일을 빈번히 볼 수 있는 곳이다. 예수님은 그 사실을 예로 들어 하나님의 뜻이 잃은 양을 찾는 것임을 분명히 한다. 그리고 이 비유는 목자가 잃은 양을 찾을 때 어떠한 고통과 어려움이 있을지라도 좌절하거나 실망하지 않고 끝까지 찾는다는 사실을 가르치고 있다.[40]

그리고 예수님은 잃어버린 양을 발견한 목자의 기쁨을 강조한다. 그래서 목자가 "벗과 이웃을 불러 모으고 말하되 나와 함께 즐기자 나의 잃은 양을 찾아내었노라"(눅 15:6, 개역개정)라고 말한 것은 목자의 즐거움을 극명하게 보여주고 있다.[41]

② 잃었던 은전의 비유(눅 15:8~10)는 잃었던 양의 비유와 별로 다른 것이 없지만 잃었던 은전의 비유는 잃은 은전을 찾는 과정이 훨씬 철저하다. 여인이 잃은 은전을 찾기 위해 등불을 켜고 집안을 쓸며 부지런히 찾았다(눅 15:8). 이 비유의 주요 요점은 하나님께서 죄인들을 열심히 찾으시고, 또 회개하는 죄인을 하나라도 찾게 되면 대단히 즐거워하신다는 것이다. 따라서 예수님은 이 비유를 듣고 있는 바리새인들과 서기관들에게 그들이 경멸하는 세리와 죄인들에 대해 자신이 깊은 관심을 기울이고 있다고 가르치는 것이다.[42]

③ 잃었던 아들의 비유(눅 15:11~32)는 여러 가지 명칭을 가지고 있다. 탕자의 비유, 맏아들의 비유, 기다리시는 아버지의 비유, 그리고 두 아들의 비유(참고, 마 21:28~31) 등이 그것이다. 잃었던 아들의 비유는 회개하는 죄인들에 대한 하나님의 관심을 가르친다. 본 비유에서 아버지는 하나님 아버지를 상징하고, 맏아들은 바리새인들과 서기관들을 상징하며, 작은 아들은 세리와 죄인들을 상징한다.[43] 예수님은 이 비유를 통해 하나님은 회개하고 돌아서는 죄인을 영접하시고 이전 상태로 회복시켜 주신다는 사실을 가르치고 계신다. 칼빈은 "우리들의 하늘 아버지는 우리들의 죄를 용서하셔서서 그 죄들에 대한 기억을 매장하실 뿐만 아니라 우리들이 빼앗긴 은사들도 회복시켜 주신다."[44]라고 해석한다.

---

40) Hendriksen, *The Gospel of Luke*, p. 745.
41) Geldenhuys, *op. cit.*, p. 402.
42) Hendriksen, *The Gospel of Luke*, p. 749.
43) Summers, *op. cit.*, p. 184.
44) Calvin, *A Harmony of the Gospels: Matthew, Mark and Luke*, Vol. II p. 224. 본 비유를 근거로 구원 받았던 사람이 타락하고 다시 구원을 받는다는 교리를 주장하는 것은 이 비유의 원래 목적에 위배되는

각 비유는 사건의 흐름이 잃어버린 자, 슬픔, 찾음, 기쁜 발견, 넘치는 즐거움으로 이어진다. 세 비유는 하나님께서 사랑으로 죄인들을 찾아 회복시키시는 하나님의 주권을 묘사해 준다. 세 비유는 그 당시 사회와 종교의 기대를 넘어서 죄인들을 사랑하시는 하나님의 태도를 묘사해 주며 또한 예수님께서 세리와 죄인들과 함께 지내시는 이유를 제시해 준다. 예수님의 행위를 통해 하나님의 성품이 드러나고 있는 것이다.[45)]

6. 나사로의 죽음과 부활(요 11:1~46)

어떤 병자가 있으니 이는 마리아와 그 자매 마르다의 마을 베다니에 사는 나사로라 이 마리아는 향유를 주께 붓고 머리털로 주의 발을 닦던 자요 병든 나사로는 그의 오라버니더라 이에 그 누이들이 예수께 사람을 보내어 이르되 주여 보시옵소서 사랑하시는 자가 병들었나이다 하니 예수께서 들으시고 이르시되 이 병은 죽을 병이 아니라 하나님의 영광을 위함이요 하나님의 아들이 이로 말미암아 영광을 받게 하려 함이라 하시더라 예수께서 본래 마르다와 그 동생과 나사로를 사랑하시더니 나사로가 병들었다 함을 들으시고 그 계시던 곳에 이틀을 더 유하시고 그 후에 제자들에게 이르시되 유대로 다시 가자 하시니 제자들이 말하되 랍비여 방금도 유대인들이 돌로 치려 하였는데 또 그리로 가시려 하나이까 예수께서 대답하시되 낮이 열두 시간이 아니냐 사람이 낮에 다니면 이 세상의 빛을 보므로 실족하지 아니하고 밤에 다니면 빛이 그 사람 안에 없는 고로 실족하느니라 이 말씀을 하신 후에 또 이르시되 우리 친구 나사로가 잠들었도다 그러나 내가 깨우러 가노라 제자들이 이르되 주여 잠들었으면 낫겠나이다 하더라 예수는 그의 죽음을 가리켜 말씀하신 것이나 그들은 잠들어 쉬는 것을 가리켜 말씀하심인줄 생각하는지라 이에 예수께서 밝히 이르시되 나사로가 죽었느니라 내가 거기 있지 아니한 것을 너희를 위하여 기뻐하노니 이는 너희로 믿게 하려 함이라 그러나 그에게로 가자 하시니 디두모라고도 하는 도마가 다른 제자들에게 말하되 우리도 주와 함께 죽으러 가자 하니라 예수께서 와서 보시니 나사로가 무덤에 있은 지 이미 나흘이라 베다니는 예루살렘에서 가깝기가 한 오 리쯤 되매 많은 유대인이 마르다와 마리아에게 그 오라비의 일로 위문하러 왔더니 마르다는 예수께서 오신다는 말을 듣고 곧 나가 맞이하되 마리아는 집에 앉았더라 마르다가 예수께 여짜오되 주께서 여기 계셨더라면 내 오라버니가 죽지 아니하였겠나이다 그러나 나는 이제라도 주께서 무엇이든지 하나님께 구하시는 것을 하나님이 주실 줄을 아나이다 예수께서 이르시되 네 오라비가 다시 살아나리라 마르다가 이르되 마지막 날 부활 때에는 다시 살아날 줄을 내가 아나이다 예수께서 이르시되 나는 부활이요 생명이니 나를 믿는 자는 죽어도 살겠고 무릇 살아서 나를 믿는 자는 영원히 죽지 아니하리니 이것을 네가 믿느냐 이르되 주여 그러하외다 주는 그리스도시요 세상에 오시는 하나님의 아들이신 줄 내가 믿나이다 이 말을 하고 돌아가서 가만히 그 자매 마리아를 불러 말하되 선생님이 오셔서 너를 부르신다 하니 마리아가 이 말을 듣고 급히 일어나 예수께 나아가매 예수는 아직 마을로 들어오지 아니하시고 마르다가 맞이했던 곳에 그대로 계시더라 마리아와 함께 집에 있어 위로하던 유대인들은 그가 급히 일어나 나가는 것을 보고 곡하러 무덤에 가는 줄로 생각하고 따라가더니 마리아가 예수 계신 곳에 가서 뵈옵고 그 발 앞에 엎드리어 이르되 주께서 여기 계셨더라면 내 오라버니가 죽지 아니하였겠나이다 하더라 예수께서 그가 우는 것과 또 함께 온 유대인들이 우는 것을 보시고 심령에 비통히 여기시고 불쌍히 여기사 이르시되 그를 어디 두었느냐 이르되 주여 와서 보옵소서 하니 예수께서 눈물을 흘리시더라 이에 유대인들이 말하되 보라 그를 얼마나 사랑하셨는가 하며 그 중 어떤 이는 말하되 맹인의 눈을 뜨게 한 이 사람이 그 사람은 죽지 않게 할 수 없었더냐 하더라 이에 예수께서 다시 속으로 비통히 여기시며 무덤에 가시니

해석이다.

45) G.R. Beasley-Murray, *Jesus and the Kingdom of God* (Grand Rapids: Eerdmans, 1986), p. 114.

무덤이 굴이라 돌로 막았거늘 예수께서 이르시되 돌을 옮겨 놓으라 하시니 그 죽은 자의 누이 마르다가
이르되 주여 죽은 지가 나흘이 되었으매 벌써 냄새가 나나이다 예수께서 이르시되 내 말이 네가 믿으면
하나님의 영광을 보리라 하지 아니하였느냐 하시니 돌을 옮겨 놓으니 예수께서 눈을 들어 우러러
보시고 이르시되 아버지여 내 말을 들으신 것을 감사하나이다 항상 내 말을 들으시는 줄 내가 알았나이다
그러나 이 말씀 하옵는 것은 둘러선 무리를 위함이니 곧 아버지께서 나를 보내신 것을 그들로 믿게
하려 함이니이다 이 말씀을 하시고 큰 소리로 나사로야 나오라 부르시니 죽은 자가 수족을 베로 동인
채로 나오는데 그 얼굴은 수건에 싸였더라 예수께서 이르시되 풀어 놓아 다니게 하라 하시니라 마리아에게
와서 예수께서 하신 일을 본 많은 유대인이 그를 믿었으나 그 중에 어떤 자는 바리새인들에게 가서
예수께서 하신 일을 알리니라 (요 11:1–46, 개역개정).

요한복음 11:1~46에 언급된 나사로를 살리신 사건을 본격적으로 연구하기에
앞서 우리는 이 구절에서 고려해 볼만한 몇 가지 사실을 취급하여야 한다.

서론적 고찰

이 사건은 베다니에서 발생했다. 여기 베다니는 요한복음 1:28에 언급된
세례요한이 세례 베풀던 "요단강 건너편 베다니"와는 다른 곳이다. 그래서
요한 사도는 본문의 베다니를 가리켜 "마리아와 그 자매 마르다의 마을
베다니"(요 11:1, 개역개정)라고 설명한다. 이 베다니는 감람산 동편에 위치한
곳으로 예루살렘에서 약 2마일 떨어진 작은 마을이다. 따라서 본 구절에
나온 베다니는 요단강 건너편 베다니와는 다른 장소이다.

① 요한은 이 이적에 대해 언급한 유일한 저자이다. 그런데 이 이적의
중요성에 비추어 볼 때 우리는 그 이유를 궁금히 여기게 된다. 한 가지
이유는 요한의 복음서 기록 목적에서 찾을 수 있다. 요한은 그의 일반적인
주제로 예수님이 하나님의 아들 그리스도이심을 증명한다. 그리고 이렇게
증명하는 방법 중의 하나로 요한은 이 이적을 사용한다. 그러나 요한이
제시한 이 이적에서조차 그는 점진적으로 움직이고 있다.

요한은 그리스도께서 죽은 자로부터 누군가를 일으키셨다는 이적을 아직
제시하지 않았다. 그러므로 다른 복음서 저자들은 이것을 포함시킬 필요를
느끼지 못했다. 아마도 요한은 그리스도의 사역의 이 부분을 의도적으로
보류해 둠으로 끝에 가서 중요한 교훈을 보여주고자 했을 수 있다. 이 이적의
교훈은 그리스도께서 죽은 자 가운데서 한 사람을 살려주시며 이로써 그가
하나님의 아들이심을 보여 주셨을지라도 비평자들과 대적들은 그를 증오하
고 그를 죽이고자 한다는 사실이다. 분명한 역설적인 사실은 예수님께서

친구인 나사로를 살려 주는 사건 때문에 산헤드린 공회가 예수님을 죽이기로 모의하고 결단한 것이다(요 11:45~53).46) 이 이적은 그리스도의 권세의 강력한 증거를 믿는 자들에게 하나의 표적으로 나타내 준다.

② 나사로의 누이들이 예수님께 보낸 메시지는 대단히 흥미로운 내용이다. 그 메시지는 정보를 제공하지만 어떤 것을 요청하지 않는다. 그들은 주님께 문제를 맡기고 그에게 어떤 일도 요청하지 않는다. 그들은 "사랑하시는 자가 병들었나이다"(요 11:3)라고 말한다. 예수님께서 나사로와 누이들에 대한 그의 사랑을 말씀하실 때 아가페(ἀγαπᾶν)란 단어를 사용하신다. 본문 말씀은 "예수께서 본래 마르다와 그 동생과 나사로를 사랑하시더니 나사로가 병들었다함을 들으시고 그 계시던 곳에 이틀을 더 유하시고"(요 11:5~6, 개역개정)로 되어 있다. 이는 그 가족을 위해 최선이 무엇인지를 잘 알고 계신 구세주의 전지적(全知的)인 사랑을 표시하는 그리스도 편에서의 행동이었다. 그러므로 예수님께서는 그들을 위한 최선을 알고 계셨기 때문에 그들에게 가는 것을 지체하셨다.47) 인간의 사랑은 베다니로 서둘러 가게 할 것이나 죽음은 이미 덮쳐져 있었을 것이다. 최선을 아시는 하나님의 사랑은 기다렸다가 후에 들어가신다. 우리는 이런 종류의 사랑의 깊이, 완전한 이해의 사랑, 그리고 하나님이신 그리스도에 의해 바로 사용되어진 인간의 사랑을 본다. 다이어(Thayer)는 "아가페(ἀγαπᾶν)와 필레오(φιλεῖν)의 구별에 대해 전자는 존경, 숭배, 존중 안에서 발견되는 사랑을 표시하며 누군가 잘 되기를 소원하면서 친절하게 다루는 것을 뜻한다. 그러나 필레오는 감각과 감정에 의해 촉진된 성향을 표시한다"48)라고 말한다. 하나님의 인도 아래 여기서 아가페(ἀγαπᾶν)란 용어는 이 두 누이가 예수님께서 나사로와 그들을 향해 가졌다고 생각한 그 사랑을 잘 나타내 준다. 이 사랑은 신인(神人)이신 예수께서 가지셨던 따뜻하고 경외스러운 사랑을 뜻한다. 나사로란 이름은 아람어 이름 엘 아자르(el azar)의 축약이며

---

46) D.A. Carson, *The Gospel According to John*, p. 405.

47) 예수님께서 나사로가 잠들었다고 말했을 때(요 11:11) 제자들은 나사로가 죽었다는 말로 이해해야 한다. 왜냐하면 나사로가 병들었다는 소식을 들은 이후 예수님은 계신 곳에서 이틀을 더 유하신후 유대로 가셨기 때문이다. 만약 나사로가 진정으로 자는 상태였다면 이틀 이상 일어나지 않고 계속 잘 수는 없는 것이다.

48) J.H. Thayer, *A Greek-English Lexicon of the New Testament* (Milford: Mott Media, 1982), p. 653.

이는 "하나님께서 도우시는 사람"이란 뜻이다.

③ 죽은 자를 살리는 이적에 대한 요한의 묘사는 다른 복음서의 묘사에 비해 점진성이 있다. 요한복음은 죽어있는 상태가 더 오래된 사람을 예수님께서 살리셨다고 묘사한다. 잠시 동안 이를 살펴보도록 한다.

첫째, 야이로의 딸의 경우, 그녀는 잠시 동안, 기껏해야 몇 시간 죽은 상태에 있었다. 어떤 의미에서 시체가 아직 부패되지 않은 상태였다. 그리스도께서는 잠깐 동안 죽어있는 상태로 있던 그녀를 다시 살리셨다(눅 8:41~42, 49~56; 막 5:22~24, 35~43).

둘째, 나인성 과부의 아들의 경우, 좀 더 긴 시간이 경과했다. 왜냐하면 그들은 이미 그를 장사지낼 곳으로 데려가고 있었기 때문이다(눅 7:11~17).

셋째, 그러나 나사로의 경우 "예수께서 와서 보시니 나사로가 무덤에 있은 지 이미 나흘이라"(요 11:17, 개역개정)고 진술되어 있다. 마르다는 "주여 죽은 지가 나흘이 되었으매 벌써 냄새가 나나이다"(요 11:39, 개역개정)라고 말한다. 실제로 요한은 그리스도의 놀라운 이적을 보여준다(요 11:1~44).

④ 요한복음 11:11에서 "우리 친구 나사로가 잠들었도다 그러나 내가 깨우러 가노라"(요 11:11, 개역개정)는 말씀을 우리는 읽는다.

예수님께서는 "우리 친구"라고 말씀하심으로써 자신과 그의 제자들, 그리고 나사로를 동일시한다. 예수님의 "친구"가 된다는 것은 얼마나 놀라운 생각인가! 예수님은 방금 전에 복수를 쓰셨는데 곧 바로 "내가"라고 단수를 사용하여 대칭을 만드신다. 그 이유는 예수님만이 부활이요 생명이기 때문에 "내가" 대신 "우리가 깨우러 가노라"고 말할 수 없었다.[49] 예수님께서는 자주 두 가지 이유로 죽음을 잠든 것으로 말씀하셨다.

첫째, 잠자는 사람은 깰 것이다. 사람이 죽은 후에 부활이 있을 것을 암시하는 말씀이다.

둘째, 잠은 휴식이며, 일이나 앞으로의 활동을 위한 준비이다. 성도의 죽음은 세상의 수고에서 해방되는 것이기 때문에 죽음을 잠으로 묘사했다. "지금 이후로 주 안에서 죽은 자들은 복이 있도다 하시매 성령이 이르시되 그러하다 그들이 수고를 그치고 쉬리니 이는 그들의 행한 일이 따름이라

---

49) Carson, *The Gospel According to John*, p 409.

하시더라"(계 14:13, 개역개정).

⑤ 요한복음 11:25에서 예수님께서는 다음과 같은 말씀으로 부활의 아름다운 약속을 하신다. 즉, "나는 부활이요 생명이니 나를 믿는 자는 죽어도 살겠고"[50]가 그 약속이다. 그리스도께서는 적어도 마음속에 영적인 의미와 또한 문자 그대로의 의미를 품고 말씀하셨다. 영적으로 볼 때 참된 생명은 그리스도와 함께 부활될 때만이 얻을 수 있다(엡 2:5, 6; 요 5:25). 그러나 그리스도께서는 또한 그를 믿고 죽은 자들이 실제로 죽은 자들 가운데서 문자 그대로 부활할 것임을 말씀하고 계셨다. 이 말씀의 증거로 예수님께서는 나사로를 무덤에서 살리셨다.

나사로 죽음과 소생 사건

① 나사로의 소생 사건에서 그리스도의 역할

나사로의 병에 대한 소식이 왔을 때 주님은 지체하시면서 그 이유를 말씀하신다. "이 병은 하나님의 영광을 위함이다." 그리스도께서는 나사로의 죽음을 잠든 것으로 말씀하셨으며, 이는 나사로가 앞으로 일어날 것이고 휴식하고 있기 때문이다. 그리스도께서 나사로의 죽은 장소에 도달하셨을 때 그는 영적 진리로 자매들을 위로하신다.

주님께서는 부끄럼 없이 공개적으로 나사로의 죽음에 대한 슬픔을 나타내 보이셨다. 요한은 "예수께서 눈물을 흘리시더라"(요 11:35)[51]라고 예수님의 슬픔을 구체적으로 묘사한다. 나사로를 소생시키기 전 예수님께서는 바라보고 있던 사람들을 위해 한 마디 기도를 하셨다. 요한은 요한복음에 이 이적을 포함시키고 또 이 이적을 길게 설명하는 이유를 예수님 자신의 말을 빌려 아름답게 설명하고 있다. 예수님께서는 이렇게 말씀하셨다. "항상 내 말을 들으시는 줄을 내가 알았나이다. 그러나 이 말씀을 하옵는 것은 둘러선 무리를 위함이니 곧 아버지께서 나를 보내신 것을 그들로 믿게 하려 함이니이다"(요 11:42, 개역개정).

---

50) "나는…이다"(I am 혹은 'Εγώ είμι)라는 표현은 요한복음에서 7회 사용된다. "내가 곧 생명의 떡이니"(요 6:35), "나는 세상의 빛이니"(요 8:12), "나는 선한 목자라"(요 10:11), "나는 부활이요 생명이니"(요 11:25), "내가 곧 길이요 진리요 생명이니"(요 14:6), 그리고 "나는 포도나무요"(요 15:5) 등이 그것이다.

51) King James Version , N.A.S.B., N.I.V.는 이 구절을 "Jesus wept"로 번역했다. 이 구절이 성경에서 가장 짧은 구절로 간주된다.

그리스도께서는 큰 소리로 나사로를 부르셨다. "나사로야 나오라"(요 11:43). 예수님이 큰 소리로 나사로를 부르신 이유는 무엇인가? 확실히, 나사로를 깨우기 위함이 아니라 무리를 위해서, 그리고 예수님이 계신 그곳의 감정적이고 긴장된 분위기 때문이었다. 또한 나사로를 살린 사건은 죽은 자들이 하나님의 아들의 음성을 듣는다는 사실을 증거 한다. 칼슨(Carson)은 만약 예수님이 나사로의 이름을 구체적으로 지목하지 않고 "죽은 자여 무덤에서 나오라"고 말씀하셨다면 모든 무덤이 시체들을 토해냈을 것이라고 지적한다.[52]

② 구경꾼들의 반응

첫째, 그들은 나사로의 가족에 대해, "보라 그를 얼마나 사랑 하셨는가"(요 11:36)라는 말로 동정하고, 심지어 그리스도에게조차 동정을 품는다.

둘째, 예수님이 나사로를 살리실 때 이 사건을 본 많은 유대인들이 예수님을 믿었다(요 11:45). 아무리 마음이 완악한 유대인들이라도 죽은 지 나흘 되어 냄새를 풍기는 시체를 다시 살리시는 예수님을 보고 믿지 않을 수 없었을 것이다. 하지만 그 유대인들이 예수님을 메시아로 인정하고 믿은 것을 아니다(참조, 요 11:45-57).

셋째, 어떤 이들은 바리새인들에게 나아가 예수님에 대해 "고자질 했다" 그리고 이때로부터 바리새인들은 더 강력하게 그의 죽음을 음모한다(요 11:46~53).

나사로의 죽음과 소생에 대한 가르침

그리스도께서 죽은 자를 살리신 행위는 반대자들로 하여금 그리스도를 곧 죽여야 한다고 결단하게끔 만든 계기가 되었다(요 11:47~53). 예수님께서는 이때도 또한 물러나신다. 이는 두려움 때문이 아니라 그의 때가 아직 이르지 않았기 때문이다(요 11:54).

도마는 의심 많은 사도인가?

여기서 주님의 사도 쌍둥이 도마를 생각하는 것이 좋은 줄 안다. 대부분의

---

52) Carson, *The Gospel According to John*, p.418.

사람들은 그를 의심 많은 도마로 기억한다. 그에 대해 이 점만을 말하는 것은 그를 완전하고 충분하게 묘사하는 것이 아니다. 그렇게 하는 것은 우리가 그를 공정하게 대우하지 않는 것이다. 그는 의심하는 자 이상이었다. 그는 예수님이 말씀하실 때 회의적이었고 불신하고 있었다. 우리는 도마가 언급된 성경구절을 여덟 군데 찾을 수 있다(마 10:3; 막 3:18; 눅 6:15; 요 11:16; 14:5; 20:24~29; 21:2; 행 1:13). 그 중 네 곳은 요한복음에 나온다. 우리가 그 구절들을 조사해보면 다음과 같은 그의 모습을 발견하게 된다.

도마는 마태복음 10:3에 의하면 열두 제자 중의 한 사람이다. 공관복음서는 항상 도마를 빌립, 바돌로매, 마태와 함께 두 번째 그룹으로 묘사하고 있다.

도마가 언급된 다음 구절인 요한복음 11:16에서 우리는 도마가 그리스도를 위해 기꺼이 죽을 수 있을 정도로 그리스도에게 전적으로 충성을 바치는 모습을 보게 된다. 비유적으로 말해서 예수님의 목에는 현상금이 걸려 있었다. 만일 예수님이 유대에 가신다면 그의 목숨은 위태로울 것이다. 그런데 그리스도께서는 유대로 가시려고 하신다. 도마는 주저하지 않고 동료 제자들에게 "우리도 주와 함께 죽으러 가자"(요 11:16, 개역개정)라고 말한다. 이는 현실주의적인 생각이며 최후까지의 충성이었다. 예수님이 유대에 가신다면 그가 죽임을 당할 것이라는 것이 공통된 지식이었다. 도마는 그의 생명을 보존하기보다 예수님과 함께 가서 죽기를 원할 만큼 충성스러웠다. 거기에는 아무런 의심도 찾아볼 수 없다. 여기서 도마는 충성스러운 제자로 불릴 것이다. 도마의 믿음은 용기 있는 것이었으나 승리적인 것은 아니었다. 그는 의무를 위해 순교의 가능성을 생각하고 있었지만 죽음을 정복한 승리에 대해서는 생각하지 못했다.[53]

요한복음 14:5에서 우리는 도마 자신의 말을 통해 그를 알게 된다. 예수님께서는 한 처소를 준비하러 가는 것에 대해 제자들에게 말씀하고 계신다. 그리고 예수님은 그의 제자들은 그가 가는 장소와 그가 가는 길을 안다고 말씀하신다. 도마에 대해 말할 수 있는 것은 그는 순진하고 기쁨에 넘쳐 있으며 순수할 정도로 무지하기조차 하다. 그는 결코 의심하는 자나 회의주의자는 아니다.

---

53) Merril C. Tenney, *John: The Gospel of Belief* (Grand Rapids: Eerdmans, 1976), p. 173.

도마를 의심하는 자로 묘사하는 것은 예수님의 부활 이후 제자들의 경험을 다루는 요한복음의 구절 때문이다(요 20:27~29). 그러나 부활의 문제에 대해 도마는 다른 제자들보다 더 의심하는 자는 결코 아니었다. 어느 누구도 겉으로 보아 예수님께서 다시 부활하실 것이라는 사실을 믿지 않았다. 도마의 행동이 다른 제자들과는 조금 다르게 일어났을 뿐이다. 다른 제자들은 예수님이 부활하시는 날 저녁에 다락방에 함께 모여 있었고 도마는 함께 있지 않았다(요 20:19~24). 왜 도마가 다른 제자들과 함께 그곳에 있지 않았는지에 대해서는 분명하게 설명할 수 없다. 하지만 분명한 것은 예수님이 나타나셨을 때 그 현장에 없었으므로 부활하신 예수님을 목격할 수 있는 축복을 받지 못하게 되었다는 것이다. 우리는 도마에 대해 "주님이 나타나셨을 때 제자들과 함께 있지 않으므로 축복을 놓쳤던 사람"이라는 제목을 붙일 수 있을 것이다.

도마의 불신은 동료 제자들이 그에게 주님을 보았다고 말할 때 일어난다(요 20:25). 하지만 도마는 주님을 이미 보았던 다른 제자들과 별로 다르지 않았다. 마태복음 28:17에 "예수를 뵈옵고 경배하나 아직도 의심하는 사람들이 있더라"(개역개정)고 기록된 말씀이 이를 증거 한다. 도마를 의심했다고 비난할 수 있는가 혹은 그가 주님을 보지 못했음에도 의심하는 도마로서 분리시켜 나쁜 별명을 붙여야만 하는가? 도마는 현대적이고 회의적인 사람이었다. 왜냐하면 주님의 부활에 대해 보이는 증거를 원했다. 그러나 주님을 따르는 다른 추종자들도 똑같이 보이는 증거를 원한 것이다. 요한복음 20:25에서 도마가 부활을 의심했을 때 다른 제자들의 행동이 그 앞에서 정상적이었던 것처럼 도마의 행동도 매우 정상적이었다.

사실 요한복음 20:27에 보면 주께서 상처에 그의 손가락과 손을 넣으라고 말씀하심으로 도마가 요구한 증거를 제공하실 때 도마는 그 제안을 확인조차 하지 않은 듯하다. 그러나 겸손한 믿음으로 "나의 주 나의 하나님"(요 20:28)이라고 소리친다. 나사로의 죽음 사건 설명과 연계되어 나타난 도마의 모습은 그리스도에게 매우 충성스러운 것을 보여 준다(요 11:16).

도마의 용기는 그가 예수님과 함께 죽기 위해 유대로 가자고 다른 제자들을 권면한데서 나타난다(요 11:16). 도마의 신실성은 예수님의 부활 이후에 그가 다른 제자들과 함께 갈릴리에 모여 있었던 점에서 나타난다(요 21:2). 도마의 영적 통찰력은 그가 예수님께서 주님이시요 하나님이심을 고백한 데서 찾을 수 있다(요 20:28). 도마의 이 고백은 신약에서 예수님의 신성을 나타내는 가장 심오한 선언이다.[54]

7. 예수님을 죽이려는 지도자들의 음모(요 11:47~54)

> 이에 대제사장들과 바리새인들이 공회를 모으고 이르되 이 사람이 많은 표적을 행하니 우리가 어떻게 하겠느냐 만일 그를 이대로 두면 모든 사람이 그를 믿을 것이요 그리고 로마인들이 와서 우리 땅과 민족을 빼앗아 가리라 하니 그 중에 한 사람 그 해 대제사장인 가야바가 그들에게 말하되 너희가 아무 것도 알지 못하는도다 한 사람이 백성을 위하여 죽어서 온 민족이 망하지 않게 되는 것이 너희에게 유익한 줄을 생각하지 아니하는도다 하였으니 이 말은 스스로 함이 아니요 그 해에 대제사장이므로 예수께서 그 민족을 위하시고 또 그 민족만 위할 뿐 아니라 흩어진 하나님의 자녀를 모아 하나가 되게 하기 위하여 죽으실 것을 미리 말함이러라 이 날부터는 그들이 예수를 죽이려고 모의하니라 그러므로 예수께서 다시 유대인 가운데 드러나게 다니지 아니하시고 여기를 떠나 빈 들 가까운 곳인 에브라임이라는 동네에 가서 제자들과 함께 거기 머무르시니라 (요 11:47-54, 개역개정).

서론적 고찰

요한복음 11:47~54은 지도자들이 예수님을 죽이기 위해 음모를 꾸미고 있는 사실을 전한다. 우리는 지도자들의 음모가 목적을 가지고 있으며 확정적이요 변경시킬 수 없는 음모라는 인상을 받는다. 그러나 흥미로운 것은 그들의 모든 음모에도 불구하고 지도자들은 전혀 진전을 보지 못했다는 사실이다. 그리스도께서 마침내 죽을 준비가 되고 그의 때가 이르렀을 때 대적들은 구수회담을 하였으나 아직 예수를 잡을 계획을 세우지 못했다. 결국 유다가 그들에게 나아가 예수님을 잡을 쉬운 방법을 제시해 준다.

대적들이 도달한 결론

① 이제 대적들은 사람들이 예수님의 이적을 인정하게 되었고, 그들의 규정과 표준에 비추어 볼 때 예수님께서 안식일을 범했다는 많은 증거를 갖고 있게 되었다. 그러나 아직 그들은 예수님을 붙잡지 못한다. 그들이 한 모든 것은 회의를 열고 예수님에 대해 욕하고 이를 갈며 분노하는 것이었으나 행동은 취하지 않는다.

---

54) M.J. Wilkins, "Disciples," *Dictionary of Jesus and the Gospels*, p. 180.

이때 열린 공회에서 그들은 그리스도의 기적을 인정하고 이에 대해 어떻게 대처할 것인가를 의논한다. 사실 그들은 그리스도를 믿지 말라고 사람들에게 경고했으나 그것이 큰 효과를 가져오지 못했다. 그러나 우리들은 나사로가 죽었을 때 나타난 것처럼 예수님의 행동에 대해 그들에게 보고하는 사람들도 그들 주변에 있었음을 본다. 이는 요한복음 11:46에 "그 중에 어떤 자는 바리새인들에게 가서 예수께서 하신 일을 알리니라"(개역개정)고 기록되어 있는 점으로 보아 알 수 있다.

② 지도자들은 이기적인 생각으로 두려워하고 있었다.

첫째, 지도자들은 그들의 추종자들을 잃게 될 것에 대한 두려움이 있었다. 왜냐하면 그들이 이에 대해 대책을 세우지 않는다면 모든 사람들이 예수님을 믿을 것이라고 생각했기 때문이다(요 11:48).

둘째, 그들은 또 다른 이유로 두려움을 지니고 있었다. 그것은 로마에 이 소문이 퍼진다면 로마인들은 그 당시 소위 유대 통치자들과 지도자들에 대해 신속한 행동을 취할 것이다. 로마는 그들을 지도자와 통치자의 지위에서 몰아낼 뿐만 아니라 국가를 빼앗아 갈 것이다. 그들은 로마가 로마제국에 대항하는 어떠한 나라에 대해서도 얼마나 잔혹할 수 있는가를 알았기 때문에 대단히 두려워했던 것이다.

가야바의 말

① 가야바는 요한복음 11:47절에서 "왜 우리는 주저하고 있는가? 우리가 행동할 시간이 바로 지금이 아닌가? 우리들은 왜 이렇게 무지한가? 그 사람은 죽어야 한다"라는 뜻으로 "우리가 어떻게 하겠느냐?"라고 지도자들에게 말을 한 것이다. 그리고 그때로부터 그들은 예수님을 죽일 기회를 찾았다(요 11:53). 이 장면을 재구성해보면 그들은 이전에 예수님을 죽이기를 결정했으나 확실한 계획을 갖지 못했었다. 이제 그들의 결심은 더 확실해졌다. 그들은 예수님이 죽어야만 한다고 말했다. 그들이 후유증 없게 예수를 잘 죽일 수만 있다면 그들은 그렇게 하기를 원했다. 그러나 예수님은 여전히 살아 계셨다. 이제 가야바의 예언대로 예수님께서는 민족을 구원하기 위해 죽어야만 하였다.

사도 요한은 가야바의 예언을 통해 생명을 주시는 분으로서의 예수님의 신학을 그의 십자가의 신학과 연결시킨다(요 11:49~52). 대제사장 가야바는 "한 사람이 백성을 위하여 죽어서 온 민족이 망하지 않게 되는 것이 너희에게 유익한 줄을 생각하지 아니하는도다"(요 11:50, 개역개정)라고 말함으로 예수님의 죽음의 의의를 함축적을 설명한다.

나사로의 소생으로 상징된 예수님이 주시는 생명은 예수님 자신의 생명의 상실로만 이루어질 수 있다.[55] 생명의 근원이요, 빛의 근원이며, 생명의 떡이신 예수님은 역사로부터 분리된 영원한 개념에 그치지 않고 역사에 깊은 뿌리를 내리고 있다. 그의 계시적 역할과 생명을 주시는 역할은 예루살렘에서 죽으신 그의 죽음에 깊이 뿌리를 내리고 있다.

② 그러나 이 말들은 단지 가야바의 말이 아니었다. 실제로 가야바는 그의 말의 충분한 의미를 깨닫지 못했다. 그 말은 사실 예언의 말씀이며 진실 된 말씀으로 그는 그 해 대제사장으로서 그 말을 하였다. 영적 의미로 볼 때, 예수님께서 그의 백성을 죄에서 구원하시기 위해 죽으셔야만 한다는 것은 사실이다. 무지 가운데 언급된 이 예언은 실제로 성령에 의한 것이다. 그리고 이 예언의 범위는 단지 한 민족만을 위한 것이 아니기 때문에 유대 민족을 뛰어넘는다. 가야바는 예수님의 제자들이 오순절 후에 가서야 이해할 수 있었던 말, 어쩌면 그때에도 완전하게 이해할 수 없었던 말을 한 것이었다.

가야바의 예언은 미래 교회의 연합이 민족적인 구분(national line)을 따라 이루어지지 않고, 유대인과 이방인, 속박 받은 자와 자유자를 포함하여 그리스도의 피와 그리스도를 믿는 믿음으로 하나가 된 언약적인 구분(covenantal line)으로 이루어질 것임을 함축하고 있다(요 11:52).

---

55) John W. Pryor, *John: Evangelist of the Covenant People* (Downers Grove: IVP, 1992), p. 48.

제15장

율법의 순종을 능가하는 감사의 법

1. 열 명의 나병환자를 치료하심(눅 17:11~19)

예수께서 예루살렘으로 가실 때에 사마리아와 갈릴리 사이로 지나가시다가 한 마을에 들어가시니 나병환자 열 명이 예수를 만나 멀리 서서 소리를 높여 이르되 예수 선생님이여 우리를 불쌍히 여기소서 하거늘 보시고 이르시되 가서 제사장들에게 너희 몸을 보이라 하셨더니 그들이 가다가 깨끗함을 받은지라 그 중의 한 사람이 자기가 나은 것을 보고 큰 소리로 하나님께 영광을 돌리며 돌아와 예수의 발 아래에 엎드리어 감사하니 그는 사마리아인이라 예수께서 대답하여 이르시되 열 사람이 다 깨끗함을 받지 아니하였느냐 그 아홉은 어디 있느냐 이 이방인 외에는 하나님께 영광을 돌리러 돌아온 자가 없느냐 하시고 그에게 이르시되 일어나 가라 네 믿음이 너를 구원하였느니라 하시더라 (눅 17:11~19, 개역개정).

서론적 배경

열 명의 나병환자를 치료하신 사건은 예수님께서 예루살렘으로 올라가실 때에 사마리아와 갈릴리를 끼고 있는 경계 마을에서 발생했다(눅 17:11~12). 누가는 누가복음 4:14~9:50에서 예수님의 갈릴리에서의 사역을 기술하고 누가복음 9:51부터 누가복음 19:44까지 예수님이 예루살렘을 향해 여행하시면서 가르치신 내용을 기술하고 있다. 누가복음 9:51~19:44의 단락은 대부분의 중요한 내용이 다른 세 복음서에 나타나지 않고 여기에만 나타난다는 점에서 누가복음의 가장 중요한 부분이라고 할 수 있다. 이 부분에서 선한 사마리아인의 비유(눅 10:25~37), 어리석은 부자의 비유(눅 12:13~21), 잃은 동전의 비유(눅 15:8~10), 탕자의 비유(눅 15:11~32), 불의한 청지기의 비유(눅 16:1~13), 과부와 재판관의 비유(눅 18:1~8), 바리새인과 세리의 기도(눅 18:9~14), 예수와 삭개오의 만남(눅 19:1~10) 등 주님의 아름다운 비유와 가르침이 나타난다. 누가는 이 단락에서 예수님이 예루살렘을 향해 여행하고 계심을 여러 차례 설명하고 있다(눅 9:51, 53; 13:22; 17:11; 18:31; 19:28).

본문은 누가가 즐겨 사용하는 표현으로(καὶ ἐγένετο) 시작한다(참조. 눅 5:1, 12, 17; 6:1, 6, 12; 7:11 등). 그리고 본문에서 "사마리아와 갈릴리 사이"라고 말할 때 사마리아가 먼저 언급된 이유는 본문 내용 중 사마리아인의 역할이 중요하기 때문에 그렇게 된 것으로 생각한다.[1]

열 명의 나병환자는 유대인과 사마리아인으로 구성되어 있었다. 어떻게 유대인과 사마리아인이 함께 있었겠는가? 사람이 나병과 같은 고통을 겪으면 민족적 차별의식을 뛰어넘을 수 있게 된다.[2]

이 본문은 그리스도의 명령의 율법적 준수와 순전한 감사에 대해 다루고 있다고 할 수 있다. 그리스도께서 열 명의 나병환자에게 "가서 제사장들에게 너희 몸을 보이라"(눅 17:14, 개역개정)고 말씀하셨다. 그리고 그들은 제사장에게 가는 도중 그들의 몸이 깨끗해짐을 발견하고 아홉 사람은 계속 그들의 길을 갔지만 한 사마리아 사람은 그리스도에게 돌아왔다. 사마리아 사람은 그리스도에게 감사를 먼저하고 그 후에 그리스도의 명령대로 자신을 제사장에게 보였을 것이다. 그리스도께서는 열 사람이 아닌 오직 한 사람만이 그에게 감사를 표현하러 왔다는 사실에 놀랐다.

이 본문은 순전한 감사의 마음을 가진 사람은 하나님을 증거하고 그를 경배한다는 사실을 보여 준다. 사마리아 사람은 큰 소리로 하나님께 영광을 돌리고 예수의 발 앞에 엎드려 예수님을 경배했다(눅 17:15~16).

본문에서 주목할 몇 가지 사실

① 본문은 "나병환자들은 멀리 서 있었다"(눅 17:12)고 기록한다. 나병환자와 나병에 대한 의례적인 규칙은 레위기 13장과 14장에서 찾을 수 있다. 만일 어떤 사람이 나병환자로 알려지면 그는 전적으로 부정한 것으로 낙인된다. 그 나병환자는 다음과 같은 일을 해야 한다. "나병환자는 옷을 찢고 머리를 풀며 윗 입술을 가리고 외치기를 '부정하다 부정하다' 할 것이요 병 있는 날 동안은 늘 부정할 것이라 그가 부정한즉 혼자 살되, 진영 밖에서

---

1) Marshall, *Commentary on Luke*, p. 650.
2) W. Hendriksen, *The Gospel of Luke* (N.T.C. Grand Rapids: Baker, 1978), p. 798; Lenski, *The Interpretation of St. Luke's Gospel*, p. 874.

살지니라”(레 13:45~46, 개역개정).

② 나병환자들의 외침은 “예수 선생님이여 우리를 불쌍히 여기소서”(눅 17:13, 개역개정)였다. 그들의 외침은 긍휼을 베풀어 달라는 것이지 분명히 은혜를 요구한 것이 아니다. 은혜는 인간이 죄로 인해 멸망 받아 마땅하지만 하나님께서 용서하시고 구원해주시는 호의를 뜻한다. 그리고 긍휼은 사람의 죄의 결과로 오는 비참한 상태에 대해 친절히 여기는 마음과 그에 수반되는 행동이 합쳐진 것이다. 여기서 나병환자들은 질병에서 치료받기를 원했다. 나병환자들의 외침을 통해 볼 때 그들은 예수님이 그들의 나병을 고치실 수 있는 분으로 믿었던 것 같다.[3] 그런데 예수님께서는 그들을 만지지도 않으시고 제사장들에게로 보내신다.

③ 예수님은 열 명의 나병환자들에게 “가서 제사장들에게 너희 몸을 보이라”(눅 17:14)고 말씀하신다. 예수님께서는 그들의 믿음을 시험하신다. 왜냐하면 그들은 여전히 병을 가지고 있었기 때문이다. 그들은 예수님의 명령이 아무 유익이 없다고 생각하면서 순종할 것인지 아니면 포기할 것인지를 결단해야 했다. 그들은 순종한다. 그리스도께서는 이 같은 명령을 주셨을 때 무슨 의미로 그렇게 하셨을까? 예수님께서는 각 사람이 각각 다른 제사장에게 가야하며 특별히 사마리아 사람은 그 자신의 제사장에게 가야 한다는 뜻으로 말씀하셨는가? 사실상 사마리아 제사장들도 역시 나병에 대해 공지할 수 있는 사람으로 그 당시 인정되었던 것 같다. 혹은 그들 모두가 예루살렘으로 가서 각자의 상태를 점검해 줄 각각 다른 제사장을 만나야 한다는 뜻인가? 그렇지 않다면 그들이 예루살렘으로 갔다가 그 후 그들의 마을로 가야만 하는가? 이런 구체적 질문에 대해 본문은 침묵하고 있다. 하지만 이런 질문은 그들이 예루살렘으로 가는 도중 스스로 해결되어졌다. 예수님의 명령은 특별한 명령이었으나 상세한 내용은 포함하지 않고 있다. 그러나 이 사람들에게 이 명령은 분명한 명령이었다. 그들은 단체적으로 제사장들에게 몸을 보이러 가야만 했던 것이다. 나병환자인 그들이 어떻게 제사장들에게 갈 것인가의 어려운 문제는 가는 도중 치료를 받음으로 해결되어졌다. 예수님은 그들의 믿음과 순종을 시험한 것이다.

---

3) Lenski, *The Interpretation of St. Luke's Gospel*, p. 875.

하나님께서 이적을 행하시기에 앞서 사람들의 믿음을 요구한 사건은 구약에서도 찾아볼 수 있다. 하나님은 사람들이 그를 전폭적으로 의지하기 원하시며 그 믿음을 사용하여 역사하신다. 여호수아 영도 아래 이스라엘 백성이 요단강을 건널 때에 이와 같은 현상이 발생한다. 하나님은 요단강을 갈라지게 한 연후에 이스라엘로 건너게 한 것이 아니요 요단이 아직 흐르고 있는데 "요단에 들어서라"(수 3:8)고 명하신 것이다. 요단강이 갈라진 것은 "궤를 멘 제사장들의 발이 물가에 잠기자"(수 3:15, 개역개정) 발생했다. 여기에 이스라엘 백성들이 하나님의 말씀을 믿는 믿음이 있었고 하나님은 그 믿음을 사용하시어 큰 이적을 행하신 것이다.

우리는 열 나병환자의 사건이나 요단강을 건너는 사건에서 한 가지 배워야 할 교훈이 있다. 우리의 믿음은 이적을 발생하게 하는 능력이 없다. 하나님만이 이적을 행하실 수 있다. 그러나 하나님은 우리들의 믿음을 방편으로 하여 이적을 행하시는 것을 기뻐하신다.

④ "그들이 가다가 깨끗함을 받은지라"(눅 17:14)의 말씀처럼 열 명의 나병환자가 모두 깨끗함을 받았다. 나병환자들은 그리스도를 믿었고 목적지에 도달하기 전에 깨끗함을 받았다.[4] 이제 문제가 그들에게 생겼다. 의심할 여지없이 그들은 길을 가다가 멈추어서 자신과 서로를 바라보고 기쁨으로 환호하며 외쳤다. "우리는 깨끗하다, 우리는 깨끗하다." 이제 어떻게 해야 하는가? 물론 그들은 제사장에게 가야 한다. 그런데 길을 가는 도중 어느 지점에서 사마리아인은 다른 아홉 명에게 그와 함께 예수님께로 돌아가자고 설득했었을 것이다.[5] 그러나 그들은 계속해서 그들의 길을 간 반면 사마리아인은 예수님께 돌아왔다.

⑤ 예수님은 "열 사람이 다 깨끗함을 받지 아니하였느냐 그 아홉은 어디 있느냐?"(눅 17:17, 개역개정)라고 그의 앞에 서 있는 사마리아 사람에게 물으신다. 예수님께서는 어떤 사실의 정보를 물으신 것이 아니라 고치신 결과에 대해 묻고 계신다. 예수님께서는 열 사람이 모두 고침을 받은 사실을

---

4) Marshall은 "랍비들에게는 나병환자가 고침을 받는 것은 죽은 자가 부활하는 것만큼 어렵게 생각되었다"(*Commentary on Luke*, p. 208)라고 Strack and Billerbeck(*Commentar zum Neuen Testament aus Talmud und Midrasch*, Ⅳ, München, 1956, pp. 2, 745–763)를 인용하여 설명한다. 따라서 본문은 예수님이 그 당시의 랍비 이상의 인물이었음을 증거하고 있는 것이다.

5) Hendriksen, *Luke*, p. 799.

알고 계셨다. 그러나 예수님은 그의 앞에 사마리아 사람 한 사람만 서있었기 때문에 섭섭한 심정으로 이 같은 말씀을 하신 것이다.6) 특히 예수님은 하나님께서 받으셔야 할 영광을 받지 못한데 대해 깊은 관심을 나타내 보이신다. "이 이방인 외에는 하나님께 영광을 돌리러 돌아온 자가 없느냐"(눅 17:18, 개역개정).7)

열 명의 나병환자를 고치신 사건에서 배워야 할 교훈

① 우리는 감사의 법이 율법적인 순종의 법을 능가한다는 평범한 교훈을 배우게 된다. 감사는 그 사람으로 하여금 율법적인 순종의 법을 억지에 의하지 않고 즐겁고 기쁘게 실행할 수 있게 만든다. 감사는 마음속에 있는 은혜 때문에 생성되는 내적인 "충동"으로 사람을 순종하게 만든다.

② 우리는 우리의 삶의 현장에서 믿음의 역할을 배워야 한다. "네 믿음이 너를 구원하였느니라"(눅 17:19). 얼마나 놀라운 말씀인가. 사마리아 사람은 이제 온전한 육체와 마음과 영혼을 지니게 되었다. 그는 미래를 계획할 수 있으며 진정한 기쁨으로 전진할 수 있게 되었다. 무엇보다 나병으로 받은 죽음의 선고가 영적인 파멸까지 가져오는 듯 했는데 이제는 그런 저주가 사라지게 되었다. 그는 그리스도 예수 안에서 새로운 피조물이 되었다(엡 4:24). 이제 이 사마리아아인은 그의 나병을 고침 받았을 뿐만 아니라 구원도 받게 된 것이다.

③ 우리는 항상 사회의 일원으로 관계 안에서 살고 있음을 배워야 한다. 이제 이 나병환자는 제사장에게 가서 그의 죄가 완전히 소멸되었음을 보여야 한다. 그리고 그의 가족과 사회뿐만 아니라 하나님과 새로운 관계를 맺었고 그리스도와도 새로운 관계를 맺게 된 것이다. 그는 그리스도를 믿는 믿음을 통해 은혜로 화해되었고 용서받고 깨끗이 씻음 받고 구원을 얻었다. 그는 율법의 참된 목적이 그리스도의 명령에 감사함으로 순종할 수 있도록 돕는 도구인 것을 보여주었다. 본문은 감사의 법이 율법적인 순종의 법을 능가한다

---

6) A.B. Bruce, *The Expositor's Greek Testament: The Synoptic Gospels*, vol. I, p. 593.

7) 이방인을 뜻하는 ἀλλογενής(ἄλλος + γένος)는 이곳에서 단 한 번 사용된 단어로 이스라엘 민족 이외의 다른 민족을 가리킨다. 예루살렘 성전의 경고문에도 이 용어를 사용했다. 다른 민족에 속한 사람은 이방인의 뜰을 지나 더 안쪽으로 들어갈 수 없었다. 그렇게 할 경우 죽음이 뒤따른다고 경고한다.

는 교훈을 가르치고 있는 것이다.

④ 칼빈은 열 명의 나병환자가 고침을 받은 사건은 첫째, 그리스도의 신적인 능력을 밝히 나타내며, 둘째, 그렇게도 분명한 이적이 그들에게 나타났는데도 불구하고 존경과 감사를 표하지 않은 유대인들에 대한 책망을 나타내 보여준다고 말한다.[8]

2. 어린아이들을 축복하심(마 19:13~15; 막 10:13~16; 눅 18:15~17)

> 그 때에 사람들이 예수께서 안수하고 기도해 주심을 바라고 어린 아이들을 데리고 오매 제자들이 꾸짖거늘 예수께서 이르시되 어린 아이들을 용납하고 내게 오는 것을 금하지 말라 천국이 이런 사람의 것이니라 하시고 그들에게 안수하시고 거기를 떠나시니라 (마 19:13-15, 개역개정).

서론적 배경

마태복음 19:13~15은 예수님께서 어린 아이들을 예로 들어 천국을 설명하는 구절이다. 우리는 이 성경 구절의 맥락을 알아야 할 필요가 있다. 그리스도께서 어린 아이들을 축복하는 구절 바로 앞에 그리스도께서 말씀하신 이혼에 관한 교훈이 나타난다(마 19:3~12). 그리고 어린 아이를 축복하는 구절 바로 다음에 그리스도와 부자인 청년 지도자와 만나는 구절이 나온다(마 19:16~22). 하나님의 정하심에 따라 그리스도께서 어린 아이를 축복하는 이야기는 이 두 이야기의 중간에 놓여 있다. 이혼은 가족의 성스러운 연합을 깨뜨리며, 가족의 성장, 가족의 단련과 어린 자녀들과 함께 하는 행복한 가정의 건설을 불가능하게 하는 것이다. 여기서 그리스도께서는 즐거운 가족생활의 모습을 그리시는 것이다. 어린 자녀들에게 깊은 관심을 두며, 그리스도께서 주시는 복을 자녀들이 받기를 원하는 부모들은 좋은 가족관계를 이루어 살게 된다.

어린 아이를 축복하신 이야기와 뒤 따라 나오는 부자청년의 이야기(마 19: 16~22)를 비교할 때 예수님은 천국에서 어린 아이들의 소중함을 가르치신다. 비록 부자 청년이 어린 아이들에 비해 부요한 마음을 가졌다 할지라도 부자 청년의 강조는 영원한 가치에 있지 않고 일시적인 것들에 있었다.

---

8) John Calvin, *A Harmony of the Gospels: Matthew, Mark, and Luke*, vol II (Grand Rapids: Eerdmans, 1975), p. 131.

예수님은 제자들이 어린 아이들을 꾸짖자 분노하셨다. 왜냐하면 어린 아이들은 간사함이 없고 순수한 마음으로 예수님께 접근했기 때문이다. 어린 아이들의 가장 큰 특징 중의 하나는 그들이 부모에게 온전히 의존한다는 사실이다. 이 구절에서 설명되는 구원은 우리가 무엇을 해서 얻을 수 있는 것이 아니요 우리가 전적으로 그리스도에게 의존되어 있음을 인식할 때 얻을 수 있는 것이다. 다시 표현한다면, 구원은 하나님 한 분으로부터 오는 것이며, 은혜를 통해 오직 믿음에 의해서만 이루어지는 것이다(엡 2:8).

어린아이를 축복하신 사건에 나타난 몇 가지 사실

복음서들은 다른 용어를 사용하여 어린아이의 크기를 표현한다. 마태와 마가는 어린아이를 뜻하는 "파이디온(παιδίον)"을 사용했는데 본문은 복수형으로 유아들, 어린아이들, 작은 아이들을 뜻한다. 누가는 "팔에 안긴 유아들"을 뜻하는 또 하나의 다른 용어(βρέφος)를 사용한다. 본문의 어린아이는 안고가야 하는 아이들일 수도 있고 엄마를 따라 아장아장 걸을 수 있는 아이들일 수도 있다. 아무튼 세 복음서 저자 모두 매우 작은 아이들이라는 인상을 주고 있다.

부모들이 그들을 그리스도에게 데려갔다. 여기에 사용된 동사(προσφέρω)의 의미는 누가 사람을 누군가에게로 이끄는 것이다. 이 용어의 다른 의미는 다른 사람에게 바친다는 뜻이다.9) 이 용어의 뜻이 누구누구에게 데려갔다는 단순한 용어(ἄγω)와는 약간의 차이가 있다. 그러므로 본문은 어머니들이 사랑의 선물로 자녀들을 예수님께 바친다는 생각을 가지고 자녀들을 데려갔다고 생각하는 것이 마땅할 것이다. 그 부모들이 그들의 아이들을 그리스도에게 바친 것은 그리스도께서 그의 사역을 위해 이 아이들을 사용해 주십사라는 뜻을 가지고 있다. 부모들은 그리스도께서 아이들을 만져 주시기를 원했다. 이는 그들이 주님의 단순한 만짐도 참된 복이 될 것이라고 생각했기 때문이다.

그리스도께서는 어린이들을 그의 앞으로 데려오려는 부모의 노력을 거절

---

9) προσφέρω는 "bring to," 혹은 "bring someone to someone"의 뜻도 있지만 "offer," "present" 등의 뜻도 있다. 예수님이 제물로 바쳐졌다는 것을 설명할 때도 이 용어를 사용한다(히 9:28).

하는 제자들에 대해 분개하신다. "분개"란 말은 강한 표현이다. 그리스도께서는 정말로 화가 나셨다. 왜냐하면 제자들이 어린아이들이 그리스도의 축복을 받지 못하도록 방해하였기 때문이다. 흥미롭게도 그리스도께서는 다른 여러 경우에 있어서는 제자들의 실수와 큰 실패를 관용을 베푸시고 꾸짖지 않으셨으나, 이 경우에서는 예수님께서 그들에 대해 크게 분노를 발하신다. 마가만이 유일하게 그리스도의 분노를 언급하고 있다(막 10:14).

예수님은 "어린 아이들을 용납하고 내게 오는 것을 금하지 말라"[10](마 19:14)고 명령하신다. 예수님은 그 이유를 "하나님의 나라가 이런 자의 것이니라"(마 19:14)고 설명하신다. 또한 예수님은 "내가 진실로 너희에게 이르노니 누구든지 하나님의 나라를 어린아이와 같이 받아들이지 않는 자는 결단코 거기 들어가지 못하리라"(눅 18:17, 개역개정)고 말씀하시고 어린아이들을 축복하셨다.

본문의 교훈

본문 전체는 무슨 교훈을 제공하는가? 무엇보다 예수님께서 이 아이들을 축복하셨기 때문에 이들은 다른 아이들이 놓치고 있는 것을 받은 것이다. 이제 그리스도의 축복은 그에게 속한 사람들의 복지에 필수적이다. 주님께서 이 아이들이 "복되다"라고 선언하신 후 이 아이들이 하나님의 나라에 속하게 되었다고 결론짓는 것은 잘못이 아니다. 그리스도께서는 "이런 자를 위해 혹은 이런 자에게" 하나님의 나라가 있다고 말씀하셨다. 그러므로 어린 아이들에게는 영적으로 구별되는 특징이 있음에 틀림없다. 예수님은 어린 아이들의 순결, 정직, 겸손, 오염되지 않은 사랑 등의 특징을 보신 것이다. 축복받은 자들은 하나님 나라에 속하게 되며 축복받지 못한 자는 그렇지 못하다. 따라서 스스로 분별할 수 있는 나이에 이르기 전 모든 아이들은 단지 어린 아이이기 때문에 구원받는다고 결론짓는 것은 올바르지 않다. 이 본문은 결코 단순히 어린 아이기 때문에 구원받는다는 사실을 인정하지 않는다.

---

10) 성경 본문은 μή와 함께 현재시상 명령형을 사용함으로(μή κωλύετε) 어린 아이들이 예수님께 오고 있는 것을 제자들이 계속적으로 금하고 있었는데 예수님께서 제자들의 행동을 중지시켰다는 의미를 함축하고 있다. Cf. Maximilian Zerwick, *Biblical Greek*, pp. 79-80(246-247).

그리스도의 말씀에서 우리는 구원의 길의 한 유형을 본다. 많은 사람들은 어린 아이들이 어른의 마음을 가져야만 그리스도의 "구원의 제시"(offer)를 받아들일 수 있는 것으로 생각한다. 우리는 복음의 사역이 이와는 정반대로 작용하고 있음을 알 수 있다. 어른들은 어린 아이들처럼 겸손해야 할 뿐만 아니라 무기력한 아이처럼 천국으로 인도함을 받아야 한다. 어른들은 자신의 능력으로 천국 안으로 들어가려고 하지만 오히려 어린 아이처럼 인도함을 받아야 하는 것이다. 본문의 기본적인 사상은 어린이들의 수용성에 관한 것이라고 할 수 있다. 어린이들은 천국에 들어가기 위해 어떤 공적도 이룰 수가 없다. 단지 그들은 천국 안으로 인도함을 받을 뿐이다.11) 주님은 그에게 속한 자를 천국 안으로 인도하신다. 히브리서 2:13 이하의 구절은 예수님이 어떤 방법으로 그의 백성을 죄에서부터 자유하게 하셨는지 설명한다. "볼지어다 나와 및 하나님께서 내게 주신 자녀라 하셨으니 자녀들은 혈과 육에 속하였으매 그도 또한 같은 모양으로 혈과 육을 함께 지니심은 죽음을 통하여 죽음의 세력을 잡은 자 곧 마귀를 멸하시며 또 죽기를 무서워하므로 한평생 매여 종노릇하는 모든 자들을 놓아 주려 하심이니라." (히 2:13-15, 개역개정).

우리는 예수님께서 어린 아이들을 축복하신 사건에서 예수님의 인정을 받는 것이 얼마나 복된 상태인지를 깨닫게 된다. 예수 그리스도께서 "복되도다" 할 때와 "화로다" 때에 그 의미의 대조를 생각해보면 우리에게 큰 위로와 교훈을 준다.

3. 맹인의 눈을 회복시키심(마 20:29~34; 참조, 막 10:46~52; 눅 18:35~43)

그들이 여리고에서 떠나 갈 때에 큰 무리가 예수를 따르더라 맹인 두 사람이 길 가에 앉았다가 예수께서 지나가신다 함을 듣고 소리질러 이르되 주여 우리를 불쌍히 여기소서 다윗의 자손이여 하니 무리가 꾸짖어 잠잠하라 하되 더욱 소리 질러 이르되 주여 우리를 불쌍히 여기소서 다윗의 자손이여 하는지라 예수께서 머물러 서서 그들을 불러 이르시되 너희에게 무엇을 하여 주기를 원하느냐 이르되 주여 우리 눈 뜨기를 원하나이다 예수께서 불쌍히 여기사 그들의 눈을 만지시니 곧 보게 되어 그들이 예수를 따르니라 (마 20:29-34, 개역개정).

---

11) Carson, *Commentary on Luke*, pp. 682-683.

서론적 배경

마태복음 20:29~34은 그 당시 아무 할 일 없이 주위를 배회하는 불행한 사람들이 많이 있었다고 전한다. 불행한 사람들은 할 일이 없었다. 그들은 구걸하므로 배를 채우거나 혹은 더 나쁜 짓을 하므로, 심지어 훔치기조차 하여 먹을 것을 얻어야만 했다. 세상의 빛이신 예수님은 이런 불쌍한 시각 장애자의 시력을 회복시키신다.

우리는 복음서들의 기록에서 상충된 듯한 차이를 발견한다. 우선 누가와 마가는 오직 한 사람의 맹인이 고침을 받은 것으로 기록한다. 마가의 기록은 고침을 받은 맹인이 바디매오(Bartimaeus)라고 이름을 밝힌다(막 10:46). 반면 마태는 두 사람의 맹인 거지가 있었다고 증언한다(마 20:30). 그리고 또 다른 차이는 예수님께서 맹인을 고치신 이 사건이 누가의 기록으로는 예수님께서 "여리고에 가까이 가셨을 때에"(눅 18:35, 개역개정) 발생했고, 마태와 마가의 기록으로는 예수님께서 "여리고에서 떠나 갈 때에"(마 20:29, 개역개정; 막 10:46) 발생한 것으로 기록한 점이다.

이 문제를 해결하기 위해 여러 가지 제시가 있어 왔다.[12] 칼빈은 이 두 가지 차이를 다음과 같이 해석한다. 칼빈은 복음서 저자들이 사건을 똑같이 기록해야 할 필요가 없기 때문에 복음서의 저자들은 각자 자유를 가지고 그들의 복음서를 기록했다고 생각한다. 본문에서 맹인이 고침을 받는 경우는 예수님께서 여리고에 가까이 오실 때에 그 맹인이 큰 소리를 질렀지만 무리들의 잡다한 소리 때문에 아무런 효력을 발생하게 할 수 없었다. 그래서 그 맹인은 자리를 옮겨 여리고 성을 빠져나가는 길목에 앉아 있었고 거기서 예수님을 만나 고침을 받을 수 있게 되었다고 칼빈은 추측한다. 칼빈은 누가가 예수님의 여리고성 입성을 말하기 시작했으나 예수님이 여리고 성에서 머문 사실과 같은 부분을 그의 복음서에서 언급하지 않음으로 맹인이 고침을 받은 사건 경위의 전모를 이야기하지 않았다고 말한다.[13]

그리고 칼빈은 맹인의 숫자 문제에 대해서는 처음에 한 사람의 맹인이

---

12) 몇 가지 제안에 대해 Marshall, *Commentary on Luke*, pp. 692–93을 보라.
13) Calvin, *A Harmony of the Gospels: Matthew, Mark and Luke*, vol. II, p. 278.

큰 소리로 외쳐 그리스도의 긍휼을 간청했는데 그 간청의 태도에 감동된 두 번째 맹인도 긍휼을 요청했고 이때에 예수님께서 두 사람의 맹인을 고쳐주셨다고 생각한다. 그런데 마가와 누가는 더 잘 알려진 맹인만을 언급했다. 그러기에 마가는 그 맹인의 아버지의 이름과 맹인 자신의 이름까지 기록한 것이다. 그러나 마태는 두 번째 맹인도 그의 복음서 기록에 포함시키기를 원해서 맹인 둘이 예수님을 만난 것으로 기록한다 (마 20:30).[14]

이상의 칼빈의 설명을 정리해 보면 예수님께서 여리고에 들어가실 때(누가복음) 한 맹인이 큰 소리로 예수님의 긍휼을 간청했지만 무리들의 소리 때문에 성공하지 못했다. 그래서 그 맹인은 예수님이 지나가도록 되어있는 여리고성 다른 쪽 길로 가서 거기 앉아 있었고 예수님과 그의 일행은 여리고 성을 통과하여 맹인 거지가 기다리고 있는 곳을 지나가게 되었다. 그 장소는 여리고 성을 빠져나가는 길목이었다(마태복음, 마가복음). 그때에 기다리고 있던 한 맹인이 큰 소리로 예수님께 긍휼을 구하자(마가복음, 누가복음) 옆에 있던 다른 맹인도 감동되어 첫 번째 맹인과 함께 예수님의 긍휼을 구했다(마태복음). 이때 예수님께서 두 사람의 맹인을 고쳐 주신 것이다. 마태는 맹인 두 사람이 고침을 받은 그 상황을 설명하고 마가는 맹인들이 고침을 받은 상황을 설명하되 지도자격인 맹인만 언급했으며, 누가는 예수님의 여정 전체를 생각하면서 한 맹인의 외침은 예수님이 여리고에 가까이 왔을 때 시작되었지만 결국 고침을 받은 것은 예수님이 여리고를 떠날 즈음에 발생했다고 전한다.

바디매오의 외침

무엇보다 바디매오의 외침은 큰 외침이었다(막 10:48). 그는 예수님께서 자신의 외침을 들으실 수 있기를 원했고, 고침을 받을 수 있는 분명한 가능성이 있었기 때문에 예수님을 놓치지 않기 위해 큰 소리로 외쳤다. 마가는 "그가 더욱 크게 소리 질러 이르되"(막 10:48, 개역개정)라고 그

---

14) *Ibid.*, p. 279; Lenski(*The Interpretation of st. Luke's Gospel*, p. 932)는 마가가 지도자격이었던 맹인 한 사람에 관해서만 설명했다고 칼빈과 비슷한 견해를 제시한다.

당시의 상황을 전한다.

마태복음의 기록에 의하면 맹인 들이 "주여 우리를 불쌍히 여기소서 다윗의 자손이여"(마 20:30, 개역개정)라고 외친다. 그들이 "다윗의 자손"이라는 표현의 의미를 알면서 사용했는지는 아무도 모르지만, 예수님을 "다윗의 자손"이라 부른 것은 그를 메시아로 인정한 것이다. 맹인 둘이 예수님을 "다윗의 자손"이라 부른 뜻은 단지 질병을 고쳐주는 능력을 지닌 사람으로, 결국 지상의 나라를 건설할 이 땅의 통치자를 의미하는 것으로 사용했을 수 있고 또는 이 사람들이 영적으로 눈이 뜨여 있었다는 의미일 수도 있다.

그런데 예수님은 여기서 메시아의 명칭이 자신에게 적용되는 것을 용납하신다. 예수님께서 이전에는 유대인들이 정치적이고 세상적인 견해를 메시아―왕에 연결시켰기 때문에 메시아의 명칭을 자신에게 적용하는 것을 용납하시지 않았다. 그러나 이제 예수님은 십자가를 지시기 위해 예루살렘으로 가는 도중 예루살렘 근처에까지 오셨다. 이제는 유대인들의 정치나 민족주의가 큰 문제로 등장하지 않는다. 그래서 예수님은 메시아 명칭을 공개적으로 자신에게 적용하는 것을 용납한 것이다.[15]

무리의 응답

바디매오와 그 동료의 외침은 무리의 좋은 호응을 받지 못했다. 오히려 두 사람은 잠잠하라는 말을 들었다(마 20:31). 무리들이 맹인들에게 잠잠하라고 꾸짖은 이유를 몇 가지로 생각해 볼 수 있다.

① 맹인들이 예수를 가리켜 "다윗의 자손"(마 20:30; 막 10:47; 눅 18:38)이라 불렀다. 무리들은 공공연하게 "다윗의 자손" 이란 용어가 선포되는 것을 원치 않는다. 그 이유는 이 용어가 메시아와 관련된 용어이기 때문이다. 무리들은 예수가 사기꾼이라고 주장하는 바리새인들의 말에 세뇌되었기 때문에 예수님을 가리켜 계속 "다윗의 자손"으로 호칭하게 되면 유대민족에 큰 위험이 뒤따를 것은 자명한 것이다. 그래서 무리들은 맹인들에게 잠잠하라고 말한 것이다.

② 무리들이 예수님을 허풍쟁이로 믿고 그에게 "다윗의 자손"의 칭호를

---

15) Lenski, *The Interpretation of St. Luke's Gospel*, p. 933.

줄 수 없었기 때문에 맹인들에게 잠잠하라고 꾸짖었다. 그렇게 꾸짖은 사람들은 무리 중 일부에 지나지 않을 수도 있다. 나머지 무리들은 맹인들이 그렇게 큰 소리로 끈질기게(마 20:31, 더욱 소리 질러; 막 10:48, 더욱 심히 소리 질러; 눅 18:39, 더욱 심히 소리 질러) 소리 지르면 예수가 붙잡혀 갇히게 될 것이기 때문에 그들은 맹인들이 그런 과격한 방법으로 소리 지르는 것을 원치 않았을 수 있다. 그래서 그들은 맹인들에게 잠잠하라고 명했을 수 있다. 사실상 그들은 호기심을 가지고 예수님이 앞으로 할 일을 보기 원했던 것이다.

③ 맹인에게 잠잠하라고 꾸짖은 일부의 무리는 아마 맹인이 계속 큰 소리로 외치는 것을 귀찮게 여겨 맹인에게 잠잠하라고 꾸짖었을 수 있다. 왜냐하면 예수님께서 머물러 서서 "그를 부르라"(막 10:49)고 무리에게 말했을 때 그 무리들은 약간의 열심을 나타내 보여주었기 때문이다. 그 무리들은 "그 맹인을 부르며 이르되 안심하고 일어나라 그가(주께서) 너를 부르신다"(막 10:49, 개역개정)라고 열정적인 모습을 보여 준 것이다.

이상 세 가지의 분석 중 어느 것이 무리들이 맹인에게 잠잠하라고 꾸짖는 상태를 가장 잘 설명하는지는 단언할 수 없을 것이다. 그렇다하더라도 이상의 세 견해 중 첫 번째 견해가 가장 타당한 것으로 인정되나 어느 것을 택해도 크게 잘못이 없는 줄로 생각된다.

그리스도께서 행하신 치유

① 본문은 두 맹인이 눈을 뜬 사실보다 더 중요한 사실을 전한다. 맹인늘은 고침을 받은 후 예수님을 좇는 자가 되었다. 성경 기록은 그 사실을 확인하고 있다(마 20:34; 막 10:52; 눅 18:43). 어떤 저자는 성경에 바디매오란 이름을 사용한 사실은 마가가 복음서를 썼던 시기에 바디매오가 초대 교회에서 잘 알려진 사람이었고 또한 그의 아버지 이름이 기록된 것으로 보아(막 10:46) 이 사건의 역사성을 점검할 수 있다고 생각한다. 환언하면 그리스도께서는 무엇보다도 영적 의미에서 실제로 이 사람들에게 메시아가 되셨다.

② 당국자들은 "다윗의 자손이여"라는 용어를 폭탄적 의미가 담긴 용어로 심각하게 받아들였을 것이다. 그러나 맹인들이 그리스도를 이렇게 부른

것은 그리스도가 그들의 메시아였기 때문이다. 여기서 그리스도께서는 마태복음 9:27에서 기적을 행하신 후 어느 누구에게도 이 사실을 말하지 말라고 하셨던 것처럼 그들을 꾸짖지 않으신다. 더 나아가 그리스도께서는 지금 죽음을 향해 예루살렘으로 가고 계셨기 때문에 사람들이 그를 메시아로 기꺼이 알려야 한다고 생각했다. 왜냐하면 예수님께서는 실제로 메시아이셨고, 또한 메시아이셨기 때문에 자신에게 적용되는 메시아라는 칭호를 모든 사람들이 들을 수 있기를 원하신 것이다.[16]

4. 삭개오의 회심(눅 19:1~10)

> 예수께서 여리고로 들어가 나가시더라 삭개오라 이름하는 자가 있으니 세리장이요 또한 부자라 그가 예수께서 어떠한 사람인가 하여 보고자 하되 키가 작고 사람이 많아 할 수 없어 앞으로 달려가서 보기 위하여 돌무화과나무에 올라가니 이는 예수께서 그리로 지나가시게 됨이러라 예수께서 그 곳에 이르사 쳐다보시고 이르시되 삭개오야 속히 내려오라 내가 오늘 네 집에 유하여야 하겠다 하시니 급히 내려와 즐거워하며 영접하거늘 뭇 사람이 보고 수군거려 이르되 저가 죄인의 집에 유하러 들어갔도다 하더라 삭개오가 서서 주께 여짜오되 주여 보시옵소서 내 소유의 절반을 가난한 자들에게 주겠사오며 만일 누구의 것을 빼앗은 일이 있으면 네 갑절이나 갚겠나이다 예수께서 이르시되 오늘 구원이 이 집에 이르렀으니 이 사람도 아브라함의 자손임이로다 인자가 온 것은 잃어버린 자를 찾아 구원하려 함이니라 (눅 19:1-10, 개역개정).

서론적 배경

삭개오의 이야기는 네 복음서 중 누가복음에만 기록된 이야기로 예수님께서 십자가에 달리시기 며칠 전에 발생한 사건이다. 이 사건을 통해 예수님의 죄 용서의 승리를 보게 된다. 10절로 된 이 이야기는 14개의 "그리고"(καί)로 연결되어 있다. 이는 히브리적 영향이라고 생각된다. 누가복은 19:9의 "왜냐하면"(καθότι)은 누가의 글에서만 나타나는 용어이다(눅 1:7; 19:9; 행 2:24, 45; 4:35).[17]

예수님께서는 예루살렘으로 올라가면서 여리고를 통과하셨다. 인간적으

---

16) 맹인들이 예수님을 향해서 "다윗의 자손이여"라고 부른 사실과 예수님이 이 칭호를 자신에게 적용하도록 허용하신 사실을 연관시켜 볼 때 다음과 같은 정리를 해 볼 수 있다. 첫째, 예수님은 다윗의 혈통으로 태어나셨다. 둘째, 예수님은 다윗의 자손이 억압받은 사람들에게 온전함을 가져 올 것이라는 유대인들의 대망을 성취하셨다. 셋째, 예수님은 이방인들의 통치자들처럼 권세를 행사하시지 않고 필요한 사람들을 위해 그의 왕권을 사용하셨다. See, D.R. Bauer, "Son of David," *Dictionary of Jesus and the Gospels,* editors, J.B. Green, Scot Mcknight, I.H. Marshall(Downers Grove: I.V.P., 1992), p. 768.

17) 개역한글판은 "왜냐하면"을 생략했다. "왜냐하면"을 넣어 번역하면 "오늘 구원이 이 집에 이르렀으니 왜냐하면 이 사람도 아브라함의 자손이기 때문이다"라고 번역할 수 있다.

로 말하면 그 도시에는 예수님께서 머물 장소가 없었다. 그러나 하나님의 관점에서는 예수님께서 그곳을 통과해야만 하셨다. 왜냐하면 삭개오가 예수님을 기다리고 있었고, 예수님께서 머물러야만 하는 곳은 바로 삭개오의 집이었기 때문이다(삭개오 Zacchaeus. 이 이름은 히브리어 Zakkai(זַכַּי)의 헬라어 형태로 "의로운 사람" 혹은 "깨끗한 사람"이란 의미이다).

삭개오의 이야기는 부자 청년의 이야기(눅 18:18~23)와 대조를 이룬다. 삭개오나 부자 청년은 다 같이 재물이 많았다(눅 18:23; 19:2). 부자 청년은 영생을 얻기 위해 처음에는 적극적인 행동을 취했지만 자신이 소유한 재물에 걸려 넘어져 결국에는 영생을 소유하지 못했다(눅 18:23). 반면, 삭개오는 처음에는 소극적인 행동으로 뽕나무 위에서 예수님의 일행을 지켜 볼 생각을 했지만 예수님을 만난 후 자신이 소유한 재물의 사슬에서 벗어나 영원한 생명을 소유하게 되었다(눅 19:9). 삭개오가 구원 받은 사실은 "하나님은 하실 수 있느니라"(눅 18:27)한 말씀처럼 하나님의 은혜의 극치를 나타내 보여주고 있다.

삭개오는 유대인이었다. 삭개오라는 그의 히브리식 이름이 이를 증거할 뿐만 아니라(스 2:9 참조), 본문에서 "이 사람도 아브라함의 자손임이로다"(눅 19:9)라는 예수님의 말씀도 이를 증거 한다.[18] "아브라함의 자손"을 영적인 의미로 생각하기보다 문자적으로 생각하여 삭개오가 유대인이었다고 해석하는 것이 더 바람직하다.[19]

이는 예루살렘으로 가는 그리스도의 마지막 여행 길 중 여리고에서 일어난 두 번째 사건이다. 첫 번째 사건은 바디매오의 눈을 뜨게 하신 사건이었다(막 10:46~52; 눅 18:35~43).

우리에게 이 구절은 누가의 마음을 읽을 수 있는 매우 중요한 부분이다. 이 안에서 우리는 누가가 기록한 책의 전체 주제 누가복음 19:10의 내용을

---

18) E.E. Ellis, *The Gospel of Luke*(*New Century Bible,* London, 1974), pp. 220-221.

19) 본문의 καθότι는 선행된 이유를 소개하기 위해 사용되었지 결과적인 증거를 설명하기 위해 사용되지 않았다. Cf. I. Howard Marshall, *Commentary on Luke*, p.698; Otto Michel, "τελώνης," *Theological Dictionary of the New Testament*(앞으로 *TDNT*로 사용), vol. Ⅷ (Grand Rapids: Eerdmans, 1972), p. 104; E. Schweizer, "υἱός without Reference to God," *TDNT*, vol. Ⅷ, p. 365: "In Lk 19:9 this denotes membership of the people of Israel. This alone is the basis of the gift of Jesus and salvation, not the zeal of Zacchaeus nor his readiness to restore ill-gotten gains"; John A. Bengel, *Bengel's New Testament Commentary*, vol. Ⅰ (Matthew-Acts), p. 499.

발견하게 된다. "인자의 온 것은 잃어버린 자를 찾아 구원하려 함이니라." 누가는 삭개오가 유대인일지라도 하나님으로부터 멀리 격리되어 "잃어버린 자" 임을 지적한다. 삭개오는 이스라엘의 잃어버린 양으로서 예수님이 필요했고 구원이 필요했다. 예수님은 누가복음 19:10의 말씀처럼 잃어버린 자를 찾아 구원하시기 위해 오신 것이다. 비록 십자가의 그림자가 그에게 계속 가까이 다가오고 있었지만 예수님은 삭개오의 회개를 통해 그의 오신 목적을 성취하고 계신다. 삭개오가 원했던 모든 것은 예수님을 보는 것이었다. 그는 예수님께서 그의 집에 오실 것이라는 생각은 하지 않았다. 그래서 삭개오는 나무에 올라간 것이다. 그는 경멸당할 세리로서 위신을 세우는 문제에 대해서는 별로 관심을 두지 않았다. 예수님은 삭개오의 기대 이상으로 그의 집에 구원을 허락해 주신다.

삭개오의 노력

삭개오는 예수님을 보기 원했다. 외적으로 이것은 오직 호기심이었다. 그러나 우리는 성령님께서 그의 마음속에 역사하고 있었다는 사실을 알 수 있다. 그러므로 그가 한 행동이 외견상 그의 자유로운 의지로 말미암았을지라도 실제로는 성령님에 의해 인도되고 지시되었다. 세리장인 삭개오가 예수님을 보기 원한 것은 성령님의 역사가 그의 마음속에 이미 진행되고 있었음을 알 수 있다.[20]

삭개오는 예수님을 보기 원했지만 그는 키가 너무 작았다. 그리고 무리들이 예수님을 에워싸고 있었기 때문에 예수님을 볼 수가 없었다. 그리고 삭개오 같은 인기 없는 사람에게 자리를 양보할 사람이 있을 리 없었다. 그래서 그가 다음으로 할 수 있었던 최상의 길은 나무에 올라감으로써 무리 위에 위치하는 것이었으며 실제로 그는 그렇게 행했다. 삭개오는 자신의 소원을 성취하기 위해 어른으로서의 위신이나 체면은 접어두고 보통 사람으로서는 할 수 없는 일인 나무에 오르는 일을 결행한 것이다.

세리장 삭개오

삭개오는 로마 정부를 위한 세리장이었다. 세리장으로서 삭개오는 다른

---

20) A.B. Bruce, *The Expositor's Greek Testament*, vol. I, p. 604.

세리들을 고용하여 세금을 거두어들이게 하고 거두어들인 세금을 로마 정부에 전달하는 책임을 가지고 있었을 것이다.[21] 여리고는 유대로 들어가는 첫 번째 길목이었다. 그곳은 발삼 향유(balsam)와 종려나무 기름의 중요한 무역지대였고, 이것들은 귀한 것들이기 때문에 매우 높게 세금이 붙었다. 그러므로 우리는 왜 삭개오가 부유한 세리였는지를 이해할 수 있다.

세리는 자기 마음대로 할 수 있는 한 많은 돈을 취할 수 있었다. 로마 정부는 최고의 입찰자에게 세리란 직업을 주었으며 일을 맡은 세리는 정부에 지불해야 하는 금액 이상으로 거둔 것은 자신이 착복했다.[22] 세리가 부과한 금액을 점검해볼 수 있는 유일한 방법은 세금을 내는 대중의 의지였다. 만약 세금 부과가 정도를 지나치게 되면 로마 정부는 간섭하게 된다. 이처럼 세금 문제에 대해 점검과 균형을 가져오는 몇 가지 체계가 있었다.

그리스도의 말씀과 사역

삭개오가 잎사귀로 거의 가려져있었으나 나무가 서있는 그 장소에 주님께서 도착하셨을 때 걸음을 멈추시고 삭개오에게 나무에서 내려오라고 말씀하셨다. 왜냐하면 그 집에 머물러야만 했기 때문이다. 예수님께서 죄인의 집에 머무신다고 무리가 투덜거렸지만(눅15:2을 비교하라) 삭개오는 급히 내려와 기쁘게 주님을 영접하였다. 무리의 평가에 따르면 삭개오는 죄인이었다. 그리스도께서도 "인자의 온 것은 잃어버린 자를 찾아 구원하려"(눅 19:10) 온 것이라고 말씀하심으로 삭개오가 죄인임을 인정하셨다.

그리스도께서는 구원을 주시기 위해 이 멸시받는 죄인의 집에 들어 가셨나. 그리스도께서는 구원이 아브라함의 자녀에게 있는 것처럼 이 집에도 있다고 말씀하셨다. 유대인이 삭개오를 이방인의 개처럼 취급했으나 그리스도께서는 먼저 이스라엘 집의 잃어버린 양들이 얼마나 낮은 신분에 있는가는

---

21) 세리장(ἀρχιτελώνης)이란 용어는 이곳에서만 사용된 용어이다. 따라서 세리장에 관한 정확한 의미는 찾기 힘들다. Cf. J.B. Smith, *Greek- English Concordance to the New Testament* (Scottdale: Herald Press, 1974), p. 43.

22) 유대인들이 로마 정부에 바쳐야 할 세금의 종류는 토지세, 인두세, 그리고 관세(Customs Tax) 등 세 가지였다. 그런데 토지세와 인두세는 유대 지도자들로 구성된 의회가 매년 징수했고, 관세는 최고의 입찰자가 징수할 권한을 가졌다. 삭개오는 여러 세리들을 수하에 거느린 세리장이었다(눅 19:2). See, T.E. Schmidt "Taxes," *Dictionary of Jesus and the Gospels*, pp. 804-806.

개의치 않으시고 그들을 위해 오셨다는 사실을 말씀하셨다. 이 사람은 진실로 잃어버린 아브라함의 자손이었다. 그래서 하나님께서 그를 선별하셔서 그에게 구원을 주셨다. 로마서 9:6~7에 "그러나 하나님의 말씀이 폐하여진 것 같지 않도다. 이스라엘에게서 난 그들이 다 이스라엘이 아니요 또한 아브라함의 씨가 다 그의 자녀가 아니라 오직 이삭으로부터 난 자라야 네 씨라 불리리라 하셨으니"(개역개정)라고 하였다. 삭개오는 문자적으로 유대인이었을 뿐만 아니라 영적으로 하나님께 속한 아브라함의 씨였다.

그리스도께서는 삭개오에게 어떤 요구도 하지 않으신다. 그리스도께서는 세리의 일에서 떠나라고 요구하지도 않으신다. 삭개오는 집을 떠나 예수님을 따르도록 명령받지도 않는다. 분명히 예수님은 삭개오가 하고 있었던 일을 계속하면서 주님을 섬기도록 그를 구원하신 것이다.

삭개오의 태도는 분명했다. 성경 본문은 "삭개오가 서서 주께 여짜오되"(눅 19:8)라고 기술한다. "삭개오가 서서"라는 표현은 어떤 중요한 내용을 공포하기 위해 잘 드러나는 장소에 자리를 잡는다는 의미를 가지고 있다.[23] 이 태도는 수군거리는 뭇 사람의 태도와는 대조적인 태도이다(눅 19:7~8). 삭개오는 분명한 태도로 자신이 어떻게 할 것을 밝힌다.

삭개오의 말은 의미심장하다. 삭개오의 말에 대한 해석은 두 가지 견해로 나누인다.

첫 번째 해석은 삭개오가 지금 구원을 받았으므로 너무 기뻐서 재산의 반을 가난한 사람들에게 나눠주는 것이며, 만일 세리로서 부당한 돈을 취했다면 이 같은 경우에 율법의 요구를 따른다면 불법으로 얻은 돈의 1/5을 덧붙여 되돌려 주어야 하지만(레 6:5; 민 5:7) 그는 4배를 돌려주겠다(출 22:1; 삼하 12:6을 비교하라)고 말하는 것으로 해석하는 것이다. 렌스키(Lenski)는 이것은 확실히 용서받음에 대해 보답하는 감사였다고 주장한다.[24]

두 번째 해석은 삭개오의 말을 자신을 정당화하기 위해 하는 말로 해석하는 것이다. 무리들이 삭개오와 함께 머물려고 하시는 그리스도에 대해 불평하여

---

23) J. Weiss는 삭개오의 태도를 가리켜 "맹세를 하고자 하는 사람의 엄숙한 태도"(the solemn attitude of a man about to make a vow)라고 설명한다. A.B. Bruce, *The Synoptic Gospels*, p. 604에서 인용.
24) R.C.H. Lenski, *The Interpretation of St. Luke's Gospel* (Minneapolis: Augsburg Publishing House, 1961), pp. 941-943.

도 그리스도께서는 걱정할 필요가 없으시다는 것이다(눅 19:7~8). 그 이유는 삭개오가 그리 나쁜 사람이 아니었고 예수님을 접대하는 삭개오의 재산은 부정한 방법으로 모은 것이 아니기 때문이었다. 즉, 그는 일생을 통해 위대한 자선가였고 누군가 그에게 세금을 너무 많이 과세하였다고 불평한다면, 그는 이를 자신이 도둑질한 것으로 간주하여 1/5을 더한 액수를 되돌려주는 대신에 도둑질한 것의 4배를 불평하는 사람에게 주겠다고 말한 것으로 해석하는 것이다. 스펜스(Spence)는 "세리장의 말은 '미래'의 의도를 가리키지 않고, 그가 지금까지 세워 놓은, 그리고 십중팔구 오랫동안 지키어 온 '과거'의 생활철칙을 말하고 있기 때문이다"[25]라고 해석한다. 이 해석은 삭개오의 말이(눅 19:8) 자신의 정직성을 드러내고 있다고 이해하는 것이다.

두 번째 해석보다는 첫 번째 해석이 더 적절하다고 생각된다. 예수님은 삭개오가 열거하는 행위에는 관심을 표시하지 않는다. 예수님은 삭개오가 제안한 것을 실천하라고 명령하시지도 않는다. 오히려 예수님은 자기가 찾아온 근본 이유를 말씀하신다. 예수님께서는 행위로서는 구원받을 수 없다고 말씀하신다.[26] "삭개오야 나는 너를 구원하기 위하여 여기 있다. 오늘, 행위는 중요하지 않다. 오늘, 구원이 이 집에 이르렀으며, 그 구원은 행위로 말미암은 것이 아니라 네가 아브라함의 자녀, 곧 아브라함의 잃어버린 자녀라는 사실에 기초하는 것이다. 나는 아브라함의 씨를 구속하기 위해 왔다. 너는 잃어버려진 자이나 나는 너를 찾아 구원하기 위해 왔다. 너는 선택받은 언약의 자녀 중의 한사람이다. 그리하여 나는 너의 집에 구원을 주기 위해 와야만 하였다"라고 말씀하신 것이다. 예수님은 여기서 자신이 구원을 가져온 메시아이심을 강조하고 계신다.

결론적으로 고찰하면 구원은 하나님으로부터 오며, 구원받은 자는 그 구원에 합당한 열매를 맺어야 한다. 그리스도께서는 구원을 삭개오의 집에 가져오셨고, 삭개오는 이를 찾았고 그리고 믿었다. 하나님께서 삭개오의 마음을 열어 구원을 받아들이도록 하셨다. 구원은 하나님으로부터 온다.

---

25) H.D.M. Spence, 『누가복음』 하권(풀핏 성경주석, 서울: 보문출판사, 1981), p. 273.
26) 칼빈은 삭개오의 회심 이전에 그리스도의 교훈이 있었음을 지적한다. 칼빈은 삭개오의 구원의 기원은 그가 하나님의 자비에 관한 그리스도의 교훈, 하나님과 사람사이의 화목에 관한 그리스도의 교훈과, 그리고 교회의 구속에 관한 그리스도의 교훈을 듣고 이 교훈을 믿음으로 수용한데 있었다고 주장한다. John Calvin, *A Harmony of the Gospels: Matthew, Mark, and Luke*, vol. Ⅱ, p. 284.

구원은 마음을 씻으며 일생을 순전하게 한다. 이제 삭개오는 구원받았기 때문에 행위로 그의 양심을 정당화하려는 심정으로가 아니라, 사랑하고 자원하는 순종의 심정으로 주님을 섬길 수 있고 또 섬기게 될 것이다.

삭개오의 회심은 우리에게 몇 가지 교훈을 제공해 준다.

첫째, 삭개오의 사건은 성도가 그의 앞에 있는 방해물을 어떻게 극복해 나가야 할지를 가르쳐 준다. 삭개오는 멸시당하는 유대인이었다. 그는 비록 유대인이었지만 그 당시 아무도 반겨주지 않는 사회적 나병환자와 같았다. 삭개오는 부자였다. 특히 부자는 풍요로 인해 영적인 감각을 상실할 수 있다. 삭개오는 키가 작았다. 삭개오는 이 모든 방해물을 예수님을 만날 열심으로 극복했다.

둘째, 삭개오의 사건은 인간의 목적과 하나님의 궁극적 목적이 어떻게 만나는지를 설명해 준다. 삭개오는 마음에 간구를 가지고 있었다. 하나님은 우리의 필요와 조건을 가지고 그에게로 나아오기를 원하신다. 삭개오는 마음 한구석에 "오늘 나는 당신을 만나야 합니다"라는 간절함이 있었다. 그런데 예수님의 계획은 "삭개오야 오늘 내가 네 집에 유하여야 하겠다"(눅 19:5)이다. 여기서 삭개오의 마음의 소원과 예수님의 계획이 잘 맞아 떨어져 삭개오에게 구원이 허락된 것이다.

셋째, 그리스도 안에서 새 사람 된 사람이 어떻게 살아야 할 것을 가르쳐 준다. 삭개오는 예수님을 즐거워하며 영접했다(눅 19:6). 삭개오는 다른 사람의 시선을 개의치 않았다(눅 19:4, 7). 삭개오는 지금까지 돈을 벌기 위해 살았지만 이제부터는 돈을 쓰기 위해 살게 되었다(눅 19:8).

제16장
수난 주간의 시작

1. 배경적 설명

우리는 이제 경이로 가득 차 있는 그리스도의 생애의 수난 시기를 연구하고자 한다. 우리는 아무리 생각해도 우리와 같은 죄인들의 손에 의해 주님이 당하신 모든 괴롭고 참혹한 고통을 결코 이해하지 못할 것이다. 우리는 그리스도의 수난 속에 담겨진 이 위대한 진리를 깨달을 수 있도록 하나님께서 우리의 마음을 열어주시길 원하면서 기도하는 마음으로 그의 계시의 놀라운 진리를 연구하기 원한다. 그렇게 할 때 하나님은 예수님의 수난과 죽음을 통해 "모든 것을 새롭게" 하시는 일에 대해 우리에게 명백하게 보여주실 것이다.

예수님의 유월절 만찬 참석

그리스도에게 비칠 극심한 고통은 대제사장들과 서기관들에 의해 준비되고 있었다. 그들은 그리스도가 어디 있는지 아는 사람은 누구든지 그리스도를 사로잡아 죽음에 이르게 되도록 당국에 알려야 한다고 명령했다. 그러나 보통 사람들은 이 명령을 냉담하게 무시했음이 분명하다. 왜냐하면 주님께서 베다니에 오셔서 여러 사람이 참석한 가운데 공개적으로 만찬을 드셨기 때문이다(마 26:6~13; 막 14:3~9). 베다니는 벳바게와 인접한 마을임에 틀림없다. 마가복음과 누가복음은 "벳바게와 베다니에 가까이 가셨을 때에"라는 표현으로 서로 인접해 있음을 증거 한다(막 11:1; 눅 19:29).

이 만찬은 예수님이 승리의 입성을 하시기 전 금요일에 있었던 듯 하며, 학자들은 그날을 A.D. 30년 3월 31일로 추정한다. 예수님은 유월절 6일

전에 베다니에 오셨다. 유월절은 목요일 6시부터 시작된다.[1] 그러므로 예수님이 베다니에 도착한 것은 유대인의 안식일인 금요일 해진 이후였다. 그럼에도 불구하고 그들은 예수님을 위해 만찬을 베풀었다. 이 사실은 옛것은 지나가고 주님께서 모든 것을 새롭게 만드신다는 것을 증거 한다. 왜냐하면 주님께서는 예배와 안식의 날로 지켰던 일곱째 날(토요일)을 첫째 날(일요일)로 바꾸셔서 주의 날로 만드신 것이다. 그리스도께서는 베다니에 있는 마리아와 마르다 그리고 나사로의 집에서 유대인의 안식일(금요일 해질 때부터 토요일 해질 때까지)을 지내셨음에 틀림없다. 수난 주간은 A.D. 30년 4월 2일 종려 주일로부터 그해 4월 9일 부활 주일까지로 간주된다.

때를 기다리신 예수님

그리스도에 대한 적대는 심화되어 당국자들이 열심히 그를 죽이려 하는 지점에까지 달하게 되었다. 예수님께서는 자기의 때가 아직 이르지 않았기 때문에 예루살렘으로부터 북쪽으로 수십 리쯤 떨어진 광야 근처의 도시 에브라임[2]으로 은거해 계셨다(요 11:54). 에브라임은 신약성경 가운데서 요한복음 11:54에서만 언급된 도시이다. 주석가 랑게(Lange)의 말에 의하면 이곳은 사막지대이며, 유대 사막지대의 북쪽 끝에 위치해 있다. 에브라임은 벧엘에서 그렇게 멀지 않은 곳에 위치하고 있었음에 틀림없다. 벧엘은 베냐민지파와 에브라임지파의 경계 지역에 있는 도시였는데 처음에는 베냐민지파에 속했다가 후에 에브라임이 점령하여 에브라임지파에 속하게 되었다.[3]

제자들을 준비시키심

사막의 외로운 고독 속에서 예수님께서는 다가올 수난과 죽음을 위해 그의 제자들을 준비시키셨다. 그러나 사실상 제자들은 주님의 가르침에도 불구하고 그리스도의 수난과 죽음을 그리스도의 부활 이후까지도 바로

---

1) 유월절이 수요일에 시작되는지 혹은 목요일에 시작되는 지에 대해선 아직 의문이 있으나 대부분의 학자들은 목요일로 보고 있다.
2) 유세비우스와 제롬에 의하면 에브라임은 예루살렘으로부터 북동쪽으로 12마일 정도 떨어진 곳에 위치해 있다.
3) John Peter Lange, *A Commentary on the Holy Scriptures: John* (Grand Rapids: Zondervan, n.d.), p. 365.

이해하지 못했다. 이상할 정도로 그리스도를 배척하는 사람들이 그리스도의 수난과 죽음에 대해 제자들보다 더 잘 기억하고 있었던 듯하다. 왜냐하면 그들은 그리스도가 말했던 사실에 의지하여 무덤을 지킬 수비대를 준비했던 사람들이었기 때문이다(마 27:64~66).

예수님의 선택

인간적 관점에서 볼 때 예수님께서는 어떻게 예루살렘에 들어갈 것인가를 선택해야만 했다. 여기 두 가지 가능성이 제시되었다.

첫째 가능성은 예수님께서는 유월절을 기념하기 위해 갈릴리에서부터 예루살렘으로 오고 있는 순례자들과 합세할 수 있었다. 왜냐하면 이 사람들은 사마리아를 통해 예루살렘까지 직접 갔기 때문이다. 예수님께서는 북쪽으로부터 내려오고 있었기 때문에 그들 일행과 합세한다면 의심을 덜 받을 수 있었다.

둘째 가능성은 예수님께서는 요르단 평지에 있는 여리고로 내려가서 베레아에서 오는 대상(caravan)의 선두에 섞일 수 있었다. 이렇게 함으로써 예수님은 적극적인 행동을 보여주실 수 있었으며 그 상황을 잘 조정하실 수 있었다.

그는 후자의 길을 따랐다. 예수님을 잡아들이라는 당국의 명령에도 불구하고 예수님은 숨어서 예루살렘으로 들어가지 않고 적극적인 행동을 취하면서 입성하신 것이다.

산헤드린 공회로부터 예수님을 검문하여 보고하라는 명령이 있었으나 사람들은 이 사실에 거의 관심을 기울인 것 같지 않다. 왜냐하면 곧 그들은 베다니에 있는 시몬의 집에서 만찬을 그에게 베풀었기 때문이다.

2. 예수님의 죽음을 기념하여 붓는 향유(요 12:1~11; 참조, 마 26:6~13; 막 14:3~9)

유월절 엿새 전에 예수께서 베다니에 이르시니 이 곳은 예수께서 죽은 자 가운데서 살리신 나사로가 있는 곳이라 거기서 예수를 위하여 잔치할새 마르다는 일을 하고 나사로는 예수와 함께 앉은 자 중에 있더라 마리아는 지극히 비싼 향유 곧 순전한 나드 한 근을 가져다가 예수의 발에 붓고 자기 머리털로

그의 발을 씻으니 향유 냄새가 집에 가득하더라 제자 중 하나로서 예수를 잡아 줄 가룟 유다가 말하되
이 향유를 어찌하여 삼백 데나리온에 팔아 가난한 자들에게 주지 아니하였느냐 하니 이렇게 말함은
가난한 자들을 생각함이 아니요 그는 도둑이라 돈 궤를 맡고 거기 넣는 것을 훔쳐감이러라 예수께서
이르시되 그를 가만 두어 나의 장례할 날을 위하여 그것을 간직하게 하라 가난한 자들은 항상 너희와
함께 있거니와 나는 항상 있지 아니하리라 하시니라 유대인의 큰 무리가 예수께서 여기 계신 줄을
알고 오니 이는 예수만 보기 위함이 아니요 죽은 자 가운데서 살리신 나사로도 보려 함이러라 대제사장들이
나사로까지 죽이려 모의하니 나사로 때문에 많은 유대인이 가서 예수를 믿음이러라 (요 12:1~11,
개역개정).

예수님의 죽음을 기념하는 만찬

① 요한복음 12:1~11은 마리아가 옥합을 깨트려 향유를 예수님의 발에 붓는 사건을 전한다. 이는 예수님의 죽음을 기념하는 사건이었다. 마가복음은 예수님의 죽음을 기념하여 향유를 붓는 사건을 예수님의 예루살렘 입성 사건 후에 기록한다(막 11:1~11, 14:3~9). 예수님을 잡아 죽이기 위한 유대 지도자들의 음모 사건과 유다가 예수님을 배반한 사건 사이에 마리아의 헌신적인 행위, 즉 기름을 예수님의 몸에 붓는 사건을 기록함으로 그 여인의 헌신 행위를 강조하고 있는 것이다(막 14:1~2, 10~11).

반면 요한은 예수님의 몸에 향유 붓는 사건을 예수님의 예루살렘 입성 전에 기록한다. 요한이 그렇게 배열한 이유는 예수님이 매장을 위해 기름 부음을 받은 왕으로써 죽음의 고난을 통해 승귀하게 되실 분으로 예루살렘에 입성하고 계심을 나타내기 위해서이다.[4]

② 한 여인이 값비싼 향유를 예수님의 머리와 발에 붓고 자신의 머리털로 예수님의 발을 씻는 사건이 사복음서에 모두 기록되어 있다(마 26:6~13; 막 14:3~9; 요 12:1~11; 눅 7:36~40).[5] 다드(C.H. Dodd)는 이 사건이 예수님의 지상 생애 중에 단 한 번 발생한 사건이지만 복음서 저자들이 각각 다르게 보고를 하고 있어서 차이가 나는 것이라고 주장한다.[6] 하지만 누가복음의 기록과 다른 세 복음서의 기록 사이에 너무 큰 차이가 나타나서 사복음서의 기록 모두가 한 사건에 대한 다른 보고라고만 생각하기에는 무리가 따른다. 오히려 이런 사건이 한번 발생했다고 생각하는 것보다는 두 번 발생했다고 생각하는 것이 더 타당하다.[7]

---

4) G.R. Beasley-Murray, *John: Word Biblical Commentary*, vol. 36 (Waco: Word Books, 1987), p. 208.
5) 누가복음 7:36-40에 관해서는 본서 제10장에서 따로 다루었다.
6) C.H. Dodd, *Historical Tradition in the Fourth Gospel*(Cambridge: CUP, 1963), pp. 171-173.
7) George R. Beasley-Murray, *John*(*WBC*), vol. 36, p. 206; A.B. Bruce, *The Expositor's Greek Testament:*

③ 마태, 마가, 요한의 유사점과 차이점

마태복음과 마가복음의 기록을 보면, 이 사건은 베다니 문둥이 시몬의 집에서 발생했으며, 한 여자가 매우 귀한 향유를 가져와 예수님의 머리에 붓는 것을 제자들이 보고 분을 냈다.[8] 제자들이 분내는 이유는 이 향유를 많은 값에 팔아 가난한 자에게 구제하는 것이 더 나을 뻔했다고 생각했기 때문이다. 이에 예수님은 이 여자의 행위를 변호하시면서 가난한 자들은 너희와 항상 함께 있고 이 여자의 행위는 나의 장사를 준비하는 것이라고 설명하신다. 그리고 예수님은 복음이 전파되는 곳에 이 여자의 행위도 알려지게 될 것이라고 말씀하신다(마 26:10~13; 막 14:6~9).

그런데 마태복음과 마가복음의 차이점은 향유의 값을 마태복음에서는 "비싼 값"(마 26:9)이라고 표현한 반면, 마가복음에서는 "삼백 데나리온 이상"(막 14:5)이라고 구체적으로 표현한 것이다.[9]

요한복음의 기록을 보면 좀 더 구체성이 드러난다. 요한은 이 사건이 "유월절 엿새 전에"(요 12:1) 발생한 것으로 전하며, 비싼 향유를 붓는 여인이 마리아(마태와 마가는 "한 여자"로 표현)라고 밝히며, 화를 낸 제자가 가룟 유다이며, 향유의 값이 300데나리온임을 밝힌다. 그리고 요한복음에는 복음이 전파되는 곳에 이 여자의 행위도 알려질 것이라는 예수님의 말씀이 나타나지 않는다.

이상 세 복음서의 기록을 비교해 보면 마태복음과 마가복음은 거의 비슷하며 요한복음은 약간 차이가 있으나 좀 더 구체적일뿐 상충이 될 만한 부분은 나타나지 않는다.

칼슨(D.A. Carson)은 이런 차이의 이해를 위해 다음과 같이 제안한다. 첫째, 향유의 양이 많았음을 주목해야 한다. 둘째, 마태복음 26:12과 마가복음 14:8을 근거로 볼 때 예수님의 장사를 위해 향유를 부을 때 예수님의 몸에 부었기 때문에 단순히 예수님의 머리에만 향유를 부었다고 생각할 수 없다. 셋째, 마태와 마가가 예수님의 머리에 향유를 부었다고 표현한 것은 마태와

The Synoptic Gospels, p. 308; I. Howard Marshall, *The Gospel of Luke*(*NIGTC*), pp. 304-307.

8) 마태복음은 제자들이 분내는 것으로 표현되었고(마 26:8), 마가복음은 어떤 이들이 분내는 것으로 표현되었으며(막 14:4), 요한복음은 가룟 유다가 이의를 제기한 것으로 기록했다(요 12:4).

9) 300데나리온은 대단히 큰돈이다. 한 데나리온이 그 당시 남자의 하루 품삯이었다. 일주일에 6일을 일하는 것으로 계산한다면 300데나리온은 한 남자의 1년 품삯에 해당된다.

마가가 왕으로서의 기름 부음 받는 예수님을 높이기 위한 의도가 담겨 있고, 반면 요한이 예수님의 발에 향유를 부었다고 표현한 것은 그 여인이 자신을 무가치하게 생각한 의미를 부각시키기 위한 것일 수 있다.[10]

④ 만찬은 아마도 예수님이 나사로를 부활시켰기 때문에 예수님을 경배하기 위한 감사의 식사인 것 같다. 나사로가 거기에 있었다고 언급한 사실은 그가 실제로 살아 있었다는 것을 증명하기 위해서이다(요 12:1). 우리는 요한복음 11장에서 다음의 구절을 기억하게 된다. "마리아에게 와서 예수께서 하신 일을 본 많은 유대인이 그를 믿었다"(요 11:45, 개역개정). 이 믿음을 지닌 유대인들이 서로 합력하여 주님을 위한 이 만찬을 베풀었을 것이다.

기름부음

① 그 당시 기름부음은 전혀 낯선 것이 아니다. 왜냐하면 만찬의 날에 존경하는 손님의 머리에 기름을 붓는 것이 당시의 관습이었기 때문이다. 복음서의 내용을 읽어 내려가면 기름 부은 자가 누구인지 의심할 여지가 없다. 그 사람은 바로 마리아로 마르다와 나사로의 동생이 된다. 이는 여기 언급된 마리아가 막달라 마리아나 그 밖의 다른 마리아가 아님을 분명히 하는 것이다.

사용된 향유는 값비싼 나드였으며, 이는 식물에서 직접 취해 증류해서 만들며, 진짜 순수한 정수(精髓)로 불순하지 않기 때문에 비싼 선물이었다.[11] 어떤 사람들은 어떻게 마리아가 이처럼 귀한 향유를 얻을 수 있었는지에 대해 질문을 제기한다. 그 답변으로 몇 가지의 가능성을 생각해 볼 수 있다.

이 향유는 나사로를 장사지낼 때 쓰고 남은 것일 것이다. 친구들이 이 향유를 그들에게 주지 않았다면 이렇게 값비싼 향유를 이 가족들이 소유하고 있었을 리 만무하기 때문이다.

어떤 이들은 이 마리아가 한때 죄 많은 창녀였으며 따라서 자연스럽게 향유를 사용했을 것이라 잘못 생각한다. 그들은 그녀가 이제는 회심했기

---

10) Carson, *The Gospel According to John*, pp. 426-427.

11) D.A. Carson, *The Gospel According to John*, p. 428: "Its purity, quantity and origin account for its appalling cost : when John labels it *an expensive perfume*, he is thinking on a scale far larger than what we might mean by the words."(Italics original).

때문에 향유를 더 이상 쓸 필요가 없어졌으며 이 향유는 창녀였을 때 쓰다 남은 것이라고 생각한다. 그러나 성경 어느 곳에서도 이 마리아가 그런 종류의 죄인이었음을 증거할 아무런 증거가 없는 것이다.

가장 논리적인 설명은, 이 향유는 마리아가 일생을 통해 모은 돈으로 산 것이며 지금 그녀는 평생의 저축을 주님을 위해 사용한 것이다. 주님은 마리아의 행위에 감명을 받으셨다.

② 성경은 "향유 냄새가 집에 가득하더라"(요 12:3)고 기록한다. 어떤 의미에서 이 향내는 주님을 기쁘시게 할 부드러운 냄새의 향과 같았다. 마리아는 이 일을 사랑으로 행했으며 이 행위는 감사의 마음에서 우러나오는 행위이다. 에베소서 5:2에 "그리스도께서 너희를 사랑하신 것같이 너희도 사랑 가운데서 행하라. 그는 우리를 위하여 자신을 버리사 향기로운 제물과 생축으로 하나님께 드리셨느니라"고 기록되어 있다. 우리도 또한 하나님께 우리 자신을 희생 제물로 드려야만 한다. 히브리서 13:15에는 "이러므로 우리가 예수로 말미암아 항상 찬미의 제사를 하나님께 드리자. 이는 그 이름을 증거 하는 입술의 열매니라"고 했다. 그러나 이것이 우리가 해야 할 일의 전부가 아님을 히브리서 13:16이 말해주고 있다. "오직 선을 행함과 서로 나눠주기를 잊지 말라. 이 같은 제사는 하나님이 기뻐하시느니라." 마리아는 그녀의 삶의 일부, 즉 평생토록 소중히 모아 온 것을 드리고 있으며 이로써 로마서 12:1을 실현하고 있었다. "그러므로 형제들아 내가 하나님의 모든 자비하심으로 너희를 권하노니 너희 몸을 하나님이 기뻐하시는 거룩한 산 제사로 드리라. 이는 너희의 드릴 영적 예배니라"(참소 고후 2.15).

③ 향기로운 냄새와 악한 냄새가 함께 풍긴다. 본문은 마리아가 만들어 내는 "향기로운 냄새" 와 유다가 만들어 내는 "악한 냄새" 가 동시에 풍기고 있다. 요한 사도는 요한복음 12:1-3에서 마리아의 아름다운 행동을 소개한다. 그리고 요한복음 12:4은 앞의 구절에서 계속 이어지는 것이며 "그러나"로 연결되어져 있다.12) 본문의 "그러나"는 유다가 "이 향유를 어찌하여 삼백 데나리온에 팔아 가난한 자들에게 주지 아니하였느냐"(요 12:5)라고

---

12) 한글 성경 개역과 개역개정은 "그러나" 를 번역하지 않았으니 헬라어 성경은 "그러나" ( )를 사용하여 앞에 나온 이야기와는 상반된 이야기가 전개될 것임을 예고하고 있다.

말한 내용과 대조를 이루고 있다. 여기서 마리아의 행위와 유다의 말이 대조적으로 나타나고 있는 것이다. 다른 말로 표현하면, 놀라운 향내가 집에 가득 찼듯이 또 다른 향내, 악한 냄새, 즉 영적 악취가 유다의 말을 통해 나온 것이다. 이기적인 사람은 비이기적인 사람의 행동을 이해하지 못한다. 유다는 가난한 자에 대한 사랑에서가 아닌 자기사랑(self love)에서 마리아가 참된 경외의 자세로 행한 것을 반대하였던 것이다. 실제로 유다의 말은 욕심과 탐욕의 표현이었다.[13]

④ 우리는 누가복음 7:36~50과 요한복음 11:1~4의 연구를 통해 한 여자가 한 남자의 발을 머리털로 닦은 것이 여자답지 않은 행위임을 배웠다. 이런 일은 그 당시에 행해지지 않은 일 중의 하나였다. 그러나 마리아는 주님 앞에서 자신을 낮춤으로써 그녀의 주님에 대한 깊은 감사를 표현하고자 했다.

마리아의 행위에 대한 주님의 평가

예수님께서는 이 일이 그의 죽음을 위하여 행해졌다고 말한다(요 12:7). 예수님이 무덤에 묻히실 때 늦은 시간 관계로 예수님의 몸에 기름 바르는 일을 철저하게 하지 못했다. 마리아가 바른 기름은 이런 부족을 채운 역할을 한 셈이 되었다. 니고데모만이 약 100근 정도의 몰약과 침향을 섞어 예수의 시체에 발랐던 유일한 사람이었다(요 19:39~40). 우리는 누가복음 24장에서 미리 준비한 향신료를 갖고 부활절 아침 무덤으로 가던 여자들을 기억한다(눅 24:1). 물론 이 향료는 사용되지 않았다.

예수님은 마리아의 행위가 그의 장사의 날을 기념하는 의식이 될 것이며 그녀의 행위는 세계 도처에 알려질 것이라고 말씀하셨다(마 26:13; 막 14:9). 그리고 예수님의 말씀은 실제로 이루어졌다. 지금도 성경의 기록을 통해 우리는 마리아의 사랑을 듣는다. 마리아는 살아계신 예수님께 그녀의 사랑의 제물을 바친 것이다. 이 행위는 감상적이고 심지어 낭비하는 것처럼 보일지 모르나, 사랑의 행위는 결코 낭비가 될 수 없는 것이다.

---

13) Hendriksen, *The Gospel of John*, pp. 176-77.

3. 일요일, 종려주일 – 승리의 입성(마 21:1~11; 참조, 막 11:1~11; 눅 19:34~44; 요 12:12~13)

> 그들이 예루살렘에 가까이 와서 감람 산 벳바게에 이르렀을 때에 예수께서 두 제자를 보내시며 이르시되 너희 맞은편 마을로 가라 곧 매인 나귀와 나귀 새끼가 함께 있는 것을 보리니 풀어 내게로 끌고 오라 만일 누가 무슨 말을 하거든 주가 쓰시겠다 하라 그리하면 즉시 보내리라 하시니 이는 선지자를 통하여 하신 말씀을 이루려 하심이라 일렀으되 시온 딸에게 이르기를 네 왕이 네게 임하나니 그는 겸손하여 나귀, 곧 멍에 메는 짐승의 새끼를 탔도다 하라 하였느니라 제자들이 가서 예수의 명하신대로 하여 나귀와 나귀 새끼를 끌고 와서 자기들의 겉옷을 그 위에 얹으매 예수께서 그 위에 타시니 무리의 대다수는 그들의 겉옷을 길에 펴고 다른 이들은 나뭇가지를 베어 길에 펴고 앞에서 가고 뒤에서 따르는 무리가 소리 높여 이르되 호산나 다윗의 자손이여 찬송하리로다 주의 이름으로 오시는 이여 가장 높은 곳에서 호산나 하더라 예수께서 예루살렘에 들어가시니 온 성이 소동하여 이르되 이는 누구냐 하거늘 무리가 이르되 갈릴리 나사렛에서 나온 선지자 예수라 하니라 (마 21:1-11, 개역개정).

마태복음 21:1~11은 그리스도 생애의 마지막 주간이자 새로운 주간의 첫날에 예수님께서 거룩한 성으로 들어가시는 승리의 모습을 묘사하고 있다. 이 행렬은 거룩한 성의 외곽 베다니에서부터 시작된다. 예수님께서는 두 제자들에게 나귀와 나귀 새끼가 있는 곳을 구체적으로 가리키시며 그것을 탈 수 있도록 그에게 데려오라고 명령하셨다.

예수님의 행렬

예수님의 행렬은 나귀가 있었던 벳바게에서 시작하였으며 그곳에서 그리스도께서는 나귀에 올라타셨다. 우리는 여기서 두 가지 점에 주목해야 한다.

예수님은 말(horse)에 올라타지 않으셨다. 말을 타고 가는 행위는 정복한 후 승리의 왕으로 오시고 있다는 사실을 백성들에게 나타내는 것이다. 더 나아가 말은 군사용 동물이었고, 그리스도께서는 검으로써가 아니라 평화로 오셨기 때문에 지상의 왕과는 다른 규칙을 도입해 나귀를 선택하셨다. 나귀는 또한 겸손을 상징하는 동물이듯이 예수님도 겸손한 자세로 나귀를 타고 들어 가셨다. 적어도 예수님께서는 수나귀를 타실 수 있었을 것이나 더 겸손한 자세를 나타내는 새끼가 딸린 암나귀를 택하셨다.

예수님의 행렬에는 꾸밈이 없었으며 오직 겸손만이 있었다. 우리들은 군중들이 환호하며 칭송하는 이 장면을 보고 비웃을 수도 있다. 왜냐하면 여기에는 화려함이나 권세나 지상의 권력이 전혀 나타나 있지 않기 때문이다. 로마인들은 이와 같은 메시아에 대해 전혀 두려움을 갖지 않았다. 물론 사람들은 외모의 초라함이 능력의 부족이라고 오해했다. 그러나 이 그리스도께서는 메시아였고 그는 승리할 것이었다.

나귀를 타신 예수님

두 제자가 나귀를 끌고 와서 그들의 겉옷을 나귀위에 얹고 예수님을 태웠다. 이 나귀 새끼는 아무도 타본 적이 없는 나귀였다(눅 19:30~31). 이 사실의 중요성은 첫 열매가 주님께 봉헌되며 드려졌다는 구약의 교훈에서 찾을 수 있다(민 19:2). 더 나아가 이 이야기는 스가랴 9:9에 기록된 예언의 성취이다. "시온의 딸아 크게 기뻐할 지어다 예루살렘의 딸아 즐거이 부를지어다. 보라 네 왕이 네게 임하시나니 그는 공의로우시며 구원을 베푸시며 겸손하여서 나귀를 타시나니 나귀의 작은 것 곧 나귀새끼니라"(슥 9:9, 개역개정).

예수님이 나귀를 타신 사실이나 무리들이 "호산나 다윗의 자손이여 찬송하리로다 주의 이름으로 오시는 이여 가장 높은 곳에서 호산나 하더라"(마 21:9, 개역개정)고 외친 사실은 예수님이 메시아-왕으로서 입성하고 계심을 증거 한다.[14]

승리의 입성

실제로 두 종류의 무리가 승리의 입성에 참여한다. 한 무리가 벳바게로부터 예수님과 제자들을 따르고 있다(마 21:8~9). 그리고 이 무리는 거룩한 성으로부터 예수님을 마중 나온 다른 한 무리와 합세하게 된다(요 12:12~13).

승리의 입성 때 예수님을 향해 모든 묶였던 감정이 갑자기 폭발한다. 마침내 여기서 왕국의 꿈이 성취되는 것 같다. 마침내 그리스도께서 자신을 유대인의 왕으로 선포하려는 것 같다. 아니면 그리스도께서 다른 사람들이 그렇게 선포하는 것을 허락할 것 같다. 그러나 만약 무리들이 보다 냉정하게 생각했더라면 그들은 예수님의 입성이 전혀 그런 의미를 가지고 있지 않음을 알았을 것이다. 예수님은 그들의 생각처럼 정복하기 위해 입성하신 것이

---

14) Ridderbos, *Matthew*, p. 377.

아니요, 십자가에 죽기 위해 입성하신 것이다. 예수님의 행동은 메시아가 받아야 할 축하 행사를 의도적으로 주선하시고 계신다. 왜냐하면 예수님은 자신의 죽음과 부활이 곧 발생할 것이고 그렇게 되면 자신의 메시아이심이 곧 밝혀질 것을 알고 있었기 때문이다. 그러나 예수님의 메시아직은 아직도 감추어진 상태로 남아있었다. 그 이유는 무리들이 모든 징조와 표식에도 불구하고 오해와 불신의 덫에 걸려 있었기 때문이다.[15]

무리들은 종려나무 가지를 취해 (요한복음에만 언급, 요 12:13) 그것들을 길가에 놓았다. 중, 근동 인들에게 종려나무는 승리의 상징일 뿐만 아니라 생명 즉 영원한 생명의 상징이기도 하였다. 왜냐하면 이 나무는 적어도 200년이란 긴 세월을 살기 때문에 이는 불멸의 상징이었다. 중, 근동 인들은 이 나무를 승리와 생명, 구원의 상징으로 여겼다.

무리들의 말은 시편 118:25, 26에서 인용되었다. 누가복음 19:38을 참고하라. 시편 113, 118편은 "할렐루야 시(詩)(the Hallel)"란 이름이 붙어 있으며 유월절에 제사장이 예배 행렬을 맞이할 때 사용하는 찬송이다. "할렐루야"란 말은 "주를 찬양하라 혹은 여호와를 찬양하라"는 뜻이다. 스가랴 9:9에서 취한 "크게 기뻐할지어다"란 말은 요한복음 12:15에서 "두려워하지 말라"로 변한다. 이와 같은 변화는 전적으로 기쁨을 가져오시는 예수님께서 살아 임재해 계신 신약시대의 형편에 맞춰진 것이다. "두려워하지 말라"는 사람들이 심판하러 오시는 왕을 생각했기 때문에 나온 말이다. 그리고 이렇게 "두려워하지 말라"고 외침으로 백성들의 두려움이 완화되어진 것이다.

예수님의 지상 생애의 마지막 일주간 일정

여기서 회너(H.W. Hoehner)가 요약한 예수님의 지상 생애의 마지막 일주간의 요약을 참고하도록 한다. 본 강해서는 회너의 일정을 그대로 따르지 않았다. 그러나 회너의 요약이 유익한 줄로 생각되어 소개한다.[16]

---

15) *Ibid.*, p. 379.

16) H.W. Hoehner, "Chronology," *Dictionary of Jesus and the Gospels*, ed. Joel B. Green, Scot Mcknight, I.H. Marshall(Downers Grove, IVP, 1992), p. 120.

요 일	사 건	성경 구절
토요일	베다니 도착	요 12:1
주 일	무리가 예수님을 만나러 나옴	요 12:9~11
월요일	승리의 입성	마 21:1~9; 막 11:1~10; 눅 19:28~44
화요일	무화과나무 저주	마 21:18~19; 막 11:12~14
	성전 청결	마 21:12~13; 막 11:15~17; 눅 19:45~46
수요일	무화과나무 마름	마 21:20~22; 막 11:20~26
	성전에서의 논쟁	마 21:23~23:39; 막 11:27~12:44; 눅 20:1~21:4
	감람산 강화	마 24:1~25:46; 막 13:1~37; 눅 21:5~36
목요일	최후의 만찬	마 26:20~30; 막 14:17~26; 눅 22:14~30
	배반당하시고 체포되심	마 26:47~56; 막 14:43~52; 눅 22:47~53; 요 18:2~12
	안나스와 가야바에 의해 심문 받음	마 26:57~75; 막 14:53~72; 눅 22:54~65; 요 18:13~27
금요일	산헤드린에 의해 심문받음	마 27:1; 막 15:1; 눅 22:66
	헤롯과 빌라도에 의해 심문 받음	마 27:2~30; 막 15:2~19; 눅 23:1~25; 요 18:28~19:16
	십자가에 못박히고 묻히심	마 27:31~60; 막 15:20~46; 눅 23:26~54; 요 19:16~42
토요일	무덤에 계심	
주 일	부활하심	마 28:1~15; 막 16:1~8; 눅 24:1~35

고난 후에 있을 승리

① 누가복음은 예수님의 승리의 입성을 환호하는 무리들을 어떤 바리새인들이 반대 했다고 전한다. 누가는 "무리 중 어떤 바리새인들이 말하되 선생이여 당신의 제자들을 책망하소서"(눅 19:39, 개역개정)라고 기록한다. 예수님께서는 이 때가 침묵을 지키기 불가능한 때라고 말씀하신다. 왜냐하면 사람들이 소리치지 않으면 돌들이 외칠 것이기 때문이다(눅 19:40).

예수님의 입성은 마치 전체 행위가 비극적 종말을 맞는 듯이 보인다. 실제로는 아무 일도 일어나지 않는다. 행렬은 멀리 사라져가며 박수갈채는 소멸되고 모든 것은 실패로 끝나게 된다. 어떤 저자들은 말하기를 금요일에 이곳에서 찬양하며 노래했던 바로 그 사람들이 "그를 십자가에 못 박으라"고 외쳤다고 했다. 그러나 승리의 입성, 외적인 갈채보다 더 필요한 것이 있다.

그리스도의 사역은 우선 고통과 죽음이 먼저이고 그 다음이 승리이다.

그리스도는 갓난아이였을 때 부모의 보호 하에 애굽으로 피난 갔다. 그때에 그리스도는 어떤 짐승을 타고 갔을 것이다. 그런데 흥미 있는 사실은 예수님께서 짐승(나귀)을 타신 본문의 사건이 애굽 피난 시 짐승 탄 사건 이외의 유일한 다른 사건이다.

② 바빙크(J.H. Bavinck)는 예수님의 승리의 입성에 관해 몇 가지 유익한 제안을 한다.[17]

첫째, 예수님의 승리의 입성은 일어나야만 했다. 예수님께서는 일단 예언을 성취하기 위해 예루살렘으로 들어가 유대인의 왕으로 그의 성전에 나타나셔야 했다. 말라기 선지자는 "너희가 구하는 바 주가 갑자기 그의 성전에 임하시리니"(말 3:1, 개역개정)라고 예수님이 성전에 임하실 것을 예언했다. 예수님은 예루살렘에 올라가서 그의 죽음과 부활을 통하여 구약의 성전의 기능을 대치하시고 완성하셔야 한다. 그래서 예수님은 "너희가 이 성전을 헐라 내가 사흘 동안에 일으키리라" (요 2:19, 개역개정)고 말씀하신 것이다.

둘째, 예수님의 승리의 입성은 이스라엘 백성을 위해 중요한 사건이었다. 왜냐하면 예수님의 예루살렘 입성은 하늘로부터 오신 주님이 다윗의 왕위를 계승하기 위해 행진하신 것과 같기 때문이다. 이 무리들은 단지 정치적 성격의 왕만을 원했는가? 아니면 영적 지도자를 바랐는가? 이 질문이 바로 중요한 질문인 것이다. 그리스도께서 십자가를 향하셨던 사실은 이 질문의 답을 해준다.

셋째, 예수님의 예루살렘 입성은 바리새인들을 위해서도 중요한 사건이었다. 그들은 그리스도가 참으로 얼마나 큰 능력을 지니셨는가 볼 수 있세 되었다. 그는 어떤 경우에 있어서도 바리새인들의 지혜를 앞지를 수 있었다. 예수님이 허락하지 않는 한 예수님 자신이 결코 붙잡힐 필요가 없었던 것이다.

넷째, 예수님의 승리의 입성은 예수님에게 하나의 시험거리이다. 수많은 사람들이 불러대는 승리의 노래는 그로 쉬운 길을 택해 나가도록 유혹했다. "대중의 요구에 굴복하고 왕이 되라." 왕좌는 원하기만 하면 그의 것이었다. 그러나 예수님께서는 이런 유혹을 물리치셨다.

---

17) J.H. Bavinck, *Geschiedenis der Godsopenbaring Het Nieuwe Testament(Tweede Druk)*(Kampen: J.H. Kok, 1949), pp. 384-385.

다섯째, 예수님의 승리의 입성은 다가올 일에 대한 약속이었다. 그는 겸손하게 오셨으나 그럼에도 불구하고 영적인 왕으로 오셨다. 그는 계속해서 승리하실 것이다.

4. 월요일, 정화의 날(막 11:12~19; 참조, 마 21:12~22; 눅 19:45~48)

무화과나무를 저주하심(막 11:12~14; 마 21:18~22)

이튿날 그들이 베다니에서 나왔을 때에 예수께서 시장하신지라 멀리서 잎사귀 있는 한 무화과나무를 보시고 혹 그 나무에 무엇이 있을까 하여 가셨더니 가서 보신즉 잎사귀 외에 아무 것도 없더라 이는 무화과의 때가 아님이라 예수께서 나무에게 말씀하여 이르시되 이제부터 영원토록 사람이 네게서 열매를 따 먹지 못하리라 하시니 제자들이 이를 듣더라 (막 11:12-14, 개역개정).

① 마가복음 11:12~14은 예수님이 무화과나무를 저주하신 사건을 기록한다. 무화과나무가 마른 이적은 그리스도께서 행하신 몇 가지 파괴적인 이적 중의 하나이다. 대부분의 주석가에 의하면 이 이적은 이스라엘에 만연되어 있고, 앞으로 이스라엘에 임할 사태에 대한 심판의 성격을 상징적으로 나타내고 있다. 또 다른 심판의 이적은 귀신 들린 자를 고치는 이적이다. 그 귀신들은 돼지 떼에게로 들어갔고 그 돼지들은 모두 물에 빠져 죽었다(마 8:28~34).

② 무화과나무가 마른 이적에 대한 사실적 설명

예수님이 아침 식사도 들지 않고 베다니를 떠났다는 사실을 사람들은 의아해 한다. 그러나 이는 예수님께서 아마도 기도하시기 위해 일찍 일어나셔서 아직 잠자고 있는 마리아, 마르다, 나사로의 집을 떠나셨다는 것으로 간단히 설명될 수 있다.[18]

이 무화과나무는 아마도 길가에 서 있어서 누구도 소유권을 주장하지 않는 공동의 소유였을 것이다. 성경은 "길가에서"(마 21:19)라고 무화과나무가 위치한 장소를 명시한다. 그러므로 누구든지 나무에서 열매를 찾으면 그 열매를 따먹을 수 있었다. 만약 나무 자체가 개인 소유라 할지라도 그 가지가 공동이 소유하는 땅으로 뻗쳐져 있다면 사람들은 그 가지에서 열매를 따먹을 수 있었다. 율법은 누구든지 배가 고프면 양껏 먹을 수는 있지만 그 이상은

---

18) 리델보스(H. N. Ridderbos, *Matthew*, p. 389)는 이 본문을 해석하면서 예수님께서 아침식사를 하시지 않았다고 생각할 필요는 없고 단순히 길을 지나시다가 무화과나무를 보시자 먹고 싶은 소망이 들었을 것이라고 말한다.

가져갈 수 없다고 규정하고 있다. 그 나무는 주인이 없었던 것으로 보인다. 왜냐하면 그리스도께서 다른 사람의 소유를 파괴하지 않으셨을 것이기 때문이다. 그 무화과나무의 소유자가 없다면 그리스도가 만유의 주이시기 때문에 실제로 그 나무는 그에게 속한 것이었다. 설사 이 무화과나무가 누군가에게 속했을지라도 열매를 맺지 못했기 때문에 주인에게 아무 소용없는 나무였다.

③ 성경은 "무화과의 때가 아님이라"(막 11:13)고 기록한다. 마가는 이때가 무화과나무가 열매 맺는 시절이 아니었음을 밝힌다. 어떻게 예수님께서 그런 나무에 열매 맺기를 기대하셨을까? 그 질문에 대한 대답은 매년마다 무화과나무는 3번 수확할 수 있도록 열매를 맺는다는 사실이다. 초기 무화과나무 수확은 6월에 있고, 두 번째 수확은 8월, 세 번째는 12월에 있었다.[19] 마지막 열매는 흔히 봄까지 나무에 달려 있었다. 또 다른 저자는 나무에 무성한 잎이 있었기 때문에 그리스도께서 열매를 충분히 기대할 수 있었다고 말한다. 그리스도께서는 이전 추수의 열매가 아직 나무에 달려 있기를 기대할 수 있었다.

무화과나무의 잎이 무성한 것은 이전 추수가 지났다 할지라도 새로운 수확의 때가 다가오고 있음을 증거하고 있었다. 그리고 새로운 무화과가 열리기 시작해야 한다. 그러나 이 나무는 이전 열매의 증거도 없었고 앞으로의 열매도 전혀 예시하지 못했다. 그러므로 이 나무는 사람을 속이고 있었다. 외형적으로는 여행자들이 지나가면서 소출이 많은 나무일 것이라고 판단하지만 정작 조사해보면 열매가 하나도 발견되지 않는 그런 나무였다.

④ 저주받은 나무는 이스라엘의 형편을 묘사한 것이다. 좀 더 후에 시들은 무화과나무를 거론하면서 이 문제는 보다 자세히 다뤄질 것이다(화요일에 일어난 사건을 설명하면서). 예루살렘으로 들어가는 이 사실과 주일에 있었던 승리의 입성과는 관련이 있을 것이다. 전날 예수님께서는 영적으로 굶주리셨다. 이날 예수님이 무화과나무에서 열매를 기대했으나 아무것도 얻지 못하신 것처럼, 그가 승리의 입성을 하실 때 영적 열매를 기대했으나 아무것도 얻지 못하셨던 것이다. 그러므로 예수님은 나무를 저주하셨다. 어떤 의미로 그의 저주는 열매를 맺지 못하는 사람들에 대한 저주였다. 예수님은 열매 맺지 못한 무화과나무를 사용하여 사람들의 열매 맺지 못한 생활이 어떤

---

19) Lenski, *The Interpretation of St. Matthew's Gospel*, p. 822.

결과를 가져올 것인지를 경고하고 계신다.[20]

⑤ 예수님의 저주는 심각한 것이었다. 그 저주는 매우 최종적이며 절대적이었다. 누구도 다시는 그 나무에서 열매를 따먹을 수 없었다. 우리는 하나님의 심판 즉 변경될 수 없는 그의 절대적인 마지막 말씀을 경청해야 한다. 예수님께서는 간단하고도 평이한 말씀으로 그리고 분명한 예시를 통해 우리에게 보여주신다. 여기서 예수님은 인간의 삶을 어떻게 다룰 것인가에 대한 교훈으로 자연을 이용하셨다. 히브리서에는 "살아계신 하나님의 손에 빠져 들어가는 것이 무서울진저"(히 10:31, 개역개정), 왜냐하면 "우리 하나님은 소멸하는 불이심이라"(히 12:29)고 기록되어 있다. 이 심판의 이적은 사람들이 교훈을 얻고 깨달아서 회개할 수 있도록 하기 위해 예수님이 행하신 것이기 때문에 자비의 행위라고 말할 수 있다.

⑥ 제자들이 마른 무화과나무를 보고 이상히 여길 때 예수님은 "만일 너희가 믿음이 있고 의심하지 아니하면 이 무화과나무에게 된 이런 일만 할 뿐 아니라 이 산더러 들려 바다에 던져지라 하여도 될 것이요"(마 21:21, 개역개정)라고 하나님의 전능하심을 전폭적으로 믿을 때 이런 일이 발생할 수 있다고 믿음에 대해 가르치신다. 여기 "산"은 감람산을 가리키고, "바다"는 사해 바다를 가리킨다. 예수님은 활동하는 믿음으로 감람산을 옮겨 사해 바다에 넣을 수 있다고 말씀하신다. 이런 믿음은 "기도"로만 가능한 것이다. 하나님의 능력이 우리를 통해 나타날 수 있기 위해서는 우리가 하나님과 친밀한 인격적 교제를 할 때 가능한 것이다. 예수님은 "의심하지 않는 사람들이 하나님의 뜻과 일치한 일을 행할 때 불가능은 있을 수 없다"[21]라고 말씀하고 계신다. 예수님은 무화과나무가 마른 사건을 통해 자신이 하나님이심을 드러내고 계시며, 인간은 하나님을 전폭적으로 믿고 기도할 때 하나님의 능력이 나타나게 된다고 가르치신다.

성전을 정결케 하심(막 11:15~19; 참조, 마 21:12~17; 눅 19:45~48)

그들이 예루살렘에 들어가니라 예수께서 성전에 들어가사 성전 안에서 매매하는 자들을 내쫓으시며 돈 바꾸는 자들의 상과 비둘기 파는 자들의 의자를 둘러 엎으시며 아무나 물건을 가지고 성전 안으로

---

20) Ridderbos, *Matthew*, p. 390.

21) Hendriksen, *The Gospel of Matthew*, p. 775: "no task in harmony with God's will is impossible to perform to those who do not doubt."

지나다님을 허락하지 아니하시고 이에 가르쳐 이르시되 기록된 바 내 집은 만민이 기도하는 집이라
칭함을 받으리라고 하지 아니하였느냐 너희는 강도의 소굴을 만들었도다 하시매 대제사장들과 서기관들
이 듣고 예수를 어떻게 죽일까 하고 꾀하니 이는 무리가 다 그의 교훈을 놀랍게 여기므로 그를 두려워함일러
라 그리고 날이 저물매 그들이 성 밖으로 나가더라 (막 11:15~19, 개역개정).

① 마가복음 11:15~19은 예수님께서 성전을 정결케 하는 사건을 기록한다.
예수님은 예루살렘에 입성하신 날 성전에 들어가셔서 성전 주변 상황을
둘러보시고 저녁때에 제자들을 데리시고 베다니로 나가셨다(막 11:11). 예수
님은 다음날 즉 월요일에 다시 성전을 방문하셔서 "이방인의 뜰"로 들어가셨
다. "이방인의 뜰"에서는 비둘기를 파는 자들과 악한 행상인들이 하나님께
바치는 제물을 더럽혔고 제물들을 사업 투기의 대상으로 삼고 있었다. 이
광경을 본 예수님은 마음이 상했음에 틀림없다. 하나님의 집인 성전이 더럽혀
짐을 본 예수님은 매매하는 자들을 내어 쫓으시고, 돈 바꾸는 자들의 상을
엎으시므로 성전을 깨끗하게 하신다(막 11:15). 크랜필드(Cranfield)는 이야
기의 생생함으로 보아 이 내용이 베드로의 회상에 의존하여 기록된 것일
가능성을 제시한다.[22] 전통은 마가가 베드로의 비서였다고 전한다. 따라서
크랜필드의 추정은 어느 정도 무게가 실린 주장이라 할 수 있다.

② 이때의 성전 정결은 요한복음 2장에 기록된 성전 정결과 같은 사건이
아니다. 요한복음 2장의 성전 정결 사건은 그리스도 사역의 초기에 있었던
일이며 그 후 3년이 되어 다시 똑같은 일이 일어나야만 했다. 우리는 두
번의 성전 정결 사건에서 약간의 차이점을 발견하게 된다.

첫째, 첫 번째 성전 정결 사건에서는 유대인들이 예수님의 바로 뒤에
있어 예수님은 그들의 질문에 답변하셔야만 했다(요 2:18~19). 그러나 여기
두 번째 성전 정결 사건에서는 어느 누구도 감히 예수님에게 대항하여
말하지 못한다. 왜냐하면 예수님은 대중의 추종을 받는 가운데 말했으며,
만약 누군가가 예수님을 대항한다면 대중의 저항을 받을 것이기 때문이다.
그 당시 정치 지도자들은 대중의 눈치를 본 사람들이었다.[23]

---

22) C.E.B. Cranfield, *The Gospel according to St. Mark: The Cambridge Greek Testament Commentary*
(Cambridge: Cambridge University Press, 1959), p. 357.
23) 어떤 이는 예수님의 성전 정결 사건이 사실일 수 없다고 주장한다. 그 이유는 예수님이 돈 바꾸는 자들의
상과 비둘기 파는 자들의 의자를 엎으실 때 성전 수비대가 제재를 가했을 것이기 때문이라고 말한다. 하지만
그 당시의 상황을 잠시 생각하면 이런 의심은 사라지게 된다. 우선, 우리는 예수님의 성전 정결이 승리의
예루살렘 입성 직후에 있었음을 기억해야 한다. 예수님의 명성이 절정에 달했기 때문에 백성들의 눈치를

예수님께서는 실질적인 저항에 다시 부딪히지 않으신다. 이는 어쩌면 당국자들이 예수님의 신적 능력을 두려워해서 그랬던지 아니면 수많은 방문객이 성에 있는 중요한 유월절 기간에 소란스러운 장면을 조성하지 않기 원해서 그랬을 것이다. 성전 수비대는 그의 권위를 의심하지 않았다. 그들은 예수님이 옳다는 것을 알았고 이때쯤 어떤 수비대원은 예수님을 좋게 여겨 비밀리에 그의 추종자들이 되었을 수도 있었다.

둘째, 첫 번째 성전 정결 사건에서는 예수님께서 단지 그 자신의 말로만 말씀하셨으나, 두 번째 성전 청결 사건에서는 성경을 인용하고 계신다. 예수님은 이사야 6:7과 예레미야 7:11의 말씀을 인용하신다. "내 집은 기도하는 집이라 일컬음을 받으리라 하였거늘 너희는 강도의 소굴을 만드는도다" (마 21:13, 개역개정).

셋째, 첫 번째 성전 정결 사건에서는 제자들의 마음속에 성경 말씀이 떠올랐다(시 69:9). 두 번째 성전 정결사건에서는 제자들은 어떤 성경도 제기하지 않았으나, 성경을 인용하신 분은 바로 예수님이셨다.

③ 우리는 예수님의 공생애 기간 중 두 번 성전 정결이 있었음을 주목한다. 첫 번째 성전 정결은 예수님의 사역 초기에 있었고(요 2:12~22), 두 번째 성전 정결은 예수님이 십자가를 지시기 위해 예루살렘에 들어가신 승리의 입성 직후에 있었다.[24]

예수님은 첫 번째 정결에서 성전과 자신의 몸을 동일시하시므로(요 2:21) 앞으로 십자가 사건을 통해서 자신의 몸이 성전을 대신하게 될 것을 암시하고 계신다(요 2:22 참조). 그런데 예수님은 십자가를 지시기 위해 예루살렘에 입성하셔서 다시 성전을 정결케 하신다. 우리는 죽음에 직면한 예수님의 이런 행동에서 상징적이고 예언적인 의미를 찾을 수 있다. 예수님은 메시아로서 성전 정결을 하므로 이스라엘의 타락한 종교에 심판을 내리고 있으며

보는 권력자들로서는 예수님에게 제재를 가하기가 쉽지 않았을 것이다. 다음으로, 성전에서 행해지고 있는 상행위는 제사장에게 비싼 값을 지불하고 허가를 받아 이루어지고 있었다(Cf. Ridderbos, *Matthew*, p. 386). 따라서 장사하는 사람들은 제물들을 팔면서 폭리를 취하고 있었다(Hendriksen, *The Gospel of Matthew*, p. 769). 이런 상황에서 예수님이 장사하는 사람들의 상과 의자를 엎으실 때 백성들의 반응이 나쁘지 않았을 것이다. 또한 하나님의 아들인 예수님의 인격에 나타난 위엄은 성전 수비대의 접근을 쉽게 하지 않았을 것이다. 따라서 예수님의 행동에 대해 성전 수비대의 제재는 있을 수 없었다.

24) 마태복음 21:1-11과 마태복음 21:12-17의 관계를 비교하라. 공관복음은 모두 예수님의 승리의 입성 후에 성전 정결을 기록하고 있다.

또한 "돈 바꾸는 사람들의 상과 비둘기 파는 사람들의 의자를 둘러 엎으시므로"(마 21:12, 개역개정) 앞으로 있을 예루살렘 도시의 멸망을 예고하고 있는 것이다.[25]

④ 우리는 이 두 번째 성전 정결 사건에서 커다란 대조를 보게 된다. 그리스도께서는 환전상(換錢商)의 상을 뒤엎으셨다. 그리고 매매하는 모든 자를 내어 쫓으셨다. 또한 예수님은 비둘기 파는 자들의 의자를 둘러 엎으셨다(마 21:12). 예수님은 의로운 분노로 그들에 대한 심판을 하신다. 그러나 다음 순간 성경 저자는 "맹인과 저는 자들이 성전에서 예수께 나아오매 고쳐주시니"(마 21:14)라고 기록하고 있다. 정의와 심판이 요구되는 곳에서는 그리스도께서 이를 실행하셨으나 그의 마음은 여전히 긍휼로 가득 차 있었다. 그래서 그에게 찾아오는 불쌍한 사람들을 치료해주셨다. 예수님의 지상 생애의 마지막 주간에 그에게 찾아온 모든 병자들을 고쳐주신 것은 단순히 병자들의 고침에만 의의가 있는 것이 아니요 예수님 자신이 메시아이심을 능력 있게 나타내 보여주신 것이다.[26]

헬라어 원본은 예수님께서 이런 환전상들을 실제적으로 성전 밖에 던졌다(ἐξέβαλεν)고 기록한다. 헬라어 표현에는 예수님의 부드러운 흔적이 전혀 없으며 그가 세게 던졌다 혹은 힘 있게 던졌다고 나타나 있다. 이 표현은 예수님이 성전을 정결케 하실 때 감정을 실어 행동하셨음을 나타낸다.

여기에 나타난 예수님의 모습은 온유하거나 부드러운 모습이 아니다. 예수님의 이런 모습은 말라기 3:2 말씀의 성취가 된다. "그가 임하시는 날을 누가 능히 당하며 그가 나타나는 때에 누가 능히 서리요 그는 금을 연단하는 자의 불과 표백하는 자의 잿물과 같을 것이라"(말 3:2, 개역개정). 우리는 예수님께서 그렇게 행하신 것으로 보아 그는 마음이 매우 상하셨고 이제는 더 이상 대중을 상대하시지 않을 것이라고 생각하게 된다. 그러나 예수님은 바로 다음 순간 침착해지셨고 맹인과 저는 자들이 왔을 때 그들을 고쳐 주셨다.

⑤ 이 사건은 또 한 가지 우리들의 주의를 환기시키는 부분이 있다. 분명히

---

25) Ridderbos, *Matthew*, p. 385. 누가복음은 예수님이 예루살렘 입성을 위해 가까이 오셔서 성을 바라보시고 우신 기록을 전한다(눅 19:41-44). 이 시점에서 예수님이 예루살렘 성과 성전의 파괴를 내다보시고 우신 것은 의미심장하다.
26) *Ibid.*, p. 387.

그 당시의 사람들은 성전이 하나님의 집이라는 사실을 망각하고 있었다. 사람들이 공식적으로 하나님께 예배하던 곳이었으나 그들은 장사하는 집으로 만들고 있었으며 하나님의 집이라는 사실을 잊고 있었다. 그러므로 예수님께서는 이곳을 마태복음 21:12에서 "하나님의 성전"이라고 부르신다.

⑥ 어떤 의미에서 성전이 하나님의 집이 되는가?

첫째, 성전은 하나님께서 그의 은혜와 현존으로 그의 백성 가운데 거하시기 위해 하나님이 택하신 장소였다. 성전은 하나님의 임재의 장소이다.

둘째, 사람들은 성전에 들어가서 하나님과 함께 영적 교제를 나누었다. 사람들은 성전에서 하나님을 만나고, 하나님께 감사하고, 하나님께 기도한다.

셋째, 성전에서 하나님의 백성은 하나님께 예배의 제물을 바쳤다. 성전은 인간의 죄 문제를 해결하는 장소이다. 하나님은 인간의 희생 제물을 받으시고 인간의 죄를 용서하신다.

넷째, 성전에서 하나님은 여러 가지 일을 하실 뿐만 아니라 그의 복과 용서를 선포하셨다. 예수님께서 예루살렘 성전을 보시고 "이 성전을 헐라 내가 사흘 동안에 일으키리라"(요 2:19)고 말씀하신 것은 "성전 된 자기 육체"(요 2:21)를 가리켜서 하신 말씀이다. 이 말씀은 우리가 예수 그리스도 안에서 복을 받고 용서를 받을 수 있음을 암시하고 있다.

⑦ 마가는 이곳을 만인을 위한 "기도의 집"이라고 부른다(막 11:17). 많은 사람들은 성전이 기도의 집인 것을 잊고 있었다. 성전은 단순히 유대인들을 위한 장소만은 아니었다. 이곳은 여자들과 이방인들을 위한 장소가 있었으며, 모든 나라에서 모인 남자들이 바로 거기에서 예배할 수 있었다. 그러나 이곳으로 오는 이방인들에게 예배를 드리고 싶은 심정을 유발하는 대신 그들의 눈앞에는 무슨 광경이 벌어지고 있었는가? 비둘기, 말다툼하는 상인들, 악취, 사업과 관계된 모든 상업주의 등을 보고 이방인들은 이 같은 하나님의 집에 대해 어떤 생각을 했겠는가?

⑧ 사람들은 이 집을 도둑의 소굴로 만들었다. 이 말씀은 예레미야 7:11의 인용이다. 예레미야 7:8~11의 내용을 살펴보면, 이스라엘 백성들은 도적질하며, 살인하며, 간음하며, 거짓맹세하며, 우상숭배는 하면서도 하나님의 집에 들어왔기 때문에 안전하고 구원을 받았다고 생각한다. 하나님께서는 예레미야 선지자

를 통해 이스라엘 백성들에게 "내 이름으로 일컬음을 받는 이 집이 너희 눈에는 도둑의 소굴로 보이느냐"(렘 7:11, 개역개정)[27]라고 책망하신 것이다.

이 말씀을 배경으로 볼 때 예수님의 말씀은 그 당시 성전 예배의 전반적인 태도를 책망하신 것이다.[28] 상행위 정신은 성전의 거룩성을 삼켜버렸고 성전의 원래의 목적은 상실된 상태에 있었다. 사람들은 거룩한 동기를 가지고 성전에 찾아오나 성전 주변의 상행위와 소란에 말려 정작 하나님과의 교제를 위해 필요한 "거룩한 의식(생각)"을 상실한 채 "외형적인 의식"으로 만족하는 상태에 빠지게 되었다. 오늘날의 교회도 죄인들이 계속해서 죄를 범하면서 그들이 교회의 품 안에 있기 때문에 여전히 안전하다고 생각하는 그런 사람들의 피난처는 아니다. 성도들이 불의한 방법으로 얻은 돈으로 교회를 지원하면서 "이렇게 하는 것은 교회를 위한 것이다" 라고 말하는 것은 대단히 잘못된 것이다.

5. 화요일, 갈등의 날

수난 주간 화요일에 발생한 사건들은 대략 다음과 같다.
① 마른 무화과나무(마 21:18~22; 막 11:12~14, 20~25)
② 악한 농부와 다른 비유들(마 21:23~46; 22:1~14)
③ 예루살렘을 보시고 우심(마 23:37~39)
④ 과부의 두 렙돈(눅 21:1~4)
⑤ 서기관들과 바리새인들에게 미칠 화(마 23:13·36)
⑥ 질문 그리고 강화(마 22:23~33; 22:34~40, 41~46; 24:1~14;
　　　　　　　　 막 12:28~34; 요 12:20~50)
⑦ 비유들(마 25:1~13, 14~30)

마른 무화과나무(마 21:18~22)

이른 아침에 성으로 들어오실 때에 시장하신지라 길 가에서 한 무화과(無花果)나무를 보시고 그리로 가사 잎사귀 밖에 아무 것도 찾지 못하시고 나무에게 이르시되 이제부터 영원토록 네가 열매를 맺지

---

27) 예레미아 선지자가 사용한 "도적의 굴혈"도 대단히 강한 뜻이 담긴 표현이지만, 마가가 사용한 λῃστής 역시 강한 표현이다.
28) Ridderbos, *Matthew*, pp. 386-387.

> 못하리라 하시니 무화과나무가 곧 마른지라 제자들이 보고 이상히 여겨 가로되 무화과나무가 어찌하여 곧 말랐나이까 예수께서 대답하여 이르시되 내가 진실로 너희에게 이르노니 만일 너희가 믿음이 있고 의심하지 아니하면 이 무화과나무에게 된 이런 일만 할 뿐 아니라 이 산더러 들려 바다에 던져지라 하여도 될 것이요 너희가 기도할 때에 무엇이든지 믿고 구하는 것은 다 받으리라 하시니라 (마 21:18-22, 개역개정).

① 마태복음의 기록에 의하면 무화과나무가 즉시 말라버려 제자들이 놀랐다고 전한다(마 21:19).[29] 마가복음은 제자들이 다음날 아침에 무화과나무를 자세히 살핀 후 그 나무가 뿌리까지 말라버린 사실을 발견하게 되었다고 설명한다(막 11:20). 이 무화과나무는 철저하게 죽어버린 것이다. 마태복음의 기록과 마가복음의 기록 사이에 전혀 상충이 없는 것이다. 무화과나무가 "뿌리로부터" 말랐다는 표현은 그 나무의 잎사귀는 아직 수액을 담고 있어 겉으로는 아직 생명이 있는 나무처럼 보일 수 있다. 그러나 제자들이 그 나무를 보았을 때 제자들은 그 나무가 전혀 열매를 맺을 수 없는 형편에 있는 것을 알게 되었다.

② 제자들이 충격을 받은 것은 주님께서 말씀하신대로 무화과나무가 갑자기 말라버렸기 때문이다. 예수님이 말씀하신 모든 것은 "이제부터 영원토록 네가 열매를 맺지 못하리라"(마 21:19, 개역개정)는 단순한 말씀이었다. 그런데 그 말씀이 죽음을 의미했다. 나무는 뿌리가 말라 죽게 되었다. 유대주의도 이 무화과나무처럼 되었다.

주님은 이 심판의 이적을 위해서 한 나무를 사용하셨다. 이 이적에는 여전히 소망의 메시지가 있다. 왜냐하면 사람들에 대해서는 예수님께서 이러한 방법으로 그들을 저주하지 않으셨기 때문이다. 그는 사람들을 구원하기 위해 오셨으며 그날은 아직까지 소망의 날이었다. 그러나 결국 사람들이 회개의 열매를 맺지 못한다면 그는 신속히 그리고 예기치 못한 방법으로 심판을 내리실 것이다.

③ 무화과나무의 저주 사건이 주는 몇 가지의 교훈

첫째 교훈은 방금 전 어린 아기의 입에서 나오는 찬미를 받으시기에 합당한 주님이 배가 고프셨다는 사실이다(마 21:16, 18). 이 사실은 예수님이 인성을 가지신 분임을 증거 한다.

---

29) 시들은 무화과나무 사건은 일부가 월요일에 발생했고 다른 일부가 화요일에 발생했다. Cf. W. Hendriksen, *The Gospel of Matthew*, p. 775.

둘째 교훈은 이스라엘의 장래에 관한 것이다. 예수님은 무화과나무의 열매 없음을 통해 이스라엘의 회개하지 않음을 지적하고 계신다.[30] 이스라엘은 죽었고 찍어 불 속에 던져 넣어지는 것 외에는 아무 소용이 없다는 뜻이다(마 3:10 참조).

셋째 교훈은 예수님께서 무화과나무의 저주 사건을 통해 기도의 능력을 가르치신 사실이다. 예수님은 제자들이 예수님의 말씀 한 마디에 무화과나무가 마른 것을 보고 놀라자 "만일 너희가 믿음이 있고 의심하지 아니하면 이 무화과나무에게 된 이런 일만 할 뿐 아니라 이 산더러 들려 바다에 던져지라 하여도 될 것이요 너희가 기도할 때에 무엇이든지 믿고 구하는 것은 다 받으리라"(마 21:21~22, 개역개정)고 말씀하신다. 제자들은 믿음이 적은 자들의 본이었다. 예수님은 자신이 하나님과 인격적인 교제관계를 가질 때 하나님의 전능하심을 사용하는 것처럼, 제자들도 기도의 방법으로 하나님을 의지하고 그들의 믿음을 행사할 때 하나님의 전능이 그들을 통해 나타나게 된다고 가르치신다. 예수님의 이런 약속을 믿는 성도들은 자신의 복지를 위해 기도하지 않고, 공공의 사명과 교회를 위해 기도해야 한다. 그럴 때에 그들의 기도는 바른 궤도 선상에 있는 것이다.[31]

예루살렘을 보시고 우심(마 23:37~39; 참조, 눅 13:34, 35; 눅 19:41~44)

예루살렘아 예루살렘아 선지자들을 죽이고 네게 파송된 자들을 돌로 치는 자여 암탉이 그 새끼를 날개 아래에 모음같이 내가 네 자녀를 모으려 한 일이 몇 번이더냐 그러나 너희가 원하지 아니하였도다 보라 너희 집이 황폐하여 버려진 바 되리라 내가 너희에게 이르노니 이제부터 너희는 찬송하리로다 주의 이름으로 오시는 이여 할 때까지 나를 보지 못하리라 하시니라 (마 23:37-39, 개역개정).

브루너(Bruner)는 이 구절이 네 개의 신학적 주제를 담고 있다고 말한다. 그 네 가지는 첫째, 예수님의 사랑(예루살렘아, 예루살렘아 내가 네 자녀를 모으려 한 일이 몇 번이냐) 둘째, 인간의 죄(죽이고, 돌로 치고, 너희가 나를 원치 아니하였다) 셋째, 역사적인 심판(너희의 집이 황폐하여질 것) 넷째, 메시아의 강림(주의 이름으로 오시는 이여) 등 이다. 이 네 가지는 복음서들이 담고 있는 위대한 주제들이다.[32]

---

30) Ridderbos, *Matthew*, p. 390.
31) F.D. Bruner, *The Churchbook: Matthew 13-28*, p. 759.

① 왜 예수님은 예루살렘을 보시고 우셨는가?

첫째, 그 대답은 무엇보다 애정이 깊은 인간 예수님의 측면에서 보아야만 한다. 그는 당시의 상황을 볼 때 하나님의 성이 파괴될 것이라는 사실을 아셨다. 그는 사람들과 하나님의 집을 사랑하셨기 때문에 애정과 연민과 사랑이 그의 마음에 가득 찼고 그래서 울음을 터뜨린 것이다. 예수님은 그의 애정 어린 마음속에서 이 선택받은 백성의 냉랭함과 굳은 마음, 그리고 강퍅함을 보셨고 그래서 그의 화평과 용서를 쏟아 붓기 원하셨으나 그들은 원하지 않았다.

둘째, 더 나아가 예수님은 다른 사람을 위한 대속적인 긍휼(수난) 때문에 우셨다. 예수님은 이 백성들을 기다리고 있는 두려운 날들을 보셨고 그들이 경험해야 할 고통을 아셨으며 그들이 피할 수 있는 길을 또한 아셨다. 그러나 그들이 거절하였기 때문에 예수님께서는 그들로 인해 그리고 그들을 위해 우시는 것이다.

② "예루살렘"은 이스라엘 백성 전체를 상징적으로 표현한 말이다.[33] "예루살렘아, 예루살렘아"라는 그의 말은 힘주어 말한 깊은 감정의 표현이다. 예루살렘을 두 번 부르신 것은 예수님의 마음에 강렬한 감정이 복받쳐 올라온 것을 가리킨다(참조, 눅 10:41; 22:41). 예루살렘은 평화의 성이란 뜻이다. 그러나 이스라엘 백성은 평화 대신에 선지자들을 죽이고 돌을 던지며 아우성치며, 저주하는 말 등으로 가득 찬 곳으로 이 모든 것은 그를 우시게 만들었다. 이 성은 멸망을 통해서만 고요하게 될 것이므로 그리스도께서는 다가올 멸망을 걱정하신 것이다.

③ 예수님이 우신 기록은 두 번이지만 함축적인 기록까지 합치면 세 번이다. 예수님은 나사로의 무덤에서(요 11:35), 그리고 예루살렘을 바라다보면서(눅 19:41) 우신 기록은 확실하고, 겟세마네 동산에서(참조, 눅 22:44) 우신 것은 예수님의 기도의 모습을 미루어 고려할 때 거의 확실하다. 복음서는 이렇게 예수님의 우신 모습을 세 번 기록한다.

④ "내가 네 자녀를 모으려 한 일이 몇 번이더냐"(마 23:37, 개역개정)라고 예수님께서 말씀하신 것에 주목하라. 이 말씀은 예수님께서 여러 차례 예루살

---

32) *Ibid.*, p. 832.
33) Hendriksen, *The Gospel of Matthew*, p. 839; Ridderbos, *Matthew*, p. 433.

렘을 그에게로 모으려 하셨다는 것을 증거 한다. 예수님은 이 백성들이 그를 죽여 잠잠하게 만들 때까지 인내와 집념으로 이 백성들을 구하기 위해 노력하셨다. 성육하신 예수님은 그가 죽을 때까지 그의 백성을 사랑하셨다.

⑤ 그러나 예루살렘은 예수님의 뜻을 거절하였다(마 23:37). 얼마나 비극적인 결론인가! 결과적으로 무서운 재난이 임하게 될 것이다. 거룩한 성은 황폐해질 것이며, 거주하는 사람이 없을 뿐 아니라 영적인 지도자들도 깨끗이 사라질 것이다. 예루살렘은 결코 다시 종교에 관한 한 세계의 중심이 되지 못할 것이다. 그러나 희망은 아직도 남아 있다. 왜냐하면 그들은 주님의 이름으로 그의 복을 구할 수 있기 때문이다(참고, 사 65:8~10; 63:7). 이 말씀은 바울의 남은 자 사상과 연관된다(참고, 롬 10:18~11:5).

예루살렘은 철저히 파괴될 것이다. "돌 하나도 돌 위에 남기지 아니하리니"(눅 19:44)의 말씀이 이를 증거 한다. 예루살렘 성전은 B.C. 20년에 건축을 시작하여 A.D. 65년에야 완성을 보게 되었다. 그런데 유대인들은 성전 완성으로부터 1년 후에 로마에 대해 반항을 시작했다. 로마는 A.D. 70년에 가서야 이 반항에 대한 복수를 하게 된다. 예수님께서 예루살렘 멸망에 대한 말씀을 하시면서 우셨던 때는 유대인들이 유월절을 지키는 때였다. 이 시기에 팔레스타인 전역과 세계 곳곳에서 온 수많은 순례자들이 유월절을 기념하기 위해 거룩한 성, 예루살렘을 찾았다. 그런데 A.D. 70년 유월절에 로마인들은 그들의 군대를 예루살렘에 보냈다. 로마 군대의 파괴는 유월절로부터 시작하여 예루살렘 성전이 약탈당해 불태워지고 황폐해졌던 그 해 늦여름까지 계속되었다. 유대인들은 멸시받는 백성이었기 때문에 로마인늘의 산빈부노 한 즐거움을 위해 살해되었다. 많은 유대인들은 포로로 잡혔고 마치 짐승처럼 로마로 끌려갔다. 그곳에서 그들은 노예가 되었고, 많은 유대인들은 놀이에 미친 로마 사람들의 만족을 위해 원형경기장에서 맹수에 의해 산산이 찢겨 죽임을 당했다. 예수님께서 이루어지리라고 말씀하신 예루살렘 성전의 파괴는 너무나 완전하게 성취되어졌다.

⑥ 언제부터 언제까지 이스라엘 백성이 예수님을 볼 수 없는가(마 23:39). 이스라엘 백성은 예수님의 수난 주간 이후부터 예수님이 다시 재림하실 때까지 예수님을 볼 수 없을 것이다.[34) 본문의 "주의 이름으로 오시는 이여

할 때까지"(마 23:39, 개역개정)를 예수님의 재림으로 생각하는 것이 본문에 어울리는 해석이다.

과부의 두 렙돈(눅 21:1~4)

예수께서 눈을 들어 부자들이 헌금함에 헌금 넣는 것을 보시고 또 어떤 가난한 과부가 두 렙돈 넣는 것을 보시고 이르시되 내가 참으로 너희에게 말하노니 이 가난한 과부가 모든 사람보다 많이 넣었도다 저들은 그 풍족한 중에서 헌금을 넣었거니와 이 과부는 그 가난한 중에서 자기가 가지고 있는 생활비 전부를 넣었느니라 하시니라 (눅 21:1-4, 개역개정).

① 예수님께서 사람들이 성전의 헌금 궤에 헌금 넣는 것을 본 것은 수난 주간의 화요일에 일어난 사건이었다. 13개의 나팔 모양으로 된 헌금 통이 있었고 각 헌금 통은 히브리 문자가 새겨져 있었으며, 여자들의 뜰에 두어 성전에서 예배하는 사람들이 성전의 필요를 위해 그리고 성전세를 지불하는 데 쓰도록 헌금을 받치게 되어 있었다.[35] 과부의 두 렙돈 이야기는 예수님께서 지도자들에 대한 화(woe)를 전달한 후에 일어난 것 같다. 예수님께서 지도자들과 충돌을 한 다음 이렇게 잠잠하실 수 있었다는 사실은 예수님의 다른 면모를 보여준다. 여기서는 그리스도께서 조용히 관찰하고 계셨다. 그는 가르치기 위해 어떤 말씀을 하시지 않았고 단지 관찰만 하고 계셨다.

② 첫 번째 관찰은 사람들이 바치는 것을 바라보는 것은 결코 잘못된 일이 아니다. 그리스도께서 사람들이 헌금 바치는 것을 관찰하셨다. 어쩌면 성전의 당국자들이 의무를 이행하지 않는 사람을 찾아내 교정시키고 과부처럼 열심히 바치는 사람을 칭찬하기 위해 당국자들에게 헌금 바치는 것을 관찰하도록 의무가 부여되어 있었을 수 있다.

예수님께서 부자들이 헌금을 많이 넣는 사실에 대해 한마디의 말씀을 하신다. 예수님의 말씀에서 우리는 두 번째 관찰을 하게 된다. 그 관찰은 하나님 나라에 바친다는 사실은 실제로 많은 것을 드린다 할지라도 우리들이 영적으로 성숙하다는 표시는 아니라는 것이다. 무엇보다도 중요한 것은 양이 아니며 우리들이 어떤 마음으로 드리느냐에 달려있다. 어떤 사람이

---

34) Hendriksen, *The Gospel of Matthew*, p. 840; 에드워드 슈바이쳐, 『마태오 복음』, 한국신학연구소 역(서울: 한국신학연구소, 1982), p. 460.
35) I.H. Marshall, *Commentary on Luke*(NIGTC, Grand Rapids: Eerdmans, 1978), p. 751.

하나님의 궤에 매우 적게 넣으면서 중요한 것은 양이 아니라고 생각한다면, 그 사람의 마음 역시 올바르지 않은 것이다.

③ 이 과부는 가난한 여자였다. 마가는 이 과부의 형편을 가난한(πτωχός) 것으로 설명하였다. 마가가 사용한 용어 프토코스는 생계를 위해 다른 사람의 도움이 필요하다는 의미가 있다(막 12:41~44). 누가도 이 과부의 형편을 가난하다고 설명한다(눅 21:2~3). 누가는 본 절에서 가난하다는 뜻이 있는 두 용어를 사용한다(πενιχρός, πτωχός). 그런데 여기 사용된 두 용어의 뜻이 특별히 다를 수는 없지만 과부의 형편을 좀 더 자세히 설명해 주고 있는 것이다. 그 과부는 그녀가 가진 모든 생계비를 다 내놓았다. 그녀가 이렇게 하는 행위는 거의 어리석게 보인다. 그녀는 두 렙돈을 모두 넣은 것이다.[36] 우리의 이성과 상식은 동전 한 개만 넣고 다른 한개는 먹고 살 수 있도록 가지고 있으라고 말한다. 더 나아가 이 맥락에서 예수님께서는 성전의 파괴를 말씀하신다(눅 21: 5~9). 성전이 파괴되는 형편에 과부의 돈이 무슨 소용이 되겠는가? 아니 오히려 전혀 쓸모가 없게 될 것이다. 왜냐하면 성전이 파괴될 것이기 때문이다. 외적으로만 볼 때 그녀의 헌금은 전적인 낭비였고 전적인 상실이었다. 그러나 그리스도께서는 그런 관점에서 평가하지 않으신다. 그는 헌금 뒤에 숨겨진 마음을 보시고 이로 인해 그녀를 칭찬하신다.

④ 이 과부는 하나님의 일이 계속되도록 하기 위해서 굶주림과 가난을 무릅쓸 정도로 하나님께 대해 완전한 신뢰를 가지고 있다. 그녀는 이 두 렙돈을 바쳐버렸기 때문에 아무것도 가지고 있지 않았지만, 그녀의 믿음은 견고하여서 하나님께서 고아와 과부에게 특별한 은혜를 주시리라고 믿었다. 진정한 신앙은 부에 대한 사람의 태도를 변화시킨다. 본문이 가르치고 있는 한 교훈은 바치는 헌금의 양에 의해 헌신의 정도를 판단하는 것이 아니요,

---

36) 두 렙돈(λεπτὰ δύο)은 큰 돈이 아니다. 두 렙돈은 한 고드란트(quadrant, 막 12:42)와 같은 금액이다. 그리고 네 고드란트(여덟 렙돈)는 한 앗사리온에 해당하며, 16앗사리온은 한 데나니온과 같은 가치를 가지고 있다. 예수님 당시 한 데나리온은 보통 노동자의 하루 품삯에 해당한다. 따라서 오늘날 계산으로 한 데나리온이 16,000원에 해당한다고 가정하면 한 앗사리온은 1,000원에 해당하고 한 렙돈은 1,000의 1/8 즉 125원에 해당하며, 과부의 두 렙돈은 약 250원 정도로 추산해 볼 수 있다. 그러므로 과부의 헌금은 그렇게 큰 금액의 헌금이 아니었다. 돈의 가치를 쉽게 이해하기 위해 다음과 같은 도표를 그려본다.
2렙돈 = 1고드란트
8렙돈 = 4고드란트 = 1앗사리온
128렙돈 = 64고드란트 = 16앗사리온 = 1 데나리온 = 노동자의 하루 품삯

자신을 위해 얼마만큼의 금전을 남겼느냐에 따라 헌신의 정도를 판단한다는 것이다. 가난한 과부는 자신을 위해 아무것도 남기지 않았지만 부자들은 바친 후에도 자신을 위해 많은 것을 남겼다.

⑤ 예수님께서 이 과부의 헌금을 높이 평가하자 제자들이 의아해 한다. 그래서 예수님은 제자들에게 답변을 하신다. 그 대답은 다른 모든 사람이 풍부한 상태에서 냈지만 이 과부는 부족한 가운데서 냈다는 것이다. 우리는 왜 우리의 헌금이 매우 적은 것에 지나지 않는다는 것을 알 수 있다. 왜냐하면 우리들은 우리 자신을 먼저 돌본 후에 하나님께 드리기 때문이다. 우리들은 우리들이 먹고 입기에 충분하지 못할까봐 두려워서 우리의 필요를 먼저 떼어 놓는다. 우리가 실제로 하나님을 완전히 신뢰하면 그가 풍성히 채워주실 것임에도 불구하고 우리는 필요를 위해 우리 자신의 능력을 의지한다.

서기관들과 바리새인들에게 미칠 화(마 23:13~36)

화 있을진저 외식하는 서기관들과 바리새인들이여 너희는 천국 문을 사람들 앞에서 닫고 너희도 들어가지 않고 들어가려 하는 자도 들어가지 못하게 하는도다 (없 음) 화 있을진저 외식하는 서기관들과 바리새인들이여 너희는 교인 한 사람을 얻기 위하여 바다와 육지를 두루 다니다가 생기면 너희보다 배나 더 지옥 자식이 되게 하는도다 화 있을진저 눈 먼 인도자여 너희가 말하되 누구든지 성전으로 맹세하면 아무 일 없거니와 성전의 금으로 맹세하면 지킬지라 하는도다 어리석은 맹인들이여 어느 것이 크냐 그 금이냐 그 금을 거룩하게 하는 성전이냐 너희가 또 이르되 누구든지 제단으로 맹세하면 아무 일 없거니와 그 위에 있는 예물로 맹세하면 지킬지라 하는도다 맹인들이여 어느 것이 크냐 그 예물이냐 그 예물을 거룩하게 하는 제단이냐 그러므로 제단으로 맹세하는 자는 제단과 그 위에 있는 모든 것으로 맹세함이요 또 성전으로 맹세하는 자는 성전과 그 안에 계신 이로 맹세함이요 또 하늘로 맹세하는 자는 하나님의 보좌와 그 위에 앉으신 이로 맹세함이니라 화 있을진저 외식하는 서기관들과 바리새인들이여 너희가 박하와 회향과 근채의 십일조는 드리되 율법의 더 중한 바 정의와 긍휼과 믿음은 버렸도다 그러나 이것도 행하고 저것도 버리지 말아야 할지니라 맹인 된 인도자여 하루살이는 걸러 내고 낙타는 삼키는도다 화 있을진저 외식하는 서기관들과 바리새인들이여 잔과 대접의 겉은 깨끗이 하되 그 안에는 탐욕과 방탕으로 가득하게 하는도다 눈 먼 바리새인이여 너는 먼저 안을 깨끗이 하라 그리하면 겉도 깨끗하리라 화 있을진저 외식하는 서기관들과 바리새인들이여 회칠한 무덤 같으니 겉으로는 아름답게 보이나 그 안에는 죽은 사람의 뼈와 모든 더러운 것이 가득하도다 이와같이 너희도 겉으로는 사람에게 옳게 보이되 안으로는 외식과 불법이 가득하도다 화 있을진저 외식하는 서기관들과 바리새인들이여 너희는 선지자들의 무덤을 만들고 의인들의 비석을 꾸미며 이르되 만일 우리가 조상 때에 있었더라면 우리는 그들이 선지자의 피를 흘리는데 참여하지 아니하였으리라 하니 그러면 너희가 선지자를 죽인 자의 자손임을 스스로 증명함이로다 너희가 너희 조상의 분량을 채우라 뱀들아 독사의 새끼들아 너희가 어떻게 지옥의 판결을 피하겠느냐 그러므로 내가 너희에게 선지자들과 지혜 있는 자들과 서기관들을 보내매 너희가 그 중에서 더러는 죽이거나 십자가에 못 박고 그 중에서 더러는 너희 회당에서 채찍질하고 이 동네에서 저 동네로 따라다니며 박해하리라 그러므로 의인 아벨의 피로부터 성전과 제단 사이에서 너희가 죽인 바라갸의 아들 사가랴의 피까지 땅 위에서 흘린 의로운 피가 다 너희에게 돌아가리라 내가 진실로 너희에게 이르노니 이것이 다 이 세대에게 돌아가리라 (마 23:13-36, 개역개정).

① 예수님께서 이 말씀을 하실 때는 예수님의 사역에서 종결의 시기였다. 예수님께서는 하나님 아버지의 뜻을 실천하겠다는 오직 한 가지 소망으로 단순하게 사역을 시작하셨다. 사역을 시작하는 초기에 그는 그를 따르는 자들을 축복하는 설교를 하셨다. 그는 모든 계층과 모든 종류의 사람들에게 말씀하셨다. 그를 듣고 순종했던 사람은 실제로 축복을 받았다.

그러나 삼년 동안 어떤 사람들은 공공연하게 예수님을 대적했다. 이렇게 함으로써 그들은 단지 한 인간, 완전하고 죄 없는 인간, 구세주 예수님만을 대적한 것이 아니라 하나님께 대항한 것이었다. 삼년 동안이나 이 사람들은 하나님을 대항하여 싸웠다. 마침내 예수님은 좌절이나 비통함에서가 아니라 진리를 위해 그리고 이 사람들에 대한 경고로써 그들에게 미칠 화(woes)를 직선적으로 말씀하신다.

② 그리스도께서는 그들의 속임을 노출시키신다. 그들은 겉으로는 친절하고 선한 듯하나 부패되어 있었다. 그들은 진리를 반대하면서 그들 자신의 이익과 목적만을 위해 노력하였다. 그들의 간교와 부패, 그리고 세상적인 욕심은 오직 한 가지 결론에 도달할 뿐이다. 그것은 파멸 즉 영원한 파멸인 것이다. 뱀이 우글거리는 들밭을 태울 때 뱀들이 불에 타 죽는 것처럼 독사의 세대와 같은 이 세대도 심판 때에 불에 의해 영원히 멸망될 것이다.

③ 예수님께서 산상보훈을 가르치실 때 예수님은 팔복을 선포하셨다. 그런데 산상보훈의 팔복 중 "의에 주리고 목마른 자"가 받을 복과 "의를 위하여 핍박을 받은 자"가 받을 복을 같은 범주에 넣는다면 예수님은 산상보훈을 가르치실 때 일곱 가지 복을 선포하신 셈이다. 그렇다면 예수님은 자신이 직접 심판을 시행하실 확신으로 마태복음 23:13~36에서 일곱 가지 화를 선언하신다.[37] 산상보훈의 복을 일곱으로 생각한다면 일곱 가지 복과 일곱 가지 화는 대칭을 이룬다. 렌스키(Lenski)는 "이 일곱 가지 화는 예수님의 입술이 말한 말 중에서 가장 무서운 말이다. 그것들은 모든 능력을 가지신 예수님이 신적 인격으로 말씀한 것이요, 분노의 열정 없이, 감격의 열기

---

37) 마 23:13-36 사이에서 14절이 생략되었다. 그 이유는 우수한 사본에 14절이 빠져 있기 때문이다. 그런데 14절이 있는 사본을 보면 14절에 "화"가 또 하나 들어있다(οὐαὶ δὲ ὑμῖν…). 14절의 "화"를 계산한다면 여덟 가지 화가 되고 산상보훈의 팔복과 상응하게 된다. 그러나 14절이 원본에 없었던 것으로 생각하는 것이 더 바르다고 생각된다.

없이, 죽은 듯 침착함으로, 절대적인 진리로, 압도적인 권능으로 말씀하신 것이다"[38]라고 설명한다.

④ 일곱 가지 화는 다음과 같다.

첫째 화 – 외식하는 서기관들과 바리새인들에게 내리는 화이다. 그들이 화를 받아야 할 이유는 그들의 잘못된 교훈과 위선적인 삶에 그 원인이 있다. 그들은 자신만 천국에 들어가지 못하는 것이 아니요 다른 사람들이 들어가는 것도 방해하는 역할을 한다(마 23:13). 해그너(Hagner)는 바리새인들과 서기관들의 교훈은 사람들을 천국으로 들어가도록 안내해야하는데 오히려 방해하므로 그들의 책임을 실패했다고 지적하고, 첫째 화에 함축되어 있는 뜻은 오로지 예수님의 교훈과 사역이 천국으로 들어가는 안내역할을 하기 때문에 예수님만이 진정한 율법의 해석자라고 설명한다.[39]

둘째 화 – 외식하는 서기관들과 바리새인들은 한 사람의 개종자를 얻은 후에 그 사람에게 선을 행하기보다 오히려 해를 끼쳤다(마 23:15). 예수님은 여기서 새로운 개종자들이 바리새인들과 서기관들의 잘못된 인도로 오히려 자신들보다 더 잘못된 상태로 빠지고 있는 상황을 함축적으로 말씀하고 계신다. 예수님이 탄생하실 즈음에 유대인들이 이방인들의 개종을 위해 특별한 열심을 기울였다. 예수님은 유대인들이 이런 열심으로 얻은 개종자를 "지옥 자식"(마 23:15)으로 만든다고 책망하신다.[40]

셋째 화 – 바리새인들과 서기관들은 하나님의 율법을 임의적으로 해석하여 스스로 "맹인된 인도자"가 되었다. 특히 그들은 맹세에 대한 교훈을 거꾸로 가르치는 잘못을 범했다. 그들은 본질과 비 본질을 전도시켜 진리는 왜곡시키고 비 진리를 따르게 인도한다. 예수님은 바리새인들과 서기관들이 사소한 맹세로 심각한 맹세를 대신하려는 전도된 가치관에 매몰되어 있었기 때문에[41] 세 번째 화를 말씀하시면서 맹세에 대해 비교적 길게

---

38) Lenski, *The Interpretation of St. Matthew's Gospel*, p. 903.

39) Donald A. Hagner, *Matthew 14–28: Word Biblical Commentary*, Vol. 33B (Dallas: Word Books, 1995), p. 668. Hagner는 "*only* inplication"을 사용하여 오로지 함축되어 있는 뜻임을 강조한다.

40) H. N. Ridderbos, *Matthew* (*Bible Student's Commentary*, Grand Rapids: Zondervan, 1987), pp. 426-427.

41) R.T. France, *Matthew: Tyndale New Testament Commentaries* (Grand Rapids: Eerdmans, 1985), p. 327.

설명하신다(마 23:16-22).

넷째 화 - 첫째 화와 둘째 화처럼 "외식하는 서기관들과 바리새인들이여"(마 23:23)로 시작된다. 예수님은 율법에서(신 14:22~23) 정한 이상으로 십일조를 바치게 한 이들의 외식을 지적한다. 예수님은 서기관들과 바리새인들이 중요하지 않은 것들의 십일조는 드리면서 그보다 훨씬 중요한 "정의와 긍휼과 믿음"(마23:23)은 버렸다고 책망하신다. 서기관들과 바리새인들은 여호와 하나님께서 원하시는 것이 "오직 정의를 행하며 인자를 사랑하며 겸손하게 네 하나님과 함께 행하는 것"(미 6:8)임을 알았어야 했다.

다섯째 화 - 예수님은 서기관들과 바리새인들의 청결과 불결에 대한 외식을 지적하신다(마 23:25). 예수님은 음식을 담는 그릇만 깨끗이 하고 그 안에 담겨있는 음식의 청결은 상관하지 않는 태도를 사용하여 도적적인 불결과 의식적(ritual)인 불결을 비교하신다.[42] 외적으로 의롭게 보이는 것이 내적인 불결을 감추는 역할을 한다. 바리새인들은 외적인 정결보다 더 중요한 내적인 정결에 관심을 가졌어야 했다.[43]

여섯째 화 - 예수님은 서기관들과 바리새인들이 종교를 외형화시키는 외식을 지적하신다(마 23:27). 서기관들과 바리새인들은 악한 마음을 가지고 있으면서도 사람들에게 옳게 보이려고 외식을 행한다. 바리새인들과 서기관들의 결정적인 잘못은 그들이 의롭지 않으면서 의로운 척 행동하는 것이다.

일곱째 화 - 예수님은 서기관들과 바리새인들이 죄악과 잘못을 회개하지 않기 때문에 그들에게 화를 선언하신다(마 23:29). 서기관들과 바리새인들은 죽은 선지자들의 무덤을 쌓고 의인들의 비석을 꾸미면서 스스로 자랑하기를 그들이 조상 때에 있었더면 선지자들과 의인들을 죽이지 않았을 것이라고 자랑한다(마 23:30~31). 예수님은 회개하지 않고 자만에 빠져있는 그들에게 "너희가 너희 조상의 분량을 채우라"(마 23:32, 개역개정)고 그들이 그들의 조상보다 나을 것이 없음을 지적하신다. 그리고 예수님은 "의인 아벨의 피로부터 성전과 제단 사이에서 너희가 죽인 바라갸의 아들 사가랴의 피까지 땅 위에서 흘린 의로운 피가 다 너희에게 돌아가리라"(마 23:35, 개역개정)고

---

42) Ridderbos, *Matthew*, p. 429.
43) Hagner, *Matthew 14-28*, p. 671.

책망하신다. 히브리 성경의 배열 순서로 볼 때 의인 아벨의 죽음은 처음 책인 창세기에 기록되어 있고 바라가의 아들 사가랴의 죽음은 마지막 책인 역대하에 기록되어 있다. 예수님은 이스라엘의 역사가 유대인들이 이처럼 의인들을 계속 죽였다고 지적하시고 같은 정신으로 그들이 이제는 메시아를 죽이기 위해 음모를 꾸미고 있다고 책망하신다. 그리고 예수님은 너희가 너희 조상의 때에 있었더라면 선지자들을 죽이지 않았을 것이라고 하지만 사실 너희들은 계속 의인들을 죽였다. 그리고 이제 메시아이신 나를 죽이기 위해 음모를 꾸미고 있다.44) 이는 "너희가 너희 조상의 분량을 채우는"(마 23:32) 일을 하는 것이라고 책망하신다.

6. 수요일, 은둔의 날 – 반역의 날(마 26:3~16; 참조, 막 14:10~12; 눅 22:1~6)

그 때에 대제사장들과 백성의 장로들이 가야바라 하는 대제사장의 관정에 모여 예수를 흉계로 잡아 죽이려고 의논하되 말하기를 민란이 날까 하노니 명절에는 하지 말자 하더라 예수께서 베다니 나병환자 시몬의 집에 계실 때에 한 여자가 매우 귀한 향유 한 옥합을 가지고 나아와서 식사하시는 예수의 머리에 부으니 제자들이 보고 분개하여 이르되 무슨 의도로 이것을 허비하느냐 이것을 비싼 값에 팔아 가난한 자들에게 줄 수 있었겠도다 하거늘 예수께서 아시고 그들에게 이르시되 너희가 어찌하여 이 여자를 괴롭게 하느냐 그가 내게 좋은 일을 하였느니라 가난한 자들은 항상 너희와 함께 있거니와 나는 항상 함께 있지 아니하리라 이 여자가 내 몸에 이 향유를 부은 것은 내 장례를 위하여 함이니라 내가 진실로 너희에게 이르노니 온 천하에 어디서든지 이 복음이 전파되는 곳에서는 이 여자가 행한 일도 말하여 그를 기억하리라 하시니라 그 때에 열둘 중의 하나인 가룟 유다라 하는 자가 대제사장들에게 가서 말하되 내가 예수를 너희에게 넘겨 주리니 얼마나 주려느냐 하니 그들이 은 삼십을 달아 주거늘 그가 그 때부터 예수를 넘겨 줄 기회를 찾더라 (마 26:3-16, 개역개정).

산헤드린 공회의 모의(마 26:3~5)

산헤드린 공회45)는 예수님을 없애기 원했지만 수난 절기를 피해서 그렇게 하기 원했다. 그 이유는 첫째, 유월절 종교절기를 지키는 사람이 너무 많았기 때문이다. 만약 산헤드린이 예수를 잡는다면 유월절 절기를 지키기 위해

---

44) H. N. Ridderbos, *Matthew* (*Bible Student's Commentary*), p. 432.

45) 산헤드린 공회는 세 가지 부류의 사람들로 구성되어 있다. 첫째 부류는 그 당시 세상 정치에 깊이 참여했던 "장로들"(elders)로 이들은 대부분 사두개인들이었다. 둘째 부류는 유명한 제사장의 가족들을 대표하는 "대제사장들"이었다. 현직 대제사장은 한 사람이었지만 전직 대제사장도 대제사장으로 호칭했다(예, 행 4:6). 셋째 부류는 "율법의 선생들"이었다. 율법의 선생이란 표현은 처음에는 문장에 능한 사람이란 뜻으로 사용되었지만 유대인 학자들이 전적으로 성경을 연구하고, 성경에 대한 지식이 많았기 때문에 "율법의 선생들"이란 표현은 성경을 잘 아는 선생들에게 붙여졌다.

모여든 백성들이 반란을 일으킬 수도 있기 때문이다. 둘째로 산헤드린 공회는 가능한 한 이 일을 비밀리에 하기 원했다. 그들이 오랜 시간 동안 이 일의 시행을 숙고하고 있을 때 갑자기 그리스도의 제자 중 하나가 다가와 예수님을 배반할 것을 제의한다(요 6:71; 13:26).

예언의 성취

마태복음 26:3 이하에서 우리는 산헤드린 공회가 계속해서 예수님을 죽일 공모를 하고 있었음을 안다. 그러나 그들은 말하기를 사람들 가운데 소요가 일어나지 않도록 절기 동안은 안 된다고 하였다(마 26:5). 그들은 유월절 동안 그리스도를 건드리지 않기로 결정했다. 예수님께서 "너희가 아는 바와 같이 이틀을 지나면 유월절이라. 인자가 십자가에 못 박히기 위하여 팔리우리라"(마 26:1, 개역개정)고 말씀하신 것은 바로 그 때이었을 것이며, 예수님께서는 그의 붙잡힐 정확한 시간을 예견하고 계셨다. 인간의 모의에도 불구하고 하나님의 목적과 계획이 성취되어 가고 있음을 본다. 예수님은 하나님의 목적과 계획을 잘 알고 있었고 의도적으로 그 계획을 실천해 나가신다(행 2:23; 3:18 참조). 비록 산헤드린 공회가 유월절을 피해서 예수님을 체포하기로 결정했지만(마 26:5), 하나님께서는 산헤드린 공회가 피하기를 원한 그 사건을 바로 발생하게 하신다. 산헤드린 공회의 뜻과 하나님의 뜻 사이에 어느 쪽이 이길 것인가? 물론 하나님의 뜻이 지배하게 되어 있다.[46)]

유다와 예수님의 몸값(마 26:14~16; 막 14:10~11; 눅 22:3~6)

유다가 예수님의 몸값으로 받아야 할 대가는 스가랴 11:12~13(참조 출 21:32)에 기록된 대로 종의 몸값에 해당하는 30세겔이었다. 유다는 그 돈 때문에 군병들을 그리스도에게로 인도했고 예수님이 당국자들에 의해 확실하게 붙잡히도록 도왔다.

마태복음 26:14 이하에서 우리는 흥미로운 정보를 얻는다. 마태복음 26:14에 "그때에 열 둘 중에 하나인 가룟 유다라 하는 자가 대제사장들에게 가서"(개

---

46) Ridderbos, *Matthew*, p. 471.

역개정)라는 구절이 있다. 그리스도의 머리 위에 값비싼 향유를 부은 마리아를 제자들이 비난하자 그리스도가 제자들을 책망하신 후 곧바로 유다의 마음에 이 생각이 들어간 것 같다. 다른 말로 표현하면 마태가 두 사건을 시간적으로 연결시키고 있지는 않지만 논리적으로 연결시키고 있는 것이다.[47] 유다와 예수님 사이의 마지막 결별은 주님께서 300데나리온의 향유 값 문제에 대해 마리아의 편을 들었을 때 발생했던 것 같다(막 14:5~6). 어떤 사람들은 유다가 그리스도를 배반하므로 받게 되는 대가는 향유 가격과 같은 액수였다고 생각한다. 그러므로 유다는 어떤 방법으로든 심지어 그리스도의 몸값으로 그만큼의 돈을 확보할 수 있을 것으로 믿고 속으로 웃었을 것이라고 생각한다. 그런데 사람들은 만일 그리스도가 하나님의 아들이라면 성전 수비대가 왔을 때 그는 손쉽게 그들을 때려눕히고 붙잡히지 않을 수 있었다고 생각했다. 왜냐하면 전에도 여러 번 예수님께서는 그들이 그를 잡으려고 했을 때 피했기 때문이다.

이 구절에서 주목해야할 또 하나의 사실은 유다가 열두 제자 중의 하나로 부름 받았다는 것이다(마 26:14; 막 14:10). 더 나아가 그의 이름은 가룟 유다라 불려졌다. 의심의 여지없이 복음서의 기록이 나타내려는 사상은 그리스도의 크나큰 고통과 수욕이다. 가룟 유다의 배반이 예수님에게 더 큰 고통이 된 이유를 두 가지로 고찰해 볼 수 있다. 첫째로, 유다는 유다 족속에 속했을 것이다(참조, 수 15:25). 그러므로 그는 그리스도와 같은 혈통을 지녔다. 둘째로 유다는 단지 그리스도와 아는 사이에 그치지 않고 삼년 동안 그리스도와 교제를 나누었으며, 예수님이 설교하고 기적을 행할 때 예수님 가까이에 있으면서 예수님으로부터 가르침을 받았던 열두 제자 중의 하나였다.[48] 많은 사람 중에서 바로 이 사람이 예수님을 배반하러 오는 것을 산헤드린이 보았을 때 그들은 얼마나 만족스러워 했겠는가! 이는 믿을 수 없는 일이 발생한 것이다.

---

47) 마태는 마리아의 헌신적인 사건과 가룟 유다의 계산적인 사건을 대조시키고 있다. 마리아가 예수님께 향유를 부은 사건은 예수님께서 승리의 입성을 하시기 하루 전인 토요일에 발생한 사건으로 이미 본 장 서두에서 다루었다.

48) 가룟 유다의 배반은 예언의 성취이다. "내가 신뢰하여 내 떡을 나눠 먹던 나의 가까운 친구도 나를 대적하여 그의 발꿈치를 들었나이다"(시 41:9, 개역개정). 요한은 이 예언이 가룟 유다의 배반으로 성취되었다고 말한다(요 13:18).

돈을 택한 유다

가룟 유다가 "내가 예수를 너희에게 넘겨주리니 얼마나 주려느냐"(마 26:15, 개역개정)라고 말한 질문에 주목하라. 얼마나 전율할 만한 질문인가! 이 사람들은 인간의 생명을 놓고 흥정할 수 없었다. 왜냐하면 우리는 인간의 생명을 살 수 없기 때문이다. 돈을 받기 위한 이 배반은 결코 성취될 수 없는 배반이었다. 얼마나 어처구니없는 장면인가! 마치 어떤 상품을 놓고 탁자 위에서 흥정을 벌이고 있는 사람들의 모습을 생각해 보라. 성전 회계가 서랍으로 가서 돈을 꺼내어 유다에게 건네주고 있는 모습을 생각해보라. 유다와 산헤드린의 흥정이 서면으로 기록되었을까? 아마도 그렇지 않았을 것이다. 아무도 기록이 있는 서류를 원하지 않았을 것이다. 그러나 만약 기록된 서류가 있었을지라도 예수님을 넘겨받은 다음에는 그 서류를 폐기시켰을 것이다. 유다는 즉시 돈을 요구했음에 틀림없다. 그는 누구도 믿지 않았기 때문이다. 그는 그 돈을 쓰지 않고 몰래 감추고 있다가 마침내 그것을 준 사람들에게 내어던져 버렸다.

어떤 사람들은 돈의 출처를 궁금히 여긴다. 아마도 그 돈은 사람들로부터 모아진 것일 것이다. 과부의 두 렙돈조차 주님을 배반한 대가의 이 액수에 포함되었을 가능성이 있다. 산헤드린 공회원들이 토기장이의 밭을 살 때 사용된 그 돈의 행방은 어떻게 되었을까? 인간의 가치관이 너무나 변질되어 은이나 금으로도 살 수 없는 것들을 돈을 주고 사고 팔 정도니 얼마나 비극인가! 돈으로 얻을 수 없는 것들이 있다. 그것들은 평화, 자녀들, 참된 사랑, 그리고 생명과 같은 것이다. 그런데 여기 예수 그리스도의 생명 대신 돈을 요구하는 한 사람이 있는 것이다.

그러나 악마도 역시 이 장면에 등장한다(눅 22:3). 우리는 사탄이 스스로 그리스도가 되고자 하다가 적그리스도가 된 것을 기억한다. 하나님의 싸움은 악마를 대적하는 것이었다. 하나님께서 그의 아들을 보내셔서 여자의 몸에서 나게 하시고 유다의 족속으로 태어나게 하시자 사탄은 예수님의 인척 중의 한 사람을 통해 그리스도를 실패케 하려 했다. 예수님과 유다는 둘 다 유다 족속이므로 사탄은 "서로 대적하며 나누어진 집은 지탱할 수 없다"는 것을 잘 알고 그 족속 안에 분열을 책동하는 것이다. 사탄은 유다를 적그리스도의 후보자로 내세우고자 노력하고 있는 것이다.

역사적인 이 사실은 스가랴 11:12~13인 "내가 그들에게 이르되 너희가 좋게 여기거든 내 품삯을 내게 주고 그렇지 아니하거든 그만두라. 그들이 곧 은 삼십 개를 달아서 내 품삯을 삼은지라 여호와께서 내게 이르시되 그들이 나를 헤아린 바 그 삯을 토기장이에게 던지라 하시기로 내가 곧 그 은 삼십 개를 여호와의 전에서 토기장이에게 던지고"(개역개정)의 예언 성취이다. 십자가의 길은 예수님께서 즐거이 따른 길이지만 또한 예수님을 배반하는 그 모든 사건들이 예언 성취로 이루어지고 그리스도는 바로 그 예언들을 정확히 성취하고 계셨다.

구주 예수님의 야간 활동

그 당시 야간 활동은 흔히 있었던 관습이며 또한 삶의 방식의 하나였다. 예수님 역시 그가 어떻게 여러 밤들을 보내셨는가에 대해 통찰력을 주신다. 이 주제에 대한 일련의 연구에 관심 있는 사람을 위해 다음의 제목들을 열거한다.

① 밤에 가르침 - 니고데모(요 3:1~15)

② 밤에 축하 잔치 - 가나의 혼인잔치(10처녀의 비유)(요 2:1~11)

③ 밤에 변화되심 - 변화산에서(눅 9:28~36)

④ 밤에 연회를 베푸심 - 최후 만찬 때에(마 26:19~25)

⑤ 밤에 노래하심 - 겟세마네 동산으로 가는 도중(막 14:26)

⑥ 밤에 기도하심 - 겟세마네 동산에서(마 26:36~46)

⑦ 밤에 배반당하심 - 유다에게(마 26:47~50)

⑧ 밤에 부인되심 - 베드로에게(마 26:31~35, 69~75)

⑨ 밤에 버려지심 - 제자들에 의해(마 26:55~56)

⑩ 밤에 장사되심 - 요셉의 무덤에(막 15:42)

유 월 절

● 유월절 저녁식사와 유월절에 포함된 요소들

① 니산월 10일에 선택되어 14일 오후에 성전에서 죽임당한 한 마리 양

② 발효시키지 않은 빵

③ 이전에 조상들이 당한 고통의 괴로움을 상기하는 쓴 풀

④ 포도주

● 유월절 저녁식사는 만찬이었고 엄격한 종교예식이었다.

① 축복

② 포도주 잔

③ 무리의 손은 잔치를 베푸는 주인에 의해 씻겨졌고 그는 기도문을 암송했다.

④ 쓴 풀은 소스에 찍어 먹었다.

⑤ 양 고기는 다른 음식들과 함께 들여왔다.

⑥ 축복과 쓴 풀을 두 번째 먹음

⑦ 유월절의 기원에 대해 묻고 답하면서 두 번째 포도주 잔을 돌림(출 12:26)

⑧ 할렐의 첫 부분(시 113, 114편)이 축복과 함께 불려졌다

⑨ 지도자는 손을 씻고 쓴 풀에 발효시키지 않은 빵과 양고기 약간을 싸서 소스에 찍어 먹고 참석한 다른 사람을 위해서도 이 같은 빵조각을 만들었다.

* ⑩ 각 사람은 그가 좋아하는 것을 먹고 양고기 한 조각으로 마쳤다.

* ⑪ 손을 씻고 세 번째 포도주를 마셨다.

⑫ "할렐시"(the Hallel)의 두 번째 부분(시 115~118편)을 노래함으로 저녁식사를 마쳤다.[49)]

⑬ 네 번째 포도주 잔이 돌려졌다.

(별 표시[*]는 예수님께서 최후 만찬을 이 시점에서 시행하셨던 것으로 여기는 대목이다.)

7. 목요일, 유월절 잔치와 친교의 날, 두려운 사실들

유월절을 위한 준비(마 26:17~20; 참조, 막 14:12~17; 눅 22:7~13)

무교절의 첫날에 제자들이 예수께 나아와서 이르되 유월절 음식 잡수실 것을 우리가 어디서 준비하기를 원하시나이까 이르시되 성 안 아무에게 가서 이르되 선생님 말씀이 내 때가 가까이 왔으니 내 제자들과 함께 유월절을 네 집에서 지키겠다 하시더라 하라 하시니 제자들이 예수께서 시키신 대로 하여 유월절을

---

49) 할렐(Hallel)은 시 113-118편으로 구성되어 있다. 이 할렐은 유월절과 오순절 그리고 초막절에 낭송되었다. 예수님께서 제자들과 함께 마지막 만찬을 잡수실 때 이 할렐을 찬송하였을 것이다. 이 할렐 중 처음 두 편(시 113편, 114편)은 유월절 식사의 전반부에 불렀고 나머지 네 편(시 115-118편)은 식사 후에 불렀다. 참조, Robert Alden, 『시편』, vol. 3(서울: 나침반사, 1986), pp. 80-81.

준비하였더라 저물 때에 예수께서 열두 제자와 함께 앉으셨더니 (마 26:17-20, 개역개정).

① 지금의 사월인 니산월의 14일 발효되지 않은 빵을 먹는 첫날에 유월절을 기념했다. 유월절 제도는 출애굽기 12장에 기록되어 있다. 이 유월절이 마지막으로 기념될 공식적인 유월절이 되었다. 유월절은 하나님께서 이스라엘 백성들을 애굽의 억압으로부터 구원하심을 기념하는 절기이다. 이제 그리스도께서 세우실 이 새로운 절기는 죄의 구속으로부터의 구출을 기념하는 것이 된다.

제자들은 그리스도께 나아와 유월절 잔치를 어디에서 준비하기 원하시는 지를 물었다(마 26:17). 어떤 이들은 제자들이 이렇게 물은 사실을 해석하면서 예수님께서 이 수난 주간 기간에 바쁜 일정의 관계로 유월절 지키시는 것을 잊으셨을까봐 정중하게 예수님께 상기시킨 것이라고 생각한다. 유월절 절기는 일반적으로 가족들 사이에서 지켜졌다. 그러나 여기서는 혈통의 관계로 맺어진 가족보다는 하나님의 가족이 훨씬 더 제자들에게 가까운 것으로 예시된다. 왜냐하면 이 제자들 모두는 이 유월절 절기에 자신의 가족과 떨어져서 주님과 함께 유월절을 지키며 지내려 했기 때문이다.

② 제자들이 유월절 절기를 기념하는 것에 대해 주님께 물어야만 했다는 사실은 예수님께서 그들에게 절기에 관해 그때까지 아무 말씀도 하지 않으셨다는 사실을 말해준다. 아마도 두 가지 이유가 있을 것이다. 첫째, 무엇보다도 예수님은 반역자가 그를 유월절 연회가 열리고 있는 곳에서 배반하지 않도록 하기 위해 연회의 장소를 미리 알리시지 않았다고 생각된다.[50] 둘째, 주님은 마지막 유월절을 절대적으로 조용하게 지내시기를 원하셨다. 왜냐하면 이 연회는 제자들과 지낼 마지막 시간이며 따라서 아무런 방해도 받고 싶지 않으셨기 때문이다.

예수님은 십자가를 지시기 전에 제자들과 유월절을 지키시기 위해 제자들에게 유월절 준비를 지시하신다. 제자들이 성으로 들어가면 그곳에서 물동이를 지닌 남자를 만나게 될 것이다(눅 22:10). 원문에서는 바로 그 남자를 강조하고 있다. 그 이유는 의례히 여자가 물동이를 나르기 때문이다. 제자들은 이 남자에게 아무 말도 하지 않고 단지 그가 가는 곳으로 따라가기만

---

50) Ridderbos, *Matthew*, p. 477.

하면 되었다. 이 남자는 주를 따르는 사람이었던 것으로 보인다. 왜냐하면
제자들이 "선생님이 네게 하는 말씀이 내가 내 제자들과 함께 유월절을
먹을 객실이 어디 있느냐"(눅 22:11, 개역개정)라고 말했고 그는 이 선생님이
누구인지를 알아차렸던 것으로 여겨지기 때문이다. 이 사람은 "선생님 말씀
이 내 때가 가까이 왔으니"(마 26:18, 개역개정), 즉 고통과 죽음의 시간이
가까이 왔다는 말을 들었을 것이다. 분명히 그는 제자들이 이해하지 못했던
어떤 것, 즉 주님이 말씀하셨던 어떤 것을 알고 있었음에 틀림없다.[51] 두
제자(베드로와 요한, 눅 22:8)는 절기와 관련된 모든 일을 하도록 보냄을
받았다. 우리가 생각하기에 이 사람들이 모든 일을 구약의 절차를 따라
행했다면 이 사람들은 성전에 가서 유월절 양을 죽였을 것이다.

최후의 만찬에 관해 주의해야 할 생각들

어떤 이들은 때때로 왜 주님께서 빵과 포도주를 사용하셨는지에 대해
묻는다. 그 질문에 대한 대답은 두 가지이다. 빵은 양육을 위한 것이며
생명의 핵심이다. 포도주는 영감을 위한 것이며 생명의 기쁨을 가져다준다.
우리에게 주의 몸을 선물로 주심은 성만찬에서의 빵과 포도주처럼 예수님께
서 양육을 하시며 생명의 기쁨을 주시기 때문이다.

그러나 성만찬에는 또 하나의 측면이 있다. 최후의 만찬은 그리스도의
고통과 죽음, 즉 그의 비하의 표시로써 베풀어졌다. 그러므로 빵은 밀 낱알들
이 부서져서 불이나 열로 구워졌음을 나타낸다. 이와 같은 과정 후에는
이 요소들에 전혀 생명이 남겨져있지 않음을 말한다. 포도도 마찬가지로
부서지며 눌려져 포도주를 만든다.

우리는 단지 몇 사람이 아니라 거기 있었던 모든 사람들이 포도주를
마셨다는 것을 알 수 있다. 분명코 유다는 주님께서 포도주를 나누어 주실
때 이미 떠나고 그 자리에 없었을 것이다. 요한복음은 "유다가 그 조각을
받고 곧 나가니 밤이러라"(요 13:30, 개역개정)고 기록한다.

---

51) "내 때가 가까이 왔으니"(마 26:18)는 유월절 지키는 때에만 국한시켜 생각해서는 안 된다. 예수님이 말씀하신
"때"는 하나님께서 그에게 맡기신 일을 성취할 때 즉 십자가를 지실 때가 가까이 왔다는 뜻으로 이해해야
한다. Cf. Hendriksen, *The Gospel of Matthew*, p.904.

유월절 기념과 최후의 만찬(마 26:26~35; 막 14:22~31; 눅 22:14~23)
① 예수님께서 제자들의 발을 씻기심(요 13:4b~20)

> 저녁 잡수시던 자리에서 일어나 겉옷을 벗고 수건을 가져다가 허리에 두르시고 이에 대야에 물을 떠서 제자들의 발을 씻으시고 그 두르신 수건으로 닦기를 시작하여 시몬 베드로에게 이르시니 베드로가 이르되 주여 주께서 내 발을 씻으시나이까 예수께서 대답하여 이르시되 내가 하는 것을 네가 지금은 알지 못하나 이후에는 알리라 베드로가 이르되 내 발을 절대로 씻지 못하시리이다 예수께서 대답하시되 내가 너를 씻어 주지 아니하면 네가 나와 상관이 없느니라 시몬 베드로가 이르되 주여 내 발뿐 아니라 손과 머리도 씻어 주옵소서 예수께서 이르시되 이미 목욕한 자는 발밖에 씻을 필요가 없느니라 온 몸이 깨끗하니라 너희가 깨끗하나 다는 아니니라 하시니 이는 자기를 팔 자가 누구인지 아심이라 그러므로 다는 깨끗하지 아니하다 하시니라 그들의 발을 씻으신 후에 옷을 입으시고 다시 앉아 그들에게 이르시되 내가 너희에게 행한 것을 너희가 아느냐 너희가 나를 선생이라 또는 주라 하니 너희 말이 옳도다 내가 그러하다 내가 주와 또는 선생이 되어 너희 발을 씻었으니 너희도 서로 발을 씻어 주는 것이 옳으니라 내가 너희에게 행한 것 같이 너희도 행하게 하려 하여 본을 보였노라 내가 진실로 진실로 너희에게 이르노니 종이 주인보다 크지 못하고 보냄을 받은 자가 보낸 자보다 크지 못하나니 너희가 이것을 알고 행하면 복이 있으리라 내가 너희 모두를 가리켜 말하는 것이 아니니라 나는 내가 택한 자들이 누구인지 앎이라 그러나 내 떡을 먹는 자가 내게 발꿈치를 들었다 한 성경을 응하게 하려는 것이니라 지금부터 일이 일어나기 전에 미리 너희에게 일러둠은 일이 일어날 때에 내가 그인 줄 너희가 믿게 하려 함이로라 내가 진실로 진실로 너희에게 이르노니 내가 보낸 자를 영접하는 자는 나를 영접하는 것이요 나를 영접하는 자는 나를 보내신 이를 영접하는 것이니라 (요 13:4-20, 개역개정).

    사랑의 제자 요한만이 요한복음 13:4~20에서 주님의 이 비하의 경험을 유일하게 기록한다. 이 경험은 주님께서 제자들에게 자신의 죽음을 앞두고 섬김과 겸손을 가르치시기 위해 행하신 것이며, 예수님께서는 그들을 위해 지극히 낮아지셔서 그들의 발을 씻기셨다. 예수님이 제자들의 발을 씻기신 사건은 두 가지 의미를 가지고 있다. 첫째는 예수님의 십자가상의 죽음을 눈앞에 둔 상황에서 예수님께서 제자들의 발을 씻기신 것은 예수님의 죽음이 그에게 속한 사람들을 영적으로 깨끗하게 하는 사건임을 가르쳐 준다(요 13:1~11). 둘째는 예수님이 제자들의 발을 씻기심으로 십자가의 죽음을 통해 성취하신 그리스도의 공동체 내에서는 섬김의 사역이 그 본질임을 가르치고 있다(요 13:12~20).[52]

    발을 씻기는 일은 누구의 책임이었는가? 누가 주인이었는가? 우리는 그리스도께서 유월절 준비를 위해 두 제자들을 보내셨다는 것을 기억한다. 제자들은 발을 씻는 것을 포함하여 유월절 기념에 필요한 상세한 내용들을 준비했어야 했다. 그러나 여기 다락방 안에 있는 어느 누구도 다른 사람의 발을 씻기려 하지 않았다. 그러므로 주님께서 자원하셔서 이를 행하셔야만

---

52) John W. Pryor, *John : Evangelist of the Covenant People* (Downers Grove: IVP, 1992), p. 59.

했다. 사실상 바빙크(J.H. Bavinck)는 예수님의 발 씻기시는 사건과 누가복음 22:24~27을 연결시킨다. 누가복음 22:24~27에서 우리는 하나님 나라에서 가장 큰 자가 누구인지에 대해 다투는 제자들을 보게 된다. 주님은 진실로 위대한 것을 보여 주기 위해 제자들의 발을 씻기신다.[53]

비록 발을 씻기는 것이 사랑하는 주인의 의무에 포함되었다 할지라도 실제로는 율법으로도 바리새인의 전통에 의해서도 명령되지 않았다. 그리스도의 행동은 하나의 모범이었다. 그리스도의 말씀은 "내가 너희에게 행한 것같이 너희도 행하게 하려 하여 본을 보였노라"(요 13:15, 개역개정)이다.

우리는 몇 가지 점을 주시해야만 한다.

첫째, 우리는 예수 그리스도의 비하에서 제자들이 맡았던 역할이 얼마나 큰가를 알아야 한다. 예수님의 대적이 그에게 모욕하는 것도 대단히 나쁜데 비록 고의적인 것은 아니었다 하더라도 친구들이며 사랑하는 사람들조차 그랬다면 더욱 더 나쁜 것이었다. 확실히 가장 훌륭한 사람이라도 구원을 필요로 하는 죄인들이었다.

둘째, 우리가 아는 한 이는 예수님께서 제자들의 발을 씻기셨던 유일한 시간이다. 오늘날 발을 씻겨야 할 필요성에 관한 질문이 생긴다. 그 질문에 대한 대답은 오직 이 성경구절의 정신을 따라 진행되어야만 한다는 것이다. 우리들이 형제에 대한 사랑과 겸손의 본으로 형제들의 발을 씻기는 것은 전적으로 옳을 것이다. 우리 시대에 특별히 큰 죄 중의 하나는 교만이기 때문에 우리 모두가 서로의 발을 씻기는 것은 가장 만족스러운 경험이 될 것이다.

셋째, 우리가 발 씻는 행위를 성례전의 의식으로 만들 위험이 있었기 때문에 예수님께서 이 행위를 명령하지 않으셨다. 예수님은 발 씻는 행위를 성례전으로 만들기를 원치 않으셨다.

이 대화 가운데는 베드로에 대한 강조가 있다. 의심의 여지없이 베드로는 다른 제자들의 발을 씻기시는 주님을 바라보고 또한 예수님이 이런 천한 일을 그들에게 행하는 것을 그대로 허용하는 제자들에 대해 놀라고 있었다. 주님이 베드로의 발을 씻을 차례가 되었을 때 베드로는 "내 발을 절대로 씻지 못하시리이다"(요 13:8, 개역개정)라고 말한다. 그때에 예수님은 베드로

---

53) 공관복음의 기록 중 예수님께서 제자들의 발을 씻기신 정신을 가장 근접하게 나타내는 기록은 누가복음 22:24-27의 내용이다. 누가는 제자들이 서로 누가 크냐고 다툴 때 예수님께서 "나는 섬기는 자로 너희 중에 있노라"(눅 22:27)라고 가르치신 사실을 전하고 있다.

에게 "내가 너를 씻어 주지 아니하면 네가 나와 상관이 없느니라"(요 13:8, 개역개정)라고 말씀하신다. 예수님이 제자들의 발을 씻는 행위는 그의 대속적 죽음을 통해 이루시고자 하는 "위대한 정결"을 비유적으로 설명하고 있다. 제자들은 예수님의 대속적 죽음으로 죄의 용서를 받을 수 있을 뿐만 아니라 영원한 왕국에 예수님과 함께 참여하게 될 것이다.[54]

예수님이 제자들의 발을 씻으신 사건은 예수님의 죽음과 부활 그리고 오순절 성령 강림 사건과 연계하여 고찰해야 한다. 제자들은 오순절 성령 강림이 있은 후에야 예수님이 그들의 발을 씻으신 행위의 뜻을 깨달았다. 예수님은 이 사건을 통해 자신이 겸손한 종이셨음을 깨닫게 해 주었다. 갈보리 이 편에서 제자들은 여전히 그들 마음속에 육체적인 생각을 갖고 있었기 때문에 그들은 주님의 행동을 이해하지 못했다. 갈보리 저편에 선 제자들은 성령의 도우심으로 예수 그리스도의 "죽기까지" 비하하신 의미를 깨닫게 된다. 또한 주님은 제자들의 발을 씻으신 사건을 통해 자신이 하시고자 하는 일에 순종하기를 거부하는 자는 누구나 주님과 관계가 없다고 말씀하고 계신다.

주목해야 할 또 하나의 생각은 성만찬에 참여하기 전에 사람이 깨끗이 씻음을 받아야 한다는 점이다. 성만찬은 사람을 구원하지 못한다. 성만찬 자체는 구원하는 은혜를 나누어 주지 못하지만 믿음을 강화시키는 것이다. 이는 하나의 성례전이며 예수 그리스도 안에서 그리고 예수 그리스도를 통해서 우리가 소유하고 있는 믿음을 강하게 하는 은혜의 수단인 것이다. 우리는 깨끗함을 받는다는 의미에서 예수 그리스도에 의해 계속적으로 씻음을 받을 필요가 없다. 우리가 한 번 씻음을 받았으면 영구히 깨끗해진 것이다. 왜냐하면 예수 그리스도의 피가 죄로부터 인간을 계속해서 씻어 주시기 때문이다.

예수님의 발 씻는 행위와 관련하여 또 하나의 요점은 주님께서 모든 사람의 발을 씻어주었다 할지라도 누구나 다 깨끗해진 것은 아니라고 말씀하시는 것이다. 바꾸어 말하면 외적 상징은 내부로부터 상응하는 응답이 있어야만 한다. 여기서 예수님께서는 제자들 중의 한 사람이 그를 배반하려 한다는 것을 나타내 보여주신다. 예수님은 "나는 내가 택한 자들이 누구인지 앎이라 그러나 내 떡을 먹는 자가 내게 발꿈치를 들었다 한 성경을 응하게 하려는

---

54) G. R. Beasley-Murray, *John*(*WBC*), p. 234.

것이니라"(요 13:18, 개역개정)고 말씀하심으로 제자들 중에서 그를 배반할 자가 있을 것임을 예고하신다.

② 반역자의 노출(요 13:21~30)

> 예수께서 이 말씀을 하시고 심령에 괴로워 증언하여 이르시되 내가 진실로 진실로 너희에게 이르노니 너희 중 하나가 나를 팔리라 하시니 제자들이 서로 보며 누구에게 대하여 말씀하시는지 의심하더라 예수의 제자 중 하나 곧 그가 사랑하시는 자가 예수의 품에 의지하여 누웠는지라 시몬 베드로가 머릿짓을 하여 말하되 말씀하신 자가 누구인지 말하라 하니 그가 예수의 가슴에 그대로 의지하여 말하되 주여 누구니이까 예수께서 대답하시되 내가 떡 한 조각을 적셔다 주는 자가 그니라 하시고 곧 한 조각을 적셔서 가룟 시몬의 아들 유다에게 주시니 조각을 받은 후 곧 사탄이 그 속에 들어간지라 이에 예수께서 유다에게 이르시되 네 하는 일을 속히 하라 하시니 이 말씀을 무슨 뜻으로 하셨는지 그 앉은 자 중에 아는 자가 없고 어떤 이들은 유다가 돈궤를 맡았으므로 명절에 우리가 쓸 물건을 사라 하시는지 혹은 가난한 자들에게 무엇을 주라 하시는 줄로 생각하더라 유다가 그 조각을 받고 곧 나가니 밤이러라 (요 13:21-30, 개역개정).

첫째, 그리스도께서 반역자를 드러내시는 방법에 주목하라. 예수님은 "너희 중의 한 사람이 나를 팔리라"(마 26:21, 개역개정)고 말씀하신다. 이때 제자들은 근심하면서 "주여 나는 아니지요?"(마 26:22)라고 묻는다. 그 질문에 대한 답변으로 그리스도께서는 보다 구체적으로 나타내시면서 지명해서 말씀하신다. "열둘 중의 하나 곧 나와 함께 그릇에 손을 넣는 자니라"(막 14:20, 개역개정; 요 13:26). 그렇게 말씀하신 후 그리스도는 그를 팔 자가 누군지를 더 나타내시기 위해 빵조각 하나를 적셔다가 가룟 유다에게 건네주신다. 마태복음 26:25은 유다가 이즈음에 "랍비여 나는 아니지요?"(마 26:25)라고 질문한 사실을 기록한다. 이와 관련하여 예수님께서는 반역자에게 화가 미칠 것을 말씀하신다(마 26:24; 눅 22:22). "인자는 이미 작정된 대로 가거니와 그를 파는 그 사람에게는 화가 있으리로다"(눅 22:22, 개역개정). 유다에게 이 마지막 시간에서조차 회개의 기회가 주어졌다. 그러나 예루살렘이 회개하지 않은 것처럼 유다는 회개하지 않았다. 예수님은 여기서 하나님의 작정과 인간의 책임을 동시에 말씀하신다. 한 쪽이 다른 쪽을 희생시키지 않으면서 조화를 이루어 성취된다. 예수님이 하나님의 작정대로 고난의 심연으로 내려가셨을 때 예수님은 그를 배반한 배반자의 결국을 생각하시면서 "그 사람은 차라리 태어나지 아니하였더라면 제게 좋을 뻔하였느니라"(마 26:24, 개역개정)라고 말씀하신다.[55]

둘째, 유다의 정체가 그리스도에 의해 드러났지만 제자들은 그때까지도 상황을 파악하지 못하고 있었다. 이 일은 왜 행해졌는가? 목적은 두 가지일 수 있다. 첫째, 그때는 아직 은혜의 날이요 은혜의 시간이었기 때문에 유다에게 최고의 은혜를 베풀고 있는 것이다. 둘째, 모든 것을 지배하셨던 그리스도께서 그의 허용적 의지를 통해 유다를 놓아주어 유다가 바라던 것을 실행에 옮길 수 있도록 하시기 위함일 수 있다. 왜냐하면 그리스도께서는 모든 상황을 주관하시기 때문에 그의 시간이 이르기 전에 배반당하거나 죽임을 당할 수 없었기 때문이다. 물론 이 두 견해 중에 두 번째 견해가 바른 견해이다. 예수님은 정해진 때에 따라 모든 것을 허용하시고 또 시행에 옮기셨다.

셋째, 그러나 많은 사람들이 쉽게 알고 있는 것보다 여기에는 더 깊은 의미가 있다. 역사 속에서 이 고통스러운 행위를 설명하는 것은 그리 간단하지 않다. 우리는 요한복음 13:21에서 예수님의 심령이 민망했음을 안다. 우리는 예수님께서 자기 자신을 인간 예수로 묘사하고 있음을 안다. 인간 예수는 우리들의 죄 때문에 고통을 당하셔야만 했다. 그러나 유다의 이 사악한 행위는 그리스도에게 깊은 고뇌를 안겨 주었다. 요한복음은 유다가 나간 시간을 밤으로 묘사한다(요 13:30). 그 때는 배반의 밤이요 어두움의 세력에 속한 시간이었다(눅 22:53). 예수님은 제자들에게 너무 늦기 전에 빛을 따르고 빛을 믿으라고 반복적으로 권면한바 있다(참조, 요 9:4; 11:10; 12:35). 그런데 유다는 빛을 떠나 어두움으로 나갔다.[56]

넷째, 동산을 향해 가시기 전, 그리스도는 영혼의 깊고 깊은 고뇌 속에서조차도, 그리고 비록 그 앞에 죽음이 놓여있을지라도 하나님의 뜻과 그의 길 안에 있는 사람들이 찬송가를 부른다. 그들의 마음속에는 참된 기쁨이 있고 그 즐거움은 노래로써 표현된다(마 26:30; 막 14:26).

---

55) Ridderbos, *Matthew*, p. 480.

56) Herman Ridderbos, *The Gospel of John: A Theological Commentary* (Grand Rapids: Eerdmans, 1997), p. 473;

제17장

고통의 친교

1. 서론

전장(16장)에서 이미 목요일에 발생한 사건의 일부를 언급했다. 그런데 본 장에서 좀 더 언급하기를 원하는 이유는 예수님의 겟세마네의 고뇌가 인간의 지혜로는 그 깊이를 이해할 수 없기 때문이다. 그리고 예수님께서 받으신 고통은 바로 성도들이 받아야 할 고통이다.

예수님의 때

가나의 혼인 잔치에서 그리스도께서는 "내 때가 아직 이르지 아니하였나이다"(요 2:4, 개역개정)라고 말씀하셨다. 요한복음 2 장의 "내 때"는 예수님께서 물로 포도주를 만들 때를 가리키는 것이다. 예수님은 무슨 일을 하실 때 정해진 때에 따라 그 일을 시행하신다. 그러나 이제 그가 구속을 성취할 때가 가까이 오고 있다. 예수님께서 그때를 이렇게 대치하고 있는지 주목해 볼 필요가 있다. 누가복음 22:53에서 그는 "그러나 이제는 너희 때요, 어둠의 권세로다"(개역개정)라고 말씀하신다. 그의 때가 충분히 이르기 전(어떤 의미에서는 이것도 그의 때이다) 어두움이 충분한 세력을 갖는 때가 있음에 틀림없다. "이제는 너희 때요"란 무슨 의미인가? 이는 가룟 유다, 대제사장들, 서기관들, 바리새인들, 어두움의 세력 즉 사탄과 그의 무리들이 그리스도를 가장 격렬하게 적대할 때인 것이다. 그때에 예수님께서는 침묵하실 것이다. 예수님은 목소리를 높이지 않고 죽음에 이르기까지 순종하실 것이며 (빌 2:8), 반대로 세상은 자신들이 바랐던 승리의 시간을 축하하게 될 것이다. 마치 세상이 승리하고 예수님이 패배한 것 같다. 하지만 예수님은 자신의 죽음으로 인간을 옥죄고 있는 죽음을 정복하실 것이다. 이와 같은 방법으로 예수님은 우리를 위해 죄를 정복하고 승리를 얻으셨다.

홀로 당하셔야 할 고통

겟세마네 동산에서의 사건에 접하면서 우리는 그리스도의 고통과 죽음의 깊이를 맛보게 된다. 아무도 예수님의 겟세마네 동산의 고통을 도울 수 없다. 겟세마네 동산의 고통은 예수님 홀로 겪으셔야 한다. 그 고통은 우리의 죄 문제를 해결하는 고통이요 고난이기 때문이다. 그런데 이때에 예수님은 인간적인 우정을 빼앗긴다. 그의 적과 마찬가지로 그의 친구들도 한 사람씩 그에게서 떠나 그를 버린다. 예수님께서 십자가의 길을 홀로 걸으셔야 할 정도로 주위에서 그를 변호해 줄 친구가 한 사람도 없었다. 인간의 눈으로 볼 때 예수님이 가신 길은 실패요, 죽음이다. 그러나 실제로 그것은 승리의 길이었다. 죽음과 패배를 통해 인간에게 승리를 가져다주신 것은 하나님의 새롭고도 특별한 방법이다. 하나님의 방법은 신묘불측(新妙不測)하여 사망을 사망으로 정복하신다(고전 15:54-56).

하나님의 외면

십자가 사건을 이해하는데 있어서 보다 더 중대한 사실은 인간만이 예수님을 버리신 것이 아니라 하나님께서 그의 노를 아들에게 부으셨다는 사실이다. 그는 "인간에게 멸시받고 거절되었을"(사 53:3) 뿐만 아니라 "하나님의 버린 바" 된다. 이사야 선지자는 "그는 징벌을 받아 하나님께 맞으며 고난을 당한다"(사 53:4, 개역개정)라고 예언했고 예수님은 십자가상에서 "나의 하나님, 나의 하나님, 어찌하여 나를 버리셨나이까"(마 27:46, 개역개정)라고 큰소리로 외치셨다. 이와 같은 일은 역사상 결코 일어난 적이 없다. 그러나 이제 일어나고 있다. 이는 하나님께서 우리가 하나님의 자녀로 불리도록 구원하기 위해(요 1:12) 그의 아들을 버리시는 새로운 사실이다.

2. 목요일, 겟세마네 동산에서의 고통과 체포되심(마 26:36~56; 참조, 막 14:32~52; 눅 22:40~54; 요 18:2~12)

이에 예수께서 제자들과 함께 겟세마네라 하는 곳에 이르러 제자들에게 이르시되 내가 저기 가서 기도할 동안에 너희는 여기 앉아 있으라 하시고 베드로와 세베대의 두 아들을 데리고 가실새 고민하고 슬퍼하사 이에 말씀하시되 내 마음이 매우 고민하여 죽게 되었으니 너희는 여기 머물러 나와 함께 깨어 있으라 하시고 조금 나아가사 얼굴을 땅에 대시고 엎드려 기도하여 이르시되 내 아버지여 만일 할 만하시거든 이 잔을 내게서 지나가게 하옵소서 그러나 나의 원대로 마시옵고 아버지의 원대로 하옵소서 하시고 제자들에게 오사 그 자는 것을 보시고 베드로에게 말씀하시되 너희가 나와 함께 한 시간도 이렇게 깨어 있을 수 없더냐 시험에 들지 않게 깨어 기도하라 마음에는 원이로되 육신이 약하도다 하시고 다시 두 번째 나아가 기도하여 이르시되 내 아버지여 만일 내가 마시지 않고는 이 잔이 내게서 지나갈 수 없거든 아버지의 원대로 되기를 원하나이다 하시고 다시 오사 보신즉 그들이 자니 이는 그들의 눈이 피곤함일러라 또 그들을 두시고 나아가 세 번째 같은 말씀으로 기도하신 후 이에 제자들에게 오사 이르시되 이제는 자고 쉬라 보라 때가 가까이 왔으니 인자가 죄인의 손에 팔리느니라 일어나라 함께 가자 보라 나를 파는 자가 가까이 왔느니라 말씀하실 때에 열둘 중의 하나인 유다가 왔는데 대제사장들과 백성의 장로들에게서 파송된 큰 무리가 칼과 몽치를 가지고 그와 함께 하였더라 예수를 파는 자가 그들에게 군호를 짜 이르되 내가 입맞추는 자가 그이니 그를 잡으라 한지라 곧 예수께 나아와 랍비여 안녕하시옵니까 하고 입을 맞추니 예수께서 이르시되 친구여 네가 무엇을 하려고 왔는지 행하라 하신대 이에 그들이 나아와 예수께 손을 대어 잡는지라 예수와 함께 있던 자 중의 하나가 손을 펴 칼을 빼어 대제사장의 종을 쳐 그 귀를 떨어뜨리니 이에 예수께서 이르시되 네 칼을 도로 칼집에 꽂으라 칼을 가지는 자는 다 칼로 망하느니라 너는 내가 내 아버지께 구하여 지금 열두 군단 더 되는 천사를 보내시게 할 수 없는 줄로 아느냐 내가 만일 그렇게 하면 이런 일이 있으리라 한 성경이 어떻게 이루어지겠느냐 하시더라 그 때에 예수께서 무리에게 말씀하시되 너희가 강도를 잡는 것 같이 칼과 몽치를 가지고 나를 잡으러 나왔느냐 내가 날마다 성전에 앉아 가르쳤으되 너희가 나를 잡지 아니하였도다 그러나 이렇게 된 것은 다 선지자들의 글을 이루려 함이니라 하시더라 이에 제자들이 다 예수를 버리고 도망하니라 (마 26:36–56, 개역개정).

"때"의 가까움을 보신 예수님

마태복음 26:36~56은 겟세마네의 사건을 전한다. 예수님은 최후의 만찬을 드신 다락방에서 겟세마네 동산으로 자리를 옮기신다(마 26:18~30). 왜 예수님께서 겟세마네 동산으로 옮기셨을까? 그 이유를 몇 가지로 생각해 볼 수 있다.

첫째, 예수님은 당국자들이 자신을 체포 할 때 다락방 주인이 피해 입지 않도록 배려하신 것이다.[1] 예수님이 다락방에 그대로 남아 계시면 다락방 주인도 같은 무리로 오해 받아 피해를 입게 될 것이다.

둘째, 예수님은 기도와 묵상과 고통을 위한 준비를 위해 은밀한 장소를 갖기 원하셨음에 틀림없다. 그의 백성의 죄 문제를 해결하실 구속 성취의 사건이 눈앞에 다가왔기 때문에 기도와 묵상으로 준비하시기 원했다(마 26:42).

셋째, 겟세마네는 예수님을 위한 고통의 장소였고 예수님께서 하나님과 대면하여 홀로 있어야 할 곳이었다. 겟세마네의 고통과 십자가의 고통은

---

[1] 예수님께서 유월절 잡수실 장소를 준비하시면서 "성안 아무에게 가서 이르되 선생님 말씀이 내 때가 가까이 왔으니 내 제자들과 함께 유월절을 네 집에서 지키겠다 하시더라 하라"(마 26:18, 개역개정)고 말씀하신 것으로 보아 다락방 주인과 예수님은 서로 아는 사이였을 것이다. 예수님은 자신 때문에 동료 친구가 피해 보는 것을 원치 않았을 것이다.

예수님이 홀로 짊어 지셔야 한다(마 26:42 참조).

겟세마네는 기드론 골짜기 바로 위 감람산의 서쪽 기슭에 위치해 있었다. 이곳이 보통 전통적인 자리이나 실제 자리는 정확히 알려져 있지 않다. 이곳은 "기름 짜는 곳(oil press)"으로 알려진다.

겟세마네의 고뇌

① 겟세마네의 고뇌는 막대했음이 틀림없다. 왜냐하면 그리스도께서 죽음의 맛을 본 곳 중의 하나가 바로 이곳이기 때문이다. 그리고 여기서 더 이상 낮아질 수 없는 비하의 사건이 발생한 것이다. 여기서 그리스도께서는 얼굴을 땅에 대시고 엎드렸고 이로써 시편 기자가 시편 22:6에 "나는 벌레요, 사람이 아니라" 고 표현한 예언이 성취된 것으로 보인다. 이 동산에서 그리스도께서는 죄로 인한 고통의 쓴 잔을 적어도 일부 마셨다. 여기서 그는 이렇게 기도하셨다. "내 아버지여 만일 할 만하시거든 이 잔을 내게서 지나가게 하옵소서. 그러나 나의 원대로 마시옵고 아버지의 원대로 하옵소서"(마 26:39, 개역개정). 이 말씀은 우리들의 죄로 인해 가장 깊은 번민을 겪고 계시는 인간 예수님의 고통을 묘사한 것이다. 만일 우리들이 예수님에게서 우리와 가장 닮은 부분을 발견하기 원한다면 겟세마네에서의 예수님의 모습이 바로 그것이다. 예수님께서 겟세마네에서 겪으신 고뇌와 슬픔을 우리 인간으로서는 짐작하기 어렵지만 인간적인 차원에서 상상해 볼 수는 있다. 예수님은 다가오고 있는 사건을 두려워했음에 틀림없다. 예수님은 그가 겪을 두려운 고난을 이미 그의 마음으로 경험하고 있는 것이다(마 26:39). 이 점에서 예수님은 모든 면에서 우리와 같으신 분이시다(빌 2:7; 히 4:15; 5:7). 예수님은 연약성과 외로움으로 휩싸일 수밖에 없었으며 고난의 절정을 겪게 되셔야만 한 것이다. 하나님과의 교제관계에 있었을지라도 예수님은 고난과 죽음 그리고 저주에서부터 피할 수가 없었던 것이다. 그가 당해야 할 고난은 하나님께서 정해 놓으신 마땅한 귀결이었다. 우리는 여기서 그리스도가 당한 측량할 수 없고 신비스러운 그의 고난의 배경을 보는 것이다.[2]

② 겟세마네에서 또 하나의 보다 아름다운 장면은 이 같은 극심한 위기

---

2) Ridderbos, *Matthew* (*Bible Student's Commentary*), pp. 488-489.

속에서도 예수님께서는 기도하셨다는 것이다. 예수님께서는 그의 제자들에게 "그가 기도할 동안" 머물러 깨어 있으라고 말씀하셨다(마 26:38, 40). 예수님은 아버지 하나님께 대한 순종을 잠시라도 잊지 않고 "내 아버지여 할 만하시거든"(마 26:39)이라는 조건을 붙여 "이 잔을 내게서 지나가게 하옵소서"(마 26:39)라고 기도하셨다.

"이 잔"은 무엇을 뜻하는가? 실제로 이 잔은 그가 겪을 고통과 다가올 죽음이었다. "이 잔"은 예수님이 우리 대신 받으셔야할 심판의 세례였다(눅 12:49~51). 하나님은 예수님께서 선과 악을 위해 십자가를 지도록 허락하셨다. 그리스도가 십자가를 지신 것은 구원 받을 자를 위해서는 선한 일이었다. 예수님은 선한 일을 이루시기 위해 십자가의 고통을 겪으셨다. 반면 그리스도가 십자가를 지신 것은 죄의 값을 치른 것이었다. 예수님은 악을 스스로 담당하신 것이다. 겟세마네에서의 기도가 고뇌의 기도였던 사실은 "그는 육체에 계실 때에 자기를 죽음에서 능히 구원하실 이에게 심한 통곡과 눈물로 간구와 소원을 올렸고 그의 경건하심으로 말미암아 들으심을 얻었느니라"는 히브리서 5:7(개역개정)의 말씀에서 그 깊이를 찾을 수 있다. "이 잔"은 예수님께서 겟세마네 동산에서 느끼신 고뇌와 그의 앞에 놓여 있는 고난의 십자가를 뜻한다.[3]

예수님께서 높은 자리를 구하는 세베대의 아들 야고보와 요한에게 "내가 마시는 잔을 너희가 마실 수 있으며 내가 받는 세례를 너희가 받을 수 있느냐"(막 10:38, 개역개정)라고 말함으로 십자가 죽음을 당하기 훨씬 이전에 예수님께서 십자가의 고난을 내다보고 있었음을 증서 해 준다. 겟세마네의 기도는 예상했던 그 "잔" 곧 그 "세례"를 앞에 두고 예수님께서 그의 인성의 연약성 가운데서 하나님의 계획 수행을 위해 자신을 하나님께 내어 맡긴 그런 강렬한 기도였다.[4]

③ 그리스도께서는 십자가의 고통을 내다보시면서 기도하실 때 얼마나 인간의 우정을 찾으셨던가! 그는 그를 도와줄 친구들을 원하셨으나 이것조차 제자들이 깊이 잠이 들어버림으로써 거절되고 말았다. 그는 홀로 십자가의 고통의 무게를 감당하셔야만 하셨다. 우리는 여기서 "모두 주를 버릴지라도

---

3) Ridderbos, *Matthew*, p. 489.
4) *Ibid.*

나는 결코 버리지 않겠나이다"(마 26:33, 개역개정)라고 했던 베드로의 장담이 이루어지지 않았음을 알게 된다. 왜냐하면 베드로 역시 자고 있었기 때문이다.

④ 어떤 저자는 동산에서 그리스도를 체포하는 모든 행동이 유다가 꾸민 것이라고 말한다. 그는 군병과 경비대와 함께 와서 예수님에게로 다가가 입을 맞춘다. 이 모든 행동을 통해 그는 여전히 그리스도의 친구라는 인상을 남겨놓고자 한다. 그 이유는 무엇인가? 유다가 그리스도에게 입 맞춘 것은 예수를 체포하는데 실수가 없게 하기 위해서였다. 유다는 친구 되는 표식으로 예수님을 배반한 것이다. 겟세마네의 고뇌는 친구의 배반으로, 더욱이 제자의 배반으로 더 한층 고조된다.

체포된 예수님

① 로마인들은 수많은 유대인들이 유월절을 기념하기 위해 방방곡곡에서 모였을 때의 소요사태를 두려워했기 때문에 그들은 예루살렘에 많은 군인들을 보냈다. 성전 근처 안토니오 요새에 주둔한 군인들의 숫자는 600명 가량 되었다. 물론 600명 모두 동산에 온 것은 아니나 우리는 매우 많은 숫자의 병사들이 동산에 왔다는 인상을 받는다. 실제로 예수님께 왔던 사람들은 두 무리였다. 한 무리는 검을 지닌 로마의 군인들이었고 또 한 무리는 막대기와 몽치를 가지고 온 성전 수비대였다. 유대의 수비대들은 로마에 반기를 들지 못하도록 로마인들처럼 무장할 수 없었던 것 같다(눅 22:52; 요 18:3).

② 이때 예수님께서는 자신을 방어하려는 대신 자신을 잡아가도록 허락하신다. 우리는 그 이유를 마가복음 14:49(개역개정)에서 읽는다. "이는 성경을 이루려 함이니라." 그리스도께서는 이제 잔을 받으시며 이사야 53장에 묘사된 고난의 종으로 고통과 죽음에 자신을 내맡기고 있는 것이다. 체포의 일은 신속히 진행되었다. 유다는 그리스도에게 입 맞췄을 뿐만 아니라 이때 희생제물을 확실하게 지목해 주기 위해서 "다정하게 예수님에게 입 맞추었다."[5] 그리스도께서 그들이 찾고 있는 자가 바로 자신임을 인정하자 군인들은 갑자기 뒤로 물러나 땅에 엎드러질 정도로 놀랐다(요 18:6). 다른 때는 예수님께서 그들의 손아귀에서

---

5) 마 26:49과 막 14:45에서 사용한 κατεφίλησεν 은 καταφιλέω 의 부정과거 형으로 그 뜻은 "다정하게 입 맞추다" 혹은 "모든 표현의 애정을 담아 입 맞추다" 이다. Cf. Horst Balz and Gerhard Schneider, *Exegetical Dictionary of the New Testament,* vol 2 (Grand Rapids: Eerdmans, 1991), p. 270.

피하셨지만 이번에는 그들로 자신을 잡아가도록 허락하신다.

③ "이제는 자고 쉬라 보라 때가 가까이 왔으니 인자가 죄인의 손에 팔리우느니라"(마 26:45, 개역개정; 막 14:41). "이제는 자고 쉬라"(καθεύδετε τὸ λοιπὸν καὶ ἀναπαύεσθε)는 명령형으로 번역할 수도 있고 질문형으로 번역할 수 도 있다.6) 명령형을 살리면 "이제는 자라 그리고 쉬어라"로 번역할 수 있다. 명령의 뜻으로 번역을 하면 본문의 뜻이 다분히 냉소적인 의미를 가지게 된다. 이처럼 명령형으로 번역하면 예수님께서 "이제는 모두 끝났다. 이제는 너희들도 쉴 수 있게 되었구나"라는 의미로 말씀하신 것이다. 그러나 이렇게 번역하면 그 뒤에 따라 나오는 말씀과 잘 조화되지 않는다. 그러나 "이제는 자고 쉬라"를 "지금도 자고 쉬고 있느냐?"라고 질문형으로 번역하면 뒤에 따라 나오는 "보라 때가 가까이 왔으니 인자가 죄인의 손에 팔리느니라"와 잘 어울린다. 본 구절의 번역을 명령형보다는 질문형으로 하는 것이 문맥에 비추어 볼 때 더 잘 어울린다.7)

④ 그리스도를 방어하는 베드로를 보라. 여기서 그는 확실히 용감하지만 그러나 그의 행동은 잘못된 것이다. 누가복음 22:38에서 우리는 제자들의 손에 두개의 검이 있었고 주님께서는 족하다고 말씀하신 것을 안다. 누가복음 22:49은 제자들이 그리스도에게 검으로 치리이까 묻고 있으나 베드로는 그리스도의 대답을 기다리지 않았다는 사실을 알려준다. 즉각 그는 검을 꺼내 분노와 힘을 다해 내리치고 두개골을 쪼개는 대신에 한쪽을 스치면서 그 종의 귀를 자른다.

첫째, 그리스도께서 그의 제자들을 어떻게 보호하셨는가? 앞에서 마치 "나를 데려가라 그러나 내 제자들은 가게 하라"고 말씀하시는 것처럼 "내가 그니라"고 말씀하셨다. 이제 예수님께서는 종의 귀를 낫게 해주신다.

둘째, 이 기적은 제자들을 보호하시는 것으로 해석될 수 있다. 결국 이

---

6) καθεύδετε는 현재, 명령형으로 사용될 수 있고, 현재, 직설법으로 질문을 위해 사용될 수 있다. 명령형으로 번역하면 "So then, go on sleeping and take your rest. Behold, the hour is at hand, and the Son of man is betrayed into the hands of sinners."라고 할 수 있고, 질문형으로 번역하면 "Are you still sleeping and taking your rest? Behold, the hour is at hand, and the Son of man is betrayed into the hands of sinners."(RSV)라고 할 수 있다.

7) 명령형으로 번역한 역본은 AV, RV, ASV, 개역한글(이제는 자고 쉬라), 표준성경(이제는 자고 쉬어라) 표준새번역(남은 시간을 자고 쉬어라) 등이며, 질문형으로 번역한 역본은 RSV, NEB, NIV,(Are you still sleeping and resting?), NASB(Are you still sleeping and taking your rest?), 공동번역(아직도 자고 있느냐?), 새번역(아직도 자느냐? 아직도 쉬어야 하느냐?) 등이다.

사람은 누군가가 그의 귀를 잘랐다고 제자들에 대해 불평을 하게 될 것이다. 그러나 증거가 없어진 이상 그는 고소할 수 없게 되었다.

로마인들은 유대인들이 무장하도록 허락하는데 그리 자유롭지 못했다. 그래서 유대 수비대조차 망치와 막대기만을 가지고 다녔다. 어떤 특별한 경우 예를 들어 밤 같은 경우에 시민들은 자신의 보호를 위해 무기를 지닐 수 있었을지 모른다. 어느 누구도 제자들이 검을 소유한 사실에 대해 문제 삼지 않는다. 그러므로 제자들이 검을 소유한 사실은 불법이 아니었다.

⑤ 겟세마네 동산에서의 슬픈 이야기와 이 체포의 사건은 눈으로 직접 목격한 사람으로부터 나온 듯하다. 물론 어느 누구도 동산에서 그리스도께서 겪은 고통을 실제로 보지 못했기 때문에 상세한 내용이 더 첨가되어야만 하지만 다른 내용들은 그곳에 있었던 사람의 증언임에 틀림없다. 마가복음 14:51을 살펴볼 때 적어도 마가복음에서의 목격자는 마가 자신이었음에 틀림없다. 그는 한 청년이 베 홑이불만 두르고 예수님을 따라가다가 이를 벗어버리고 도망치는 사건을 설명한다. 그런데 이 이야기의 주인공은 마가 자신일 가능성이 크다.[8]

불명예스러운 예루살렘 입성

예수님은 그의 손이 뒤로 묶여진 채 밤의 정적 속에서도 그를 철저히 지키는, 완벽하게 무장된 군인들과 성전 수비대와 함께 예루살렘으로 향하셨다. 나귀 새끼를 타고 "호산나, 주의 이름으로 오시는 이여"라고 외치며 환호하는 무리들에 둘러싸여 예루살렘에 들어가시던 종려주일과는 얼마나 대조적인가! 이제 그 소리는 미움과 경멸이 가득 찬 것으로 변했다. 이제 예수님께서는 묶이셨다. 그때에는 예수님께서 거대한 지상 영토의 왕으로 취급받으셨으나, 이제 예수님은 백성을 구할 수 없는 자로 죽을 운명에 처해 있다.

이로써 하나님의 아들은 죽기 위해 나아가고 계신다. 여기서 또한 우리는 이사야의 말씀이 성취되는 것을 본다.

---

8) William Hendriksen, *The Gospel of Mark*(*NTC*, Grand Rapids: Baker, 1975), pp. 599–601.

그는 멸시를 받아 사람들에게 버림받았으며

간고를 많이 겪었으며 질고를 아는 자라

마치 사람들이 그에게서 얼굴을 가리는 것같이

멸시를 당하였고 우리도 그를 귀히 여기지 아니하였도다

그는 실로 우리의 질고를 지고

우리의 슬픔을 당하였거늘

우리는 생각하기를 그는 징벌을 받아

하나님께 맞으며 고난을 당한다 하였노라 (사 53:3-4, 개역개정).

3. 금요일, 죽음의 날

서론

각 사건이 일어났던 정확한 시기를 말하는 것은 어렵다. 그러나 성경은 예수님의 이 마지막 시간에 대해 매우 상세한 설명을 하고 있다. 아마도 사건의 진행은 다음과 같을 것이다.

① 오전 1시경, 유다의 반역(마 26:47~50). 유다는 겟세마네 동산에서 예수님께 입을 맞추므로 예수님을 배반했다(마 26:49).

② 오전 2시경, 체포와 불명예스러운 예루살렘의 입성(요 18:12~14). 군대와 천부장과 유대인들을 하속들이 예수님을 끌고 예루살렘으로 입성했다(요 18:13).

③ 유대인 통치자 앞에서의 심문 (세 번의 뚜렷한 심문이나 세 측면에서의 한 심문으로 말할 수 있다).

첫째, 오전 3시경, 대제사장의 뜰에서 안나스의 조사(요 18:12~24) (베드로의 첫 번째 부인)

둘째, 오전 4시경, 가야바와 산헤드린의 일부 회원 앞에서의 심야 심문(마 26:57~68) (베드로의 두 번째, 세 번째 부인)

셋째, 오전 5시경, 추측컨대 전 산헤드린 회원 앞에서의 아침 심문(눅 22:66~71). 그러나 아마도 니고데모와 같이 몇 회원들은 빠졌을 것이다. 이때에 공적인 사형 언도가 내려졌을 것이다(마 27:1~2)[9] 이 때 쯤 유다는

"무죄한 피를 팔고 죄를 범한"(마 27:4) 죄책감으로 자살했다.

④ 시민법이나 로마법 앞에서의 심문, 다시 세 번의 심문 혹은 한 로마 심문의 세 가지 측면이 있다.

첫째, 오전 6시경 첫 번째 심문은 빌라도 앞에서 이루어졌다.

  – 반역죄가 예수님에게 적용되었다(막 15:1; 눅 23:1, 2; 요 18:28~31).

  – 빌라도의 사면과 재 고소(마 27:11; 막 15:2; 눅 23:3, 4; 요 18:38b)

둘째, 오전 7시경, 헤롯 앞에서의 두 번째 심문(눅 23:6~12).

셋째, 오전 8시경, 빌라도 앞에서의 마지막 심문(눅 23:13~25).

  – 빌라도는 두 번째 사면을 제안하고 예수님을 석방하려 했다(눅 23:13~16)

  – 제사장들은 무리를 충동하여 바라바의 석방을 외치도록 했다
    (마 27:15~21; 막 15:6~11; 눅 23:18, 19; 요 18:39~40).

  – 무리들이 그리스도를 십자가에 못 박도록 강하게 요구하다.
    (마 27:22, 23; 막 15:12~14; 눅 23:20~23).

  – 빌라도는 예수님에 대한 마지막 유죄 선고를 한다.
    (마 27:24~26; 눅 23:13~25)

⑤ 오전 9시경, 예수님이 십자가에 달리시다(막 15:25)

예수님은 종교지도자들로부터 세 번 심문을 받았고, 그리고 로마의 법을 집행하는 자들로부터도 세 번 심문을 받았다. 이제 예수님이 받은 6번의 심문을 요약해 보자.

종교지도자들의 심문은 첫째, 안나스의 예비적 심문(요 18:19~23), 둘째, 대제사장 가야바의 심문(마 26:57~68; 막 14:53~65), 셋째, 날이 샐 즈음에 가야바와 산헤드린 앞에서의 심문(눅 22:66~71)이 그것이다. 그리고 로마의 법집행자들로부터의 심문은 첫째, 빌라도 앞에서의 심문(마 27:11~14), 둘째, 헤롯 앞에서의 심문(눅 23:6~12), 셋째, 빌라도 앞에서의 두 번째 심문(눅 23:13~25)이 그것이다.

---

9) Ridderbos, *Matthew*, p. 500; Hendriksen, *The Gospel of Matthew*, p. 941: "The Sanhedrin is convened once more. A few minutes may have sufficed, since the verdict, 'Guilty of blasphemy and therefore worthy of death' had already been agreed upon. Besides, Jesus must be rushed off to Pilate before the crowds know what is going on. So, very quickly Jesus is sentenced to death."

안나스 앞에서 받은 심문(요 18:12~14)

이에 군대와 천부장과 유대인의 아랫사람들이 예수를 잡아 결박하여 먼저 안나스에게로 끌고 가니 안나스는 그 해의 대제사장인 가야바의 장인이라 가야바는 유대인들에게 한 사람이 백성을 위하여 죽는 것이 유익하다고 권고하던 자러라 (요 18:12-14, 개역개정).

예수님이 안나스 앞에 선 시간은 오전 3시경이다. 예수님께서 안나스 앞에서 심문 받은 사실은 요한복음에만 기록된다. 그해의 대제사장은 가야바였지만 안나스는 가야바의 장인으로 그 당시 산헤드린의 실력자였다. 모든 문제는 안나스의 동의를 얻어야 통과될 수 있을 만큼 안나스의 세력이 막강했다. 그래서 군대와 천부장과 유대인의 하속들은 예수님을 안나스에게 먼저 데리고 간 것이다(요 18:13). 안나스는 예수님에 대해 예비 심문을 한 셈이다.

① 무리가 예수님을 안나스에게로 데려간 사건이 어떻게 일어났는가는 성경 기록에서는 발견하기 어렵다. 아마도 그들 간에 사전 조정에 의해 그렇게 한 것 같다. 모든 일을 사전에 잘 조정하여 가능한 한 많이 드러내지 않고 잘 진행시킨 듯하며, 공의를 실천한 것과는 전혀 상관없이 그들의 종교적 욕심만을 채우기 위해 예수님을 심문한 것 같다.

그 당시 유대인들은 예수님에게 사형 선고를 하고 그 선고를 집행할 권한이 없었다. 왜냐하면 그때로부터 계산해서 몇 년 전 유대인들은 사형집행권을 로마인들에게 빼았겼기 때문이다. 그러나 유대인들은 이 "허풍쟁이"를 제거하기 원할 만큼 그들의 증오가 극렬함을 나타내 보이고 있는 것이다. 안나스와 가야바 그리고 그 외 다른 사람들은 예수님의 체포를 기다리면서 밤새도록 이 장소에 머무르며 사건을 진두지휘 하였던 것 같다.

② 안나스에 대한 언급은 신약성경에 4번 나타난다(눅 3:2; 행 4:6; 요 18:13, 14). 그런데 4번 언급된 구절 가운데 안나스가 대제사장이라고 언급한 곳은 누가복음 3:2과 사도행전 4:6이다. 누가복음 3:2은 "안나스와 가야바가 대제사장으로 있을 때에"라고 기록되었으며, 사도행전 4:6은 "대제사장 안나스와 가야바와 요한과 알렉산더와 및 대제사장의 문중이 다 참여하여"(개역개정)라고 기록되어 있다. 안나스는 A.D. 6년에 수리아 총독 구레뇨(Quirinius)에 의해 대제사장으로 임명되었고 A.D. 15년에 유대의 총독(Procurator) 이었던 빌라도의 전임자 그라투스(Valerius Gratus)에 의해 면직되었다. 비록 면직은 되었지만 안나스는 산헤드린 공회의 실력자로 오랫동안 군림했다. 그의 다섯

아들과(Eleazar, Jonathan, Theophilus, Matthias, Ananus) 한 사람의 사위
(Caiaphas) 또 한 사람의 손자(Matthias)가 그의 뒤를 이어 모두 대제사장이
될 만큼 막강한 실력을 행사하고 있었다.[10] 안나스가 면직된 후 이쉬마엘 피아비
1세(Ishmael b. Phiabi Ⅰ, c. A.D. 15~16)가 대제사장에 임명되었지만, 그
다음 대에 곧바로 안나스의 아들 엘리아잘(Eleazar)이 대제사장이 되었고, 그
다음 대에 다시 한 번 안나스 가족 이외의 다른 인물 즉 시몬(Simon, son of
Kamithos)이 대제사장에 임명되었다. 그러나 그 다음 대에는 곧 바로 안나스의
사위 가야바(Joseph Caiaphas)가 다시 대제사장이 되었다. 바로 이때 예수님께서
붙잡혀 심문을 받게 된 것이다.[11]

---

10) Josephus, *Antiquities*, ⅩⅩ. 198.
11) BC 37년부터 AD 70년까지 28대에 거친 대제사장의 명단은 다음과 같다.

  1. Ananel(37-36 BC: again from 34 BC)
  2. Aristobulus Ⅲ, the last Maccabean(35 BC)
  3. Jesus, son of Phiabi(to c. 22 BC)
  4. Simon, son of Boethus(c. 22-5 BC)
  5. Mattaiah, son of Theophilus(5 BC-12 March 4 BC)
  6. Joseph, son of Elam(5 BC)
  7. Joezer, son of Boethus(4 BC)
  8. Eleazar, son of Boethus(from 4 BC)
  9. Jesus, son of See(until AD 6)
  10. Annas(AD 6-15)
  11. Ishmael b. Phiabi Ⅰ(c. AD 15-16)
★12. Eleazar, son of Annas(c. AD 16-17)
  13. Simon, son of Kamithos(AD 17-18)
★14. Joseph Caiaphas(c. AD 18-37)
★15. Jonathan, son of Annas(Easter to Pentecost AD 37)
★16. Theophilus, son of Annas(from AD 37)
  17. Simon Kantheras, son of Boethus(from AD 41)
★18. Matthias, son of Annas
  19. Elionaius, son of Kantheras(c. AD 44)
  20. Joseph, son of Kami
  21. Ananius, son of Nebedaius(AD 47 to at least 55)
  22. Ishmael b. Phiabi Ⅱ(until AD 61)
  23. Joseph Qabi(until AD 62)
★24. Ananus, son of Annas(AD 62)
  25. Jesus, son of Damnaius(c. AD 62-65)
  26. Joshua b. Gamaliel(c. AD 63-65)
★27. Matthias, son of Theophilus(AD 65-67)
  28. Pinhas of Habata(AD 67-70)

★는 안나스(Annas, 제10대) 대제사장의 아들들(12대, 15대, 16대, 18대, 24대)과 사위(14대), 손자(27대)를 가리킨다.

안나스가 심문할 때 예수님에 대한 공식적인 기소는 없었다. 그리고 예수님께서도 안나스 앞에서 증언하시지도 않았다. 만약 예수님이 증언하신다면 이는 안나스의 악한 계책을 돕는 것이 되기 때문이다.

③ 베드로의 첫 번째 부인이 일어난 것은 바로 안나스에 의해 심문 받을 때이다(참조, 마 26:69~75; 막 14:66~72; 눅 22:54~62; 요 18:15~18).

베드로가 왜 이런 행동을 했는지 설명하기는 불가능하다. 이는 베드로 생애에 있어서 최악의 밤이었음에 틀림없으며 몇 년 후 그는 깊은 슬픔과 후회로 이때를 회상했을 것이다. 한두 가지 일이 그의 부인(Denial)에 대해 조금은 이해할 수 있게 한다. 대제사장의 종의 귀를 잘랐던 사람은 바로 그였다(요 18:10; 마 26:51; 막 14:47; 눅 22:50). 이는 심각한 죄였고 증거가 없어졌다 할지라도 베드로에게 불리한 증언을 할 수 있는 목격자들이 있었다. 대제사장의 종과 관련된 행위 때문에 마음속에 체포될 두려움을 갖고 있는 베드로가 그리스도의 추종자였다는 지적을 받았을 때 그는 첫 번째 부인을 했다. 이제 베드로는 계속해서 어쩔 수 없이 주님을 부인해야만 하는 형편에 처하게 된 것이다. 우리는 여기서 한 가지 교훈을 배운다. 우리들이 범죄에 대해 항거할 때 한번 무너지기 시작하면 계속해서 무너질 수 있다는 교훈이다. 예수님이 베드로에게 세 번 부인하겠다고 예언하신 것도(마 26:34) 베드로의 이런 연약성을 감안하고 말씀하신 것이다.

"너도 이 사람의 제자 중 하나가 아니냐?"(요 18:17, 개역개정)라는 시험이 있었던 시점을 주목할 필요가 있다. 베드로는 자신이 그리스도의 제자임을 밝힐 절호의 기회를 얻은 것이다. 베드로는 무리들 앞에서 그리스도를 큰 소리로 찬양하고 예수님과 함께 재판을 받을 수도 있었다. 그러나 베드로는 한마디로 "나는 아니라"(요 18:17)고 대답했다.

베드로의 부인은 두 가지 면으로 효과를 나타낸다. 첫째는 예수님이 자신의 수난을 미리 알고 계셨으므로 그의 수난 사건을 미리 준비된 마음으로 맞이했음을 증거 해 주며, 둘째는 가장 가까운 제자들까지도 그를 버림으로 그의 수난과 죽음이 유일한 죽음임을 증거 해 주는 것이다.[12]

톰슨(Thompson)은 베드로의 타락을 7단계로 정리한다.[13]

---

12) Carson, *The Gospel according to John*, p. 581.

첫째, 자만(마 26:33)

둘째, 해이함(마 26:40)

셋째, 경솔함(요 18:10, 11)

넷째, 멀리서 좇아감(마 26:58)

다섯째, 악한 자들과 자리를 같이함(요 18:18)

여섯째, 공개적 부인(요 18:25)

일곱째, 저주(막 14:70, 71)

가야바와 산헤드린 회원의 일부 앞에서의 심문(마 26:57~68)

예수를 잡은 자들이 그를 끌고 대제사장 가야바에게로 가니 거기 서기관과 장로들이 모여 있더라 베드로가 멀찍이 예수를 따라 대제사장의 집 뜰에까지 가서 그 결말을 보려고 안에 들어가 하인들과 함께 앉아 있더라 대제사장들과 온 공회가 예수를 죽이려고 그를 칠 거짓 증거를 찾으매 거짓 증인이 많이 왔으나 얻지 못하더니 후에 두 사람이 와서 이르되 이 사람의 말이 내가 하나님의 성전을 헐고 사흘 동안에 지을 수 있다 하더라 하니 대제사장이 일어서서 예수께 묻되 아무 대답도 없느냐 이 사람들이 너를 치는 증거가 어떠하냐 하되 예수께서 침묵하시거늘 대제사장이 이르되 내가 너로 살아 계신 하나님께 맹세하게 하노니 네가 하나님의 아들 그리스도인지 우리에게 말하라 예수께서 이르시되 네가 말하였느니라 그러나 내가 너희에게 이르노니 이후에 인자가 권능의 우편에 앉아 있는 것과 하늘 구름을 타고 오는 것을 너희가 보리라 하시니 이에 대제사장이 자기 옷을 찢으며 이르되 그가 신성 모독 하는 말을 하였으니 어찌 더 증인을 요구하리요 보라 너희가 지금 이 신성 모독 하는 말을 들었도다 너희 생각은 어떠하냐 대답하여 이르되 그는 사형에 해당하니라 하고 이에 예수의 얼굴에 침 뱉으며 주먹으로 치고 어떤 사람은 손바닥으로 때리며 이르되 그리스도야 우리에게 선지자 노릇을 하라 너를 친 자가 누구냐 하더라 (마 26:57-68, 개역개정).

① 가야바와 산헤드린 회원 앞에서의 심문은 가야바의 집에서 캄캄한 밤에 진행되었던 것 같다.[14] 예수님이 가야바 앞에 선 시간은 대략 오전 4시경이다(마 26:57-75). 그곳에 있는 사람들은 예수님을 고소할 많은 증거를 찾았으나 아무것도 발견하지 못했다. 이는 그리스도에게 관심을 가졌던 일단의 무리가 있었다는 것과 그들이 종교지도자들과 관련되는 것을 좋아하지 않았음을 보여주는 것이다.

어떤 저자는 보통 산헤드린 공회는 성전에서 회집되었으나 성전의 문이 밤에는 닫혀져 있었기 때문에 그곳에 들어갈 수 없었다고 말한다. 가야바가 A.D. 18~37년 사이의 오랜 기간 동안 대제사장이었다는 사실은 그가 로마인

---

13) Thompson, *The New Chain Reference Bible*, p. 106, 각주 2746번

14) A.B. Bruce, *The Synoptic Gospels: The Expositor's Greek Testament*, vol. I, pp. 318-319: Bruce는 "이 모임은 세상이 고이 잠들고 있는 때에, 그리고 법의 이름으로 행하는 악이 조용하게 실현될 때 발생했다"라고 가야바의 심문의 불법적임을 지적한다.

들을 위해 좋은 도구였다는 것을 말해준다. 그렇지 않다면 로마인들은 가야바를 직위에서 제거했을 것이다.

② 이제 대제사장은 그리스도에게 말하도록 요구한다. 예수님께서 말했을 때 대제사장은 자기의 옷을 찢으며 그리스도께서 참람한 말을 했다고 말한다(마 26:65). 그들은 이때 예수를 때리며 조롱하고 채찍질했다(마 26:66~68). 그리스도께서 이런 무리들에 의해 재판을 받아 승리할 수 있는 가능성은 전혀 없는 것이다. 그러나 그리스도께서는 그 자신의 생명을 구원할 어떤 희망을 갖지 않은 채 거침없이 말씀하셨다. 물론 예수님께서는 다른 사람들을 구원하시기 위해서는 자신의 생명이 보존될 수 없음을 아셨다.

③ 예수님의 침묵의 의미는 무엇인가?

첫째, 예수님께서는 그에 대해 불의를 행하는 그의 적을 돕지 않기 위해 침묵하셨다(마 26:62~63). 그는 진리이시기 때문에 불의한 자들과 의논할 필요가 없다. 그래서 예수님은 "하나님의 아들 그리스도인지"(마 26:63)를 묻는 질문에 단순히 "네가 말하였느니라"고 답하신다.

둘째, 예수님께서는 그의 추종자들이 해 받는 것을 원치 않으셨다. 그래서 비록 그의 교리(doctrines)에 대해서는 말씀하셨지만 그의 추종자들에 대해서는 침묵하셨다.

셋째, 예수님께서는 어둠의 세력이 그를 적대하며 증오하는 일을 완전히 이루도록 허락하고 계신 것이다. 어둠의 세력은 예수님을 죽여야 한다. 그러나 예수님은 그의 죽음을 통해 죄 문제를 해결하신다.

넷째, 예수님께서는 우리들의 수치와 비난을 대신 담당만 하셨고, 그가 침묵하는 것은 바로 그 일을 이루신 것이다. 성경은 "예수님께서 침묵하시거늘"(마 26:63)이라고 기록한다. 헬라어의 미완료시상(ἐσιώπα)은 예수님께서 계속 침묵하셨음을 극적으로 잘 묘사해 주고 있다. 예수님은 침묵하심으로 구약의 예언을 성취하고 계셨다(사 42:1~4; 53:7).

다섯째, 예수님께서 말씀만 하신다면 그는 진리를 효과적으로 말씀하심으로써, 사람들을 설복시켜 그의 무죄를 증명하실 수 있으셨을 것이다. 그리고 그렇게 되면 그들은 예수님을 석방했어야만 했을 것이다. 그러나 이 길은 예수님의 뜻이 아니었다. 그가 죽는 것이 그의 뜻이었다. 그래서 예수님께서는 침묵하셨다.

④ 왜 예수님께서 잠잠하시다가(마 26:63) 대제사장의 질문에 입을 여셨을까?(마 26:64). 그 이유를 브루스(A.B. Bruce)는 네 가지로 제시한다.[15]

첫째, 예수님의 전체 사역이 너무도 분명하여 대제사장이 "네가 하나님의 아들 그리스도인지 우리에게 말하라"(마 26:63, 개역개정)고 물을 수밖에 없기 때문에 예수님이 이에 대한 대답을 하셨다.

둘째, 대제사장은 이런 질문을 할 수 있는 정당한 인물이었다. 예수님은 다른 사람이 그런 질문을 했다면 대답하시지 않았겠지만 대제사장이 물었기 때문에 입을 열어 대답하셨다.

셋째, 바로 그때가 예수님 자신이 메시아 됨을 나타내는데 적절한 기회였다. 그래서 예수님은 "네가 말하였느니라"(마 26:64)고 대제사장의 질문에 긍정적인 답을 한다.

넷째, 예수님이 계속 잠잠하고 계시면 자신의 메시아 신분이 부정될 수 있다. 대제사장이 예수님에게 메시아인지를 물었기 때문에 예수님이 잠잠하기만 하면 자연히 메시아가 아닌 것으로 답변이 될 수 있다. 그래서 예수님은 대제사장의 질문에 답을 한 것이다.

결정적인 유대인의 심문(마 27:1~2)

새벽에 모든 대제사장과 백성의 장로들이 예수를 죽이려고 함께 의논하고 결박하여 끌고 가서 총독 빌라도에게 넘겨 주니라 (마 27:1-2, 개역개정).

유대인의 심문은 대략 오전 5시경에 이루어 졌다. 마태복음 27:1~2은 예수님에 대한 사망선고가 내려질 때가 가까워 오고 있음을 알린다. 비록 유대인은 죽음의 형벌을 선고할 수는 없었다 할지라도 예수님을 죽게 할 마지막 결정을 이 심문에서 통과시켰다. 이 회의는 산헤드린의 공식적인 모임이었고 바리새인과 사두개인들로 구성된 전 회원이 참석하였을 것으로 추측되며 70명의 회원과 대제사장으로 구성되었다.

그리스도에 대한 사형선고가 선포되었을 때 유다는 자살한 것으로 여겨진다(마 27:3~5). 유다 편에서 어느 정도 회개가 있었던 것으로 보여지나

---

15) A.B. Bruce, *The Synoptic Gospels*, p. 320.

기껏해야 이는 단지 양심의 가책을 갖고 "무지한 피를 흘렸구나"라고 말하며 괴로워하는 정도였다(마 27:4). 우리는 이와 같은 고백이 참된 고백이 아니라는 것을 알고 있다. 그가 후회한 것은 그가 그리스도 메시아를 배반했다고 생각하지 않고 고작 "무지한 피"를 흘렸다고 생각한 것이다. 유다는 그리스도를 메시아로서 알지 못했는가? 그는 예수님을 메시아로 인정하려고 하지 않았는가? 사도행전 1:18 또한 유다의 죽음에 대해 말하고 있다.

흥미로운 사실은 유다가 돈을 "성소"에 던져 넣었다는 것이다. 여기 언급된 "성소"(εἰς τὸν ναόν)에 대해 견해가 나누인다. 첫째, 어떤 이는 여기 "성소"는 날이 밝자 산헤드린 공회원들이 모여 있던 장소를 가리킨다고 한다. 이 경우 유다는 산헤드린 공회원들 발 앞에 돈을 던지고 자살한 것이다. 둘째, 다른 이는 여기 "성소"가 성전 전체를 가리키는 것으로 유다가 불의한 돈을 처분해 버리기 위해 그리고 성전의 타락한 지도자들에게 경멸의 감정을 나타내기 위해 돈을 성전에 던져버렸다고 생각한다. 셋째, 또 한 가지의 가능성은 유다가 돈을 성전에 되돌려 주기로 작정하고 그 돈을 성전의 금고에 던져 넣었다고 생각하는 것이다. 이 셋째 가능성이 그럴듯한 이유는 ① 유다가 성전에 갔다고 생각하는 것은 가장 자연스러운 해석이다. ② 대제사장이 유다가 던진 돈을 "성전고(κορβανᾶς)에 넣어둠이 옳지 않다"(마 27:6)라고 구체적으로 언급한 것은 유다가 그 돈을 성전금고에 던져 넣었다는 것을 암시하고 있다.[16]

본문의 "성소"는 세 번째 해석인 성전금고로 생각하는 것이 타당하리라 생각된다. 유다는 성전금고에 예수님을 팔아 얻은 돈을 던져 넣고 나가서 목매어 죽은 것이다(마 27:5).

시민법 혹은 로마법 앞에서의 심문

① 빌라도 앞에서의 심문 (요 18:28~38)

그들이 예수를 가야바에게서 관정으로 끌고 가니 새벽이라 그들은 더럽힘을 받지 아니하고 유월절 잔치를 먹고자 하여 관정에 들어가지 아니하더라 그러므로 빌라도가 밖으로 나가서 그들에게 말하되 너희가 무슨 일로 이 사람을 고발하느냐 대답하여 이르되 이 사람이 행악자가 아니었더라면 우리가 당신에게 넘기지 아니하였겠나이다 빌라도가 이르되 너희가 그를 데려다가 너희 법대로 재판하라 유대인들이 이르되 우리에게는 사람을 죽이는 권한이 없나이다 하니 이는 예수께서 자기가 어떠한

---

16) Ridderbos, *Matthew*, p. 512.

> 죽음으로 죽을 것을 가리켜 하신 말씀을 응하게 하려 함이러라 이에 빌라도가 다시 관정에 들어가
> 예수를 불러 이르되 네가 유대인의 왕이냐 예수께서 대답하시되 이는 네가 스스로 하는 말이냐 다른
> 사람들이 나에 대하여 네게 한 말이냐 빌라도가 대답하되 내가 유대인이냐 네 나라 사람과 대제사장들이
> 너를 내게 넘겼으니 네가 무엇을 하였느냐 예수께서 대답하시되 내 나라는 이 세상에 속한 것이 아니니라
> 만일 내 나라가 이 세상에 속한 것이었더라면 내 종들이 싸워 나로 유대인들에게 넘겨지지 않게 하였으리라
> 이제 내 나라는 여기에 속한 것이 아니니라 빌라도가 이르되 그러면 네가 왕이 아니냐 예수께서 대답하시되
> 네 말과 같이 내가 왕이니라 내가 이를 위하여 태어났으며 이를 위하여 세상에 왔나니 곧 진리에
> 대하여 증언하려 함이로라 무릇 진리에 속한 자는 내 소리를 듣느니라 하신대 빌라도가 이르되 진리가
> 무엇이냐 하더라 이 말을 하고 다시 유대인들에게 나가서 이르되 나는 그에게서 아무 죄도 찾지 못하였노라
> (요 18:28-38, 개역개정).

예수님께서는 새벽 이른 시간에 가야바에게서 로마의 관정으로 이송되었다. 유대인들은 더럽혀져서 유월절의 참석을 허락받지 못할까봐 로마의 관정에 들어가지 않았다(요 18:28).

빌라도는 로마 황제 디베료 가이사(Caesar Tiberius, AD 14-37)에 의해 임명된 유대의 여섯 번째 로마 총독이었으며 A.D. 26~36년 사이에 유대 지역을 다스렸다. 그는 도덕성이 약한 사람이었고 자신의 약점을 고집과 잔인함으로 감추며 불안정한 마음의 소유자 였다.[17] 그리고 빌라도는 AD 36년에 골(Gaul)지방으로 추방되었으며 결국 물에 빠져 스스로 자살하고 말았다.[18] 총독은 일반적으로 가이사랴에서 살았으나 정책적으로 중요한 시기에는 예루살렘으로 내려와 로마의 집정관 관저(praetorium)에서 거주하곤 했다. 그는 후에 그의 잔인성 때문에 고소되어 골(Gaul) 지방의 비엔나(Vienna)로 칼리굴라(Caligula)에 의해 추방되었고 유대인이나 이방인으로부터 호감을 얻지 못했다. 그는 로마 시민권이 부여되는 도시 중의 하나인 스페인의 세비야(Seville)에서 태어난 것으로 알려진다.

총독이 그리스도가 왕인지 묻자 이에 대해 그리스도는 그렇다고 대답하셨다(요 18:28~ 19:16a). 빌라도가 심문할 때 중요한 주제는 왕국에 관해서와 예수님의 권세에 관해서였다(요 18:36; 19:11, 14).[19]

유대인들은 그리스도로부터 한 마디도 듣지 않고 빌라도로 하여금 그리스도에게 선고를 내리도록 주장했다. 이에 빌라도는 냉소적으로 대답했다.

---

17) Carson, *The Gospel According to John*, p. 590.

18) Harold W. Hoehner, *Chronological Aspects of the Life of Christ*(Grand Rapids: Zondervan, 1979), pp. 30, 98, 105; Carson, *The Gospel According to John*, p. 590. 그의 통치 기간의 마지막 해가 36년 말로 계산되기도 하고 37년 초기로 계산되기도 한다.

19) Carson, *The Gospel According to John*, p. 587.

만일 유대인들이 그리스도를 죽일 권한을 가졌다면 그들은 예수님을 돌로 쳐 죽였을 것이다. 그러나 예수님께서는 보다 잔인한 방법인 십자가에 처형을 당하셨다.

일반적으로 세 가지 혐의가 그리스도에게 부과된다.

첫째, 그들은 예수님이 나라를 반역하고 있으며 이는 로마에도 대적하는 것이라고 고소했다.

둘째, 그들은 예수님께서 가이사에게 숭배하는 것을 금지했다고 진술했다.

셋째, 그들은 더 나아가 예수님께서 자신이 그리스도요, 왕이라고 말했다고 진술했다.

우리는 이 세 번째 고소의 내용이 빌라도 앞에 제시될 필요가 없는 내용인데 잘못 제시된 것을 발견하게 된다. 왜냐하면 예수님 자신이 빌라도 앞에서 "내가 왕이니라"(요 18:37)고 자신의 왕 됨을 고백하였기 때문이다. 빌라도가 예수님에게서 아무 죄도 찾지 못하고 무죄를 선언하자(눅 23:4) 무리들이 소리를 높여 "그가 온 유대에서 가르치고 갈릴리에서부터 시작하여 여기까지 와서 백성을 소동하게 하나이다"(눅 23:5, 개역개정)라고 외쳐댔다. 이때 빌라도는 갈릴리라는 말에 정신이 번쩍 들어 예수님이 갈릴리 사람인줄 알고 예수님을 헤롯에게 보냈다(눅 23:6~7).

② 헤롯 앞에서의 심문(눅 23:8~12)[20]

> 헤롯이 예수를 보고 매우 기뻐하니 이는 그의 소문을 들었으므로 보고자 한 지 오래였고 또한 무엇이나 이적 행하심을 볼까 바랐던 연고러라 여러 말로 물으나 아무 말도 대답하지 아니하시니 대제사장들과 서기관들이 서서 힘써 고발하더라 헤롯이 그 군인들과 함께 예수를 업신여기며 희롱하고 빛난 옷을 입혀 빌라도에게 도로 보내니 헤롯과 빌라도가 전에는 원수였으나 당일에 서로 친구가 되니라 (눅 23:8-12, 개역개정).

매우 흥미롭게도 헤롯은 예수님을 보자 기뻐했다. 왜냐하면 그는 예수님에게 물어볼 질문이 있었으며 또한 그는 그리스도께서 기적을 행하기를 바랐기 때문이다(눅 23:8). 그는 그리스도 앞에서 많은 질문을 했으나 주님께서는 대답하지 않으셨다(눅 23:9). 대제사장들과 서기관들은 이제 격렬하게 예수님을 고발했으며, 헤롯의 군병들은 그를 조롱하고 왕의 옷을 입혀 다시

---

20) 헤롯 앞에서의 심문 기록은 누가복음에만 기록되어 있다.

빌라도에게로 돌려보냈다. 이 날 일어난 일의 결과로 헤롯과 빌라도는 친구가 되었다(눅 23:10~12).

③ 빌라도 앞에서의 마지막 심문(마 27:11-26)

빌라도의 마지막 심문은 오전 8시경에 있었다. 예수님께서는 다시 사면되었고 빌라도는 그에게서 아무 죄도 찾지 못했다고 말했다(눅 23:14~16). 일종의 유화정책으로 그는 예수님을 혼내주고는 석방하려 했으나 그들이 웅성거리고 있는 동안 새로운 무리가 나타나 유월절의 관습대로 한 죄수를 풀어주기를 요청했다. 이때쯤 역시 빌라도의 아내는 빌라도에게 이 사람 예수와는 아무 상관도 하지 말라는 소식을 보내온다(마 27:19). 마침내 진퇴양난의 빌라도는 모든 문제에 대해서 그의 손을 씻는다(마 27:24).

그리스도께서는 채찍질 당하고 조롱받았다. 왜냐하면 총독의 군병들이 예수님을 안뜰로 데려가 손바닥으로 치며 채찍질했다. 예수님의 오른 손에 갈대를 들리고(마 27:29) 가시 면류관을 씌우고 자색 옷을 입혀 그들은 비아냥거리며 예수님께 경배했다. 그들은 침을 뱉고 때렸다. 채찍질의 도구는 납과 철이 박혀 있어 살을 베어내고 타박을 입히도록 채찍 속에 못과 뼈 조각을 넣은 가죽채찍이었다(마 27:27~31).

갈보리로의 행진(마 27:32~34)

나가다가 시몬이란 구레네 사람을 만나매 그에게 예수의 십자가를 억지로 지워 가게 하였더라 골고다 즉 해골의 곳이라는 곳에 이르러 쓸개 탄 포도주를 예수께 주어 마시게 하려 하였더니 예수께서 맛보시고 마시고자 하지 아니하시더라 (마 27:32-34, 개역개정).

갈보리로의 행진은 현재 비아 돌로로사(Via Dolorosa)로 알려진 길을 따라 일어났다. 먼저 그리스도께서는 그 자신의 십자가를 짊어지셨으나 곧 비틀거리셨다. 이때 구레네 시몬에게 십자가가 지어졌다(마 27:32; 참조, 요 19:16~17). 비록 분명하지는 않지만 그는 일터에서 그곳에 온 것으로 생각되지 않고 오히려 시골에서 오고 있었던 것으로 보인다. 그는 유월절 축제를 위해 예루살렘에 왔었으나 잠시 시골에(성 밖) 나가 있었던 듯하다. 그 시골에서 예루살렘으로 들어오다가 십자가를 메고 가는 예수님을 만나게 된 것이다. 마태복음 27:32의 "나가다가"는 십자가를 멘 예수님이 도시를 빠져나간 것을 뜻하며, 이는 메시아가 성 밖에서 처형되리라는 예언의 성취인 것이다(레 16:27; 민 15:35; 히 13:12).[21] 구레네 시몬은 초대교회 때에 유명하게 되었던 것 같다. 시몬은 초대교회의 유명한 일원이었던 루포(Rufus)와 알렉산더(Alexander)의 아버지이기도 하다(막 15:21; 롬 16:13).

많은 무리들이 예수님을 따랐으며 여자들은 매우 슬퍼하였다. 그러나 예수님께서는 그들에게 얼굴을 돌려 나를 위해 울지 말고 너희 자신을 위해 울라고 말씀하셨다(눅 23:28~31). 결국 심판이 그들에게 임할 것이며 그들의 삶과 죽음 어느 것이나 만일 그들이 소망 없이 죽는다면 특별히 불행할 것이다.

그들은 마침내 예수님을 골고다 언덕, 갈보리 해골 골짜기로 두 악인들과 함께 호송해 간다. 그리스도께서는 범죄자로 간주되었다(사 53:12).

십자가상의 실제 사건을 진행하기에 앞서 우리에게 도움을 줄 내용을 정리해 보자.

① 갈보리에서 있었던 여섯 가지 기적
  * 기적적으로 대낮이 어두워짐(눅 23:44~45)
  * 휘장의 찢어짐(마 27:51)
  * 기적적으로 발생한 지진(마 27:51)
  * 무덤이 열리는 기적(마 27:52)
  * 예수님의 세마포(요 20:6~8)
  * 그리스도의 부활 후 부활절에 성도들이 부활(마 27:52~53)
② 예수님 주변에서 발생한 죄들
  * 유다의 탐욕
  * 대제사장들과 서기관들의 질투와 잔인함
  * 베드로의 부인과 두려움
  * 바리새인들의 교만
  * 빌라도의 나약함
  * 제자들의 우유부단함

---

21) Ridderbos, *Matthew*, p. 525.

* 헤롯의 미결정
* 헤롯의 호기심
* 군인들의 비열함과 조롱
* 십자가 주위에 있던 사람들의 슬픔

③ "그들이 하는 일을 알지 못한다" 는 말씀의 의미

* 베드로는 주님을 부인한다 – 그리고 심하게 통곡한다.
* 유다는 주님을 배반한다 – 그리고 돈을 던져 버리고, 양심의 가책을 받아 통곡하고, 목매어 자살한다.
* 빌라도는 예수님을 유죄로 판정한다 – 그리고 손을 씻는다.
* 백부장은 예수님을 십자가에 못박는다 – 그리고 예수님을 무죄한 자라 부른다.
* 무리는 예수님을 조롱한다 – 그리고 가슴을 치며 다른 곳으로 간다.
* 바울은 그리스도인들을 핍박했다. 그리고 무지하여 이를 행했다고 말한다.

④ 갈보리에서 사람들의 태도

* 사람들은 예수님을 쳐다보며 서 있었다. – 호기심 많은 방관자들
* 그들은 예수님을 욕하며 지나갔다 – 비평적인 해석자들
* 통치자들과 대제사장들, 서기관들, 장로들은 예수님을 유혹했다. – 조롱하는 행정직 관리들
* 군인들은 예수님을 조롱했다 – 냉소적인 군인들
* 강도는 예수님을 시험했다 – 시험하는 강도
* 예수님의 친구들은 가슴을 치며 울었다 – 좌절한 친구들

⑤ 십자가 처형을 둘러싼 전설들

우리는 전설들을 완전한 것으로 믿을 수 없다. 하지만 예수님의 십자가 처형과 관련된 전설들이 흥미를 자아내기 때문에 여기에 소개한다.

첫째, 아하스베로스(Ahasveros)의 전설

이 전설은 그리스도의 도움 요청을 거절했던 사람에 관한 것이다. 갈보리로 가는 도중 십자가가 무거웠기 때문에 그리스도께서는 아하스베로스의 집 앞길에서 멈추어 잠시 그의 집 기둥에 기대거나 혹은 마당에서 쉴 수 있는지

물었다. 이 남자는 그리스도의 요청을 거절했고 그 후에 다시는 휴식을 얻지 못할 저주를 받았다. 그래서 그는 여행을 시작했으며 이 사실로부터 "방황하는 유대인"에 대한 이야기가 전해오는데, 그는 결코 안식을 얻지 못하며 계속해서 여행을 떠나야만 하는 처지에 놓이게 되었다는 것이다.

둘째, 베로니카의 전설

두 번째 전설은 예수님께서 죄 값을 지시고 무거운 십자가에 지쳐 힘겹게 걸어가고 계셨을 때 비아 돌로로사(Via Dolorosa)에 있었던 이교도 여자 베로니카(Veronica)의 행동에 관한 것이다. 그녀는 예수님께 대해 동정심을 가졌고 손수건을 꺼내 구세주의 이마에 흐르는 피를 닦았다. 후에 그녀는 자신의 손수건을 보았을 때 그 위에는 그리스도의 얼굴이 찍혀 있었다. 전설에 의하면 그 손수건은 그때로부터 계속해서 아픈 자를 치료하는 기적적인 힘을 지니게 되었다는 것이다.

우리는 이 이야기들을 통해 사람들이 예수님의 십자가 처형 사건을 중심으로 생성된 민담에 관심을 가지고 있었음을 알 수 있다. 이 민담은 "방황하는 유대인" 개념을 통해 그리고 성 베로니카의 손수건을 그린 그림을 통해 우리에게 전해 내려오고 있다.

4. 십자가 처형(눅 23:26~38)

그들이 예수를 끌고 갈 때에 시몬이라는 구레네 사람이 시골에서 오는 것을 붙들어 그에게 십자가를 지워 예수를 따르게 하더라 또 백성과 및 그를 위하여 가슴을 치며 슬피 우는 여자의 큰 무리가 따라오는지라 예수께서 돌이켜 그들을 향하여 이르시되 예루살렘의 딸들아 나를 위하여 울지 말고 너희와 너의 자녀를 위하여 울라 보라 날이 이르면 사람이 말하기를 잉태하지 못하는 이와 해산하지 못한 배와 먹이지 못한 젖이 복이 있다 하리라 그 때에 사람이 산들을 대하여 우리 위에 무너지라 하며 작은 산들을 대하여 우리를 덮으라 하리라 푸른 나무에도 이같이 하거든 마른 나무에는 어떻게 되리요 하시니라 또 다른 두 행악자도 사형을 받게 되어 예수와 함께 끌려 가니라 해골이라 하는 곳에 이르러 거기서 예수를 십자가에 못 박고 두 행악자도 그렇게 하니 하나는 우편에, 하나는 좌편에 있더라 이에 예수께서 이르시되 아버지 저들을 사하여 주옵소서 자기들이 하는 것을 알지 못함이니이다 하시더라 그들이 그의 옷을 나눠 제비 뽑을새 백성은 서서 구경하는데 관리들은 비웃어 이르되 저가 남을 구원하였으니 만일 하나님이 택하신 자 그리스도이면 자신도 구원할지어다 하고 군인들도 희롱하면서 나아와 신 포도주를 주며 이르되 네가 만일 유대인의 왕이면 네가 너를 구원하라 하더라 그의 위에 이는 유대인의 왕이라 쓴 패가 있더라 (눅 23:26–38, 개역개정).

그리스도께서는 왜 죽어야만 했는가

누가복음 23:26~38은 예수님이 강도들과 함께 십자가에 처형된 사건을 기록한다. 그리스도께서 십자가에 죽으셔야만 했던 첫 번째 이유는 영원(eternity)이 그 내막을 설명해 줄 때까지는 인간의 사고로는 결코 완전하게 이해할 수 없는 문제이다. 그러나 십자가의 길은 우리의 죄를 대속하기 위한 하나님의 방법이었다. 하나님께서 우리의 구원을 위해 십자가의 길을 본질적 조건으로 삼으신 것이다. 히브리서 9:22은 "피 흘림이 없은즉 사함이 없느니라"(개역개정)고 언급한다. 예수님은 인간의 죄를 해결하시기 위해 인간으로 오셔야 했고 그의 백성을 살리시기 위해 자신을 죽으셔야 했다.

두 번째 이유는 하나님께서 이러한 방법으로 그의 사랑을 나타내고 계신다는 점이다. 하나님은 십자가의 방법으로 그의 진노를 아들에게 담당시키셨지만 죄인들을 위한 그의 사랑을 역시 나타내시고 계신 것이다. 왜냐하면 하나님은 우리를 너무도 사랑하셨기 때문에 그 자신을 벌하신 것이다. 로마서 5:8에 "우리가 아직 죄인 되었을 때에 그리스도께서 우리를 위하여 죽으심으로 하나님께서 우리에 대한 자기의 사랑을 확증 하셨느니라"(개역개정)고 기록되어 있다.

세 번째 이유는 죄의 세력에 종지부를 찍기 위해서였다. 이 사실은 예수님께서 요한복음 19:30에서 "다 이루었다"라고 소리치셨을 때 이루어졌다. 갈보리 상에서 죄의 문제는 영원히 해결되었다. 헬라어 본문은 "다 이루었다"가 테텔레스타이(τετέλεσται)이다. 이 말씀은 단순히 어떤 일의 완성만을 뜻하지 않고 또한 임박한 예수님의 죽음만을 뜻하는 것도 아니다. 오히려 이 말씀은 하나님께서 그에게 맡기신 사명을 그의 십자가의 죽음을 통해 완성하심으로 지상에서 아버지 하나님께 충만한 영광을 바친다는 뜻이 포함되어 있다.[22]

예수님이 처형된 장소

예수님은 골고다의 십자가에서 처형되셨다. 골고다는 히브리어로 "해골"이란 뜻이며 라틴어로는 "갈보리"이다. 왜 이곳에 이 같은 이름이 붙여졌는가에 대해서 두 가지 견해가 있다.

첫째, 일반적으로 받아들여지는 견해는 그곳이 해골 모양의 형상으로 되어있기 때문에 그런 이름이 주어졌다는 것이다.

둘째, 과거에 해골들이 여기에서 발견되었다는 사실로부터 이름이 연유되었

---

22) Carson, *The Gospel According to John*, p. 621.

다는 견해이다. 아마도 이전에 그 장소에서 십자가 처형을 받은 사람들의 뼈와 해골들이 거기에 남겨져 있었거나 혹은 그 지역의 조그만 굴에 시체들을 얕게 묻어 두었는데 그 뼈들과 해골들이 훗날 밖으로 나타나게 되었을 수 있다.

셋째, 아마도 이 장소는 예수님께서 묻히셨던 장소에 가까이 위치해 있었으며, 이 장소는 묘지로 사용된 곳이었을지도 모른다.

골고다의 위치는 예레미야의 동굴 가까이 예루살렘성의 북쪽, 현재의 성벽 바로 바깥쪽 땅의 언덕으로 최근 학자들에 의해 추정된다. 이전에는 성전의 북서쪽 끝으로부터 약 1/4마일 서쪽에 위치해 있었던 것으로 생각되었다. 성경은 우리에게 "성문 밖"(히 13:12), 공공 도로 가까이(막 15:29), 멀리서도 볼 수 있는 곳(눅 23:49), 동산이 있는 곳(요 19:41) 등으로 이 장소를 묘사해 준다.

예수님은 오전 9시에 십자가에 달리셔서(막 15:25) 오후 3시경까지 십자가 위에 매달려 계셨다(마 27:45-51; 막 15:33-38; 눅 23:44-46). 대략 오후 3시경 예수님은 큰 소리로 "아버지 내 영혼을 아버지 손에 부탁하나이다"(눅 23:46, 개역개정)라고 말씀하신 후 숨지신다.

그리스도께서 달려 죽으셨던 십자가 모양
십자가의 형태

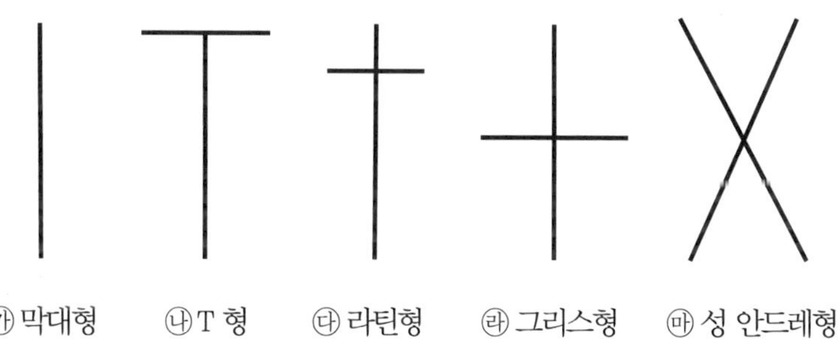

로마인들이 예수님을 십자가에 처형했다는 사실로 미루어 볼 때 예수님께서 달리셨던 십자가의 종류는 ㉰가 거의 확실하며, 또한 십자가 위에 쓰인 죄 패 때문에 ㉰나 ㉱ 형태이었을 가능성이 가장 크다(마 27:37 참조).

십자가 자체는 대부분의 미술가들의 그림처럼 그렇게 거대하지 않다. 첫째로, 그리스도께서 그 십자가를 상당한 거리 짊어지고 가셨다. 둘째로,

십자가는 예술가들의 그림에 상당히 높게 묘사된 것처럼 그렇게 높은 십자가가 아니었다. 왜냐하면 사람들이 그리스도의 뺨을 때리고 우슬초에 신 포도주를 적셔 그의 입에 넣었기 때문이다. 이로써 우리는 십자가가 우리가 생각해왔던 것만큼 높지 않았다는 인상을 받게 된다. 아마도 땅에서부터 그리스도의 발까지의 거리는 약 60센티미터를 넘지 않았을 것이다.

② 십자가는 가장 극심한 수욕의 도구였다. 이는 종들과 극악한 죄인들을 처형하기 위해 로마인들이 사형의 방법으로 사용한 것이다. 로마인들이 그리스도를 십자가에 못 박을 때 악한 고소자들로 인한 상황 때문에 그렇게 했는지 아니면 그리스도가 자신을 왕이라 주장하여 반역죄에 해당한다고 생각했기 때문에 그리스도를 극형에 처하게 되었는지에 대해서는 분명하게 말할 수가 없다. 중요한 사실은 그리스도께서 성경의 성취대로 십자가에 못 박히셨다는 것이다.

예수님의 경우는 유대인들이 그를 십자가에 못 박도록 요청한 것이다. 유대식의 처형 형태는 돌로 쳐 죽이는 것이었다. 십자가 처형 방법이 원래 로마에서부터 온 것은 아니다. 십자가 처형 제도는 두로와 시돈 사람으로부터 전해와 로마인들에 의해 받아들여진 것이다. 이 사형 형태는 가장 잔인한 것 중의 하나로 알려져 있다. 십자가에 못 박힌 사람은 죽기 전까지 벌레들이 몸에 달려드는가 하면 아무도 한 방울의 물조차 주지 않기 때문에 뼈를 쑤시는 고통을 견디면서 벌거벗은 채로 혹은 반나체로 십자가 위에서 며칠 동안 매달려있어야 했다.

③ 십자가 위의 글씨

십자가 위의 글씨는 유대인들이 원하는 내용이 아니었다. 유대인들은 "자칭 유대인의 왕"이라고 쓰기를 원했지만 빌라도는 "유대인의 왕"(요 19:21)이라고 썼다. 유대인들은 이 내용을 좋아하지 않았지만 빌라도는 "내가 쓸 것을 썼다"(요 19:22)고 하였다. 마태는 이것이 하나의 죄명이었다고 생각했다(마 27:37).[23] 아마도 빌라도가 십자가 처형의 정당성을 위해 쓴 것 같다. 이는 세 가지 언어로 씌어졌다(요 19:20). 보통 사람이 읽을 수 있는 히브리어 혹은 아람어, 세련된 언어이며 여행자들이 일상적으로 쓰는 헬라어, 로마국가의 공식 언어인 라틴어로 씌어졌다.[24] 다른 죄수들도

---

23) Johannes P. Louw and Eugene A. Nida, *Greek-English Lexicon of the New Testament*, vol. Ⅰ (New York : United Bible Societies, 1989), p. 553(§ 56.4와 § 56.5에서 αἰτία에 관한 설명 참조).
24) 그림에서 "INRI"라고 씌어진 것을 보는데, 이는 "Jesus Nazarenus Rex Judaeorum"의 라틴 말의 약칭이다.

십자가에 매달릴 때 그 위에 죄명이 기록되었는지는 분명하지 않다.

십자가 처형에 관한 다른 사실들

① 예수님의 고통을 마쳐시키고 둔화시키는 행위로 몰약에 섞인 포도주를 예수님께 드렸나 예수님이 이를 맛보시고 거절하셨다(마 27:34). 왜냐하면 예수님은 마지막 남은 가장 신 찌꺼기(고통)를 마시기 원하셨기 때문이다. 예수님은 몽롱한 상태로 보다는 완전한 의식을 가지고 고통을 감당하기 원해서 쓸개 탄 포도주를 거절하신다.[25] 결국 그리스도의 생애는 자신의 뜻으로 말미암은 것이 아니라 하늘에 계신 아버지의 뜻을 이루실 목적으로 오신 것이었다. 그 뜻에는 죄로 인한 가장 극심한 고통을 당하시는 것을 포함한다. 죽음에 이르기까지 순종해야 함이 분명해졌을 때 예수님께서는 자신의 목숨을 바치기 원하신 것이다. 왜냐하면 아무도 그의 목숨을 빼앗아 갈 자가 없기 때문이다.

예수님이 겪은 고통의 일부는 십자가 주위에 있었던 사람들로 말미암았다. 대제사장조차도 그를 조롱하기 위해 나왔다(마 27:41). 제자들과 여자들을 제외한 대부분의 사람들은 예수님에 대해 동정적이지 않았다.

② 군인들은 예수님의 옷을 나누었다. 아마도 십자가 처형이란 비열한 작업의 보너스로 그 일을 맡았던 군인들은 옷을 나누어 갖는 특권을 부여받았던 듯하다. 솔기가 없는 한 옷을 찢어 나누어 갖는 것보다는 통째로 갖기 원했기 때문에 그들은 제비를 뽑았다(마 27:35). 의심할 여지없이 그리스도께서는 엄청난 수욕을 당하시면서 십자가 위에서 옷을 걸치지 못하신 채 매달리셔야만 했다 예수님께서 아직 의식이 있었는데도 불구하고 벗은 몸을 가리고자 하는 근본적인 욕구마저 거절당하셨다.

십자가상에서의 일곱 가지 말씀

대체로 그리스도의 십자가 위에서의 첫 세 말씀은 외부 문제를 다루셨다는 점을 주목하라. 마지막 네 말씀은 모두 개인적이며 그의 깊은 고통을 다루셨다. 첫 번째와 마지막은 "아버지여"라는 말로 시작한다. 누군가가 그리스도와 하나님과의 관계를 그래프로 그린다면 고지에서 출발하여 네 번째 말씀을

---

25) Ridderbos, *Matthew*, p. 526.

하실 때는 낮은 곳으로 내려가며 마지막 말씀을 하실 때는 다시 높은 지대로 돌아오도록 그리게 될 것이다. 그리스도께서 기록되지 않은 다른 말씀을 하셨으리라는 추측도 가능하다. 그러나 기록되어진 내용이 거의 완벽하기 때문에 학자들은 이것들이 그가 십자가상에서 말씀한 모든 말씀으로 믿는다. 첫 번째 세 말씀은 어둠이 내리기 전에 이루어졌고 마지막 네 말씀은 어둠 속에서나 어둠이 걷힐 때 하셨다. 즉 마지막 네 말씀은 어둠과 고통의 시기의 마지막쯤에 거의 함께 말씀하셨던 것으로 생각된다.

① "아버지 저들을 사하여 주옵소서. 자기들이 하는 것을 알지 못함이니이다"(눅 23:34, 개역개정).[26]

이 말씀의 핵심은 그리스도께서 누구를 마음에 두셨는가이다. 군인들만인가? 아니면 다른 사람들도 포함되는가? 물론 군인들은 그들이 하는 일의 의미를 알지 못했다. 하지만 산헤드린 공회는 그들이 하는 일이 악한 행위임을 알고 있었으나 그들의 악한 행위가 어떤 결과를 가져오게 될 것인지는 알지 못했다. 즉 그들은 예수님의 십자가 죽음으로 인류의 죄가 해결되는 구속 성취의 큰 의미를 다 알지 못했다. 그러므로 "자기들이 하는 것을 알지 못함이니이다"를 폭넓게 적용하는 것이 옳을 것이다.

이 기도는 무엇을 말하는가? 이는 그를 십자가에 못 박고 핍박하는 사람들이 이 같은 행위가 끼친 온전한 영향력을 알고 복음의 설교를 들으면서 그리스도를 구세주와 메시아로 받아들일지를 결정할 때까지 그들에 대한 심판을 연기해달라는 요청이었다. 어떤 의미로 이것은 성령의 빛이 그들에게 비추어 그들이 그때에도 복음을 거절한다면 그들에게 충분한 책임을 물을 수 있게 하기 위해서였다.

② "내가 진실로 네게 이르노니 오늘 네가 나와 함께 낙원에 있으리라"(눅 23:43, 개역개정). 이 본문은 강도의 영혼과 주 안에서 죽은 자들의 영혼이 즉각 영광으로 나아간다는 증거로 바르게 사용되어진다. 이 말씀은 처음에 예수님을 비웃다가 후에 회개한 강도에게 하신 말씀이다. 그 강도가 그리스도에 대해 얼마나 많이 알고 있었는가를 발견하기는 어렵다. 그가 그리스도에게

---

26) 예수님의 이 말씀은 가상칠언 중 첫 번째 말씀으로 확실시 되나 누가복음에만 나타나고 또한 약간의 본문비평의 문제를 안고 있는 구절이다. 비록 본 구절을 생략하는 사본들이 상당히 비중이 있는 것들이지만(P^{75}, ℵ[a, vid], B, D[*], W 등), 반면 본 구절을 괄호 속에 넣어 본문에 삽입시키는 사본들도 중요한 것들이다(ℵ[*,c], A, C, D[b], L, X 등).

"당신의 나라에 임하실 때에"라고 물었을 때 그는 무슨 뜻으로 물었을까? 그는 당연히 하늘의 나라를 생각했을 것이다. 왜냐하면 그리스도께서 하나님의 나라를 설교하셨기 때문이다. 그는 성령으로 말미암든가 예수님의 사역기간 동안 설교를 들었든 간에 그리스도를 메시아로 인정했음이 틀림없다.

③ "여자여, 보소서 아들이니이다. 보라 네 어머니라"(요 19:26-27). 예수님은 메시아로 죽어가고 있는 아들을 바라보고 있는 그의 어머니에게 말씀하신다. 예수님은 그의 어머니와 사랑하는 제자가 나란히 서 있는 것을 보시고 요한에게 시선을 돌려 "보소서 아들이니이다"라고 말한 후 곧 요한에게 "보라 네 어머니라"고 말한다. 예수님은 그의 어머니를 보살필 책임을 요한에게 맡긴 것이다. 예수님은 사실상 십자가상의 자신을 바라보고 있는 어머니에게 "이제 나는 가족 관계로서의 아들 역할을 할 수 없지만 요한이 내 대신 아들 역할을 할 것입니다"라고 말하는 것과 같다.27) "그때부터" 요한은 마리아를 자신의 집으로 모셔갔다(요 19:27). 왜 예수님의 다른 형제들이 이 책임을 맡지 않았을까? 아마 그 이유는 예수님의 형제들이 이때까지도 예수님에 대해 호의를 가지고 있지 않았으며(요 7:5), 그들의 집이 예루살렘에 없었기 때문이라고 생각된다.

④ "엘리 엘리 라마 사박다니 하시니 이는 곧 나의 하나님, 나의 하나님 어찌하여 나를 버리셨나이까 하는 뜻이라"(마 27:46, 개역개정; 막 15:34). 거기에 섰던 사람들이 예수님의 이 말씀을 듣고 예수님이 엘리야를 부른다고 반응한 것은(마 27:47) 그들이 아람어를 알지 못했든지 아니면 조롱조로 응답했든지 둘 중의 하나이다. 이 말씀을 큰 소리로 외치신 것은 예수님께서 여전히 심한 고통 속에 있을지라도 넘치는 힘을 가지셨다는 것을 말해준다. 이 시점에서 그리스도는 고통의 깊은 지점에 도달하신 것이다. 이보다 더 깊고 더 큰 고통은 있을 수 없다. 이것은 지옥의 깊이이다.

⑤ "내가 목마르다"(요 19:28). 이 표현은 성경의 성취로 말해진 것이다. 이 모든 일들을 통해 우리는 성경이 성취되고 있으며 하나님의 계획이 실행되고 있다는 사실을 의식해야만 한다. 이는 그리스도의 가장 인간적인 외침 중의 하나이다. 예수님께서 아버지 하나님에 의해 버림받는 심한 고통은 그의 전 존재와 관계된 경험이었다. 이 고통을 받은 후 예수님은 목이 마르셨

---

27) Marcus Dods, *The Gospel of St. John*, p. 858.

다. 그들이 마실 것을 주었을 때 이번에는 잠시 후에 있을 마지막 행동을 위한 힘을 얻기 위해 신포도주를 받으신다(요 19:29~30). 이제 예수님은 완전한 고통을 당하시고 그에게 주어진 마실 것을 받으신 것이다.

⑥ "다 이루었다"(요 19:30). 무엇을 이루셨는가? 그의 지상의 생애를 이루셨는가? 그렇다. 그의 완전한 사역을 이루었는가? 그렇다. 그의 아버지께 대한 완전한 순종을 이루셨는가? 그렇다. 죄에 대한 승리의 사면을 이루셨는가? 그렇다. 그러나 구속의 온전한 계획이 아직 완전하게 완결되지 않았다. 왜냐하면 예수님께서는 아직도 무덤에 가야하며, 부활하셔야 하고, 하늘에서 그의 일을 계속하셔야 하기 때문이다. "다 이루셨다" 는 말씀은 우리 죄를 다 짊어지셨다는 뜻이다. 모리스(Morris)는 "다 이루었다" 는 의미가 예수님께서 곧 죽을 것임을 내다보시고 지상의 삶이 끝났다는 뜻으로 사용하셨을수도 있지만 특별히 더 중요한 진리는 예수님께서 이 땅에 오신 목적인 구원의 사역이 완성되었음을 선언하는 뜻이라고 해석한다.[28] 유대인들이 예수님을 십자가에 못 박을 때 우리 죄도 그와 함께 못 박혔다. 그들이 예수님을 장사지낼 때 우리 죄도 예수님과 함께 묻힌 것이다. 그 결과 우리는 예수님과 함께 새로운 생명으로 부활할 수 있다. 예수님께서는 아직 우리의 의를 위해 부활하셔야만 했다(롬 4:25).

⑦ "아버지 내 영혼을 아버지 손에 부탁하나이다"(눅 23:46, 개역개정). 예수님께서는 그의 영혼을 아버지의 안전한 보호에 의탁하셨다. 여기서 다시 예수님께서는 확신에 차고 승리감에 넘쳐있다. 죽음의 시간은 오후 3시경이었으며 이는 저녁희생 제물을 드리는 시간이었다. 예수님께서는 A.D. 30년 4월 6일(금요일)에 돌아가신 것으로 생각된다.

초자연적인 어두움은 지금 발생하고 있는 사건이 엄청난 일인 것을 말해준다. 그리고 땅 역시 이 구속 사건에 깊은 관계를 갖게 된다. 초자연적인 어두움은 마치 땅이 하나님의 아들을 십자가에 못 박는 이 두려운 행동으로부터 얼굴을 가리는 것 같다.

---

28) Leon Morris, *Expository Reflections on the Gospel of John* (Grand Rapids: Baker, 1988), p. 669.: "The term could be understood in more ways than one. It could mean that Jesus' earthly life was over: he was about to die. But, while that was true, the more important truth is that the death of Jesus meant the completion of that work of salvation for which he had come to earth."

제18장

부활의 주님 예수 그리스도

1. 예수님의 무덤(마 27:57~61; 참조, 막 15:42~47; 눅 23:50~56; 요 19:38~42)

> 저물었을 때에 아리마대의 부자 요셉이라 하는 사람이 왔으니 그도 예수의 제자라 빌라도에게 가서 예수의 시체를 달라 하니 이에 빌라도가 내주라 명령하거늘 요셉이 시체를 가져다가 깨끗한 세마포로 싸서 바위 속에 판 자기 새 무덤에 넣어 두고 큰 돌을 굴려 무덤 문에 놓고 가니 거기 막달라 마리아와 다른 마리아가 무덤을 향하여 앉았더라 (마 27:57–61, 개역개정).

서론

마태복음 27:57~61은 아리마대 사람 부자 요셉이 예수님의 장사에 어떤 역할을 했는지 전한다. 아버지 하나님께서 그의 아들의 몸을 얼마나 놀랍게 보존하셨는가! 군인들이 창으로 그의 옆구리를 찔러 피와 물이 흘러나올 정도였고 죽으신 후 땅 위에 모든 피를 흘리셨을지라도 예수님의 몸은 뼈 하나도 손상되지 않았다. 예수님의 몸은 조심스럽게 그를 사랑하는 사람들의 손에 의해 십자가에서 옮겨졌나. 그의 몸을 상사지냈던 두 사람은 아리마대 요셉과 밤에 예수님께 찾아왔던 유대인 지도자 니고데모였다(요 19:38~39). 이는 이사야 53:9의 성취이다. 이사야서는 "그는 강포를 행하지 아니하였고 그 입에 거짓이 없었으나 그의 무덤이 악인들과 함께 있었으며 그가 죽은 후에 부자와 함께 있었도다." (사 53:9, 개역개정)라고 기록 한다. 우리는 마태복음 27:57, 58에서 "저물었을 때에 아리마대의 부자 요셉[1]이라 하는 사람이 왔으니 그도 예수의 제자라 빌라도에게 가서 예수의 시체를

---

1) 아리마대 요셉은 산헤드린 공회원으로(막 15:43) 예수님의 제자였다(마 27:57). 요셉이 빌라도에게 예수님의 시체를 달라고 요구할 수 있었던 것은 이처럼 자신이 부자였고 또 빌라도와 면식이 있었기 때문이라고 생각된다.

달라 하니"(개역개정)라는 구절을 읽는다. 이처럼 예수님께서 부자의 묘에 묻히신 것은 이사야 53:9의 성취이다. 시체를 매장하는 모든 절차가 정당하게 이루어졌다.

강도들과 함께 십자가에 달리신 예수님

예수님은 십자가에 못 박히실 때 강도 두 사람과 함께 십자가에 달리셨다. "예수와 함께 강도 둘이 십자가에 못 박히니 하나는 우편에, 하나는 좌편에 있더라"(마 27:38, 개역개정). 예수님께서 그 당시 가장 천한 부류에 속한 강도들과 함께 십자가에 못 박히신 것은 예언의 성취였다. 이사야선지는 메시아에 관해 "이는 그가 자기 영혼을 버려 사망에 이르게 하며 범죄자 중 하나로 헤아림을 받았음이니라"(사 53:12, 개역개정)[2]고 예언한 바 있다.

이 예언은 예수님의 십자가 죽음으로 성취되어졌다. 그래서 누가는 예수님의 말씀을 인용하여 "기록된 바 그는 불법자의 동류로 여김을 받았다 한 말이 내게 이루어져야 하리니"(눅 22:37, 개역개정)[3]라고 예수님이 강도들과 함께 십자가에 못 박히신 것은 예언의 성취임을 확실히 한다.

그리고 예수님이 강도들과 십자가에 달리신 것은 구약 예언의 성취일 뿐만 아니라 성도들을 겸손하게 만드시기 원하는 하나님의 뜻이 그 속에 숨겨져 있다. 우리는 항상 우리가 두 사람의 강도보다 낫다고 생각한다. 그러나 하나님은 예수님을 강도들과 함께 못 박히시도록 하므로 예수님의 사역은 사람을 개화시키는 사역이 아니요, 죄를 회개케 하신 사역임을 증거 하신다. 한 강도는 회개한 후 구원 받았고, 다른 강도는 회개치 않고 멸망되었다(눅 23:39~43). 예수님은 사람을 문명인으로 만드시는 일을 하시지 않고 사람에게 은혜를 베푸시는 일을 하신다. 하나님은 사람 앞에 이미 존재한 것을 근거로 사역하시지 않고, 사람에게 은혜를 베푸시므로 사역하신다. 따라서 예수님이 강도들과 십자가에 달린 사실은 우리를 겸손하게 만드시기 위한 뜻이 담겨져 있다.[4]

---

2) 사 53:12(LXX) – "ἀνθ᾽ ὧν παρεδόθη εἰς θάνατον ἡ ψυχὴ αὐτοῦ, καὶ ἐν τοῖς ἀνόμοις ἐλογίσθη"

3) "그는 불법자의 동류로 여김을 받았다"(καὶ μετὰ ἀνόμων ἐλογίσθη)라는 표현은 성경 본문(개역한글판)에서 생략된 마가복음 15:28에는 좀 더 확대되어 나타난다. "καὶ ἐπληρώθη ἡ λέγουσα, καὶ μετὰ ἀνόμων ἐλογίσθη" (그가 불법자의 동류로 여김을 받았다 한 성경이 이루어졌다). 확대된 본문은 K, L, P 사본의 지지를 받는다.

4) Klaas Schilder, *Christ Crucified*(The Schilder Trilogy)(St. Catharines: Paideia Press, 1979), pp.

이처럼 예수님께서 강도들과 십자가에 못 박히신 것은 첫째, 예언의 성취로 하나님의 뜻을 이루신 것이요, 둘째, 성도들을 겸손하게 만드시기 위한 하나님의 뜻이 담겨져 있는 것이다.

새 무덤에 묻히신 예수님

로마인들은 두 강도들의 몸을 화장시켰을 것이다. 일반적으로 로마인들은 죽은 자의 친척의 요구가 없으면 시체를 화장시키곤 한다. 물론 유대인들은 화장을 반대했다. 유대인들은 화장을 좋지 않게 생각했으며 신성모독으로 생각했다. 예수님의 경우 그들은 이사야서 예언의 성취로 "부자"와 함께 그리스도의 묘실을 만들게 되었다(사 53:9). 예수님의 시체를 두었던 곳은 새 무덤이었다. 어떤 다른 사람도 거기에 묻힌 적이 없었고 죽음으로 오염되지도 않았다(눅 23:53). 유대인들은 매장시키는 것을 화장시키는 것이나 나무에 달린 채 그대로 버려두는 것에 비해 영예롭게 생각했다. 그 이유는 시체가 밤에 나무에 달려있으면 땅에 어두운 그림자가 드리워지기 때문이다. 이 사상은 구약으로부터 온 것이었다. "사람이 만일 죽을 죄를 범하므로 네가 그를 죽여 나무 위에 달거든 그 시체를 나무 위에 밤새도록 두지 말고 그날에 장사하여 네 하나님 여호와께서 네게 기업으로 주시는 땅을 더럽히지 말라 나무에 달린 자는 하나님께 저주를 받았음이니라"(신 21:22, 23, 개역개정). 그러나 다른 한편 유대인에게 있어 매장은 또한 수치스러운 일이었다. 왜냐하면 결국 이는 하나님께서 말씀하셨던 것처럼 죄의 저주였기 때문이었다. "너는 흙이니 흙으로 돌아간 것이니라"(창 3:10b).

장사의 시간

안식일이 가까이 다가오고 있었고 그리스도는 분명히 황급하게 장사되었다(눅 23:50~56). "예수의 시체를 달라하여 이를 내려 세마포를 싸고 아직 사람을 장사한 일이 없는 바위에 판 무덤에 넣어두니 이날은 준비일이요 안식일이 거의 되었더라"(눅 23:52~54, 개역개정). 이 말씀은 예수님을 매장하는 장례 절차가 급하게 진행되었음을 시사하고 있다. 무덤은 십자가 처형의

159-61.

장소 근처에 있었다. 예수님을 아리마대5) 요셉의 무덤에 장사지내기로 한 것은 그곳이 갈보리에서부터 가까웠기 때문이다. 그리고 또한 예수님이 부자의 무덤에 장사된 것은 성경의 성취로 그렇게 된 것이다.

2. 토요일 – 매장의 날, 암흑의 날

무덤의 경비(마 27:62~66)

그 이튿날은 준비일 다음 날이라 대제사장들과 바리새인들이 함께 빌라도에게 모여 이르되 주여 저속이던 자가 살아 있을 때에 말하되 내가 사흘 후에 다시 살아나리라 한 것을 우리가 기억하노니 그러므로 명령하여 그 무덤을 사흘까지 굳게 지키게 하소서 그의 제자들이 와서 시체를 도둑질하여 가고 백성에게 말하되 그가 죽은 자 가운데서 살아났다 하면 후의 속임이 전보다 더 클까 하나이다 하니 빌라도가 이르되 너희에게 경비병이 있으니 가서 힘대로 굳게 지키라 하거늘 그들이 경비병과 함께 가서 돌을 인봉하고 무덤을 굳게 지키니라 (마 27:62–66, 개역개정).

① 마태복음 27:62~66은 파수꾼이 예수님의 무덤을 굳게 지킨 사실을 전한다. 병사들이 무덤을 경비한 사실은 그리스도가 실제로 죽었고 장사지냄 받았다는 또 하나의 증거가 된다(마 27:65~66). 대제사장들과 바리새인들이 빌라도에게는 "주여"(κύριε)라고 한 반면, 예수님을 가리켜 "저 유혹하던 자"(ἐκεῖνος ὁ πλάνος)라고 한 것은 큰 대조를 이룬다. 벵겔(Bengel)은 "그들이 빌라도에게 굽실굽실 한다. 그들은 이전에 빌라도를 주라고 부르지 않았다"6)라고 해석했다. 대제사장들과 바리새인들은 로마의 병사들로 무덤을 지키게 하기 위해 빌라도에게 아부까지 하고 있는 것이다.

② 무덤을 경비한 사실은 그리스도를 반대하는 적들에게 여러 가지 두려움이 있었음을 증거 한다.

첫째, 그들은 실제로 예수님께서 다시 부활할 것을 두려워했다. 이는 마태복음 27:63에서 "주여 저 속이던 자가 살아 있을 때에 말하되 내가 사흘 후에 다시 살아나리라 한 것을 우리가 기억하노니"(개역개정)라고 말한 것으로 보아 분명하다. 그러므로 그들은 파수꾼을 세우기 원했다.

---

5) 아리마대는 예루살렘 북쪽 근교에 있는 작은 마을이다. 누가가 아리마대를 설명하면서 "유대인의 동네"(눅 23:51)라고 한 것은 이방인 독자들을 돕기 위한 의도가 담겨있다(참고, 눅 4:31 – "갈릴리 가버나움 동네에"; 눅 8:26 – "갈릴리 맞은 편 거라사인의 땅에").

6) John A. Bengel, *Bengel's New Testament Commentary*, vol. I, p. 309. "They cringe to Pilate: they had not so addressed him before."

어떤 의미에서 이 사람들이 그리스도의 말씀을 더 잘 알고 있었고 그리스도의 제자들보다 더 용이하게 그리스도의 부활에 대한 말씀을 기억해냈다.

둘째, 만일 그들이 그리스도가 다시 살아나실 것을 두려워했다는 사실을 인정하지 않는다 할지라도 그들은 확실히 시체가 없어질 것을 두려워했음에 틀림없다. 왜냐하면 그들은 제자들이 밤에 와서 그 시체를 도적질해 갈 것이라 생각하고 파수꾼을 요청했기 때문이다.

셋째, 그리스도가 부활하실 것이라는 사실을 산헤드린 공회에서 직접 말씀하셨던 것이 대적자들의 마음속에 떠올랐을 때 인간적으로 불가능한 것 같아서 모든 사람들처럼 그들도 미심쩍어했지만, 그들은 모세가 부활했다는 것을 믿었기 때문에 모세 이상으로 많은 기적을 행하셨던 그리스도 역시 죽은 자 가운데서 필시 부활할 것이라고 생각했다(참고 구절, 마 16:21; 20:18,19; 21:42; 26:61; 27:40).

넷째, 여기서 최고의 관심을 보인 사람들은 바리새인들이었다. 왜냐하면 그들은 죽은 자의 부활을 믿었던 사람들이기 때문에(참조, 행 23:6~8), 예수님의 제자들이 시체를 도적질해간 후 예수가 부활했다고 선포하지 못하도록 분명히 하기를 원한 것이다. 여기서 바리새인들의 이중적인 마음을 볼 수 있다. 한편으로는 몸의 부활을 믿으면서도 다른 편으로 자신들의 목적을 성취하기 위해서는 예수님이 부활하실 것이라는 말씀을 믿지 못한 것이다.

③ 대제사장들과 바리새인들은 예수님께서 죽은 후 삼일 만에 부활하실 것이라는 예언이 실패로 돌아가도록 빌라도에게 예수님의 무덤을 병사들을 시켜 사흘까지 굳게 지키도록 요청한다(마 27:64). 그리고 그들은 예수님의 제자들이 시체를 도적질해 간 후에 예수님이 부활했다고 선포하면 "후의 속임"(예수님이 죽은 자 가운데서 부활하셨다는 사실)이 전보다(예수님이 메시아라고 주장하신 사실) 더 심하게 될까 걱정했다. 이 사실은 예수님의 메시아직이 초자연적인 영광에 가려져 있음을 증거하고 있다. 즉 예수님은 그의 지상 생애 기간보다 죽음으로부터 부활한 후에 더 큰 권세를 소유하게 되어 있는 것이다.[7]

---

7) Ridderbos, *Matthew*, pp. 542-543.

안식일을 범한 종교주의자들

예수님의 무덤을 경비한 사건은 마태복음에서만 찾을 수 있다. 마태는 안식일을 중요하게 생각하는 대제사장들과 바리새인들이 예수님의 무덤을 경비하는 일에 있어서는 안식일을 지키는데 별로 신경을 쓰지 않았음을 지적하고 있다. 그래서 마태는 "그 이튿날은 준비일 다음날이라"(마 27:62, 개역개정)고 구체적인 시간을 밝히므로 이 사건이 안식일에 발생했음을 강조하고 있다. 흥미 있는 사실은 예수님의 친구들은 예수님을 매장할 때 안식일 법칙을 지키기 위해 많은 노력을 기울인 반면(막 15:42~43; 눅 23:54; 요 19:42), 대제사장들과 바리새인들은 안식일을 지켜야 한다는 부담 없이 무덤의 경비를 세운 사실이다.[8]

유대인의 율법에 엄격했던 대제사장들과 바리새인들이 안식일에 빌라도에게 도움을 요청한다. 그들은 안식일에 무덤을 봉인했다. 그들은 파수꾼을 세우도록 요청하기 위해 안식일에 빌라도에게 나아갔다(마27:62~64). 그들은 그들의 목적을 성취하기 위해서는 안식일 범하는 것을 두려워하지 않았다.

우리는 종교주의자들의 행동을 볼 때 그들의 천박한 속임수를 분명히 알 수 있다. 한 순간은 경건을 가장하여 하나님의 뜻과 진리를 앞장서서 옹호하는 것처럼 보이나 실제로 그들은 죄로 가득 찬 그들의 유익을 위하여 앞장서고 있다. 그들은 돌아서는 순간 얼마나 쉽게 하나님의 뜻을 무시할 수 있는가 보여주고 있는 것이다. 그러나 그리스도의 적들은 그렇게 하는 것이 역시 하나님의 뜻에 대한 관심의 일환이며, 이 경우는 예외적인 경우이지만 필수적으로 그렇게 될 수밖에 없는 문제라고 경건하게 대답할 것이다. 인간은 얼마나 쉽게 그들이 악을 행할 때조차도 자신의 행동을 정당화하는가!

3. 주일(일요일), 부활의 날, 새 소망과 생명의 날(마 28:1~20; 참조, 막 16:1~11; 눅 24:1~49; 요 20:1~31)

안식일이 다 지나고 안식 후 첫 날이 되려는 새벽에 막달라 마리아와 다른 마리아가 무덤을 보려고 갔더니 큰 지진이 나며 주의 천사가 하늘로부터 내려와 돌을 굴려 내고 그 위에 앉았는데 그 형상이 번개 같고 그 옷은 눈같이 희거늘 지키던 자들이 그를 무서워하여 떨며 죽은 사람과 같이 되었더라

---

8) Hendriksen, *The Gospel of Matthew*, p.981; Ridderbos, *Matthew*, pp. 541-542.

천사가 여자들에게 말하여 이르되 너희는 무서워하지 말라 십자가에 못 박히신 예수를 너희가 찾는 줄을 내가 아노라 그가 여기 계시지 않고 그가 말씀하시던 대로 살아나셨느니라 와서 그가 누우셨던 곳을 보라 또 빨리 가서 그의 제자들에게 이르되 그가 죽은 자 가운데서 살아나셨고 너희보다 먼저 갈릴리로 가시나니 거기서 너희가 뵈오리라 하라 보라 내가 너희에게 일렀느니라 하거늘 그 여자들이 무서움과 큰 기쁨으로 빨리 무덤을 떠나 제자들에게 알리려고 달음질할새 예수께서 그들을 만나 이르시되 평안하냐 하시거늘 여자들이 나아가 그 발을 붙잡고 경배하니 이에 예수께서 이르시되 무서워하지 말라 가서 내 형제들에게 갈릴리로 가라 하라 거기서 나를 보리라 하시니라 여자들이 갈 때 경비병 중 몇이 성에 들어가 모든 된 일을 대제사장들에게 알리니 그들이 장로들과 함께 모여 의논하고 군인들에게 돈을 많이 주며 이르되 너희는 말하기를 그의 제자들이 밤에 와서 우리가 잘 때에 그를 도적질하여 갔다 하라 만일 이 말이 총독에게 들리면 우리가 권하여 너희로 근심하지 않게 하리라 하니 군인들이 돈을 받고 가르친 대로 하였으니 이 말이 오늘날까지 유대인 가운데 두루 퍼지니라 열한 제자가 갈릴리에 가서 예수께서 지시하신 산에 이르러 예수를 뵈옵고 경배하나 아직도 의심하는 사람들이 있더라 예수께서 나아와 말씀하여 이르시되 하늘과 땅의 모든 권세를 내게 주셨으니 그러므로 너희는 가서 모든 민족을 제자로 삼아 아버지와 아들과 성령의 이름으로 세례를 베풀고 내가 너희에게 분부한 모든 것을 가르쳐 지키게 하라 볼지어다 내가 세상 끝날까지 너희와 항상 함께 있으리라 하시니라 (마 28:1~20, 개역개정).

서론

마태복음 28:1~20은 예수님의 부활 사건을 전한다. 부활의 사실은 전적으로 불가능한 것처럼 종종 의문시된다. 기억할 것은 우리는 주권적인 하나님을 믿는 영적인 종교 영역에 있다는 사실이다. 우리는 이적을 인정한다. 우리는 믿음으로 하나님이 행하신 일을 믿는다. 그러므로 이 영역에서 우리는 과학자로부터 증명을 구하는 과학적 분야에 있지 않다. 이는 한 위대한 학자가 "이것은 과학자의 일이 전혀 아니다"라고 말했던 것과 같다.

우리는 부활이 기독교 신앙의 핵심적인 요점인 것을 안다. 기독교 구조에서 어떤 부분을 제거시킨다면 전체 구조도 무너질 수밖에 없다. 하지만 어떤 이가 동정녀 탄생과 그리스도의 속죄적 수난과 죽음을 믿을지라도 만일 부활을 믿지 못한다면 그는 참된 그리스도인이 아닐 것이다. 부활은 기독교 신앙의 기초석 중의 하나이다. 부활에 대한 믿음은 이성적인 논쟁이나 무엇보다도 보이는 증거들로 구축되지 않는다. 부활은 믿음의 신조이며 무모한 사건이 아니라 합리적으로 확실한 것이다. 사실상 어떤 저자가 표현했듯이 "나는 인류의 역사 가운데 사실이 아닌 것을 알지 못한다. 그리스도가 죽었다가 죽은 자 가운데서 다시 살아나신 사건은 어떤 것보다도 충분한 증거를 갖고 있다"(Arnold)라고 표현한 것처럼 그리스도의 부활은 확실한 사건이다 (참고, 고전 15장(특히 20절), 롬 4:24, 25; 10:9, 10; 빌 3:10ff.; 골 3:1; 벧전 1:3).

복음서에 따르면 예수님의 부활에 대한 여인들의 증거는 삼중적으로 나타난다. 그것들은 여인들이 발견한 빈 무덤이요(막 16:1~6; 눅 24:1~3), 예수님이 부활하셨다는 천사들의 전언이요(마 28:5~6), 그리고 여인들이 직접 부활하신 예수님을 만난 사실이다(마 28:9~10).[9]

부활을 보는 태도

확실히 기독교의 적들은 부활의 진리를 공격하는데 집중했으며 그리스도인들은 이를 옹호해왔다. 그리스도인이 취해야 할 방어의 노선은 신앙과 계시로 먼저 접근하는 것이다. 우리는 그리스도인들이 추구했던 합리적인 노선과 몇 가지 논증에 주목해야 한다. 만약 부활이 의문시된다면 우리가 합리적으로 따를 수 있는 두 가지 노선이 있다.

부활의 진리를 부인할 때는 부활이 없다는 사실에 대한 증거가 제공되어야만 한다. 이런 시도는 그리스도의 부활 때 이미 행해졌다. 성경은 예수의 시체가 도난당했다는 진술들이 이미 있었음을 우리에게 전한다. 지금까지 예수님의 부활이 사실이 아님을 증거 하는 사람들은 객관적인 자료를 근거로 그런 주장을 한 것이 아니요, 성경 기록에 대한 주관적인 불신을 근거로 그런 주장을 하고 있는 것이다.[10]

또한 부활의 사실을 인정할 때에도 합리적인 설명이 제시되어야 할 것이다. 우리는 성경의 기록을 객관적이고 역사적인 진술로 인정하고 그 자료들을 근거로 그리스도의 부활을 설명해야 한다.

부활의 역사성

다음은 부활을 인정하는 입장에서 사실을 제시한 것이다.

① 주 예수 그리스도의 시체는 결코 발견되지 않았다. 제자들이 시체를 훔쳐갔다면 유대인들과 로마인들은 시체를 다시 찾기 위해 모든 노력을 기울였을 것이다. 그러나 예수님의 시체는 결코 다시 발견되지 않았다. 빈

---

9) G.E. Ladd, *I Believe in the Resurrection of Jesus* (Grand Rapids: Eerdmans, 1975), p. 90.

10) 예를 들면 Herman S. Reimarus는 예수님의 제자들이 예수님의 시체를 도적질했다는 이론을 근거로 예수님의 초자연적인 부활을 부인한다. 그는 한편으로는 인간을 계몽된 인간으로 보면서, 다른 편으로 제자들을 사기꾼과 거짓말 장이로 만들어 버린다. 결국 그의 주장에 의하면, 기독교는 본질적으로 부도덕한 종교가 되어 버린다. 참고, 박형용, 『복음비평사』(서울: 성광문화사, 1985), pp. 44-46.

무덤이 부활의 역사성을 증거 해 준다. 예수님의 부활 사건 자체를 본 목격자는 없다. 지진까지라도 부활 자체를 묘사한 것은 아니다. 신약 성경은 예수님의 부활 자체를 묘사하지 않는다. 예수님은 목격자 없이 무덤에서 살아 나오신 것이다. 복음서 저자들은 부활의 위엄과 영광을 감히 묘사하려 들지 않는다. 이는 구약의 사상과 일치하는 것이다. 구약에서도 감히 인간이 하나님의 "행동"을 직접 인식할 수 없는 것으로 가르친다. 마찬가지로 인간은 완전한 신이신 예수님의 부활 자체를 인식하여 그것을 묘사할 수 없는 것이다. 그러면 어떻게 예수님이 부활했다고 말할 수 있는가. 그것은 예수님의 부활의 효과를 볼 때 가능한 것이다. 따라서 빈 무덤은 예수님의 부활을 증거 하는 처음 표증이라고 할 수 있다.[11]

② 예수님은 자신이 다시 부활하실 것을 알았고 그리고 그 지식대로 살았다. 그러므로 예수님이 부활하지 않았다면 기독교의 모든 것이 위험에 처해 있는 것이다. 그런데 다른 것들에 대한 그리스도의 말씀이 사실이고 믿을 만하다면 왜 부활에 대한 그의 말씀들은 똑같이 신뢰받을 수 없다는 말인가? 예수님의 부활은 예언의 성취이다. 예수님의 부활은 예언되기 수세기 전 구약의 선지자들과 시편 기자들에 의해 전해졌다(시 16:10; 49:15).

③ 제자들의 변화를 보라. 모든 사람들처럼 그들은 그리스도가 부활하셨다는 사실을 기대하지 않았다. 그러나 그들이 주님을 보았을 때 어떤 일이 일어났는가를 보라. 그들은 예수님이 살아나셨다는 것을 알았기 때문에 감히 적들과 맞부딪히고 기꺼이 목숨까지 바치는 사람들이 되었다.

④ 기독교가 수세기 동안 지속되는 것은 예수님의 부활의 진실성을 증거 한다. 거짓이 이렇게 오래 지속될 수 있다고 생각하는가? 교회가 만일 인간의 손에 의해 만들어지고 거짓 위에 세워졌다면 계속 유지되리라고 생각하는가? 그럴 수 없다. 그리스도는 부활하신 것이다.

⑤ 무덤 속에 있던 수의를 목격한 것은 또 하나의 중요한 증거이다. 그것은 이를 보았던 제자들을 확신시키기에 충분했다. 이 수의가 흐트러지지 않았다는 사실은 이적이 발생했음을 증거 하는 것이다(요 20:5~7). 만약 제자들이 예수님의 시체를 도적질해 갔다면 세마포와 수건이 헝클어져 있었을 것이

---

11) F.D. Bruner, *The Churchbook: Matthew 13-28*, p. 1074.

다.12) 그리고 예수님이 기절했다가 다시 일어나서 자신의 몸을 쌌던 세마포와 머리의 수건을 풀었다고 생각하면, 세마포와 수건이 한 곳에 놓여 있든지 흐트러져 있었을 것이다. 그것들은 또한 그 밖의 다른 것을 증명한다. 즉 예수님께서 부활하신 몸은 영의 몸이었다는 것이다. 예수님의 몸을 싼 세마포와 머리를 쌌던 수건이 함께 놓이지 않고 딴 곳에 개켜 있었다는 사실은 예수님이 신비로운 영의 몸으로 부활하셨음을 증거 해 준다.13)

만약 예수님이 우리들의 현재의 몸처럼 부활하셨다면 세마포와 수건이 흐트러져 있었을 것이다. 많은 신비로움이 예수님께서 무덤에서 나오셨을 때의 몸과 관련되어 있다. 결국 어떤 의미에서 똑같은 몸이지만 피는 사라진 몸이었다. 성경은 이것이 영적인 몸이었다는 인상을 준다. 그리스도는 문을 통과하셨으며 보이다가도 다음에는 보이지 않으시기도 했다. 우리는 변화산 사건 때 주님의 몸이 형태의 변화를 겪었음을 회상한다.

부활 때에도 분명히 예수님의 몸은 형태의 변화를 경험했다. 부활에 대한 모든 기록을 조사해도, 부활은 역시 하나의 신비로운 이적으로 남아 있는 것이다. 에델샤임(Edersheim)은 말하기를 "돌아가신 그리스도는 선생이시며 이적을 행하는 자였을 수 있다. 또 그는 그렇게 기억되고 사랑을 받았다. 그러나 오직 부활하시고 살아계신 그리스도만이 구세주이시며, 생명이시며, 생명을 주시는 자이시다. 그리고 이 사실이 모든 사람들에게 전파되어졌다. 그리고 가장 축복된 이 진리에 대해 우리는 가장 온전하고 의심할 수 없는 증거를 갖고 있다. 그러므로 우리는 이 설화의 감명에 우리 스스로를 전적으로 복종시킬 수 있으며 더 나아가 이 거룩하고 축복된 사실의 실현에 우리 자신을 복종시킬 수 있는 것이다. '주님은 진실로 부활하셨다' 는 진리는 교회의 기초이며 교회 군대의 깃발에 새겨진 표식이며 모든 그리스도인 마음의 힘이자 위로이고 인간의 위대한 소망이 되는 것이다."14)

---

12) Hendriksen, *The Gospel of Matthew*, p. 991.

13) "개켜 있다"(ἐντετυλιγμένον – ἐντυλίσσω, wrap/ roll up/ fold up)는 말은 완료 수동 분사형으로 그 의미는 예수님이 부활하실 때 발생한 그 형편이 제자들이 들여다 볼 때에도 같은 형편으로 그대로 있었다는 뜻이다. 한글 개역개정은 "개켜 있다" 로 번역하지 않고 "놓여 있더라" 로 번역했다. "개켜 있다"(개역)는 말은 헝클어진 상태가 아니요 가지런히 접혀 있는 상태를 뜻한다. 예를 들면, 얼음덩어리를 쌌던 천이 얼음이 녹으므로 그 자리에 가지런히 차곡차곡 접혀 놓여있는 상태와 같은 것이다.

⑥ 여기서 바울 사도가 고린도전서 15:1~11에서 입증하고 있는 부활의 역사성을 고찰해 보자. 바울 사도는 그리스도의 부활의 역사성을 네 가지로 증명한다.[15]

첫째, 바울은 자신이 전하고 있는 그리스도의 부활은 초대교회의 신앙고백과 정확하게 일치하기 때문에 의심의 여지가 없다고 말한다. 바울은 "내가 받은 것을 먼저 너희에게 전하였다"(고전 15:3, 개역개정)라고 말함으로 자신의 가르침은 초대교회의 증언과 일치하고 있음을 분명히 한다.[16]

둘째, 바울은 예수 그리스도의 부활은 "성경대로" 이루어진 사건이기 때문에 확실하다고 말한다. 구약은 그리스도의 죽음과 부활에 관해 풍부한 자료를 제공한다. 예수님의 부활은 시편 16:10과 시편 49:15에 예언되어 있다.

셋째, 바울은 예수 그리스도의 육체 부활을 목격한 사람이 많기 때문에 그리스도의 부활은 부인할 수 없는 역사적 사건이라고 말한다. 바울은 예수님이 사흘 만에 부활하셔서[17] 게바에게 보이시고 열두 제자에게 보이시며, 오백여 형제에게 일시에 보이셨다고 말한다.

넷째, 바울은 자신의 삶이 새로운 질서에 속한 부활 생명임을 증거 함으로 그리스도의 부활의 역사성을 증명하고 있다. 그리스도의 부활이 없었다면 교회를 말살시키기 위해 동분서주한 핍박자가 대사도요, 대전도자로 변화될 수가 없었을 것이다.

부활과 믿음

그리스도 부활의 가시적인 증거에 있어 어느 누구도 예수님이 부활하시는 것을 본 사람이 없다는 것은 흥미롭다. 분명히 하나님께서는 과거에 그리스도인들에게 감동을 남겨두기 원하셨고 그리고 그들은 이를 믿음의 신조로

---

14) Alfred Edersheim, *The Life and Times of Jesus The Messiah*, part Ⅱ(Grand Rapids: Eerdmans, 1981), p. 629.

15) 박형용, "바울의 부활관", 「신학정론」 제10권 1호(1992.3), pp. 12-14.

16) D.M. Stanley, *Christ's Resurrection in Pauline Soteriology* (Romae: E. Pontificio Instituto Biblico, 1961), p. 119.

17) "사흘 만에"라는 시간의 한정을 가리키는 표현을 "살아났다"는 완료시상과 함께 사용한 것은 그리스도의 부활의 역사성이 초대교회의 신앙고백이요, 전통이었음을 증거 하는 것이다.

계속 지켜야만 했다. 예수님께서 부활 후에야 나타나셨으며 또한 이적들이 그의 부활을 수반했다는 것은 사실이다. 파수꾼들이 천사들을 보고 떨었으며(마 28:4) 돌이 멀리 치워졌고(마 28:2) 잠자던 성도들이 무덤에서 일어났다(마 27:52~53). 그러나 그의 부활의 실제 장면은 어느 누구도 보지 못했다.

더 나아가 그리스도는 어떤 불신자에게도 나타나지 않으셨다는 사실에 주의해야만 한다. 성경에 기록된 모든 나타남은 그를 믿는 자들에게 이루어졌다. 그를 본 사람의 숫자는 매우 많았고 그들 중 많은 이들은 부활사건이 있은 후 상당기간 동안 살아 있었다. 그러나 어떤 불신자도 그리스도를 보지 못했다. 모든 육체와 피는 나라를 유업으로 받지 못할 뿐만 아니라 재판관으로서 심판할 때를 제외하고는 부활하신 주님을 보지 못할 것이다. 믿을만한 증거가 많이 있음에도 예수님을 믿지 못하는 불신자들은 그들의 불신을 재판할 재판석에서 부활하신 예수님을 보게 될 것이다.

예수님의 부활은 과학적으로 증명할 사건이 아니요, 복음서의 기록을 실제적인 것으로 믿고 받는 것이다. 초대교회 제자들은 예수님의 부활 자체를 목격한 것은 아니다. 그러나 예수님의 부활을 전달하는 천사들의 음성은 그 당시 역사적으로 존재한 사람들에게 들려졌다. 빈 무덤을 목격하고, 부활 후의 예수님의 모습을 본 사람들은 예수님이 역사적으로 부활하신 사실을 의심하지 않았다. 그들은 예수님이 죽은 자 가운데서 부활하셔서 살아계심을 믿었다. 이 사실은 우리가 그리스도의 부활을 과학적으로 증명할 때 믿을 수 있게 되는 것이 아니요, 우리가 믿을 때 그리스도의 부활의 역사성을 인정하게 된다는 교훈을 가르친다.

부활체로 나타나신 예수님

① 그리스도의 부활체의 본질은 완전히 이해되지 못한다. 가장 좋은 설명은 고린도전서 15:42~49에 나타나는데 거기에서 부활체를 영적인 몸체라고 설명한다. 부활체에 대한 인간의 생각을 가장 잘 묘사한 말씀은 부활체를 영화롭게 된 몸체, 부활하신 육체, 하늘의 몸체, 영묘한 육체, 혹은 단순히 변화된 육체 등으로 표현한 것이다. 확실히 무덤에서 나오신 그리스도의 몸은 변화되었음에 틀림없다. 그 이유는 그의 제자들이 그를 알아보지 못했기

때문이다. 그러나 그의 옆구리와 손, 그리고 발에 상처의 흔적이 있었던 것으로 보아 똑같은 몸이었다. 더 나아가 예수님께서는 적어도 한번은 그의 제자들과 함께 먹고 이야기하시며 머무르셨고 그들은 "예수님을 보고 기뻐했다"(요 20:20). 이제 우리는 예수님의 육체적 부활과 오늘도 살아계심을 충분히 안다.

예수님이 부활 후에 가지신 몸체는 신령한 몸체로 시간과 공간의 제약을 초월할 수 있는 몸체이다. 예수님이 성육신 하신 상태로 계실 때는 시간과 공간의 제약을 받으셨다. 하지만 부활 후의 예수님의 부활체는 몸은 가졌으나 갑자기 사라질 수 있고(눅 24:31) 문이 닫힌 방에 들어가실 수도 있다(요 20:19~20). 또한 예수님의 부활체는 먹을 필요가 없는 몸체이지만 먹을 것을 잡수실 수도 있다(눅 24:42).[18]

② 그리스도는 부활과 승천 사이 40일 동안 10번 혹은 11번 나타나셨다. 그의 추종자들에게 나타나신 한 가지 목적은 그가 부활하셨다는 사실을 분명히 증거 하는 것이었다 할지라도, 그 이유뿐만 아니라 가장 명백한 것은 그들의 슬픔을 경감하고 그들의 비애에 빛을 주고자 하는 것이었다. 예수님께서는 그들을 위로하기 위해 다가오셨고 그의 모습으로 인해 그들은 다시 기쁨을 얻게 되었을 것이다. 이런 관점에서 예수님의 나타나심을 관찰해 보도록 하라.

③ 누가는 부활 후 40일 동안 예수님께서 어떤 일을 하셨는지 잘 요약해 주고 있다.

첫째, 부활하신 예수님은 자신의 고난과 부활이 구약에 예언된 하나님의 뜻을 이룬 사실임을 가르치신다. 예수님은 구약을 사용하여 자신의 죽음과 부활을 자세히 설명해 주신다(눅 24:27, 44).

둘째, 부활하신 예수님은 자신이 십자가의 죽음과 부활로 성취하신 복음을 예루살렘으로부터 시작하여 땅 끝까지 전파할 책임이 교회에 있음을 가르치신다(눅 24:46~48). 자신의 죽음과 부활이 하나님의 뜻임을 증거 한 예수님은 "너희는 이 모든 일의 증인이라"(눅 24:48, 개역개정)고 도전하신다.

---

18) 박형용, "신자들의 육체부활", 「신학지남」(1978, 가을·겨울), p. 66; 예수님의 부활체와 성도들의 부활체와의 관계성에 대한 자세한 설명은 박형용, "바울의 부활관", 「신학정론」 제10권 1호(1992, 3), pp. 8~43을 보라.

셋째, 부활하신 예수님은 잘못된 천국관을 가지고 있는 제자들을 가르치시고 교정해 주신다(참고, 행 1:6~8). 하나님의 나라는 교회의 복음전파를 통해 확장되어질 것이다(행 1:8).[19]

④ 다음은 예수님의 열한 번 나타나심에 대한 기록이다.

* 막달라 마리아에게 나타나심(요 20:15~18).

* 다른 여자들에게 나타나심(마 28:9~10).

* 베드로에게 나타나심(눅 24:34).

* 엠마오로 가고 있던 제자들에게 나타나심과 저녁쯤 그들 집에의 방문(눅 24:13~32).

* 부활하신 날 저녁에 유대인들을 두려워하여 다락방에 모여 있던 열 사도에게 나타나셨다. 그들은 문을 닫고 있었다(요 20:19~23).

* 일주일 후(4월 16일) 사도들에게 나타나심. 이때 도마는 그들과 함께 있었다(요 20:26~29)

* 4월 16일 후 때때로 갈릴리 바다에서 일곱 사도들에게 나타나심 (요 21:2)

* 갈릴리에 있는 산에서 11사도들에게 나타나심(마 28:16~17)

* 500여 형제들에게 나타나심(고전 15:3~8)

* 예수님의 형제 야고보에게 나타나심(고전 15:7)

* 예루살렘에 나타나심과 승천(행 1:9~11). 예수님의 승천은 A.D. 30년 5월 18일 목요일로 간주된다.

4. 승천(눅 24:50~53; 참조, 막 16:19; 행 1:6~11)

예수께서 그들을 데리고 베다니 앞까지 나가사 손을 들어 그들에게 축복하시더니 축복하실 때에 그들을 떠나 (하늘로 올려지시니) 그들이 (그에게 경배하고) 큰 기쁨으로 예루살렘에 돌아가 늘 성전에서 하나님을 찬송하니라 (눅 24:50-53, 개역개정).

누가복음 24:50~53은 예수님이 부활 후에 승천하신 사건을 기록한다. 일단 우리들이 그리스도의 부활을 역사적인 사실로 인정하면 그 다음 승천을 믿는 것은 논리적이다. 그의 승천은 아버지 하나님께서 그에게 맡기신 구속사

---

19) 이 부분에 대한 자세한 설명은 박형용, 『주해 사도행전』(서울: 성광문화사, 1981), pp. 27-37을 보라.

역을 성취하시고 승리한 모습으로 아버지께 자신을 제시하고 아버지 우편에 앉으시기 위한 필수적 과정이었다. 히브리서는 "우리에게 큰 대제사장이 계시니 승천하신 이 곧 하나님의 아들 예수시라" (히 4:14, 개역개정)고 설명한다.

승천의 사실

① 승천은 육체적 존재로서 승리하신 그리스도께서 지상으로부터 떠나시는 것이며, 아버지 앞에서 우리의 승리하신 변호자이자 중재자로 계시기 위해 구름과 인간의 놀라는 눈 너머 하늘에 계신 하나님의 존엄한 존재 속으로 들어가시는 것이다.

② 승천은 예루살렘으로부터의 "안식일에 갈 수 있는 거리"에 있는 감람산에서 부활 후 40일에 일어났다(행 1:12 참조).[20] 요한복음 20:17의 말씀은 예수님의 승천이 부활 후 40일째가 아니요 부활 직후에 있었던 것으로 생각하게 만든다. "예수께서 이르시되 나를 붙들지 말라 내가 아직 아버지께로 올라가지 아니하였노라"(요 20:17, 개역개정). 얼핏 보기에 이 말씀은 예수님이 아직 아버지께로 올라가지 못하였기 때문에 마리아가 부활하신 예수님의 몸체를 만져서는 안 된다는 뜻으로 해석하기 쉽다. 그리고 부활하신 예수님은 그 후 자신의 손과 옆구리를 만지라고 도마에게 허용하셨기 때문에 (요 20:24~29), 예수님의 승천은 부활 직후 어느 때에 발생한 것으로 생각하게 만든다.

하지만 우리는 요한복음 20:17의 헬라어 표현을 주의해야 한다. 예수님이 마리아에게 "나를 붙들지 말라"[21]고 말씀하셨을 때 마리아는 이미 예수님의 부활체를 만지고 있었다. 그러므로 우리는 "나를 붙들지 말라"는 예수님의

---

20) F.F. Bruce[*The Book of Acts: NICNT*(Grand Rapids: Eerdmans, 1970), p. 40]는 예수님의 승천이 부활 직후 곧 발생했다고 주장한다. Bruce의 이런 입장은 예수님이 부활 후에 제자들에게 나타나신 사건들을 승천하신 예수님의 방문으로 해석하게 만든다. 그는 부활 후 40일째 되는 날 예수님이 승천하신 것은 지금까지 있었던 일련의 방문의 종료를 뜻한다고 해석한다.

21) μὴ μου ἅπτου 는 μὴ + 현재명령형으로 이미 시작된 동작을 정지시킬 때 사용하는 표현이다. 동작이 시작되기 전에 동작을 금지시키기를 원할 때는 μὴ + 부정과거 가정법을 주로 사용한다(마 6:13 참조). μὴ μου ἅψη (μὴ + 부정과거)는 단순한 금지를 뜻하지만 μὴ μου ἅπτου (μὴ + 현재)는 계속적인 동작의 금지를 뜻하므로 요 20:17의 의미는 "That will do, let go of me, you will see me again, for I have not yet ascended to my Father"(Zerwick, *Biblical Greek*, p. 80(sec. 247)과 같다.

명령을 승천의 시간과 연계시켜서 해석할 것이 아니요, 마리아의 만지는 상태와 연계시켜 해석해야 한다. 마리아는 부활하신 예수님을 만난 기쁨으로 예수님을 너무 강하게 만진 것 같다.

③ 마가는 "하늘로 올려지사"(막 16:19)라고 말하는데 이는 승리하신 아들을 영광 가운데로 데려가신 분이 아버지이셨음을 말해준다. 승천의 사실은 오직 제자들에 의해서만 목격되었다. 아무도 부활의 현장을 목격하지 못했지만 예수님께서 하늘로 가시는 것은 제자들이 볼 수 있도록 허락되었다. 제자들은 승천사건이 주는 의미를 충분히 알지 못했다. 왜냐하면 그들은 하늘만을 바라보고 있다가 천사들이 그 장소를 떠나라고 말하는 것을 들었기 때문이다.

④ 이 같은 점을 통해 참된 그리스도인은 기뻐하는 사람이라는 사실이 강조된다. 우리들은 사도행전을 공부할 때 또한 이 사실을 발견하게 된다. 예를 들어 예수님께서는 가나의 혼인 잔치에 참석하시고 이적을 베푸심으로 "기쁨을 가져오는 자"란 이름을 받았다(요 2장). 누가복음의 마지막 말은 제자들의 이 아름다운 모습을 담고 있다. "그들이 그에게 경배하고 큰 기쁨으로 예루살렘에 돌아갔다"(눅 24:52, 개역개정). 예수님께서 그들에게서 떠나가셨다는 사실에도 불구하고 그들은 기쁨으로 가득 찼다. 이는 그리스도가 부활을 통해 가져온 승리의 메시지의 일부이다.[22]

승천의 중요성

① 그리스도께서 사람들이 보는 가운데 승천하신 것은 그의 부활을 인친 것으로 반드시 필요했다. 이는 비하에서 승귀까지의 과정 중 일부였다. 그의 승귀는 부활로 시작하여 승천으로 계속되었다.

이 사건에 대해 한 신조(catechism)는 "그리스도는 참된 인간이시며 참된 하나님이시다. 그의 인성에 관한 한 그는 더 이상 지상에 있지 않으신다. 그러나 그의 신성, 위엄, 은혜, 영에 관한 한 그는 우리를 떠나지 않으신다"라고 진술한다. 계속해서 그 신조는 "'예수님께서 하늘로 올라가셨다는 말을 우리는 어떻게 이해하는가?'라는 질문에 제자들 앞에서 그리스도께서는

---

22) C.S. Lewis의 *Surprised By Joy*[『예기치 못한 기쁨』(서울: 홍성사)]를 읽으라.

땅에서 하늘로 올리워졌고 그가 다시 산 자와 죽은 자를 심판하러 오실 때까지 그곳은 계속해서 우리의 관심의 대상이다"라고 진술한다. 승천은 그리스도께서 마태복음에서 말씀하신 것처럼 이제 하늘과 땅의 모든 권세가 그에게 주어졌다는 것을 뜻한다(마 28:18).

② 때때로 간과되는 또 하나 중요한 사실은 승천의 사건 역시 신약의 복음서에서 예언된 것과 마찬가지로 구약성경에서도 예언되었다는 점이다.

첫째, 시편 68:18에서 "주께서 높은 곳으로 오르시며 사로잡은 자를 끌고"(참조, 엡 4:8)라고 기록한 내용은 예수님의 승천을 예언한 말씀이다.

둘째, 시편 110:1에서 "여호와께서 내주에게 말씀하시기를 내가 네 원수들로 네 발판이 되게 하기까지 너는 내 오른쪽에 앉아 있으라 하셨도다"(개역개정; 참조, 고전 15:24~28)라고 기록한 말씀도 예수님의 승천을 예언한 말씀이다.

③ 그리스도께서 승천하실 때까지 성령님께서는 내려오실 수 없었다(요 16:7 참조). 그러므로 이 사실은 제자들에게 매우 중요했다. 그들은 승천과 성령의 부으심이 있고서야 비로소 실제로 그들의 사역을 시작하였다. 누가복음은 "위로부터 능력으로 입혀질 때까지 이 성에 유하라"(눅 24:49, 개역개정)고 표현했고, 사도행전은 성령의 임함을 예고하신 후 승천기사를 다룬다(행 1:8). 그 후 사도행전 2:1~4에서 성령 강림이 발생한 것으로 묘사한다. 사도 요한은 "내가 떠나가지 아니하면 보혜사가 너희에게로 오시지 아니할 것이요 가면 내가 그를 너희에게로 보내리니"(요 16:7, 개역개정)라고 말하므로 예수님의 죽음, 부활, 승천 사건과 성령의 강림 사건을 긴밀히 연결시킨다.[23]

④ 분명히 승천은 믿는 자들에게 위대한 사실이다. 왜냐하면 승천은 우리의 부활에 대해 확신을 줄 뿐만 아니라 우리도 하늘로 올라갈 것이라는 확신을 주며 또한 승천은 우리가 그리스도와 함께 영원히 있을 것을 확신시켜 주기 때문이다. 예수님의 승천은 마지막으로 요한복음에서 말씀하셨듯이 우리를 그에게로 영접하시기 위한 처소를 준비하기 위해 예수님께서 하늘로 가셨음을 의미한다(요 14:2, 3).

---

23) 더 자세한 논의는 박형용, "성령세례와 성도의 구원", 「신학정론」 제 9권 1호(1991, 7), pp. 24-56을 보라.

마음에 간직할 교훈

① 그리스도의 승천을 바라본 사람은 그가 승천할 때의 육체와 그가 올라가신 장소에 대한 두 가지 질문과 맞부딪친다.

첫째, 물론 육체는 부활체와 같다. 예수님께서 무덤에서 나왔던 육체는 영적이기는 하나 그의 성육신 때에 입으신 같은 육체이다.

둘째, 예수님께서 가신 장소는 하늘이었다. 사람들은 하늘이 어디에 있는지 궁금히 여긴다, 왜냐하면 하늘은 한 장소이며 상태(condition)라고 알고 있기 때문이다. 그리스도께서 올라가셨다는 이유로 하늘은 땅 위에 있을 것이라 상상하게 된다. 그러나 성경은 우리가 알고 있는 과학적 방법으로 씌어있지 않다는 것을 우리는 안다. 하늘이 어디에 있는지에 대해 그리스도께서 다시 오셔서 우리를 그곳으로 데려가실 때까지 우리는 결코 알지 못할 것이다.

② 승천은 여러 가지 다른 문제들에 대해 말한다.

첫째, 승천은 지상에서 사셨던 그리스도 생애의 완결이다. 그의 생애는 인간적 측면에서 볼 때 성령으로 마리아에게 잉태됨으로 시작하여 그가 영광의 위치를 버리고 떠났던 그의 하늘의 고향을 향해 감람산을 떠나시는 것으로 마쳐진다.

둘째, 승천은 그리스도의 주권과 승리가 죽음과 무덤과 지옥에 대해서 뿐만 아니라 땅에 대해서도 이루어졌음을 증거 한다. 그는 이제 권세 있고 위엄에 가득 찬 주(主)이시다.

셋째, 그리스도의 승천은 우리로 "위"와 "앞"을 보도록 한다. "위"라 함은 그의 돌아오심을 위해서이며 "앞"이라 함은 모든 일의 종말과 완성의 때를 위해서이다.

넷째, 승천의 사실은 우리를 더욱 영적인 마음을 지니도록 한다. 우리는 확신을 갖고 하늘을 향해 우리의 생각을 발전시키도록 배운다.

승천의 방법

① 누가복음 24:50~51에서 "예수께서 저희를 데리고 베다니 앞까지 나가사 손을 들어 저희에게 축복하시더니 축복하실 때에 저희를 떠나 하늘로 올리우

시니 저희가 그에게 경배하고 큰 기쁨으로 에루살렘에 돌아가 늘 성전에 있어 하나님을 찬송하니라.”

이 말씀은 그리스도께서 제자들을 축복하시기 위한 권세를 지니셨다는 것을 예시해주는 아름다운 장면이다. 우리는 부활 전에는 그리스도께서 손을 내밀어 그의 제자들을 축복하셨다는 사실에 대해서 기록을 찾을 수 없다. 우리는 마가복음 10:13 이하에서 어린이들을 축복하시는 예수님에 대해 읽는다. 우리는 또한 무리들을 이적적으로 먹이실 때에 빵을 들고 축복하신 것과 마찬가지로 최후의 만찬 때에 빵과 포도주에 축복하시는 그리스도에 대해 읽는다(참조, 마 14:19; 26:26; 막 6:41; 14:22; 눅 9:16; 24:30).

② 칼빈은 이 문제에 대해 다음과 같은 말을 하였다. “예수님께서는 율법 하에서 제사장들에게 부여되어 있던 축복의 직무가 진실로 그에게 속한 것임을 보여 주셨다. 사람들이 서로를 축복할 때 그것은 형제를 위한 친절한 기도에 지나지 않는다. 그러나 하나님의 방법은 다르다. 왜냐하면 하나님은 약속으로 우리에게 은혜를 베푸실 뿐만 아니라 그의 의지의 단순한 행위로 우리가 소망하는 것을 마련해 주시기 때문이다. 하나님은 모든 축복의 창시자로서 그의 은혜가 우리들 가까이에 있도록 소원하신다. 그리고 처음부터 제사장들에게 중재인들로서 하나님의 이름으로 축복을 주도록 하셨다. 그래서 멜기세덱이 아브라함을 축복하였고 이 문제에 관해 영구한 율법이 민수기 6:23에 전해 내려오고 있다. 시편 118:26에 ‘우리가 여호와의 집에서 너희를 축복 하였도다’라고 하신 말씀도 이런 의미이다. 끝으로 사노는(히 7:7) 다른 사람을 축복하는 것은 등급의 표시라고 가르친다. 그는 “낮은 자가 높은 자에게 복 빔을 받느니라”고 말한다. 진정한 멜기세덱이요 영원한 제사장이신 그리스도가 나타나셨을 때 율법에 모형으로 예시된 것은 그 안에서 성취되어져야 마땅한 것이다. 바울이(엡 1:3) 가르친 것처럼 우리들은 그리스도 안에서 하늘의 모든 좋은 것들로 부요하게 되도록 하나님 아버지에 의해 축복을 받았다. 그러므로 그리스도는 공개적으로 그리고 엄숙한 방법으로 사도들을 단번에 축복하신 것이다. 그것은 신실한 자들이 하나님의 은혜에 동참하기 원한다면 그리스도에게 곧 바로 나아가게 하기 위해서이다. 제사장

들이 고대에 사용한 옛 의식의 묘사에 "손을 들고"라는 표현이 있음을 우리가 알고 있다.24)

복음서는 승천하신 그리스도의 모습과 더불어 기쁨에 가득 차 있으며 축복받은 사도들이 성령의 부으심을 기다리기 위해 예루살렘으로 돌아가 주님의 명령에 순종하는 것으로 마친다. 이 제자들의 기쁨과 행복에 넘쳐있는 모습은 그들이 주께 경배하는데서 나타난다. 사도행전 또한 사도들이 서로 많은 시간을 함께 보내면서 기도하고 기다렸던 시기에 대해 말하고 있다. 이는 헛된 기다림이 아니라 성령의 은사를 받기 위해 준비하는 시간이었다. 여기서 우리는 주님의 명령을 행하는 데에 활동적이고 행복한 사람들의 모습을 본다. 그러나 그들은 예수님께서 그들에게 맡길 임무가 무엇인지를 밝히 보여줄 때까지 기꺼이 기다릴 준비가 되어있는 사람들이다.

이 기다림 속에서도 그들의 생은 그리스도께서 승리하셨다는 사실로 인해 만족스러웠다. 그리스도가 승리하시고 살아계신 증거중의 하나는 단지 성령의 부으심으로만이 아니라 승천으로 인해 제자들에게 일어났던 변화에서 또한 분명해진다.

누가복음과 사도행전에 나타난 승천 묘사

여기서 누가복음과 사도행전에 묘사된 승천기사의 차이를 열거해 보자. ① 승천의 장소를 누가복음은 베다니 근처로 언급한 반면(눅 24:50) 사도행전은 감람산으로 언급한다(행 1:12). ② 예수님이 승천할 때 누가복음은 구름에 대한 언급이 없지만 사도행전은 구름이 예수님을 가리어 보이지 않게 되었다고 기록한다(행 1:9). ③ 누가복음은 승천의 시간을 부활주일 저녁인 것처럼 묘사하나(문맥으로 볼 때), 사도행전은 부활 후 40일째 되는 날이라고 묘사한다(행 1:3). ④ 누가복음은 승천 자체의 묘사를 "저희를 떠나시니"(눅 24:51)라고 묘사했고, 사도행전은 "하늘로 올려지신"(행 1:11) 것으로 묘사한다. ⑤ 누가복음은 예수님의 승천 후에 제자들이 "큰 기쁨으로 예루살렘에 돌아가 늘 성전에서 하나님을 찬송"(눅 24:52~53, 개역개정)한 것으로 묘사하고,

---

24) John Calvin, *A Harmony of the Gospels: Matthew, Mark and Luke*, vol. Ⅲ, *James and Jude*, trans. A.W. Morrison(Grand Rapids: Eerdmans, 1975), pp. 256-257.

사도행전은 예루살렘에 있는 다락방으로 돌아가 다른 제자들과 함께 열심히 기도했다(행 1:12~14)고 기록한다.

이상의 차이점을 분석할 때 본질적인 내용의 차이는 없다. 다만 누가복음과 사도행전 사이에 묘사 방법에 있어서 약간의 차이가 있다. 그 이유는 누가복음과 사도행전을 전편과 후편처럼 기록한 누가의 기록 목적 때문이다.[25] 누가는 누가복음에서 예수님의 생애를 묘사하되 탄생에서부터 승천까지를 묘사하기 원했다. 그리고 그는 누가복음의 마지막을 높아지신 예수님의 승천으로 끝마치기 원했다. 그래서 누가는 누가복음에서 예수님의 승천 기사를 비교적 간략하게 기록했다. 하지만 사도행전을 누가복음의 후편처럼 생각하고 기록한 누가는 그 당시 관행처럼 사도행전 서두(1:1~11)에서 전편에 대해 요약을 한다. 이렇게 전편을 요약하는 가운데 누가는 자신이 소유하고 있던 더 풍부한 자료를 사용하여 사도행전 서두를 기록한 것이요, 자연히 승천의 기사 역시 누가복음 보다는 사도행전에 좀 더 자세하게 기록된 것뿐이다. "누가는 문헌적인 이유로 복음서를 끝마치면서 예수님의 승천 사건을 암시적으로 언급했고, 사도행전을 시작하면서 같은 장면을 명백하게 묘사하고 있다. 누가복음과 사도행전 기록의 차이점이나 유사점은 둘다 신학적으로 그리고 문헌적으로 의의를 가지고 있다."[26] 누가는 비록 모든 자료를 함께 가지고 있었으나 그의 기록 목적에 따라 누가복음을 기록할 때보다 사도행전을 기록할 때 더 충분한 자료를 사용한 것이다.[27]

그리스도의 축복

예수님의 축복이 제자들에게 무슨 영향을 미쳤는지에 대해서는 아무도 알 수 없다. 부활의 밤에 그리스도께서 두려워하고 있는 사람들 가운데 서서 그들을 축복하셨다는 사실을 관찰하는 것은 흥미로운 일이다. 무엇보다 그가 함께 계셨기 때문에, 그리고 그의 축복으로 인해 "제자들이 주를 보고 기뻐하더라"고 기록되어 있다(요 20:20b).

---

25) 박형용, 『주해 사도행전』, pp. 23-42 참조.

26) Mikeal C. Parsons, *The Departure of Jesus in Luke-Acts: The Ascension Narratives in Context*(Journal for the study of the New Testament Supplement Series, 21)(Sheffield: JSOT Press, 1987), p. 199.

27) Marshall, *Commentary on Luke*, p. 908.

그리스도의 이 축복이 주는 의미는 저주와는 정반대이기 때문에 놀라운 내용을 지닌다. 하나님의 신적 축복이 진실로 그들에게 임하고 있다는 사실을 제자들에게 말씀하셨음이 틀림없다. 신약을 통하여 "축복"이란 말은 산상설교에서의 예처럼 그들의 관심을 끌었다. 그러나 이제 그의 손을 드심으로써 예수님께서는 그가 축복의 소유자로서 그의 개선과 승리의 일부를 제자들에게 나누어 주시는 실제적인 축복을 하셨다. 아마도 그리스도는 사도행전 1장의 말씀에서 보듯이 그를 따르는 자들을 축복하시면서 떠나가신 그대로 돌아오실 것이다.

5. 결론적 요약

본 주해의 마지막에 이르러 본 주해를 이런 방법으로 구성한 동기에 관하여 간단하게 진술하는 것은 당연할 것이다.

신약의 복음서에 나타난 계시

이 주해는 하나님께서 복음서에서 점진적인 계시를 우리에게 주셨으며, 인간 예수에 관한 한 예수님 역시 계시가 아버지께로부터 오는 데에 따라 그 계시를 이해하셨고, 발전되었다는 가정 하에 진행되었다. 더 나아가 예수님은 그의 제자들에게 심지어 그의 대적에게조차 그 자신과 하나님의 일에 대해 점진적인 계시를 주셨다.

① 그리스도께서 제자들과 함께 사역하시던 초기 사역기간에는 제자들에게 모든 것을 밝히지 않으신 것이 사실이었다. 왜냐하면 그들은 예수님께서 그때 그런 것들을 가르치셨더라도 그것들을 이해할 수 없었기 때문이다. 이 말은 제자들이 예수님께서 가르치신 모든 것을 다 이해했다는 뜻이 아니라 적어도 그리스도께서 그들이 이런 진리를 들을 준비가 되어 있었을 때 적절한 계시를 주셨다는 뜻이다.

② 인성적인 견지에서 볼 때 예수님께서는 아버지로부터 점진적 영광, 점진적인 지식, 점진적인 계시를 받으셨다. 예수님이 "나의 하나님, 나의

하나님 어찌하여 나를 버리셨나이까?"(마 27:46, 개역개정)라는 십자가상에서의 외침으로 분명하듯이 예수님은 아버지의 하시는 모든 일은 충분히 알지 못했던 시기가 있었던 것 같다. 변화산 사건은 이 문제에 대한 또 하나의 다른 증거이다. 그때 하늘에서 온 모세와 엘리야가 예수님께서 예루살렘에서 별세하실 것을 전달했다(눅 9:31). 여기서 하나님은 일어나야만 할 일을 예수님에게 계시하시고 계신 것 같다. 마지막 때를 아버지만 알고 계신다는 사실 역시 하나님이 점진적으로 계시하신 사실을 증거 하는 또 다른 예인 것이다(마 24:36; 막 13:32)

③ 본 주해는 복음서의 연구에서 우리가 하나님의 계시를 소유했으며 또한 하나님께서 그 계시를 우리에게 주신 것은 우리로 하여금 그의 영광을 보고 더욱 지적으로, 더욱 열심히, 더욱 바르게 하나님을 섬기도록 하기 위함임을 전제로 하고 진행되었다.

왕으로 오신 예수 그리스도

본 주해는 복음서 전체를 통해 흐르고 있는 언약의 맥을 제시해주고 있다. 복음서는 하나님께서 한 백성을 택하신 사실을 보여준다. 그 백성은 믿음으로 아브라함의 직계 후손의 자리를 차지하며 더 이상 다윗이나 아브라함의 혈족이 아닐지라도 하나님의 백성이 되는 것이다. 이는 그리스도께서 죽으시고 피를 흘리시며 이 새로운 백성이 그와 하나가 되도록 다시 부활하셨기 때문이다. 선택의 과정에서 복음서는 혈연관계를 전혀 우선으로 생각하지 않는다. 사실 자신들이 아브라함의 자손이며 그 이유 때문에 하나님의 은혜를 입었다고 생각했던 사람들은 배척을 받았다. 종교 자체도 문제가 되지 않는다. 서기관들, 바리새인들, 사두개인들은 매우 종교적이었으나 배척을 받았다. 왜냐하면 그들은 예수 그리스도가 메시아이며 하나님의 아들인 것을 믿지 않았기 때문이다. 이제 하나님의 백성의 기준은 하나님 아버지를 믿고, 그리스도 메시아를 믿으며, 그리고 성령을 믿는 것이다. 이 사상은 요한의 말로 요약된다. "오직 이것을 기록함은 너희로 예수께서 하나님의 아들 그리스도이심을 믿게 하려 함이요, 또 너희로 믿고 그 이름을 힘입어 생명을 얻게 하려 함이니라"(요 20:31, 개역개정).

계속되는 사단과의 투쟁

동시에 복음서를 통해 흐르고 있는 언약의 맥이 있듯이(신약이 새 언약이라 불리는 증거) 악한 자의 세력이 점차 증가하는 사실을 계시하는 점진적 특성도 나타난다. 어둠의 세력이 구약에서 활동적이었다는 사실은 분명하나 하나님께서 하나님 자신과 그의 언약 백성에 대해 보다 많은 사실을 계시하셨듯이, 악마도 좀 더 큰 어둠이 깔리도록 애쓰며 그리스도의 일과 승리를 배제하려 노력하고 심한 분노로 그리스도와 그의 추종자들을 공격했다. 그리스도의 생애 마지막에 악마가 행했던 대 파괴를 보라. 그러나 그리스도는 승리하셨다. 악마는 오늘날도 더욱 극심하게 활동하고 있다. 그러나 하나님께 감사하는 것은 우리에게 아버지의 오른편에 거하시는 승리하신 그리스도 보혜사께서 계시기 때문이다. 그리고 또한 싸움에서 이기도록 우리를 도우시는 성령님께서 우리의 마음속에 거하시기 때문이다.

그리스도 안에서 창조된 새로운 세계

본 주해를 통해 나타난 또 하나의 흐름은 요한계시록 21:5에서 말하는 "만물을 새롭게" 하신 분은 다름 아닌 신약의 예수 그리스도와 하나님 아버지 이시라는 것을 보여주는 것이다. 다음의 한 가지 생각이 첨가될 수 있다. 하나님의 참된 자녀는 이전에 알려졌던 모든 축복을 받는 것 외에도 새로운 관심을 가지며 구약과 신약의 나머지 부분과 함께 복음서를 연구하면서 성령님을 통해 새로운 지식들을 계속해서 얻게 될 것이다. 왜냐하면 만일 우리가 기도하며 믿음으로 하나님의 말씀을 공부하면 하나님께서 자기 자신을 말씀 속에 주신 그 지식이 너무나도 풍요하고 온전하며 깊고 넓기 때문에 우리는 계속해서 "새로운 것"을 배울 수 있는 것이다. 성경을 읽는 모든 사람들이 하나님의 이 계시를 더욱 더 연구할 수 있기를 바란다.

끝으로 본 주해가 언약의 하나님, 삼위일체 하나님, 살아계신 하나님, 사랑이 많으신 하나님에 대해 더 깊이, 더 분명하게 이해하는 데 조금이라도 도움이 될 수 있기를 바라는 마음 간절하다.(*)

■ 참고문헌

Adamson, James T.H. "Malachi." *The New Bible Commentary.* Revised, edited by D. Guthrie, et. al. Grand Rapids: Eerdmans, 1970: 804-809.

Annen, F. "θαυμάζω," *Exegetical Dictionary of the New Testament,* Vol. 2. Grand Rapids: Eerdmans, 1991, p. 135.

Bacher, W. "Synagogue." *A Dictionary of the Bible Dealing with its Language, Literature and Contents including the Biblical Theology.* Vol. IV. Edited James Hastings. New York: Charles Scribner's Sons, 1902.

Balz Horst and Gerhard Schneider(ed). "καταφιλέω." *Exegetical Dictionary of the New Testament,* vol 2. Grand Rapids: Eerdmans, 1991, p. 270.

Barclay, William. *The Gospel of Matthew.* Vol. I. Philadelphia: The Westminster Press, 1975.

__________. *The Gospel of Matthew.* Vol. II. Philadelphia: The Westminster Press, 1975.

Barrett, C.K. *The Gospel According to St. John.* London: S.P.C.K., 1967.

Bauckham, Richard. "Jesus' Demonstration in the Temple." *Law and Religion: Essays on the Place of the Law in Israel and Early Christianity*(SPCK). Edited Barnabas Lindars. 1988.

Bauer, D.R. "Son of David." *Dictionary of Jesus and the Gospels.* Eitors, Green, J.B. Mcknight, Scot. Marshall, I.H. Downers Grove: IVP, 1992: 766-769.

Bavinck, J.H. *Geschiedenis Der Godsopenbaring Het Nieuwe Testament*(Tweede Druk). Kampen: J.H. Kok, 1949.

Beasley-Murray, George R. *Jesus and the Kingdom of God.* Grand Rapids: Eerdmans, 1986.

__________. *John: Word Biblical Commentary.* Vol. 36. Waco: Word Books, 1987.

Bengel, John A. *Bengel's New Testament Commentary.* Vol. I (Matthew-Acts). Grand Rapids: Kregel Publications, 1981.

Broadus, John A. *Commentary on the Gospel of Matthew.* Valley Forge: Judson Press, 1886.

Brown, Raymond E. *The Gospel According to John I-XII.* The Anchor Bible. New York: Doubleday and Company, 1966.

Brown, R.E. *The Birth of the Messiah: A Commentary on the Infancy Narratives in Matthew and Luke.* New York: Doubleday, 1977.

Bruce, A.B. *The Synoptic Gospels: The Expositor's Greek Testament.* Vol. 1. Grand Rapids: Eerdmans, 1980.

Bruce, F.F. *The Book of Acts: NICNT.* Grand Rapids: Eerdmans, 1970.

Bruner, Frederick Dale. *The Christbook: Matthew 1-12*. Vol. 1. Waco: Word Books, 1987.

Bruner, Frederick Dale. *The Churchbook: Matthew 13-28*. Vol. 2. Dallas: Word Publishing, 1990.

Calvin, John. *A Harmony of the Gospels, Matthew, Mark, and Luke*. Vol. Ⅰ. Trans. A. W. Morrison. Grand Rapids: Eerdmans, 1975.

__________. The Gospel According to St. John. Part 1. Trans. T.H.L. Parker. Grand Rapids: Eerdmans, 1974.

__________. *James and Jude*. Trans. A. W. Morrison. Grand Rapids: Eerdmans, 1975.

Carson, D.A. *The Gospel According to John*. Leicester: IVP, 1991.

Clowney, Edmund P. "A Biblical Theology of Prayer." *Teach Us to Pray: Prayer in the Bible and the World* (ed.) D.A. Carson. Paternoster/Baker, 1970.

Cole, Alan. *The Gospel According to St. Mark* (Tyndale Bible Commentaries). Grand Rapids: Eerdmans, 1970.

Cranfield, C.E.B. *The Gospel according to St. Mark: The Cambridge Greek Testament Commentary*. Cambridge: Cambridge University Press, 1959.

Davies, W.D. and Allison, Dale C. Jr. *A Critical and Exegetical Commentary on The Gospel According to Saint Matthew*(ICC). Vol. Ⅱ. Edinburgh: T & T Clark, 1991.

Derrett, J. Duncan, M. *Law in the New Testament*. Darton, Longman and Todd, 1970.

Dodd, C.H. *Historical Tradition in the Fourth Gospel*. Cambridge: CUP, 1963.

Dods, Marcus. *The Gospel of St. John: The Expositor's Greek Testament*. Grand Rapids: Eerdmans, 1980.

Edersheim, Alfred. *The Life and Times of Jesus The Messiah*. Part Ⅱ. Grand Rapids: Eerdmans, 1981.

Ellis, E.E. *The Gospel of Luke: The New Century Bible Commentary*. Grand Rapids: Eerdmans, 1981.

France, R.T. *Matthew: Tyndale New Testament Commentaries*. Grand Rapids: Eerdmans, 1985.

Geldard, M.D. "Sabbath Observance." *Encyclopedia of Biblical and Christian Ethics*. General Editor, R.K. Harrison. Nashville: Thomas Nelson Publishers, 1987: 363-364.

Geldenhuys, Norval. *Commentary on the Gospel of Luke* (NICNT). Grand Rapids: Eerdmans, 1968.

Gerhardsson, Birger. *The Mighty Acts of Jesus According to Matthew*. 1979.

Godet, Frederic Louis. *Commentary on John's Gospel*. Grand Rapids: Kregel Publications, 1978.

Green, Michael. *Matthew for Today*. London: Hodder and Stoughton, 1988.

Green, Joel B. *How to Read the Gospels and Acts*. Downers Grove: IVP, 1987.

__________, *The Gospel of Luke* (The New International Commentary on the New Testament).

Grand Rapids: Eerdmans, 1997.

Guelich, Robert A. *Mark 1-8:26: Word Biblical Commentary.* Vol. 34A. Dallas: Word Books, 1989.

Gundry, Robert H. *Matthew: A Commentary on His Literary and Theological Art.* Grand Rapids: Eerdmans, 1982.

Guthrie, D. *New Testament Theology.* Downers Grove: IVP, 1981.

Hagner, Donald A. *Matthew 14-28: Word Biblical Commentary.* Vol. 33B. Dallas: Word Books, 1995.

Hendriksen, William. *The Gospel of Matthew*(NTC). Grand Rapids : Baker, 1973.

__________. *The Gospel of Mark*(NTC). Grand Rapids: Baker. 1975.

__________. *The Gospel of Luke*(NTC). Grand Rapids: Baker, 1978.

__________. *The Gospel of John*(NTC). Vol. Ⅰ. Grand Rapids: Baker, 1975.

__________. *The Gospel of John*(NTC), Vol. Ⅱ. Grand Rapids: Baker, 1954.

Henry, Matthew. *Commentary on the Whole Bible.* Vol. V. Old Tappan: Fleming H. Revell Co., n.d.

Herodotus 1:101.

Hirsch, Frank E. "Scribes." *International Standard Bible Encyclopedia.* Vol. Ⅳ. Grand Rapids: Eerdmans, 1939: 2704-2705.

Hoehner, H.W. "Chronology." *Dictionary of Jesus and the Gospels.* Ed. Joel B. Green, Scot Mcknight, I.H. Marshall. Downers Grove: IVP, 1992: 118-122.

Hoehner, Harold W. *Chronological Aspects of the Life of Christ.* Grand Rapids: Zondervan, 1979.

Humphreys, Colin J. "The Star of Bethlehem, A Comet in 5 B.C. and the Date of Christ's Birth." Tyndale Bulletin 43.1(1992): 31-56.

Jeremias, Joachim. *New Testament Theology: The Proclamation of Jesus.* New York: Charles Scribner's Sons, 1971.

__________. *The Parables of Jesus.* London: SCM Press, 1963.

__________. *Jerusalem in the Time of Jesus.* Philadelphia: Fortress, 1978.

Josephus, F. *Antiquities.* 17, 2,4

__________. *The Wars of the Jews*, Book 2, Chapter 7, Verse 3.

Kermode, Frank. *Journal for the Study of the New Testament* 28, 1986.

Kohler, Kaufmann. "Pharisees." *Jewish Encyclopedia.* IX: 661-666.

Ladd, G.E. *I Believe in the Resurrection of Jesus.* Grand Rapids: Eerdmans, 1975.

__________. *Crucial Questions about the Kingdom of God.* Grand Rapids: Eerdmans, 1952.

Lane, William. L. *The Gospel According to Mark*(NICNT). Grand Rapids: Eerdmans, 1974.

Lange, John Peter. *A Commentary on the Holy Scriptures: John.* Grand Rapids: Zondervan, n.d.

Lehman, Chester. K. *Biblical Theology: New Testament.* Vol. Ⅱ. Scottdale: Herald Press, 1974.

Lenski, R.C.H. *The Interpretation of St. Matthew's Gospel.* Minneapolis: Augsburg Publishing House, 1964.

__________. *The Interpretation of St. Luke's Gospel.* Minneapolis: Augsburg Publishing House, 1946.

__________. *The Interpretation of St. John's Gospel.* Minneapolis: Augsburg Publishing House, 1943.

Lincoln, A. T. "Sabbath, Rest, and Eschatology in the New Testament." *From Sabbath To Lord's Day: A Biblical, Historical and Theological Investigation,* Edited by D.A. Carson. Grand Rapids: Zondervan, 1982: 197-220.

Lindars, Barnabas. *The Gospel of John: The New Century Bible Commentary.* Grand Rapids: Eerdmans, 1981.

Lohse, Eduard. "σάββατον." *Theological Dictionary of the New Testament.* Vol. Ⅶ. Grand Rapids: Eerdmans, 1971: 1-35.

Louw, Johannes P. and Nida, Eugene A, ed. *Greek-English Lexicon of the New Testament based on Semantic Domains,* Vol. Ⅰ. New York: United Bible Society, 1988.

Machen, J. Gresham. *The Virgin Birth of Christ.* Grand Rapids: Baker, 1967.

Mansoor, Menahem. "Pharisees." *Encyclopedia Judaica,* Vol. 13. Jerusalem: Keter Publishing House, n.d.

Marshall, I. Howard, *Commentary on Luke* (New International Greek Testament Commentary). Grand Rapids: Eerdmans, 1978.

Martin, Ralph P. *New Testament Foundations, A Guide for Christian Students.* Vol. Ⅰ. Grand Rapids: Eerdmans, 1975.

Metzger, Bruce M., *A Textual Commentary on the Greek New Testament.* New York: United Bible Societies, 1971.

Michel, Otto. "τελώνης." *Theological Dictionary of the New Testament.* Vol. Ⅷ. Grand Rapids: Eerdmans, 1972: 88-105.

Morris, Leon. *Commentary on the Gospel of John*(NICNT). Grand Rapids: Eerdmans, 1971.

__________. *Expository Reflections on the Gospel of John.* Grand Rapids: Baker, 1988.

__________. *The Gospel According to John.* Grand Rapids: Eerdmans, 1971.

Moulton J.H. and Milligan, G. *The Vocabulary of the Greek Testament.* Grand Rapids: Eerdmans, 1980.

Mulder, H. *Dienaren Van de Koning.* Kampen, 1956.

Nolland, John. *Word Biblical Commentary. Luke 1-9:20.* Vol. 35A. Dallas: Word Books, 1989.

Parsons, Mikeal C. *The Departure of Jesus in Luke-Acts: The Ascension Narratives in*

Context(Journal for the study of the New Testament Supplement Series, 21). Sheffield: JSOT Press, 1987.

Plato, *The Republic.* 529.

Plummer, Alfred. *A Critical and Exegetical Commentary on the Gospel According to S. Luke.* 5th ed. Edinburgh: T & T Clark, 1977.

Preisker, H. "λεγιών." *Theological Dictionary of the New Testament.* Vol. IV. Grand Rapids: Eerdmans, 1967: 68-69.

Pryor, John W. *John: Evangelist of the Covenant People.* Downers Grove: IVP, 1992.

Richardson, Alan. *An Introduction to the Theology of the New Testament.* New York: Harper and Brothers, 1958.

Ridderbos, Herman. *Matthew.* Grand Rapids: Zondervan, 1987.

__________. *The Coming of the Kingdom.* Philadelphia: The Presbyterian and Reformed publishing Co., 1969.

__________. *The Gospel of John: A Theological Commentary.* Grand Rapids: Eerdmans, 1997.

Rivkin, Ellis. "Pharisees." *The Encyclopedia of Religion.* Vol. 11. New York: MacMillan Publishing Co., 1987: 269-272.

Schilder, Klaas. *Christ in His Suffering*(St. Catharines). Ontario: Paideia Press, 1979.

Schmidt, T.E. "Taxes." *Dictionary of Jesus and the Gospels.* Editors, Green, J.B. Mcknight, Scot. Marshall, I.H. Downers Grove: IVP, 1992: 804-807.

Schweitzer, A. *The Mystery of the Kingdom of God.* Trans. Walter Lowrie. New York: Schocken Books, 1964.

Schweizer, E. "υἱός without Reference to God." *Theological Dictionary of the New Testament..* Vol. VIII. Grand Rapids: Eerdmans, 1972: 363-392.

Smith, J.B. *Greek-English Concordance to the New Testament.* Scottdale: Herald Press, 1974.

Spence, H.D.M. and Exell, Joseph S(editors). *The Pulpit Commentary: Matthew.* Vol. 15. Grand Rapids: Eerdmans, n.d.

__________. *St. Luke*(The Pulpit Commentary). Grand Rapids: Eerdmans, n.d.

Stanley, D.M. *Christ's Resurrection in Pauline Soteriology.* Romae: E. Pontificio Instituto Biblico, 1961.

Stein, Robert H. *An Introduction to the Parables of Jesus.* Philadelphia: The Westminster Press, 1981.

Strack, H.L. and Billerbeck, P. *Kommentar zum Neuen Testament aus Talmud und Midrasch,* Vol. I. 1922.

Summers, Ray. *Commentary on Luke.* Waco: Word Books, 1972.

Tasker, R.V.G. *The Gospel According to St. John*(The Tyndale New Testament Commentaries).

Leicester: IVP, 1992.

Tenney, Merrill C. *John: The Gospel of Belief.* Grand Rapids: Eerdmans, 1980.

__________. *New Testament Survey.* Grand Rapids: Eerdmans, 1961.

Thayer, J.H. A Greek—English Lexicon of the New Testament. Milford: Mott Media, 1982.

Trench, Richard C. *Notes on the Parables of our Lord.* Grand Rapids: Baker, 1968.

Twelftree, G.H. "Sanhedrin." *Dictionary of Jesus and the Gospels.* Editor by J.B. Green, Scot Mcknight, I.H. Marshall. Downers Grove: IVP, 1992: 728—732.

VanderWaal, Cornelis. *Search the Scriptures.* Vol. 7(St. Catharines). Ontario: Paideia Press, 1978.

Vincent, Marvin R. *Word Studies in the New Testament.* Vol. Ⅱ. Grand Rapids: Eerdmans, 1975.

Vos, G. *Biblical Theology.* Grand Rapids: Eerdmans, 1986.

Walaskay, Paul W. *'And So We Came to Rome': The Political perspective of St. Luke*(Society for New Testament Studies, Monograph Series) No. 49. London: Cambridge University Press, 1983.

Wilkins, M.J. "Disciples." *Dictionary of Jesus and the Gospels.* Editors, J. B. Green, Scot McKnight, I. H. Marshall, Downers Grove: IVP, 1992: 176—182.

Williams, Derek(ed.). *New Concise Bible Dictionary.* Wheaton: Tyndale House Publisher, 1990.

Wise, M.O. "Feasts." *Dictionary of Jesus and the Gospels.* Editors, J.B. Green, Scot Mcknight, I.H. Marshall. Downers Grove: IVP, 1992: 234—241.

Zerwick, Maximilian. *Biblical Greek.* Roma: Editrice Pontificio Istituto Biblico, 1963.

박윤선. 『공관복음』. 서울: 영음사, 1981.

______. 『성경주석: 레위기, 민수기, 신명기』. 서울: 영음사, 1980.

______. 『성경주석: 요한복음』. 서울: 영음사, 1981.

박형용. 『권세있는 자의 가르침』. 수원: 합동신학대학원출판부, 2003.

______. 『성경해석의 원리』. 수원: 합동신학대학원출판부, 2007.

______. 『사도행전 주해』. 수원: 합동신학대학원출판부, 2007.

______. 『복음비평사』. 서울: 성광문화사, 1985.

______. 『신약 30 주제』. 서울: 도서출판 하나, 1996.

______. 『신약성경신학』. 수원: 합동신학대학원출판부, 2005.

______. 『바울신학』. 수원: 합신대학원출판부, 2005, 2008.

______. 『신약개관』. 서울: 아가페출판사, 1993.

Alden, Robert. 『시편』. Vol. 3. 서울: 나침반사, 1986.

Barnes, Albert. 『누가복음:반주노트』. 서울: 크리스챤서적, 1988.

Bruce, F.F. 『신약사』. 나용화 역. 서울: 예수교문서선교회, 1978.

Schweizer E. 『마태오 복음』. 한국신학연구소 역. 서울: 한국신학연구소, 1982.

Spence, H.D.M. 『누가복음』 하권. 풀핏성경주석. 서울: 보문출판사, 1981.

Vos, G. 『성경신학』. 이승구 역. 서울: 기독교 문서선교회, 1985.

박형용. "신자들의 육체부활." 「신학지남」(1978. 가을 · 겨울): 52-66.

_____. "하나님 나라의 실현." 「신학정론」 제 1권 1호(1983. 3): 106-135.

_____. "예수님과 하나님 나라의 실현." 「신학정론」 제1권 2호(1983. 9): 206-243.

_____. "예수의 왕국 선포에 관한 배경적 연구." 「신학정론」 제2권 1호(1984. 4): 4-29

_____. "세례 요한의 구속사적 위치와 그 기능." 「신학정론」 제2권 2호(1984. 11): 265-285

_____. "성령세례와 성도의 구원." 「신학정론」 제9권 1호(1991. 7): 24-56.

_____. "바울의 부활관." 「신학정론」 제10권 1호(1992. 3): 8-43

_____. "인자." 「빛과 소금」 (1985. 5): 39-41.

고데(Frederic Louis Godet)/ 73, 93, 97, 115, 190, 522

나이다(Nida)/ 35, 174, 492, 524

다드(C.H. Dodd)/ 426, 522

다이어(J.H. Thayer)/ 394

데렛(Derrett)/ 347

드러몬드, 헨리(Henry Drummond)/ 338

리차드슨(Alan Richardson)/ 95, 96

랑게(John Peter Lange)/ 424

레만(Chester K. Lehman)/ 44

렌스키(R.C.H. Lenski)/ 35, 41, 73, 111, 131, 141, 169, 177, 179, 184, 192, 194, 201, 218, 229, 244, 260, 262, 279, 303, 305, 315, 349, 372, 403, 413, 420, 437, 451, 452

로우(Louw)/ 35, 174, 492, 524

리델보스(H.N. Ridderbos)/ 280, 436

맨손(Manson)/ 387

메이첸(J.Gresham Machen)/ 44, 524

모리스(Leon Morris)/ 100, 141, 345, 496

바빙크(J.H. Bavinck)/ 107, 144, 206, 307, 308, 435, 463

바클리(William Barclay)/ 229, 230, 254

박윤선/ 63, 111, 223, 225, 226, 343, 526

반즈, 알버트/ 66

벵겔(John A. Bengel)/ 54, 500

보스(G. Vos)/ 71, 76, 90, 526

브루너(F.D. Bruner)/ 164, 185, 228, 250, 336, 445

산타야나(George Santayana)/ 64

스킬더(Klaas Schilder)/ 324, 330, 498, 525

스펜스(H.D.M. Spence)/ 214, 241, 317, 421

어거스틴(Augustine)/ 258

에델샤임(Alfred Edersheim)/ 138, 506, 507, 522

예레미야(J. Jeremias)/ 25, 39, 112, 237, 247, 523

요세푸스/ 21, 25, 70, 221, 367, 478

칼빈(John Calvin)/ 48, 60, 77, 113, 164, 169, 259, 260, 262, 307, 343, 356, 358, 374, 391, 408, 412, 421, 516, 522

칼슨(D.A. Carson)/ 33, 36, 91, 103, 107, 111, 121, 124, 136, 145, 190, 197, 285, 294, 342, 369, 395, 411, 428, 522

콜(Alan Cole)/ 75, 264, 522

콜러(Kaufmann Kohler)/ 22

크랜필드(C.E.B. Cranfield)/ 439, 522

폴리비우스(Polybius)/ 218

필로(Philo)/ 196

험프리스(Colin J. Humphreys)/ 67, 68, 523

헤로도투스(Herodotus)/ 67, 523

헨드릭센(Hendriksen)/ 47, 48, 50, 54, 60, 62, 74, 80, 82, 95, 104, 109, 111, 127, 131, 141, 157, 362, 375, 384, 388, 391, 401, 444, 461

회너(H.W. Hoehner)/ 114, 433, 484, 523

힐쉬, 프랭크(Frank E. Hirsch)/ 297, 523

[창세기]
1: 3/ 33
1:2-3/ 87
1:26/ 33
2: 2~3/ 196
2:21-25/ 106
3: 1~7/ 78
3:15/ 64, 272
3:19b/ 499
3장/ 32
15:1/ 40
15:9~21/ 42
17:9~14/ 61
18:4/ 234
18장~19장/ 40
19:2/ 234
24:32/ 234
26:24/ 40
43:24/ 234

[출애굽기]
4:16/ 366
7:1/ 366
12: 1~27/ 28
12: 2~14/ 26
12:18/ 190
12:26/ 459
12:43~49/ 28
13: 1~10/ 72
13: 9, 16/ 21

13:11-16/ 72
16:21이하/ 200
20: 3/ 210
20:10/ 200
21:32/ 455
22: 1/ 420
23: 1하/ 347
23: 7/ 347
23:14~16/ 28
23:14~17/ 72
23:16/ 26
30:11~16/ 334
30:13/ 115
34:22/ 26
34:23/ 72

[레위기]
5:7/ 62
6:5/ 420
9.1~32/ 190
11:44/ 299
12:1~5/ 63
12:1~8/ 62
12:3/ 61
13:45~46/ 405
13장/ 169, 404
14장/ 169, 404
15:11/ 299
15:19~27/ 265
15:25, 27/ 263

16:27/ 487

16:29 이하/ 344

19:1~4/ 299

22:1~16/ 299

23:5~8/ 28

23:9~21/ 28, 190

23:24/ 190

23:26/ 344

23:27 이하/ 344

23:33~43/ 28, 190

23:34 이하/ 344

23:42/ 26

24:20/ 234

25:4~5/ 81

25:8~17/ 281

[민수기]

5:7/ 420

6:23/ 515

9:1~14/ 28

15:35/ 487

15:37~38/ 21

15:37~39/ 263

19:2/ 432

19:17~19/ 124

21:8,9/ 125

21:33/ 89

24:17/ 67

28:16~25/ 28

29:1/ 190

29:12~40/ 26

32:42/ 263

34:11/ 161

[신명기]

1:4/ 89

3:1/ 89

6:4~9/ 72

6:8/ 72

11:13~21/ 72

14:22~23/ 453

16:16/ 72

18:15/ 317

18:15~18/ 90

19:15/ 62

21:22~23/ 499

22:12/ 21

22:22~24/ 348

23:25/ 200

29:7/ 89

[여호수아]

3:8/ 406

3:15/ 406

11:2/ 161

12:3/ 161

13:11/ 89

13:27/ 161

15:25/ 209, 456

[사사기]

6:36~40/ 42

[사무엘상]

7:10/ 312

[사무엘하]

7:1~17/ 243

12:6/ 420
12:13/ 248
13:2/ 242
15:30/ 275

[열왕기상]
1:32~39/ 20

[열왕기하]
1:3/ 244
5:10/ 362
17:25, 28, 32, 33, 42/ 136
17:29~31/ 136
17:32이하/ 136
20:8~11/ 42
23:34/ 54
24:1/ 54
24:6/ 54
24:6~25:30/ 54
24:6~25:7/ 54
24:7/ 54
24:17~20/ 54
25:1~2/ 54

[역대상]
24:3f/ 39
24:10/ 39

[역대하]
35:21/ 54
36:2~3/ 54
36:4/ 54
8:13/ 28

[에스라]
2:9/ 427
4:2~3/ 136

[느헤미야]
13:15/ 196

[에스더]
9:20~32/ 27
23:33~43/ 28

[시편]
16:10/ 505, 507
22:6/ 470
22:6~8/ 103
22편/ 64
29:3,10/ 256
33:6/ 33
42:9/ 456
49:15/ 505
49:15/ 507
51:1~19/ 248
51:4/ 83
51:9~10/ 124
65:7/ 256
68:18/ 513
69:8/ 103
69:9/ 114, 117, 440
82:1~2/ 370
82:6/ 366
82:6/ 370
82:6~7/ 370
89:32/ 359
103:12/ 239

107:29/ 256
110:1/ 513
113~118편/ 459
113편/ 433, 459
114편/ 459
115~118편/ 459
118:25, 26/ 433
118:26/ 515
118편/ 433
132:17/ 49

[이사야]
6:3/ 197
6:7/ 440
7:14/ 46
9:1~2/ 152
9:2/ 364
9:6/ 213
10:7,8/ 166
14:15~17/ 231
27:12/ 145
29:13/ 300
33:9/ 89
35:4/ 222
35:5/ 166
35:5~6/ 390
40:3/ 90, 91
40~66장/ 91
42:1~4/ 481
43:25/ 240
44:3~5/ 124
52:13~53:12/ 91
53:1~12/ 64
53:2/ 387

53:2~3/ 103
53:3/ 468
53:3~4/ 475
53:4,5/ 166
53:4/ 166, 171, 468
53:6/ 96
53:7/ 481
53:8~9/ 96
53:9/ 497~499
53:11/ 96
53:12/ 487, 498
55:1~3/ 124
56:7/ 114
58:13~ 14/ 198
60:3/ 213
61:1/ 166
61:1~2/ 88, 153, 390
63:7/ 447
63:10/ 248
65:8~10/ 447
65장/ 91
66장/ 91

[예레미야]
7:8~11/ 442
7:11/ 114, 440, 442
17:21/ 196
23:24/ 197
24:1/ 54
50:1~3/ 54
52:1/ 54

[에스겔]
18:20/ 359

24:17/ 275
34:23~24/ 369
36:25~27/ 93, 124
44:15/ 20
47:9/ 124

[다니엘]
2:35~44/ 213
7:13~14/ 104, 251, 276, 317
8:26/ 42
10:12/ 40
10:19/ 40
12:4, 9/ 42

[호세아]
11:1/ 69

[요엘]
2:28~29/ 124
3:13/ 145
3:18/ 109

[아모스]
9:13/ 109

[미가]
4:13/ 49
6:8/ 453
7:19/ 239

[스가랴]
8:23/ 213
9:9/ 432,433
11:12~13/ 455, 458
13:1/ 93

[말라기]
3:1/ 435
3:1~2/ 114
3:2/ 115, 442
4:5/ 316, 324
4:5~6/ 82

[마태복음]

1:1~17/ 51

1:6/ 52

1:11/ 53, 55

1:12/ 53

1:17/ 53

1:18/ 58

1:18~25/ 45, 57

1:19/ 46

1:20/ 43, 46, 58

1:20~21/ 57

1:21/ 46, 62

1:24~25/ 46, 50

1:25/ 50

2:1/ 66

2:1~12/ 68

2:1~18/ 66

2:2/ 65

2:4~6/ 65

2:11/ 68

2:13~15/ 68

2:13~18/ 69

2:15/ 69

2:19~23/ 69

2:22/ 70

2:23/ 70, 152

3:1~12/ 96

3:1~17/ 79

3:2/ 80, 82

3:3/ 90

3:5/ 85

3:9~10/ 122

3:10/ 84, 445

3:11/ 84, 85

3:11~12/ 85

3:13~17/ 74, 86

3:14/ 87

3:16/ 87

3:17/ 323

4:1~11/ 74, 78, 94

4:8~9/ 292

4:12/ 153

4:12~17/ 82, 152

4:13/ 150, 152, 270

4:13~17/ 151

4:16~17/ 153

4:18, 21/ 159

4:18/ 158, 161

4:18~22/ 156~159

4:19/ 164

4:21/ 158

4:23/ 165

4:23~25/ 165

4:24/ 165

4장/ 158

5:1~12/ 209, 210

5:2/ 214

5:3/ 210, 247

5:4/ 83

5:13~48/ 210

5:44/ 386

5~7장/ 209, 210

6:1~34/ 211

6:2~4/ 211

6:3~4/ 211

6:5~15/ 211

6:9~13/ 371

6:9~13/ 373

6:16~18/ 211
6:19~34/ 211
6:24/ 211
7:1~27/ 212
7:1~5/ 212
7:6/ 212, 306
7:7/ 212, 220
7:7~12/ 212
7:13~14/ 212
7:15~23/ 212
7:24~27/ 212
7:28~29/ 212
7:29/ 213
8:1, 5~13/ 216
8:2~4, 14~17/ 165
8:2~4/ 168, 217
8:4/ 169
8:5~13/ 147, 168, 217
8:5~17/ 151
8:1~4/ 168
8:10~11/ 218
8:14~17/ 168, 170, 217
8:16, 17/ 171
8:17/ 171
8:18~22/ 253, 348
8:19/ 349
8:21/ 350
8:23~27/ 176, 252, 257
8:24/ 254
8:28/ 258
8:28~34/ 176, 257, 436
8:32/ 257
9:1/ 150
9:1~8/ 151, 175

9:2/ 179
9:5/ 181
9:6/ 181
9:9/ 186
9:9~10/ 185
9:9~13/ 159
9:9~17/ 182
9:18/ 264
9:18~26/ 263
9:21/ 265
9:22/ 267
9:24/ 267
9:27/ 243, 270, 426
9:27~31/ 273
9:27~35/ 269
9:28/ 270, 273
9:29/ 271
9:30/ 270, 271
9:32/ 160, 272
9:32~34/ 273
9:34/ 272
9:35/ 166, 273
9:37/ 274
10:1/ 159, 160, 274
10:1~15/ 159
10:1~23/ 273
10:1~4/ 156
10:2~4/ 205
10:3/ 185, 398
10:4/ 23
10:5~23/ 207
10:5~7/ 274
10:5~8/ 160
10:6/ 160

[마태복음 계속]
10:8/ 332
10:9~10/ 160, 275
10:10/ 160
10:12/ 161
10:13/ 160
10:23/ 276
11:2~19/ 220
11:3~5/ 178
11:4~6/ 390
11:5/ 247
11:11/ 80, 81, 225
11:13/ 247
11:14/ 81, 90
11:16~17/ 267
11:20~24/ 229
11:20~30/ 227
11:23/ 151, 231
11:25~30/ 231
11:29/ 232
12:1~21/ 199
12:1~8/ 334
12:9~13/ 151
12:22/ 160, 272
12:22~37/ 242, 243
12:23/ 243
12:24/ 243, 245
12:27/ 245
12:28/ 246, 247
12:28~30/ 250
12:31~32/ 247
12:33/ 249
12:33~34/ 187
12:33~37/ 249

12:38/ 250
12:38~45/ 249
12:46/ 50
13:11/ 187
13:24~30/ 145
13:33/ 313
13:53~58/ 151
13:54~58/ 152
13:55/ 152
13:57/ 149
14:1~12/ 277
14:3~5/ 221
14:5/ 278
14:13~21/ 280, 282
14:14/ 282
14:15/ 281
14:15~21/ 310
14:19/ 310
14:19/ 515
14:20/ 283
14:22~33/ 287
14:23/ 287
14:25/ 288
14:27/ 290
14:33/ 290
15:1~20/ 295
15:2/ 299
15:3~9/ 300
15:5/ 300
15:6/ 300
15:7~9/ 300
15:10~11/ 300
15:10~20/ 303
15:11/ 300

15:12/ 301
15:12~14/ 300
15:14/ 301
15:21~31/ 302
15:22/ 243, 303, 305
15:24/ 160
15:25/ 305
15:26/ 306
15:28/ 110, 307
15:29~31/ 308
15:31b/ 308
15:32/ 309
15:32~39/ 282, 308
15:36/ 310
15:37/ 283
15:39/ 311
16:1 이하/ 251
16:1~12/ 311
16:2~3/ 312
16:4/ 313
16:6/ 313
16:9~10/ 310
16:13/ 46, 315
16:13~19/ 164
16:13~28/ 314
16:15/ 316
16:16/ 294, 318, 320
16:17/ 294, 317
16:18/ 101, 321
16:21/ 501
16:21~28/ 348
16:23/ 306
16:24/ 306
17:1~13/ 323

17:5/ 323
17:9/ 328, 331
17:14~20/ 331
17:15~18/ 272
17:17/ 332
17:20/ 332
17:22~18:10/ 332
17:22~23/ 348
17:24~27/ 333, 336
17:25/ 334
17:25상/ 335
17:25하/ 335
17:27/ 162, 335
17:27상/ 335
17:27하/ 335
18:1/ 336
18:1~5/ 336
18:3/ 232
18:6/ 338
18:6~10/ 337, 338
18:8/ 338
18:15~20/ 338
19:3~12/ 408
19:13~15/ 408
19:14/ 420
19:16~22/ 408
20:17~19/ 348
20:18,19/ 501
20:29/ 422
20:29~34/ 421
20:30, 31/ 243
20:30/ 423, 424
20:31/ 424, 425
20:34/ 425

[마태복음 계속]
21:1~11/ 431
21:8~9/ 432
21:9, 15/ 243
21:9/ 432
21:12/ 115, 118, 442
21:12~13/ 113
21:12~17/ 32, 428
21:12~22/ 436
21:13/ 440
21:14/ 442
21:16, 18/ 444
21:17/ 355
21:18~22/ 436, 443
21:19/ 436, 444
21:21/ 438
21:21~22/ 445
21:23~27/ 245
21:23~46/ 443
21:28~31/ 391
21:28~32/ 162
21:42/ 501
22:1~14/ 443
22:23~33/ 443
22:34~40, 42~46/ 443
22:42/ 243
22:42~45/ 270
23:1/ 215
23:5/ 72
23:13/ 452
23:13~36/ 443, 450, 451
23:15/ 452
23:16~22/ 453
23:23/ 453

23:25/ 453
23:27/ 453
23:29/ 453
23:30~31/ 453
23:32/ 453, 454
23:35/ 453
23:37/ 446, 447
23:37~39/ 381, 443, 445
23:39/ 447, 448
24:1~14/ 113, 443
24:15/ 27
24:24/ 245
24:36/ 519
25:1~13, 14~30/ 443
26:1/ 455
26:2/ 26
26:3/ 455
26:3~16/ 454
26:3~5/ 454
26:5/ 455
26:6~13/ 233, 355, 423, 425, 426
26:8/ 427
26:9/ 427
26:10~13/ 427
26:12/ 427
26:13/ 430
26:14 이하/ 455
26:14/ 456
26:14~16/ 455
26:15/ 457
26:17/ 460
26:17~20/ 459
26:18/ 461
26:19~25/ 458

26:21/ 465
26:22/ 465
26:24/ 465
26:25/ 465
26:26/ 515
26:26~35/ 462
26:30/ 466
26:31~35, 69~75/ 458
26:33/ 472, 480
26:34/ 479
26:36~46/ 458
26:36~56/ 468
26:39/ 470, 471
26:40/ 480
26:42/ 470
26:45/ 473
26:47~50/ 458, 475
26:49/ 475
26:51/ 479
26:53/ 261
26:55~56/ 458
26:57/ 25
26:57~68/ 475, 476, 480
26:57~75/ 480
26:58/ 480
26:61/ 501
26:62~63/ 481
26:63/ 481, 482
26:64/ 482
26:65/ 481
26:66~68/ 481
26:69~75/ 479
27:1~2/ 475, 482
27:4/ 476, 483

27:5/ 483
27:6/ 483
27:11~14/ 476
27:11~26/ 486
27:15~21/ 476
27:19/ 486
27:22, 23/ 476
27:24/ 486
27:24~26/ 476
27:27~31/ 486
27:29/ 486
27:3~5/ 482
27:32~34/ 486
27:34/ 493
27:35/ 493
27:37/ 492
27:38/ 498
27:40/ 501
27:42/ 493
27:45~51/ 491
27:46/ 468, 495, 519
27:47/ 495
27:51/ 118, 487
27:52/ 487
27:52~53/ 487, 508
27:57/ 497
27:57~61/ 497
27:62/ 502
27:62~64/ 502
27:62~66/ 500
27:63/ 500
27:64/ 501
27:64~66/ 425
28:1~20/ 502

28:2/ 508
28:4/ 508
28:5~6/ 504
28:9~10/ 504, 510
28:16~17/ 510
28:17/ 399
28:18/ 513
28:18~20/ 275

[마가복음]
1:2~11/ 79
1:3/ 90
1:4/ 96
1:9~11/ 74, 86
1:1/ 17
1:12/ 77
1:12~13/ 74, 94
1:16~ 20/ 158
1:16~20/ 157~159
1:21, 29/ 151
1:21/ 171
1:21~28/ 178
1:21~45/ 165
1:23/ 172
1:23~28/ 171
1:24/ 171, 172, 294
1:24~25/ 171
1:25/ 173
1:27/ 174
1:28/ 175
1:29~31/ 168
2:1/ 150
2:1~12/ 175, 178, 202
2:5/ 176, 177

2:9/ 182
2:10/ 247
2:13~17/ 159, 185
2:13~22/ 182
2:14/ 185
2:15~17/ 202
2:18~22/ 202
2:23~27/ 202
2:23~28/ 199, 200, 202, 361
2:28/ 202
3:1~6/ 199, 202, 361
3:4/ 202, 203
3:6/ 380
3:1~6/ 199
3:13~19/ 159, 205
3:16, 17/ 185
3:18/ 185, 398
3:20~30/ 242
3:21, 31~35/ 342
3:22/ 173
3:28/ 248
3:28~29/ 247
4:1~9, 26~29/ 145
4:35/ 253
4:35~42/ 252, 257
4:37/ 254
4:40/ 254
5:1~20/ 257
5:7~10/ 272
5:9, 15/ 261
5:13/ 257, 261
5:22~24, 35~43/ 395
5:22~43/ 263
5:23/ 264, 266

5:25/ 266

5:30/ 267

5:33/ 265

5:35/ 264

5:36/ 264

5:42/ 266

5:43/ 268

6:1~6/ 152

6:3/ 154

6:4/ 149

6:6~13/ 273

6:7~13/ 207

6:14~29/ 277

6:17~20/ 221

6:20/ 278

6:21/ 279

6:30~44/ 280, 282

6:31/ 281

6:34/ 282

6:39/ 310

6:42/ 515

6:45~52/ 287

6:48/ 288, 289

6:52/ 289

6:53~56/ 287

7:24~37/ 302

7:26/ 303

8:1~10/ 282, 308

8:4/ 310

8:6, 7/ 310

8:6/ 310

8:11/ 251

8:11~22/ 311

8:2/ 309

8:27~9:1/ 314

8:31~9:1/ 348

9:2/ 325

9:2~13/ 323

9:14~29/ 331

9:25/ 272

9:30~32/ 348

9:30~50/ 332

10:13 이하/ 515

10:13~16/ 408

10:14/ 420

10:32~34/ 348

10:38/ 471

10:46/ 422, 425

10:46~52/ 421, 427

10:47/ 424

10:48/ 423, 425

10:49/ 425

10:52/ 425

11:1/ 423

11:1~11/ 426, 431

11:11/ 355, 439

11:12~14, 20~25/ 443

11:12~14/ 436

11:12~19/ 436

11:13/ 437

11:15/ 439

11:15~18/ 32, 113

11:15~19/ 438

11:17/ 442

11:20/ 444

12:28~34/ 443

12:42~44/ 449

13:32/ 519

14:1~2, 10~11/ 426
14:3~9/ 233, 423, 425, 426
14:4/ 427
14:5/ 427
14:5~6/ 456
14:6~9/ 427
14:8/ 427
14:9/ 430
14:10/ 456
14:10~11/ 455
14:10~12/ 454
14:12~17/ 459
14:12~31/ 26
14:20/ 465
14:22/ 515
14:22~31/ 462
14:26/ 458, 466
14:32~52/ 468
14:42/ 473
14:47/ 479
14:49/ 472
14:51/ 474
14:53~65/ 476
14:66~72/ 479
14:70, 71/ 480
15:6~11/ 476
15:12~14/ 476
15:21/ 487
15:25/ 476, 491
15:29/ 248, 249, 491
15:33~38/ 491
15:34/ 495
15:42/ 458
15:42~43/ 502

15:42~47/ 497
15:43/ 497
16:1~11/ 502
16:1~6/ 504
16:19/ 510, 512

[누가복음]
1:1~4:13/ 340
1:5~25/ 38
1:7/ 426
1:13/ 40
1:15/ 81
1:17/ 90
1:18/ 42, 45
1:19/ 42
1:20/ 42, 49
1:26~38/ 43
1:27/ 43
1:31, 36/ 45
1:31/ 62
1:32, 35/ 74
1:33/ 45
1:35/ 45
1:36/ 42, 47
1:38/ 44
1:39~80/ 46
1:42/ 47
1:42~45/ 47
1:43/ 47
1:44/ 47, 360
1:45/ 47
1:46~47/ 48
[누가복음 계속]
1:46~48/ 48

1:46~56/ 47
1:49/ 74
1:49~50/ 48
1:50/ 48
1:51~53/ 48
1:54~55/ 48
1:57~66/ 42
1:67/ 49
1:67~75/ 49
1:67~80/ 48
1:68/ 49
1:69/ 49
1:70~71/ 50
1:75/ 50
1:76/ 50
1:76~79/ 49
1:80/ 71, 81
1~2장/ 44
1~9:20/ 60
2:1~20/ 57
2:10/ 58, 59
2:10~11/ 57
2:12/ 42
2:14/ 59
2:17/ 59
2:18/ 59
2:21~24/ 61
2:22/ 63
2:22~24/ 68
2:25~35/ 63
2:26/ 64
2:27, 29, 32/ 64
2:27/ 64
2:29/ 63, 64

2:30/ 63
2:34/ 66
2:34~35/ 65
2:35/ 65
2:39/ 152
2:40/ 71
2:40~52/ 70
2:42~42/ 72
2:46/ 73
2:49/ 73, 74
2:8~20/ 58
3:1/ 315
3:1~22/ 79
3:2/ 477
3:4/ 90
3:11~14/ 85
3:16/ 85
3:16~17/ 85, 92
3:19~20/ 221
3:19~20/ 277
3:21~22/ 74, 86
3:22/ 76
3:23/ 152
3:23~38/ 51
4:1~13/ 74, 76, 78, 94
4:5/ 77
4:14/ 339
4:14~9:50/ 340, 403
4:16/ 152, 153
4:16~19/ 390
4:16~22/ 348
4:16~30/ 151
4:17/ 153
4:18, 19/ 247

[누가복음 계속]

4:18~ 21/ 88
4:18~21/ 339
4:20/ 153
4:21/ 154
4:22/ 154
4:23/ 151, 154
4:24/ 149
4:28/ 155
4:28~30/ 152
4:29/ 152, 154, 156
4:29~30/ 161
4:30/ 156
4:31/ 152, 171
4:31~34/ 165
4:31~37/ 171, 348
4:33/ 172
4:34/ 172, 294
4:35/ 174
4:38~39/ 170
4:38~44/ 348
4:42/ 272
4:43/ 348
5:1, 12, 17/ 404
5:1/ 161
5:1~11/ 158, 159, 161, 164, 348
5:1~2/ 158
5:2/ 158
5:3,4,5,8,10/ 164
5:3/ 158
5:4/ 159
5:6/ 158
5:6~8/ 158
5:8/ 163

5:10/ 40
5:12~16/ 165, 168
5:17~26/ 175
5:20/ 177
5:27/ 185
5:27~29/ 339
5:27~32/ 159, 185
5:27~39/ 182
5:28/ 159
5:30/ 185
5:36~39/ 187
5장/ 158
6:1, 6, 12/ 404
6:1~11, 17~19/ 199
6:12~16/ 159, 205, 339
6:14/ 185
6:15/ 23, 205, 398
6:16/ 205
6:20~49/ 217
6:46~49/ 217
6장/ 217
7:1/ 152, 217
7:1~10/ 151
7:1~10/ 216
7:2~10/ 147
7:4/ 218
7:6/ 219
7:9/ 219
7:11/ 404
7:11~17/ 395
7:18~23 / 178
7:18~35/ 220, 221
7:23/ 224
7:24~26/ 224

7:36~40/ 242, 339, 426

7:36~50/ 233, 430

7:39/ 238

7:43/ 239

7:44/ 236

7:44~46/ 234

7:44~47/ 234

7:46/ 237

7:48/ 235

7장/ 217

8:1~3/ 240

8:3/ 242

8:22~25/ 252, 257

8:26/ 500

8:26~40/ 257

8:30/ 261

8:33/ 257

8:35/ 261

8:38~39/ 262

8:39/ 262

8:42/ 264, 266

8:42~42, 49~56/ 395

8:42~56/ 263

8:47/ 265

8:49/ 264

8:50/ 40

9:1,2/ 166

9:1~6/ 273, 339

9:7~9/ 277, 380

9:10~17/ 280, 282

9:16/ 515

9:18~27/ 314

9:21~27/ 348

9:28~36/ 323, 458

9:29/ 326, 330

9:31/ 324, 328, 329, 339, 519

9:32/ 330

9:33/ 324, 328

9:35/ 329

9:37/ 330, 331

9:37~43/ 331

9:43~56/ 332

9:44~45/ 348

9:50/ 339

9:51, 53/ 404

9:51, 57/ 353

9:51/ 243, 325, 340, 349

9:51~19:40/ 372

9:51~19:44/ 340, 403

9:53/ 340

9:57/ 349

9:57~62/ 348

9:58/ 349

9:59/ 350

9:60/ 350, 351

9:61/ 351

9:62/ 351

10:1~16/ 378

10:1~24/ 352

10:1~6/ 207

10:5, 6/ 354

10:9, 11/ 354

10:13~15/ 229

10:13~16/ 231

10:17/ 354

10:17~22/ 231

10:18/ 354

10:25~37/ 403

[누가복음 계속]
10:38~42/ 354
10:40/ 355, 356
10:42/ 357, 358, 446
11:1/ 371
11:1~13/ 371, 372
11:1~4/ 372
11:2/ 372
11:2~4/ 371, 373
11:5~13/ 372, 375
11:8/ 375
11:9/ 375
11:14~23/ 242
11:19/ 245
11:20/ 247
11:29~32/ 249
12:13/ 380
12:13~21/ 403
12:49~51/ 471
13:10~17/ 376
13:11/ 272, 377
13:12/ 109, 377
13:13/ 377
13:14/ 377
13:15/ 376, 377
13:17/ 378
13:22/ 340, 378, 404
13:31/ 380
13:31~35/ 382
13:32/ 278, 381
13:33/ 381
13:34~35/ 381, 445
14:1/ 380, 382, 383
14:1~24/ 382

14:1~35/ 379
14:1~6/ 382
14:3, 5/ 381
14:3/ 383
14:4/ 383
14:7/ 383
14:7~14/ 383
14:8~10/ 384
14:12~14)/ 384
14:14/ 384
14:15/ 384
14:15~24/ 384
14:18/ 385
14:19/ 385
14:20/ 385
14:25/ 385
14:25~35/ 385
14:26/ 385
14:30/ 388
15:1/ 387
15:1~2/ 388
15:1~32/ 386
15:2/ 387, 429
15:3/ 390
15:4~7/ 390
15:6/ 391
15:7/ 388
15:8/ 391
15:8~10/ 391, 403
15:11~32/ 391, 403
15:22/ 275
15장/ 388
16:1~13/ 403
16:16/ 247

17:11/ 340, 404
17:11~12/ 403
17:11~19/ 403
17:12/ 404
17:13/ 405
17:14/ 404, 405, 406
17:15~16/ 404
17:17/ 406
17:18/ 407
17:19/ 148, 407
18:1~8/ 403
18:9~14/ 403
18:15~17/ 408
18:17/ 420
18:18~23/ 427
18:23/ 427
18:27/ 427
18:31/ 340, 404
18:31~34/ 348
18:35/ 422
18:35~43/ 421, 427
18:38/ 424
18:39/ 425
18:43/ 425
19:1~10/ 403, 426
19:2/ 427, 429
19:4, 7/ 422
19:5/ 422
19:6/ 143, 422
19:7~8/ 420, 421
19:8/ 420, 421, 422
19:9/ 426, 427
19:10/ 388
19:10/ 429

19:28/ 340, 404
19:29/ 423
19:30~31/ 432
19:34~44/ 431
19:38/ 433
19:39/ 434
19:40/ 434
19:42/ 446
19:42~44/ 442
19:42~44/ 445
19:44/ 447
19:45~24:53/ 340
19:45~46/ 113
19:45~47/ 32
19:45~48/ 436, 438
21:1~4/ 443, 448
21:2~3/ 449
21:5~9/ 449
22:1~6/ 454
22:3/ 457
22:3~6/ 455
22:4/ 25
22:7~23/ 26
22:8/ 461
22:10/ 460
22:11/ 461
22:14~23/ 26, 462
22:22/ 465
22:24~27/ 463
22:27/ 463
22:33/ 349
22:37/ 498
22:38/ 473
22:40~54/ 468

22:42/ 446
22:44/ 446
22:49/ 473
22:50/ 479
22:52/ 25, 472
22:53/ 466, 467
22:54~62/ 479
22:64~65/ 248
22:66~71/ 475, 476
22:7~13/ 459
23:4/ 485
23:5/ 485
23:6~12/ 476
23:6~7/ 485
23:8~12/ 485
23:13~16/ 476
23:13~25/ 476
23:14~16/ 486
23:18,19/ 476
23:20~23/ 476
23:26~38/ 489
23:28~31/ 487
23:34/ 494
23:39~43/ 498
23:43/ 494
23:44~45/ 487
23:44~46/ 491
23:46/ 491, 496
23:49/ 491
23:50~56/ 497, 499
23:51/ 500
23:52~54/ 499
23:53/ 499
23:54/ 502

24:1/ 430
24:1~3/ 504
24:1~49/ 502
24:10/ 242
24:13~32/ 510
24:26/ 66
24:27, 44/ 509
24:30/ 515
24:31/ 509
24:34/ 510
24:42/ 509
24:46~48/ 509
24:48/ 509
24:49/ 513
24:50/ 516
24:50~51/ 514
24:50~53/ 510
24:51/ 516
24:52/ 512
24:52~53/ 516

[요한복음]
1:1/ 34, 36
1:1~18/ 31, 32
1:1~3, 14/ 110
1:3/ 18
1:5/ 125, 126
1:11/ 92
1:12/ 468
1:14/ 36, 61, 104, 326
1:15~28/ 88
1:18/ 36
1:19, 28/ 89
1:19, 22/ 37

1:19~2:11/ 106
1:19~20/ 90
1:19~28/ 89
1:20/ 89
1:21/ 89
1:22~23/ 91
1:23/ 91
1:25/ 92
1:26, 31, 33/ 93
1:28~29/ 94
1:29, 36/ 99
1:29/ 32, 80, 85, 92, 94, 95, 96, 226
1:29~34/ 32, 94
1:34/ 37
1:35, 36/ 94
1:35, 43/ 94
1:35/ 32, 96
1:35~40/ 96
1:35~42/ 32, 86
1:35~51/ 108, 156, 157
1:35이하/ 95
1:36/ 95, 96, 226
1:38/ 100, 134
1:39/ 102
1:40/ 97, 99
1:40~42/ 101
1:40~51/ 99
1:42, 43, 45/ 102
1:42/ 37, 101
1:43/ 32, 99
1:43~51/ 32, 101, 105
1:45 이하/ 102
1:45~49/ 185
1:45~51/ 209

1:46/ 102, 104
1:47/ 134
1:49/ 37, 104
1:50/ 104
1:51/ 104
1장/ 126, 134
2:1/ 32
2:1~11/ 32
2:4/ 111, 467
2:5/ 109
2:1~11/ 37, 105, 106, 147, 458
2:11/ 111
2:12~22/ 32, 440
2:12~25/ 113
2:13/ 189, 190
2:13~22/ 189
2:13~23/ 114
2:13~25/ 112
2:14/ 114
2:14~15/ 115
2:15/ 114
2:16/ 116
2:18/ 117
2:18~19/ 439
2:19/ 117, 118, 435, 442
2:20/ 113
2:21/ 32, 118, 119, 440, 442
2:21~22/ 118
2:22/ 118, 440
2:23/ 129
2장/ 512
3:1~15/ 120, 458
3:1~21/ 119
3:1이하/ 93

[요한복음 계속]
3:2/ 120
3:3, 5, 11/ 122
3:3/ 121, 123
3:4/ 121
3:5/ 93, 123
3:6/ 123
3:10/ 120, 124
3:11/ 124, 127
3:12/ 122, 127
3:13/ 127
3:14/ 125
3:15, 16, 36/ 125
3:16, 17/ 125
3:16/ 125
3:17/ 228
3:19/ 125, 126, 227
3:22/ 130
3:22~23/ 130
3:22~36/ 129
3:23/ 130
3:26/ 131
3:26~30/ 221
3:27~30/ 132
3:28~32/ 131
3:29/ 131
3:30/ 80, 95, 97, 132
3:31/ 132
3:31~36/ 133
3:33/ 132
4:1이하/ 93
4:2/ 130
4:4/ 136
4:6/ 137

4:7~9/ 142
4:8/ 137
4:9/ 137
4:1~42/ 133, 134
4:10/ 142
4:10~12/ 142
4:13~15/ 142
4:14, 36/ 125
4:14/ 142, 345
4:15/ 144
4:16/ 140, 142
4:17/ 144
4:17~20/ 142
4:19/ 139
4:20/ 137
4:21/ 110
4:21~25/ 142
4:23/ 140
4:23~24/ 144
4:24/ 142
4:25/ 139
4:26/ 142, 144
4:29, 42/ 38
4:31~34/ 144
4:31~38/ 144
4:32/ 284
4:35/ 144
4:37~38/ 145
4:42/ 140
4:43/ 143
4:43~54/ 147
4:44/ 149
4:46/ 150
4:46~54/ 37

4:49/ 150

4:50/ 150

4:54/ 147, 148

4장/ 237

5:1/ 114, 189, 190

5:1~47/ 37, 198

5:1~9/ 189

5:10~18/ 193

5:14, 15/ 191

5:14/ 83

5:15/ 194

5:16 이하/ 106

5:16/ 191

5:17/ 191, 196

5:17~23/ 370

5:18/ 197

5:18; 8:59/ 369

5:19~47/ 195, 196

5:19절 이하/ 197

5:21/ 197

5:22/ 197

5:23/ 197

5:24, 39/ 125

5:25/ 193, 396

5:26/ 370

5:28~29/ 193

5:31 이하/ 197

5:31/ 197

5:32, 33/ 198

5:36 이하/ 198

5:39/ 198

5:45 이하/ 198

5:6/ 192

5:7/ 192

6:1/ 161

6:1~13/ 189

6:1~15/ 37, 114, 280, 282, 291

6:1~8/ 40

6:4/ 189, 190, 342

6:14~15/ 291

6:15/ 285, 287, 289, 292, 339, 342

6:16~21/ 37, 287

6:18/ 288

6:19/ 288

6:26/ 291

6:27, 40, 47, 54, 68/ 125

6:30/ 251

6:30~31/ 291

6:32~40/ 291

6:42~48/ 291

6:48/ 286, 291, 293

6:50/ 293

6:51/ 293

6:54/ 293

6:60~71/ 290

6:61/ 291

6:63/ 292

6:64, 70~71/ 286

6:64/ 293

6:65/ 293

6:66/ 286

6:66~71/ 286

6:67/ 286, 294

6:67~71/ 291

6:68/ 286

6:69/ 37, 294

6:71/ 286, 455

6장/ 149

[요한복음 계속]
7:1~52/ 340
7:1~9/ 189, 332
7:2/ 190
7:3/ 50, 342
7:4/ 343
7:5/ 343, 495
7:6, 8, 30/ 111
7:8/ 342, 343
7:8~9/ 344
7:10/ 343
7:10~13/ 342
7:10~52/ 342
7:12/ 367
7:14~38/ 344
7:16~52/ 343
7:21~24/ 106
7:37/ 344
7:37~38/ 344
7:38/ 344, 345
7:39/ 345
7:40/ 90
7:50~52/ 120
7:53~8:11/ 340, 346
7장/ 127
8:1~11/ 345
8:2/ 347
8:4/ 347
8:6/ 346, 347
8:7/ 347
8:11/ 83, 228, 348
8:12/ 99, 330, 361
8:20/ 111
8:21~30/ 348

8:25~29/ 371
8:28/ 125
8:29/ 371
9:1~42/ 37, 358, 367
9:2/ 360
9:4/ 466
9:6/ 361
9:7/ 362
9:8/ 362
9:9/ 362
9:13/ 363
9:16/ 106, 361, 364, 367
9:20~21/ 363
9:21/ 363
9:22/ 363
9:27/ 364
9:34/ 364
9:35~38/ 364
9:38/ 364
9:42/ 367
10:1~19/ 369
10:7~18/ 367
10:10/ 369
10:19/ 367
10:19~11:53/ 365
10:19~21/ 366
10:19~39/ 365
10:21/ 367
10:22/ 27, 190, 365
10:22~30/ 190
10:22~31/ 366, 369
10:24/ 369
10:25/ 368
10:26/ 369

10:26~27/ 368
10:27/ 369
10:28/ 125, 369
10:29~30/ 369
10:30/ 368, 369
10:32/ 369
10:32~39/ 366, 369
10:36/ 370
10:39~40/ 89
11:1/ 89, 393
11:1~2/ 355
11:1~4/ 430
11:1~46/ 37, 392
11:3/ 394
11:5~6/ 394
11:10/ 466
11:11/ 395
11:16/ 185, 209, 398, 399
11:17/ 395
11:27/ 38
11:35/ 396, 446
11:36/ 397
11:39/ 395
11:42/ 396
11:43/ 397
11:45/ 397, 428
11:45~53/ 394
11:45~57/ 397
11:46/ 401
11:46~53/ 397
11:47~53/ 397
11:47~54/ 400
11:47절/ 401
11:48/ 401

11:49~52/ 402
11:50/ 402
11:52/ 402
11:53/ 401
11:54/ 397, 424
11:54~57/ 190
11:55/ 114, 190
12:1/ 114, 427, 428
12:1~11/ 233, 355, 425, 426
12:1~3/ 429
12:1~6/ 89
12:1~8/ 355
12:3/ 429
12:4/ 427
12:5/ 429
12:7/ 430
12:12~13/ 431, 432
12:13/ 433
12:15/ 433
12:20~50/ 443
12:23/ 111
12:25, 50/ 125
12:26/ 99
12:28/ 323
12:32/ 125
12:34/ 125
12:35/ 466
13:1/ 114
13:1~11/ 462
13:1~20/ 26
13:8/ 463, 464
13:12~20/ 462
13:15/ 463
13:18/ 456, 465

556 | 사복음서 주해

13:21/ 466
13:21~30/ 465
13:26/ 455, 465
13:30/ 461, 466
13:36~38/ 349
13:4b~20/ 462
14:2, 3/ 513
14:5/ 398
14:9/ 371
14:11/ 166
16:7 / 513
17:1/ 111
17:2, 3/ 125
17:13/ 106, 290
17:13~14/ 372
17:15~17/ 372
17:18~19/ 372
17:20~24/ 372
17:25~26/ 372
18:2~12/ 468
18:3/ 472
18:6/ 472
18:10, 11/ 480
18:10/ 479
18:12~14/ 475, 477
18:12~24/ 475
18:13, 14/ 477
18:13/ 475, 477
18:15~18/ 479
18:17/ 479
18:18/ 480
18:19~23/ 476
18:25/ 480
18:28, 39/ 114

18:28/ 484
18:28~19:16a/ 484
18:28~38/ 483
18:33/ 285
18:36/ 285, 484
18:37/ 485
18:39~40/ 476
19:11, 14/ 484
19:14/ 114
19:16~17/ 486
19:20/ 492
19:21/ 492
19:22/ 492
19:25~27/ 65
19:26/ 109, 110
19:26~27/ 495
19:27/ 495
19:28/ 495
19:29~30/ 496
19:30/ 496
19:38~42/ 497
19:39/ 120
19:39~40/ 22, 430
19:42/ 491
19:42/ 502
19장/ 127
20:1~31/ 37, 502
20:5~7/ 505
20:6~8/ 487
20:13/ 109
20:15~18/ 510
20:17/ 74, 511
20:19~20/ 509
20:19~23/ 510

20:19~24/ 399
20:20/ 509
20:20b/ 517
20:23/ 207
20:24~29/ 398, 511
20:25/ 399
20:26~29/ 510
20:27~29/ 399
20:28/ 38, 399, 400
20:31/ 36, 342, 519
20장/ 207
21:1/ 161
21:2/ 102, 147, 185, 209, 398, 400
21:3/ 164
21:19, 20, 22/ 99

[사도행전]
1:1~11/ 517
1:3/ 516
1:6~11/ 510
1:8/ 139, 275, 513
1:9/ 516
1:11/ 516
1:12/ 511, 516
1:12~14/ 517
1:13/ 205, 398
1:14/ 50
1:21~22/ 208
2:1/ 27
2:1~4/ 513
2:23/ 455
2:24, 45/ 426
2:32/ 371
3:15/ 371

3:18/ 455
3:22/ 90
4:1/ 25
4:6/ 454, 477
4:10, 19, 20/ 155
4:35/ 426
5:17/ 25
5:30~32/ 155
5:37/ 24
7:37/ 90
7:51/ 248
7:51~54/ 155
8:4~8/ 145
9:1~2/ 25
10:38/ 88
10장/ 163
12:13/ 242
13:51~52/ 143
14:14/ 209
16:18/ 272
20:7/ 28
20:16/ 27
23:6~8/ 501
24:1/ 25
27:9/ 28

[로마서]
1:16/ 160
1:20/ 119
4:24, 25/ 503
4:25/ 496
5:8/ 490
8:3/ 34
9:6~7/ 420

9:11/ 360
10:9, 10/ 503
10:18~11:5/ 447
12:13/ 384
16:13/ 487

[고린도전서]
1:22/ 251
3:10, 11/ 320
4:3~5/ 212
4:6,9/ 209
12:9/ 170
14:26/ 49
15:3/ 507
15:7/ 510
15:24~28/ 513
15:3~8/ 510
15:42~49/ 508
15:45/ 272, 292
15:54~56/ 468
16:8/ 27

[고린도후서]
2:15/ 429
3:6/ 292, 298
5:7/ 245
7:7~9/ 83
13:12/ 161

[갈라디아서]
1:19/ 209
3:13/ 75
4:4/ 29
4:4~5/ 61

[에베소서]
1:3/ 515
2:5, 6/ 396
2:8/ 409
2:13~15/ 308
2:20/ 320
4:8/ 513
4:24/ 407
4:30/ 248
5:2/ 429

[빌립보서]
1:8/ 309
2:7/ 470
2:8/ 467
3:10ff/ 503
4:7, 9/ 290
4:21/ 161

[골로새서]
1:16/ 293
2:15/ 272
3:1/ 503

[데살로니가전서]
5:19/ 248
5:26/ 161

[데살로니가후서]
1:10/ 154
2:9~10/ 245

[디모데전서]
3:2/ 384

[디모데후서]
3:5/ 29

[디도서]
1:8/ 384
2:5/ 248

[히브리서]
1:1~2/ 18, 33
2:13 이하/ 421
2:13~15/ 421
3:1/ 209
4:14/ 511
4:15/ 470
4:8~11/ 199
4:8~9/ 204
5:7/ 470
6:1~2/ 127
6:4~6/ 248
7:7/ 515
9:22/ 75, 490
9:26/ 119
10:26~31/ 248
10:31/ 438
12:1~3/ 20
12:2/ 131, 324
12:29/ 438
13:8/ 193
13:12/ 487, 491
13:15/ 429

[야고보서]
1:13/ 375
3:2~6/ 280

[베드로전서]
1:3/ 503
4:9/ 384

[베드로후서]
1:15/ 329
1:16b, 17/ 326

[요한일서]
1:5/ 142
3:8/ 258
4:1/ 245
4:8/ 142, 318
5:16/ 248

[요한계시록]
2:2/ 206
7:4~8/ 206
10:4/ 42
13:6/ 248
13:13~14/ 245
14:13/ 396
14:14~16/ 145
20:3/ 260
21:5/ 17, 304
21:14/ 206
21:23/ 327

〈끝〉